吕著史学与史籍（上）

吕思勉文集

吕思勉 ◎ 著

吉林人民出版社

目录

历史研究法

历籍与史学

中国史籍读法

史 通 评

文史通义评

古史家传记文选

史籍选文评述

历史研究法

一、为什么要研究历史

历史到底是怎样一种学问？研究了它有什么用处？

提出这一个问题，我知道多数人都能不待思索而回答道：历史是前车之鉴。什么叫做前车之鉴呢？那就是：从前的人所做的事情，成功的，大家认为好的，我们可奉以为法，照着他做；失败的，大家认为坏的，我们当引以为戒，不照着他做。姑无论成功失败，不尽由于做法的好坏；众人所谓好坏，不足为准；即置二者于弗论，世事亦安有真相同的？执着相同的方法，去应付不同的事情，哪有不失败之理？在社会变迁较缓慢之世，前后的事情，相类似的成分较多，执陈方以医新病，贻误尚浅，到社会情形变化剧烈时，就更难说了。近代世界大通，开出一个从古未有的新局面，我们所以应付之者，几于着着失败，其根源就在于此。所以愤激的人说道：历史是足以误事的。因为不读历史，倒还面对着事实，一件新事情来，要去考察它的真相，以定应付的方针；一有了历史知识，先人为主，就会借重已往的经验，来应付现在的事情，而不再去考察其真相；即使去考察，亦易为成见所蔽，而不能见其真相了。如咸丰十年，僧格林沁把英、法兵打败了，薛福成的文集里，有一篇文章记载其事，深致惋惜之意。他说：咸丰八年，业经把英、法兵打败了，这一次如能再打一个胜仗，则他们相去数千里，远隔重洋，不易再来第三次，时局就可望转机了。近代世界交通的情形，是否英、法再战败一次，即不易三来？当日清朝腐败的情形，是否再战胜一次，时局即可望转机？我们在今日看起来，可谓洞若观火，而在当日，号称开通的薛福成竟不能知，这也无怪其然。当日英、法的情形，自非薛氏所能洞悉。然使薛氏而毫无历史知识倒也不会作英、法再败即不易三来的推测。有了历史知识，照历史上的成例推测，相去数千里，远隔重洋，而要兴兵至于三次、四次，确是不容易的，无怪薛氏要作此推测了。据此看来，历史知识足以误事之言，并不能说它不对。然而没有历史知识，亦未尝不误事。当袁世凯想做皇帝时，先由筹安会诸人列名发出通电，说要从学理上研究中国的国体问题，到底君主民主，孰为适宜？当时大家看见这个通电，就说：袁世凯想做皇帝了。我却不以为然。我说：这其中必然别有缘故，深曲隐蔽，不可轻于推测。为什么呢？我以为生于现今世界，而还想做皇帝，还想推戴人家做皇帝，除非目不识丁，全不知天南地北的人，不至于此，以此推测袁世凯和筹安会诸人，未免太浅薄了，所以我有此见解。然而后来，事情一层层披露出来，竟尔不过如此，这不是一件奇事么？此无他，还是缺乏历史知识而已。据这件事情看来，历史知识是不会误事的，所以误事，还是苦于历史知识的不足。这话怎样讲呢？须知道世界上是没有全无历史知识的人的。我们和人家谈话，总听得他说从前如何如何，这就是历史知识。所谓历史，原不过是积从前如何如何而成，所以此等人和专门的史学家，其知识之相去，亦不过程度之差而已。袁世凯和筹安会中人，想做皇帝，想推戴人家做皇帝时，亦何尝没有他们的历史知识？在中国历史上，皇帝是如此做成的；推戴人家做皇帝，是如此而成功的，岂能说是没有？以当时的情形而论，反对的人，自然不会没有的，然而据历史上的成例推测，岂不可期其软化？即有少数人不肯软化，又岂不可望其削平？这个，据着他们仅有的、一偏的历史知识推测，自亦可以作此断案，自不免于希冀侥幸。倘使他们再多读一些近代的外国历史；倘使他们的心思再能用得深一点，知道历史上的事情前后不符的甚多，未可轻易地执着前事以推断后事；他们自然不至于有此失着了。所以说：误事的不是历史知识，只是历史知识的不足。

历史上成功的，大家所认为好的事情，既不能摹仿；据历史上的成例，以推断事情，又易陷于错误；而没有历史知识，又要误事；然则如何是好呢？须知道：应付事情，最紧要的，是要注意于学与术之别。学是所以求知道事物的真相的，术则是应付事物的方法。浅薄的人往往说：我能够应付就得了，事物的真相，管它干么？殊不知你知道了事物的真相，应付的方法自然会生出来，只有浅薄的应付方法，则终必穷于应付而后已。浅近些说：我们要做一张桌子、一张椅子，这自然是有成法可循的，然而木料之类，有时而不凑手，怎样办呢？倘使你只会按照一定的样子做，就要束手无策了。如你明于原理，那就可以随时变化。桌面上是要安放东西的，所以要是个平面，只要是平面，其形状是正方的，长方的，正圆的，椭圆的，甚而至于都不是的，却不是顶紧要的条件。普通的桌、椅，总是四只脚，那是求其安放得牢，然则只要安放得牢，三只脚也未尝不可以；倘使只有一根粗的木材，能够撑定在中间，也未尝不可以；又何必定要四只脚呢？这是举其两端为例，其余可以类推。做桌、椅是最呆板的事，尚且如此，何况较活动的事？何况所应付的是人而不是物呢？然则事物的真相，如何能够知道呢？那史学家有一句名言道："现在不能说明现在。"为什么现在不能说明现在呢？那是由于一切事物，有其"然"，必有其"所以然"，不知其所以然，是不会了解其然的性质的。我们要用一个人，为什么要打听他的出身？为什么要打听他的经历？岂不以一个人的性格、才能等等，就是他的出身、经历等等造成的。我们试再反躬自省：我为什么成为这样子的我，岂不和我所生长的家庭，我所肄业的学校，我所交往的朋友，我所从事的职业，都有很大的关系？倘使我生在别的家庭里，在别的学校里肄业；我所交往的朋友，换过一班人；我所从事的职业，也换成别一种；我岂能成为现在的我？我们再放眼纵观：我们所认得的人，为什么成为他现在这个样子？读书的人多少有些迂腐气，做官的人多少有些官僚气，生意人多少有些市侩气，白相人多少有些流氓气，这是为什么？他们是生来如此的么？然则中国的社会为什么和欧洲不同？欧洲的社会，为什么和日本不同？甚而至于英国和美国不同；日本和朝鲜不同；就中国的社会，南北风气亦不能尽同，其故安在？就可以深长思了。寻常人对于一切事物，大都不甚深求，所以觉得不成问题。其实略加思考，任何事物，所以如此，莫不有很深远的原因在内；深求其故，无不可以追溯至于极远之世的。固然，我们对于一切事物，总不能真正寻根究底，然而多知道一些，毕竟要好一些，然则历史怎好不研究呢？

有人说：你的话是对了。可是已往的事情多着呢，我们如何能尽记，亦且如何能尽知？这话不错。一天的新闻纸所载，奚啻社会上所发生的事情的几万万万分之一；历史的所载，又奚啻新闻纸的几万万万分之一；我们能知道什么？历史又何从谈起呢？且慢，我们现在是怎样的一个人？你在社会上，占如何一种位置？人家如何应付你？你没有不明白的。我们所以能够明白这些，岂不由于已往的记忆？然而我们已往的事，我们亦何尝能尽记？然则我要明白我之所以为我，正不必把已往的事情全记牢，只要记得其"足以使我成为现在的我的事情"就够了。在人如此，社会亦何独不然？又何至于要把已往的事情全记呢？然而问题就在这里了。

二、历史的历史

任何一件事，非追溯其已往，不能明白其现在；任何一件事，求其原因，都可以追溯到极远；而又不必把已往的事情全记。这种说法，看似微妙，其实是容易明白的。问题就在对于已往的事情，要把其使现在成为现在的，挑选出来，而我们现在所挑选的是否得当呢？这话就很难说了。须知历史，亦只是在一定的环境中，自然发生、成长之物，并不是自始即照着理想做的；更不是人类自始就有什么高远的理想。说到此，则我们不能不一一考究所谓历史的历史了。

用普通人的眼光看起来，历史的起源是很远的，所以一开卷，就是些荒诞不经、渺茫难考的话。其实历史比起人类的年龄来，是很小的。人类的年龄，假定为五十万年，则历史的年龄，大约不过其百分之一；而且比较可靠的，还至少要打一个对折。我们对于已往的知识，自不甘以此为限。所以在没有历史的时代，也要想法子把它补作起来。因此，有所谓历史时代和先史时代，所谓历史时代，是当时的人，有意把它当时或以前的事，记载下来，传给后人，而其所传者，至今还有存留的。所谓先史时代，则这种遗留之物，已无所有，所有的一切，都是后人补作出来的。历史的流传，原不以语言和文字为限，然由语言或文字流传的，究居其极大部分；语言和文字，从广义上说起来，原即一物，文字不过是语言的扩大而已，然语言非借文字，不能传诸久远。所以从大体上说，亦可以说：历史时代，大略和有文字的时代相当；先史时代，则属于未有文字的时代。

历史时代所流传下来的，是些什么东西呢？据我们所见到的，可以分为下列几种：（一）国家所设立的记事之官，即所谓史官所记的。其中又分为：（1）记事之史。其书之存于现在者为《春秋》。（2）记言之史。其书之存于现在者为《尚书》。此系就整部的体例言，若记事、记言之史零碎材料存于古书之中的，则不可胜举。又《春秋》为记事之史，《尚书》为记言之史。亦系就其大体言之，其中亦自有不能划一之处如《禹贡》即并非记言之体。总之，古书编纂错乱，体例总不能尽纯，不可十分拘泥。（3）古代的法、令、章程之类。其书之存于现在者为《礼》。小的为一事的仪式，如《仪礼》所记是；大的则可以关涉国家行政机关的组织及法令的全般，古人亦称为礼，如《周礼》是。后世之《唐六典》，即系仿《周礼》而作的，明、清《会典》，又系仿《唐六典》而作的。（4）贵族的世系，古称为帝系、世本，简称为系、世，但世本亦是它的通名。所以《世本》这部书，内容亦兼记帝王的统系。系、世的记载据《周礼》，系小史之职。（5）古人自记其功勋，或记其先世功勋之作，即所谓金石刻。金属的寿命，尤较石为悠久，故古器物存于后世的，以金为尤多。（二）私人所传述的故事，或伟大人物的言行。以其起于口耳相传，故其后虽笔之于书，而仍称为语。传述一件故事或一个人的言行的，都谓之语。前者如武王克商之事，《礼记·乐记》称为《牧野之语》是；后者如《国语》，是分国编纂的语；《论语》，论同伦，类也，此书乃孔子及孔门弟子的言行被分类编纂的。《史记》的列传，其原本实称为语，所以在他篇中述及，尚称之为语，如称《淮阴侯列传》曰《淮阴侯语》是。大抵士大夫所传述的，其所关涉之事较大，其说亦较近情理；农夫野老所传述的，则正相反。但要考见当时社会的情况，以及较古的情况，反宜于后者求之，一人士大夫口中，就被其以"言不雅驯"四字删去了。四字见《史记·五帝本纪赞》。中国的神话，颇觉贫乏其原因即由于此。中国的神话，惟《山海经》及《楚辞》的《离骚》《天问》等篇，包含较多。其见于纬书的，看似丰富，然多出后人伪造，至少曾经过改造，不甚可信。

历史的缘起，从心理方面说来，可以说：（一）属于理智方面。因为人类有求知的欲望，所以（1）属于无可解释之事，亦要给它一个解释，神话的起源即如此。（2）要记录已往之事，以做将来办事的根据或参考，国家设立史官的根源，就在于此。（3）要记录已往的事。以作后人的法戒，其说已如第一章所述。（二）属于情感方面。不论什么人，都有一个恋旧而不忍忘记之感情，所以要把自己的经历或他人的事情，是他认为有意义的，传述下来，留给后人。有这两种动机，历史就诞生出来了。但是古人对于主客观的分别，不甚清楚。所以（一）其所流传，真正的事实，和自己的意思，往往混合不分，甚至全篇的话，都是以意构造的，和现在的小说一般，而亦用记事的形式，流传下来，此即所谓寓言，最易使事实淆混。古代所谓小说，乃谓其出于街谈巷议，而不出于士大夫，说见《汉书·艺文志》。事实出于虚构，如后世之小说者，古人谓之寓言。后世的小说，情节虽经理想化，事实或有根据，然其人名、地名等，则必非其实，故不易与事实相混。古代之寓言，则正相反。情节出于虚构，而人、地名则多用真者，如《庄子·盗跖》篇，欲寓其"秀才遇着兵，有理讲不成"的理想，乃捏造一孔子欲说服盗跖，反为所大骂，几至遇祸之事，即其一例。（二）更古的人，则连生物和无生物、人和动植物的区别，都弄不清楚了，所以又有所谓神话。（三）就是述及制度，也是如此的，孰为当时实有的制度？孰为传述者的理想？二者并不分开。记制度者，以儒家之书为最多，儒学分今古文两派，今文言制度者，以《礼记》的《王制》篇为总汇，古文以《周礼》为大宗，皆系如此。诸子书言制度者，以《管子》为最多，亦系如此。所以古代的史实特别模糊。这种性质，大概秦、汉之际，是一个界限。在汉朝初年以前，历史所传的，如赵高指鹿为马之事，如流俗所谓鸿门宴的故事。见《史记·秦本纪》及《项羽本纪》。都是说得天花乱坠，极有趣味，而细想一想，就知道其万无此理的。其可信的程度，决不会超出后世的《三国演义》之上。秦、汉之际，尚且如此，前乎此者，就更不必说了。所以所谓古史，实当别为一科，专门研究。因为研究的人各有专长，而古史的研究，有需于特别技术者尤多。至某书或某书的某部分，是否当属于古史的范围，则当以其是否具有此种性质而定，不能执时代为断。从汉朝统一天下以后，文化发达，传述者的程度骤然提高；可靠的材料，流传下来的亦多，前乎此者，采取不足信的材料，亦不能为其人咎。因为历史是不能造作的，断不能以自己推想所信的，作为史实。流传下来的，只有这样的材料，自只能照其原样传给后人。而采取它的人，原并不以为可信，所以既采取之，而又加以辨正者亦甚多。历史便焕然改观了。

史学的发达，不能不为物力所限。古代作书的材料，简牍笨重，缣帛价贵，而书写又烦难，于是乎（一）著作难。（二）而材料之搜辑亦不易。所以能成立一部巨著的，非依靠国家，得其助力不可。司马谈、迁父子世为史官，即其一例。但自隋以前，作史的人，虽借国家的助力，而其事则仍系私人的事业。虽然有时候编成某一朝的历史，系出于国家的命令，亦都就有志于此，或业已从事于此者而命令之，国家不过给以某种助力而已。时代愈后，则（一）材料愈多，（二）所关涉的范围亦愈广，从分量和门类两方面而论，都非一人之力所克胜，唐时遂开集众纂修之例，此后就沿为故事了。可参看《史通》的《古今正史》《史官建置》两篇。其唐以后的事，可以参看本书的

《史通评》。向来论史学的人，多数偏袒私家著述，而贱视集众修纂，这亦是一偏之见，其实二者是各有所长的。如《晋书》系集众所修，其纪、传的凌乱和琐屑，诚不能为讳，然志却是好的，即由聚集各专家，各用其所长之故。况且一人独著，事实上已陷于不可能，那也不必去追慕它了。

著述的人，都要靠国家的助力，其事自然和政治接近了。因书写材料之笨重和昂贵，以致书写艰难，流传不易的情形，自造纸术成功而一小变，至印刷术发明而一大变。然而从事于作史的都是所谓士大夫，士大夫是以政治为职业的，所以历史注重政治的情形，始终无甚变动。政治方面的现象，昔人所重视的有两种：（一）随时发生的事情，如某年月日太子生，某年月旧日君死，新君立，某年月日某外国人寇之类，这是无从预知的。（二）则政治上预定一个办法，以处理某种事务，此即所谓政治制度。其能行与否，诚未可知；行之而能历多久，亦未可知；然既定为制度，总是期其行之永久，至少亦是期其行之于某一时期之中的。这两种政治现象，马端临的《文献通考·总序》中，各给了它一个名目，称前者为理乱兴亡，后者为典章经制。历代的史籍，实以此二者为记载的中心。所谓正史，它的体裁，大体上有纪、传、表、志四种，《史记》尚有世家一体，乃系记载未统一前的列国的，后世已无其物，故诸史皆不用，欧阳修《新五代史》袭用其名，实属无谓；《晋书》有载记一体，源于《东观汉记》，《东观汉记》用以记开国时的群雄，《晋书》则用以记割据诸国，然亦可以不必别立名目，故他书亦总称为列传。本纪、列传，是所以记前一类的事实的，志是所以记后一类的事实的，表则二者皆可用。因其体例，于此两种事实，能够包括无遗，所以历代功令，定为正史。但纪、传之意，虽在于记事而以人为单位，于事实未免割裂，不便观览，此不能为司马迁咎，因古代的纪、传，事实多不相关涉；其相关涉的，材料性质亦各有不同，不能合并也。但后世袭用之，则使史事割裂。所以又有取别种体裁的书，与之并行，其记前一类事实，而以时间为条理系统的，谓之编年；挑选若干大事，逐事详其始末的，谓之纪事本末。记后一类事实的，有的通贯列代，如《通典》和《文献通考》是；有的专详一代，如《两汉会要》是。其随意记载，并无一定的范围，或并无条理系统的，则称为杂史。又有稗史、野史等名，其体例与正史同，而未列为正史的，清《四库书目》称为别史。专以人为主，而记其事迹的，则称为传记。包括年谱等。传记有专记一人的，亦有并列多人的，后者如《高僧传》《耆献类征》等都是。从前的历史，所取编纂的方式，重要的，大抵不外乎此。此外地理应当独立为一科。旧时书目，亦入史部之中，乃因（一）从前的地理偏于考古，论其性质，大部分系读史地理，不能独立为一科；（二）又旧时书籍，以经、史、子、集为四大部，地理不能归入经、子、集，势不得不附于史部之中。目录学的归入史部，亦可说是出于后一个理由。此外如诏令奏议、职官等门，则只可说是未经编纂的历史材料而已。时令亦列入史部，最为无理，即以旧时的分部论，亦应列入子部天文家之中。史评一门，内容分为（一）考证、评论史事；（二）论作史之法。二者同用一名，亦为未妥。有史时代的史材，大致如此。

先史时代的史材，则不是求之于书，而是取之于物的。其物，从性质上言之，可分为三类，即：（一）人类的遗骸。（二）古物。此门包括极广，不论食物、衣服、用具、建筑物、道路及天产品等都属之。能得实物固佳，如不能得，则得图画、模型，亦较但用文字说明者为亲切明白。惜乎从前绘画之技不甚精，辗转传抄或翻刻，更易失其原样；仿制之物，亦多以牟利为动机，如古钱便是。不尽可信而已。书籍，自其又一方面观之，亦为实物，如宋版、元椠，可观其纸墨、字体，而知当时制造及印刷的技术是。他种实物，更不待论，如钟鼎，一方面可观其铭刻，又一方面，即可观其冶铸的技术，其重要，实有过于根据其文字以考史事。中国从前科学不发达，不甚知道实物的价值，属于古物，偏重其有文字者，以致作伪者亦以此为务。如殷墟甲骨文，据中央研究院历史语言研究所报告，伪造者确有其人，且有姓名及每伪造一片的价格。今后实不可不翻然改图。（三）为法、俗。法、俗二字，乃历史上四裔传中所用的。这两个字实在用得很好。法系指某一社会中有强行之力的事情，俗则大家自然能率循不越之事，所以这两个字，可以包括法、令和风俗、习惯；而衣、食、住、行等物质生活，在古代，亦皆包括于俗之中；所以这两个字的范围很广，几于能包括一个社会的一切情形。（1）法、俗的变迁，有的很迟，所以古代的法、俗，还存于现在，这固不啻目击的历史。（2）又其变迁，大抵有一定的途径，所以业经变迁之后，考察现在的情形，仍可推想已往的情形。（3）社会进化的阶段，亦往往相类。所以观察这一群人现在的情形，可以推测别一种人前代的情形。社会学之所以有裨于史学，其根源实在于此。此种材料，有的即在地面上，有的则须掘地以求之。大概时代愈远，则其有待于发掘者愈多。历史的年代，是能追溯得愈远愈好，所以锄头考古学和史学大有关系。

三、史学进化的几个阶段

　　不论哪一种学问，都是逐渐进步的，史学将来的进步未知如何，这或者连它所要走的方向，亦非现在所能预知。若回顾既往，则其进步，有历历可指的。我现在把它分做几个阶段，这可以看出史学发达的情形，而史学研究的方法，亦即因此而可知。

　　中国史学的进化，大略可以分做四个阶段：

　　第一个阶段可以把司马谈、迁父子做代表。他父子俩才有意网罗一切史材，做成一部当时的世界通史。所谓世界，总系以当时的人所知道的为界限，在近世世界大通以前，西洋人的所谓世界，亦系如此。所以《史记》实在是当时的世界史，而不是本国史。不但《史记》，即中国历代的正史，称为其时的世界史，亦无不可，因为它已经把它这时代所知道的外国，一概包括在内了。在他以前，固非没有知道看重历史的人，所以有许多材料，流传下来；还有一部无名氏所作的《世本》，史学家称它为《史记》的前身。《世本》亦有本纪，有世家，有传；又有谱，即表的前身；有《居篇》，记帝王都邑；有《作篇》，记一切事物创作之原；为书之所本。所以洪饴孙作《史表》，把它列在诸史之前。然总还是片段的、部分的保存而已，重视历史的观念，总还觉得未臻于圆满，到他父子俩，就大不相同了。所以他父子俩，可说是前此重视史学的思想的结晶，亦可说是后世编纂历史的事业的开山。这种精神，这种事业，可以说是承先启后。后来许多史学家的著作，都是从此基础之上发展出来的。

第二，自司马迁以后，史学界有许多名家。不过觉得史料要保存，要编纂；以诒后人而已，编纂的方法如何，加以研究的很少。到唐朝的刘知几，才于此加以检讨。据《唐书》的《刘知几传》，和他同时，怀抱相类的思想的，有好几个人，可见这是史学上进化自然的趋势，刘知几只是一个代表。他著了一部《史通》，对于古今的史籍，加以批评。他先把史籍分成正史和非正史两种，评论其可称为正史的，共有几家；其体裁适用于后世的，共有几种。见《史通》之《六家》《二体》《杂述》三篇。《六家》系刘知几认为正史的；《二体》则六家之中，刘氏谓其可行于后世的，所以其《古今正史》篇所述，亦以此二体为限；《杂述》则其所认为非正史的。对于材料的去取，以及编制的方法，文辞的应当如何，都一一加以研究。实为作史方法的一个大检讨。

第三，刘知几的《史通》，不过遵守前人的范围，对其作法加以研究而已。所谓范围，就是何种材料，当为史家之所取，何种材料可以置诸不问，刘知几和他以前的人，意见实无大异同，即可说他史学上根本的意见，和他以前的人，亦无大异同。到宋朝的郑樵，便又不同了。他反对断代史而主张通史，已经是史法上的一个大变。这还可说是《史记》的体例本来如此，而郑樵从而恢复之。其尤为重要的，则他觉得前人所搜集者，不足于用，而要于其外另增门类。他在《通志》的《总序》中，表示这种意见，而其所作的二十略，门类和内容亦确有出于前人之外的，据《总序》自述：《氏族》《六书》《七音》《天文》《地理》《都邑》《谥》《器服》《乐》《艺文》《校雠》《图谱》《金石》《灾祥》《昆虫草木》十五略，都出自胸臆，不袭汉、唐诸儒，此就内容而言。若以门类而论，则《六书》《七音》《校雠》《图谱》《金石》《昆虫草木》，乃全为郑氏所新立。这可说是史学上的一个大变革了。

第四，以从前的人所搜辑的范围为太狭，而要扩充于其外；这种见解，从史学知识当求其完全、广博而论，是无人能加以反对的，但是仅此门类，史料日日堆积，业已不胜其烦，不可遍览了，何况再要扩充于其外呢？如此，岂不将使历史成为不可观览之物么？然而要遏止这个趋势，把材料加以删除，却又不可。这事如何是好呢？于此，中国的大史学家章学诚出来，乃想得一个适当处置之法。他把史材和作成的史籍分为两物。储蓄史材，务求其详备；而作史则要提要钩玄，使学者可读。因史料的详备，史家著述才有确实的根据，和前此仅据残缺的材料的不同。亦惟史材完备保存，读者对于作者之书有所不足，乃可以根据史材而重作。一人的见解，总不能包括无遗，所以每一种历史，本该有若干人的著作并行。其大沐完善，而或有错误、阙略之处，亦可根据史材，加以订补。因其如此，所以作史者可以放大胆，实行其提要钩玄，而不必有所顾虑。从前并史料和作成的史籍为一谈，一部书修成后，其所根据的材料，即多归于散佚。此亦系为物力所限，今后印刷术发达，纸墨价格低廉，此等状况可望渐变。作史的人觉其可惜，未免过而存之，往往弄得首尾衡决，不成体例；而过求谨严，多所刊落，确亦未免可惜；知章氏之说，就可以免于此弊了。章氏此种见解，实可谓为史学上一大发明。其他精辟的议论还多，然其价值，都在这一发明之下。

第五，史材务求详备，作史则要提要钩玄。这在现今的史学家，立说亦不过如此。然则章学诚的意见，和现在的史学家有何区别呢？的确，章学诚的意见，和现在的史学家是无甚异同的。他的意见，和现代的史学家只差得一步。倘使再进一步就和现在的史学家相同了。

但这一步，在章学诚是无法再进的。这是为什么呢？那是由于现代的史学家，有别种科学做他的助力，而章学诚时代则无有。现代史学的进步，可说所受的都是别种科学之赐。史学所要明白的，是社会的一个总相，而这个总相，非各方面都明白，不会明白的。要求各方面都明白，则非各种科学发达不可。所以现在史学的发达，实得力于各种专门史的竞出。各种专门史日益进步，而普通史乃亦随之而进步。专门史严格论起来，是要归入各该科学范围之内，而不能算入史学范围内的。所以说史学的发达，是受各种科学之赐。然则各种专门史发达达于极点，普通史不要给它分割完了么？不。说明社会上的各种现象，是一件事；合各种现象，以说明社会的总相，又是一件事，二者是不可偏废的。社会是整个的，虽可分科研究，却不能说各科研究所得的结果之和，就是社会的总相。社会的总相，是专研究一科的人所不能明白的。倘使强作说明，必至于鲁莽灭裂而后已。所以各种科学发达，各种专门史日出不穷，普通史，即严格的完全属于史学范围内的历史，只有相得而益彰，决不至于无立足之地。史材要求详备，作史则要提要钩玄，是了，然史材要求详备，不过是求作史根据的确实；而各项史材，非有专门家加以一番研究，为之说明，是不能信为确实的。详备固然是确实的一个条件，然非即可该确实之全，所以非有各种科学以资辅助，史学根据的确实，亦即其基础的坚固，总还嫌其美中不足；而其所谓提要钩玄的方法，亦不会有一客观的标准，倘使各率其意而为之，又不免要聚讼纷纭，莫衷一是了。所以章学诚高尚的理想，必须靠现代科学的辅助，才能够达到。所以说：他和现代的新史学，只差了一步，而这一步，却不是他所能达到的。这不是他思力的不足，而是他所处的时代如此。如以思力而论，章氏在古今中外的史学界中，也可算得第一流了。

思想的进步，是因乎时代的。第一阶段，只觉得史料散佚的可惜，所以其所注意的在搜辑、编纂。第二阶段，渐渐感觉到搜辑、编纂如何才算适当的问题，所以其所注重的在史法。第三阶段，则因知识的进步，感觉到史学范围的太狭，而要求扩充，这可说是反映着学术思想的进步。第四阶段，因史籍堆积甚多，再图扩充，不免要使本身膨胀破裂，而割弃则又不可而起，虽未说及分科，然一人的才情和精力、时间，既不能兼容并包；而各个门类，以及每一门类中的各种材料，又都不容割爱；则势非提倡分科不可。所以史学若从章学诚的据点上，再行发展下去，亦必提倡分科研究；各种专门史亦必渐次兴起；不过现在既和外国的学术思想接触，自不妨借它的助力罢了。所以学问的进化，自有一个必然的趋势，而现在所谓新史学，即作为我们自己发展出来的一个阶段，亦无不可。

史学和文学，系属两事。文学系空想的，主于感情；史学系事实的，主于理智。所以在人类思想未甚进步，主客观的分别不甚严密的时代，史学和文学的关系，总是很密切的，到客观观念渐次明了时，情形就不同了。天下的人，有文学趣味的多，而懂得科学方法的少，所以虽然满口客观客观，其实读起记事一类的书来，是欢迎主观的叙述的。喜欢读稗史而不喜欢读正史；在正史中，则喜欢四史等而不喜欢宋以后的历史；和其看现在的报纸，喜欢小报而不喜欢大报，正是同一理由。殊不知四史等的叙述，全以主观为主，时代愈后，则客观的成分愈多，作者只叙述事实的外形，而其内容如何，则一任读者的推测，不再把自己的意思夹杂进去了，这亦是史学的一个进步。

四、旧时历史的弊病何在

从前的历史不适于现代人之用，这句话是人人会说的，然则从前的历史，弊病果安在呢？

提出这一个问题来，我们所回答的，第一句话，便是偏重于政治。"一部二十四史，只是帝王的家谱。"这一类的话，在今日，几乎成为口头禅了。这些话，或者言之太过，然而偏重政治的弊病，是百口莫能为讳的。且如衣、食、住、行，是人生最切要的事，读某一时期的历史，必须对于这种生活情形，知道一个大概，这是无待于言的了。我们读旧日的历史，所知道的却是些什么呢？我也承认，读旧日的历史，于这一类的情形，并非全无所得。然而读各正史中的舆服志，所知者，皇帝和官员所穿的衣服，所坐的车辆而已，平民的衣着，及其所用的交通工具，却并没有记载。我们读《齐书》的本纪，知道齐明帝很有俭德。当时大官所进的御膳，有一种唤作裹蒸，明帝把他画为十字形，分成四片，说：我吃不了这些，其余的可以留充晚膳。胡三省《通鉴注》说，在他这时候，还有裹蒸这种食物。是把糖和糯米、松子、胡桃仁，合着香药做成的，把竹皮包裹起来蒸熟。只有两个指头大，用不着画成四片。见齐明帝建武三年。裹蒸的大小，无关紧要，可以不必去管它。看它所用的材料和做法，大约就是现在嘉、湖细点中胡桃糕的前身，吾乡呼为玉带糕，正是用糖和糯米粉、松子、胡桃仁制成的，不过没有香药而已。因近代香药输入，不如宋、元时代的多而美。南北朝时，还没有蔗糖，就是宋、元之间，蔗糖也远不如今日之盛，胡三省所说的裹蒸，用何种糖不可知，齐明帝所吃的裹蒸，则所用的一定是米、麦糖，米、麦糖所制的点心，不甚宜于冷食，所以大官于日食时进之，等于现在席面上的点心，后来改用蔗糖，就变成现在的胡桃糕，作为闲食之用了。又据《南史·后妃传》：齐武帝永明九年，诏太庙四时祭荐其先人所喜食之物。其中荐给宣皇帝的，有起面饼一种。胡三省《通鉴注》说："起面饼，今北人能为之。其饼浮软，以卷肉啖之，亦谓之卷饼。"这似乎就是现在山东薄饼的前身。胡氏又引程大昌的话，说起面饼系"人教面中，令松松然也。教，俗书作酵"。然则在宋、元间南人食面，尚不能发酵。面饭不发酵则不松美，我们观此，颇可知古代北方虽多产麦，而北人仍以稻米为贵，近代则不但北人喜食面，即南人嗜面的亦渐多的原因。这两件事，我们自谓读史钩稽，颇有所得，然亦只是一鳞一爪而已。南北朝时，裹蒸究竟是较普遍的食品，还是帝王贵人所专享？发酵之法究竟发明于何时，如何普及于南方？我们都茫无所知。然则我们读史，虽可借零碎材料，钩稽出一些史实来，然毕竟知之不详。这就不能不追恨当时的史家所记太偏于政治，以致别种情形只能因政治而附见了。我们虽能知道秦代的阿房宫、汉代的建章宫宏大壮丽的情形，因而略知当时的建筑技术，然究不能知秦、汉时代普通的民居如何，其弊亦正在此。所以说旧史偏重政治的弊病，是百口莫能为讳的。

偏重政治的弊病，果何从而起呢？这有一个很深远的原因在内。人类的作事，是有惰性的，没有什么新刺激，就只会模模糊糊，一切都照旧做去。古代国家，不过现在一县大，所谓国君，仅等于现在的县令，大夫略如乡、镇长，士则保、甲长之类而已，他们又都是本地人，所行的政治，自然能有影响及于社会。到后世，就远不是这一回事了。君门万里，出必警跸清道，君和民终身没有见过一面。康有为的《欧洲十一国游记》说：人们凡事，都易循其名而不察其实，如听见外国有国王，便想象他是和中国的皇帝一样。其实我在比国，看见它的国王从宫中步行出来，人民见他，都起立致敬，他也含笑点头答礼，比中国州县官的尊严，还相差得很多。平民于宫中之事，固毫无所知；生长深宫之君，于民间习俗，亦一无所晓。所谓礼、乐等化民之具，在古代，是行之于共见共闻之地的。如古代的乡射礼，意思便近于现在地方上的运动会。在后世，则只是君和大臣，在禁卫森严的地方，关着门去行，平民永远不曾看见，试问有何影响能及于社会？现在骂政治不好的人，总说他是纸上文章，实际没有这回事。试问，以现在行政机关的疏阔，官吏和人民的隔绝，欲求其不成为纸上文章，如何可得？所以在古代，确有一个时期，政治是社会上的重要现象；社会上的大事，确可以政治上的大事为其代表；后世则久已不是这么一回事了，而人们的见解，总还沿袭着旧时，把后世的政治，看得和小国寡民的时代一样。譬如现在，我们看报，看人家往来的信札，往往叙述社会现象之后，总有"未知当局者何以善其后也"一类的话，其实考其内容，其事都绝非政治所能为力的。然而这种见解，并不是不读书没有见识的人才如此，即号为读书明理的人亦往往如此；其中少数杰出的能重视现实的人，虽明知其不然，然亦为旧观念所牵率，见之不能晶莹，于是古代历史偏重政治，后世亦就相沿不变了。这是社会科学上一个深切的弊病。现在议论起来，虽似乎大家能知其弊，到实际应用，又往往阴蹈之而不自知，怕一时很不容易彻底除去。

既然偏重政治，则偏重战事和过度崇拜英雄之弊，必相因而起。因为战事总是使政治发生显著的变化的，而在政治上、军事上能得到成功的人，亦总易被众人认为英雄之故。不错，战事确是能使社会起重大的变化的。然而要明白一件事，总得能知其原因结果，然后可谓之真明白。旧史所记的战事，往往只是战事而已，于其原因如何，结果如何都茫无所及。便是对于战事胜败的原因、结果，亦往往说不出来。此等记载，试问知之竟何所用？"英雄造时势，时势造英雄"，这两句话，到现在，还有视为难于论定的。其实所谓英雄，不过善于利用时势而已。一个社会，到危急存亡的时候，能否有英雄出来，全看这社会的情形如何。如能否造就英雄？有英雄，能否大家崇拜他，听他的指挥，把反对他的人压伏下去？这些，都是英雄能否出现的条件，而决不是有无这样的人出生与否的问题，这是明白无疑的事。英雄造时势一语，如何能与时势造英雄并列呢？过分偏重军事，则易把和平时代跳过了，如讲生物学的人，只知道突变，而不知道渐变，这个能算懂得生物学么？过分崇拜英雄，则易于发生"利人济物非吾事，自有周公孔圣人"和"啸吟风月天容我，整顿乾坤世有人"的思想。大家觉得只要有一个英雄出来，就一切问题都解决了，而忘却自己应负的责任。其肯负一些责任的，又容易模仿不适宜于时代的人物。甚而至于妄自尊大，陷于夸大狂的样子。

还有，借历史以激励爱国家、爱民族之心，用之太过亦有弊。不错，爱国家、爱民族，是确有其理的；而借历史以激励爱国家、爱民族之心，亦确是一个很好的办法。然而天下事总有一个适当的限度，超过这限度，就不是真理，而是出于矫揉造作的了，其事就不免有弊。这在欧洲，19世纪后半期各国的历史，都不免有此弊，而德国为尤甚。亚洲新兴的日本，此弊亦颇甚。中国人偏狭之见，较之德、日等国，可谓相差甚远，然亦不能绝无。中国人之有此弊，是起于宋以后的。民族主义，原因受异族的压迫而起，中国自宋以后，受异族的压迫渐次深了，所以民族主义亦渐次勃兴，这固是题中应有之义。然感情与理性须相辅而行，偏重感情，抹杀理性，就糟了。如中国宋以后盲目的排外之论，是很足以偾事的。近代和西洋人交涉的初期，即颇受其弊。而日本人在明治的初年，亦几受其弊，幸而尊王攘夷之论，一转而为变法维新，否则日本在此时，可以激成很大的惨祸的，虽然不至于亡国。朝鲜国比日本小，而其受宋学末流的影响却深，就竟尔暂时酿成亡国的惨祸了。大抵民族主义误用的弊病有两种：（一）是把本族看得过高，如德、日两国，即犯此弊。（二）则把异族看得太低，如中国人总说蛮夷不知礼义，甚至比之于犬羊便是。这两者之弊都由昧于事实的真相而起。昧于事实的真相，惟有求明事实的真相可以救之。所以由矫揉造作的历史所致之弊，惟有用真正的历史，可以做它对症的药。

还有，借历史以维持道德的观念，也是有流弊的。这又可分为两种：其一，借历史以维持社会的正义，如朱子编《通鉴纲目》，借书法以示褒贬。书法是借一种记事的笔法，以表示对于其事的褒贬的。如某人罢官，罢得不得当的，则书曰罢某官某；如其人咎有应得的，则削去官名，但书某罢；如无好无坏的，则书某官某罢。后人又为之发明，对于历史上的人物、事迹一一加以批评是。其二，则借此激励读史者的修为，如昔人编纂名臣和名儒的言行录等，即出于此动机。此二者，骤看亦似无甚弊病。然凡事都贵求真，（一）历史上的记载，先是不确实的；（二）即使确实，而一件事情，关系极为复杂，亦断非但据其表面所能论定；而此等史事的批评家，往往仅据往史表面上的记录，其结果，多不免于迂腐或肤浅，就不徒无益于求真，而反足为求真之累了。

还有一事，在西洋受病颇深，中国却无其弊，那便是借历史以维护宗教。在西洋所谓中世时代，历史几乎做了宗教的工具。是宗教事件则详，非宗教事件则略，而其所评论，亦多数是用的宗教家的眼光。这不但旧教，即新教亦未尝不如此，而且两教都利用历史，以为攻击的武器。中国亦未尝没有教，中国人所作的历史，如佛家所记的释迦本行、高僧事迹之类，然大家都只当它宗教中的书籍看，不把它当作历史，所以不受其害。还有一种，竟无好好的历史，而历史事迹，都依附宗教书籍以传之国，如印度等，那其受病之深，更不言而喻了。

还有，存着一种以史事为法戒，即所谓前车之鉴的见解，亦足使史学深受其弊的，其说已见前。

五、现代史学家的宗旨

往史之弊既如此，所以救其弊者，又将如何？

不论什么事情，总是发生在一定的环境之内的，如其不知道它的环境，这件事就全无意义了。现在试举一个例。从前汉朝时候，有一个名将，唤做韩信。他有一次和敌人打仗，把自己的兵排在水边上，背对着水，这就是所谓背水阵，是犯兵家之忌的，因为没有退路了。后来竟打了胜仗。人家问他，他说：这亦在兵法上，不过你们不留意罢了。兵法上不是有一句置之死地而后生么？我所用的兵，不是训练惯统带惯的，乃是临时聚集来的乌合之众，这和走到市集上，把许多赶集的人聚拢来，使之作战一样，不是置之死地，人人要想自己救命，谁肯出力死战呢？这是一件事。明朝时候，又有一个名将，唤做戚继光。他练兵最认真。著有一部书，唤做《练兵实纪》，对于练兵的法子，说得很详尽。清朝的曾国藩，本来是个书生，不懂得练兵的，他初出来练乡勇，就靠这一部书做蓝本，订定一切规则。可见戚继光这部书，对于练兵的法子说述的详尽，也可见得他对于练兵的认真了。相传当他检阅时，适逢大雨，他的兵都能植立雨中，一步也不移动，可见他训练之效。他所以南征北讨，所向有功，绝非偶然了。这又是一件事。两件事恰恰相反。在看重战术的人，一定说韩信的将才在戚继光之上，能不择兵卒而用之；在注重训练的人，则又要说韩信的战胜只是侥幸；其实都不其然。韩信生在汉初，承战国时代之后。战国时代，本来是举国皆兵的，所以在秦、汉之世，贾人、赘婿、闾左，这亦是当时所谓谪发、谪戍。谪是谴谪昀意思，发有罪的人出去作战，谓之谪发；出去戍守，谓之谪戍。贾人、赘婿，都不能算有罪，然汉时亦在七科谪之列，那不过因当时重农贱商，赘婿大概是没有田产的，发他们出去当兵，免得扰累农民罢了。闾左，谓一条街巷的左半段。这是要发一条街巷里居民的一半去当兵，而古者地道尊右，把右边算上首，所以发其左半的人出去，秦时曾有此事。发出去都可充兵。韩信所用的兵，虽说没有经他训练过，然战争的教育，是本来受过的，对于战斗的技艺，人人娴习，所以只要置之死地，就能够人自为战。戚继光时代，则中国统一已久，人民全不知兵，对于战斗的技艺一无所知。若不加以训练，置之活地，尚不能与敌人作战，何况置之死地呢？若使之背水为阵，非毙于敌人锋镝之下，就要被驱入水了。所以韩信和戚继光的事，看似相反，而实则相成，若非知其环境，就无从了解其真相了。况且事实原因环境而生，若不知其环境对于事实的性质，必也茫无所知，更何论了解其经过。然则对于史事，安可不知其环境呢？

然而我们现在对于任何史事，总不能十分明白其环境，这是什么理由？这自然是由于记载的缺乏了。记载为什么会缺乏呢？难道向来史家，对于不知环境则不能明白其事件的真相的道理都不知道么？不，须知"常事不书"，为秉笔者的公例。我们现在虽追恨古人，叙述一事件时，不把他的环境说述清楚，以致我们不能了解，然使我们执笔为之，恐亦不免此弊；即使力求避免，其与古人，亦不过程度之差而已；将来读书的人，还不免要追怨着我们。这是因为著书的人，总得假定若干事实为读者所已知，而不必加以叙述，如其不然，就要千头万绪，无从下笔了。你天天记日记么？一个朋友，忽而今天来看你；你今天忽而想到去做一件不在预算范围内的事情；这自然要记出来的。学校中的课程，个个星期是一样；吃饭、睡觉，天天是一样；那就决无逐日记载之理，至多每学期开学之初，把课程表抄一份在日记里，以后每逢变动时，再加以记载；初记日记时，把吃饭和睡觉的时刻，记下一笔，以后则逢一顿宴会，一夜失眠等事，再加以记载罢了。这就是所谓常事不书，是秉笔者不得不然的。然而社会的变迁，虽然看不见，却无一息不在进行之中。虽其进行无一息之停，却又"正明目而视之，不可得而见，倾耳而听之，不可得而闻"，正和太阳影子的移动，没人看得见一样。然而隔着一个时间再去看，就移动了许多了。社会的变迁亦是如此，必须隔若干年代，然后看得出。然而人寿太短，所以除非生于剧变时代的人，总不觉得它有多大的变动。寻常人所觉得的变动，总是听见父辈、祖父辈，甚或是曾、高祖父辈的人所说的，这种说述的人，尚或出于传闻而不是亲见，如此，在感情上，自然不甚亲切；而且这些零碎的事实，不能通其前后而观之，则亦不过是一个一个小小的变动而已，并不觉得如何惊心动魄；把它记载下来的人，自然少了。隔了较长远的时代，再把今昔的社会一加比较，固然也觉得它有很大的不同，然而变迁的时代，业已相离很远，无从知其因变迁生出来的影响，自更无人注意及之了。所以社会的变迁，我们所知道的，怕不过百之一二，对于任何时代的情形，我们都是茫然，自然对于任何事件的环境，我们都不明白了。

不知环境，对于任何事情，总是不能明白的，以致对于任何时代，亦都不能明白，这却如何是好呢？所以现在的史学家最重要的事情，就是"再造已往"。何谓再造已往呢？那就是已往的时代，虽然已往了，我们却要综合各方面，使其时代的情形，大略复见于眼前。

史事有"特殊事实"和"一般状况"之分。对于特殊事实，普通的见解，总以为时代愈接近的人，则知之愈真切，其实不然。这许多事情，往往要隔了一个相当的时期，然后渐明；再隔了一个较长的时期，然后大白的。因为许多事情，都有其内幕，而其内幕，在当时总是秘密的。局中人固不肯宣泄，更不能宣泄；局外人既不能宣泄，亦或不肯宣泄；必隔了一个时期，其材料才得出现。而且局中人无论矣，即局外人，亦免不了利害和感情上的关系，其见解总不能平允，见解既不能平允，自然所述不能真实，亦必隔了一个时期，此等关系渐成过去，其所传的材料方能真确。又有许多事情，其内幕是永不宣泄的，所谓如何如何，只是后人据其外形参以原因、结果，推测而得，这亦非待至事后各方面的材料大略出现之后，无从推测。这种便利，都是当时的人，或其时代较为接近的人所没有的。所以特殊事实，看似当时的人最为明白，时间愈接近的人则愈明白，其实适得其反。我们来谈唐、宋、元、明时代的特殊事实，必有一部分非其时之人所知；将来的人谈现在的历史，亦必有一部分非我们所能及。至于一般状况则不然，现在的上海，物质生活是怎样？人情风俗是怎样？将来的人，无论是怎样一个专家，对于现在的上海，无论研究得如何精密，其了解的深切，总还不如现在久居上海的一个无甚知识的人。固然，他或有种种知识，为现在的老上海所不及的，然这只是多知道了若干零碎的事实，对于现在整个上海的性质的了解，决出于现在所谓老上海者之下。若使现在的上海，发生了一件特殊的事情，使将来的专家和现在的老上海，同来猜想其原因，逆料其结果，将来专家的所言，决不如现在老上海之近理。所以以当时的人，了解当时的事，只是苦于事实的真相不能尽知，如其知之，则其了解之程度，必出于异时人之上。这就是再造已往之所以要紧。

已往者已往矣，何法使之再现？难道能用奇秘的摄影术，使古事再见；奇秘的收音机，使古语可闻么？照寻常人想来，除非用现代的有声电影，可以把现代的情形，留起若干来，给后人知道，已往的事，是决然无法的了，其实不然。所谓一般状况，乃是综合各种事情而推想出来的。并不是指某一个人或某一件事。若专指一人一事，那又是特殊事实了。我们现在，有许多前人所遗留下来的重大的特殊事件，尚且不能了解其时的社会，何况但保存一二琐屑的事情呢？若说我们保存得多，则岂能把现代的情形，一一保存下来？还不过和前人一样，假定若干事物为后人所能知，则置诸不论不议之列，其为我们所逆料，以为将来之人将不能知之事，则保存一二罢了。此与前人之所为，亦何以异？至多以五十步笑百步而已。所以要以现代人之所为，省却将来的人搜辑、推测之劳，决无其事。而史家的能力，就是在于搜辑、推测的。倘使能搜辑、推测，前代的情形虽然已成过去，仍有使之再见到某程度的可能。我们现在所苦的，乃是这种材料之少，而无从据之以资推测，然此种材料少，我们所用的搜辑的工夫，怕比他更少。况且我们于现存材料之外，还有发现新材料的可能。

所以现代史学上的格言，是"求状况非求事实"。这不是不重事实，状况原是靠事实然后明白的，所以异于昔人的，只是所求者为"足以使某时代某地方一般状况可借以明白的事实"，而不是无意义的事实而已。所以有许多事情，昔人视为重要，我们现在看起来，倒是无关重要，而可以删除的。有许多事情昔人视为不重要，不加记载，不过因他事而附见的，我们现在看来，倒是极关重要的，要注意加以搜辑，上章所述的襄蒸和起面饼，似乎就是一个例子。所以求状况的格言，是"重常人，重常事"，常人、常事是风化，特殊的人所做的特殊的事是山崩。不知道风化，决不能知道山崩的所以然，如其知道了风化，则山崩只是当然的结果。

搜辑特殊事实，以求明了一般状况，这是很难有刻板的方法可说的。大致说起来，亦不外乎所知者博，则所测者确，所以搜辑是最紧要的事。所搜辑的材料，大致说起来，亦可分为物质状况和社会状况二者。譬如古代的地埋，和现在不同，就是自然状况有异，譬如古代的长江比现在阔，所以南北战争，长江为天险的性质较后世为甚。住宅、道路等亦然。又如考校某时代的学术思想如何，便可推测其时的士大夫，对于某种政治上的事件，怀抱何种感想？若再博考其时平民社会的情形，则又可推测其时的老百姓，对国事的态度如何？既知道士大夫和老百姓对待国事的态度，就可解释其时政治上某种事件，当局者何以要取某种措置的理由，并可评论其得失。这是举一端为例，其余可以类推。"折戟沉沙铁未销，自将磨洗认前朝"，知道古今兵器之不同，则其战术的不同，亦只是当然的结果，如风化之于山崩而已。

六、作史的方法

作史，似乎是研究历史的人所谈不到的，然而现在的历史，正在要重作之中，惟其知道作史的方法，才能知道研究的方法，所以作史的方法，也不可以不一谈。

历史该怎样作法呢？那在理论上是无疑义的。第一，当先搜集材料。第二，当就所搜集得的材料，加以考订，使其正确。然后第三，可以着手编纂。

史事的搜辑、订正，是永无穷期的。外行的人，往往以为"历史的材料，是一成不变的。至多（一）有新发现的事实，加一些进去；（二）旧材料不完全、不正确的，被发现了，则加以补充，加以订正；如此而已。这两者都不能多，所以历史的材料，从大体上可以说是固定的，无甚变动"。这种见解，其实是错误的。历史上的年代如此之长，事实如此之多，即使我们所搜辑的范围，和从前人一样，亦不易有完备之日。何况研究的范围，是时时变动的，无论你方法如何谨严，如何自许为客观，入于研究范围之内的，总是反映着其时代所需要。一物有多少相，是没有一定的，有多少人看，就有多少相，因为没有两个看，能占同一的空间与时间。看的人没有了，相也就没有了。哲学家说："世界上没有两件相同的东西，因为至少它所占的时间或空间是两样。"然则以不同地域、不同时代的人，看起历史上的事件来，其观点如何会相同？观点不同，其所见者，亦自然不同；所觉得要补充，要删除的，自亦随之而异了。所以史学一日不息，搜辑之功亦即一日而不息。这话或者说得太玄妙些，然即使浅而言之，现代各种科学勃兴，我们从前不甚注意，不甚了解的事实，现在知其重要的何限？岂能摒诸研究范围之外？然则史学的范围，安得而不扩充？范围扩充，搜辑的工作，安能不随之而增加呢？科学的进步永无止境，史家搜辑的工作，自亦随之而无穷了。至于订正，则从前人的记载错误的，见解不正确的，浅而言之，即随处可见。此等或可说：终有订正至正确的一日，而有的或竟无法可想了，则订正亦似有穷期。其实亦不然。真正客观的事实，是世界上所没有的。真正客观的事实，只是一个一个绝不相联属之感觉，和做影戏所用的片子一般，不把它联属起来，试问有何意义？岂复成为事实？所谓事实，总是合许多小情节而成，而其所谓小情节，又是合许多更小的情节而成，如是递推，至于最小，仍是如此。其能成为事实，总是我们用主观的意见，把它联属起来的。如此，世界上安有真客观的事实？既非客观，安得云无变动？这话或者又说得太玄妙些，然而一件事实的真相，不但限于其外形，总得推见其内部，这总是人人可以承认的。如此，则因社会状况的不同，人心的观念即随之而变，观念既变，看得事情的真相，亦就不同了。譬如在从前尊信士大夫阶级的时代，看历史上的党争，或以为一方面确系君子，一方面实属小人；或以为两方面都系君子，出于误会。到现在就知道无论哪一方不会全是君子，其中真为国家、社会起见的，总不过是极少数人了。史事的订正，又安有穷期呢？搜辑永无穷期，订正永无穷期，历史的当改作，即已永无穷期，何况历史不是搜辑、考订了便算了事的，还要编纂成功，给大家看，而看的人的需要，又是随时不同的，然则历史安得不永远在重作之中呢？

　　以上所说的都是原理，以下且谈些具体的方法。

搜辑的对象，当分为书本和非书本二者。非书本之物，即：（一）人类的遗骸，（二）古物，（三）法俗，已如第二节所述。此当随时搜辑，其最重要的来源，为（一）考古学上的发现，及（二）各种新调查。这二者，在现在的中国，材料还不多，我们只能尽其所有，充分地加以利用。书本上的材料，则可谓汗牛充栋。一个人的研究，总有一个范围，如划定时间、地域，或择取某一事件等。在范围内的材料，自然有一个限度。但这种材料，很难断定某一部书内没有，于是每研究一个题目，就非把所有的书看遍，或看其十之七八不可，此岂人力所能及。从来著书的人，无论如何勤苦，怕也没人敢说材料的搜辑，业已一无遗漏，或者十得八九的。然而考证上的事情，往往多一条证据，少一条证据，如发现不足信的材料，抽去一条。事相即为之大变，材料的搜辑不能完全，总是史学家一个遗憾。然则如之何呢？绝对的理论上的完备，自然是不可能的，然亦总得尽我们之力，做到大体上没有遗憾的地步。如此说来，则我觉得史料汇编，在今日实为当务之急。所谓史料汇编，便是把每一个题目，无论其为时间别，地域别，或择取某事件。遍览群书，把其中有关系的，都抄录下来，注明篇名、卷数或页数，及所据的版本。不同的刻本，须互相校勘，见于类书或他书所征引者亦然，所以又涉及校雠问题。此自非一二人之力所能及，当集群力，以大规模的组织行之。此即昔人编纂类书之法。中国历代，多有大类书的编纂。从魏朝的《皇览》，到清朝的《图书集成》。这能替研究学问的人，把他所需要的材料，汇集在一处，省却他自行搜辑之劳，所省下来的工夫，就可用之于研究上了，其用意实为最善，惜乎其所编纂的，都不甚佳而已。因为私人之力不及，而官修之书，又每不尽善。在现代，实在各种学问，都当以此法行之，而史家相需为尤急。论整理国故的人，总说旧学术要算一笔总账，编类书亦是算总账最好的法子。编纂史料汇编，当用前人作史抄的方法。所谓史抄，是把从前人的著作，依着我所定的条理系统，抄集下来的。不改动原文，但遇两书材料相同的，则去其重复，然亦仍须注明。如《史记》与《汉书》，《宋》《齐》《梁》《陈》《魏》《周》《隋书》与《南北史》是。有一字的异同，亦须注明，无之则但注某书某篇同。有须删节处，亦须注明删节。总使人家看起来，和看原书一样。为什么必要用这种体例呢？那是因为读史总要据原始材料的；而且有许多地方，史事的真相就是据字句推勘而得；所以字句一有变动，又要生出一番校勘之劳，这个殊犯不着，所以要一概照抄，如有意见，则另注于下。善用这种体例的，亦可以成为著作，如马骕的《绎史》便是一个例子。罗泌的《路史》，材料实较《绎史》为丰富而可贵，如用《绎史》的体例作成，当更可贵。此种书籍，能合群力为大规模的编纂固佳，即私人亦未尝不可为。那便是：（一）择定一个题目，罄毕生之力而为之，尽其所能，做到什么地步是什么地步，其未竟之绪，则留待后人赓续。（二）或者选定若干部书，把它分门别类地抄撮起来，抄得几部是几部。这种办法，对于一个题目，固然极不完全，然使各种书籍都有人抄，而所定的门类，又大致相等，如能划一，自然更好，但恐不易办到，即亦不必勉强。则合而观之，亦不啻一完备的史料汇编了。驳我的人要说道："彰明较著，一望而知为与某题目有关系的材料，固然可以集众或由有志的人汇抄。然而史学的进步，总是从众所不能见，即置之眼前，亦不能知其有何关系的材料中得来的，此岂非专家所能着手？"这话固然不错。然此乃无可如何之事。汇抄之作，原只能省众所共见的材料的搜辑，然把这种工夫，替研究者省下来，所得业已不少。外国学者著书，往往有延聘助手代其搜辑材料的，就是为此。何况专家新发明、新订正的史料，我们亦可分类抄撮呢?

考订史事的方法,外形上记载的同异,是容易见得的,只要搜辑得完备,校勘得精细。但现在所当致力的,殊不限于此。大抵原始的史料,总是从见闻而来的,传闻的不足信,人人能言之,其实亲见者亦何尝可信?人的观察本来容易错误的。即使不误,而所见的事情稍纵即逝,到记载的时候,总是根据记忆写出来的,而记忆的易误,又是显而易见的。况且所看见的,总是许多断片,其能成为一件事情,总是以意联属起来的,这已经掺入很大的主观的成分。何况还有没看见或忘掉的地方,不免以意补缀呢?这种错误,是无论何人不能免掉的,如其要免掉,那就世界上没有史事了。这还是得之于见的,其得之于闻的,则传述者又把这些错误一一加入。传述多一次,则其错误增加一次。事情经过多次传述,就无意间把不近情理的情节删除或改动,而把有趣味的情节扩大起来。看似愈传述愈详尽,愈精彩,实则其不可信的成分愈多。这还是无意的,还有有意的作伪。那便是:(一)伪造假的事实。(二)抹杀真的事实,如清朝人的烧毁书籍,改作实录,就是其例子。这是有所为而为之的,还有(三)无所为而出于游戏性质的。如东晋晚出的伪《古文尚书》,到底是何人所造,至今很难论定。程鱼门《晚书订疑》说它是游戏的拟作,其说亦颇近隋理,此说如确,就是一个很好的例子了。古今来的伪书,亦可说是汗牛充栋。辨伪之法,近人论者颇多,此书为篇幅所限,不再详述。以上所述,实在还都是粗浅的,若论其精微的,则凭你一意求真,还是不能免于不确实,虽然你已小心到十二分。因为人的心理,总有一个方向,总不能接受和这方向相反的事情。所以又有许多真确而有价值的事情,为你所视而不见,听而不闻了。心理上这种细微的偏见,是没有彻底免除的可能的;就要洗伐到相当的程度,也很不容易。读

《文史通义》的《史德》篇可见。史事的不足信如此，无怪史学家说
"历史只是大家同意的故事"了。史学家为求真起见，在这上面，就
得费掉很大的工夫。

史料的真伪，鉴别、考订得觉其大体可信了，然后我们可进而
批评史事。历史上任何事件，把现在的眼光看起来，总觉得其不甚
可信。明明是个大公无私的人，反说得他诈伪阴险，如往史之于王安
石。明明是件深曲隐蔽之事，说来反觉得其浅显易明，这些真是随处
可见。而只知其外表，不知其内容的，更不知凡几。读史者于此，往
往模模糊糊，不加注意；或则人云亦云；其偶有所见的，又或痛诋古
人的错误，其实此亦不然。一件事，所能看见的，总只是外形，其内
容如何，总得由观察者据着外形去推测。我们该尽我们考证之所能，
推测之所至，尽量把史事的真相阐发出来。不过推测总只是推测，不
能径认为事实而已。在这一点上，昔人著述的体例，未尽善处很多，
实有改良的必要。

历史不但因时代而不同，其所悬拟的读者，亦各不同。各种不同
的读者，而只供给他一种书，是不很适宜的。如《资治通鉴》，本意
系供君主阅览；以供平民阅览，实不尽适宜。就供给一种人看的历史，
也应有几种同时并行，以资参证；而作史者亦得各抒所见；这是于史
学大有裨益的。其好坏，最好任人评论。从前功令，定某种书为正经
正史，使人把它的价值，看得特别高，这种办法颇不适宜。我们当祛
除成见，平等相看，其信否的程度如何，一以我们按照严格的史学方
法所评定者为断。

七、研究历史的方法

历史的性质，及其发展的经过和现在的观点，已经大略明白了，那我们就可以进而谈历史的研究方法了。

现在要想研究历史，其第一个条件，就是对于各种科学，先得要有一个常识。治史学的人，往往以为社会科学是紧要的，自然科学则不甚重要，实亦不然。有许多道理，社会科学和自然科学是相通的。如演变的观念，若不知道生物学，就不能知道得真确。又如治历史，要追溯到先史时代，则史家对于地质学，岂能茫无所知？这是举两端为例，其余可以类推。所以治史学的人，对于现代的科学，都不能不略知大概。否则用力虽深，也和一二百年前的人无以异了，安足称为现代的学问家？固然，各种社会科学，如政治学、法律学、经济学、人生哲学等，和史学的关系更为密切。然只能谓治史学者，对于此等学科，更须有超出常识以外的知识，而不能说此外诸学科，可以并常识而不具。现在再把治史学的人所宜特别加意的几种学科，略说其关系如下：

治史学第一要留意的，就是社会学了。历史是研究整个社会的变迁的，任何一种事件，用别种眼光去解释，都只能得其一方面，惟社会学才可谓能揽其全。而且社会的变迁发展，是有一定的程序的，其现象似乎不同，其原理则无以异。明白了社会进化的法则，然后对于每一事件，都能知其在进化的长途中所具有的意义；对于今后进化的途径，自然也可以预测几分。如蛮族的风俗，昔人观之，多以为毫无价值，不加研究。用社会学的眼光看起来，则知道何种社会有何种需要，各种文化的价值，都是平等的，野蛮民族的文化，其为重要，正和文明民族一样。而且从野蛮时代看到文明时代，更可知道其变迁之所以然。所以我曾说：近代的西人，足迹所至既广，他们又能尊重科学，为好奇心所驱迫，对于各种蛮族的风俗，都能尽量加以研究，这个对于史学的裨益，实非浅鲜。因为它在无意中，替我们把历史的年代延长了，现代蛮族的情形，和我们古代的情形相像，看了它，就可追想我们古代的情形了，所以说是历史年代的延长。就是使我们的知识加几倍的广博。这亦是举一端为例，其余可以类推。

把历史的年代延得更长的，就是考古学了。史学家说："假定人类的出生，有24万年，我们把一日晷设譬，则每小时要代表2万年，每一分钟要代表333年，最古的文化，在11点40分时候才出现；希腊文化，离现在只有7分钟；蒸汽机的发明，则只有半分钟而已。所以通常所谓古人，觉得他和我们相离很远的，其实只是同时代的人。"这种说法，所假定的人类出生的时期，为时颇短，若取普通的说法，很有加长一倍的可能，那我们历史上的文化，更浅短得不足道了。然即此假定，亦已足以破除普通人的成见了。

自然科学中，对于历史关系最密切的，自然是地理学。这因为人类无一息之间，能不受自然的影响，而地理学是一切自然条件的总括。这种道理，在现今是人人知道的，无待再说。但在历史上，地理形势不必和现在相同，把现在的地理情形，去解释史事，就要陷于误谬了。所以治史学者，对于历史地理，不能不有相当的知识。其中最重要的，就是要知道各时代地面上的情形和现在不同的，因以推知其时的地理及于其时人类的影响和现在的不同。钱君宾四曾对我说，有意做这样一部书，这是极紧要极好的事情，然此事恐不易成。不可如从前人但偏于兵事上的研究。

治史学的人，虽不是要做文学家，然对于文学，亦不可不有相当的了解。其中（一）是训诂。这在治古史，是人人知其重要的，然实并不限于此。各时代有各时代的语言，又有其时的专门名词，如魏、晋、南北朝史中之宁馨、是处、若为，《宋史》中的推排、手实、称提等都是。宁馨犹言这个。是处犹言处处。若为即如何的转音。推排是查轧的意思。手实是按一定的条件自行填注。称提乃纸币跌价，收回一部分，以提高其价格之意。这些实该各有其专门的辞典。（二）文法亦是如此。这个在古代，读俞樾的《古书疑义举例》可知，后世亦可以此推之。（三）普通的文学程度，尤其要紧。必能达到普通的程度，然后读书能够确实了解，不至于隔膜、误会。况且在古代，史学和文学关系较深，必能略知文学的风味，然后对于作史者的意旨能够领略。晚出《古文尚书》的辨伪，可谓近代学术界上的一大公案。最初怀疑的朱子，就是从文学上悟入的。他说：《今文尚书》多数佶屈聱牙，《古文尚书》则无不平顺易解。如何伏生专忘掉其易解，而记得其难解的呢？清朝的阎若璩，可说是第一个用客观方法辨《古文尚书》之伪的人，到他出来之后，《古文尚书》之为伪作，就无复辩解的余地了，而他所著的《古文尚书疏证》中有一条，据《胤征》篇的"每岁孟春"句，说古书中无用每字的，因此断定其为魏、晋后人的伪作。宋朝的王应麟，辑鲁、齐、韩三家《诗》，只辑得一薄本，清朝的陈乔枞所辑得的，却比他加出十倍。陈乔枞的时代，后于王应麟有好几百年，只有王应麟时代有的书，陈乔枞时代没有，不会有陈乔枞时代有的书，王应麟时代没有的，巧妇难为无米之炊，陈乔枞有何异术，而能所得的十倍于工应麟呢？那是由于古书有一种义例，为陈乔枞所知，而王应麟所不知。原来自西汉的今文经学以前，学术的传授，都是所谓专门之学，要谨守师法的。这所谓专门之学，与现在所谓专门之学，意义不同，非以学问的性质分，而以其派别分。

所以师徒数代相传，所说的话，都是一样。我们（一）固可因历史上说明甲系治某种学问，而因甲所说的话，以辑得某种学问的佚文；（二）并可以因乙所说的话和甲相同，而知道乙亦系治某种学问。如是再推之于丙、丁等等，其所得的，自非王应麟所能及了。然则甲、乙、丙、丁等所说的话的相同，并不是各有所见，而所见者相同，还只是甲一个人所说的话。我们治古史，搜罗证据，并不能因某一种说法主张者多，就以为同意者多，证据坚强，这亦是通知古书义例，有益于史学的一个证据。

讲学问固不宜预设成见，然亦有种重要的观念在治此学以前，不可不先知道的，否则就茫无把握了。这种重要的观念，原只是入手时的一个依傍，并没叫你终身死守着他，一句不许背叛。现在就史学上的重要观念，我所认为读史之先，应该预先知道的，略说几条如下：

其中第一紧要的，是要知道史事是进化的，打破昔人循环之见。有生命之物，所以异于无生物；人所以特异于他种生物，就在进化这一点上。固然，世界上无物不在进化之中，但他种物事，其进化较迟，在一定的时期中，假定它是不变的，或者尚无大害。人类的进化，则是最快的，每一变动，必然较从前有进步，有时看系退步，然实系进步所走的曲线。这种现象，实在随处可见。然人类往往为成见所蔽，对于这种真理不能了解。尤其在中国，循环的观念人人甚深。古人这种观念，大概系由观察昼夜、寒暑等自然现象而得，因为此等现象，对于人生，尤其是农、牧民族，相关最切。这其中固亦含有一部分的真理，然把它适用于人类社会就差了。粒食的民族，几曾见其复返于饮血茹毛？黑格尔的哲学，徒逞玄想，根脚并不确实；而且不免偏狭之见，有何足取？然终不能不推为历史哲学的大家，而且能为马克思的先导，就是因为他对于历史是进化的见解，发挥得透彻呀！

第二，马克思以经济为社会的基础之说，不可以不知道。社会是整个的，任何现象，必与其余一切现象都有关系，这话看似玄妙，其实是容易明白的，佛家所说的"帝网重重"就是此理。帝字是自然的意思，帝网重重，犹言每一现象，在自然法中，总受其余一切现象的束缚，佛家又以一室中同时有许多灯光，光光相入设譬，亦是此意。然关系必有亲疏，亲疏，就是直接、间接。影响亦分大小。地球上受星光之热亦不少，岂能把星光的重要，看作和太阳光相等？把一切有关系的事，都看得其关系相等，就茫然无所了解，等于不知事物相互的关系了。如此，则以物质为基础，以经济现象为社会最重要的条件，而把他种现象，看作依附于其上的上层建筑，对于史事的了解，实在是有很大的帮助的。但能平心观察，其理自明。

第三，近代西洋科学和物质文明的发达，对于史事是大有影响的。人类最亲切的环境，使人感觉其苦乐最甚的，实在是社会环境，这固然是事实，然而物质环境既然是社会组织的基础，则其有所变动，影响之大，自更不容否认。在基础无甚变动时，上层建筑亦陈陈相因，人生其间的，不觉得环境有何变动，因亦认为环境不能使之变动，于是"世界是不变的。即有变动，亦是循环的""一切道理，古人都已发现了""世界永远不过如此，无法使之大进步，因而没有彻底改良的希望"。这种见解，就要相因而至，牢不可破了。科学发达了，物质文明进步了，就给这种观念以一个大打击。惟物质文明发达，而人类制驭自然之力始强，人才觉得环境可以改变；且可用人类的力量使之改变，人类因限于物质所受的种种苦痛，才觉得其有解除的可能。惟物质文明发达，而社会的组织亦随之而大变，人才觉得社会的组织亦是可变的，且亦可以用人类的力量使之改变的。又因物质文明进步所招致的社会变迁，使一部分人大感其痛苦，人才觉得社会实有加以改革的必要。惟物质文明发达，才能大变交通的情形，合全球为一家，使种种文化不同的人类合同而化。惟科学发达，人才不为浅短的应用主义所限，而知道为学问而学问的可贵，而为学问而学问的结果，则能有更精深的造诣，使人类的知识增加，而制驭事物之力，亦更因之而加强。人类的观念，毕竟是随着事物而变的。少所见多所怪的人，总以为西洋和东洋有多大的差异，闻见较广的人，就不然了，试将数十年以前的人对于外国的见解，和现在人的见解，加以比较便知。然不知历史的人，总还以为这小小的差异，自古即然，知道历史的人，见解就又不同了。西洋现在风俗异于中国的，实从工业革命而来，如其富于组织力，如其溺于个人的成功都是。前乎此，其根本的观念，原是无大异同的。所以近代西洋科学及物质文明的发达，实在是通于全世界划时期的一个大变。

第四，崇古观念的由来及其利弊，亦不可不加以研究的。人人都说：中国人崇古之念太深，几以为中国人独有之弊，其实不然。西洋人进化的观念亦不过自近世以来。前乎此，其视邃古为黄金时代，其谓一切真理皆为古人所已发现，亦与中国同。而且不但欧洲，世界上任何民族，几乎都有一个邃古为黄金时代的传说，这是什么理由呢？崇古的弊病，是很容易见得的。民国三十四年之后，只会有三十五年，决不会有三十三年，然而三十四年的人，是只会知道三十三年以前，决不会知道三十五年以后的。所以世界刻刻在发展出新局面来，而人之所以应付之者总只是一个旧办法。我们所以永远赶不上时代，而多少总有些落伍，就是为此。这固然是无可如何的事，然使我们没有深厚的崇古观念，不要一切都以古人的是非为标准，不要一切都向从前想，以致养成薄今爱古的感情，致理智为其所蔽，总要好得许多。然而人却通有这种弊病。这是什么理由呢？难道崇古是人类的天性么？不，决不。人类的所以崇古，是有一个很深远的原因的。人类最亲切的环境是社会环境，使人直接感觉其苦乐，前文业经说过了。在邃古之世，人类的社会组织是良好的，此时的社会环境亦极良好。后来因要求制驭自然的力量加强，不得不合并诸小社会而成为大社会，而当其合并之际，没有能好好地随时加以组织，于是人类制驭自然之力逐步加强，而其社会组织，亦逐步变坏，人生其间的，所感觉的苦痛，亦就逐步加深了。人类社会良好的组织，可以说自原始的公产社会破坏以来，迄未恢复。而其从前曾经良好的一种甜蜜的回忆，亦久而久之未曾忘掉。至于是大家都觉得邃古之世，是一个黄金时代，虽然其对于邃古的情形并不清楚。这便是崇古主义的由来。是万人所共欲之事，终必有实现的一日的，虽然现在还受着阻碍。明乎此，则知今日正处于大变动的时代之中，但其所谓变动，必以更高的形式而出现，而非如复古主义者之所想象，这便是进化的道理。

以上所述，自然不免挂一漏万，然而最重要的观念，似亦略具于此了。社会科学，直至今日，实在本身并没有发现什么法则。一切重要观念多是从自然科学中借贷而来的。并非说全没有，但只是零碎的描写，没有能构成条理系统。前叙循环等观念，根本是从观察无生物得来的无论矣，近代借径于生物学等，似乎比古人进步了，然亦仍有其不适用之处。无论其为动物，为人，其个体总系有机体，而社会则系超机体，有机体的条例，亦是不能适用于超机体的。如人不能恒动不息，所以一动之后，必继之以一静；社会则可以这一部分休息，那一部分换班工作，所以一个机关可以永不停滞，这便是一个例。所谓社会科学，非从感情上希望其能够如何，更非从道德上规定其应当如何，而是把社会的本身，作为研究的对象，发现其本身是如何、可以如何的问题。这便是第一章所说的学，而指导其应该如何，则只是第一章中所说的术。术是要从学生出来的，而我们自古至今，对于社会的学，实在没真明白过，所以其所谓术，也从来不能得当。一般对于社会的议论，非希望其能够如何则斥责其不当如何，热情坌涌；而其目的都不能达到，如说食之不能获饱，试问竟有何益？社会学家说得好："社会上一切事都是合理的，只是我们没有懂得它的理。"这话深堪反省，努力研究社会，从其本身发现种种法则，实在是目前一件最为紧要的事，而这件事和史学极有关系，而且非取资于史学，是无从达其目的的，这便是史学的最大任务。

人的性质，有专门家和通才之分。在史学上，前者宜为专门史家，后者宜为普通史家。人固宜善用其所长，然亦不可不自救其所短。专门家每缺于普遍的知识，所发出来的议论，往往会荒谬可笑。这是因为一种现象的影响只能达到一定的限度，而专门家把它看得超过其限度之故。普通史家自无此弊。然普通史的任务，在于综合各方面，看出一时代一地域中的真相，其所综合的，基础必极确实而后可，如专门的知识太乏，又不免有基础不确实的危险。所以治史学者，虽宜就其性之所长而努力，又宜时时留意矫正自己的所短，这亦不可不知。

读历史的利益何在呢？读了历史，才会有革命思想。这话怎样讲呢？那就是读了历史，才知道人类社会有进化的道理。从前的人，误以为读了历史，才知道既往，才可为将来办事的准则，于是把历史来作为守旧的护符，这是误用了历史的。若真知道历史，便知道世界上无一事不在变迁进化之中，虽有大力莫之能阻了。所以历史是维新的证佐，不是守旧的护符。惟知道历史，才知道应走的路；才知道自己所处的地位，所当尽的责任。

有人说："历史上的因果关系，是很复杂的，怕非普通人所能明白，而普通的人对于历史，也不会感觉兴味。"这话亦不尽然。今日史事的所以难明，有些实在由于因果关系的误认。譬如政治久已不是社会的原动力了，有些人却偏要说国家的治乱兴亡，全由于政府中几个人措置的得失。这种似是而非的话，如何能使人了解？如其是真实的："现代机械的发明，到底足以使人的生活变更否？""机械发明之后，经济组织能否不随之而起变化？""资本主义，能否不发达而为帝国主义？""这种重大的变化，对于人类的苦乐如何？现在的社会，能不革命否？"这些看似复杂，而逐层推勘，其实是容易明白的，何至于不能了解？都是和生活极有关系，极切近的事情，何至于没有兴味？

史籍与史学

一、史学定义

何谓史？史也者，记事者也。此人人所能作之语也。虽然，世界之事亦多矣，安能尽记，即记亦有何益？能答是问者，则较少矣。号为学问之士，则曰：史事者，前车之鉴也。古人如何而得，则我可从而仿效之，如何而失，则我可引为鉴戒。此说似是，而稍深思，即知其非，何者？史事之有记载，亦既数千年矣，岂尝有两事真相同者。世之以为相同，皆察之不精，误以不同者为同耳，世事既实不相同，安可执古方以药今病。欧人东来后，中国交涉之所以败坏，正坐此耳。此真不远之鉴也。不宁惟是，世运愈进，则变迁愈速。一切事物，转瞬即非其故，执古方以药今病，在往昔犹可勉强敷衍者，今则不旋踵而败矣。故以史事为前车，实最危险之道也。然则读史果何用哉？天资较高者，窥破此理，乃以学问为无用，以载籍为欺人。专恃私智，以应事物，究其极，亦未有不败者。古来不学无术之英雄，皆此曹也。然则史学果有用乎？抑无用乎？

史也者，事也。而史学之所求，则为理而非事，是何也？曰：佛家之理事无碍观门言之矣。事不违理，故明于理者必明于事，然则径求其理可矣，何必更求其事。曰：此则理事无碍观门又言之矣。事外无理，故理必因事而明。然则明于事者，亦必能知理。明于事理，则不待讲应付之术，而术自出焉。犹欲制一物者，必先知其物之性质，苟深知其物之性质，则制造之法，即可由之而定也。夫明于事，则能知理者，何也？请就眼前之事物思之，物之接于吾者亦多矣，习见焉则不以为异，不复深求其故。苟一思之，则此事之所以如此，彼事之所以如彼，无不有其所以然。偶然者，世事之所无，莫知其然而然，则人自不知之耳。一切事物如此，社会何独不然，中国之社会，何以不同于欧洲，欧洲之社会，何以不同于日本，习焉则不以为异，苟一思之，则知其原因之深远，虽穷年累世，犹未易明其所以然也。一切学问之所求，亦此所以然之故而已矣。两间之事物甚繁，而人类之知识有限，学问于是乎有分科。史之所求，以人类社会为对象，然则史也者，所以求明乎人类社会之所以然者也。

然则史也者，所以求知过去者也，其求知过去，则正其所以求知现在也。能知过去，即能知现在；不知过去，即必不知现在，其故何也？曰：天地之化，往者过，来者续，无一息之停。过去现在未来，原不过强立之名目。其实世界进化，正如莽莽长流，滔滔不息，才说现在，已成过去，欲觅现在，惟有未来，何古何今，皆在进化之长流中耳。然则过去现在未来，实为一体，不知过去，又安知现在，真知现在，又安有不知将来者邪？

世事之所以然，究竟如何？不可知也。然既从事研求，则必有其见地，所见虽未必确，固不妨假定为确，使所假定者而果确焉，此即社会演进之真理也。事不违理，非徒可以知现在，抑亦可以测将来矣。吾曹今日，于此虽尚无所知，然其所研求，则正此物也。故史也者，所以求社会演进之遗迹，而因以推见其定则者也。

欲明进化之定则，必知事物之因果，然今古之界，既系强分，彼此之名，自然亦系强立。一事也，欲求其因，则全宇宙皆其因；欲求其果，则全宇宙皆其果耳。夫安能尽记，抑安能遍知，史学复何由成立哉？应之曰：史也者，非一成不变之物，而时时改作焉者也。吾侪自有知识，至于今日，所经历之事亦多矣，安能尽记，然吾之为何如人，未尝不自知也。我之知我为何如人，固恃记忆而得。然则史事岂待尽记哉？亦记其足以说明社会之所以然者可矣。惟何等事实，足以说明社会之所以然，别择甚难。此则世界之历史，所以时时在改作之中，而亦今日之治史学者，所为昕夕研求，孳孳不怠者也。

二、史籍溯源

史学与史籍，非一物也。会通众事而得其公例者，可以谓之史学；而不然者，则只可谓之史籍。史学缘起颇迟，而史籍之由来，则甚旧也。

英儒培根氏，根据心理，分学问为三类：一曰属于记忆者，史是也；二曰属于理性者，哲学是也；三曰属于情感者，文学是也。中国四部中之史，与其所谓属于记忆者相当，可不俟论；经、子与其所谓属于理性者相当；集与其所谓属于情感者相当，虽不密合，亦姑以辜较言之也。

文学之书，自为一类，盖自二刘立《诗赋略》始。集部后来庞杂至不可名状，然迫原其始，则固所以专收文学之书，《七略》中之《诗赋略》是也。范、陈二史，著诸文士撰述，皆云诗、赋、碑、箴、颂、诔若干篇。王俭《七志》犹以诗赋为文翰志；至阮孝绪《七录》，乃以文集为一部。盖缘后人学问日杂，所著之书，不复能按学术派别分类，乃不得不以人为主，编为别集也。此自后来之迁变，不害始创《诗赋略》者体例之纯。史则尚附《春秋》之末也。然则刘《略》以前，探索原理之经、子，记载事物之史，发抒情感之文，皆混而为一矣。此自古人学问粗略使然，然亦可见其时客观观念之阙乏也。故曰：史学之缘起颇迟也。云史籍之由来甚旧者：人类生而有探求事物根柢之性，故必知既往，乃知现在之见解，人人有之。与其恋旧而不忍忘之情，故一有接构，辄思考究其起源；而身所经历，尤必记识之，以备他日之覆按。当其离群索居，则于宇宙万物，冥心探索；群萃州处，又必广搜遗闻轶事，以为谈助。思索所极，文献无征，犹或造作荒唐之辞，以炫人而自慰；况其耳目睹记，确为不诬，十口相传，实有所受者乎？此民间传述，所以远在书契以前；而史官记载，亦即起于始制文字之世也。

史官之设，亦由来已旧。《玉藻》曰："王前巫而后史。"又曰："动则左史书之，言则右史书之。"《玉藻》所记，为王居明堂之礼，必邃古之遗制也。《内则》称五帝、三王，皆有惇史。而《周官》所载，有大史、小史、内史、外史、御史之分；又诸官皆有史，盖世弥降，职弥详矣。就其书之存于今者观之：《尚书》，记言之史也；《春秋》，记事之史也；《大戴记》之《帝系姓》，及《史记·秦始皇本纪》后所附之《秦纪》，小史所掌之系姓也。古所谓《礼》，即后世所谓典志，亦必史官所记，惟不知其出于何职，大约属于某官之事，即其官之史所记也。古代史官之书，留诒于后世者如此。

民间传述，起源尤古。就其所传之辞观之：有出于农夫野老者，亦有出于学士大夫者。有传之未久，即著竹帛者；亦有久之乃见记载者。其所传之事，有阅世甚久者；亦有相去不远者。传之久始著竹帛者，其失实多；而不然者，其失实少。如《管子》"大""中""小匡篇"述管仲事，有可信者，有极悠缪者，即由其或以史籍为据，或出辗转传述也。所传之事，出于近世者，多系人事，其出于荒古者，则不免杂以神话，太史公谓百家言黄帝，其文不雅驯，盖即如此。纤纬荒怪之辞亦必非全无根据，盖亦以此等传说为资料也。今日读古书，固不能一一知其所出，据此求之，犹可得其大略也。

　　《史通》分正史为六家：一《尚书》，二《春秋》，三《左传》，四《国语》，五《史记》，六《汉书》。《史》《汉》皆出后世。《左氏》，近儒谓后人割裂《国语》为之，说若可信，《国语》则《尚书》之支流余裔耳。何以言之？《尚书》重于记言，既记嘉言，自亦可记懿行；既记嘉言懿行以为法，自亦可记莠言乱行之足为戒者也。古者设官记注，盖惟言、动二端。典礼之书，后人虽珍若球图，当日仅视同档案，等诸陈数之列，迥非多识之伦。《系世》所记，更属一家之事，故溯史职者不之及也。至《史》《汉》出而体例大异。《汉书》原本《史记》；《史记》亦非谈、迁所自作，观《世本》之例，多与《史公书》同，则系当时史官，记注成法如此，谈、迁特从而网罗之耳。《帝纪》及《世家》《年表》盖合《春秋》及《系世》而成，《列传》出于《国语》，《史记》称列传犹曰语，如《礼志》述晁错事，曰见袁盎语中。《书》《志》出于典礼。前此不以为史者，至此悉加甄采；前此只有国别史，至此则举当日世界各国之史，合为一编：史籍至此，可谓大异于其故，盖浸浸焉进于史学矣。

三、史学缘起

　　史籍非即史学，前已言之矣。然则吾国史学，果始何时乎？曰：其必始于周、秦之际矣。何以言之？

　　史学者，合众事而观其会通，以得社会进化之公例者也，夫合众事而观其会通，以得社会进化之公例，非易事也。必先于社会之事，多所记识；然后以吾之意，为之分类；又就各类之事，一一紬绎之而得其所以然，然后能立一公例；所积既众，则又合诸小公例而成一较大之公例焉，而史学之公例乃渐出。此非一朝一夕之功，亦非一手一足之烈，史学初萌，断不足以语此。先河后海，大辂椎轮，但求其记识搜辑，确以备他日紬绎之须，则亦可谓之史学矣。信如是也，吾必谓中国史学，起于周、秦之际，何以言之？

　　吾国有史，由来旧矣。然其初之记识，非以供他日细绎之资也。史官之载笔，盖如后世之胥吏；其所记识，则如后世之档案。纣之欲立微子启，则殷之大史，执简以争，此奉档案之旧例为不可违也。职是故，则珍其档案，而不忍轻弃者出焉。夏之亡也，太史终古抱其图法以奔商；商之亡也，太史向挚抱其图法以奔周，《吕氏春秋·先识篇》。则是也。儒者之"必则古昔，称先王"，《礼记·曲礼》。意亦如此。"故曰：徒善不足以为政，徒法不能以自行。《诗》云：'不愆不忘，率由旧章。'遵先王之法而过者，未之有也。"《孟子·离娄上》。此皆不脱以史籍为档案之思想，未足语于史学。又有视史事若父老相传之故事，用为鉴戒之资者：《易》曰："君子多识前言往行，以畜其德。"《诗》曰："殷鉴不远，在夏后之世。"皆此意也。此亦未足语于史学。古之能紬绎史事，求其公例者，其惟道家乎？《汉书·艺文志》曰：道家者流。盖出于史官，历记成败、存亡、祸福、古今之道，然后知秉要执本，清虚以自守，卑弱以自持。观史事而得所以自处之方，可谓能紬绎众事，得其公例矣。然于史事初无所传，此仍只可谓之哲学，而不可谓之史学也。《韩非子》曰：孔子、墨子，俱道尧、舜，而取舍不同，皆自谓真尧、舜。尧、舜不复生，将谁使定儒、墨之诚乎？《显学篇》。可见当时诸家，于史事各以意说，意说而不求其真，此为非史学之诚证矣。且如孔子，删《诗》《书》，定《礼》《乐》，赞《周易》，修《春秋》。古代之史籍，几无不借以传，然《春秋》之作，实以明义。《左氏》为《春秋》之传与否，姑不论，即谓《春秋》之传，亦只可谓治《春秋》者当兼明本事耳，不能谓《春秋》之作，非以明义也。尧、舜禅让，事究如何，殊难质言，孔子之亟称之，盖亦以示公天下之义耳。《孟子·万章上》所陈，盖即孔门书说也。此事予别有《广疑古篇》明之。《左氏》出于《国语》。《国语》者，《尚书》之流，其为士夫所传习，则吾所谓视如故事，资为鉴戒者耳。《战国策》者，纵衡家之书，今已亡佚之《苏子》《张子》等，见《汉书·艺文志》。盖当与相出入，以为史籍则缪矣。然则十家九流，信未有能知史学者也。

今称史书，必始《史记》。《史记》体例，实源于《世本》，前已明之。史公之作此书，意盖亦以为一家之著述，故曰："究天人之际，通古今之变，成一家之言。"司马迁《报任安书》，见《汉书》本传。其告壶遂，不敢自比于《春秋》，《史记·太史公自序》。乃其谦辞耳。然《史记》论议，率与记事别行，论赞是也，间有不然者，如

《伯夷列传》之类，然较少。与孔子作《春秋》，删改旧史以明义者迥别。其言曰："述故事，整齐其史传。"《太史公自序》。则始知保存史实，以备后人之研究；与前此九流十家，但著其研究之所得者，迥不侔矣。《史记》源于《世本》，而《世本》出于战国之世，《史通》谓战国之世好事者为之。故吾谓中国史学，实始于周、秦之际也。

史不必皆史官所记，史官所记亦不必皆优于寻常人所传。然寻常人非职守所在，所记或断续无条理，又多杂以不经之谈；史官则不容如此，故古史流传，仍以史官所记为可贵。史设专职，古代盖各国皆然。参看《史通·古今正史篇》。《史记·六国表》曰：秦既得意，烧天下诗书，诸侯史记尤甚，为其有所刺讥也。诗书所以复见者，多藏人家，而史记独藏周室，以故灭，惜哉惜哉。此诗书二字，当包凡书籍言。《秦始皇本纪》诗、书与百家语对举，此处不言百家语，亦包诗书之中。周室二字，亦兼诸侯言之，乃古人言语，以偏概全之例，非谓是时睢周室有史，更非谓诸侯之史，皆藏周室也。孔子如周，得百二十国之书，乃纬书妄语，古代简策繁重，周室安能藏百二十国之书邪？当时之史，实类后世之档案，惟官家有之，故一焚而即灭。《尚书》《春秋》虽借儒家之诵习而仅存；而如孟子所称晋之《乘》、楚之《梼杌》等，则皆为煨烬矣，岂不惜哉。然史籍亡于周、秦之际，而史学亦肇于是时，是则可异也。岂天其哀念下民，不忍其文献之沦亡，而有以默相之邪？非也。古籍亡灭，后人悉蔽罪于始皇，其实非是。炎汉而后，更无祖龙，然各史艺文经籍志所载之书，果何往哉？则历代书籍，以社会之不克负荷而亡灭者，为不少矣。焚书之令，当时奉行如何，今不可考；然无论如何严密，谓有此一令，腹地边远皆莫不奉行惟谨，即人民亦莫敢隐藏，亦必无之事也。即史籍但藏于官中，亦非尽亡于始皇之一炬。《春秋》之世，弑君三十六，亡国五十二，诸侯奔走，不得保其社稷者，不可胜数，岂能皆有向挚抱图法以适兴朝？古代系世掌于小史；《周官》。而秦、汉以后，公卿大夫，至于失其本系，唐柳芳语，见《唐书·柳冲传》。可见列国互相兼并之日，即其史记沦于兵燹之时。始皇所焚，亦其仅存者耳。夫物，完具则人莫以为意，散佚则思搜辑之者起焉。周、秦之际，实学术昌盛之时，而亦史籍沦亡之世，故悯其残阙而思搜辑之者多也，非天也，人也。

史学之家，自汉以后，盖日益众盛。然记事为史官专职，计书亦辐凑京师，《汉仪注》：天下计书，先上太史公，副上丞相，序事如古《春秋》。见《汉书·司马迁传注》引如淳说。盖太史为天子掌文书，故以正封上之也。故其能斐然有作，以诒后人者，必其能纳金匮、石室之书，居东观、兰台之署者也。然材料虽取自公家，述作实为私家之业。史谈执手，勤勤以继志为言；而史迁著书，亦欲藏之名山，传之其人；班固欲撰《汉书》，乃以私改《史记》获罪，概可知矣。自是以后，作《后汉书》者有范晔，作《三国志》者有陈寿，作《宋书》者有沈约，作《齐书》者有萧子显，作《梁书》《陈书》者有姚思廉，作《魏书》者有魏收，作《北齐书》者有李百药，作《周书》者有令孤德棻，作《南史》《北史》者有李延寿，虽其撰述多奉诏敕，然其人必史学专家，或父子相继。此特就今日立于学官者言之耳；此外作而不著，著而不传者何限，亦皆私家之业也。至唐开史馆，集众纂修，而其局乃一变。集众纂修，论者多以为诟病；然史籍降而愈繁，网罗既非国家不能，整齐亦非私家所及，其不得不出于此，亦势使然矣。此其所以虽为世所诟病，而后世修史，卒莫能易此局也。此盖史学益昌，故其撰述遂为私家所不克胜，亦不可谓非史学之进步矣。

四、史部大略（上）

中国以史籍之富闻天下，乙部之书亦可谓汗牛充栋矣。抑犹不止此，前人之去取，不必尽符乎后人：盖有昔人以为当属史部，而今则摒诸史部之外；昔人以为无与史部，而今则引诸史部之中者矣。然则居今日而言史学，虽谓一切书籍皆史料可也，史之为业，不亦艰巨矣乎？然合诸书而陶冶之，非旦夕间事也。史部分类，历代不同，今亦未暇遍征，但举清代《四库书目》史部分类之法如下，取其最后出也。

史部之中，昔人所最重者，厥惟正史。正史之名，昉见《隋志》；宋时定著十有七；明刊监版，合《宋》《辽》《金》《元史》为二十一；清定《明史》，增《旧唐书》《五代史》为二十四；民国又加柯劭忞之《新元史》为二十五，此功令所定也。功令所定，必仍原于学者之意。读《史通》最可见之。《史通》所谓六家，盖刘氏所认为正史；其二体，则刘氏以为可行之后世者。故今正史篇所举，以此为限。其杂说所举十家，则刘氏所谓非正史者也。同一史也，何以有正与非正之分？此则当观于马端临氏之论矣。

马氏《文献通考》叙曰：《诗》《书》《春秋》之后，惟太史公号称良史，作为纪传书表，纪传以述理乱兴衰，八书以述典章经制。斯言也，实昔时学者之公言也。夫史事不可胜穷也，人类生而有求是之性，与夫怀旧而不忍忘之情，前既言之。故文化愈高，则思就身所经历，记识之以遗后人者愈众，而史部之书遂日繁。书既繁，则不得不分别孰为最要，孰为次要。理乱兴衰，典章经制，盖昔时学者，所共认为最要之事者也。记理乱兴衰，而以时为纲，是曰编年；以人为纲，是为纪传；表亦有时可用。以事分类，是曰纪事本末。记典章经制，而限于一代者，为断代史之表志；通贯历代者，则为通史之表志及《通典》《通考》一类之政书。此四者，以昔时学者之见衡之，实皆可谓之正史。特功令所定，不如是之广耳。功令所以专取一体者，则以学者诵习，为日力所限故也。

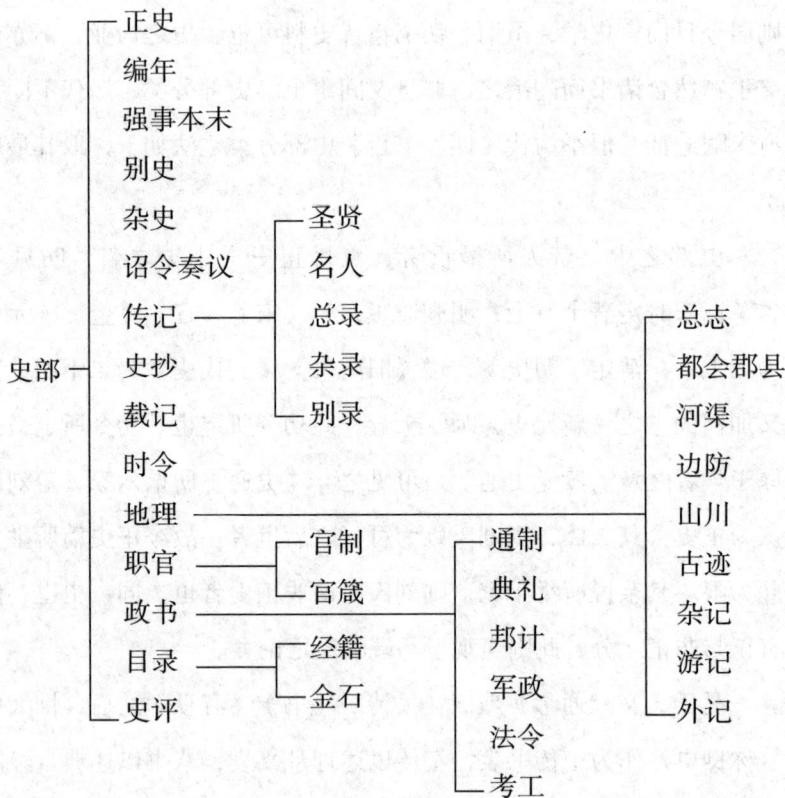

正史
编年
强事本末
别史
杂史
诏令奏议
传记 —— 圣贤 / 名人 / 总录 / 杂录 / 别录
史抄
载记
史部 —— 时令
地理 —— 总志 / 都会郡县 / 河渠 / 边防 / 山川 / 古迹 / 杂记 / 游记 / 外记
职官 —— 官制 / 官箴
政书 —— 通制 / 典礼 / 邦计 / 军政 / 法令 / 考工
目录 —— 经籍 / 金石
史评

今俗所谓正史，专指《史》《汉》一类之书，此特就功令所定立名。若就体裁言之，则当称为表、志、纪、传体。世家，自《汉书》以下不用，《五代史》称十国为世家，实亦与《史记》之世家不同物也。此体昔人亦但称为纪传体，以昔时读史，知重表志者较少。史公之书，本为通体。《汉书》而下，乃皆变为断代者，读《史通》之《六家篇》，可以见之。盖自汉以来，每易代必修前代之史，几若习为故事。而搜集编纂，皆范围狭则易精。刘知几时，史籍尚少。故此体之复重、矛盾，皆非所忌。至于清世，则史书益多，而史文烦冗，又非前代之比，故章实斋又力排断代，而称通史之便。此自时代为之，彼此不必相非也。梁武帝敕撰《通史》六百二十二卷，又魏济阴王晖撰《科录》二百七十卷，亦通史体，皆见《史通·六家篇》，其书皆不行。郑樵生千载之后，排班固而祖马迁，《通志》之主张，实能自圆其说，然《二十略》外，亦无人过问。盖通史之作，意在除去复重。然同异即在复重之中，考据之家，一字为宝；又欲考史事，宜据原书，新书竞陈，势必舍新而取旧，具兹二义，通史之作，即诚突过前贤，犹或见弃来哲。况乎卷帙过巨，精力虽周，众纂则取诮荒芜，独修则贻讥疏漏。安得不如子玄所云今学者宁习本书，怠窥新录邪？此体之长，在于有纪传以详理乱兴衰，有表志以详典章经制，昔人所重两端，盖惟此体为能该备。若取编年，则于二者有所偏阙矣。故编年、纪传，自古并称正史；观《史通·古今正史篇》可知。唐时三史，尚以《汉纪》与《史》《汉》并列。而后世修史，卒皆用纪传体；功令所定正史，亦专取纪传也。此体之弊在于以人为纲，使事实寸寸割裂，又不能通贯历代，此不可以咎史公。史公书本通史体，其纪传或非一时之人，即为并时人，其材料各有所本，彼此关系，亦觉甚疏，初无复重割裂之弊也。《史通·列传篇》曰：编年者，历帝王之岁月，犹《春秋》之经；列事者，录人臣之行状，犹《春秋》之传。《春秋》则传以解经，《史》《汉》则传以释纪。信如所言，《五帝本纪》《夏本纪》《殷本纪》，岂不有纲而无目？凡诸列传，亦岂不多有目无纲邪？不便观览，故编年、纪事本末及"二通"《通典》《通考》。一类之政书，不得不与之并行。

编年体原起最早。孔子所修之《春秋》，固明义之书，其体裁则当沿鲁史之旧，观《公羊》引不修《春秋》，庄七年。《礼记·坊记》引《鲁春秋》，其体皆与今《春秋》同，可知也。此种史盖专记国家大事，其文体极为简严。专记国家大事，则非尽人所能知；文体过于简严，则不免干燥而无味，故其流行，远不如记言体之广。参看《史通·疑古篇》。然时固史事天然之条理，自《左氏》有作，取记言体之详尽，而按纪事体之年月编排之，遂使读者展卷之余，于各方面之情形，皆可深悉，则于一时代之大势，自易明了，以供研习，实远较纪传为优。且依时排比，可使事无复出；而记载之讹舛，亦有不待校而自明者，故作长编者，亦必有取于兹焉。此体又有二：一为温公之《通鉴》，一为朱子之《纲目》。《通鉴》专法《左氏》，《纲目》则兼法《春秋》与《左氏》者也。论纂辑，自以《通鉴》为精；论体裁，实以《纲目》为便，此亦史体之一进步，不可不知。《通鉴》无纲目之分，检阅殊为不便，温公因之，乃有《目录》之作，又有《举要》之作，然《目录》与本书分离，检阅仍苦不便；《举要》之作，朱子与潘正叔书，议其"论不能备首尾，略不可供检阅"，亦系实情。《纲目》"大书以提要，分注以备言"，则此弊免矣。《左氏》为《春秋》之传与否，予实疑之，然无意中却为史书创一佳体。运会将至，有开必先，即作伪者亦不自知其所以然也。

纪事本末，其出最晚，盖至袁枢撰《通鉴纪事本末》，而后此体出焉。所以晚出，盖亦有由，以史事愈后愈繁猥，愈繁猥，则求其头绪愈难，故删繁就简，分别部居之作，应时而出也。此体之作，最重分别部居，故必合众事为一书，乃足当之。梁任公论史学，乃立单复之名，以专记一事者为单体，则何书不可称纪事本末乎？误矣。袁氏之书，本为羽翼《通鉴》，然于无意中，乃为作史者创一佳体，以其能删繁就简，则芜秽去而精粹存；分别部居，则首尾具而因果显也。然此体以作观览之书则可，以修一代之史则不可，以零星之事，无可隶属，刊落必多；而史事关系之有无，实为天下之至赜，吾见为无关系而删之，在后人或将求之而不得也。往者议修《清史》之初，论者乃或主用是体，可谓暗于务矣。

有编年体以通观一代大势；有纪事本末体以详载一事之始末；更有纪传体之纪传，以总核一人之生平；理乱兴衰之事，可以谓之无憾矣，然犹未也。典章经制，最宜通贯历代，马端临氏之说，固当认为不诬，见《通考序》。此《通典》《通考》，所以相继而作也。此类书搜采贵博，分类贵详，故《通考》之体例，实较《通典》为优。章实斋盛称《通志》而言《通考》为策括之伦，见《文史通义·答客问》。未为知言也。又此等书恒成于正史之后，其所搜采，多出于正史之外，足以补正史之阙而订其讹。故读正史者，亦宜资为考证，不仅供贯穿之用而已。

五、史部大略（下）

别史者，未列学官之正史也，细别之又有三：（一）为正史底稿，如《东观汉纪》《东都事略》是；（二）修成而未列学官者，如谢承、华峤之《后汉书》是；（三）后人以前人之史为不然而重作者，如宋萧常之《续后汉书》，此书乃改《三国志》，以蜀汉为正统，吴、魏为载记。清周保绪之《晋略》是，使两书并列学官，即如新、旧《唐书》，新、旧《五代史》，新、旧《元史》之例矣。又有虽非正史体，而所记之事，与正史相出入者，《四库》亦入此类，如《周书》是。此书俗称《逸周书》，或又称《汲冢周书》，皆非是。此类书与正史互相出入，故读正史时，可供参考之处最多。

杂史者，所记之事，亦与正史相出入，而其体例限于一时、一地者也，如《国语》是。

记一事之外形者，必推官文书为最确，诏令、奏议，皆官文书也，故以考史事，为用甚大。奏议之佳者，必能综合各方情势，娓娓言之，尤于读史者有裨。

传记一类，有当时人所撰者，亦有后人所撰者。当时人所撰者，闻见较真，自属可贵；然或不免毁誉之私，甚有因此变乱事实者，用之不可不慎。又时人所撰，苟或粗疏，事迹亦未必不误，如道宣、慧立皆玄奘弟子，而为其师作传，皆误其出游之年，即其一例。见梁任公《中国历史研究法》第五章。后人所撰，虽出捃摭，然其精密，有时转非并时人所逮，如近世考证之家，所撰昔人年谱是也。特此等书功力仅在网罗考证，其事迹终不能出于前人所留诒者之外耳。

史钞一体，看似钞撮成书，然在今日，则其为用甚大。何者？苟欲钩玄提要，取精弃粗，其于昔人之书，势必不能无所去取，然去取前人之书，一入自己口气，为之改作，原书之面目，即不可得见，两书之同异信否，又生校勘考据之劳矣。惟用史钞体者，可免此弊。今日史学趋向与昔不同，别编新史之事，势必日出无已，若能推广此体而善用之，实可为读史者省却无限精力也。又史钞本有一种专为节省后人考据之力起见者，如《新旧唐书合钞》是也。

偏隅之国，正史不能甚详，载记一门，足补其阙。非徒为割据者详其行事，于考究各地方之进化，亦深有裨焉，以偏方之地，往往为割据者所资也。

时令本不当隶史部，旧时书目，无类可归，乃强隶焉，实最无理可笑者也。或谓气候与人生关系甚大，雨旸寒燠，于政治生计文化，成有影响，隶之史部，未为不可。然则何事于人生无关涉，复何书不可隶史部乎？故谓读史者当参考时令之书则可；谓时令之书当入史部，实不可也。以旧时分类论，毋宁入之子部天文家，为较当矣。

地理亦专门之学，然往时地理，多为史学附庸，十之八九，皆读史地理而已。总志、都会、郡县、河渠、边防、山川，读史者皆当明其大概。然昔时之书，足供此用者颇少，大抵专门考据之士，然后能取资焉。古迹、杂记、游记等，披沙拣金，往往见宝，尤非初学之士所能使用。今者将普通地理，与读史地理划开。而将读史地理，撰成一简明切要、提纲挈领之书，以备初治史学者通知大要，而其余则留待专门家之取携，实相需甚殷者也。昔时初学多读《读史方舆纪要》，然此书在今日亦不甚适用。外国之事，往史亦多不详，史部地理中外纪一门，不徒记外国之地理、风俗、物产；即彼中史事及其与华夏之交涉，亦多存焉。实治外交史及外国史者，所当奉为瑰宝也。

职官一门，防自《周礼》，《唐六典》《明清会典》，悉沿其流。国家行政，必借机关，详各官之职司，实足挈政治之纲领。官箴一门，详在官之法戒，可考行政实在情形，亦足见民生利弊，尤习政治者所当究心也。

一代典章，于国政民生，所关极钜。正史表志所载，仅其压略耳。若求详备，则政书尚焉。此中门类甚多，各视其所欲治者而究心焉可也。此为今后撰专门之史者所必资，然即为考证普通史籍计，取材亦不少矣。

目录中之经籍，赅括群书，实不仅为史学示其纲领，通观昔贤著述，最足见学术进步情形。我国今日，学术史尚乏善本，书目之佳者，实亦兼具学术史之用也。

金石一门，自宋以后，日蒸月盛，据其遗文，往往足以补正史籍；摩挲其物，又足以考见古代制作。今后考据之学日精，金石之出土者，必将更为人所贵；其所贵之物，且将不限于金石，可豫决也。然此类物既足资稻粱之谋，又足快好事之意，故伪品亦日出不穷，不可不察。

史评一门，有论史事者，亦有论史裁者。论史裁之书，佳作殊鲜，著名者，惟刘知几之《史通》、章学诚之《文史通义》耳。此事当有达识通才，区区计较于琐细之间，无当也。论史事者，高者借抒己见，或托讽时事，虽不可谓之无识，然史事之实则不然，此不可为论史之正；下者不考事实，妄发议论，则并不免于场屋策论之习矣。无已，其睢考据家之书乎，属辞比事，参互错综，事实既明，则不待多发议论，而其是非得失自见，此则于读史深有裨益者也。

　　史部之大略如此。此以言乎往日之史学，非谓今后之史学当以此为范围也。盖治学问必先定其界说，界说异，斯其范围异；范围异，斯其所资者自不同矣，固不容一概论也。

六、史家宗旨今昔异同

史也者，非一成不变之物，而时时在改作之中者也。所谓改作者，非徒日正其误谬，补其阙略而已。盖其所取之材料，实有不同焉。而材料之不同，则因宗旨之不同而生者也。

古人作史之宗旨，不同于今人者，大端有三：

一曰偏重政治。正式之史，本出史官，而史官由国家设立。其易于偏重政治者，势也。人类之作事，恒有其惰性，前人创行焉，则后人率循而不敢越。抑不仅此，古代国小而俗朴，举一国惟在上者之马首是瞻，斯时庙堂之政令，盖诚为举国之枢机。即在后世，法出而奸生，令下而诈起，然政治之力，仍足强制在下者，使之变易其外形，所及广而收效宏，盖无逾于政治者。此自来作史者，所以于他方面皆失之忽略，而独于政治则喋喋不休也。然政治之力，虽能改易举国之外形，而其所改易，亦仅及外形而止。况于国大民众，中枢之命令，不能遍及，社会程度日高，一心听令又非古昔之比，虽欲变易其外形，或且不可得乎？试观近代，政治转移社会之力，较机械为何如乎？

一曰偏重英雄。此由古代事权，恒操于一二人之手之故，其实英雄全恃凭借，亦全恃命运，试以身所接构之人，较其成功者与败绩者，其才力相去，初不甚远可知。又英雄之称，实由庸众所赐，而庸众识力不及，往往以矫诬侥幸之徒为英雄，而真英雄转非所识。试观往史，有众所唾骂，或以为无足重轻，而今声价日增者。亦有众所归美之人，今断觉其一钱不值者。而先知先觉，眼光过于远大，与恒人相去太远者，尤易为世所缪辱。验诸并世，此等情形，尤随在可见，特人莫之察耳，以莫能察者之多，而庸众之程度可见矣。庸众之程度可见，而其所评定之英雄可知矣。即谓英雄之成功，非全侥幸，然必能利用事势，乃能成功，则确不可易。时势造英雄，盈天地间皆是。英雄造时势固非无其事，然皆世所淡漠视之者也。故真能促进社会之过程者，皆非世所谓英雄，而世所谓英雄，则皆随波逐流之徒也。

一曰偏重军事。此由外观之兴亡，每因军事而起，其实国之兴亡，由于战之胜败，而战之胜败，初不在于胜败之时，事至习见，理亦易明。时至今日，本有取人之国而不用兵者，即在浅演之世，胜负专决于兵，亦不过能慑服之，使不我抗而已。真欲同化他族，使之泯然无迹，亦必别有设施，我族同化异族之事，即其佳证也。

偏重政治，偏重英雄，偏重军事，三者弊亦相因，以政治军事，古多合而为一。而握有此权者，苟遭际时会，恒易有所成就，而为世人目为英雄也。此盖往史最大之弊。自此以外，犹有五焉。

一曰用以奖励道德。其义又有二：一以维持社会之正义，如往史之讲褒贬，重激扬是。一资为立身之模范。如以善人为法，恶人为戒是也。

一曰用以激励爱国爱种族。今日之史，犹未能合全世界为一。乙部大宗，大抵一国家一民族之史也。即一国种族甚多者，亦仍以一族为主，如中国之史，以汉族为主是也。同族同国之人，其相亲爱，本已异于异族异国，况于今日种族之界限尚未能破，一民族为他族所征服，往往为之奴隶牛马，不能不思所以自保。而欲图自保，又不能无国家为利器乎？况于古代褊狭之见，又有留诒至今，未能涮除者？爱国爱族，诚未尝不可提倡，然蔽于偏见，致失史事之真，则缪矣。中西交接之初，史家此等谬误，盖未易枚举，今日读之，未见不哑然失笑者也。若乃明知非史事之真，而故为矫诬，以愚民而惑世，如日本人之所为者，则尤不足道矣。

一曰借以传播神教。教徒所作之史恒有之。试读《蒙古源流考》，观其妄援吐蕃，以为有元帝室之祖。又试读梁任公《佛教之初输入》一篇，则见白马驮经之说。本道教徒之谰言，而其后辗转附会，转用以诋毁道教，即可知此等史迹，无一可信。然至今日，此等事仍不能免。往者梁任公撰《克伦威尔传》，称扬其革命之功，基督旧教所出之汇报，乃务反之。又今日奉佛之人，喜援佛经之寓言，侈陈佛之灵迹。信孔教者，亦喜引谶纬怪说，以见孔子之殊异于人。此皆予所亲见者也。其智与撰《蒙古源流考》，造白马驮经之说者何异？此等事，在今世，诚不甚多，有之亦不足惑众。然在往昔，则惑世诬民甚深。并有更无正史，欲考行事，惟有求之教中经典者矣。中国信教，不如外国之深。教徒奸乱历史亦不如外国之甚。然其崇古，亦略带迷信性质。如刘知几《疑古》《惑经》两篇，往昔论者，多诋为非圣无法是也。

一曰偏重生计。此弊旧日无之，祇病视之过轻耳。今之过信唯物史观者，则颇有此弊，史事因果至为繁复，诚有如释家所谓帝网重重者，偏举一端，纵极重要，必非真相。况于戴蓝眼镜者，则所见物无一非蓝；戴黄眼镜者，则所见物无一非黄；意有偏主，读一切书，观一切事，皆若足为吾说之证，实则未足深信乎？孔子之讲大同，老子之慕郅治，所慨想者，实皆隆古部落共产之世。今日社会学者所慨慕，夫岂古人所不知，然终不谓生计制度一变，天下遂可臻于大同郅治。以社会之事，经纬万端，故非偏举一端，所可概也。

一曰偏重文学。史之源出于传述，传述之语，必求新奇可喜，感慨动人。而事之真遂因之而隐。《荷马史诗》，本类唱本者无论矣。即学者所传，亦多不免此弊。《管子》述桓公之威，北摄离枝，西臣大夏。夫离枝即后世之鲜卑，大夏极近，亦当在今山西境。齐桓盟会，晋献讫未尝与，献公死而国乱，齐桓亦未能正，安能暴师徒以征并北之远夷。《左氏》谓山戎病燕，不过在今北平境，《公羊》谓其旗获而过鲁，则并在今山东境矣，安能远及长城之外乎？此由口耳相传，致兹不谛。先秦两汉，多有此病，魏晋而降，务华饰而失真，赵宋以还，好学古而不切，近世文字，虽稍平实，然好讲史法，务求简洁雅驯，失实处仍不少也。

以上所举，皆史家之弊。至于近世，又有教育之家，因儿童不能了解，曲说史事，致失真相者。学究固非史家，生徒亦难言史学，然其人数甚多，影响颇巨，则亦不可不慎也。今日粗识之无之辈，以及耳食之徒，论三国事，无不误以演义为史实者，可知通俗教育，影响之大。

偏重之弊，厥有三端：一曰不重之事，易于漏略。二曰所重之事，易于扩大。无论有意无意。三曰原因结果，易于误认，而史事之真相失矣。史籍无论如何详博，断不能举天下事一一记载，终不能无所去取。去取必凭史家之意，意向稍歧，而史籍之误滋多矣。此古人所以有尽信书不如无书之叹也。

今日史家，异于往昔者，有一语焉。曰：求情状，非求事实。何谓求情状非求事实。曰：梅定九氏言之矣。梅氏之言曰：历之最难知者有二，其一里差，其一岁差，是二差者。有微有著，非积差而至于著，虽圣人不能知，而非其距之甚远，则所差甚微，非目力可至，不能人算。故古未有知岁差者，自晋虞喜，宋何承天、祖冲之，隋刘焯，唐一行始觉之。或以百年差一度，或以五十年，或以七十五年，或以八十三年，未有定说。元郭守敬定为六十六年有八月，回回泰西，差法略似。而守敬又有上考下求，增减岁余天周之法，则古之差迟，而今之差速，是谓岁差之差，可谓精到。若夫日月星辰之行度不变，而人所居有东西南北，正视侧视之殊，则所见各异，谓之里差，亦日视差。自汉至晋，未有知之者，北齐张子信，始测交道有表里，此方不见食者，人在月外，必反见食。宣明历本之，为气刻时三差，而大衍历有九服测食定晷漏法，元人四海测验七十二所。而近世欧逻巴，航海数万里，以身所经山海之程，测北极为南北差，测日食为东西差，里差之说，至是而确。是盖合数十年之积测，以定岁差，合数万里之实验，以定里差。距数愈远，差积愈多，而晓然易辨。且其为法，既推之数千年数万里而准，则施之近用，可以无惑。历至近日，屡变益精，以此。

夫史学之进步，亦若是则已矣。今日之政治，非夫古代之政治也。今日之风俗，亦非复古代之风俗也。以政治风俗之不同也。生于其间者，其所作为，与其所成就，自亦不能无异。然政治风俗之不同，非旦夕可见者也。蒸民之生虽久，而其有史则迟，大化之迁流，岂不知往事者所能睹，则以为国家社会之为物，亘古如兹。犹前剧后剧，舞台初未尝更，特般演于其上之人物，有不同而已。庸有当乎？试举两事为证。

韩信之破陈余也，日驱市人而战之，而戚继光之御众，则纪律极严，其兵至能植立大雨中而不动，读《练兵实纪》一书，犹可想见其规制之密，训练之勤焉。彼能驱市人而战之乎？使驱市人以战，而亦可获胜，继光何为纷纷然，何继光之不惮烦？然则继光之才，不逮韩信邪？非也。信距战国之世近，其民固人人能战，故劫之以势，则皆胜兵。若未习战之白徒，则务固其势，以壮其胆，犹且虑其奔北，若蹙之必死之地，彼非哗溃，则相挤入水耳。不观汉高彭城，苻坚淝水之败乎？古人所处之时不同，为尚论所不容遗，犹天文之有岁差也。

昔人之论佛也，曰：其微言不能出吾书，其诞者吾不信也。此语最中肯綮。彼教怪诞之言，论者本有两说：一以为皆实语，一则以为寓言。神教非吾侪所知，以哲理论，则后说为当矣。然则佛固诞谩，不如孔子之真实邪？须知佛所处者为印度，孔子所处者为中国，佛之说，亦印度旧说，非其所自创。犹子所雅言，诗书执礼，亦虞夏商周之旧物，非其所自为也。以印度旧说之诞诋佛，亦将以诗书礼乐之违失罪孔子乎？此与訾孔子不通梵文，佛不以华言著书何异？古人所处之地不同，为尚论所不可遗，犹天文之有里差也。

此等理，原非古人所不知，然于异时异地之情形，知之不悉，及其论事，终不免以异时异地之事，即在此时此地境界之中，犹评外国戏剧者，设想其即在中国舞台之上，其言必无一得当矣。职是故，今日史家之先务，遂与昔时大异，彼其重情状，不重事实，非吐弃事实也。其所求者，皆足以考证一时一地社会情形之事实云尔。社会之情形既明，而一切事实，皆不烦言而解矣。求明社会情形之事实如何？曰：有二。

一曰重恒人。谚曰：三军易得，一将难求。斯固然，然不知兵之勇怯，亦安知将之良否？读前所论韩信、戚继光之事可见矣。故英雄犹匠人，其所凭借之社会犹土木。非有土木，匠人固不能成室，而匠人技艺之优劣，亦视其运用土木如何耳。成一时一地之情形者，恒人之饮食男女，日用行习也。英雄犹浮屠之顶，为众所著见，不待考而明，恒人犹全浮屠之砖石，易见忽略，故非详加考察不可也。

一曰重恒事。恒事者，日常琐屑之事也。亦易见忽略，然实为大事之基。鲜卑者，东胡之裔，东胡盖古之山戎也。方其未强盛时，齐桓伐之而捷，秦开却之而克，至匈奴冒顿攻之，遂奔北逃窜，一若绝无能为者。然至檀石槐、轲比能，遂方制万里，使边郡之士夫为之旰食，何哉？蔡邕之言曰：关塞不严，禁网多漏，精金良铁，皆为贼有。汉人逋逃，为之谋主，兵马利疾，过于匈奴。证以金室初兴，厚值以市商人所携之兵甲，满清猾夏，实起抚顺之互市。而鲜卑盛强之原因，可想见矣。宁城下通胡市，后书之记此，固以见汉抚驭之略，非以著鲜卑强盛之由，而吾侪连类钩考，乃能别有所得。知风化乃知山崩，地表之变动，海岸线之升降，固不让火山之暴发，洪泽湖之陷落。不知平时，固无由知革命也。平时实渐进之革命也。

学问之道，求公例，非求例外。昔人不知各时各地情形之不同，则无论何事，皆有其不可解之处，而史事悉成例外矣。知之，则事实之形状不同，而其原理则一。汇万殊归一本，而公例斯主。此固凡学问之所同，不独史也。

七、史 材

今日史家之宗旨，既已不同于往时，即往时史家之撰述，不能尽合于今日。由史学家言之，往史之在今日，特皆史材而已。善用史材，以成合于今日之用之史，固史家所有事也。然则所谓史材者，初不限于史书，其理亦不难知矣。

史材可大判为二：一属于记载者，一属于非记载者。属于记载者又分为五：

（一）史籍，即前人有意记载，以诒后人者也。其识大识小，固因其才识境遇而不同，而其为用则一。今者瀛海交通，古物日出，此种材料，亦日增多。如研究元史，可取资于欧洲、西亚之书，旁证旧闻，或得之于敦煌石室之籍是也。此种搜采，愈博愈妙，故秘籍之表章，佚书之搜辑，实史家之要务也。

（二）史以外之记载，谓虽亦有意记载，以诒后人，然非以之为史者，大之如官府之档案，小之如私家之日记、账簿皆是。此等物，吾侪得之，固亦与昔人有意所作之史无异。然据理言之，实不容不分为二。吾谓古代史官所记，严密论之，惟左右史之所书，可称为史以此。

（三）纪功之物，如金石刻是。此等物，或仅图夸耀一时，非欲传之永久；即其传诸永久者，意亦仅主于夸耀；并有仅欲传之子孙者。如卫孔恒之鼎铭。然后人于此，却可得无数事实，其辞虽多夸耀，究属当时人亲身之记述。去其夸辞，即得其真相矣，其为用甚大。

（四）史以外之书籍，谓非有意作史，并非有意记载，以诒后人者也，如经、子、文集皆是。人与社会不能相离，故苟涉笔，虽无意于记载，社会之情形，必寓于其中。且社会之情形极繁，人能加意记述，以诒后人者，实至有限。故有许多过去之情形，在往史中不可得，转于非史书中得之者，讲古史必取材于经、子；考后世之事，亦不能摈文集以此也。不独正言庄论，即寓言亦可用，如读《庄子》之《逍遥游》，而知其时之人，理想中之小物为鲲（鱼子），大物为鹏；读《盗跖篇》，而知其时"秀才遇着兵，有理讲不成"之情形，与今日如出一辙；读《水浒传》，而知宋、元间社会情形；读《儒林外史》，而知明、清间社会情形是也。

（五）传述，传述与记载原系一事，特其所用之具不同而已。"秦人不死，验荷生之厚诬；蜀老犹存，知葛亮之多枉。"传述之足以订正史籍者何限？抑始终十口相传，未曾笔之于书者，野蛮部落中固多；即号称文明之国，亦不少也。口相传述之语，易于悠谬而失真，第一章已言之，此诚非考订不可用，然事实固存于其间，抑考其增饰之由，观其转变之迹，而可知传述之性质，此亦一史实也。

属于非记载者，其类有四：

（一）人体，此可以考古今人种之异同。因古今人种之不同，而其迁徙之由，以及文化不同之故，均可考索矣。吾国古有长狄，三传记载，一似确有其事，而其长则又为情理所无。即谓有此长人，吾国古代，似亦不应有之。以果有此特异之人，三传而外，不应一无记载也。予尝撰《长狄考》，考定其长，不过与今欧人等，自谓颇确。然考据终只是考据，不能径以为事实。《左氏》于见杀之长狄，一一记其埋骨之处，似亦虑后人之疑惑而然。万一能案其地址，掘得其遗骸，则于人种学，于史学，皆发明匪细矣。此事诚类梦想，然吾国历代，种族之移徙及混合极多，若能多得古人遗骸，定其时代，考其骨骼，实足考种族迁移之迹，及其混合之渐也。

（二）古物，有尚存于目前者，如云冈石佛，无疑为南北朝之遗；有埋藏地下而复发现者，如郑县所得古鼎等。万人贞观，不容作伪，且其物巨大，亦不容作伪，此实三代彝器，复见于今者也。吾国地大物博，考古之学，虽不可云盛，然国民保守之性甚笃；又偏僻之区，数百千年，未经兵燹者，亦自不乏，古代遗物，实随在而有，在能搜集鉴别之耳。且不必僻远之区，吾乡有吴某者，明亡时，其祖遗衣冠一袭，亦慎藏之，以待汉族之光复。辛亥之岁，吴氏年六十余矣，无子，尝衣之，一游于市，深幸及其身，得见光复之成也。此事足以振起民族之精神，姑勿论，即其衣，亦三百年前物，较之今日裁制，出于想象模拟者，迥不侔矣。惜当时戎马仓皇，人无固志，未能访得其人，请其将此衣捐赠公家，留为永久之纪念耳。然以吾国之大，此等古物，正自不乏，大则宫室桥梁，小则衣服械器，不待发掘而可得者，正不知凡几也。

（三）图画及模型，中国人仿造古器，以供研究者绝鲜，惟贩卖骨董之人，恒借是等伪器，为稻粱谋耳。以此淆乱耳目，其罪诚可诛；然古器形制，借此而存，其功亦不可没。如汉代之五铢，唐代之开元钱，今日犹得见其形制，不徒索诸谱录中，即其一例也。此等仿造之品又不可得，则得图画而观之，亦觉慰情胜无，如昔人所传之《三礼图》《宣和博古图》是也；又古物形制，有本国已亡，而转存于他国者，如寝衣之在日本是。

（四）政俗，二者本一物，特法律认之，又或加以修正，成为典章，则谓之政；而不然者，则谓之俗耳。政俗最可考见社会情形。如宜兴某乡，有丧，其家若干日不举火，邻人饮食之，客有往吊者，亦由邻家款以食宿，此必甚古之俗，当考其何自来，并当考其何以能保存至今也。政原于俗。俗之成，必有其故，一推迹之，而往昔社会之情形，了然在目矣。政俗之距今远者，往往遗迹无存，然他族进化较晚者，实足以资借镜：如观于蒙古，而可追想我族游牧之世之情形；观于西南之苗、瑶，而可追想我国古代山谷中之部落是也。

以上四者，皆非记载之物。然一切记载，自其又一方面观之，亦为古物之一，如宋、元书，观其版本，而考其时之纸、墨、刻工是也。又一实物亦有多方面，如观古之兵器，兼可知其时冶铸之术是也，此皆学者所宜留意也。

八、论搜辑

驾驭史材之法，如之何？曰：不外二途：一曰正讹，一曰补佚。二者事亦相关，何则？谬说流传，则真相隐没。苟将谬误之说，考证明白，即不啻发现一新史实，而真相既出，旧时之谬说自亦不辩而明也。今请先言补佚之法。

补佚之法，是曰搜辑。旧日史家非不事搜辑也，然其所谓搜辑者，大抵昔人已认为史材之物，有所缺脱而我为之补苴而已。今也不然，两间事物有记载之价值，而为昔人所未及者，一一当为之搜其缺而补其遗；而昔人已认为史材之物，其当力求完备，更不俟论也。

史事之当搜辑，永无止息之期，是何也？曰：凡著书皆以供当时人之观览，并时之情形，自为其时之人所共晓，无待更加说述，故其所记者，大抵特异之事而已，所谓常事不书也。然大化之迁流，转瞬而即非其故，前一时代之情形，恒为后一时代之人所不悉；不知其情形，即知其时之事实亦无所用之，况其事亦必不能解乎？此则史事之须搜辑所以无穷期也。

搜辑之种类有二：（一）本不以为史材者，如郑樵作《通志》，其《二十略》虽略本前代史、志，然其《氏族》《七音》《都邑》《草木》《昆虫》五略，实为前史所无，即其例也。今日欲作新史，此等材料何限，皆不可不加以搜辑矣。（二）则向亦以为史材，而不知其有某种关系者，如茹毛饮血，昔人但以为述野蛮之状况，而不知茹毛为疏食之源，疏食为谷食之源，于饮食之进化关系殊大也。前代事实果其无复留诒，今日岂能凭空创造？虽曰可重行发现，然其事究非易也。史事所以时生新解，多缘同一事实，今昔观点之不同耳。又有范围、解释皆同前人，特因前人搜辑有所未备，而吾为之弥缝补苴者。此则旧时所谓补佚，十八九皆属此类，虽无独创之功，亦有匡矫之益也。

凡事物有既经记载、保存而又亡佚者，亦有未经记载、保存而即亡佚者。已经记载、保存而又亡佚者，又可分为二：（一）出无意，向来亡佚之书籍多此类也；（二）出有意，或毁真者使不存，或造伪者以乱真，如向来焚毁禁书及造伪书者皆是也。其未经记载、保存而遗失者，则不可胜举矣。凡今日欲知其事，而无从知之者，皆是。

然亦有业经亡失，阅时复见者：如已佚之古书忽然复见；又如意大利之庞贝，我国之巨鹿，宋大观二年湮没，民国八年发现。久埋土中，忽然复出是也。凡事物皆不能断其不再发现，故所谓阙佚者，亦只就现时言之尔。

凡搜集，必只能专于一部，或按事物性质分类，或限以时，或限以地，均无不可。欲辑某种专门史实者，于此种专门学问，必须深通，否则材料当前，正明目而视之不可得而见也。求一时代、一地方之史实者亦然，于其时、其地之语言、文字、风俗、制度、器物等，皆不可以不知。知其物矣，知其事矣，据其事、其物而追思其时之情形，而使之复现于目前，道异时、异地之情况，若别黑白而数米盐焉，此则史家之能事也已。

九、论考证

　　史事之须搜辑，永无已时，既如前章所述矣，其考证则如何？凡史事无不待考证者，何也？曰：史事必资记载，记载必本见闻，见闻殆无不误者，即不误，亦以一时一地为限耳，一也。见闻不能无误，记忆亦然；即谓不误，亦不能无脱落之处，脱落之处，必以意补之，非必出于有意。以意补之，安能无误乎？二也。事经一次传述，必微变其原形，事之大者，其范围必广，相距稍远之处，即不能不出于传闻，传闻之次数愈多，真相之改变愈甚，三也。推斯理也，史事传之愈久者，其变形亦必愈甚矣，四也。凡一大事，皆合许多小事而成，恰如影戏中之断片，为之线索者，则作史者之主观也，主观一误，各事皆失其意义，五也。事为主观所重，则易于放大；所轻，则易于缩小，六也。每有史事大小相等，因史文之异，而人视之，遂轻重迥殊者。《史通·烦省》曰：蚩尤、黄帝交战阪泉，施于《春秋》，则城濮、鄢陵之事也；有穷篡夏，少康中兴，施于两汉，则王莽、光武之事也；夫差既灭，勾践霸世，施于东晋，则桓玄、宋祖之事也；张仪、马错为秦开蜀，施于三国，则钟会、邓艾之事也。即此理。事之可见者，总止其外表，至于内情，苟非当事者自暴其隐，决无彰露之日，然当事者大抵不肯自暴者也，有时自暴，亦必仅一枝一节，即或不然，亦必隐去其一枝一节。夫隐去一枝一节，其事已不可晓，况于仅暴其一枝一节者乎？又况当事者之言，多不足信，或且有伪造以乱真者乎？更谓当事者之言，皆属真实，然人之情感、理智，皆不能无偏，当局尤甚，彼虽欲真实，亦安得而真实乎？一事也，关涉之人亦多矣，安得人人闻其自暴之语乎？七也。情感、理智之偏，无论何人皆不能免，读《文史通义·史德篇》可知。然此尚其极微者，固有甘心曲笔，以快其恩仇好恶之私；又有迫于势，欲直言而不得者矣。邻敌相诬之辞，因无识而误采；怪诞不经之语，因好奇而过存，如王隐、何法盛《晋书》有《鬼神传》，即其一例。见《史通·采撰篇》。更不必论矣。八也。事之可见，止于外形，则其内情不能不资推测，而推测为事极难。识力不及，用心过深，其失一也；即谓识解无甚高低，而人心不同，各如其面，内情亦安可得乎？九也。异时、异地，情况即不相同，以此时、此地之事，置诸彼时、彼地情形之中，谬误必不能免，前已言之。此等弊，显者易知，其微者无论何人，皆不能免，十也。事固失真，物亦难免，何者？物在宇宙之中，亦自变化不已，古物之存于今者，必非当日之原形也，十一也。有此十一端，而史事之不能得实，无待再计矣。如摄影器然，无论如何逼肖，终非原形；如留声机然，无论如何清晰，终非原声。此固一切学问如此，然史主记载，其受病乃尤深也。欧洲史家有言：史事者，众所同认之故事耳。岂不信哉？为众所不认者，其说遂至不传，如宋代新党及反对道学者之言论事实是也，此等不传之说，未必遂非。

　　史实之不实如此，安得不加以考证？考证之法有：（一）所据之物，可信与否，当先加以审察；（二）其物既可信矣，乃进而考其所记载者，虚实如何也。

　　史家所据，书籍为多。辨书籍真伪之法，梁任公《中国历史研究法·史料搜集》一章，所论颇为详备。惟为求初学明了起见，有失之说杀之处耳，当知之。

凡书无全伪者，如《孔子家语》，王肃以己意羼入处固伪，其余仍自古书中采辑；又其将己意羼入处，以为孔子之言则伪，以考肃说则真矣。故伪书仍有其用，惟视用之之法如何耳。凡读古书，最宜注意于其传授。读古书者，固宜先知学术流别，然学术流别，亦多因其言而见。清儒辑佚多用此法，如陈乔枞之《三家诗遗说考》，其最显而易见者也。又据文字以决书之真伪，似近主观，然其法实最可恃，此非可执形迹以求，故非于文学有相当程度者，决不足以言此。《伪古文尚书》为辨伪最大公案，然其初起疑窦，即缘文体之异同，此两法虽亦平常，然近人于此，都欠留意，故不惮更言之也。

辨实物真伪之法，如能据科学论断，最为确实，否则须注意三端：（一）其物钜大，不易伪造者；（二）发现之时，如章太炎所谓万人贞观不容作伪者；（三）其物自发现至今，流传之迹如何。大抵不重古物之世，发现之物较可信，如宋人初重古物时，其所得之物，较清人所得为可信是也。以此推之，则不重古物之地，所得之物，亦必较通都大邑、商贾云集之地为可信。

考证古事之法，举其概要，凡有十端：设身处地，一也；谓不以异时、异地之事，置之此时、此地之情形中也。如以统一后之眼光，论封建时之事；以私产时之见解，度共产时之人，均最易误。注意于时间、空间，二也；如以某事传之某人，而此人、此时或未生，或已死，或实不在此地，或必不能为此事，即可知其说之必误。事之有绝对证据者，须力求之，三也；绝对证据，谓如天地现象等，必不可变动者。小事似无关系，然大事实合小事而成，一节模糊，则全体皆误，四也；有时考明其小节，则大事可不烦言而解，如知宋太祖持以画地图之斧为玉斧，则知以斧声烛影之说，疑太宗篡弑之不确是也。记事者之道德、学识，及其所处之境，与所记之事之关系，皆宜注意，五也；关系在己者，如将兵之人自作战史；关系在人者，如为知交作传志。进化、退化之大势，固足为论断之资，然二者皆非循直线，用之须极谨慎，六也；由此推之，则当知一时代中，各地方情形不同，不可一概而论，七也；如今固为枪炮之世，然偏僻之地，仍用刀剑弓矢为兵者，亦非无之。以科学定律论事物，固最可信，然科学定律，非遂无误，又科学止研究一端，而社会情形，则极错杂，据偏端而抹杀其余，必误矣，八也；事不违理，为一切学术所由建立，然理极深奥，不易确知，时地之相隔既遥，测度尤易致误，故据物理推断之说，非不得已，宜勿用，九也；据理推断之法，最易致误，然其为用实最广，此法苟全不许用，史事几无从论证矣，此其所以难也。必不得已，则用之须极谨慎。大抵愈近于科学者愈可信，如谓刘圣公本系豪杰，断无立朝群臣、羞愧流汗之理，便较近真；谓周公圣人，其杀管、蔡，必无丝毫私意，便较难信，因其事，一简单，一复杂也。《史通-暗惑》一篇，皆论据理论事之法，可参看。其实此法由来最古。《孟子·万章》《吕览·察传》所用，皆此法也。此法施之古史最难，以其所记事多不确，时代相隔远，又书缺有间，易于附会也。昔人有为言之，或别有会心之语，不可取以论史，十也。搜采惟恐不多，别择惟恐不少，此二语，固治史者所宜奉为圭臬矣。

十、论论史事之法

前论考证史事之法，夫考证果何所为乎？种谷者意在得食，育蚕者意在得衣，读书稽古，亦冀合众事而观其会通，有以得其公例耳。信如是也，则论定史事之法尚矣。

史事可得而论乎？曰：难言之矣。世界本一也，史事之相关如水流然，前波后波息息相续，谓千万里外之波涛，与现在甫起之微波无涉，不可得也。故曰：欲问一事之原因，则全宇宙皆其原因；欲穷一事之结果，则全宇宙皆其结果。佛说凡事皆因缘会合而成，无自相。夫无自相，则合成此事之因缘，莫非此事，因又有因，缘又有缘，即合全世界为一体矣。所谓循环无端，道通为一也。夫如是，则非遍知宇宙，不能论一事。此岂人之所能。彼自然科学所以能成为科学者，以其现象彼此相同，得其一端，即可推其全体也。而社会现象又不能然，史事更何从论起乎？虽然绝对之真理，本非人所能知。所谓学问，本安立于人知之上，就人知以言史学，则论定史事之法，亦有可得而言者焉。

凡论史事，最宜注意于因果关系，真因果非人所能知，前既言之矣，又曰注意于其因果关系者，何也？曰天非管窥所能知也，然时时而窥之，终愈于不窥；海非蠡测所能知也，然处处而测之，终愈于不测。人类之学问，则亦如是而已，真欲明一事之因果，必合全宇宙而遍知，此诚非人之所能，就其所能而力求其所知之博，所论之确，则治学术者所当留意也。

　　凡事皆因缘会合而成，故决无无原因者，而其原因为人所不知者甚多，于是一事之来，每出于意计之外，无以名之，则名之曰突变。而不知突变实非特变，人自不知其由来耳。一事也求其原因，或则在数千万年以前，或则在数千万里之外，人之遇此者，则又不胜其骇异，乃譬诸水之伏流。夫知史事如水之伏流，则知其作用实未尝中断。而凡一切事，皆可为他事之原因，现在不见其影响者，特其作用尚未显，而其势力断无消失之理，则可豫决矣。伏生之论旋机，曰其机甚微，而所动者大。一事在各方面，皆可显出结果，恒人视之以为新奇。若真知自然，则其结果，真如月晕而风，础润而雨，可以操左券而致也。而事在此而效在彼者，视此矣。造金术本欲造黄金也，乃因此发明化学；蒸汽机之始，特以省人工，便制造耳，乃使社会组织为之大变，皆使读史者，不胜惊异。然若深求其因果，则有第一步，自有第二步，有第二步，自有第三步，如拾级而登，步步着实，了无可异，人之所惊异之者，乃由只见其两端，而忽略其中间耳。凡此皆可见人于因果关系，所知不多，故其识见甚粗，措施多误也。心理学家谓人之行为，下意识实左右之。其实社会亦如是，一切社会现象，其原因隐蔽难知者，殆十之八九，而有何因，必有何果，又断非卤莽灭裂者，所能强使之转移。此社会改革之所以难，而因改革而转以召祸者之所以多也。史学之研求，则亦求稍救此失于万分之一而已。

　　因果之难知，浅言之，则由于记载之阙误。一物也，掩其两端，而惟露其中间，不可识也；掩其中间，而惟露其两端者亦然。天吴紫凤慎倒焉而不可知，鹤足凫胫互易焉而不可解，史事因果之难知，正此类矣。然浅言之，记载当尸其咎，深言之则考论者亦不能无责焉。何者，世无纯客观之记载，集菁楠而成栋宇，必已烦大匠之经营也。

故考论诚得其方，不特前人之记载，不至为我所误用，而彼之阙误，且可由我而订正焉，其道维何？亦曰审于因果之间，执理与事参求互证而已矣。

凡论事贵能即小以见大，佛说须弥容芥子，芥子还纳须弥，事之大小不同，其原理则一。故观人之相处，猜嫌难泯，而军阀之互相嫉忌，不能以杯酒释其疑可知矣。观人之情恒欲多，至于操干戈而行阴贼而不恤，而资本主义之国恃其多财，以侵略人者，断非可缓颊说谕，以易其意，审矣。诸如此类，难可枚举。要之小事可以亲验，大事虽只能推知，故此法甚要也。

自然现象所以易明，而社会现象则不然者，以彼其现象，实极简单，而此则甚复杂也。职是故，史事决无相同者，以为相同，皆察之未精耳，然亦无截然不同者，故论史事，最宜比较其同异，观其同中有异，异中有同，则不待用心而自有悟人处矣。凡论史最忌空言，即两事而观其异同，就一事而求其因事义理，皆自然可见，正不待穿凿求之也。

凡事皆因缘会合而成，则无自性。无自性则所谓环境者，仅假定之，以便言说思虑，实则与此事一体也。然则论一事，而不知环境，实即不知此事矣。故论史事，搜考宜极博。又凡一事也，设想使人育于猿当如何？亦最足明其事之真相也。设想使人育于猿当如何？便可知人之知识，何者得诸先天，何者得诸后天。又试设想，使中国人移居欧洲，欧洲人移居中国，当如何？便可知人与地理之关系。

史事论次之难如此，则知是非得失，未易断言而不可轻于论定。且如汉武之通西域，当时论者恒以为非，吾侪生二千年后，或徒歆其拓地之广，不能了解其说，然试一考当时之史实，则汉武之通西域，本云以断匈奴右臂。然其后征服匈奴，何曾得西域毫厘之力，徒如

《汉书》所云汉忧劳无宁岁耳。当时人之非之，固无足矣。然试更观唐代回鹘败遁，西域至今为梗，则知汉代之通西域，当时虽未收夹击匈奴之效，然因此而西域之守御甚严，匈奴溃败之后，未能走入天山南北路，其为祸为福，正未易断言也。梁任公《中国历史研究法·史迹之论次》一章论汉攻匈奴，与欧洲大局有关，其波澜可谓极壮阔，其实何止如此，今日欧洲与中国之交涉，方兴未艾，其原因未必不与匈奴之侵入欧有关，则虽谓汉攻匈奴，迄今日而中国还自受其影响可也。史事之论断，又何可易言乎？塞翁失马，转瞬而祸福变易，阅世愈深而愈觉此言之罕譬而喻矣。

史事果进化者乎？抑循环者乎？此极难言者也。中国之哲学思想主于循环，欧洲则主于进化。盖一取法于四时，一取法于生物。两者孰为真理，不可知。主进化论，宇宙亦可谓之进化，今之春秋，非古之春秋也。主循环说，进化亦可谓系循环中之一节，如旧小说谓十二万年，浑混一次，开辟一次，后十二万年中之事与前十二万年同是也。十二万年在今之主进化论者视之，诚若旦暮然。即十二万年而十百千万之，又孰能断言其非循环乎？人寿至短，而大化悠久无疆，此等皆只可置诸不论不议之列耳。以研究学术论，则进化之说较为适宜，何者？即使宇宙真系循环，其循环一次，为时亦极悠久，已大足以供研究，人类之研究，亦仅能至此，且恐并此而亦终不能明也，又何暇骛心六合之表乎？

进化之方面，自今日言之，大略有三：一曰事权自少数人，渐移于多数，此自有史以来，其势即如是，特昔人不能觉耳。一君专制之政，所以终于倾覆，旧时之道德伦理，所以终难维持，其真原因实在于此。自今以后，事权或将自小多数更移于大多数，寝至移于全体，以至社会组织全改旧观，未可知也。二曰交通之范围日扩，其密接愈甚，终至合全世界而为一，此观于中国昔者之一统而可知。今后全世界亦必有道一风同之一日，虽其期尚远，其所由之路，亦不必与昔日同，其必自分而趋合，则可断言也。三曰程度高之人，将日为众所认识，而真理将日明。凡读史者恒觉古人之论人宽，而后世则严。宋儒创诛心之论，纯王之说，几于天下无完人，三代而下无善治，久为论者所讥弹。然试一察讥弹者之议论，其苛酷殆有甚于宋儒，且不待学士大夫，即闾阎市井之民，其论人论事，亦多不留余地。此有心人所为慨叹风俗之日漓也。其实亦不尽然。此亦可云古人之论事粗，后人之论事精，天下人皆但观表面，真是非功罪何时可明，有小慧者何惮而不作伪以欺人。若全社会之知识程度皆高，即作伪者无所雠其欺，而先知先觉之士，向为社会所迫逐所诛夷者，皆将转居率将之位，而社会实受其福矣。凡此三者，皆社会进化之大端，自有史以来，即已阴行乎其间。昔时之人，均未见及，而今日读史之士，所当常目在之者也。

十一、史学演进趋势

史学演进，可分四期：（一）觉现象有特异者，则从而记之，史之缘起则然也。（二）人智愈进，则现象之足资研究者愈多，所欲记载者乃愈广，太史公欲网罗天下放失旧闻，其机即已如此。至于后世，而其范围亦愈式廓矣。凡事皆有其惰力，后世史家，尽有沿袭前人，不求真是者，章实斋所讥，同于科举之程序，官府之簿书者也。然以大体言之，所搜求之范围，总较前人为广，即门类不增，其所搜辑，亦较前人为详。《通志·总序》曰：臣今总天下之学术，条其纲目，名之曰略，凡二十略，百代之宪章，学者之能事，尽于此矣。即此思想之代表也。（三）然生有涯而知无涯，举凡足资研究之现象，悉罗而致之，卒非人之才力所堪也，于是苦史籍之繁，而欲为之提要钩玄者出焉。郑樵即已有此思想，至章学诚而其说大昌。樵谓凡著书者，虽采前人之书，必成一家之言。学诚分比次与独断为二类，记注与著述为二事，谓比次之书，仅供独断之取裁，考索之案据。"事万变而不穷，史文当屈曲而适如其事。""纤悉委备，有司具有成书，吾特举其重且大者，笔而著之。"即此等思想之代表也。然史籍之委积，既苦其研之不可胜研矣；更欲以一人之力，提其要而钩其玄，云胡可得？目不两视而明，耳不两听而聪，涉之博者必不精，将见所弃取者，无一不失当耳。（四）故至近世，而史学之趋向又变。史学趋向之更新，盖受科学之赐，人智愈进，则觉现象之足资研究者愈多，而所入愈深，则其所能研究者亦愈少。学问之分科，盖出于事势之自然，原不自近世始；然分析之密，研究之精，实至近世而盛；分科研究之理，亦至近世而益明也。学问至今日，不但非分科研究不能精，其所取资，并非专门研究者不能解。于是史学亦随他种学问之进步，而分析为若干门，以成各种专门史焉。然欲洞明社会之所以然，又非偏据一端者所能，则又不得不合专门史而为普通史，分之而致其精，合之以观其通，此则今日史学之趋向也。

恒人之见，每以过而不留者为事，常存可验者为物。研究事理者为社会科学，研究物理者为自然科学，此亦恒人之见耳。宇宙睢一，原不可分，学问之分科，不过图研究之利便，既画宇宙现象之一部，定为一科而研究之，则凡此类现象，不论其为一去无迹，稍纵即逝，与暂存而不觉其变动者，皆当有事焉。此各种科学，所以无不有其历史，亦即历史之所以不容不分科也。然则史不将为他种科学分割以尽乎？是又不然，宇宙本一，画现象之一部而研究之，固各有其理，合若干科而统观之，又自有其理。此庄子所谓"丘里之言"，初非如三加三为六，六无所余于两三之外也。故普通史之于专门史，犹哲学之于科学。发明一种原理，科学之所有事也；合诸种原理而发明一概括之原理，哲学之所有事也。就社会一种现象，而阐明其所以然，专门史所有事也；合各种现象，而阐明全社会之所以然，普通史之所有事也。各种学问，无不相资，亦无不各有其理，交错纷纭，虽非独存，亦不相碍，所谓帝网重重也。且专门家于他事多疏，其阙误，恒不能不待观其会通者之补正，史学又安得为他科学所分割乎？有相得而益彰耳。然则将一切史籍，悉行看作材料，本现今科学之理，研究之以成各种专门史，更合之而成一普通史，则今日史学之趋向也。

史学能否成为科学，此为最大疑问。史学与自然科学之异有四：

自然现象，异时而皆同，故可谓业已完具。史事则不然，世界苟无末日，无论何事，皆可谓尚未告终，一也。自然现象，异地而皆同，故欧洲人发明之化学、物理学，推之亚非澳美而皆准。史事则不然，所谓同，皆察之不精耳。苟精察之，未有两事真相同者也。然则史事之当研究者无限，吾侪今日所知史事诚极少，然史事即可遍知，亦断无此精力尽知之也，二也。自然现象既异时异地而皆同，则已往之现象，不难推知。而材料无虞其散佚。史事则又不然，假使地球之有人类，为五十万年，则所知弥少矣。而其材料，较诸自然科学所得，其确实与否，又不可以道里计也，三也。自然科学所研究之物，皆无生命，故因果易知。史事则正相反，经验不足恃，求精确必于实验，此治科学者之公言，然实验则断不能施诸史事者也，四也。由此言之，欲史学成为科学，殆不可得。然此皆一切社会科学所共，非史学所独也。社会现象所以异于自然现象者，曰：有生命则有自由，然其自由决非无限。况自然现象之单简，亦在实验中则然耳。就自然界而观之，亦何尝不复杂。社会现象，割截一部而研究之，固不如自然科学之易，而亦非遂无可为。若论所知之少，社会科学诚不容讳，自然科学亦何尝不然。即如地质学，其所得之材料亦何尝不破碎邪？故社会科学与自然科学之精确不精确，乃程度之差，非性质之异，史学亦社会科学之一，固不能谓其非科学也。

中国史籍读法

弁 言

　　此稿乃予在华东师范大学讲学时，拟于一九五四年春夏间，为历史系毕业班学生作若干次讲演者。开学未几，予即患病，在家休息。所拟讲演之语，病闲后曾写出崖略，仅就涉想所及，既未能精密构思，亦未能详细参考，所说极为浅近，似无一顾之价值。但为初学计，作者虽诒浅陋之讥，读者或有亲切之感，所以未遽弃掷。其中仍有一部分似乎颇涉专门者，则因旧籍性质如是，不知其性质，无从说起读法也。研究历史之事，不限于读书；读书不限于读中国书；读中国书，亦不限于旧日之史籍；所以此稿所述，不过治史学者一小部分人所有事而已。然治学固贵专精；规模亦须恢廓。目能见六合之大，再回过来治一部分的事情，则其所从事者不至于无意义。而其所取之途径，亦不至误其方向，如俗所谓钻牛角尖者。然则此稿所言，虽仅一部分人所有事，而凡治史学者，似亦不妨一览，以恢廓其眼界了。此亦所言虽极浅近，而未遽弃掷之微意也。

一九五四年六月

吕思勉自记

一、史学之用安在

　　史学究竟有用没有用？这个问题提出来，听者将哑然失笑。既然一种学问，成立了几千年，至今还有人研究，那得会无用？问题就在这里了。既然说有用，其用安在？科举时代的八股文，明明毫无用处，然在昔日，锢蔽之士，亦有以为有用的。他们说：八股文亦有能发挥义理的。这诚然，然义理并不要八股文才能加以发挥，创造八股文体，总是无谓的。这并不但八股，科举所试文字，论、策外实皆无用，而论、策则有名无实，学作应举文字的人，精力遂全然浪费，而科举亦不足以抢才了。然人才亦时出于其中，右科举者恒以是为解。正之者曰：若以探筹取士，人才亦必有出于其中的；此乃人才之得科举，而非科举之得人才，其说最通。所以一种无用之物，若以他力强行维持，亦必有能加以利用者，然决不能因此遂以其物力有用。可见一种事物。不能因有人承认其有用，而即以为有用；其所谓有用之处，要说出来在事理上确有可通。然则历史之用安在呢？

　　提出这个问题来，最易得，而且为多数人所赞同的，怕就是说历史是前车之鉴。何谓前车之鉴？那就是说：古人的行事，如何而得，则我可取以为法；如何而失，则我当引以为戒。这话乍听极有理，而稍深思即知其非。天下岂有相同之事？不同之事，而执相同之法以应之，岂非执成方以治变化万端之病？夫安得而不误。他且勿论，当近代西方国家东侵时，我们所以应付之者，何尝不取鉴于前代驭夷之策，其中诚然有许多纯任感情、毫无理智的举动和议论，然就大体观之，究以经过考虑者为多。其结果怎样呢？又如法制等，历朝亦皆取鉴前代有所损益。当其损益之时，亦自以为存其利而去其弊，其结果又怎样呢？此无他，受措施之社会已变，而措施者初未之知而已。此由人之眼光，只会向后看，而不会向前看。鉴于前代之弊，出于何处，而立法以防之；而不知其病根实别有在，或则前代之弊，在今代已可无虞，而弊将出于他途。此研究问题，所以当用辩证法也。譬如前代赋役之法不能精详，实由记账之法不能完善。明初鉴于前代，而立黄册与鱼鳞册，其记账之法，可谓细密了；然记账之事，则皆委之地主、富农之流，此辈皆与官吏通同作弊之人，法安得而不坏？此为历代定法总深鉴于前代，而其结果依然不能无弊一个最深切明显之例。其他若深求之，殆无不如此。此理，方正学的《深虑论》有些见到，但仅作一鸟瞰，粗引其端，未及详细发挥而已。所以治史学，单记得许多事实，是无用的。早在希罗多德，就说治史之任务有二：（一）在整理记录，寻出真确的事实；（二）当解释记录，寻出那些事实间的理法。据李大钊在上海大学所讲演的《研究历史的任务》。希罗多德（Herodotus），希腊最早之史学家，生于公元前四八四年，即入春秋后之二三五年。而在中国，亦以为道家之学，出于史官，"历记成败、存亡、祸福"，所以能"秉要执本"了。《汉书·艺文志》。然则史学之所求，实为理而非事。"事不违理"，借用佛家语。这本无足为奇，然而问题又来了。

学问决没有离开实际的，离开实际的，只是"戏论"。亦借用佛家语，佛家譬诸"龟毛、兔角"，谓想象中有其物，而实际则无之也。譬如马克思的学说，观鉴社会的变迁，因以发明其发展之由，推测其前进的方向，而决定因应及促进之法，这自然是最有用的了。然则这种学问，究竟是从读史得到的呢，还是从身所接触的事物得到的呢？这个问题提出，我们知道：马克思虽已长往，果能起诸九泉而问之，其答语，必是说：看了被压迫阶级的苦痛，深知其与社会组织相关，然后求之于史，而知其变迁、发展之由；必非于当代之事茫无所知，但闭户读书，铢积寸累，而得一贯串全史可以用诸当代的新发明。

二、中国有史学么

说到此，就觉得旧有史学的无用。把史部的书翻开来，自然全部都是记载。为之羽翼的，则从性质上言之，大致可分为三种：（一）注释：因前人书中之名物、训诂，后人不易明了而为之说明；自隋以前，史学并有专门传授；唐初犹然，即由于此。《隋书·经籍志》说正史惟《史记》《汉书》，师法相传并有解释。《三国志》及范晔《后汉》虽有音注，既近世之作，并读之可知，可见其注释专为文义。此为注释之正宗。若裴松之之注《三国志》，广搜佚闻，则实属补充一类矣。名物、训诂时代相近之作，虽大体易知；然一时代特殊之语，亦有相隔稍远，即不易了解者，官文书及方俗语皆有之，实亦需要解释也。（二）考证：前人书有误处，为之纠正；（三）补充：任何一部书，不能将应有的材料搜集无遗，于其所未备的，为之补足。如清人所补各史表、志即是。这种著作，往往费掉很大的精力，其成绩亦诚可钦佩，但亦只是希罗多德所谓寻出真确的事实而已，寻出其间理法之处实甚少，更不必说如马克思般，能发明社会发展的公例了。然则饱读此等书，亦不过多知道些已往的事实而已，于现在究有何用？无怪近来论者说中国史料虽多，却并不能算有史学了。这话似是，其实亦不尽然。一切书籍，从其在心理上的根据说来，亦可分为三种：即（一）根于理智的，是为学术；（二）根于隋感的，是为文辞；（三）根于记忆的，是为记载。中国书籍，旧分经、史、子、集四部。经、子虽分为两部，乃由后世特尊儒学而然，其实本系同类之物，此在今日，为众所共喻，无待于言。经、子自然是属于理智的。史部之书，与属于记忆者相当，亦无待言；集部之书，多数人都以为属于文辞，其起源或系如此，但至后来，事实上即大不然。我国学术，秦以前与汉以后，此以大致言之，勿泥。有一个大变迁，即古为专门，后史为通学。此四字本多用于经学，今用为泛指一般学术之辞：即"专门"二字，本指治经而墨守一家之说者，通学则兼采诸家；今所用"专门"指专守经、子中一家之说，通学则指兼采诸家也。在古代，研究学问的人少，学问传布的机会亦少，有研究的人，大都只和一种学说接触，所以不期而成为专门，直到东周的末年，始有所谓杂家者出现。此就学术流别言，非指今诸子书。若就今诸子书而论，则因（一）古书编纂错乱。（二）有许多人，又特别为著书之人所喜附会，殆无不可成为杂家者。如《晏子春秋》，兼有儒、墨之说，即因儒、墨二家，并欲依托晏子；管子名高，更为诸家所欲依托，则其书中儒、道、法、兵、纵横家之言，无所不有矣。其一篇中诸说杂糅者，则编纂之错乱为之，盖古简牍难得，有所闻皆著之一编，传录者亦不加分别，有以致之也。至后世则不然了，除西汉经生锢蔽的，还或墨守一先生之说外，其大多数，无不成为通学，即无不成为杂家。一人的著述中，各种学说都有，实跨据经、子两部；此为学术上一大进步。前人泥于尊古之见，以为今不如古，误矣。后世分别子、集，亦自谓以其学专门与否为标准，然其所谓专门者，则其书专论一种事物耳，非古所谓专门也。而同时，这种人又可系热心搜辑旧闻的人，遇有机会，即行记载。又集部的编纂，以人为主，其人自己的行事，亦往往收入其中。如《诸葛忠武集》等即此类，实无其人执笔自作之文字也。后世之名臣奏议等，尚多如此。文人之集，固多但载其作品；然注家亦多搜考行事，务求详实，与其自己的作品，相辅而行。如此，则集部之书，又与史部无异。所以前人的文集，譬以今事，实如综合性杂志然，其内容可以无所不有。把书籍分为经、史、子、集四部，只是藏庋上的方便，并非学术上的分类。章实斋的《校雠通义》全部不过发挥此一语而已。要作学术上的分类，除编类书莫由，见第五节。所以我们要治史，所读的书，并不能限于史部。在后世不能不兼考集部，正和治古史不能不兼考经、子相同。向来治史的人，于集部，只取其与史部性质相同，即属于记载的一部分；而不取其对于社会、政治……发表见解，与经、子相同的一部分。那自然翻阅史部之书，只见其罗列事实，而不觉得其有何发明，使人疑中国只有史料，并无史学了。

所以如此，亦有其由。前人著述，或其议论为他人所记录，涉及历史的，大致可分为三种：第一种所谓别有会心。即其人之言论，虽涉及古事，然不过因此触发，悟出一种道理，与古事的真相，并不相合。此等言论，虽亦极有价值，然另是一种道理，初不能用以解释或评论史事。如苏子瞻论荀卿，谓李斯之焚书原于卿之放言高论，此特鉴于当时党争之愈演愈烈，有所感而云然，事实之真相并非如此。后来姚姬传作《李斯论》，又说斯之焚书，特以逢迎始皇，使其所遇非始皇，斯之术将不出于此，亦持鉴于当时风气之诡随，立朝者多无直节，"一以委曲变化从世好"而云然，史事之真相，亦并非如此也。此即两先生亦自知之，其意原不在论古，特借以寄慨、托讽而已。若据此以论荀卿、李斯便成笨伯了。第二种则综合史事，而发明出一种道理来。有专就一类事实，加以阐发的。亦有综合多种事实，观其会通的。又有综合某一时代、某一地域的各种事实，以说明该时代、该地域的情形的。其内容千差万别，要必根据事实，有所发明，而后足以语于此。空言阔论无当也。这正和希罗多德所谓寻出事实间之理法者相当，在史学中实为难能可贵。然第三种专从事实上着眼：即前所云注释、考证、补充三类，力求事实之明了、正确、完备，与希罗多德所谓寻出真确之事实相当者，亦未可轻。因第二种之发明，必以此为根据，此实为史学之基础也。此即所谓章句之学。"章句之学"或"章句之士"四字，习惯用为轻视之辞，然欲循正当之途辙以治学问者，章句之学，又卒不能废，实由于此。"章句"二字，最初系指古书中之符号，其后古书目渐难明，加以注释，亦仍称为章句；注释之范围日广，将考证、补充等一概包括在内。章句之称，仍历时未改（说见拙撰之《章句论》，曾由商务印书馆印行，后又收入其《国学小丛书》中）。今且勿论此等详细的考据。"章句之学"四字，看作正式治学者与随意泛滥不同的一种较谨严的方法；章句之士，则为用此方法以治学的人，就够了。此等人，大抵只会做解释、考证、补充一类的工作，而不能有所发明，所以被人轻视。然非此不能得正确的事实，所以其事卒不能废。异于章句之士，能寻出事实间的理法者，为世所谓"通才"，其人亦称为"通人"。天下章句之士多而通人少，故能为章实斋所谓"比次之业"者多，而能著作者少。近数十年来，专题论文，佳篇不少，而中国通史，实无一佳作，并稍可满意之作而亦无之，亦由于此。章句之学和通才，实应分业，而难兼擅。因大涵者不能细入，深入者不易显出，不徒性不相同，甚至事或相魁也。刘子玄叹息于才、学、识之不易兼长，实未悟分业之理。然人宜善用所长，亦宜勤攻己短。性近通才者，于学不可太疏；性善章句者，于识亦不可太乏也。中国人的史学，实在第二、第三两种都有的。向来书籍的分类，只把性质属于第三种之书，编入史部；其属于第二种的，则古代在经、子二部，后世在集部中。浅人拘于名义，以为中国史学，限于史部之书，就谓其只有史料而无史学了，这实在是冤枉的。

三、再为中国史学诉冤

说到此，还该有一句话，为中国的旧史诉冤。那即是近来的议论，往往说旧时史家颠倒是非。旧时史家颠倒是非者诚有之，如魏收之（《魏书》）被称为秽史是。然其所谓颠倒者，止于如此，不过偏端并非全体。若将全体的是非，悉行淆乱，则必无人能作此事。而据近来的议论，则几谓旧史全部之是非无一可信；所载事实，无一非歪曲、伪造。问其何所见而云然？譬如说，历代的史籍，对于政府，悉视为正统；对于反抗政府的人，则悉视为叛逆。于政府之暴虐、激变，及其行军之骚扰、军队之怯懦、战争之失利，多所隐讳；而于反抗政府之人，则一切反是便是。此系举其一端。其他，如汉族与异族的冲突，则归曲于异族，而不著汉族压迫之迹，如近人所谓大汉族主义等皆是。须知旧时之作史者，并非各方面的材料都很完备，而据以去取，只是据其所得的材料，加以编辑，以诒后世而已。当其编辑之时，自古史家有一大体同守的公例，即不将自己的意思，和所据的史料相杂。此即《穀梁》所谓"信以传信，疑以传疑"，见桓公五年。这句话的意思，就是说：相传的说法，无论自己以为可信，抑以为可疑，都照原来的样子传下去，人人谨守此法，则无论时代远近，读书的人，都得到和原始材料接触的机会；而后人的议论，只须发表自己的意见，而不必再行叙述，则史籍的分量，不致过多，亦可节省读者的精力也。亦即后世史家所谓"作文惟恐其不出于己，作史惟恐其不出于人"。可见其例起源甚古，沿袭甚久。其极端者乃至于所据史料，不过照样誊写一过，于不合自己口气之处，亦不加改动，如《史通》所讥《汉书·陈胜传》仍《史记·陈涉世家》"至今血食"之文。而不知直录原文，实为古人著书之通例。照例愈古则愈严。不但直录原文，不加改窜，即两种原文，亦不使其互相搀杂。如《史记·夏本纪》绝不及弈、浞之事，而《吴世家》详之；以《夏本纪》所据者，乃《帝系》《世本》一类之书；《吴世家》所据者，则《国语》之类，不以之相订补也。全部《史记》复重、矛盾之处，触目皆是，初学者随意披览，即可见得，史公岂有不自知之理？所以如是者，古人著书的体例，固如是也。此例守之愈严，愈使古书之真相，有传于后。古人所缺者，乃在于原文之下，未曾注明其来历，然此至多不过行文条例不如后人之密而已。亦间有注明者，如《汉书·司马迁》《扬雄传》，都著其自叙云尔是也。则其余不著者，或在当时人人知之，不待加注，亦未可知。且如引书必著卷第，亦至后世而始严；古人则多但著书名而已。亦以时愈晚，书愈多，卷帙愈钜，翻检为难，在古代则并不尔也。出于他人之说，有两说异同者，古人未尝不并存。其远者如《史记·五帝本纪》，既说"神农氏世衰，诸侯相侵伐，暴虐百姓，而神农氏弗能征"，又说"炎帝欲侵陵诸侯；神农古多谓即炎帝，《史记》亦不以为两人。其近者，则如《旧唐书》的《高宗王皇后传》，一篇之中，说王皇后、萧淑妃死法，即显相抵牾。所记之事，苟有一种材料怀疑其不足信者，亦未尝不兼著其说。如《金史·后妃传》，多载海陵淫秽之事，盖据《金世实录》、而在《贾益谦传》，却明著"大定间，禁近能暴海陵蛰恶者，辄得美仕，故当日史官修实录，多所附会"。然则歪曲、伪造者乃当日修实录之史官，而非修《金史》之人。历代政府一方面对于人民，平时的暴虐，临事的激变，及人民起义之后政府行军的骚扰，军队的怯懦，战事的失利，多所隐讳；而于反抗政府的一方而，则将其含冤负屈以及许多优点一笔抹杀，作此等歪曲伪造者，亦自有其人。若谓修史者，既明知所据材料之不足信，何故不加以说明，则此为全部皆然之事，人人知之，何待于言？亦何可胜言？从前读史的人，有治学常识者，其于史文，本只当他记事之文看，并只当他一方面所说的话看，无人以其言为是非之准，并无人信其所记之事皆真实也。其有之，则学究之流而已。修史者不改原文，但加编辑，不徒不能尸诒误后人之咎，反可使后人知史料之不足信，不啻揭发其覆，使读者"闻一知二"了。如《金史》既有《贾益谦传》之文，则《后妃传》所载者，亦可云非以著海陵之淫乱，特以著金世实录的诬罔；然海陵亦非不淫乱，暴其恶者亦不可云尽诬，亦未便一笔抹杀，故又存其文于《后妃传》也。若说人民方面的材料，与政府方面的材料相反者，虽云缺乏，亦非一无所有，作史者何不据以参考，兼著其说？则不知史以正史为主，历代的正史，无论其为官纂、为私修，实皆带有官的性质。其关系最大者，为所用仍系官方的材料，及著述不甚自由两端，说见下节。此乃被压迫阶级不能自有政权，而政权为压迫阶级所攘窃之故，非复著述上的问题了。说到此，则不能不进而略论中国历史的历史。

四、史权为统治阶级所篡

　　历史材料的来源，本有官、私两方面。历史材料极其繁杂。自理论上言之，当分为记载、非记载两种。属于非记载的，又分为：（一）人，谓人类遗体；（二）物，包括：（甲）实物，（乙）模型、图画；（三）法俗：凡有意制定而有强行性质者为法，成于无意而为众所率循者为俗。记载包括口碑，又分为：（一）有意记录，以遗后人的；（二）非欲遗后，但自记以备查检的；（三）并非从事记载，但后人读之，可知当时情状的。（一）指作史言；（二）如日记、账簿等，即官府的档案，亦可云属于此类；（三）则史部以外的书籍悉属焉，此所云者，仅（一）项中之大别而已。私家的材料，即所谓"十口相传为古"，乃由群中之人递相传述的故事。此其起源，自较官家的记载，出于史官者为早。但到后来，史料的中心，却渐移于史官所（一）记录、（二）编纂了。此其故有二：（一）只有国家能经常设立史官，以从事于记录。而一切可充记录的材料，亦多集于政府，如卫宏《汉仪注》说：汉法，天下计书，先上大史，副上丞相。所以其材料较多而较完全。寻常人民：（甲）和国家大事，本无接触；即有所知，亦属甚少；（乙）常人对于不切己之事，多不关心，未必肯从事于记录；（丙）又或有此热情而无此机会；如著作之暇日等。（丁）有所成就而不克流传。如为物力或禁令所限。私史的分量，就远少于官书；其所涉及之方面亦远少；从时间上论，亦觉其时断时续了。此所谓私史，以其材料之来源与官方不同者为限。若编纂虽出私人，材料仍取诸官家，即不可谓之私史了。以此为衡，则私史实少。此亦不可为古人咎，实为环境所限。凡事不能孤立看，以史材论，在某一时代，能有何种性质的材料出现？其分量有若干？能保存而传诸后来的，又有若干？以著述论，某一时代，众所视为重要者，有何等问题？对于此等问题，能从事研究的有若干人？其所成就如何？能传之后来者又有几何？均为环境所限。不论环境，徒对古人痛骂一番，或则盲目崇拜，皆非也。（二）史官所记，几于全部关涉政治，只记政治上的事情，而不及于社会，在今日众共知为史学上的缺点，但此乃积久使然，当初起时，甚弊并不甚著。此由后世的社会太大了，包括疆域广大、人民众多、各地方情形不同等。政府并不能任意操纵，所谓统治，不过消极的用文法控制，使其不致绝尘而驰而已。此为治中国史者最要而宜知之义，至少自汉以后即如此。毛泽东同志在《中国革命和中国共产党》中说：“如果说，秦以前的一个时代是诸侯割据称雄的封建国家，那末，自秦始皇统一中国以后，就建立了专制主义的中央集权的封建国家；同时，在某种程度上仍旧保留着封建割据的状态。”这几句话，对于向来所谓封建、一统之世同异之点，分析得极为清楚。统治阶级的利害，与被统治者恒相反。处于统治地位的，在诸侯割据之世，为有世封及世官的贵族；在中央集权之世，则代之以官僚。君主固与官僚属于同一阶级，然行世袭之制，则入其中而不得去；与官吏之富贵既得，即可离职而以祸遗后人者不同。故君主虽借官僚以行剥削，又必控制其剥削，限于一定的程度，使不致激成人民之反抗。凡英明的君主。必知此义：一朝开创之初，政治必较清明者以此。然中国疆域太大，各地方的情形太复杂，以一中央政府而欲控制各地方及各事件，其势实不可能；而每办一事，官吏皆可借以虐民，干脆不办，却无可藉手；所以集权的封建之世，中央政府即称贤明，亦不过能消极的为民除害至于某一程度，而能积极为民兴利之事却甚少。旧时的政治家有一句格言说："治天下不如安天下，安天下不如与天下安。"治天下是兴利；安天下是除害；与天下安，则并除害之事亦不办了。因为要除害，还是要有些作为，官吏还可借以虐民的。此种现象的原理，实根于阶级对立而来，所以非至掌握政权的阶级改变，不能改变。但特殊的事件，可以放弃；常务则不能不行，官吏又借以虐民，则如之何？则其所以控制之者为文法。文法之治，仅求表面上与法令的条文不背，而实际是否如此，则非所问。此即所谓官僚主义，为论者所痛恶，不自今始。然仍有其相当的作用。如计簿，下级政府不能不呈报上级，地方政府不能不呈报中央，明知所报全系虚账；然既须呈报，则其侵吞总有一个限制。又如杀人，在清代，地方政府已无此权，太平天国起义后，各省督抚，乃多援军兴之例以杀人，此实为违法；然既须援军兴之例乃能杀人，则其杀人之权，亦究有一个限度皆是也。中央集权的封建国家，号称清明之世，所能维持者，则此最小限度而已。所以但记些政治上的事件，并不能知道社会上的情形。因为政治上所办的事情，实在太少了。且如历法，向来总以为人民不能自为，非仰赖政府不可的，其实不然。唐文宗时，西川曾请禁官历颁行以前民间先自印卖的历书；而据《新五代史·司天考》，则当时民间所用的，实别有一种历法，时人称为小历，并非政府所用之法。直至宋时，还系如此。南宋末年，西南偏僻之区，官历失颁，梧州等地大、小尽互异，民间就无所取正了，事见《困学纪闻》。即至近代，亦未能免，官用之历法久变，民间印行历本，还有据明人所造《万年历》的，以致大、小尽亦有差池。民间所用历法，或不如官法之确，然日用并不仰赖政府，则于此可见。且政府革新历法时，所用之人才，亦皆出于民间；若钦天监等官署所养成的人才，则仅能按成法做技术工作，不能创法与议法也。举此一事，其余可以类推。但在古代小国寡民之世则不然，此时政治上所办者，尚系社会的事情；而社会上最重要的事情，亦即操在政府手里。所以"政治"二字，随时代之古近，范围广狭，各有不同。大致时代愈古，所包愈广。所以但记政治上的事件，即可见得社会上的情形。人类的作事，是有其惰性的，非为局势所迫，一切只会照着老样子做去。况且社会的变迁，一时是看不出来的。又且历代政府，于全局之控制虽疏，究为最高权力所在，其所措施，至少在表面上为有效。所以习惯相沿，史官所记，就都偏于政治方面了。此所谓政治，其范围业已甚狭了。私家所知政治上的事件，固不能如史官之多，有些方面，亦不能如史官之确，如人、地名、年、月、日，官、爵、差遣名目等。这亦使历代的史料，逐渐转移到以史官所记为重心。

读史必求原始的材料。真正原始的材料，现在实不易得；大体上，众共据为原始材料的，则历代所谓正史而已。此系为物力所限。《南》《北史》行，而《魏》《齐》等史即有缺佚；《新五代史》行，而《旧五代史》之原本遂不可得，足见正史修成后，尚不易完全保存，更无论所据的原料了。历代政府，所以恒视修前朝之史为重要之事；而每逢开馆修史，亦必有热心赞助之人，即由于此。前人修史，用功精密者，多先作长编。如其书修成之后，长编仍获保存，实可省后来校勘者许多精力，且可保存修书者弃而未取的材料。然长编恒不获保存，亦由为物力所限也。历代所谓正史，大体上自南北朝以前为私撰；唐以后则为官修。可参看《史通·古今正史》篇。自唐以后，纯出私修者，一欧阳修《新五代史》而已，然其材料并不丰富也。然即在南北朝以前：（一）所有者亦必系官家的材料；如司马迁虽为史官，其作《史记》，实系私人事业；然其所以能作《史记》，则实因其身为史官，故能得许多材料，如所谓"紬史记金匮、石室之书"是也。（二）或则受政府的委托，由政府予以助力；如沈约之《宋书》，萧子显之《齐书》，姚思廉之《梁》《陈书》，魏收之《魏书》均系如此。此等虽或奉敕所撰；或得政府供给材料，补助物力；然其人皆本有志于此，纂辑亦以一人为主，故仍不失其私撰的性质。（三）其或不然，则将受到政府的干涉，言论实并不自由。如班固，即以有人告其私改国史下狱。所以自政府设立史官，从事记录、编纂以来，作史之权，即渐为统治阶级所窃。记录之权的被窃，观前言史料渐以史官所记为重心可知。编纂之权的被窃，则观唐以后正史非借官修之力不能成可知。因非有政府之权力、物力不能征集材料，支持馆局也。在清世，万季野可谓挺挺高节，然清开史局，亦卒以布衣参史事，即由知非此《明史》必不能成，不得不在署衔、不受俸的条件下，委曲求全也。黄梨洲送季野诗云："不放河汾声价倒，太平有策莫轻题。"其不肯屈节之心，昭然可见；而犹有议其作《明夷待访录》为有待于新朝者，真可谓形同聋瞽矣。然亦卒遣其子百家北上备史馆询访，其心，犹之季野之心也。向使作史之权，不为统治阶级所窃，史家何必如此委曲；而其所成就，亦岂止如此哉？然此为政权被攘窃后必至之势，革命者所以必争政权也。于是有（一）积极的伪造史实；如汉末为图谶盛行之世，后汉光武即为造谶最甚之人，而又以此诬刘歆、公孙述等，说见拙撰《秦汉史》第二十章第四节。伪造先世事迹者，莫甚于拓跋魏，详见拙撰《晋南北朝史》第三章第八节（二书皆开明书店本）。此时崇尚门阀、伪造世系者尤多，如萧齐之自托于萧何，前人久发其覆矣。（二）消极的消灭史实之举；魏太武以史案诛崔浩，其实非以作史，而由于浩欲覆魏，袁简斋在《随园随笔》中始言之；清礼亲王昭梿之《啸亭续录》又及其事，然皆语焉不详；予始详发其覆，见拙撰《晋南北朝史》第八章第六节。然浩虽非以史事诛，而此案之本身，即为被消灭之一大史实，使其真相湮晦，逾于千载焉。此外魏世史实被隐没者尚多，可参看拙撰《晋南北朝史》第十一章第一节。《清世实录》，近世研究者证明其常在修改之中，故前后诸本不同，非徒蒋、王两《东华录》之不同，授人以可疑之隙也。此盖由清世家法，人主日读实录而然，亦见《啸亭续录》，则其消灭史实更甚矣。清初尝自号其国曰金，后以恐挑汉人恶感，讳之。然沈阳大东门额坏，旧额露出，赫然署大金天聪几年。一九二零年，予在沈阳，尚亲见之。当时曾致书教育厅长谢君演苍，属其取下藏诸图书馆。其时之奉天，反动气氛颇甚，有力者多不欲暴清之隐，谢君亦未能行也。（三）甚且如清代，欲乘修史之便而禁书。清康熙末年，即借修明史为名，诏民间进呈野史。其时虽有所得，不过官吏之完成任务，民间所藏，凡涉及万历末年边事者，即均行删去矣，见戴南山《与余生书》。乾隆时，乃径行搜索。三十九年上谕云：明季野史甚多。其间毁誉任意，传闻异辞，必有抵触本朝之语。正当有此一番查办，尽行销毁，杜遏邪言，以正人心而厚风俗，断不宜置之不办。其欲消灭汉人的记载，亦明目张胆，直认不讳矣。私家所作之史，其外形．有时诚不如史官之详实；然其内容，则往往为史官所记所无有。然（一）敢笔之于书者已少；（二）即能笔之书，亦或不敢流传；（三）其流传于外者，则已多所改削；予幼时曾见一抄本《江阴城守记》，述明末典史阎应元抗清之事。谚所谓"清三王、九将被杀"之说，即在其中；此外尚有江阴人之歌谣等。后来所见抄、刻本无一得同。（四）况且还要遭禁和受祸！自然私家之史，其分量要大减了。私家作史，不求详实，甚或借此淆乱是非者，诚亦有之。然此正由其发达未能畅遂，不受人重视之故。倘使向来私家作史，一无阻力，则作者必多；作者多，即必受人重视，而引用者多；引用者多，则从事于考证者亦多，不求详实及淆乱是非之弊，自易发现；妄作者的目的，不徒不得达，反将因此受到讥弹。自然私史之作者，不徒加多，亦且程度要提高了。借使考证之风盛行，李繁之《邺侯家传》等，必不敢出而问世。史官所记，我亦认为很重要的一部分，但以天下之大，各方面情形之复杂，断非少数因职业而从事于此的人所能尽，则可以断言。然则私史的遭阻阨，官史之获偏行，在史学上，确是一个大损失了。此皆由政权为压迫阶级所攘窃之故。所以革命必争政权，确是天经地义。

即以藏庋论，作史之权，为压迫阶级所攘窃，亦是史学上一个大损失。《史记·六国表》说："秦既得意，烧天下诗书，诸侯史记尤甚，为其有所刺讥也。诗书所以复见者，多藏人家，而史记独藏周室，以故灭，惜哉！惜哉！"这一段文字中，"诗书"犹今言书籍；"史记"犹今言历史；今之《史记》，《汉志》名《太史公书》。史记乃一类书籍之总名，此书首出，遂冒其称耳。"人家"之"人"，疑唐人避讳改字，其原文当作"民"；"周室"二字，包诸侯之国言，乃古人言语以偏概全之例，因古人言语乏总括之辞。断非陵夷衰微的东、西周，还能遍藏各国的史籍，更无待言。当时大国，亦有能藏外国之史者。《周官》，小史"掌邦国之志"，盖指内诸侯；外史"掌四方之志"，则指外诸侯，此其国皆现存，又云"掌三皇、五帝之书"，则指前代诸国之史。此皆史官所记。诵训氏"掌道方志，以诏观事"，《注》云："说四方所识久远之事。"训方氏"诵四方之传道"，《注》云："世世所传说往古之事也。"则未笔诸书者，其间当有民间之传说也。《周官》所说制度，与《管子》多同，盖齐地之学。齐为大国，又极殷富，故学术亦甚兴盛。稷下学士七十人，可见其养士之规模。其能多藏列国之史籍，亦固其所，若东、西周则断不能有此物力也。纬书谓孔子与左丘明如周，得百二十国之宝书，一望而知为造作之说。凡藏于官家、秘而不出之物，最易一遭破坏而即尽。不但史籍，一切书籍，亦系如此。太史公作《史记》，欲"藏之名山，传之其人"，论者或讥其不和民众接近。殊不知他下文还有"通邑大都"四字，他藏庋要在名山，传播原是面向着通邑大都的。重要学说的流行，必面向通邑大都而始广。然其地为变动剧烈之地，书籍及能通晓书籍之人，易于流散及播越；山地较为安静，古籍、古物保存的机会较多，所以太史公要分途并进。书有"五厄"之说，牛弘已慨乎言之，见《隋书·经籍志》。然至后世，此弊仍不能免，即由攘窃者之自私，将其搜求所得，悉藏之于宫禁之故。倘使购求书籍的物力，不为压迫阶级所专有，而别有文化机关，以司其事；搜求所得，亦不如向来之专藏于宫禁，而分藏于风波稳静之地。书籍之亡佚，决不至如此其甚，亦可断言。清代四库书，分藏数处，毕竟灭亡较难，亦其一证。此话从来少人提及，然一经说明，却可令人共信。一切书籍如此，史料之未经流布者，自然更甚了。所以作史之权，为压迫阶级所攘窃，确是史学上一大损失。

虽然如此，参与作史和修史的人，毕竟是和学术有些关系的，总有些保存事实真相，以诒后世的公心。试举和我很切近的一件事情为例。我清初的祖宗吕宫，乃是明朝一个变节的士子。他人清朝便考中了状元，官做到大学士。其时年事尚轻，正可一帆风顺，大做其清朝的伪官，却忽然告病回家了。而其时实在并没有什么病。这是何缘故呢？我们族中相传有一句话：说是由于当时的皇太后要和他通奸，他知道缪毒是做不得的，将来必遭奇祸，所以赶快托病回乡了。虽有此说，也不过将信将疑地传述着，没一个人敢据为信史的。因无人敢笔之于书，但凭传说，故久而模糊也。然一读清朝的《国史列传》，中华书局所印行之《清史列传》。却得到一个证据了。传中明载着：当他告病而未获允许时，王士祯曾参他一本，说他病得太厉害了，"人道俱绝"。试问太监岂不是官？若说无关紧要，则历代宦官握有宰相实权，甚或超过宰相者甚多，"人道"的绝不绝，和做官有什么关系？

这便使我们族中的传说，得到一个坚强的证据了。这便是当时作史、后来修史的人，苦心留给我们的真实史料。因他只是据官书材料叙述，所以连最善于伪造和消灭史实的清朝，也给他瞒过了。这便是从前的史家最堪矜愍和使我们感谢的苦心。所以凡事总合详求，不可轻易一笔抹杀。清修明史时，顾亭林与人书云："此番纂述，止可以邸报为本，粗具草稿，以待后人如刘煦之《旧唐书》。"盖冀官书原文保存者多，则真实之史料保存者亦多，此亦前人之苦心也。

五、读旧史宜注意之点

中国史家，既以作史惟恐其不出于人为宗旨，所以其所最尊重的，为其所根据的材料的原文，不但带有原始材料性质的正史如此，即根据正史等书而编纂的史籍，亦系如此。譬如编年史，在前一卷中，还称旧朝的君主为帝，于新朝的君主，则但称其名；到后一卷中，就可改称新朝的君主为帝，而于旧朝的君主，则改称为某主了。此其最大的理由，固为所谓"穷于辞"，然在前一卷中，所用的还多系前朝的史料，在后一卷以后，则所用的多系后朝的史料，必如此，原文的多数，乃易因仍，亦不失为一种理由。这似乎滑稽，然细思之，称号原无关褒贬，亦无甚可笑也。近人好将前代帝王的谥号撤去，改称其姓名，如称汉武帝为刘彻是。此实甚无谓。无论谥法或庙号，均不含有尊重或褒关之意，而汉武帝是一个皇帝，则不可以不知。称之为汉武帝，则就其名称，已使人知其为某一朝的一个皇帝矣。若其名为彻，则即不知之，亦无甚妨碍，正不必徒劳人之记忆也。旧史作者，多须改人自己的口气，因此，虽极尊重原文，终不能无改动，但其改动亦有一定的体例，读书多者，自能知之。

昔人作史的体例如此，所以旧时史籍，多不能作编纂的人的话看，而只能作其所根据的原文的作者的话看；而史籍的性质是随时代而不同的，于此就重烦读者的注意了。

怎样说史籍的性质，随时代而不同呢？原来孤见最难传播。所以一个时代，史事传之后来的，必系其时多数人所能接受的一种说法，而其说多非真相。然则事实的真相，有没有知道的人呢？那自然是有的。然在口说流行的时代，对人无从谈起，即或谈起，亦无人为之传述；在使用文字的时代，未必皆笔之于书，即或笔之于书，其书亦少人阅读。经过一个时期，此等较近真相的说法，就随其人之衰谢而烟消云散，而其流传下来的，只是西洋史学家所谓"众所同意的故事"了。所以历史的内容，实和其时的社会程度，很有关系，此点最宜注意。或谓其时的社会程度既低，何以其时的人机械变诈，曾与后世无异？殊不知为机械变诈之事者乃个人，传历史则群众之力，个人之突出者，各时代皆有之，社会之进化，则自有其一定之程序也。

从大体上分划，过去的历史，可以分做三个时代，即：

（一）神话时代。这时候，人们还未知道人与物的区别，其文明程度，自然是很低的。然而其时代却是很早的，邃古的史料，大都隐藏于其中。这种材料，在中国人所认为正式的史籍中，似乎不多。因为众所共认为最早的正式的史籍为《史记》，当其编撰之时，社会的文明程度已颇高，故于此等说法，多不之取。《五帝本纪》说："百家之言黄帝者，其文不雅驯"，而所取者专在《大戴礼记》《尚书》一类之书，即其明证。然最早的史事，实无不隐藏于神话中；不过经过程度较高的人的传述，逐渐把它人事化，读者不觉其诡异，就共认为雅驯罢了。如能就此等人事化的材料，加以分析，使之还原，还是可以发现其神话的素质的。如《诗经·商颂》说"禹敷下土方"，《书经·禹贡》亦说"禹敷土"，读来绝不见有何神怪之迹；然若将《山海经·海内经》"鲧窃帝之息壤，以堙洪水"作为敷土的注脚，即可见其中原含有神秘的成分，不过传《诗》《书》的人，不复注重于此，仅作为一句成语传述，而不复深求其中的意义罢了。此等分析的工作，近来所谓疑古派，曾做了一些，虽其说不尽可信，亦于史学有相当的益处。但神话真的有价值，伪造的则转足淆乱史实，用之不可不极谨慎而已。将中国神话保存得最多的为《山海经》。此书非《汉志》所著录的《山海经》。《汉志》所著录的《山海经》，乃讲建设之书，即古所谓"度地居民"之法，读《汉志》原文可见；今书盖汉以前方士之记录，荟萃成编者，二书偶然同名耳。次则《楚辞》，其中《离骚》《天问》等篇，亦多含古代神话。纬书似系神话渊薮，然出汉人造作，多失原形，用之须极谨填。道家书中，亦保存一部分神话，则又承纬书之流，其可信的程度更低了。

（二）为传奇时代。这时代流传下来的史迹，都系人事而非神事，似乎其可信的程度增高了。然其所传的，离奇怪诞实甚，而真相反极少，所以运用起来，要打的折扣还很大。譬如西周，确实的情状，我们虽不之知，然其文明程度，决不至十分低下，则无疑义。而自幽王灭亡以后百余年间，其地为戎、狄所据，幽王被杀，事在公元前七七一年。其后秦文公收岐以西之地，岐以东仍献之周，事在公元前七五零年，然周实不能有；至秦穆公乃东境至河，则已在公元前七世纪中叶了。把其文明摧毁殆尽。直至战国时，东方诸侯还说秦人杂戎、狄之俗，摈之使不得与于会盟之列。而秦地所以土旷人稀，使秦人能招三晋之人任耕，而自以其民任战者亦由于此。然则西周的灭亡，是何等大事，然其真相，我们乃绝无所知，所知者则一褒姒的物语而已。此与蒙古自遁入漠北后，至于达延汗之再兴，只传得一个洪郭斡拜济的物语何异？见《蒙古源流考》。蒙古自遁入漠北以后，至达延汗再兴以前，其自己所传的历史，实远不如《明史》所著者之翔实也。回纥自漠北走西域，《新唐书》所载，事迹颇为明白，而回纥人自己，却仅传唐人凿破其福山，以致风水被破坏，此灾异迭起之说，亦同此例。见

《元史·亦都护传》。以此推之，《左氏》所载夏姬的事，亦宁非此类？不过其粉饰的程度较高而已。此等性质的传说，至汉初实尚不乏，断不容轻信为事实。试举俗所谓鸿门宴之事为例。按当时反动之思想正盛，其视列国并立，转为常局，一统转为变局，所欲取法者，则东周之世，天子仅拥虚名，实权皆在霸主之局。不过战国时七国之君，皆已易公侯之称而为王，所以当时之人，所拟临制诸王之名为帝。齐湣王与秦昭王并称东西帝；秦围赵之邯郸，魏又使辛垣衍间入围城，劝赵尊秦为帝是也。戏下之会，以空名奉义帝，而项羽以霸王之称为诸王之长，即系实现战国以来此种理想。在当时，安有一个人想据有天下，再做秦皇帝之理？其后汉虽灭楚称皇帝，然其下仍有诸王，则与秦始皇的尽废封建，仍异其局。在当时，人人之思想，皆系如此。蒯微劝韩信中立于楚、汉之间，韩信不听，《史记》说由韩信自信功高，汉终不夺我齐，韩信再老实些，也不会相信汉高祖是个知恩报恩、不肯背信弃义的人。不过自当时想来，皇帝任意诛灭诸王，实不能有此事耳，此乃自古相传之国际法也。汉高祖尽灭异姓诸王，乃系半靠阴谋，半靠实力，并非法律上的权利。而灭异姓诸王后，亦不能不改封同姓，仍不能一人据之，恢复秦始皇之旧局面也。汉帝对诸王权力之增大，乃由灭异姓、封同姓，中央与列国间，有宗法上统属的关系，亦非自古相传天子之国对诸侯之国的权利。然则，当秦朝甫灭之时，安有一人敢萌据有天下、继承秦皇帝之地位之想？范增说：与项王争天下者必沛公，岂是事实？且军门警卫，何等森严，安有樊哙能撞倒卫士，直达筵前，指责项王之理？古人筵宴，中间诚有离席休息之时，且或历时颇久，然亦必有一个限度，乃汉高祖可招张良、樊哙等同出，与哙等脱身回向本军，张良度其已至，然后入谢。筵宴间的特客，离席至于如此之久而无人查问；带有敌意的宾客，与数人间行出军，亦无人盘诘，项羽的军纪，有如此之废弛者乎？张良献玉斗于范增，范增受而碎之，骂项王

"竖子不足与谋"，且当场言"夺项王天下者，必沛公也，吾属今为之虏矣"，增年已七十，素好奇计，有如此之鲁莽者乎？种种事迹，无一在情理之中。然则汉高祖与项羽此一会见，真相殆全然不传；今所传者，亦一则想象编造的故事也。此等传说，在秦、汉间实未易枚举。且如指鹿为马之说，又岂可以欺孩稚邪？

（三）为传说时代。此期的史实，其最初的来源，仍为人口中的传说，但其所说很接近事实，绝非如传奇时代的离奇怪诞了，然仔细思之，其中所含的文学成分仍不少。譬如《史记》的《魏其武安侯列传》，详述魏其的外高亢而内实势利，喜趋附；武安的器小易盈，骄纵龌龊；以及灌夫的粗鲁任气，以一朝之忿而忘其身，可谓穷形尽相。这断不能凭空杜撰，自然其中多含史实。然观其篇末说武安侯死时，竟有冤鬼来索命，即可知篇中所言，亦仍不可尽信了。此类材料，在唐、宋史中，实尚不免，试观《旧唐书》《旧五代史》及《宋史》，多载时人评论之辞可知。至《元史》以后，则渐少了。

口传较之书面，易于变动，所以史事出于传述的，无意之中自能将无味的材料删减，有趣的材料增加。这正如《三国演义》，其原始，实系说书先生的底本，不过钞撮历史事实，以备参考，其内容，实和正式的史籍，无甚同异；然到后来，逐渐将说时所附会增益的话，亦行写入，与旧来钞撮的材料，混杂一处，久之遂稍离其真，又久之则面目全非了。试观其愈说得多的部分，离真愈远；而说得少或不甚说及的部分，则仍和正式史籍无甚异同可知。史籍来源出于传说的，其性质实亦如此，不过程度不同罢了。天下有文学好尚的人多，有史学好尚的人少。史学要推求事实的真相，文学则必求复杂的事情简单化，晦暗的事情明朗化。从前军阀纷争的时候，彼此之间，日日钩心斗角，使政治日益紊乱，社会大受影响，这自然是人民所深切关心的。然而多数人，都喜读其时所谓小报，其中内幕新闻之类最受欢迎；而于大报则能认真阅读者较少。此无他，大报多记事实的外形，其所以然之放，须据事实推求；小报则说得头头是道，如指诸掌，不徒使人相说以解，并可作茶余酒后的谈助而已，然其所言乃无一得实。此其故何哉？人之做事，无不受环境的制约。利用环境，虽可驯服环境，然必能利用，乃能驯服之，即其受环境的制约。所以对于某一个人的行为，苟能熟知其环境者，自易明了其所以然，正不必从幕后窥测，然要熟悉各方面的情势甚难。若将某一个人的行为，归之于其人的性格，或则云由于某一策士的阴谋，或又云由于某一事件的挑动，则其说甚易了解。如此，复杂的事情就简单化，晦暗的事情就明朗化，合乎多数人的脾胃了。这种情况，距今不过数年，总还是我们所亲历，至少是得诸"所闻"的。其来源靠得住么？然而历史事实的来源，如此者亦不乏。

任何人都有一种感觉：读古代的历史，了解及记忆均较易；时代愈后则愈难，因此薄今而爱古。其实适得其反。这正和人们喜欢读小报而不喜欢读大报相同。历史的材料有两种：一种自始即为记录，偏于叙述事情的外形，官文书为最，私家所作碑、铭、传、状等次之；一种则原始出于口传，经过若干岁月，始著竹帛，野史、小说等之来源，大率如此。官文书所说的，固然是官话；碑、铭、传、状等，亦多谈辞。然其夸张、掩饰，自有一定的限度，能伪事之内容，不能伪事之外形。如为贪官污吏作传者，可云其未曾贪污，不能云其未曾作官吏；可讳饰其激成民变之事，不能云民未曾变也。而且极容易看得出来。将这一部分剥去，所剩下来的，就是事实了。用此等材料所作的历史，将仅剩一连串事实的外形，于内容则全未涉及，而要由读者去推测，最使人感觉苦闷。且读者之推测，乃系后世人的猜想，似不能如并时之人观察所得者的精确。然其结果多正相反。这实由后人的推测，在其事实完全暴露之后，易于原始要终，加以推论；并时的观察家，则无此便利，史事有一般情形，有特殊事件。一般情形，后人所知者，总不能如当时人之多且确。如今之北京、上海，是何情形？将来史家虽竭力考索，总不能如今日身居北京、上海之人是也。特殊事件，则正相反。身处其时者，往往于其真相全属茫然，有所推测，亦多误谬；而将来之人，则洞若观火。实因事实的全部，悉行暴露，则其中一枝一节之真相，自然明了，不待推求，且甚确实也。枝节悉行明了，全体亦无遁形矣。而其物亦本系今内幕新闻之流也。非必著述者有意欺人，其所闻者固如是也。读史者于此义，亦必不可以不知。《啸亭续录·国史馆》条云：国初沿明制，惟修列圣实录，附载诸臣勋绩、履历、官阶。康熙中，仁庙钦定《功臣传》160余人，名曰《三朝功臣传》，藏于内府。雍正中，修《八旗通志》，诸王公大臣传始备，然惟载丰、沛世家；其他中州士族，勋业懋著者，仍缺如也。所取皆凭家乘；秉笔词臣，又复视其好恶，任意褒贬，皆剽窃碑版中语。纯庙知其弊，乾隆庚辰，特命开国史馆于东华门内，简儒臣之通掌故者司之，将旧传尽行删薙，惟遵照实录、档册所载，详录其人生平功罪，案而不断，以待千古公论，真修史之良法也。后又重修《王公功绩表传》《恩封王公表传》《蒙古、回部王公表传》等书，一遵是例焉。按列传以碑版、家乘为据，旧有是法，初非修史者敢任其好恶，然清高宗犹以是为未足，而只许依据实录、档册，盖不许天下之人有是非，而欲其一遵当朝之是非，其无道可谓甚矣。然详录其事，案而不断，以待后人论定，则比次之法，固应如是，不能以其出于清高宗之私意而非之。近代修史、立言务求有据，记事侧重外形，固为众所共趋之鹄，亦非清高宗一人之私意所能为也。

说到此，则并可略论今后作史的方法。现在史学界所最需要的，实为用一种新眼光所作的史钞。史钞之钞，非今所谓照本钞誊之钞。今所谓照本抄誊之钞，昔人称为写、录等，不称为钞。昔人所谓钞，乃撮其精要，而刊落其余之谓。史钞之作，晋、南北朝时最多，读《隋书·经籍志》可见，唐以后就渐少了，这亦可说为史学衰替之一端。史学上的需要，随时代而不同，而每逢学术上的趋向幡然大变之时，则其变动尤剧。今日读昔人所作的历史，总觉得不能满意者以此。编撰新历史，以供今人的阅读，人人能言之。然其所作之书，多偏于议论，并未将事实叙明。此在熟于史事的人，观其议论则可；若未熟史事的人，欲因此通知史事，则势有所不能。此实可称为史论，而不可称为史钞；而其所发的议论，空洞无实，或于史事全未了解，但将理论硬套者，更无论矣。

史钞合作，必将前人所作的历史，（一）仍为今人所需要者因仍之；（二）其不需要者略去；（三）为今人所需要，而前人未经注意者，则强调之使其突出，乃足以当之而无愧。至其文字的体裁，则最好能因仍原文，不加点窜；而自己的意见则别著之，使读者仍能与我们所根据的原材料相接触。如此，分量易多，怕只宜于专门研究的人，而不适于普通的读者。供普通读者阅览之作，怕不能不入自己的口气重作。但根据某书某篇，最好一一注明，使人易于查核；而其改易原文，亦最好有一定的体例，使读者即不查核，亦易分别。此亦为编撰最要之义，不可不注意及之。

至于搜集材料，则目前最紧要之事，实为作史料汇编。除史部固有之书外，更宜将经、子、集三部中有关史事的材料，大举搜集，分为两部分：（一）属于记事的，即前所云足以证明、补充、订正史事的，与史部的记载，相辅而行；（二）为昔人有关史事的见解，此不必论史之作，凡涉及社会、政治，而其中包蕴史事者，皆当采取。

因为此等作品，一方面表现昔人对于社会、政治的见解，一方面亦即表现其对于史学的见解。史学的有用，正在于此。使治史学者能多与此等材料接触，自然胸次恢廓，眼光远人，虽性近章句之士，亦不至流于拘泥、琐碎了。这于史学的进步，实在是大有关系的。更推广言之，则编纂大类书，实为今后的急务。学术本须分类，况自专门变为通学，一人的著作中，可以无所不有，则每治一门学问者，势非读遍天下之书不可，夫岂事所可能？故必合群力，举一切书籍，按学术分门，编成大类书，以供治学者之取材而后可。此其分门固极难确当；所辑得者，亦仅限于普通人所能见得，非有特别之眼光不能搜得者，所遗必多，然苟能尽普通人之力，忠实为之，已足为治学者省无限精力矣。编辑大类书，需要很大的物力，势非政府不能为。历代之政府，亦多行之者。最早者如魏世之《皇览》；最近者如明代之《永乐大典》，清代之《图书集成》是也。然政府所办之事，恒不免官僚主义，故如《大典》《集成》，均不见佳。今日的情势，已与往时不同，甚望文化高潮来临之日，政府能以此为当务之急也。史学所涉甚广，好的史料汇编，有时亦可供治他学者之用。

附录 一古书名著选读拟目

向来古书名著选读等，系专读一两部书。现拟试改一法：于多种书籍中，选读若干篇，俾学生知识较广，如欲深研，亦可多识门径。选读之书，随所想到，举例如下：

《礼记·王制注疏》《注》与《疏》须全读。

孙星衍《尚书今古文注疏》择读一篇，以见清儒疏释之法。

陈立《白虎通义疏证》择读一篇，以见古典制。

陈寿祺《五经异义疏证》择读一篇，以知今古文异义所在。

《管子》择有关典制者，与《轻重》各读一两篇。《老》《庄》《荀》《墨》《间诂》《韩》《商》《孙》

《吕氏春秋》择读一两篇，以见古人政论。《淮南》

《史记》选读与经学有关者。《本纪》与《汉书》对读。《世家》，此合《春秋》与《系世》而成。《列传》随体例选读若干篇。

《汉书》除与《史记》对读者外，再读《志》一两篇。

《后汉书》与《三国志》择同一人之传，读一两篇，以见史例简严、恢廓之异。

《晋书》择读一两篇，以见史家多采杂说之例。

《宋》《齐》《梁》《陈》《魏》《齐》《周书》与《南》《北史》对读一两篇，一以见《南》《北史》删削之例及其弊，二以见《南》《北史》以私史增补官书处。

《新》《旧唐书》的《昭宗纪》对读，以见宋后立例修史者与前此但整齐官书者之异例。《四裔传》中选一两篇对读，以见新书之增事及其妄改文字。

《宋》《明史》择读一两篇，以见晚近凭官书传状修史之例。

《通鉴》择读一两卷，必须连胡《注》《考异》读。

《纲目》随《通鉴》读，以见二书体例之异。

《通考》择读一两门。

《通志》就《二十略》中择读一二。

《经世文编》择读一两卷，此章实斋重文征之意，俾知奏议文集之重要。

《宋儒学案》《明儒学案》择读一二。

《四库书目提要》读数卷，以启目录学之门径。

《日知录》《廿二史札记》读数卷，以见读书之贯穿事实及钩考有关致用之问题。《十七史商榷》中亦可选数条。

《十七史商榷》《廿二史考异》钩考一事者，随选读之史翻阅。

《癸巳类稿》此书为经生中最有思想者，又多治杂书，可选读一二。

以上系随意举例。教授时除指示阅读方法外，即与学生于阅后讨论，或竟破除寻常上课形式亦可。学生人数不能多。

此项科目于历史系自最有益。他科大体以社会科学为限。欲取材于中国旧籍者亦次之。国文系学生修习者，可以植根柢于经、子、史之中，不致但就文论文。又有志学文者，亦可专辟一部分时间，就文学方面讲授或讨论。

附录二　关于正史（上）

〔名称之由来〕《史通》有《六家》《二体》篇，《隋志》只认其一，今沿用之，此体称纪、传、表、志体，简称纪传体。

正史之名，系在所载的史事较重要、较完全、较正确之观念下成立。

何种史事为较重要的？就旧日之观念言之，可以马端临《文献通考·总序》之言为其代表：即（一）理乱兴亡，（二）典章经制。

正史皆借政府之力而成。即纂述出于私人，材料亦必得自政府。自南北朝以前，皆由（一）私人，（二）政府委任私人撰述，故其性质为独修；唐以后皆由政府设局，合多人之力编纂，故其性质为众修。二者各有所长，但至后世，因材料日多，独修已成为不可能。

正史最重要之性质为保存材料。编纂者之才、学、识，固有高下之不同，然大体皆知注意于此。

因此，正史本不能看作一人之著述，即独撰者亦然。

古人之著作，原可两说并存，史家尤然，如《旧唐书·高宗王皇后传》为其最显著之例，故后人讥古人矛盾，古人不应负责处甚多。

凡正史皆非极精审之作，甚至系不精审之作，仅就某一时期所能得之材料，加以编纂而已。此中又分两问题：（一）材料不全，此撰述者不能负责；（二）编纂草率，此则撰述者应负其责，而其中最重要之关键为未作长编。

正史并非最原始的史料，但作正史时所据材料，十九不存，故正史在大体上即为原始的史料。

在正史材料的预备中，国家所设立的史官，作用极大，欲知其略，可看《史通·古今正史篇》及拙撰《史通评》中此篇之评。

中国史学家之见解，大体可分三期，皆因事势而变：（一）初期：注重搜辑史料，加以编纂。此期所欲讨论者，为去取编纂之法，刘子玄之《史通》，为其代表。（二）感觉前人所搜史料范围太狭，力求推广。看郑樵《通志·总序》，可知此等见解。（三）第二期之见解仍在，但书籍日多，感觉其不胜读，乃分（甲）比次史材与（乙）著述为两事。前者所以供作史者之取材，后者则以供阅读。前者愈多愈好，故并要有增加材料的办法（亦可谓之保存）。而撰述既成，所据材料仍须保存勿失，以便他人可以校勘或重作。章实斋之《文史通义》涉史学者，几于全部发挥此思想。

正史所根据之材料，自《汉书》以下，大致相同，即皆以史官所记为本，此显而易见，不待论。惟《史记》所据，较为难明，以鄙意观之，重要者有四：（一）左史，《春秋》类，记事；（二）右史，《尚书》类，记言，其流为"语"，如《国语》《论语》，此类书由记言扩及记行，为列传所本；（三）《系世》，合此及左史，大致为本纪、世家所本；（四）典志，八书所本，表原于古代的谱，乃一种著述的体例，内容无定。

凡正史，愈后愈近于客观，因所据者：（一）愈多书面而非口说，难于走样；（二）愈多官书注重事之外形，而不以意测度其内容，即私家著述，亦因史学程度之增高，大体上后代较前代为翔实，但欧、宋改作文字有失真处为例外。

以为正史文字古奥难解，此乃误解。反之，正史均甚接近其时之口语。晋、南北朝、隋、唐之史，虽所载文字颇多靡丽，叙事处亦不然。欧、宋为例外，然宋之文为涩体，欧亦不然。读正史所应谨慎者，特在其中多时代语、方俗语、官书语，或难解，或易误解也。

正史非初治史学者急读之书，因其以人为系统，将事实拆散。初学最要者，读《通鉴》及在《文献通考》中择读切于政治经济者十余门，此最为基本，《通鉴》须连《考异》与胡注读。昔人论史之书如《日知录》《廿二史考异》《廿二史札记》《十七史商榷》等，可泛滥，略见昔人治史之法。

关于正史（下）

表一表之为用甚广，后世国史亦均用之，约举如下：

表——
- 表世系者——如《史记·三代世表》。
- 表国者——如《史记·三国表》《唐书·方镇表》《辽史·属国表》。
- 表事者——如《史记·游幸表》《金史·交聘表》
- 表地者——如《五代史·职方表》。
- 表人者——如《辽史·五子表》《公主表》，《元史·后妃表》。
- 表官者——如《汉史·百官公卿表》。

书所以记载典章制度，《史记》中凡八篇，《汉书》以下概称志，志之重要者：

志——
- 河渠（沟洫）
- 地理（郡国州郡地形郡县）
- 平准（食货）
- 刑法（刑罚）（刑）
- 艺文（经籍）
- 百官（职官）（《魏书》官氏）
- 选举
- 兵（《辽史》营卫兵卫）

以上各志河渠地理，治历史地理者必读，其余则普通治史者，皆不可不读也。

世家以记有土之君，但其德行功业甚高，本身虽非诸侯，而子孙受爵荣誉，可比一国之君者，亦列世家，《史记·孔子世家》是也。除《史记》外，后世用之者甚少，《晋书》之载记，亦可称世家之变例。

列传载帝王君主以外之人，可分二种：

（一）依时代之先后，顺次编排，不另立名目者，此普通之列传也。（二）汇集同类之人，共为一传，且为之特立名目者，是为类传。此例亦起于《史记》，如《刺客列传》《货殖列传》是也。后世沿用其例者甚多，普通如《儒林传》《文苑传》等是。特殊者如《五代史》之《伶官传》，《元史》之《释老传》等是，类传与普通之传不同者，以其不与时代先后编排也。但普通之传，虽不立名目，亦有具类似之性质者，如开国时群雄之传，必排在最前，叛臣逆臣必排在最后是也。此外以同类相从者尚多，但仍以时间先后为标准耳。

传中最特别者，为外国传。普通之传，皆以传人；外国传，则以传国。《晋书》另载记，亦可称外传之变例也。正史者列于学官之史也，立于学官，本汉人语。汉时"官"与"宫"通，立于学宫之意，即当时学校中所刊之课本也。后世学校仅存其名，然在法律上，课程有常所习之书，亦有规定应科举者亦然，经之立于学官者，谓之正经；史之立于学官者，谓之正史，正史之名，由是而起也。

立于学官之史，原不必拘定体裁，但在事实上所立，皆为《史》《汉》等一种体裁之史。正史固立于学官之名，非体裁之名也。以体裁名之者，或谓之表志纪传体（世家少故略去）。但正史二字沿用已久，表志纪传之名，又轻累重，故用者甚少，立于学官之史，何故专取此一种体裁乎？厥故有二：

一向来史家纪事，注重理乱兴衰，典章经制两种现象。马端临《文献通考》序说，此非马氏之私言，足以代表一般人之意见。我国历史记载者，除正史外，尚有编年、纪事本末、政书三者，但各有所偏，即编年史以时为系统，纪事本末以事为系统，专记理乱兴衰，政书专记典章经制是也。惟表志纪传之史，两者兼赅，立于学官之书，必求完备，不容偏于一方面，此专取此种体裁之故一也。

二读史当然以最初之本为佳，与其读第二第三次所编订者，无宁读第一次原本。盖第二第三次所编之史，必以第一次之原本为根据，故原本实为原料，原则上原料恒不误也。吾国习惯后一朝必修前一朝史，所修皆为表志纪传体，故原料之史，恒属此体，此亦其得立于学官之一因也。

六、读旧史人手的方法

我这一次的讲演，初意拟以实用为主，卑之无甚高论的，然一讲起来，仍有许多涉及专门的话。这实缘不读旧史则已，既欲读旧史，则其性质如此，天下事不讲明其性质，是无从想出应付的方法来的，所以不得不如此。"行远自迩，登高自卑"，讲到人手的方法，我们就不能不从最浅近、最简易的地方着眼了。大抵指示初学门径之书，愈浅近、愈简易愈好，惟不可流于陋耳。陋非少之谓，则不陋非多之谓。世惟不学之人，喜撑门面，乃胪列书名，以多为贵，然终不能掩其陋也。当1923、1924年时，胡适之在北京，曾拟一《最低限度的国学书目》，胪列书名多种，然多非初学所可阅读，甚至有虽学者亦未必阅读，仅备检查者。一望而知为自己未曾读过书，硬撑门面之作。梁任公评之云：四史、三通等，中国的大学问都在此中，这书目一部没有，却有《九命奇冤》。老实说，《九命奇冤》，我就是没有读过的。我固然深知我学问的浅陋，然说我连最低限度都没有，我却不服。（因原载此评的杂志已毁，无原文可以查检，语句不尽相符，然大致必不误。）真可发一噱。任公亦自拟一通，就好得多。

旧时史部之书，已觉其浩如烟海；而如前文所述，欲治史者，所读的书，还不能限于史部；而且并没有一个界限，竟把经、子、集三部的书都拉来了。这更使人何从下手呢？且慢，听我道来：

欲治史者，所读的书，固不能限于史部，然仍宜从史部为始，而且在史部之中，要拣出极少数、极紧要的书来。

此事从何着手？

旧史偏重政治，人人所知；偏重政治为治史之大弊，亦人人所知。然（一）政治不可偏重，非谓政治可以不重；（二）而政治以外的事项，亦可从政治记载之中见得。如旧史的食货志，虽偏重财政，然于社会经济情形，亦多涉及。又如百官志，似乎专谈政治，然某一朝的政府，对于某种经济、文化事业，曾设官加以管理，某一朝却放弃了，亦可于其中见得。举此两端为例，其余可以类推。此二义亦不可不知。所以旧时史家视为最重要的部分，仍为今日读史极重要的部分，而宜先读。

旧时史家视为最重要的部分，是哪一部分呢？这个问题，我们可以读马贵与先生的《文献通考·总序》而得到解答。他把史事分为两大类：一曰理乱兴衰，一曰典章经制。前者是政治上随时发生的事情，今日无从预知明日的；后者则预定一种办法，以控制未来，非有意加以改变，不会改变。此就形式言，其实际有效与否，另是一回事。故前者可称为动的史实，后者可称为静的史实。历史上一切现象，都可包括在这两个条件之中了。

正史之所以被认为正史，即因其有纪、传以载前一类的史实，有志以载后一类的史实。然纪、传以人为主，把事实尺寸割裂了，不便观览，这一点，是不能为太史公咎的。因为后世的历史，纪、传所纪之事，多系同一来源，而将其分隶各篇，所以有割裂之弊。若《史记》则各篇之来源各别，如前说，古人本不使其互相羼杂，亦不以之互相订补也。所以又有编年体，与之并行。编年体最便于通览一时代的大势，任何一件事情，都和其四周的情势有关系，不考其四周的情势，则其事为无意义。然欲将四周情势叙述完备甚难；过求完备，又恐失之过繁；而时间为天然的条理，将各事按其发生之先后排列，则每一事之四周情势，及其前因、后果，均可一目了然，此编年史之所以似繁杂而实简易也。现在学生读史的，往往昧于一时代的大势，甚至有朝代先后亦弄不清楚的。这固由于其人的荒唐，然亦由所读的历史，全系纪事本末体，各事皆分开叙述之故。倘使读过一种编年史，就不至于此了。此供学习用的历史，所以贵诸体并行也。编年史在统一的时代要，在列国并立或统一后又暂行分裂的时代为尤要。欧洲历史分裂时长，且迄今未曾统一，又较中国为要。现在世界大通，中外史事互有关系，则追溯从前，亦宜知其相互间之关系；即无直接关系，亦宜将其彼此间的情势，互相对照。然则合古今、中外，而用编年体作一简要的新史钞，实于史学大有裨益也。编年史有两种体裁：一如《通鉴》，逐事平叙，与单看《左传》同。一如《纲目》，用简单之语提纲，其笔法如《春秋》经，事情简单的，其下即无复文字；繁复的，则于下文详叙，低一格或双行书之，谓之目。纲、目合观，恰如将《春秋》与《左传》合编一简。编年史年代长者，一事在于何时，不易检索。因此，温公作《通鉴》，曾自撰《目录》。然《目录》实不完全，且别为一编，检索仍觉不便。若《纲目》，则阅览时可兼看其目；检索时可但看其纲，而所检索者即系本书，尤较另编目录为便利。朱子创此体以救《通鉴》之失，实为后胜于前，不能以其编纂不如《通鉴》之完善而并訾之也。读《通鉴》时，宜随意取一两年之《纲目》，与之并读，以见其体裁之异同。且最适于作长编。作史必先搜集材料，材料既多，势必互有异同，互相重复，故必依一定之条理，将其编排，则同一之材料，自然汇合到一处；重复者可去，异同者亦不待考校而是非自见；其或仍不能判，即可两说并存矣。条理如何，初无一定，要必依其事之性质，实即其事所自具也。时间为最普遍的条理，无他种条理可用时，时间的条理必仍存。即按他种条理分类，每一类之中，时间之先后，仍不可不顾也。在历史年代不长时，得此已觉甚便，一长就不然了。一事的始末，往往绵亘数十百年，其伏流且可在数百千年以上，阅至后文，前文已经模糊了，要查检则极难。所以又必有纪事本末体，以救其弊。必时间长乃觉有此需要，此纪事本末一体，所以必至袁枢因《通鉴》而始出现也。有此三者，谓纪传、编年、纪事本末三体也。纪传体以人为主，固不免将事实割裂，然人亦自为史事一重要之因素，非谓其能创造时势，乃谓其能因应时势，代表时势之需要耳。故钩求理乱兴衰一类的事实者，非有编年、纪事本末两体以补纪传体之缺不可，而纪传体又卒不能废也。理既兴衰一类的事实，可谓很有条理系统，编纂者都能使之就范了。然典章经制，亦宜通览历代；而正史断代为书，亦将其尺寸割裂。于是又有政书以弥其憾。有此四者，而旧日史家所重视的政治事项，都能俯就编纂者的范围了。

　　读书宜先博览而后专精。世界上一切现象，无不互相关联，万能博士，在今日固然无人能做，然治学者，（一）于普通知识，必宜完具；（二）与本人专治的学问关系密切的科目，又宜知之较深；（三）至于本科之中各方面的情形，自更不必说了。所以要治史学者，当其人手之初，必将昔人认为最重要之书，先作一鸟瞰。一切事无不互相关联。所以专治一事者，于他事亦不可茫无所知。近来有伪造唐初钞票以欺人者，人亦竟有受其欺者，即由近人之治学门径太窄之故。若于唐代社会经济、货币、官制、印刷术等方面的知识稍形广阔，即知无论从那一方面立论，唐初决不能有钞票也。然以中国史籍之多，即将最重要的部分作一鸟瞰，已经不容易了。于此，我们就要一个"门径之门径，阶梯之阶梯"。张之洞《輶轩语》中语。《輶轩语》者，张之洞任四川学政时，教士子以治学门径之作也。

于此，我以为学者应最先阅览的，有两部书：（一）《通鉴》。此书凡二百九十四卷，日读一卷，不及一年可毕。读时必须连《注》及《考异》读。《注》中关系官制、地理之处，更应留心细读。这两门，是胡适之用功最深处，可见得古人治学之细密。凡治史，固不必都讲考据，然考据之门径，是不能不知道的；于注释亦应留意，否则所据的全系靠不住的材料，甚至连字句都解释错了，往往闹成笑柄。如胡适之，昔年疑井田制度时，称之为豆腐干式，将昔人设法之谈（设法，谓假设平正之例），认为实事，已可笑矣，犹可说也。后乃误古书之方几里者为几方里，不但振振有辞，且于纸角附以算式。逮为胡汉民指出，乃曰：我连《孟子》都忘了。其实此乃根本没有懂，无所谓忘也。旋又据今日之经纬度而疑《汉书·西域传》所载各国道里为不实，作为古书数字不确之证。不知《汉书》所载者，乃人行道里；经纬度两点间之直线距离，则昔人谓之天空鸟迹。截然两事，明见《尚书·禹贡疏》。不读《禹贡疏》，甚而至于不读《孟子》，本皆无足为奇，然欲以史学家自居而高谈疑古则缪矣。其说皆见昔年之《建设杂志》。（二）次为《文献通考》。论创作的精神，自以《通典》为优；然《通考》所分门类，较《通典》更密，不可谓非后起者胜。且马君所附考证，议论亦不乏，非徒能排比也。章实斋讥为策括之流，盖于此书实未细读，后人附和之，非知言也。《通志》二十略中，《六书》《七音》《校雠》《图谱》《金石》《昆虫》《草木》等，为旧时史志及《通典》《通考》所无，然非初学所急。故但就《通考》中裁取若干门类。可择读以下诸门：《田赋考》七卷，《钱币考》二卷，《户口考》二卷，《职役考》二卷，《征榷考》六卷，《市籴考》六卷，《土贡考》一卷，《国用考》五卷，《选举考》十二卷，《学校考》七卷，《职官考》十一卷，《兵考》十三卷，《刑考》十二卷，《封建考》十八卷，共一百零四卷，日读一卷，三个半月可毕。（三）此外，章实斋在其所著《文史通义》中，竭力强调别编文征，以补后世有关系的文字太多，正史不能备载之缺。此即予所言治史宜兼考集部中不属于记载部分之理。凡纂辑历代文字者，如《全上古三代秦汉三国六朝文》等，固均有此作用。然其时代最近，读之易于了解，且易感觉兴味者，要莫如贺耦庚的《经世文编》，此书题贺耦庚之名，实则魏默深先生所辑。续编有数种，内容之丰富，皆不逮之。可随意泛览数卷，以见其体例。前人读史，能专就一事，贯串今古，并博引史部以外的书籍，以相证明，此可见其取材之广。而深求其利弊的，莫如顾亭林的《日知录》，亭林此书，就所搜集之材料观之，似尚不如今人所作专题论文之广，然昔人之为此，意不在于考据，故于材料，必有关论旨者然后取之，余则在所吐弃，非未曾见也。严格论之，必如此，乃可称为著述，徒能翻检钞录，终不杂乎比次之业耳。可先读其第八至第十三卷。其包孕史事，意在彻底改革，最富于经世致用的精神的，莫如黄梨洲的《明夷待访录》，卷帙无多，可以全读。清代考据家之书，钱辛楣的《廿二史考异》，最善校正一事的错误；王西庄的《十七史商榷》，长于钩稽一事的始末；赵瓯北的《廿二史札记》，专搜集一类的事实，将其排比贯串，以见其非孤立的现象而发生意义。均宜随意泛览，以知其治学的方法。此等并不费时间。然则我所举第一步应读之书，苟能日读一卷，不使间断，为时不过一年余耳。必有人讥议我所举的不周不备。既读《通鉴》，如何不读《续通鉴》《明通鉴》或《明纪》呢？既读《通考》，如何不读《续通考》《清通考》《续清通考》呢？难道所知者只要限于五代、宋以前么？殊不知我所言者，乃为使初学者窥见旧时史籍体例起见，非谓以此使其通知史实。若要通知史实，则所求各有不同，人人宜自为之，他人岂能越俎代庖，一一列举？老实说，所谓门径，是只有第一步可说，第二步以下，就应该一面工作，一面讲方法的。方法决不能望空讲，更不能把全部的方法一概讲尽了，然后从事于工作。譬如近人教人读史时，每使之先读《史通》《文史通义》。此两书诚为名著，然其内容，均系评论前人作史的得失。于旧史全未寓目，读之知其作何语？讲亦何从讲起？所以我所举初学应读之书，就不之及了。史部书目分类，历代各有不同，然大致亦相类。今试举最后的清代四库书目为例，则我所指为史部重心的，实为正史、编年、纪事本末、政书四类。居今日而治史学，重要者固不尽于此，然此四者，仍不失其最重要的性质，说已具前。四类书中，我所举者，仅及编年、政书两类。因正史事实割裂，初学不易读；纪事本末，则读《通鉴》时可以翻阅其目录，知一时代之中共有几件大事，而欲查检前文时，亦可于此中求之，则不待读而已可通知其体例矣。此四类之外，曰别史，系体裁与正史相同，而未列为正史者；曰杂史，则体例与正史相异，而所纪事实，与之相类者；曰诏令奏议，则文征之一部分耳；曰传记，专考一人之行事，正史中之列传，尚且从缓，此自暂可搁置；曰载记，系记偏方诸国之事者，少数民族之历史，或包含于其中，于研究此问题者，甚为重要，初学亦难遽及；曰时令，此本不应入史部，讲经济史者，于治农家之书时，可供参考耳；曰职官，既从《通考》中知其大略，一时自不必求详；曰目录，治学术史时宜求之，此时亦可不及；曰史评，最要者为《史通》《文史通义》两书，此时之不能读，正文中已言之矣。惟地理一门，知其大概，亦颇切用。昔人于此，均先读《读史方舆纪要》。此书之观点，太偏于军事，然在今日，尚无他书可以代之。学者若能取其《总论历代州域形势》九卷，与一种州郡名较完全的读史地图对照；于各省，则取其论封域及山川险要者，及各府下之总论，粗读一过，费时亦不过月余耳。史部之书，初学第一步当读者，略尽于此。虽简易，似不失之陋。亦从工作中求门径，非空讲方法也。经、子之学，于治古史者关系最大，别见下节。子部中之医家、天文、算法、术数、艺术等，治专门史者乃能读之。较普通者，为关涉农、工二业之农寒、谱录两类，亦非初学所及也。

凡读书，决无能一字一句，无不懂得的。不但初学如此，即老师宿儒，亦系如此。吾乡有一句俗话说："若要盘驳，性命交托。"若读书必要一字一句都能解说，然后读下去，则终身将无读完一部书之日，更不必说第二部了。其实，有许多问题，在现时隋形之下，是无法求解的；有些是非专门研究，不能得解；即能专门研究，得解与否，仍未可知的；有些虽可求解，然非读下去，或读到他书，不能得解，但就本文钻研，是无益的；并有些，在我是可不求其解的。不分轻重缓急，停滞一处，阻塞不前，最为无谓。所以前人教初学读书，譬诸略地，务求其速，而戒攻坚。但定为应读的，略读则可，越过则不可，因为越过是不读，非略读耳。

七、治古史的特殊方法

上节所说，乃系指普通欲读中国旧史者而言；如性喜研究古史的，则更须有一种特殊的预备工作。

此所谓古史，古近之分，大略以周、秦为界。史事必凭记载，有无正式的记载，实为历史上一道鸿沟。我国在秦及汉初所传的史实，固多根据传说，全不可信。然史实的来源，虽系传说，而作史者所根据的材料，则多系记载，且其记载多系为记载而记载，而非凭借别种著述流传下来。当此时期，我们就算它有正式的记载了。史公所记汉兴时事，《汉书·司马迁传赞》谓其出于楚、汉春秋，此非指陆贾所著，春秋二字，为古史籍之通称，盖凡记楚、汉间事者皆属焉。其书既可总括称为春秋，必系为记事而作，非发表主观见解，引史事为佐证，甚或出于虚构者矣。秦、汉间史迹，仍有带此等性质者。如《史记·李斯列传》载斯在狱中上二世书，论督责之术以求免，盖儒家诋毁法家者所为。《娄敬传》载敬说汉高祖移都关中，其辞全为儒家之义（见《吕览·恃君览》），盖亦儒家所附会也。然此等渐少，故论史籍原料者，有书籍为据，与有史籍为据，仍系两事也。这种转变，大体以周、秦为界。所以治周以前的历史，即所谓先秦史者，是有一种特殊的方法的，但知道普通读史方法还嫌不够。

读古史的方法如何？即治经、子的方法而已。因为古史的材料，都存于经、子之中。所以治古史的，对于治经、子的方法，虽不必如治经、子之学者之深通，亦宜通知至足以治古史的程度。史事前后相因，后世之事，无不导源于古。所以治古史之法，但欲读普通史者，亦不可全不知道，不过较专治古史者，又可浅近一些而已。因其方法特殊，所以别为一节论之。读者可视其对于古史兴味的深浅，以定其对于本节所说用功的深浅。

把书籍分为经、史、子、集四部，乃系后世之事，在古代则无集而只有子，说已见前。现存最古的书目，实为汉时刘向、刘歆父子所定的《七略》。《汉书·艺文志》即本此而成。此为汉时王室藏书的目录。其所藏庋颇富，故据之以论古代学术的流别，最为完全。近人讲古代学术流别，多喜引《庄子·天下》《荀子·非十二子》《淮南子·要略》及《史记·自序》载其父谈论六家要旨之辞，此等诚皆极宝贵之材料，然皆不如《汉志》之完全。因其时代较早，学术尚守专门，所以书籍的分类，和学术的分类，大致相合，深为后人所景仰。其实此乃时代为之，不关编次者之本领也。《七略》中的《辑略》，仅总论编辑之意，其中并无书目。《六艺略》即群经，因汉人特尊儒家，乃别之于诸子之外，其实儒家亦诸子之一，说已见前。《兵书》《数术》《方技》，各为专家，因校雠者异其人，所以书亦各为一略，以学术流别论，自当列为诸子之一。《诗赋略》专收文辞、记事之书，并不别为一类。今之《史记》，《汉志》称为《太史公书》，特附《春秋》之末而已。然则就心理根据言之，其时根于记忆的记载，尚未与根于理智的学术分张，而特与根于情感的文辞对立也。《诗赋略》中的书，后世亦多入子部。然则欲治古史者，其材料，信乎都在经、子之中了。

经、子，我们本平等相看，然自汉以后，儒家之学盛行，（一）其书之传者独多，（二）而其训释亦较完备。借径于治经以治子较易，而独立以治子，则殆不可能。所以要治古史的，于经学，必不可不先知门径。

治经的门径如何？第一先须细读经的本文。凡书经熟读，则易于了解，而治之不觉费力，且随处可以触发。从前读旧书的人，小时都熟诵经文，所以长大了要治经较易。现在的学子，这一层功夫都没有了，再要补做，既势不可能，而亦事可不必。因为一一熟诵，本来亦属浪费也。但古经、子究较后世之书为难解，读时用力稍多，则势不能免。所以对于古史有兴味的人，最好能于群经中先择一种浅近的注解，此只求其于本文不太扞格，可以读下去而已。既非据为典要，故任何注释皆可取，总以简明易看为主。阅读一过。觉得其有用而难解之处，则多读若干遍，至读来有些习熟，不觉费力为止。群经本文无多，昔人言读注疏虽不甚费力，亦一年可毕。谭仲修语。况于择取浅近的注？为时不逾一载，可以断言。第二须略知训诂。读古书须通古代的言语，人人所知。训诂本身，亦为一种学问，治古史者，自不必如治小学者之专精，只须通知门径，遇不应望文生义之处，能够知道，能够查检而已。其第一部应读之书，仍为《说文解字》。无论钟鼎、甲骨文字，考释者均仍以篆书为本。不知篆书，不徒自己不能解释，即于他人之解释，亦将不能了解也。此书看似枯燥，但其中的死字可以看过便弃；熟字只有固定意义的，亦不必究心；如鲤字是。虎字同为动物名，然有虎虎有生气等语，其含义便较广。只其有引伸、假借的，须注意以求通知其条例。字之妙用，全在引伸、假借。若每字只有一义，则单字必不够用。若有一义即造一字，则单字将繁极不堪，不可复识矣。且文字所以代表语言，语言以音为主，音同义异，而各别造字，而义之同异，各人所见不同，益将纷然淆乱矣。一种言语内容的丰富，固恃复音之辞之增多，亦恃为复音之辞之基本之单字含义之丰富。单字含义之丰富，则一由引伸，一资假借。引伸者，同一语言，而含多义，自不必别造一字；假借者，本系两语，而其音相同，于其不虞混淆者，亦即合用而不别造，皆所以限制单字之数者也。如此，则全书字数虽有九千余，其所当注意者，实不过数百而已。全书十四篇，加《序》一篇，以段懋堂的《注》和王菉友的《句读》，同时并读，《说文》一书，久不可读，清儒始创通条例，其首出者实为段懋堂，故段《注》虽专辄、错误处多，必不可以不读。王菉友于《说文》，亦功力甚深，《句读》系为初学而作，简浅而平正，且可附带知古书句读之法，故亦宜一读。假令半个月读一篇，为时亦不过七个半月而已。又凡字都无十分固定的意义，随着应用而都小有变化。此不能于训诂之书求之，非读书时涵泳上下文不能得。此法至清代高邮王氏父子而始精，且几乎可说到他们而后创通。所以王伯申的《经传释词》，必须一读。不求记忆而但求通知其条例，阅览甚易。全书十卷，日读一卷，可谓绝不费力。

经的本文既经熟习，训诂亦有相当门径，要研究古史的，自可进而阅读各种注、疏。疏谓注之注，非专指汇刻之《十三经注疏》言。但在阅读注、疏以前，尚宜有一简单的预备。因为解经大别有汉、宋二流，讲义理别是一事，治史则旨在求真，汉人之说，自较宋人为胜，汉儒理解之力，远逊于宋儒。但宋儒喜据理推论，而不知社会之变迁，多以后世情形论古事，每陷于错误；汉儒去古近，所知古事较多，其言有时虽极可笑，究于古事为近真。而汉学中又有今、古文两派，对于经文的解释，甚至所传经文的本身，都时有异同，亦必须通知其门径也。学者于此，当先读陈恭甫的《五经异义疏证》。此书乃许慎列举今古文异义，加以评骘，而郑玄又对许氏加以驳正者，今古文异义重要的，略具于此。今古文说，初非每事俱异。朱希祖曾在《北京大学》月刊撰文，欲依"立敌共许"之法，取经文为今古文家所共认者，立为标准，然后据以评定其异义。不知异义之存，皆用此法不能评定者也。不然，从来治经者，岂皆愚骏，有此明白简易之法而不之取邪？况就今学立场论，经文并不重于经说，因经学所重在义，义多存于口说中，且经文亦经师所传，经师所传之经文可信，其所传之经说亦可信，所传之经说不可信，则所传之经文亦不可信。朱氏偏重经文，即非立敌共许之法也。次则《白虎通义》，为今文经说的荟萃。此书有陈卓人《疏证》，浏览一过，则于经学中重要的问题，都能知道一个大概，然后进而求详，自然不觉费力，且可避免一曲之见。廖季平的《今古文考》现在不易得。此书论今古文之异，原于一为齐学，一为鲁学，实为经学上一大发明。又前此分别今古文者，多指某书为今文，某书为古文；其细密者，亦不过指某篇为今文，某篇为古文。至廖氏，始知古书编次错乱，不但一书之中，今古杂糅；即一篇之中，亦往往如此。分别今古文者，宜就其内容互相钩考，方法可谓最密。廖氏中年以后，学说渐涉荒怪，然不能以此累其少作。此书如能得之，可以一览，卷帙甚少，不费时也。经、子所重，都在社会、政治方面，此于治经、子者固为重要，于治史者实更为重要也。《异义》三卷，《通义》十二卷，日读一卷，不过半个月，合诸前文所举，历时亦仅两年耳。

经学既有门径，同一方法，自可推以治子。治子第一步工夫，亦在细读子之本文。古子书重要的有：《老子》二卷，《庄子》十卷，《列子》系晋张湛伪造，中亦间存古说，初学可暂缓。《荀子》二十卷，《墨子》十五卷，名家之学，道原于墨，见其书中之《经》上、下，《经说》上、下及《大取》《小取》六篇。至惠施、公孙龙等而恢廓，见《庄子·天下篇》。名家之书，今有《公孙龙子》。其书《汉志》不著录，必非古本；但辞义古奥，不似伪造，盖古人辑佚之作，初学可从缓。《管子》二十四卷，《韩非子》二十卷，《商君书》五卷，

《孙子》一卷，《吴子》一卷，《司马法》一卷，亦出辑佚，无甚精义，可从缓。《六韬》，论者以其题齐太公撰而指为伪。然古书用作标题之人，本不谓书系其人手著，特谓其学原出此人耳。此说并亦不足信，然与书之真伪无关，因此乃古人所谓"名其学"，当时学术界有此风气也。《六韬》决非伪书，然多兵家专门之言，初学亦可暂缓。《吕氏春秋》二十六卷，《淮南子》二十一卷。此书虽出汉世，多述古说，与先秦诸子无异。其《周书》十卷，此书世多称为《逸周书》。逸乃儒家所用之名词，诗、书等不为儒家之经所取者，则谓之逸。不站在儒家之立场上，实无所谓逸也。此书与儒家所传之《尚书》，体裁确甚相似，然述武王灭殷之事，即大不相同，可见古所谓书，亦春秋、战国时人作，其原出于古记言之史，然决非当时史官原作也。《战国策》三十三卷，旧入史部，然《周书》实兵家言，《战国策》实纵横家言，《鬼谷子》伪书，且无价值。并诸子之一。《山海经》十八卷，旧亦人史部；《楚辞》十七卷，则人集部。二书中藏古神话最多，且最真，说已见前，并宜阅读。诸书合计二百二十二卷，日读一卷，费时亦不及两年也。注释可择浅近易晓者读之，亦与读经同。

读古史必求之经、子，可试举一事为例。秦始皇之灭六国，实变诸侯割据的封建国家为中央集权的封建国家，其事在公元前221年，距今（1954年）不过2175年耳。自此以前，追溯可知的历史，其年代必尚不止此。中国以中央集权成立之早闻于世界，然其与诸侯割据之比尚如此，足见其事非容易。此自为历史上一大转变，然其事迹，求诸古代的记载，可见者甚少，而求诸古人学说之中，则反有可见其概略者。经书中言封建之制：今文为公、侯皆方百里，伯七十里，子、男五十里，不能五十里者，不达于天子，附于诸侯，曰附庸。《礼记·王制》《孟子·万章下篇》。古文则公方五百里，侯四百里，伯三百里，子二百里，男百里。《周官·大司徒》。诸子之说，大致皆同。诸子书《管子》多同古文，因其与《周官》同为齐学也。余皆同今文。观诸子书不与今同，即与古同，即可知其非无本之说也。古书所言制度，非古代的事实，而为学者所虚拟的方案，理极易明，无待辞费。然思想亦必有事实为背景，而向前看，非向后看之理，昔人不甚了解，故其思想，又必较时代为落后。然则今文家的学说，盖出春秋时，而其所欲仿行者，为西周初年的制度；古文家的学说，盖出战国时，而其所欲仿行者，为东周初年，亦即春秋时的制度。何以言之？按《穀梁》说：古者天子封诸侯，其地足以容其民，其民足以满城而自守也。襄公二十九年。此为立国自有其一定的大小，不容强事扩张，亦不容强加限制的原因。《左氏》说夏少康"有田一成"，哀公元年。此语当有所本。《易·讼卦》："其邑人三百户。"《疏》云："此小国下大夫之制。"《周礼·小司徒》：方十里为成，九百夫之地，沟渠、城郭、道路，三分去一，余六百夫，又以不易、一易、再易，定受田三百家。《吕览》谓"海上有十里之诸侯"，《慎势篇》。《论语》谓管仲"夺伯氏骈邑三百"，《宪问篇》。正指此。然则夏代的名国，在东周时，仅为小国下大夫之封了，可以见其扩张之迹。方百里之地，划为一政治区域，在中国行之最久。此其形势，盖确定于春秋时。方七十里、五十里及不能五十里之国，在西周时，盖尚当获厕于会盟、征伐之列，然至东周之世，即寝失其独立的资格，而沦为人之私属；如《左氏》襄公二十七年弭兵之会，齐人请邾，宋人请滕，以为私属，二国遂不与盟。而其时的大国，却扩充至五百里左右；《礼记·明堂位》说：成王封周公于曲阜，地方七百里。《史记·汉兴以来诸侯年表》说：周封伯禽、康叔于鲁、卫，地各四百里；太公于齐，兼五侯地。皆后来开拓的结果，说者误以为初封时事。据此形势而拟封建方案者，就起于百里而终于五百里了。然大于百里之国，初非将百里的区域撤消，而改组为二百里、三百里、四百里、五百里的区域，乃系以一较大的区域，而包含若干个方百里的区域于其中。观楚灭陈、蔡，以之为县；《左氏》昭公十二年。晋亦分祁氏之田为七县，羊舌氏之田为三县；《左氏》昭公二年。商君治秦，亦并小都、乡、邑聚以为县；《史记·商君列传》。而秦、汉时之县，仍大率方百里可知。《汉书·百官公卿表》。此一基层的官治单位，迄今未有根本的改变，所以说行之最久。而五百里左右的政治区域，则为郡制成立的根源。此为郡县制度发生于割据时代的事实，亦即中央集权的封建制度，孕育于诸侯割据的封建制度之中。至于方千里之国，《左氏》襄公三十五年，子产说其时的大国，"地方数圻"，圻、畿一字，则又大于方千里。盖以其幅员言之如此，其菁华之地，则不过方千里而已，犹后世内地与边郡之别也。则今、古文家同谓之王，在周以前，从无封国能如此之大，亦从无以此等大国而受封于人的，所以拟封建方案者，并不之及了。楚、汉之际及汉初封国，有大于此者，然只昙花一现而已。古人立说，主客观不分，将自己所拟的方案，和古代的事实，混为一谈，遂使人读之而滋疑，然苟能善为推求，事实自可因之而见。且如今文家说巡守之制：岁二月东巡守，至于岱宗；五月南巡守，至于南岳；八月西巡守，至于西岳；十有一月北巡守，至于北岳。这无论其都城在何处，巡完一方后回到都城再出，抑或自东径往南，自南径往西，自西径往北，以古代的交通论，都无此可能，其说似极不可信。然《孟子·梁惠王下篇》载晏子说巡守之制云"春省耕而补不足，秋省敛而助不给"，则后世知县之劝农耳，何来不及之有？古人所拟方案，皆本于此等小规模的制度而扩大之，而其方案遂实不可行，使其纯出虚构，倒不至于如此不合情理了。足见其中自有事实，可以推求也。举此一事为例，其余可以类推。今古文异说，今文所代表的，恒为早一期的思想，其中即隐藏着早一期的事实；古文则反是。如言兵制，古文的兵教，即多于今文。

职是故，刘子玄所谓"轻事重言"之说，不得不常目在之，而利用经、子中材料的，不得不打一极大折扣。因为随意演说的，往往将其事扩大至无数倍也。如禹之治水，如今《尚书·禹贡》等所说，在当时决无此可能。此在今日，已无待辞费。《书经·皋陶谟》（今本分为《益稷》），载禹自述之辞曰："予决九川距四海，浚畎浍距川。"九者，多数。川者，天然之河流。四海之海，乃晦字之义，四境之外，情形暗昧不明之地，则谓之海，非今洋海之海也。畎浍者，人力所成之沟渠。然则禹之治水，不过将境内的沟渠，引导到天然的河流中；而将天然的河流，排出境外而已。《孟子·告子下篇》：白圭自夸其治水"愈于禹"，孟子讥之，谓禹之治水"以四海为壑，今吾子以邻国为壑"，而不知禹之所谓四海，正其时之邻国也。白圭盖尚知禹治水之真相。《论语·泰伯篇》：孔子之称禹，亦不过曰"尽力乎沟洫"而已。此等皆古事真相，因单辞片语而仅存者，一经随意推演，即全失其原形矣。又因主客观不分，所以其所谓"寓言"者，明系编造之事，而可以用真人名；如《庄子·盗跖篇》载孔子说盗跖之事。又可将自己的话，装入他人口中。如本书所引娄敬说汉高祖之事即是。所重之言如此；而其所轻之事，则任其真相湮没。凡单辞片语未经扩大者，其说皆可信，然其详则不传。因此，读古书的，于近人所谓"层累地造成"之外，又须兼"逐渐地剥落"一义言之，方为完备。而编次错乱一端，尚不在内。其方法，就不得不极其谨严了。但古人的思想，所走的系两极端。一方面，自己立说的，极其随便；一方面，传他人之说的，又极谨严。此即前所云传信传疑，及所据的材料、来源不同，不使其互相羼杂，亦不以之互相订补之例。书之时代愈早者，其守此例愈严。太史公的《史记》，所以胜于谯周的《古史考》、皇甫谧的《帝王世纪》者以此，此义亦决不可以不知。

以上的工夫既已做过，即可试读《史记》的一部分，以自验其能否了解、运用。中国所谓正史，必须以读古史的方法治之者，实惟此一部也。说到此，则又须略论史籍的起源。按古无史部之书，非谓其无历史的材料；相反，历史的材料正多，特其时的人，尚未知尊重客观的事实，莫能编纂之以行世耳。史料的来源，可分为史官记录、民间传说二者，民间传说，流传的机会较少，传世者实以史官所记录为多，说已见前。此等情形，乃系逐渐造成，在古代则又有异。古所谓史官，最重要者为左、右史。"左史记事，右史记言，言为《尚书》，事为《春秋》"，《礼记·玉藻》说："动则左史书之，言则右史书之。"郑《注》说："其书，《春秋》《尚书》其存者。"《汉书·艺文志》说"右史记事，左史记言"，左右二字怕互讹。《礼记·祭统》说"史由君右，执策命之"。亦右史记言之证也。这说法，大约是不错的。《春秋》的体例，盖原于邃古，其时文字之用尚少，而事情亦极简单，因之记事的笔法，亦随之而简单，尔后相沿未改，其为物无甚兴味，所以传述者不多。而《尚书》一体，因记言扩及记行，遂成为后来的所谓"语"，与古代社会口说流行的风习相结合，其体遂日以扩大。语之本体，当系记人君的言语，如今讲演之类。其后扩而充之，则及于一切嘉言；而嘉言之反面为谤言，亦可存之以昭炯戒。记录言语的，本可略述其起因及结果，以备本事；扩而充之，则及于一切懿行；而其反面即为恶行。如此，其体遂日以恢廓了。《国语》乃语之分国编纂者，《论语》则孔子之语之分类编纂者也。《史记》的列传，在他篇中提及，多称为语，如《秦本纪》述商鞅说孝公变法曰"其事在《商君语》中"是也。《礼记·乐记》述武王灭殷之事，亦谓之"牧野之语"。此外记贵族的世系的，则有系、世，出于《周官》的小史及瞽蒙。又凡一切故事，官家具有记录的，总称为"图法"，即后世的典志。《吕览·先识览》：夏之亡也，太史终古抱其图法以奔商；商之亡也，太史向挚抱其图法以奔周。自战国以前，历史的材料，大致如此。秦始皇的烧书，尸古书亡灭的总咎，实则其所烧者，不过官家所藏；若私家所藏，即所谓诗书百家语者，烧之必不能尽。然在战国以前，除《世本》一书外，殆未有能编辑史官所记以行世者，故经始皇一烧而即尽，说已见前所引《史记·六国表》。《世本》一书，盖私人所编辑，已在民间所藏诗书百家语之列，故为秦火所不及。然则以《世本》为最早的历史，为《史记》之前驱者，其说殆不诬也。洪饴孙撰《史表》，即以《世本》列于《史记》之前，居正史之首。《世本》的体裁，见于诸书征引者，有本纪，有世家，有传，其名皆为《史记》所沿；有谱，则《史记》谓之表；有居篇、作篇，则记典章经制一类的事实，为《史记》所谓书，而《汉书》以下改名为志者。《世本》原书已不可见，就《史记》而推其源，则本纪及世家，出于古左史及小史；表源于谱；传者，语之异名，排列多人，故称列传，《列女传》者，列女人之传也。女传二字相属，列女二字不相属。后人以列女为一名词，实误。此盖源于右史；书则图法之类也。今人每喜凿言古之某书出于更古之某书；某人之学说源于较早的某人，或受其并时某人的影响。其实书阙有间，此事甚难质言。如《孟子·万章上篇》说尧、舜禅让，与《史记·五帝本纪》同，谓之同用孔门《书》说则可，近人凿言史公用《孟子》，即无据。然某书出于某书不可知，而其本源为古代某一类之书则可知；某说出于某人不可知，而其所据为某一派之说则可知。如晚出之《古文尚书伪孔传》，断言其为王肃所造，并无确据，然其为肃一派之学说则无疑。明于此义，则于现存之书，可以考见其本源，读之更易明了，并可推考较现存之书更早一时期的学术状况了。

自疑古之说既起，人多以为古书之久经行世者，必多窜乱、伪造，其新发现者必真；书籍或不可信，实物则无可疑。因此，特重古物及新发现的古书。其言似极有理，然疑古亦有条理，不能执空廓之论硬套；而古物及新发现的书籍，亦尽多伪品，有所偏主而轻信之，有反上其当者。如汲冢所发现之古书，当时虽实有其物，然不久即悉行亡佚，无一传诸后世。所谓《竹书纪年》，出于明人者固伪；即后人所辑之古本，亦未尝不伪。可参看拙撰《晋南北朝史》第二十三章第八节（页一四五四至一四五九），又《先秦史》第四章（页三九）及第七章第四节（页七六）。又如近代所谓甲骨文，其中伪物亦极多。可参看拙撰《先秦史》第二章（页二一）。此等材料，取用不可不极谨慎。至于古物，新发现者自不易欺人；其久经流传者，真伪亦极难辨。章太炎曾谓：必一发现、流传、收藏，确实有据；二又其物巨大，牟利者不肯为，好事者不耐心为之者，乃为可信，自属稳健之说。予又益以发现、流传、收藏，在古物不值钱之时、之地，较之在值钱之时、之地者，可信的程度较高。持此鉴别，亦庶几寡过也。

史通评

内 篇

六家第一

《六家》《二体》两篇，乃刘氏论正史之作也。史本无所谓正不正；然其所记之事，万绪千端，不能无要与不要之分。要与不要，随各时代学者之眼光而异，无一定标准。一时代之学者，认其所记之事为要，则以为正史；谓其所记之事非要，则以为非正史而已矣。"六家"者，刘氏所认为正史；"二体"，则刘氏认为六家中之善者，可行于后世者也。《杂述篇》所谓十家，则刘氏以为非正史者也。参看《外篇·古今正史篇评》。

六家，浦氏曰："《尚书》记言家，《春秋》记事家，《左传》编年家，《国语》国别家，《史记》通古纪传家，《汉书》断代纪传家。"其推刘氏之意是也。然予谓刘氏以《尚书》《春秋》《左》《国》并列为四家，实于古代情事未合，何以言之？

古之史，盖止记言记事二家。《礼记·玉藻》曰："动则左史书之，言则右史书之。"郑注曰："其书，《春秋》《尚书》其存者。"《汉书·艺文志》："左史记言，右史记事，言为《尚书》，事为《春秋》。"其说当有所本，左氏果为《春秋》之传与否，事极可疑。汉博士谓左氏不传《春秋》，近世推衍其说者，谓《太史公自序》但日"左丘失明，厥有《国语》"，其《报任安书》亦然。下文又云"左丘明无目"，则宋祁所见越本，王念孙所见宋景佑本及《文选》，皆无"明"字。《论语》有"左丘明耻之，某亦耻之"之语，崔适谓《集解》录孔安国注，则此章亦出《古论》。然则自今文家言之，实有左丘，而无左丘明；有《国语》而无《春秋左氏传》也。而《国语》一书，则只可谓与《尚书》同体，而不可别列为一家。何者？古代记事之史，体至简严，今所传之《春秋》是也。孔子之修《春秋》，虽借以明义，然其文体则仍鲁史之旧。其记言之史，则体极恢廓。盖其初意，原主于记嘉言之可为法者。然既记嘉言，自亦可推广之而及于懿行；言行本难截然划分。既记嘉言懿行之可为法者，自亦可记莠言乱行之足为戒者也。故《国语》者，时代较后之《尚书》也。其所记虽殊，其体制则与《尚书》无以异也。

或曰：秦汉以后之史，第一部为《史记》，而《史记》之体例，实源于《世本》。洪饴孙撰《史表》，以《世本》列诸史之首，核其体例，则有本纪，有世家，有传，《史记》称列传，谓合多人之传，以次序列耳。并为《史记》所沿，桓谭谓："太史公《三代世表》，旁行斜上，并效《周谱》。"本书《表历篇》引，案此语亦见《梁书·刘杳传》。《隋志》有《世本王侯大夫谱》二卷，盖即《周谱》之伦，则《史记》之世表、年表、月表，其例亦沿自《世本》。《世本》又有《居篇》，记帝王都邑。《作篇》，记占验、饮食、礼乐、兵农、车服、图书、器用、艺术之源。则八书所由昉也。百三十篇，本名《太史公书》，《汉书·艺文志》如此，《宣元六王传》、班彪《略论》，王充《论衡》同。《杨恽传》谓之《太史公记》。应劭《风俗通》称为《史公记》。史记二字，为当时史籍通名，犹今言历史也。史公发愤著书，功在网罗综贯，不在创造，所整齐者，实为旧史之文，非其自作，则纪、传、世家、书、表，乃前此史家之通例，正不独《世本》然矣。安得谓古之史止记言、记事二家欤？案本纪、世家、世表之源，盖出于古之《帝系》《世本》；八书之作，则出于古之《典志》。此二者，后世虽以为史，而推源其朔，则古人初不以之为史也。《周官》：小史"掌邦国之志，奠系世，辨昭穆。若有事，则诏王之忌讳。大祭祀，读礼法，史以书叙昭穆之俎簋。"郑司农云："系、世，谓《帝系》《世本》之属。此《世本》仅记世系，与前所述之《世本》不同。先王死日为忌，名为讳。"又瞽蒙："讽诵诗，世奠系。"杜子春云："世奠系，谓《帝系》，诸侯卿大夫《世本》之属也。小史主次序先王之世，昭穆之系，述其德行；瞽蒙主诵《诗》，并诵《世系》，以戒劝人君也。故《语》曰：教之世而为之昭明德而废幽昏焉，以休惧其动。"按小史所识者，先世之名讳、忌日及世次，今《大戴记》之《帝系姓》盖其物。瞽蒙所诵者，先王之行事，则《五帝德》之所本也。此本纪、世家、世表之所由来。凡一官署，必有记其职掌之书，今之《礼经》《逸礼》等，盖皆源出于此。此等无从知记者为谁，大约属于何官之守者，则何官之史所记耳。此即后世之典志、八书之所本也。今之八书，多空言阔论，乃后人所补，非史公原文也。古所谓史，专指珥笔记事者言之。小史、瞽史所识，《礼经》《逸礼》之传，后世虽珍为旧闻，当时实非出有意，故追溯古史者，并不之及也。若夫年表、月表，则《春秋》之记事也。列传则《国语》之记言，而其例实源于《尚书》者也。然则安得谓古史有出于记言记事之外者欤？刘氏以《左氏》《国语》与《尚书》《春秋》并列，不其缪欤？

言为《尚书》，事为《春秋》，特以大略言之。古人之分别，不能如后世之精，且记言者，固不容略及其事，以备其言之本末也。刘氏以《书》有《尧典》、今之《舜典》，篇首二十字为伪，余则割《尧典》下半篇为之。《禹贡》《洪范》《顾命》，讥其为例不纯，未免拘泥。要之，刘氏之蔽，在不知古书体例与后世不同，而纯以己见绳古人也。

史所以记事而已，事之善恶，非所问也。若以表言行、昭法式，为史之用，则史成为训诫之书矣。其缪误不待言。然昔人多存此等见解。谓史当重褒贬、寓劝惩，亦此类也。

《尚书》为记言之史，《春秋》为记事之史，二者原相辅而行，非谓既有《尚书》，余事遂可忽略也。此篇论《尚书》一节有夺文。其谓"虽有脱略，而观者不以为非"，不知其所持之理若何。章实斋则谓："纤悉委备，有司具有成书，吾特举其重且大者，笔而著之，以示帝王经世之大略。详略去取，惟意所命，不必著为一定之例。"《文史通义·书教上》。皆谓专恃《尚书》，则于史事有阙。而不知记事记言之史，实相辅而行，断不容存其一而废其一也。于此可见《礼记》《汉志》之言，必有所本。

书之本体，自以载言为主，后世之诏令奏议，即其物也。编辑存之，原不为过。即刘氏亦谓制册章表，当别为一书，见《载言篇》。但必剪截今文，模拟古法，则诚理涉守株耳，即推广之，至类《家语》《世说》，亦不失《尚书》变为《国语》之例。王劭之失，亦在强欲模拟《尚书》，而非其书不可作也。

《春秋》为记事之史，在古代，盖各国俱有之。参看《史官建置篇》。此篇引《汲冢》琐语，谓夏殷及晋，皆有春秋，其书未必可信，即其证不可为确。然所引《左氏》《孟子》《墨子》，则皆诚证。观春秋二字之名，即知其书系依时以记事；其后晏子、虞卿诸书，所以并无年月，而亦号为春秋者，乃其引伸之义。盖其始专以春秋为依时记事之史之名，后乃但取记事一义，以为凡史之通名也。名词涵义之变迁，固多如此。

《春秋》为记事之史，谱牒则小史所掌，其事本截然殊科，然其后二者遂合为一。此其事，盖在晚周、秦、汉之际。谱牒之体似有二：其一但记世谥，而不详其君之立年。在位年数。如《大戴记》之《帝系姓》是，《史记·十二诸侯年表序》所谓"谱牒独记世谥"者也；其一则兼记其君之立年，《秦始皇本纪》后重叙秦之先君一段，系此体，此即《六国表》所谓"独有《秦记》，又不载日月"者也。此体之出较后，故孔子序《尚书》，尚"略无年月"。至"谍记黄帝以来皆有年数"，盖后人以意为之，故众说乖异也。《三代世表序》。古代记事之史，盖但记某君某年有某事，而不详其君之立年及世系；此时亦未必年年有事可记。小史又但记世系，而不详其君之立年，故年数无可稽考。其后《春秋》之记事加详，逐年皆有事迹，则君主之立年及世系，因之可考；而系世之体亦渐密，于世谥之外，并详其君之立年，而二者遂可合为一。二家体例之变，盖自共和以来，故年表之作，肇端于是也。年表非必史公作，试观诸本纪、世家，在厉王以前者，多无年代可稽；偶或有之，则《三代世表》所谓"或颇有，然多阙"者也。而共和以后，则大抵皆有，则整齐故事者，合《春秋》《世本》为一家久矣。整齐故事如此，自作之史，体例亦因之。如《秦始皇》《汉高祖本纪》等是也。至此，则本纪一似法《春秋》而作；而其出于《系世》之迹，不可见矣。故刘氏谓史公"以天子为本纪，考其宗旨，如法《春秋》"也。然试一读五帝、夏、殷、西周之纪，则其出于《帝系》而不出于《春秋》，夫固显然可见也。

史以记事，不必寓褒贬，亦不必别有宗旨，前已言之。然昔人之意，多不如此。史谈之命其子曰："明主、贤君、忠臣、死义之

士，余为太史，而勿论载，废天下之史文，余甚惧焉。"史迁之作
《史记》，实欲上继《春秋》。故曰："先人有言，自周公卒五百岁
而有孔子；孔子卒后，至于今五百岁。有能绍明世，正《易传》，继
《春秋》，本《诗》《书》《礼》《乐》之际，意在斯乎？意在斯
乎？小子何敢让焉！"其对壶遂曰："余所谓述故事，整齐其《世》
《传》，非所谓作也，而君比之于《春秋》，缪矣。"乃其谦辞也。
其言曰："士贤能而不用，有国者之耻；主上明圣而德不布闻，有司
之过也；且余尝掌其官，废明圣盛德不载；灭功臣世家贤大夫之业不
述，堕先人之言，罪莫大焉！"其非无意于褒贬，审矣。特其书之体
例，与《春秋》不同耳！刘氏谓仅整齐故事，未免专辄。

　　"或传无而经有，或经阙而传存"，此十二字，实《左氏》不传
《春秋》之明证：传以解经，传无经有，可诿为阙；经阙传存，果何
为乎？不与经丽而亦称为传，复何书不可称传乎？岂独今之《左氏》
哉？近儒谓《左氏》实刘歆取《国语》依《春秋》编年为之，信不诬
也。然刘歆之作此书，就经学言，虽有作伪之罪；就史学言，却为史
书创一佳体。何则？记言之史，降而弥繁，固宜有编年之作，以示后
人；自刘歆于无意中创此体，后人遂群相沿袭，盖亦运会之自然也。
不特此也，其与《春秋》并行，又开《纲目》之例，自《资治通鉴》
以前，编年者皆但法《左氏》。朱子之修《纲目》，则法《左氏》之与
《春秋》并行也。《纲目》事实，自不如《通鉴》之核；其讲书法，自今
日观之，亦为无谓；然其体例，则确有胜于《通鉴》之处，不可诬也；盖
《通鉴》有目而无纲，则无以挈其要领，检阅殊为不便；温公因此，乃有
《目录》之作，又有《举要》之作。《目录》不与本书相附丽；《举要》
则朱子答潘正叔书议其"详不能备首尾，略不可供检阅"，实仍无以解其
不便。自有《纲目》，而此弊免矣。夫亦可谓奇矣。

《国语》《国策》，名相似而实不同——《国语》为时代较后之《尚书》，具如前说；《国策》则纵横家言，其记事寓言十九，实不可作史读也。

国别之史，可行于古代，而不可行于后世。古代各国分立，彼此之关系较浅。时愈古，则此等情形愈甚。分国编纂，眉目较清，合居一简，转滋眩惑。后世则海内一统，已无国别之存；即或割据分争，亦系暂时之局。依其疆域而编纂，即于国史为不全，此孔衍、司马彪之书，所以不行于世；亦三国、东晋之史，所以不容不合为一编也。

《史记》之体，实与《汉书》以下诸史不同。《汉书》以下，君臣皆一时之人，纪传所载，即皆一时之事；而必以人为主，使其寸寸割裂，则披览殊觉不便矣。《史记》则纪、传、世家所记，并非一时之人，即或同时，非彼此关系甚疏，即其所据之材料，各有所本，而不容强合为一。刘氏讥史公事罕异闻，语饶重出，实误。彼所据材料如此，既不容以此废彼，又不容强合为一。则惟有各如其本来而并存之矣。不然，世岂有抵牾复沓、罅漏百出如《史记》，而犹可称为良史者哉！各自为篇，固其所也。《汉书》以下，情事既异，而犹强袭其体，则效颦无谓矣。然此不足为班氏咎，以《史记》记汉初君臣，业已如此也。亦不当为史公咎，以史公亦皆承用旧文，非自作也。然则纪、传、书、表、世家之体，乃整齐古代记言、记事、系世、典志者之所为，而后世之作史者，遂沿而用之，以叙当世之事耳。此体以之整齐古史则善，以之作后世之史则非。然人类之见解，恒不免于守旧，欲其随时通变，悉协其宜，固不易也。后之视今，亦犹今之视昔，正不必訾议古人耳。

纪、传、表、志之体，诚非尽善，然自汉以后，卒相沿而不能改，盖亦有其故焉。此体有纪、传以详理乱兴衰，有志以详典章经制。向者史家所认为重要之事，颇足以揽其全。《文献通考·序》曰："《诗》《书》《春秋》之后，惟太史公号称良史，作为纪、传、书、表，纪、传以述理乱兴衰，书、表以述典章经制。"斯言乃向者史家之公言，而非马氏一人之私言也。盖向者之史，偏重政治，此两端，实其所认为最重要者也。若弃此体而用编年，则于典章经制为有阙矣。此编年史所以缘起较纪、传、表、志之史为早；两汉以后，亦尝与纪、传、表、志之史并行；而其后卒不得与于正史之列也。参看《外篇·古今正史篇》）。

史事后先一贯，强分朝代，本如抽刀断流；况夫断代为书，彼此衔接之间，必不免于复重矛盾，章实斋《释通》一篇，言之详矣。然梁武《通史》、元晖《科录》，并皆湮灭，亦有其由。考古必据本书，本书与新录并行，读者断不肯谋新而舍旧，一也；二书今皆不传，刘氏讥其芜累，则其撰次盖未尽善，二也。后者作史者之咎，前者则作史者初不任咎，盖亦理势之自然也。然以体例论，自以通史为便，刘氏因二书之残缺，遂并通史之例而排之，则过矣。

《南》《北史》刘氏齿诸通史之列。然秦汉而下，久以分裂为变，一统为常；况分裂者，特乘时扰乱之奸雄，论国民之真意，则初未尝欲其如此，作此时之史，断不容依其分裂，各自为篇，前已言之矣。推斯义也，则《南》《北史》实仍当以为断代史，而不容齿诸通史之列也。

断代为史，亦有数便，前朝后代，虽不能凡事截然划为鸿沟，然由衰乱以至承平，事势自亦为一大变，据此分划，不可谓全然无理，一也；纪述当朝，势不能无所隐讳，并有不敢形诸笔墨者，革易以后，讳忌全除，而前朝是非之真，亦惟此时知之最审，过此则又或湮晦矣，史料之搜辑亦然，二也。此外尚有多端，而此两端，则其荦荦大者。此所以易姓受命之时，天下粗定，即以修前朝之史为事，俨若成为常例也。

章实斋最称通史，而刘氏之意与之相反，此时代为之，不足相非也。盖刘氏之时，史书尚少，披览易周，故其所求在精详，不在扼要；欲求精详，自以断代为易。章氏之世，史籍之委积既多，史体之繁芜尤甚，编览已云不易；况乎提要钩元，删繁就简，实不容已，此其持论之所以不同也。

二体第二

此篇乃从六家中取其二体，以为可行于后世者也。编年之体有二长：一则便于考见一时代之大势，以其以时为纲，在同一时代中，各方面之情形毕具，此篇所谓"中国外夷，同年共世，莫不备载其事，形于目前"者也。一则可将重复之文，尽行删去，故其体最宜于为长编。按时排列，则事之误缪，有不待校而自见者，如某人已死于某年，而向来传说，附诸某人之事，乃或在是年之后是也，此亦编年体之所以便于为长编也。此篇所谓"理尽一言，语无重出"者也。其短，则在委曲琐细，不能备详；"干宝议撰《晋史》，以为宜准丘明。其臣下委曲，仍为谱注"，即所以救此失。见下篇。朝章国典，无所依附。故其记载，不如纪、传、表、志体之完全；而后世正史之体，遂不得不舍此而取彼，已见《六家篇评》中。至谓高才隽德，迹在沉冥，即丘山是弃，自系往史偏重政治之故，不得以咎编年。即如《左氏》，浮夸之辞亦多矣，岂不可舍之以记颜回、柳惠邪！

载言第三

言事分记，乃古史至粗之体，其实言必因事而发；而欲详一事，亦必不容略其论议，记载稍求精详，言事即不容分析矣。此乃理势之自然，故《国语》之体，虽源出《尚书》，然其记事，遂较《尚书》为详备也。夫记事记言，文各有体。记言可备详其言；记事则诚有不宜隔以大篇，断其气脉者，故《国语》之文，大体虽属记言，而有时记事颇详，记言遂略，盖为自然之理势所驱，而文体遂不觉其潜移也。如周襄王拒晋文请隧，《国语》备载其辞，而《左氏》记之，则只"王章也，未有代德，而有二王，亦叔父之所恶也"十八字而已。此十八字实总摄《国语》全篇，决非传闻异辞；实乃樂括其辞，以就体制，即其一证。然此亦非造《左氏》者所自为，盖《国语》中本有此等文字，而造《左氏》者从而抄录之也。何以知其非造《左氏》者所自为也？曰：以其他处又多不能如是。且如邲之战，所重岂不在战事哉？然《左氏》于此，叙战事实多漏略；所致详者，乃在士会、苟首、栾书、楚庄等之议论耳。盖《国语》中无详叙邲战之文字，而有记载士会等议论之专篇；造《左氏》者，照本钞誊，遂不觉略所宜详，详所宜略也。此可见《左氏》不独非《春秋》之传；即钞撮《国语》，造为《春秋》之传者，亦徒钞撮而未暇求其完善也。

汉代风气，尚不甚重文辞，故如贾、晁等以议论著称者，不过数人，以辞赋名家者亦不多，故可各为立传，备载其文；后世则以文辞自见者日多，有载之不可胜载之势，此刘氏所以欲变旧体，别立一书，亦事势为之也。自唐至今，文字之繁愈甚即如刘氏更立一书之议，亦觉其不能容；此章实斋氏所以又欲别为文征，与史并行，而俾立于史之外也。见《文史通义·书教中篇》。亦事势为之也。

作史用编年体，委曲别为谱注，颇便览观。干氏之议，惜未有行者。朝鲜人有一种史，用编年或纪事本末体，以叙理乱兴衰；而典章经制，别为专篇附后，颇得此意也。说本日本林泰辅《朝鲜通史》。

本纪第四

必天子而后可称纪；纪必编年，只记大事；每事又止以简严之笔，记其大纲；此乃后世史体，不可追议古人。《史记》于周自西伯、秦自庄襄以上，亦称本纪，盖沿古之《帝系》。《帝系》所以记王者先世，未必于其未王时别之为世家也。世家亦然。下篇为识《史记》于三晋、田氏未为君以前，俱归之世家，亦由未知本纪、世家出于古之系世也。《帝系》与《春秋》异物，说已见前；本纪出《帝系》，不出《春秋》，自不能皆编年矣。正统、僭伪之别，亦后世始有。项籍虽仅号霸王，然秦已灭，汉未王，义帝又废，斯时号令天下之权，固在于籍；即名号亦以霸王为最尊，古代有天下者，在当时本不称帝。编之本纪，宜也；此亦犹崇重名号之世，天子虽已失位，犹不没其纪之名尔。

后史之纪，非纪帝王本人，乃为全史提挈纲领耳，所谓"犹《春秋》之经"也。然帝王之身，亦有时宜加叙述；必严纪与传之别，于纪只许以简严之笔，叙述大事，则帝王之性行不显矣；故章实斋又谓帝纪于记述大事之外，又宜别为帝王一人作传也。

世家第五

世家所以记诸侯，非诸侯而人世家者，孔子及陈涉两篇耳。故刘氏首以为讥。后人于此，议论亦多，然无足疑也。《陈涉世家》自序曰："桀、纣失其道而汤、武作，周失其道而《春秋》作，秦失其政而陈涉发迹，诸侯作难，风起云蒸，卒亡秦族。天下之端，自涉发难。"史公以陈涉比汤、武，其不容侪之匹夫可知。然涉之功止于发难，未尝如项羽分裂天下，而封王侯，政由己出；编之本纪，又不可也，则不入之世家，而焉置之乎？后世天泽分严，人臣而侪之于君，人莫不以为骇；在古代则不如此，孟子曰："匹夫而有天下者，德必若舜、禹，而又有天子荐之者，故仲尼不有天下。继世而有天下者，天之所废，必若桀、纣者也，故益、伊尹、周公不有天下。"孟子之视孔子，与其视益、伊尹、周公等耳。成王以王礼葬周公，又赐鲁以天子礼乐，今文家说金縢雷风之变如此。儒家不以为僭，盖其视天子之位，本以为有德者所宜居也。梅福之请封孔子后也，曰："'诸侯夺宗，圣庶夺嫡。'《传》曰'贤者子孙宜有土'，而况圣人，又殷之后哉？昔成王以诸侯礼葬周公，而皇天动威，雷风著灾，今仲尼之庙，不出阙里；孔氏子孙，不免编户；以圣人而歆匹夫之祀，非皇天之意也。今陛下诚能据仲尼之素功，以封其子孙，则国家必获其福；又陛下之名与天亡极。何者？追圣人素功，封其子孙，未有法也，后圣必以为则。不灭之名，可不勉哉？"则以孔子之后为宜封，实汉人公意也。史公以《春秋》之作比汤、武；又其序《孔子世家》曰："周室既衰，诸侯恣行。仲尼悼礼废乐崩，追修经术，以达王道；匡乱世，反之于正；见其文辞，为天下制仪法；垂六艺之统纪于后世。"亦俨然有拨乱反正、创业垂统之意焉。其不容侪之匹夫，编之列传，又审矣。故此两篇，在后人观之，几于史公自乱其例，然在史公，则正以为义例宜然也。

或曰：汉元帝时，已封孔子之后为褒成君。成帝绥和元年，又封孔子之后为殷绍嘉公。今之《史记》，非尽史公原文，汉兴以来将相名臣表，实下逮成帝鸿嘉元年，则孔子之人世家，实孔子之后已受封，修《史记》者所改也。此说亦可通；然史公自序及其《报任安书》，并云"世家三十"，若孔子本非世家，则其都数不符，必谓此两语亦后之修《史记》者所改而后可，立说未免迂曲矣。

古之诸侯，固与后世之诸侯王不同，亦与割地自专者有别；班史以后，遂删世家之名，总称列传，宜也。《五代史》以十国为世家，实沿梁武《通史》以吴、蜀为世家之例，固不容议其不善，然谓与《史记》之吴太伯、齐太公等世家同物，则仍不然也。拓跋氏乃异族，与匈奴等耳，刘氏谓当以为世家，尤为拟于不伦。

列传第六

纪以编年，传以列事，纪举大纲，传详委曲，《春秋》则传以解经，《史》《汉》则传以释纪，此例实成于后世，初起时并不其然。刘氏谓后之作史者当如此可也，以此议古人则误矣。参看前数篇评自明。

史公之作《史记》，虽欲窃比《春秋》，然其文，则所谓"整齐故事"者耳，非所自作也。《夏》《殷本纪》与《项羽本纪》，体例绝不相侔，盖由于此；《夏》《殷本纪》，盖据古之《帝系》，说已见前；《项羽本纪》，未知所据，然亦必有所本，非史公自作。或曰：《史记》所载秦、汉间事，大抵皆本陆贾《楚汉春秋》也。刘氏以此讥《史记》为例不纯，而不知编次旧文，不加改易，即《史记》之体例也。汉人引用旧文，多仍其旧，不加改削，使如己出，读予所撰《章句论》自明。

表历第七

史之有表，似繁实省。盖史法愈疏，则愈偏于主观；愈密，则愈近于客观。偏于主观者，事之详略去取，不妨惟意所欲；重于客观者，则既立定体例，即当搜求事实，无滥无遗，以待读者之自得也。夫如是，则于零碎事实，所取必多。零碎事实，固非表无以驭之。"先看本纪，越至世家，表在其间，缄而不视"，此自读者之失，不得转以咎作者也。

表之为用，至后世而愈广。综论其例，约有六端：《史记》之《三代世表》，所以表世系者也；《十二诸侯年表》，则所以表国者也。《辽史》之《属国表》，名为表国，而其体实不同；唐代之方镇，虽不得为独立国，然据土自专，实与周之十二诸侯相似；故此二者，皆表国之变例也。《汉书》之《百官公卿表》，用以表官，《唐书》之《宰相表》，《宋史》之《宰辅表》，皆用其例。《五代史》之《职方考》，则用以表地。《辽史》之《皇子公主》，《元史》之《后妃》，则又用以表人。《辽史》之《游幸》，《金史》之《交聘》，则所以表事者也。要而言之，事之零碎无从叙，又不可弃者，则以表驭之；眉目既清，事实又备，实法之最便者也。今后史法较前益密，表之为用必愈广。刘氏专取《列国年表》一端，实未为允当也。黄公度作《日本国志》，用表极多。

史表之例，最不可解者，莫如《汉书·古今人表》。案断代为史，始自孟坚。孟坚以前，作者十余家，皆仍《史记》之体；而《汉书》八表，实未克成，具见本书《古今正史篇》。此表，盖续《史记》者所撰，后人编人《汉书》，初非孟坚之自乱其例也。

浦氏曰："《外篇·杂说》云：观太史公之创表也，燕、越万里，而径寸之内，犬牙可接；昭穆九代，而方尺之中，雁行有序，使读者举目可详。郭评据此，以驳兹篇，良是。大抵《内》《外篇》非出一时，互有未定之说。两存参取，折衷用之，不为无助。"案：此说是也。此书《外篇》与《内篇》，复重矛盾处颇多。就大体言，《外篇》盖《内篇》未成时随手札记之作；《内篇》则合《外篇》所见，精心结撰而成，自当以《内篇》为主。然曲折入微，盛水不漏，其事良难。故《外篇》之意，间有《内篇》收摄不尽者；亦有一时失检，《内篇》所论转不如《外篇》之允者，正不容作一概之论也。

书志第八

史有普通、专门之别。专门之史，专记一事者也。普通之史，则合各方面之情形，以明社会之迁变者也。社会迁变，原因孔多，非合各方面之情形，不足以明之；然专明一事者，又不可以谓之史。自成为一事之史耳，不得徒称为史。此犹哲学必合科学而成，而科学又不可谓之哲学也。

前史所记之事，尽有与史无关者：如天文不影响于人事，即不可入于史。不必如水旱偏灾等实有利害者，乃可谓之有影响也；灾祥之说，虽不足凭，然其时之人，信之既笃，或因此而侧身修行焉，或因此而鼓众倡乱焉，皆可谓之有影响。然古人知识粗，未知宇宙间现象，当分为若干类研究之，但睹其可异者，则从而记之而已。此石陨、鹢飞等事，所由充斥于古史也。

今后史学，将与昔大异，凡专门之事，皆将划出于普通史之外，而自成一书。旧史书志所载，在今日大抵可自成一专门史者也。故论书志之体裁，何者当芟除，何者当增作，在今日实无大关系。若就昔日情形立论，则刘氏之说，不为无见。惟天文非竟无变改；而艺文一志，备载前代之书，亦足以考见存佚。刘氏之论，微嫌酷狭也。

常事不书，为史家公例，盖常事而亦书之，则有书不胜书者矣。考古之士，每以欲求前代寻常之情形而不可得，遂以此致怨于古人；然使其自为一史，即亦将寻常事物，于无意中略去，以此为天然条例，凡执笔者皆莫能自外也。

惟是同一异也，而今人之所谓异者，亦与昔人不同，有古以为异，而今不以为异者，如日食、星陨等是；有今以为异，而古不以为异者，凡前史不详，而后人加意搜辑者皆是。一时代人，只能作一时代之事。《春秋》之闻异则书，亦据当时之所谓异者异之耳；必执后人之见，以议古人，则犹宋人讥越人之不资章甫矣。凡刘氏之论，大抵如此，谓其所见可施诸当日则是，以此议古人则非，由其不审于时代之异也。《汉书》之《五行志》，由后人观之，诚觉无谓，然在当日，则自有此一种学问也。

刘氏所欲增之三志：《氏族》则《魏书》有《官氏志》，已略启其端，至郑樵《通志》撰《氏族略》而大畅其流；《都邑》《方物》二志，前史《地理志》《外国传》中，亦略载其事，所以不能成为专篇者，亦以其太多，而书之不可胜书也。

论赞第九

《左氏》之称"君子曰"，盖当时记事之文，有此一体。记事者，兼记时人议论。其所据之材料如是，而非其所自为也。观《晏子春秋》，于记事之后，系之以论，亦称"君子曰"可知。《公》《穀》所载，则先师释经之论，与《左氏》之称君子者不同。《公》

《穀》皆主释经，《左氏》则主记事也。

史公之作《史记》，盖皆褒辑旧文。其系以"太史公曰"者，则谈、迁所自著，此四字固多用在篇末，亦有在篇首或中幅者。自著之文，随宜置之，非必如刘氏所云"限以篇终，各书一论"也。其所著，或补前人记事所不及，或则发明一理；皆有所为而为之，非空言，自无所谓"强生其文""淡薄无味"者矣，刘氏之论非也。然其所称"事无重出""文省可知"两端，自足为作论赞者之模楷；盖"理有非要，而强生其文"，则必不免有此二弊，马、班当日，既无意于为文，则此二弊者，自不待戒而自绝耳。

序例第十

古人之序，每置篇末；全书总序外，又有各篇之分序，《史记》《汉书》皆如此，此所以明各篇之次第，正所谓序也。蔚宗分系各篇之末，失其意矣，宜刘氏之讥之也。

凡有系统条理之书，必有例，正不独作史为然；而作史其尤要者也。与其炫文采作无谓之序，毋宁述条理，明统系，而作切实之例。此篇所论，殊中肯綮。惟古人著书，虽有例，而恒不自言其例，欲评其得失，必先通贯全书，发明其例而后可。此等读书之法，非刘氏之时所有；故刘氏论史例当如何，说多精审，而其讥弹古人处，则多失之，由其未知一书有一书之例，未可概执我见，以绳古人也。

题目第十一

浦氏曰："假号不臣，都归载记，《史通》殊有理据，但陈、项辈流于胜国为寇，于兴代则非。拟诸刘、石，未便同科，况载记例载卷终，而群雄先事发难，为我驱除，列之传首，于分非越，故李密、王世充、韩林儿、徐寿辉等，《唐书》《明史》并袭兰台，不宗东观也。读者于此，宜审从违。"愚案浦氏之说是也。刘、石等又系异族，与新市、平林，实非同俦，《新晋》借用旧名，实未为得当也。

浦氏又曰："柳州有言：每读古人一传，数纸以后，再三申卷，复观姓氏，旋又废失；钝器正多患此，题目加详，宜勿深责也。"愚案数人之传，合为一卷，特取以类相从；兼使卷帙均等。既已同为立传，虽有详略之异，实无主客之分，备标氏名，于义亦允；正不徒为便于查检计也。

断限第十二

断限即范围之谓。史事前后衔接，而作史必有范围，抽刀断流，允当非易，此篇即论其法也。

史家记事，必求完备。董卓与汉末群雄，虽若与魏武无涉，然魏武为戡定汉乱之人，略此诸人，即汉末之乱象不明，魏武之功业，亦不能睹其全矣。陈寿既非兼修《后汉书》之人，其修《三国志》，亦非承接某一家之汉史而作，于此诸人，安得而略乎！刘氏之论，似谨严而实非也。断代为史，两朝嬗代之时，复重总不能免。此章实斋所以主修通史也。然修通史而删其复重则可；必责专修一史之人勿与他人犯复，则理不可通，而事亦不可行矣。

《汉书》表、志为未成之稿，已见《表历篇评》，断限失宜，未可为班氏咎；又古人著述，采自他人者，多直录原文不加删削，当时文字，体例如是；《地理志》论风俗之文，盖出刘向、朱赣，而作志者从而录之，亦遵当时文例而行，并未可议其失也。

读史与评史不同，论史法，可讥前人之体例有失谨严；至考史事，则转有因前史体例之未严，而得多存材料者。如"北狄起自淳维，南蛮出于盘瓠"等，刘氏谓"何书不有"，今则古书存者寥寥，唯借正史以存之矣。即或间见他书，亦不如正史为人信据。况修一代之史，必求网罗完备；繁芜固当力戒，漏略尤所深讥，过而存之，未为大失，原不必谓他书已有，此即当芟也。清侯君模尝谓："注史与修史异；注古史与注近史又异。何者？史例贵严，史注贵博。注近史者，群书大备；注古史者，遗籍罕存。""当日为吐弃之余，在今日皆见闻之助。"《后汉书补注续·序》。其论甚允。此等随时而变，因宜而立之例，读史者必不可以不知也。

编次第十三

本篇所论甚正，惟古人著书，多不自言其例；而后人评骘，则有非先通其例，未可轻易下笔者，前已言之，读此篇亦宜知此义。即如老子、韩非同传，安知非史公所据材料本然。果然，则因仍旧文，不加改削，即史公之义例。评其不改旧文之得失则可；议其老、韩之同传之不类则非矣。凡《史记》文字，不著"太史公曰"者，疑皆因袭旧文，不独叙事之处为然。如《屈原列传》，骤观之，一似史公大发议论者，更观淮南王安所撰《离骚传》，乃知二者皆有所本，而其所本者极相类，皆非其所自为也。且如《孟子荀卿列传》，叙孟、荀事，转不如邹衍之详，标题为孟、荀，而叙稷下先生、三邹子等凡八人；又兼及赵之公孙龙、魏之李悝，楚之尸子、长卢，阿之吁子，篇末并及于墨翟；而于此诸人，又绝不及其事迹，世间安有此文体乎？盖亦固有兼论诸人之文，如

《庄子·天下》，《荀子·非十二子》之类，而史公从而录之也。即谓此篇为史公自作，而名、法之学，原出道家，合为一篇，安知不正有深意？未能审谛先秦学术流别，谈、迁宗旨所在，又安可轻加评论乎？此外论《史》《汉》之处，皆可依此推之；惟如《东观》之抑圣公，《齐》《隋》两史之黜永元，隐大业，显系取媚当时，可决其无他深意者，则不妨辞而辟之耳。偏安割据之朝理宜与正朔相承者有别。帝魏帝蜀之论，后世乃甚嚣尘上，在承祚时无此事也。自承祚观之，则先主之据益州，正乃承二牧之绪者耳；先后之次，未为失也。参看下篇评。

称谓第十四

此篇持论亦正，但亦有未可轻议古人者。盖古之称人，多以其号。所谓号者，乃众所习称之名。或名、或字、或官、或爵、或谥、或生地、或里居、或封邑，皆可为之。又或舍此而别有称谓，无定例，亦不能强使一律也。小时见父老曾经洪杨之役者，其谈湘军诸将，皆津津有味，其称谓即不一，大抵于曾国藩多称其谥曰文正，于国荃则以次第呼之曰曾九，于左宗棠则多斥其名。问其何以如此，不能言也。若深求之，自亦必有其所以然之故，但称之者亦不自知耳。此即所谓号也。《史记》之称项籍为项王，盖亦如此，非尊之也。不然，汉初诸将，夏侯婴未必独贤，何以文中多称为滕公，而韩信、彭越等顾不然乎？号既为众所习称，举之自为众所易晓。古人之文，原近口语，举笔时即从众所习称者书之，固其宜耳。此正刘氏所谓"取协随时"者也。尧、舜、禹等，既不可谓之名，又不可谓之谥，皆号也。今文家谓周成王之成非谥，以号释之也。柳子厚《论语辨》谓："是书载弟子必以字，独曾子、有子不然，意曾子弟子为之。有子则孔子之殁，诸弟子以为似夫子，立而师之。其后乃叱避而退，固尝有师之号矣。"姚姬传曰："《檀弓》最推子游，似子游之徒所为，而于子游称字，有子称子，似圣门相沿称皆如此。非以称字与子为重轻也。"案此亦所谓号也。

正统之论，至赵、宋以降而始喧嚣，前此初不甚严。至今日，则又若无足至辨矣。平心论之，国家之主权，必有所寄。主权唯一，断不容分寄诸纷争角立之人；故虽当群雄扰攘之时，代表主权之统绪，必仍有所系属。此史家秉笔，当分争角立之时，仍宜择一国焉，以为正统之真谛；非如迂儒所云：天泽之分不可干，前朝之子姓，苟能割据偏隅，即当奉之以名号也。然则政治重心之所在，即代表主权之统绪，所宜归矣。政治之重心，果安在乎？则惟刘氏所云"地处函夏，人传正朔"者，足以当之。承祚《国志》，以魏承汉，固由晋所受嬗，不得不然，然即微论此，而斯时政治之重心，实在于此，固不容承以崎岖僻处之益州，则《国志》体例，实未为失；而习凿齿之改作，转为不达矣。

虽然，斯义也，可施之本族，而不可施之异族。何者？代表主权统绪之所寄，宜决之以无形之民心。见胜异族，乃国民所痛心而无可如何，固非其所愿欲也。然则如晋之东、宋之南，度长絜大，虽弗与刘、石、金源乎？正统固断宜归之矣。此犹曰：南方版图兵甲，未必远逊北方；财力文化，或且胜之也。乃如祥兴之窜压山，永历之奔缅甸，土地人民，亦既不足以言国矣，然一日未亡，仍宜以统绪归之。虽至元、清荐食之代，中华已无一民尺土之存；然将来修通史者，仍宜特立新例，黜彼僭窃，殊之本族之帝皇。匪曰狭隘，揆诸无形而可信之民心，固应尔也。刘氏讥承祚之宗魏邦，而转议晋人之贱刘、石，可谓不达于理矣。辽、金、元、清诸史，将来编书目者，亦宜用阮孝绪之例，别为伪史，见《因习》篇。

称名必求合事实，故众所习称之号，即不当改。君主之或称其谥，或称其庙号，亦宜循斯例。若谓功德不称，即宜夺其祖宗之称，则自汉以降，虽有称天以谥之虚文，已无名之幽、厉之直道，亦当审其仁暴、明暗，以定其予夺去取乎？

采撰第十五

此篇及下篇，并为记事求征信而发。此篇言记述及口碑之不可信者，不宜误采。下篇则为采他人文中之言，以考见当时之情形者而发也。

史家记事之误，原因甚多。合此下两篇，及《直书》《曲笔》《鉴识》三篇观之，便可见其大概。此篇所论，可以约为三端：一由迷信以致失实：如"禹生启石，伊产空桑"，孰不知其不足信？然大禹、伊尹等，皆向所视为神圣之人，遂并其不足信者，而亦不敢疑。向来读书之士，虽皆排斥迂怪之谈，而独于古先圣王，则若别开一例，皆由于此。此犹信佛教者，乐道释典之诞辞；信耶教者，侈陈基督之异迹耳。一则出于好奇，或爱博，如范晔《后汉书》，采及羊鸣凫履；以至皇甫谧作《帝王世纪》，多存图谶；唐人修《晋史》，好取小说是。此非如赤乌玄鸟，有类乎神教之拘墟，非过而存之，即爱不忍割也。一则由于不加别择，如"郡国之记，矜其州里"，"谱牒之书，夸其氏族"，乃至"讹言难信"，"传闻多失"，一不考核，据为实录是也。至于好诬造谤，则更不足论矣。此实当入《曲笔篇》。然事之得失，亦正难言，除去好诬造谤一端，盖亦未易片言而决；且如迷信之谈，删之岂不甚善，然古代神话，实多藉此而存。

《后汉书》之传四夷，如盘瓠负高辛之女，廪君射盐水之神，不避荒唐，咸加甄录，当时看似非体，然迄今日，考彼族之初史者，于此实有资焉。反是者，史公以"言不雅驯"一语，尽删百家言黄帝之辞，而我族之神话，遂因此而亡佚孔多矣。我国神话，存于谶纬中者最多。然谶实为有意造作之言，殊失神话之本相。汉儒拘于儒家不语怪力乱神之义，史公而外，于神话亦罕称述。遂使考古最可珍之材料，与有意造作之物，相溷而失其真，殊可惜也。《汉书·艺文志》小说家有《百家》，百三十九卷。此即史公所谓"言黄帝其文不雅驯"者也。然则史公所弃，即小说家言也。小说家言之不可轻弃，亦可见矣。盖史事有无关系，分别甚难：往往有此人视之，以为无用，而易一人观之，则大有用者；又有现在视之，绝无足重，而易一时观之，则极可宝者；古昔记载所略，后人极意搜求，率由于此。然则好奇爱博，未必无益于方来，而过而存之，究胜于过而废之，亦审矣。至于刍荛之言，可采与否，尤难论定。刘氏谓："蜀相薨于渭滨，《晋书》称呕血而死；魏君崩于马圈，《齐史》云中矢而亡。"以是见敌国传闻之辞，不可尽信，固也。然如蒙古宪宗，死于合州城下，其初未闻疾病，何以卒然而殂，则宋人谓其死由中弩矢，疑若可信；又如清太祖之死，实以攻宁远负重伤，则朝鲜使人目击其事，明见记载者矣。见日本稻叶君山《清朝全史》。此事与《齐史》之魏君中矢而亡极相类。然则敌国之语，又安可一概斥弃乎？况事之不见载籍者，允宜以口碑补之；《史记》中此等处最多。即书之记载有误者，亦宜以口碑正之。"秦人不死，验苻生之厚诬；蜀老犹存，知葛亮之多枉。"即刘氏亦言之矣。见《曲笔篇》。然则此篇所言，盖专为口碑之不足信者而发，非谓凡口碑皆如此也，推此而言，则刘氏于采取小说杂书者，亦仅斥其不可信者而已，非谓概不当采也。

载文第十六

此篇论魏晋以降，文辞华靡，采以为史，有失真实之义，可谓深切著明。大抵华靡之文，最不宜于作史。此篇与《言语》《浮词》两篇合看，可见当时文体之弊也。

《史》《汉》之录辞赋，不能以失实讥之。辞赋固非叙事之文，录之之意，亦使人作辞赋看，不使人作事实看也。

补注第十七

此篇所论，兼自注及注释两种，所谓"文言美辞，列于章句，委曲叙事，存于细书"；及"除烦则意有恨，毕载则言有所妨，定彼榛楛，列为子注"者，皆自注也。前者以求文字之简洁，后者以求网罗之究备也。其裴松之、陆澄、刘昭等作，则注释他人之书者也。大抵史注有三：一释文，二补遗，三考异。考异又分两种：一考事实之异，一考文字之异。考事实之异，如刘氏所谓"孝标善于攻缪"是。考文字之异，如所云陆澄注《班史》，多引司马迁之书，"此缺一言，彼增半句，皆采摘成注，标为异说"是。然考文字之异，意正在于考事实之异，则二者事虽异而意实同也。考文字之异者，亦称校勘。释文者，释其名物、训诂，多施之古书，时代相近者罕用。自为者可谓绝无，以其可解，不烦此也。正史中，惟《史记》《汉书》之注，属于此者最多，以其时代远，所采者又多古书也。后世惟宋子京之《唐书》，文字僻涩，亦宜用之，然此实宋氏之病。又译语有宜用之者，如《辽》《金》《元史》之《国语解》是也。补遗有出于自为者，萧大圜等之定榛芜为子注是也。有他人为之者，裴松之之注《三国志》，刘昭之注《续汉书》是也。考异出于自为者，昔人多即存正文中。如《史记·大宛列传》赞："《禹本纪》言河出昆仑。昆仑，其高可二千五百余里，日月所相避隐为光明也，其上有礼泉瑶池。今自张骞使大夏之后也，穷河源，恶睹《本纪》所谓昆仑者乎？故言九州岛山川，《尚书》近之矣，至《禹本纪》《山海经》所有怪物，余不敢言之也。"是其一例。后世乃有特著一书者，司马光之《通鉴考异》，其最著者也。他人为之者极多，史部考证之书，悉属此类。考文字同异亦只有他人为之，而多用之古书。近世之书，则惟施之版本同异、传写讹夺之间耳。以其文义易明，材料存者尚多，不待区区求之于此也。

自注之求文字简洁者，乃文体使然，与叙事之详略无关系。古人文字，皆有自注。此谓自注之例，始于《汉书》，其实《汉书》乃其格式尚未淆乱者耳。详见予所撰《章句论》。

"注史与修史异，注古史与注近史尤异。史例贵严，史注贵博，注古史者，搜采尤贵完备"，已见《断限篇》评。裴松之、刘昭虽为刘氏所讥，然后人得其益实不少也。又刘氏讥裴松之"好采异同"，而"不加刊定"，在当时自为笃论，然后人读古史，则正宜多考异同，少下论断；以古史所存已少，年代又相去久远，情势迥殊，难于臆度，贸然武断，势必缪误也。惟在裴氏当时，情形与今大异，所搜采之异同，断无不能明辨其得失者。乃考辨之语，十无一二；徒勤采获，而甘苦不分，自不免为刘氏所讥矣。校勘文字，在时代相近之世，亦为徒劳，然后人之读古书，则往往因此而得妙语，亦不能作一概之论也。

因习第十八

此篇所论，有宜矫正者三端：古代通名少而专名多，后世则通名行而专名废，此由后人之思想，视古人为有进，善于籀异而得其同，不如古人之拘于形迹也。如古义歌、谣有别，而后世则有乐、无乐，通称为歌；古语苑、囿不同，而后世则有禽、无禽，皆名为苑，即其一例。崩、薨、卒、不禄等别，后世业已无之；史家有作，亦以今言述古事可耳，何必更用古代之名？且古史之以薨、卒别内外者，亦惟《春秋》为然，他书初未必尔；史公之书，多本旧记，安知一例书卒，非其所据者如是乎？又古人著书，多直录他人之辞，既不加以改削，使之如自己出；亦不注明其出于何书，详见予所撰《章句论》。间有不然者，如《汉书·扬雄传》，引雄自序之文，而题之曰："雄之自序云尔"是也。但此等甚少。以其时书少，人人知之，不至误会也。古人文字，引书多不明言，后乃渐著其书，今则必明征其篇名卷第矣，理亦同此。《班史》专撰汉事，而不除《史记》沛汉之文；袭录《陈涉世家》，而仍其"至今血食"之语，即由于此。此自古今文例不同，未可以后世之见，訾议古人也。又异族荐食上国，实与同族割据者殊料，事既不同，文宜有异。晋人目刘、石等为伪史，未可厚非。特十六国中，亦有仍为汉族者，理宜加以分别，方为尽善。参见《称谓篇》评。

邑里第十九

古代命氏，恒因封土。封土既易，氏族即随之而改。故氏族可验，邑里即无待具详。后世此例渐破，则举其氏不能知其所居之地，故必备详其邑里。此《史记》之文，所以与五经、诸子异例也。东晋以还，矜重门阀，徒知氏族关系之重，而不知居地关系之重，遂有详其郡望，忽其邑里者。刘氏以"人无定质，因地而化"一语，深著其非，可谓卓识。惟门阀既为当时所重，即亦史氏所宜详。两者并著，斯为无憾。亦不宜详此而略彼也。

言语第二十

凡事用则进，不用则退。古人重口舌，故其言语较优于后世；后世重笔札，故其文字较胜于古人；吾侪读后世文字，恒觉其不如古代之美者，其故有三：古人语简，后世语繁。语简则含义多而其味深，语繁则含义少而其味浅，一也。古人重情感，后世重理智。文学动人之处，必在于情，二也。同一语也，已古者即谓其文，犹今者乃惊其质，文质既异，雅俗斯殊，三也。此皆别有原因，实非关于文字之胜劣。若但就文字论，则说理之细，记事之详，古不逮今，亦云远矣。此乃时代为之，无可如何之事。后世恒以古人辞令之美，而称古书文字之工，则误矣。此篇谓古人文字之美，由于语言，可谓卓识。以古语改今言，所以不可者：一在失真。此篇所谓"记事则归附五经，载语则依凭三史，是春秋之俗，战国之风，亘两仪而并存，经千载而如一"，无以"验氓俗之递改，知岁时之不同"者也。二在割弃。以古语叙今言，终必有不可通之处。既务以放古为雅，势不得不删削事实以就之。此篇所訾张太素、郎余令，料其所弃不可胜记者也。惟是记言有必须仍其口语，以存方言世语之真，或显发言之人之性格者，有不必然者。大抵后世社会，实有两种言语，同时并行。惟文言、口语真合一之时无之，稍分即稍有之矣。一为文言，用诸笔札；一为口语，宣诸唇吻。两者有同有异。其异处：有可对翻者，有不可对翻者。可对翻者，宜改口语为文言；不可对翻者，则宜仍口语之旧。盖口语之性质善变，惟善变，故能尽万物之情；文言之性质不变，非万不得已时必不变，故其变甚缓，非谓竟不变也。惟不变，故能节制口语，不使绝尘而驰，使今古之语言，常相联络。又口语失之鄙俗之处，文言能救药之，此等处，翻口语为文言，可使鄙俗之情形，依然如见；而秽恶之感触，业已不存。此文言所以与口语并行而不容废也。然此皆唐宋以后，散文既兴，而后能然。若前此涂泽模仿之文，则直是般演古人之言语耳，几无以达人之意，此刘氏所以力诋之也。

明乎此，则可知唐宋以后，散文之所由兴矣。变浮靡为雅正，南北朝来，久有此论；然其事卒至唐之韩、柳辈而后大成者，前此矫浮靡之弊之人，仍是般演古人之语，不过所般演者不同而已，如苏绰之拟《大诰》是也。直至韩、柳辈出，用古文之义法，以运今人之语言；其法虽古，其词则新，今人之意，至此乃无不能达矣。此其文所以为后世所不能废也。

因求文字之雅，而割弃事实，文人往往不免。如吴挚甫与人书，谓："《后汉书》所载群盗之名，铜马、大肜、高湖、重连、铁胫、大抢、尤来、上江、青犊、五校、檀乡、五幡、五楼、富平、获索等。殊为不雅，使史公遇此，必别有法以处之。"而不知史公之文，实当时最通俗之文也。吴氏处史法及文字义法大明之世，而尚不免此论，文人意见之锢敝，可胜叹哉！

浮词第二十一

此篇戒叙事时羼入主观之语，以致失真也。叙事不可羼入议论，人尚易知；乃至词气未竟之时，加一二语以足之，而亦有关出入，则知者甚鲜，刘氏此论，可谓入微矣。惟其议古人，亦有失当处，如贤，"愈也"，"赵鞅诸子，无恤最贤"，但谓其胜于余子；"萧何知韩信贤"，亦谓其过于常人耳。且贤字非专指德行，才优于人，亦贤也。刘氏不知训诂，而妄加抨击，误矣。又《酷吏传》谓"严延年精悍敏捷，虽子贡、冉有不能绝"，此子贡、冉有，不过长于政事之代名，语言自有此例，如辩拟苏、张，勇侔贲、育等皆是也。刘氏不知文例，而妄加抨击，又误矣。要之：刘氏论事，长在精核；而其短处，则失之拘泥武断，与王充《论衡》殊相类也。能谨守条例是其长；实未通天然之条例，而妄执不合之条例，以绳墨人，是其短。

叙事所最忌者，为增益其所本无，如《高士传》之伦是也。若《魏书》称以鸟名官，而曰"好尚淳朴，远师少暤"之类，人人知为浮词，决不致误以为事实，文字虽劣，诒害转浅。

凡叙事欲求其简，往往舍有形之事实，而作一总括之语；又有既叙事实，复作一总括之语以示人者，往往易犯此篇所指之弊，不可不察。

叙事第二十二

此篇论史家叙事之文，《简要》《隐晦》两节极精，《妄饰》所讥亦是，当与《言语篇》参看。

《左氏》《史》《汉》等书，皆系裒辑旧文，非出自作；其所裒辑，亦非出一人之手，事极易见。然昔人于此，多见之未莹。如此篇讥《史记》自周以往，言皆阔略；《左氏》当王道大坏，无复美辞，皆坐此弊。由其时读古书之体未精也。

古者简牍用少，事皆十口相传，口传最易失真，故古史所记之事，多不审谛。参看《申左篇》及其评语。然于文字之美，却大有裨。盖事经辗转传述，自能将其无味之处淘汰；有精采、有趣味之处增加；其失真亦由于此。又能造出极精要之语，如《隐晦》一节所举"晋国之盗奔秦"等是也。此乃所据如此，非关笔札之功，然于此，却可悟叙事之法。盖事固有其紧要关键，而叙此紧要关键之语，又自有简而且赅、晦而愈明者；叙事时苟能得此紧要关键，而又得此等佳语以述之，自能使其事精神毕见，而读者亦如身历其境矣。求诸文字不能悟，可借经于言语以明之，试观善于言辞之人，其述一事，必有其所认为紧要之处，于此必说得异常精采；其余，则随意敷陈而已。不独叙事然，即论事说理亦然，中必有数紧要处，于此说得明白，余俱不烦言而解矣。既观诸人，当验诸己，设想我述一事、论一事、说一理，究竟哪几处，我认为紧要邪？既认定此数处为紧要，出之于口，当以何辞迖之邪？于语言既明，乃即本此以观文字，必有所得。

文贵简，简之道，在省字，又在省句，诚然。然如所讥《公羊》《汉书》则当时口语如是，古人本言语以为文，不容致讥也。惟以此讥古人则非，以此为行文修辞之法仍是。所当致谨者，过求简练，必与口语相去甚远，文之与口语相去过远者，往往诵之不能成声。读书非但目治，实亦一面默诵之，不能成声，不徒有佶屈之病，并足使意义因之而晦也。故文字之简，当不妨音调之圆，昔之所谓"练不伤气"也。

《妄饰》一节，讥汉人称帝室为王室，目诸王为诸侯，以及短书小说，"论逆臣则呼为问鼎，称巨寇则目以长鲸"，殊不达于文例。文字之用，端在引伸；引伸之词，多以专指之名，易为统类之语。此由立名之初，本指一事一物，非后乃即此一事一物所涵之义之一端，而引而伸之故耳。至此，则此名所含之义，已与其初造之时不同矣。如王字本为有天下者之称，既为有天下之称，即涵有天下之义，专用此义，则虽其人以皇帝自号，仍不妨以王室称之矣。诸侯二字，久为五等之爵之通称，理亦由此。问鼎、长鲸，亦非实指其事其物，但为觊觎之名，猛恶之称；犹今人言根本之计，则曰釜底抽薪；状凶暴之形，则曰刀头舐血也。文字中此等处不可枚举。复语如是，单文亦然，如"笃，马行迟也"，而以为笃实之称；"颇，头偏也"，而以为不全之义；设皆援引本义，以相诘难，更何一字之可用邪？

品藻第二十三

褒善贬恶，诚亦史家所重。然人之善恶，论定极难；亦有奇节懿行，众所共知，不烦陈论，而转论列其褊端者，如泄冶正谏而死，而《左氏》载孔子之辞，讥其立辟以召祸。宣公九年："陈灵公与孔宁、仪行父通于夏姬，皆衷其衵服，以戏诸朝。泄冶谏曰：'公卿宣淫，民无效焉，且闻不令，君其纳之。'公曰：'吾能改矣。'公告二子，二子请杀之。公弗禁。遂杀泄冶。孔子曰：'诗云：民之多辟，无自立辟。其泄冶之谓乎？'"岂谓正谏不足取？以其为人所共知，无烦陈论故也。以此知论人固难，论古人论人之当否亦不易。如此篇诋秋胡之妻，至目为"凶险之顽人，强梁之悍妇"，实为过当。孔子曰："不得中行而与之，必也狂狷乎！"凡奇节懿行，足使贪廉懦立者，无不自意气激昂中来；其胜于貌中庸而实乡愿者多矣。"奋乎百世之上，百世之下，闻者莫不兴起也"，列而传之，正有激浊扬清之效，而割氏痛诋之，此非子政之失，而刘氏自失之也。又如《古今人表》，所据以为甲乙者，今既不可得见；书缺有间矣，作此表者所见古人事迹，亦多后人所不知；又安得不守存疑之义，而遽讥其评论之失当乎？举此两端，余可类推。要之，褒贬古人，极宜审慎，此篇所论，实未为平允也。以此篇与《鉴识》《探赜》两篇同看，便知刘氏之所以讥他人者，往往躬自蹈之。

又近人多谓史家不宜以彰善瘅恶为宗旨，但当记述事实，悉得其真，以诏后人耳。此固然，然因欲彰善瘅恶故，而所记之事，遂偏于可为法戒者，几于劝善惩恶之书，则诚失作史之意。若其不然，则虽以己意扬榷是非，示后人以去就，固亦未为失当也。何者？事实具在，所论而误，固与人人以共见，而未尝强人人以必从也。彰善瘅恶，诚非史家本旨，亦不失为作史之一义，但恶以此害事实耳，无害于事，又何病焉？

直书第二十四

史事贵乎得实，而欲求得实，其事极难，求其实而不得，此无可如何之事也。真伪并陈，识有不及，遂至舍真而取伪，此亦无可如何之事也。乃至事实具在，识力亦非不及，徒以徇私畏祸之故，甘为恶直丑正之徒，则史事之纠纷弥多，而后人欲睹信史，亦愈难矣。然诈伪日启，淳朴日漓，“惟闻以直笔见诛，不闻以曲辞获罪”，春秋以降，大抵皆然，此则记载之所以多诬，而考证之所以必不容已也。

大抵记载之诬妄者，后人皆可考证而得其真，以史事面面相关，能伪一事，必不能举其相关之事而尽伪之也。然则虚美者，美究不可虚；掩恶者，恶亦不能掩；徒使后人并其作伪之伎俩而亦洞烛之，又添一笑柄耳。不亦心劳日拙乎？然虽如是，而真是非之为其所淆乱者，亦必历若干时；而后人考证之劳，因此而徒费者，亦不知其几许矣。此则仗气直书不畏强御者，所以究为可贵也。

曲笔第二十五

推论史事极难，有知其记载之诬，而有相反之记载、传说，足以证明之者：如司马宣王列营渭曲，见屈武侯，虽陈、王杜口，陆机《晋史》且为虚张拒葛之锋，然有死诸葛走生仲达之言，已足为葛优于马之征，更得蜀老之说以参之，而晋人记载之诬，不待言而自见矣。然诬罔之记载，不能皆有此等相反之证据以折之。至如刘圣公，年代久远，口传其事者，既已无闻；其形诸记载者，又以"炎祚灵长，简书莫改"，而诬罔之语，遂无所据以折之矣。然史以求直为尚，明知其诬罔者，不能以无反证，故而遂听之，则据理而推之法尚焉。如此篇以圣公身在微贱，已能结客报仇，避难绿林，号为豪杰，决其无贵为人主，南面立朝，羞愧流汗，刮目不敢视之理是也。此法用之，宜极矜慎。以人之行为，非如他物之易测，前后易节，有所弃，有所蔽，而改其常度者，皆非无之也。然人之行为，究非全不可测，如谓力足以扛九鼎，而忽焉见弱于病夫；谋足以夺三军，而遽尔见欺于童竖，苟能决其非别有原因，即可断其为必无此事。故此法用之虽宜慎，而亦非竟不可用也。

大抵载籍完备之世，一事之记载诬罔，皆可从他方面求得相反之证据以折之；载籍阙略之世则不然。《孟子·万章上篇》论史事几皆据理而推，近人颇不然之，然须知当时记载阙略，实有不得不尔之势也。其有反证处，孟子亦非不用，如万章问或谓孔子于卫主痈疽，而孟子谓孔子于卫主颜仇由是也。其论百里奚，以其知虞公之不可谏而去之秦，年已七十，而决其不至食牛以干主，亦非全不据事实。

史家记载，多有诬罔，非必不知其诬也，信史既已无存，史事又不可阙，则不得不据其现存者而姑书之。不明言其诬罔者，意亦以为此事之诬罔昭然可见，读者当自知之，无待于言耳。然究以明言之为善，如《金史·海陵纪》，尽载其淫乱之事，而又明言其为世宗时诬罔之辞是也。

谓陈寿以父辱受髡，谤议蜀汉，此言亦颇失实。黄气见于秭归等，未必定出史官；不置史官，亦非大恶，何足为谤？《晋书·陈寿传》谓寿以父受髡，因訾诸葛亮将略非长。今读《三国志·诸葛亮传》曰："然连年动众，未能成功，盖应变将略，非其所长欤？"及以亮所敌对者为司马宣王，故有此不得已之辞，然犹如一盖字，以为疑辞也。其《上诸葛氏集表》曰："然亮才于治戎为长，奇谋为短，理民之干，优于将略；而所与对敌，或直人杰；加众寡不侔，攻守异体，故虽连年动众，未能有克。昔萧何荐韩信，管仲举王子城父，皆忖己之长，未能兼有故也。亮之器能政理，抑亦管、萧之亚匹也，而时之名将，无城父、韩信，故使功业陵迟，大义不及邪？盖天命有归，不可以智力争也。"以时无名将为问，而以天命有归为答，则大义之不及，非由将略之未优可知；凡诸贬损之词，悉非由衷之言明矣。此外全传之文，无不推挹备至。谤议之云，宁非梦呓？刘氏读书，最为精核，于此顾未见及，信乎论古之难也。

后世直道陵夷，子孙恒欲虚美其祖父。史家不察，据以成书，其于求信，为累甚大，赵宋一史，此弊尤深，试读《岳飞传》，便可知之。《陈慥传》直录苏轼之《方山子传》，尤可发噱，此乃赠序之流，岂可据以作史邪？如欲录之，则当用《汉书·扬雄传》之例，注二语曰："苏轼之《方山子传》云尔。"庶乎其可。

鉴识第二十六

此篇所论极精，惟有两端非是：一刘氏誉《左》成癖，其实《左氏》所载，未必尽信，详见《申左篇》评；又一"虞舜见陋，匿空而出；宣尼既殂，门人推奉有若"。古人传说，大抵如此，以为不足信而弃之，古史之所取材，将无几矣。史公时代相去久远，所据史料，又多佚亡，去取之意如何，实已无可考见。妄加推测，总难得当，不如置之不论不议之列。食肉不食马肝，未为不知味也。

探赜第二十七

欲评一书，必先知其书之体例；然古书体例多不自言，贵在读者求而得之。求得一书之体例，必须通观全局，虚心推校；妄为穿凿，无当也。此篇所讥孙盛之论《左氏》《汉纪》，葛洪之论《史记》，即犯此病。此病明人最多，由其读书不讲义例，而好为新奇之论也。

模拟第二十八

文辞宜据事理，所谓"协诸义而协，则礼之所无，可以义起"者，行文之道亦然也；然世多好模拟古人，而不求其所以然之故，此则刘氏所讥貌同心异者矣。大抵放古不袭形迹，实至韩、柳而后能然；六朝人之拟古，则专袭其形迹者，故刘氏深讥之也。参看《言语篇》评。史文近已而事相类，而自晋以降，转喜效五经，即模古但取形迹之证。

此篇所讥，又可分为二科：一模拟古人之书法而失之者：如谯周

《古史考》书李斯之死曰"秦杀其大夫"，吴均《齐春秋》每书灾变亦曰"何以书？记异也"是也。一为仿真古人之文字而失之者：如干宝《晋纪》之"吴国既灭，江外忘亡"是也。

浦氏曰："《左氏》叙一人，名封字谥传中错出，读者苦之。必斟、羊，产、侨之为拟，窃谓非是。"案此盖《左氏》之作，由于褒集旧文，其叙一事之辞，初不出一人之手，昔人于文字不甚注意，故未曾刊改，使归一律也。此虽在当时为人人所知，不为大害；然究系古人之疏，并此而欲效之，诚可谓誉《左》成癖，抑亦不免貌同心异之讥矣。惟《左氏》叙事，简而且明，刘氏所谓："文虽阙略，理甚昭著。"诚有独绝古今者，奉为史家文字之准的，诚不诬也。

《叙事篇》评云："口传最易使事实失真，然于文字之美，却大有神。盖事经辗转传述，自能将无味处淘汰，有精采、有趣味处增加；又能造出极精要之语故也。"此篇所称"舟中之指可掬"等语，亦可为前说之证。此等处，文人握管效为之，亦或得其近似，然终不如口相传述者之有神采矣。此亦一人之智不敌多人之一端也。

书事第二十九

此篇论史家去取之法也。史文无论如何详赡，断不能将所有之事，悉数网罗，则必有所去取；去取必有标准，此篇所举荀悦、干宝之论，及刘氏所广三科，皆其标准也。此等标准，随世而异，难以今人之见评议古人。若以昔时眼光观之，则本篇所论，大抵可云得当。惟藩牧朝贡、官吏迁黜，足资考核之处甚多；书之本纪，或病繁芜，一举删之，亦伤阙略，是宜用旁行斜上之法，作表以备检查，往史固有行之者矣。大抵刘氏之时，考证之学未盛，故刘氏所论，多只求史例之谨严，而不甚知零星事实之可贵也。欲删表历，即其一端。

去取标准，既随世而异；则作史者无论如何尽心斟酌，亦决无以餍后人之望。然则如之何而可乎？予意莫如史成之后，仍保存其长编。长编者，举所有事实，悉数网罗，无或遗弃者也。则后人去取标准设或有异前人；更事搜罗，不患无所取材矣。即去取标准不异，而编纂之际，百密必不免一疏；存其长编，亦令考证者得所借手也。不但新作之史如此，即据旧史重编者亦然。后人校勘此书，可省无限气力。

人物第三十

此篇亦论史文去取者。除古书去今已远，去取之意不可知，不容妄论外；如责《史记》不为皋陶、伊尹、傅说、仲山甫列传。自余所论，多中肯綮，论史例者，所宜熟复也。

史之责，只在记往事以诒后人；惩恶劝善，实非所重。即谓惩劝有关史职，而为法为戒，轻重亦均。本篇之论，意似侧重于劝善，亦一蔽也。

覈才第三十一

此篇亦攻六朝华靡之文，不可以作史也。唐时史馆，多取文人，刘氏目击其弊，故不觉其言之激，宜与《辨职》《自叙》《忤时》等篇参看。

序传第三十二

　　书之有序，其义有二：一曰：序者，绪也，所以助读者，使易得其端绪也。一曰：序者，次也，所以明篇次先后之义也。《史记》之《自叙》，《汉书》之《叙传》，既述作书之由，复逐篇为之叙列，可谓兼此二义。夫欲深明一书者，必先知其书之何以作，及其书之如何作。而欲知其书之何以作、如何作，则必不容不知作书之人。孟子曰："诵其诗，读其书，不知其人可乎？是以论其世也。"此后之人，所以于古之著书者，必详考其身世，或为之传记，或为之年谱也。人之知我，必不如我自知之真，亦断不如我自知之悉，然则欲举我为何如人以告读者，诚莫如我自为之之得矣，此序传之所由兴。不过以完其书序之责，初非欲自表暴也。古重氏族，又其事业多世代相承，故其自序，必上溯祖考，甚者极之得姓受氏之初，亦其时自叙之义当尔，非苟自夸其先世也。惟其如是，故其所溯可以甚远，初不必以其书之年代为限。本篇讥班氏《叙传》，远逾汉代，似非也。若其情形已与古异，而犹模拟古人之形迹；侈述先世，实则所记者乃不知谁何之人；又屑屑自表暴，而其所述者，亦皆无足重轻之事，则诚有如刘氏之所讥者矣。然后人蹈此失者颇多，皆由不知古人文字之所以然，而妄模拟其形迹也，正刘氏所谓貌同而心异者也。

　　自叙贵于真实，既不宜妄益所长，亦不宜自讳其短。炫粥诚为丑行，文过尤为小人矣。相如自序，不讳窃妻，正古人质直之处。王充叙其先世，语皆真实，但谓任气不揉于人，并无为州闾所鄙语。其谓瞽顽、舜神、鲧恶、禹圣，乃设难以"宗祖无淑懿之基，文墨无篇籍之遗，虽著鸿丽之论，无所禀阶，终不为高"，而答以"士贵孤兴，物贵独产"，推论及此，非以舜、禹自方，瞽、鲧目其先世也。"细族孤门"，宁必自讳？亦岂容终讳？刘氏所论，亦似有误会。

烦省第三十三

古史卷帙少，后史卷帙繁，自由材料有多少，不关书之优劣，才之工拙也。令升、世伟之言，殊为未达；刘氏所辨，极其隽快。

史文烦省，究竟如何方为得宜？直是无从对答。此由向者每欲断代勒成一史，既以存先朝之事迹，又以备学者之诵读，两事并为一谈，故有此难题也。其实存先代事迹，与备学者诵读，自系两事。存先代之事迹，自以完备为贵。备学者之诵读，则随各人资性之不同，或详或略，可由学者撰述，听人自择也。故知作史可仍存其长编，而史文难于割弃之忧解；知诵习不必专于一书，而史文动忧汗漫之难除。

杂述第三十四

此篇乃刘氏所谓非正史者也，合此篇及《六家》篇观之，可见刘氏史书分类之法。

正史与非正史，其别有二：一以所记有无关系别之，说详《六家篇》评；一则视其曾否编纂成书，抑但记录以供后人之取材，此篇所谓"为削藁之资"者也。以为区别。盖凡编纂成书者，必有一定之范围，于其所定范围中，必曾尽力搜辑，故可信其较为完备，否则有"丘山是弃"者矣。此偏记、小录等书，所以所记虽与正史同，而不容视为正史也。又凡编纂成书者，于其所取材料，必曾加以考核，故可信其较为确实；否则有"苟载传闻，而无铨择"者矣。此则逸事一流，所以虽可补正史之遗，而亦不容视为正史也。此两端，凡编纂成书者，固未必能皆尽此责，然其用意则固如此，故以体例论，正史与非正史终有区别也。《廿二史札记·序》曰"间有稗乘脞说，与正史歧互者，不敢遽诧为得间之奇。盖一代修史时，此等记载，无不搜入史局。其所弃而不取者，必有难以征信之处。今反据以驳正史，不免诋讥有识。是以此编多就正史纪、传、表、志，参互勘校"云云，即是此意。惟稗乘脞说，尽有为修史时所未见者；又有虽见而未尝参考，或考之未精者，其足正正史之处甚多。要当随事考核，以定信否，不容据其体例，遽执一概之论也。

读史必求原文，编纂而成之史，必较其所取材者为后起，然世之所取，顾在此而不在彼，以此也。惟此二者之界，初非一定不移，关系之有无、大小，随时代而所见不同。有昔人视为无足重轻，而今则觉其极可珍贵者。昔惟视为无足重轻，故听其佚亡，不加记述，其材料遂如东云一鳞，西云一爪，散见各处，有如刘氏所云"言皆琐碎，事皆丛残"者。若能加意搜辑，网罗贯串，即可成有条理统系之书；条理统系具，而其关系自见矣。凡昔日所无，今人视为有关系而新作之史，皆当属此类，故自非正史而入于正史者，今后必将日出不穷也。

郡国书、地理书，即后世方志之源也。此类书之长处，在其记载之详；其短处，则在偏美其本地，又或传诸委巷，用为故实，方志之不可尽为信史，即由于此。然史材富足，究为美事，亦视用之者何如耳。故各地方之志乘，将来必于史籍大有裨益也。又中国疆域广大，五方风气不齐，一区域之中，其情状往往与他区域大异，得此类书，即可见一区域进化之迹，此亦国史所不能详也。《六家篇》评言国别史不宜作，乃就政治言之。

家史材料，有出于方志及国史之外者，亦为可宝，但亦病其不真实耳，是亦宜善用之也。

都邑簿不徒可见一地方之社会情形，并可见其物产及建筑物等情状，最为可贵。刘氏以繁芜为病，以今日之眼光观之，则正取其多多益善耳。此等材料，亦为方志所兼该，方志之系于国史，诚大矣哉！

所论琐言之失，乃魏、晋以后风气如此，读《抱朴子·疾谬篇》可见。

辨职第三十五

史职有二：一修前代之史，如清史馆是也；一记当代之事，如今国史馆是也。前代之史，自南北朝以前，皆成于一手；至唐始设局集众为之，后遂沿为常例矣。参看《古今正史篇》。昔时论议，大抵左袒私修，此篇谓："古来贤俊，立言垂后，何必身居廨宇，迹参僚属？"亦主张私修者也。论学识之相宜，及能实心任事，以及宗旨一贯，事实不易抵牾，自以私修为胜。惟史料至后世而愈繁；史之重客观，亦至后世而愈甚。编纂成书，既非独力所及，搜材料，尤非私家所能；集众为之，佐以国力，亦诚有所不得已也。然众手所修，总不过排纂事实而止，此正章实斋所谓比次之业，不足语于著述者。今后最好但以此等书保存史材；至于供学子阅读，及名家自述己见之书，则一听诸学人之自撰。范围广狭，卷帙多少，皆不必拘，不必如向者拘定每朝一史，或欲包括各种门类。庶几离之两美耳。

国家设立史馆，以记当时之事，亦特沿之自古，其实以后世疆域之大、人事之繁，断非设一官焉所能有济也。章实斋欲以方志为国史储材，可谓特识，然此亦章氏时隋势如此。若在今日，则并非一县设一志科所能尽其责矣。要其由分而合，多储材料，以备取裁，其意则仍可师也。在今日，如将各种报纸分别保存，亦为预储材料之一法。又昔时储备，仅以地分；今则各种事业皆日新月异，并可随业以储史材也。

自叙第三十六

此篇不远述先世，无《序传篇》所讥之弊，自叙亦极实在。

史也者，终古在改作之中者也。盖无论如何详赡之史，决不能举宇宙间事备载无遗。而宇宙间事，其有关系当研究也，实无远近，大小若一，远近、大小，原系人所强立之名。特人不能尽知，当某一时，则觉某一类事关系较重，而研究者遂群趋于此途耳。然则非事有有关系、无关系，其关系有大、有小，乃人于事之关系有时知之，有时不知；有时知之明，有时知之昧耳。惟人于事之关系，所感时有变迁，故于旧有之史，时时觉其不适于用；觉其不适于用，即须改作矣。人之见解，非旦夕可变；故史之需改作，亦每阅数百年而后有此趋向。而大史学家遂应运而生焉。中国论作史之法，有特见者，当推刘知几、郑渔仲、章实斋三人；世皆怪此等人才之少，不知此等人，必值史学趋向大变之时而后生，其势不能多也。若夫宗旨无甚特异，但循前人成例，随事襞积补苴，此等人才，则固不少矣。此篇欲自班、马以降，诸史之书，普加厘革，即可见其见解有迥然特异于人者在也。

此篇所记徐坚等七人，其怀抱皆与刘氏相似者也。可见当时具刘氏一类之思想者，实不乏人；此亦无论何种思想，皆系如此，特其说有传、有不传，其人有著、有不著耳。此以见一思想之兴，必其时势所造成也。

此篇所举七人，新、旧《唐书》皆有传，薛谦光其初名。史从其后称之曰薛登。宜与刘氏本传合看。

外 篇

史官建置第一

《四库提要》云："《外篇》之文，或与《内篇》重出，又或抵牾。观开卷《六家篇》，首称自古帝王文籍，《外篇》言之备矣，是先有《外篇》，乃撷其精华，以成《内篇》，故删除有所未尽也。"案《外篇》之文，惟《杂说》最为零碎，与《内篇》相涉处亦最多，其余亦皆自成首尾，无以断其为《内篇》稿本。观本篇论蜀汉置史官事曰："别有《曲笔篇》，言之详矣。"则明成于《内篇·曲笔》之后，又安得谓先有《内篇》，乃撷其精华，以成《外篇》邪？

史之作，不尽由于史官；十口流传，私家记述，皆与有力焉。然保存材料之多而且确，究以史官为最，故论史之所由成者，必以史官居首焉。

史之始，盖专司以文字记事。古者事简，须以文字记之之事尤少，司其事者，盖一夔已足，即或分属诸两三人，亦无庸多立名目，古书于史官多但称史，盖由此。至《周官》《礼记》所载诸史之名，则史职日繁，逐渐分设者也。分职而后，长官盖称太史，亦单称史，《礼记·礼运》曰："王前巫而后史，卜筮瞽侑，皆在左右。"《大戴礼记·保傅》曰："明堂之位曰：笃仁而好学，多闻而道慎，天子疑则问，应而不穷者谓之道，道者，道天子以道者也，常立于前，是周公也；诚立而敢断，辅善而相义者，谓之充，充者，充天子之志者也，常立于左，是大公也；洁廉而切直，匡过而谏邪者，谓之弼，弼者，弼天子之过者也，常立于右，是召公也；博闻而强记，接给而善对者，谓之承，承者，承天子之遗忘者也，常立于后，是史佚也。"二者所本盖同，承即《礼运》所谓后史也。天子之立，左圣乡仁，右义背藏。人能多所畜藏则智，博闻强记正其事，而亦正史职也。此职盖即后来之大史，《王制》曰："大史典礼，执简记，奉讳恶。"以《周官》《玉藻》所载史职考之：典礼为诸史通职；执简记属左右史；奉讳恶属小史；而《王制》并属诸大史者，属官所为，固皆统于其长；此大史之所以称大，亦其所以得专史之名也。《玉藻》所记，亦王居明堂之礼，则左右史分设颇早；惟以仓颉、沮诵为黄帝之左右史，则不足信。详见予所撰《中国文字变迁考》。至小史、内史、外史等，则其分设当较晚，《周官》：太宰"掌建邦之六典，以佐王治邦国"；"以八法治官府"；"以八则治都鄙"；而太史之职"掌建邦之六典，以逆邦国之治"；"掌法以逆官府之治"；"掌则以逆都鄙之治"；实为太宰之贰，犹汉御史大夫为丞相之贰也。小史"掌邦国之志；奠系世，辨昭穆；若有事，则诏王之忌讳"。《续汉书·百官志》：太史令"凡国祭祀丧娶之事，掌奏良日及时节禁忌"，是其职。内史"掌八柄之法，以诏王治，太宰"以八柄诏王，驭群臣"。执国法及国令之贰，以考政事，以逆会计，凡四方之事书，内史读之"，犹汉御史中丞，受公卿奏事，举劾案章，"天下计书，先上大史"也。外史"掌书外令，掌四方之志，掌三皇五帝之书；此即外国史。《史记·十二诸侯年表》谓："孔子西观周室，论史记旧闻，兴于鲁，而次《春秋》。"《六国表》谓："秦既得意，烧天下诗书，诸侯史记尤甚。""诗书所以复见者，多藏人家，而史记独藏周室，以故灭。"大抵当时大国，皆兼有外国之书。《左氏》：韩宣子适鲁，观书于大史氏，见《易象》与《春秋》，曰："周礼尽在鲁矣！"是其证。楚左史倚相，能读三坟、五典、八索、九丘，亦其物。正不独周室也。掌达书名于四方；若以书使于四方，则书其令"，则秦监御史之职所由昉也。御史"掌邦国都鄙及万民之治令，以赞冢宰。凡治者受法令焉，掌赞书，凡数从政者"，此掌治民之法，及官吏之除授黜陟，犹汉世三公之曹掾也。皆可以秦、汉事相明，足征《周官》为六国时书矣。总之，史官之职：一记随时所生之事；一据所记已往之事，以逆方来之事。记随时所生之事者，后世仍谓之史；据已往之事，以逆方来之事者，则后世不以史名。以古文字之用少，故事总属史官；后世则分属诸官，官自有其故事也。

诸官各有当记之事，即必有司记事之人，古代亦已肇其端：试观《周官》所载，各官无不有史，即其一证。大夫大子家有史，官中有女史，亦以此也，特其时文字之用未广，诸官之史，盖仅能记极简之事，亦不能久之庋藏，故各官重要文件，必总藏于史官。《周官》太史"凡邦国都鄙及万民之有约剂者藏焉，以贰六官"。章实斋以此为六典之文，皆有副贰之证。予则谓其物特藏于太史，而其本官初无之耳。

惟如是，故史为藏书之府，《左氏》载韩宣子适鲁观书于大史氏是也；其人既司记事，又居藏书之府，故多博闻强识，史佚、倚相是也；职司记事，则直笔不隐者出焉，董狐、南史是也；职司典法，则奉法不挠者出焉，纣父欲立微子启，殷大史执简以争是也；爱重其法而不忍亡之者亦出焉，终古、向挚、屠黍之流是也。《周官》：大史"大迁国，抱法以前"，盖即其所掌六典、八法等。郑云"司空营国之法"谬矣。

史司以文字记事，故与文字关系最深。旧说以仓颉为黄帝史官，始制文字，说出附会，详见予所撰《中国文字变迁考》。然中国字书，可考最早者，为周时之《籀篇》，实成于宣王太史籀之手；此说王静安疑之，非也。《中国文字变迁考》中，亦已辩之。改革文字，事在秦时，其时之字书《博学篇》，亦成于太史令胡毋敬，则无可疑也。子曰："吾犹及史之阙文也，今亡矣夫！"《说文解字序》曰："非其不知而不问，人用己私，是非无正。"案此乃史官自造新字用之，文字之创始，出于自然，不能附会诸一二人；其孳乳寝多，则史官确有力焉。亦见《中国文字变迁考》。

史官之掌天文，必溯其源于古之明堂，乃能明之。盖古者笃信神教，以为一切政事，皆当仰承天意；而天之所以示人者，厥惟时序之变更，故出令必依乎此；苟或违之，天必降之以罚。《礼记·月令》《管子·幼官》《吕览·十二纪》《淮南·时则训》所言，是其事。此皆后人追述古礼，书成虽晚，所记则古。至于中有太尉等秦官之名，则以今言述古事，古人行文，自有此例，不能以此疑其所述为赢秦之新典也。夫如是，则司政典者，不容不明天象可知；司记事者，其所记，亦必首重天变矣。《春秋》之书日食灾变，亦沿之自古也。此篇谓武帝置大史公，位在丞相上，说出如淳引《汉仪注》。臣瓒曰："《百官表》无大史公。茂陵中书，司马谈以大史丞为大史令。"《索隐》因谓"公者，迁著书尊其父之词"；韦昭云"迁外孙杨恽所称"；桓谭《新论》又谓"史公书成，以示东方朔，朔为平定，因署其下，杨恽继此而称"；子孙私尊，友朋推奖，不容改易官名，立说殊不衷理。虞喜《志林》曰："古者主天官者皆上公。自周至汉，其职转卑，然朝会坐位，犹在公上，尊天之道。其官属仍以旧名尊而称也。"如此说，则"大史公"三字，非官名，亦非著书者之尊称，乃当时本有此语，行文即据口语书之，则《史记》多有此例，于理最允矣。设官分职，苟非有意变古，必也前事不忘。《周官》大史不过下大夫，武帝何得忽跻之上公？若其尊之如此，史公《报任少卿书》安得云"近于下祝之间；主上所戏弄，倡优畜之；而流俗之所轻"乎？武帝亦安得遽下之蚕室乎？故知如淳之说为非，虞喜之言有据也。亦或《汉仪注》本作大史令；如淳以令为官名，公乃尊称，人人所知，不虞疑误，史文作公，因改所引，令亦为公，不更申说。又或如淳原注，公亦作令，妄人不知，据正文以改之。简策流传，多有讹谬，难可质言也。此可见古代史官之尊，后世史职之卑。尊卑之间，实为史事一大转捩。盖古史所记，重在天道；后史所记，重在人事也。天道人事，相去日远，则掌天官执简记者，不容并为一谈，而"以别职来知史务，当官唯知占候"，自出于事所不容已矣。《后汉书·百官志》：太史令"凡国有瑞应、灾异，掌记之"。记注之属于天道者，固未尝夺其职也。《月令》："乃命大史，守典奉法；司天日月星辰之行。宿离不贷，毋失经纪，以初为常。"《周官》：太史"正岁时以序事，颁之于官府及都鄙，颁告朔于邦国。闰月，诏王居门终月"。《月令》："先立春三日，大史谒之天子。"立夏，立秋，立冬亦然。太师"抱天时，与大史同车"。此即《礼运》卜筮瞽侑之瞽也。《国语》：单子谓鲁成公曰："吾非瞽史，焉知天道？"亦即此。《周官》保章氏、冯相氏，叙大史之下。郑注曰："天文属太史。"古书此等处尚多，皆足见史官之缘起也。

推史官初主天文，故能为道家之学所自出。《汉书·艺文志》曰："道家者流，盖出于史官历记成败、存亡、祸福、古今之道，然后知秉要执本，清虚以自守，卑弱以自持。"说固不误。然道家之学，非但取资人事，实冶古代出于天象之神教及后世综合人事之哲学于一炉焉。此说甚长，当别论。

人类生而有恋旧之情，亦生而有求是之性。惟恋旧，故已往之事，必求记识而不忘；惟求是，故身外之物，务欲博观以取鉴。包"历记成败、存亡、祸福"，及"多识前言往行，以畜其德"二义。前者，记事之史所由兴；后者，记言之史所由，推及一切嘉言懿行也。参看《六家篇》评。求知之欲，亦根于求是之情也。故史官之设，古代各国皆有之，然至晚周、秦、汉之际，史学实生一大变。此时《史记》之前驱《世本》见《六家篇》评。及《史记》之作，皆超出前此史家成例，盖实由国别史进为世界史也。孔子西观周室，论史记旧闻，而作《春秋》，卒仅因鲁史，守国别史之成例，运会未至，固无能为力哉！当时所谓世界，不过中国声教所及，犹欧人前此以西洋史为世界史也。此实非史官之职，而为学者之业。故史公之能成《史记》，虽以其为史官故，得纳金匮石室之书；而其能作《史记》，则存乎其人，初不系于其官也。人之思想，不能离群而独立。一二哲人之思想，亦必其时之人所同具。故谈、迁而后，续其书者纷纷。进一步，则人主亦知其要，而有令兰台令史撰纪传，东观中人撰史记之事；更进，即当特设专官，以司其事矣。故古代史料，实由史官所留诒，而后世之设史官，则又私家之作史者，有以导其先路也。古代之史官，至此已不知史事矣。此可见政治之原动力，必仍在于社会矣。

汉明帝命班固撰本纪列传，又因杨子山献《哀牢传》，征诣兰台，盖诚得其人然后任之。自此以后，撰述东观者，亦多知名之士。六朝著作，多妙选其人；他官有才学者，亦令兼领，犹存此意。自唐以后，史职乃渐见冗滥。所记皆拘于格式，限以成例，不为人所重矣。此实周、齐以来，领以大臣，有以致之。述作固别有其才，不宜徒任位高者；徒取位高者而任之，必致有名无实，欲以重其事，转以坏其事矣。此实史职之一大变也。《辨职篇》载晋康帝以武陵王领秘书监，实为大臣领史之始。然特偶然之事。唐、宋以后，专以大臣领其职，则实周、齐开之也。

《诗·静女》毛传云："古者后夫人必有女史。彤管之法，史不记过，其罪杀之。后妃群妾，以礼御于君所，女史书其日月，授之以环，以进退之。生子月辰，则以金环退之；当御者，则以银环进之，着于左手；既御，着于右手。事无大小，记以成法。"疏云："此似有成文，未知所出。"案此实兼《周官》女史、女御之职。《周官》女史"掌王后之礼职。掌内治之贰，以诏后治内政，逆内宫，书内令"，此所谓事无大小，书以成法者也。女御"掌御叙于王之燕寝"，则所谓以礼进退后妃群妾者也。《左氏》宣公元年："郑文公有贱妾曰燕姑"，"文公见之，与之兰而御之。辞曰：妾不才，幸而有子，将不信，敢征兰乎？"盖古贵人多荒淫，御女或不省记，故须有人以记之。史不记过其罪杀，所谓记过，盖使之司察后妃群妾也。亦云酷矣。古代文字简易，少学习则能之。女史记凡宫中之事，更进乃与女御分职，理所可有。惟古代淫风虽甚，而其男女防禁，初不如后世之严，汉世宫中犹有士人，三代以前，更无论矣。谓骊姬之泣，蔡姬之言，皆出于女史之记注，实无以见其必然；即汉武之《禁中起居注》，马后之《明帝起居注》，亦未必皆成于女史之手也。

"草创者资乎博闻实录"，谓搜辑史材，以备作史之用者也；"经始者贵乎儁识通才"，谓据史材以作史者也；此二语包蕴甚富，一部《文史通义》，殆皆发挥此义，今后亦无以易之。惟其职不必专在史官尔。大抵文明程度愈低，则人民所能自任之事愈少；文明程度高，则亦反之。且古代国小而事简，史事由国家设官掌之已足；今则社会情形日益复杂，史材关涉之方面愈多；苟非留心此事者众，能广为记录保存，即国家能多设史官，史官皆克举其职，犹难冀史材之完备也。中国史籍之繁富，国家之重视史事，诚有力焉。然今后则史官之重要，必将大不如前矣。古代野史少，后世野史多，即人民渐能留意史事之一证。

宋以后史官之制，今附述于下，以资参考。略据正史及《三通考》。

宋于门下省置编修院，俗呼为史院。以掌国史、实录及日历。监修国史，以宰相为之。修撰，以朝官充。直馆检讨，以京官以上充。元丰四年，废编修院，立史馆。官制行，以日历隶秘书省国史案。元佑移国史案，别置史院，隶门下。绍圣时，复还秘书。初唐太宗退朝与宰相议政事，常命起居郎一人，执简记录。高宗朝，许敬宗、李义府始奏令起居郎、舍人随仗而出，以免漏泄机务。长寿中，姚璹以为人主谟训，不可遂无记述。若不宣自宰相，史官无得而书。乃表请仗下所言军国政要，宰相一人，专知撰录，号为《时政记》，每月封送史馆。五代以来，中书、植密，并皆撰记。宋端拱后，密院事皆送中书同修，为一书。王钦若、陈尧叟始乞别撰，不关中书，直送史馆。日历者，韦执谊为相时，令史官所撰，乃国史之底稿也。宋秘书省有日历所，著作郎佐掌之，合《起居注》及《时政记》，以撰《日历》；又有会要所，省官通任其事。《会要》起于唐之苏冕，叙高祖至德宗九朝之因革损益；宣宗时，诏崔铉等续之；而其书卒成于宋王溥之手，凡百卷。溥又修《五代会要》三十卷。宋天圣中，诏章得象编次。神宗命王硅续之，凡三百卷，称《国朝会要》。南渡后所修，称《中兴会要》。若修实录，则别置实录院。修国史，则别置国史院。南渡后仍沿其制，起居郎、舍人，宋初为寄禄官。别置起居院，命三馆校理以上典其职，谓之同修起居注。官制行，罢之，还其职于郎、舍人。

辽国史院属翰林院，有史馆学士、史馆修撰等官，亦有监修国史。刘慎行、邢抱朴、室昉、刘晟、马保忠、耶律隆运、耶律玦、萧韩家奴、耶律阿思、王师儒等，皆以此系衔。见各本传。著作局隶秘书监，有郎、佐。起居舍人院属门下省，有起居舍人、知起居注、起居郎之官。

金国史院，亦有监修国史、修国史。其同修国史及编修官，并用女直、汉人。同修国史：女直、汉人各一；本有契丹，承安四年，罢之。编修官：女直、汉人各四，本亦有契丹，明昌元年，罢其三。著作局亦隶秘书监。有郎、佐，掌修日历，初立记注院，置修起居注，皆以他官兼。贞佑三年，以左右司郎中员外郎兼，遂成定制。

元时政记属中书，左司郎中。初置起居注，以翰林待制兼。至元六年，置左右补阙，以司记录。十五年，命给事中兼修起居注。改左右补阙为左右侍仪奉御，兼修起居注；仁宗定给事中兼修起居注各二人，左右侍仪奉御同修起居注各一人。翰林国史，合为一院。有修撰、编修之官。秘监仅掌图籍。著作郎、佐，徒有其名而已。

明亦以翰林兼史职。修撰、编修、检讨，称为史官。实录、国史，并其所掌。永乐以前，诸色参用。天顺二年，用李贤奏，专选进士，遂为成例。吴元年置起居注，无员。洪武九年，定为二人，后废之；十四年，复；寻又革。《神宗实录》万历三年，大学士张居正申明史职议云："国初设起居注官，日侍左右，纪录言动，实古者左史记事，右史记言之制；迨后定官制，乃设翰林院修撰、编修、检讨等官。盖以记载事重，故设官加详，原非有所罢废。但自职名更定之后，遂失朝夕记注之规，以致累朝以来，史文阙略。即如迩者，纂修世宗及皇考实录。臣等只事总裁，凡所编辑，不过总集诸司章奏，稍加删润，櫽括成编，至于仗前柱下之语，章疏所不及者，即有见闻，无凭增入。"云云。《春明梦余录》谓万历初，曾以居正之请，讲官日轮一人记注，盖居正当国，遂行其议也，然其后复罢。案《明史》：六科给事中，日轮一人，立殿右珥笔记旨，实古左右史之职。太祖定官制，废起居注，盖仍元制，以给事中司记录。其后职废不举，而居正乃别以讲官代之也。

清初仅设文馆。天聪十年，改设内三院，则记注实录，皆内国史院所掌。其后史职亦属翰林。以殿阁学士充总裁，讲读学士以下，充满、汉纂修官。修国史，实录圣训皆然。有军事则修方略，亦设馆，以军机大臣充总裁。纂修官亦出翰苑，或兼用军机章京。记注官：满八，汉十二，以翰林詹事官充。所记者，岁送内阁，会学士监视，贮库收藏。

古者史事，悉由史官。国史则天子不观，记注则大臣不预，故多能奋其直笔。《唐书·褚遂良传》："迁谏议大夫，兼知起居事。帝曰：'卿记起居，人君得观之否？'对曰：'今之起居，古左右史也，善恶必记，戒人主不为非法，未闻天子自观史也。'"盖唐以前相沿之法如此。后世亦有行之者：元文宗欲观史，编修官吕思诚曰："国史记当代人君善恶，自古无天子取观者。"遂止，其一事也。但古代风气质朴，史官尽职之念，君相畏法之心，皆胜于后世，故以能存此习惯为常，后世则以能行之者为变耳。自李义府、许敬宗奏令起居郎随仗而出，而记注始失其官。自姚璹奏撰《时政记》，而载笔始由宰相。宋淳化中，梁周翰、李宗谔掌郎舍人事，始以起居注进御。后有撰述，亦必录本进呈。于是司记注者有所畏忌，而不敢直书；而记时政者，则政事本其所出，二者遂皆与官书无异。日历则据此铨次，系以日月而已。宋以后史，寝类官书，以此也。此实为史职之大变，论者多谓出于君相之私心，因恐人之书其恶，遂使万世无公是非；其实事之是非善恶，亦正难言。史官非圣人，所记者何能举得其当，且机密之事，亦诚有不容令人与闻者也。若使其人可以参预，则身亦为机密中人，必不能奋笔直书矣。要之，史事但求记载详备，苟其如此，是非功罪，自可据多方面推校；必求局中人之自暴其隐，世间安有此拙策？且史事关涉之方面多矣，正不独在君相；太阿倒持，纪纲崩溃之世，尤不在于君相，又安得举居要地者，悉立一人于其侧，以记其言动邪？

然史官之失职，虽于史事无大关系；而遂谓君相之无私心，则亦不可。私之至，乃并其史之流传而亦靳之矣。《日知录》曰："司马迁之《史记》、班固之《汉书》、干宝之《晋书》、柳芳之《唐历》、吴兢之《唐春秋》、李焘之《宋长编》，并以当时流布。至于会要、日历之类，南渡以来，士大夫家，亦多有之，未尝禁止。今则实录之进，焚草于太液池，尊藏于皇史宬。在朝之臣，非预纂修，皆不得见；而野史家传，遂得以孤行于世。"盖由畏人非议之一念，扩而充之，势必至此。然岂真能箝天下人之口而锢蔽其耳目哉？亦可谓无谓矣。《通典》举人条例，唐自高祖以下及《睿宗实录》并《贞观政要》为一史，可见当时不禁人读本朝史乘。

古今正史第二

《六家》篇所述六家，乃刘氏认为政史者也；其《二体》，则刘氏以为可行于后世者也，已见前评。此篇即本《六家》《二体》两篇，将历代可称为正史者，逐一叙述也。所举者皆不越二体之外；惟《尚书》及三坟、五典不然，以其时二体未兴也。

首节云："伏羲始造书契，由是文籍生焉。"又曰："伏羲、神农、黄帝之书，谓之三坟；少昊、颛顼、高辛、唐、虞之书，谓之五典。"说出《尚书伪孔传序》，殊不足信。曩撰《中国文字变迁考》尝辨之。其说曰："伏羲造字之说，前无所承。或谓实出《许序》。顾许意特以见'庶业其繁'，其来有渐；伏羲垂宪，仅资画卦，其始较结绳更简耳，非以作八卦为造书契张本也。然《伪孔》之说，亦有由来。彼其意，盖欲以三坟、五典，为三皇、五帝之书；又欲以伏羲、神农、黄帝为三皇，少昊、颛顼、高辛、唐、虞为五帝，其说实远本贾、郑，特贾、郑虽以三坟、五典为三皇、五帝之书，而未凿言三皇时有文字；虽于五帝之中，增一少昊，而未去三皇中之燧人，升五帝中之黄帝耳。《左氏》昭十二年：'是能读三坟、五典、八索、九丘。'杜注但云：'皆古书名。'《疏》引《伪孔序》外，又曰：'《周礼》外史，掌三皇五帝之书，郑玄云：楚灵王所谓三坟、五典是也。贾逵云：三坟，三皇之书；《文选·闲居赋》注引，"坟大也"三字。五典，五帝之典；八索，八王之法；《选注》作"素王之法"。九丘，九州亡国之戒。《选注》无"九州"二字，盖夺。延笃言：张平子说：三坟，三礼，礼为大防。《尔雅》曰：坟，大防也。《书》曰：谁能典朕三礼，三礼，天、地、人之礼也。五典，五帝之常道也。八索，《周礼》八议之刑。索，空，空设之。九丘，《周礼》之九刑。丘，空也，亦空设之。马融说：三坟，三气，阴阳始生天、地、人之气也；五典，五行也；八索，八卦；九丘，九州之数也。'据此，《伪孔序》说八索、九丘同马融；《伪孔序》曰："八卦之说，谓之八索，求其义也。九州之志，谓之九丘。丘，聚也，言九州所有，土地所生，风气所宜，皆聚此书也。"其说三坟、五典，则同贾逵。延笃说五典亦同，而说三坟则异。《周官疏》云：'延叔坚、马季长等所说不同，惟孔安国《尚书序》解三坟、五典与郑同。'是《伪孔》三坟、五典之说，实本贾、郑也。三皇之说，《尚书大传》《含文嘉》《风俗通》引。《甄耀度》宋均注《援神契》引之，见《曲礼正义》。皆以为燧人、伏羲、神农。《白虎通》亦同。惟又列或说，以为伏羲、神农、祝融。《元命包》《运斗枢》则以为伏羲、女娲、神农。《元命包》见《文选·东都赋》注引。《运斗枢》则郑玄注《中候敕省图》引之，见《曲礼正义》。案司马贞补《三皇本纪》言：‘共工氏与祝融战，头触不周山崩，天柱折，地维缺。女娲乃炼五色石以补天，断鳌足以立四极’云云。上言祝融，下言女娲，则祝融、女娲一人。《白虎通》或说与《元命包》《运斗枢》同。其五帝，则《大戴礼》《世本》《史记》，皆以为黄帝、颛顼、帝喾、唐尧、虞舜，盖今文家之说如此。纬书多用今文说。郑玄注《中候敕省图》引《运斗枢》，其三皇之说，亦同今文，而五帝加一金天氏，遂成六帝。按《后汉书·贾逵传》：逵奏《左氏》文义长于《二传》者，曰：‘五经家皆言颛顼代黄帝，而尧不得为火德，《左氏》以为少昊代黄帝，即图谶所谓帝宣也。如令尧不得为火，则汉不得为赤。’此为古文家于黄帝、颛顼之间，增一少昊之原因。然‘实六人而为五’，于理殊不可通。虽《曲礼正义》曲为之说，曰：‘以其俱合五帝座星’，亦终不免牵强。至《伪孔》说出，乃去三皇中之燧人，而升一黄帝，以足其数。于是黄帝、颛顼之间，虽增一少昊，而五帝仍为五人矣。此实其说之弥缝而益工者也。然《周官疏》云：‘文字起于黄帝。今云三皇之书者，以有文字之后，仰录三皇时事。’则贾、郑虽以三坟、五典为三皇五帝之书，犹未言三皇时有文字；而伏羲造字之说，实出《伪孔》矣。”以上《文字变迁考》原文。要之，我国古史，当始《尚书》，所谓三坟、五典者，究为何物，殊难质言也。国之不竞，文化亦听人摧毁，岂不哀哉？

《书》有今、古文。今文家以古文家所传为伪，而东晋晚出之古文，则又为伪中之伪。实辨别经文真伪之最错杂者也。今文家以《书》二十八篇为备，见刘歆《让太常博士书》。云《书》有百篇者，古文说也。古文家谓孔安国得古文书，以今文读之，得多十六篇，其目具见《义疏》。姑无论其真伪，即谓为真，亦无师说。故马、郑虽注古文书，于此皆不加注，谓之逸十六篇，今亦亡矣。东晋晚出之古文，增多二十五篇，篇数、篇名，皆与马、郑不合。是在古文中为伪，而姚方兴所得二十八字，则又伪之出于梅颐之后者也。晚出古文，自隋以后专行，宋朱子、吴棫始疑之，明梅鷟继之。至清阎若璩始大发其覆，尚未得作伪者主名。丁晏撰《尚书余论》，断为王肃所造，后儒多遵其说。近人吴承仕又谓不然，说见《华国月刊》中。要之，今所传《尚书》，除今文所有二十八篇外，决为伪物，惟究谁实为之，则尚未能论定也。

《春秋》昔以《公》《穀》为今文，《左氏》为古文。近崔氏适考定《穀梁》亦古文。今文家所谓《春秋》，乃合今之《春秋经》及《公羊传》而名之。《公羊传》之名，乃《左》《穀》既出后所立，割去今之所谓经文者，侪之伪造之《左》《穀》，而强名之者也。详见所撰《春秋复始》。《左氏》，今文家疑为刘歆取《国语》伪造，已见《六家篇》评。然解经处可以伪造，记事处不容杜撰。间有出于伪造者，如文十三年之"秦人归其孥，其处者为刘氏"等，昔人已明言之。此等处极少，且极易辨。故《左氏》以作经读，非以作史读，仍可信也。

《左氏》本史书，其记事自较《公》《穀》为多且详，然亦有须参以《公》《穀》，乃见其真者。又《左氏》所记之事实，亦不必皆信；世皆以为可信，则以习读此书，先入为主；遇有异同，皆偏主

《左氏》耳。详见《申左篇》评。

《国语》疑即左氏原本，撰者名左丘，不名左丘明。《世本》为《史记》先驱。《战国策》乃纵横家言，不可据为史实。皆见《六家篇》评。

作史必罗致人才，搜集资料，必有事权、财力，乃克致之。其势实以国家为最便；中国史籍之富，国家之重视史事，实有力焉，不可诬也。然亦有一弊，则执笔者不敢直言，直言者多遭惨祸是矣。甚至他族入主，欲图掩盖其秽德，并史料而毁灭之，如元魏、亡清之故事。国之不竞，文化亦听人摧毁，岂不哀哉？

读书必先通目录之学，乃不至于谫陋差误。此篇就所谓正史者，加以考核：先考某朝此等书有几，其几犹存；继考其成书之始末，及其善否。读者得此，知治某朝之史，有若干书可读，有若干书当读；读之当用何等眼光，实于学问大有裨益也。今日治史宗旨，既与古人不同；史书之范围，自亦与昔时有异。居今日而言史学，实当将一切书籍，悉数看作史材。书籍既多，指示门径之作，尤不容缓。惟书之源流，考校已非易易；至其善否，决定尤属为难，不徒如《四库提要》等，以一二人之意，略加考证评骘者，未足餍学者之求；即如朱竹垞之《经义考》，尽钞其书之序例者，亦尚嫌不足于用。最好更事扩充，于昔人之考订评论，一一钞录，作为长编。其续出者，亦随时修辑，历若干时，即一刊布。此实校雠之弘业，非仅有裨初学已也。

唐以后正史，略述其源流如下，以资参考。略据《四库提要》《日知录》《十七史商榷》《廿二史札记》《陔余丛考》等书。

唐自武宗以前，皆有实录，其总辑各实录勒成一书者，又有国史。景龙间，吴兢任史事，武三思、张易之等监修，事皆不实，兢乃私撰《唐书》《唐春秋》，未就，后出为荆州司马，以史草自随，会萧嵩领国史，奏遣使就兢取其书，凡六十余篇，此第一次国史也。然尚未完备。开元、天宝间，韦述总撰百十二卷，并史例一卷，萧颖士以为谯周、陈寿之流，此第二次国史也。肃宗又命柳芳与述，缀辑兢所次国史，述死，芳绪成之，起高祖，迄乾元，凡百三十篇，而叙天宝后事，去取不伦，史官病之，此第三次国史也。后芳谪巫州，会高力士亦贬在巫，因从质问，而《国史》已送官，不可改，乃仿编年法，为《唐历》四十篇。以力士所传，载于年历之下，颇有异闻；然芳所作，止于大历，宣宗乃诏崔龟从、韦澳、李荀、张彦远及蒋偕，分年撰次，至元和，为《续唐历》三十卷，此第四次国史也。中叶，遭安禄山之乱，末造，又遭黄巢、李茂贞、王行瑜、朱温等之乱，尽行散失。五代修《唐书》时，因会昌以后，事迹无存，屡诏购访。然《五代会要》云："有纪传者，惟代宗以前，德宗只存《实录》，武宗并只《实录》一卷。"《新书·韦述传赞》云"大中以后，史录不存"，则虽屡购求，所得无几矣。《新书·艺文志》所载唐代史书，为《旧书》所无者，无虑数十百种，则修《旧书》时所有史料，实不如修《新书》时之多也。《旧书》成于晋出帝开运二年，其时刘昫为相，任监修之职，由昫表上。故今本题其名，实则监修是书者为赵莹，天福五年，诏张昭远、贾纬、赵熙、郑受益、李为光同修唐史，宰臣赵莹监修。纬丁忧归，莹奏以刑部员外郎吕琦、侍御史尹拙同修。故吴缜《进新唐书纠谬表》，称此书为莹所修；而薛、欧二史《昫传》，皆不言其撰《唐书》也。其书自长庆以前，多仍旧史。讳饰之处，因之不能得实。会昌以后，则杂取朝报、史牒，补缀成之。本纪则诗话、书序、婚状、狱词，委悉具书，语多支蔓；列传则多叙官资，曾无事实；或但载宠遇，不具首尾，所谓繁略不均者，诚有如宋人所讥。《新书》系仁宗命宋祁、欧阳修刊修，曾公亮提举其事，历十七年而成。修撰纪、志、表，祁撰列传。故事，每书只用官尊者一人。修以祁先进，且于《唐书》功多，故各署以进。此见《直斋书录解题》。《解题》云：与此役者，尚有范镇、王畴、宋敏求、吕夏卿。《宋史·夏卿传》称宰相世系表为夏卿所撰。又据《新唐书纠谬》：天文、律历、五行志，出于刘羲叟；方镇百官表，出于梅尧臣；礼仪兵志，出于王景彝。则纂修是书者，实尚不止欧、宋二人也。又据《十七史商榷》：宋祁修《唐书》，在天圣晚年，至庆历中告成。修之奉诏，在至和元年，而竣事于嘉佑五年；则当修被命时，祁书久告成矣。岂其表上，实在全书告成之后耶？诏付裴煜、陈荐、文同、吴申、钱藻校勘，曾无建明，遂颁行之。据《新唐书纠谬序》新书修纂时，太平已久，文事正兴。旧时记载，多出于世。宋初绩学之士，亦各据见闻，别有撰述。欧、宋又皆能文之士。进表所云："文省于前，事增于旧。"诚为克副其言。以大体论，自较旧书为胜；然叙述亦不无舛误。故颁行未几，而吴缜《纠谬》之作即出焉。又宋祁文字，好为僻涩，转不如旧书之流畅，亦一病也。

《五代史》亦有新旧，旧史系宋太祖开宝六年四月奉诏纂修，七年闰十月造成。监修者薛居正，同修者卢多逊、扈蒙、张澹、李昉、刘兼、李穆、李九龄。五代虽乱离，而各朝皆有实录，薛等即本之，而不复参考其事之真伪，此其成书之所由速，而亦欧阳修《新五代史》之所由作也。欧史本系私书，神宗熙宁五年，诏刊行之，于是二史并行。金章宗泰和七年，诏止用欧史。薛史由是渐湮。清开四库馆，从《永乐大典》中辑出。阙逸者，采宋人所征引补之，始复成完帙，与《唐书》皆新旧并列为正史焉。薛书文不逮欧史，而事较详；然欧史所本，非仅实录，故所记事，亦多出于旧史之外者；即同记一事，月日亦多不同，此其所以不可偏废也。记五代十国者，又有马令、陆游两《南唐书》，亦皆正史体。

《宋》《辽》《金》三史，皆元时所修。宋代史材最富，每帝皆有实录、国史。其纂修始末，具见《宋史·百官志》，今不复胪举。宋之亡也，董文炳在临安主留事，曰："国可灭，史不可灭。"乃以宋史馆记注，尽归元都，贮于国史院。此又宋代史料所以得无散佚也。至辽、金二代，则记述本少，而辽尤甚。辽太宗会同元年，曾诏有司，编始祖奇首可汗事迹，然今《辽史》仅记其生于都庵山，徙潢河之滨而已，则搜集所得无几可知。圣宗命刘晟、马保忠监修国史。《耶律孟简传》云：以为"本朝之兴，几二百年，宜有国史，乃编耶律曷鲁、屋质、休歌三人行事以进，兴宗命置局编修"。《萧韩家奴传》云：擢翰林监修国史，乃录遥辇以来至重熙共二十卷上之。其时又有耶律谷欲、耶律庶成与萧韩家奴，共编辽上世事迹，及诸帝实录。道宗大安元年，史臣进太祖以下七帝实录，盖即韩家奴本，审订成之。刘辉谓道宗曰："宋欧阳修编《五代史》，附我朝于四夷，妄加贬訾。臣亦请以赵氏初起时事，详附国史。"则不惟有实录，更有《辽史》矣。盖圣宗虽诏修纂，实至是时始襃辑成书也。金熙宗尝于宫中阅《辽史》，盖即此本。天祚帝乾统三年，诏耶律俨纂太祖以下诸帝实录，共成七十卷，当为辽世实录最完备者。熙宗诏耶律固、移剌因、移剌子敬等续修《辽史》，而卒业于萧永祺，皇统七年上之，此金第一次所修。章宗又命移剌履提控刊修，党怀英、郝俣充刊修官，移剌益、赵讽等七人为编修官，凡民间辽时碑志、文集，或记忆辽时旧事者，悉送官，同修者有贾铉、萧贡、陈大任等。泰和元年，又增修辽史官三员。有改除者，听以书自随。党怀英致仕，诏陈大任继成之，此金第二次所修也。至元修《辽史》时，耶律俨、陈大任二本俱在。今《辽史·后妃传序》曰："俨、大任《辽史·后妃传》，大同小异，酌取以著于篇。"《历象志》"闰考"中，并明著俨本某年有闰，大任本某年无闰。则元修《辽史》，不过合校此二本而已。金代文化，较契丹稍高，故记载亦较详备。《金史·完颜勖传》及《宗翰传》，谓女直初无文字，祖宗时并无记录，宗翰好访问女直老人，多得先世遗事。太宗天会六年，令勖与耶律迪越掌国史。自始祖以下十帝，综为三卷，所纪咸得其实。皇统八年，勖等又进《太祖实录》二十卷。大定中，修《睿宗实录》成，世宗曰：当时旧人，惟毅英在，令史官就问之，多所更定。卫绍王见弑，记注无存。则元初王鹗修《金史》，采当时诏令及金令史窦详所记二十余条，杨云翼《日录》四十条，陈老《日录》三十条，及女官所记资明夫人授玺事以补之。是《金史》旧底，颇为确核。其宣、哀以后诸将列传，则多本之元好问及刘祁。《金史·文艺传》称，好问晚年以著作自任。时《金实录》在顺天张万户家。言于张，愿为撰述，有阻而止。乃构野史亭，著述其上，凡金源君臣遗言往行，采摭所闻，有所得，辄以片纸细字记录，至百余万言。《壬辰杂编》谓刘祁撰《归潜志》，于金末之事，多有足征。盖金之末造，史料虽伤阙佚，然其存者，则颇可信矣。此则综论金之史迹，繁富虽不如宋，而翔实已胜于辽者也。元之修《辽》《金》二史，事在世祖中统二年，以左丞相耶律铸、平章政事王文统监修，寻诏史天泽亦监修。宋亡，又命史臣通修三史。延佑天历间，屡诏纂修。时则或欲以宋为世纪，辽金为载纪；或欲以宋为南史，辽金为北史；或欲以太祖至靖康为宋史，建炎以后为南宋史。持论不决，书遂无成。及顺帝时，诏宋、辽、金各为一史，而编纂之法乃定。顺帝之命脱脱修三史，开局于至正三年三月，而告成于五年十月。其程功实较明修《元史》为更速，以世祖时业有成书，当时仅从事编排也。然三史实皆未餍人意。《宋史》前病繁芜，后伤简略，抵牾讹谬，尤属偻指难穷。《辽》《金》二史，以史料之少，抵牾讹谬处较少，然亦简略已甚。二国文献，固不如宋之有征，然在当时，史事未必阙佚至是。至《宋史》末造之简略，则尤无可恕矣。此则官纂之书，所以恒为世所不满也。宋代私家所撰史甚多，其用纪传体者，惟王偁《东都事略》。辽则宋叶隆礼所撰《契丹国志》，系孝宗时奉敕所撰，多据中国人书。金则有《大金国志》四十卷，题宋宇文懋昭撰，以辽金史简略之甚，得之亦足宝也。《梦溪笔谈》云：辽制：国人著作，惟听刊行境内。有传于邻境者，罪至死。此《契丹国志》所以仅据中国人记述欤？其所据之书，今又多亡佚，故此书弥可宝也。

元人自述其事最早之书曰《脱卜赤颜》，即所谓《蒙古秘史》也。其书以太宗十三年开忽力而台译言大会。时，成于客鲁涟今克鲁伦河。迭额阿剌勒之地，用回纥文，元人是时尚未有文字，恒令回纥人当载笔之任，著此书者，盖亦回纥人也。此书仁宗时尝用华文迻译，名《圣武开天记》，亦曰《皇元圣武亲征录》。而西域宗王合赞，命波斯人拉施特撰《蒙古全史》亦本之，然已为修改之本，于太祖杀异母弟，及与札木合战败绩等事，皆加讳饰，不如秘史之得实矣。元修《宋》《辽》《金》三史时，因事迹不备，虞集尝请以《脱卜赤颜》参订。或言此书非可令外人传者乃止，故此书在元代，中国人讫不得见。至清人，乃从《永乐大典》中辑出焉。《脱卜赤颜》而后，旷无记述。世祖中统三年，始诏王鹗集廷臣议史事，鹗请以先朝事付史馆。至元元年，敕翰林院采累朝事迹，以备纂辑。后撒里蛮等进累朝《实录》。成宗时，兀都带等又进太宗、宪宗、世祖《实录》。皆事后追述，不免舛漏。明初，得元《十三朝实录》，据以修史。而徐一夔致王祎书曰："元朝不置日历，不设起居注；独中书置时政科，遣一文学掌之，以事付史馆；易一朝，则国史院据以修实录而已。"其不能详密可知。明修《元史》，开局于洪武二年二月，而成书于是年八月。以顺帝无实录，复诏遣使分行天下。涉史事者，令郡县上之，三年二月，复开局，至七月而书成。两次为总裁者，皆宋濂、王祎；而始终任纂录之事者，则赵埙也。成书既速，草率特甚。遗漏、歧误、复重之处，不可偻指。明解缙有《与吏部侍郎董伦书》，谓《元史》舛误，承命改修云云，事在太祖末年，然所改者今无传。清世从事此书者颇多。最早者为邵远平之《元史类编》，据《经世大典》《元典章》等书加以补正。自《秘史》出，始得元人自述开国时之史料，洪钧译拉施特等之书，以为《元史译文证补》，又得异域史料。于是欲改修《元史》者，有魏源之《元史新编》、屠寄之《蒙兀儿史记》，皆未成。而柯劭忞重修二百五十七卷，于民国十一年刊行。奉大总统徐世昌令，列于正史，如唐五代之例，新旧并行焉。

明代史官不举其职，故有实录，无国史，实录又阙建文、天启、崇祯三朝。而士好横议，学不核实，野史甚多，抵牾尤甚。清初，传维鳞以实录为底本，参以志乘文集，撰《明书》百七十一卷。其时潘耒有志明史，尝作长编，后仅成考异数十卷。康熙十七年，开博学鸿词科，命取中诸臣分纂，以叶方蔼、张玉书为总裁，继以汤斌、徐乾学、王鸿绪、陈廷敬、张英等。后由玉书主志，廷敬主纪，鸿绪主传。五十三年，鸿绪传稿成，表上之，而本纪、志、表尚未就。至雍正二年，乃再表上，命张廷玉为总裁，即《鸿绪本》选词臣再加订正，至乾隆四年乃成，盖前后凡六十年焉。《明史》之成，以王鸿绪之力为多。然鸿绪之《明史稿》，实攘诸万斯同而又加以改窜者。斯同于《明史》事最核，其撰《明史稿》，尝言："吾所取者，或有可损；所不取者，必非其真。"而为鸿绪私意所乱。斯同固无意于居其名，然因此而使今日之《明史》，转不如其原稿之可信，则滋可惜已。

清代文字之狱最多，故无甚私史。官修之书，则累朝之实录、国史及方略而已。在清代行世之书，有蒋良骐、王先谦两《东华录》，皆钞节实录而成。其光绪朝之《东华录》，则某君采纂书报为之者也。民国肇建，即设清史馆，赵尔巽主其事最久。十六年之冬，清史馆刊稿本百册，期十七年夏节成书，然今尚仅见其半。

编年之体，自三国以来，久已废阙，至宋司马光修《资治通鉴》，而后刘氏所谓二体者，复相平行，浦氏已言之矣。《通鉴》之后，朱子复有《纲目》之作。其叙事不如《通鉴》之核，而体例实较《通鉴》为优，亦已见《六家篇》评。《通鉴》起于周威烈王二十三年。补其前者有：刘恕之《通鉴外纪》、金履祥之《通鉴前编》、胡宏之《皇王大纪》。续其后者有：元陈径，明胡粹中、王宗沐、薛应旗及清徐乾学之书，皆未尽善。至毕沅续编出，始以详核见称。陈氏书以《续通鉴》称，而实用《纲目》例。其书迄于宋。胡氏书名《元史续编》，起世祖，终顺帝，盖续陈书也。徐乾学书，万斯同、阎若璩、胡渭等，皆尝助其编订，亦未能大改诸家之旧。毕氏书则以李焘长编、李心传《系年要录》为底本，参考他书以成之。于辽、金事之大者，亦据正史采摭，与诸家仅记其君主嬗代，不详其事迹者不同，虽亦不无遗议，然现有之《续通鉴》中，要以此书为最善也。续其后者又有：陈鹤之《明纪》、夏燮之《明通鉴》焉。《纲目》于备观览外，兼重书法。朱子仅粗发其凡，分注事迹，皆以属天台赵师渊，舛漏颇甚。元、明儒者，顾不于此加以订正，而注意于其褒贬。于是有尹起莘之《发明》、刘友益之《书法》等。明黄仲昭取以散入本书，清圣祖又加以御批，又取明陈仁锡所改金履祥之书为前编，商辂所续之书为续编。先是宋江贽有《通鉴节要》五十卷，明李东阳因之而成《通鉴纂要》。清乾隆时，又加改订，附以唐桂二王本末，名之曰《御批通鉴辑览》。《辑览》既成，又用为底本而成《通鉴纲目》三编四十卷焉。

《通鉴》及《纲目》，皆穿贯历朝，乃编年中之通史也。若其仅记一朝，或一朝中若干年之事者则有：宋尹洙之《五代春秋》、二卷。李焘之《续资治通鉴长编》、五百二十卷，止钦宗。陈均之《九朝编年备要》、三十卷、亦止钦宗。李心传之《建炎以来系年要录》、二百卷，高宗朝。熊克之《中兴小纪》、四十卷，高宗朝。失名之《靖康要录》、十六卷，记钦宗在储位及靖康一年间事。《两朝纲目备要》、十六卷，光、宁两朝。《宋季三朝政要》、六卷，记理、度两朝及幼主本末。以上三书，皆本实录。《宋史全文》、三十六卷。靖康前本《长编》，高、孝两朝本留正《中兴圣政》草，光、宁后其所自辑。明吴朴之《龙飞纪略》、太祖。失名之《秘阁元龟政要》、太祖。《成宪录》、太祖至英宗。薛应旗之《宪章录》、此书系续其《续通鉴》。雷礼之《大政纪》、张余之《国史纪闻》、皆止武宗。黄光升之《昭代典则》、谭希思之《明大政纂要》、朱国祯之《大政记》、皆止穆宗。吴瑞登之《两朝宪章录》、续薛应旗书。沈越之《嘉隆两朝闻见纪》、皆世、穆两朝。清蒋良骥、王先谦之两《东华录》等。编年体既有《通鉴》《纲目》两类书，此等之书士人罕复诵习，然要足为考据之资也。

纪传体以人为纲，编年体以时为纲，一能备详委曲，一可通览大势，夫固各有所长，废一不可。然于一事之始末，尚病钩考之艰难。于是有以事为主之纪事本末出焉。其体始于宋之袁枢，本以檃括《通鉴》，乃于无意中为史家创一新体。踵之者有：明陈邦瞻之《宋元两史纪事本末》、清谷应泰之《明史记事本末》、此书成于官修《明史》以前，异同之处，尤资考证。李有棠之《辽金二史纪事本末》。用此体以修《通鉴》以前之史者，则有：清高士奇之《左传纪事本末》、马辅之《左传事纬》及《绎史》。此皆用以改纂成书者。其用此体以作史者，则清杨陆荣之《三藩纪事本末》也。江上蹇叟（即夏燮）之《中西纪事》，亦系用此体。

中国史家所重事实，为理乱兴衰、典章经制两类，已见《六家篇》评。理乱兴衰，详于纪传；典章经制，备于书志。编年及纪事本末，皆记理乱兴衰，而各有其纲领条目；政书则专详典章经制，皆可谓得纪传表志史之一体；刘氏既认编年体可与纪传表志并行，则纪事本末及政书两类，亦必认为正史也。政书有通记历代者，以唐杜佑《通典》、宋马端临《文献通考》为最著，宋郑樵之《通志》，虽系通史体，然学者所取，仅在其《二十略》，则亦以政书视之也。此书之《氏族》《七音》《都邑》《草木》《昆虫》五略，为史志所无。其专记一朝之事者，以宋代为最多：彭百川之《太平治迹统类》、江少虞之《皇朝事实类苑》、李攸之《皇朝事实》、李心传之《建炎以来朝野杂记》，皆不朽之名著也。又自唐人创会要之体，后人或用其例，施之古书，如宋徐天麟之《西》《东汉会要》，亦当属此类。清代敕撰《续三通》及《皇朝三通》，而《三通》亦成为官纂之书。其后刘锦藻尝续《清文献通考》，亦私家之巨著也。典章经制，最宜通观历代，此类书之体例，实有视正史为便者，试以《通考》之《职官考》，与正史中之《百官志》并观，自可悟及。正、续《三通》，皆成于正史之后，并有补正史之处。

纪传表志体之史，后世私家作者极鲜，以时愈降，史料愈繁，搜集纂修，力实有所不及也。其传记宏编，如：宋朱子之《名臣言行录》、元苏天爵之《名臣事略》，明徐紘之《名臣琬琰录》、项笃寿之《今献备遗》、雷礼之《列卿记》、焦竑之《熙朝名臣记》、清李元度之《先正事略》、李桓之《耆献类征》等，亦足备纪传之一体。

自李唐以后，以私家之力，独修一代之史者绝少；而自赵、宋以降，则欲改修前代之史颇多。大抵宋学盛行之时，所争者多在书法及正统偏安等义例；汉学继兴之后，则所欲刊正者，多在记事之遗漏及繁芜，亦各因其风会也。以此行诸古史者：宋有苏辙之《古史》，清有李锴之《尚史》。先秦之史，本别一性质。苏书多逞臆见，发议论，固不足取；李氏剪裁颇具苦心，亦不如《绎史》体例之善也。其施诸秦汉以后者：宋萧常、元郝经，皆有《续后汉书》。萧书以吴、魏为载记，郝书以吴、魏为列传，皆为争帝蜀而作也。清汤承烈有《季汉书》，则所用力者，在于表志，与萧、郝异趣矣。《晋史》最芜，改作者，明有茅国缙之《晋史删》，蒋之翘之《晋书别本》。《魏书》称秽史，清代改作者，有谢启昆之《西魏书》。《宋史》《元史》亦极芜，明柯维骐有《宋史新编》，增《景炎》《祥兴》二纪而列辽、金于外国，盖亦争正统之见。清邵晋涵欲重修《宋史》，则意在刊正其误谬，而未克成。重修《元史》者，已见前。此外补撰正史之表志者尤多，不暇备举也。

疑古第三

此篇攻《尚书》，下篇驳《春秋》也。刘氏邃于史而疏于经。其所言，作论史观则是，作说经观则大非矣。即如定《礼》与修《春秋》，截然两事。《周书》虽有若干篇类《尚书》，不过文体相似，其书要为兵家言。鲁无篡弑，见《礼记·明堂位》，非孔子之语。

以美刺说诗，乃《诗序》之义，汉儒本无此说。此篇强断《周书》为《尚书》之余，遂谓"夏桀让汤，武王斩纣"，为孔子所删；又并定《礼》与修《春秋》为一谈，遂并"鲁无篡弑"之言，架诸孔子；泥《小序》美刺之说，乃谓鲁无国风，系孔子为国讳恶；皆坐不知经学之过。至孔子对陈司败之语，则本与著书无涉，而亦曲加附会，则尤为牵强矣。又左氏非《春秋》之传，说已见前。《家语》亦伪物。汉儒不信此二书，自别有故，非关轻事重言也。

然轻事重言一语，要为探骊得珠之谈；盖古之国史不传，所传者，皆私家之书。记事之史，实干燥无味，不易记忆；故私家书中所征引，大抵皆《尚书》一类，而非《春秋》一类也。

古无考据之学，故辨旧传之说，不足信之文绝希。间有之，如《孟子·万章上篇》《吕览·察传》之类，意亦别有所在，而不在考证事实。其所记，大抵因袭旧文耳。刘氏所谓"因其美而美之，因其恶而恶之"是也。然亦未尝不心知其意，观第六条所引诸说可见。特时无考据之学，故辨说不之及耳。

第九条引《吕氏春秋》云云，浦氏曰："此句误，尝取其书……纵观之，曾无一语及泰伯事者。试抽《吴越春秋》复之，乃遇其文。"案《玉海》谓"书目"《吕氏春秋》"凡百六十篇"。今书篇数与之同，然《序意》旧不入数，则尚少一篇。卢氏文弨曰："此书分篇极为整齐。《十二纪》纪各五篇，《六论》论各六篇，《八览》览当各八篇，今第一览止七篇，正少一。考《序意》本明《十二纪》之义，乃末忽载豫让一事，与《序意》不类，且旧校云一作《廉孝》，与此篇更无涉，即豫让亦难专有其名。因疑《序意》之后半篇俄空焉，别有所谓《廉孝》者，其前半篇亦简脱，后人遂强相附合，并《序意》为一篇，以补总数之缺。然《序意》篇首无'六日'二字，后人于目中专辄加之，以求合其数，而不知其迹有难掩也。"案卢说是也，泰伯事盖正在《廉孝》篇中。卢氏又曰："黄氏震云：《十二纪》终，而缀之以《序意》，主豫让云，则宋时本已如此。"观子玄此篇，则知所见本尚未佚夺也。

　　此篇于经学虽疏，然其论史眼光，自极精锐，惜所据《山海经》《汲冢纪年》等，皆非可信之书耳。予旧有《广疑古》一篇，附录于后，以资参证。不徒为刘氏张目，亦可见考据之法也。

附录《广疑古》篇

　　刘子玄疑古之说，后儒多訾之，此未有史识者也。彼众人不知，则其论事，恒以大为小。今有十室之邑，醵资而为社，举一人主其事，意有不乐，褰裳去之可也。假为千室之邑，则其去之，有不若是其易者矣。受任于败军之际，奉命于危难之间，拂衣而去，在一人诚释重负；然坐视继任之无人，而国事遂至败坏，众民无所托命，必有蹙然不安者。古之居高位、当重任者，曷尝不思息仔肩？然终不得去者，固未必无贪恋权力沉溺富贵之私；然念责任不得遽卸，不忍脱然而去，以坏大局，其情亦必有之，厚薄不同而已。非如世俗所测度，徒据高位，食厚禄而不肯去；苟肯弃高位，舍厚禄，即无不可去，无不得去也。彼世俗之见，亦适自成其为世俗之见而已。儒者之称尧、舜禅让，而讥后世篡夺，将毋同。

　　子玄曰："魏文帝曰：舜、禹之事，吾知之矣；汉景帝曰：学者无言汤、武受命不为愚；斯并曩贤精鉴，已有先觉，而拘于礼法，限以师训，虽口不能言，而心知其不可者，盖亦多矣。"案《汲冢纪年》，明系伪物。其所以为伪，殆亦因口不能言，而托之于古与。夫书传无说，而吾以臆度，以为必然；书传有说，而吾以臆度，以为必不然，此学者之所深訾，亦恒情之所不服。然天下事固有臆度未必非，佐证完具未必是者。今谓自有地球，则天无二日，书传无征也。谓古者十日并出，则传有其辞矣。二者果孰是乎？盖治社会科学者，其视人之行为与物同，今夫无生之物，其变动最易逆测者也；植物、动物犹可逆测也；惟人则不然。虽甚圣智，不能必得之于至愚者矣。虽然，人人而观之，其举动殆不可测；而合全社会而观之，则仍有其必至之符。懦夫见弱，稽颡搏颊，壮士则有不肤挠、不目逃者，其勇怯之相去，若莛与楹。国民则未有见侮而不斗者也。且即人人而观之，其度量之相越，亦自有其限界，不能一为神而一为禽也。宋之田舍翁，其雄略孰与唐之太宗？然宋太祖与唐太宗，则相去初不甚远。明之卖菜佣，其智力孰与汉之郑康成？然以顾亭林与郑康成比，则度长絜大，殆有过之。谓古今人不相及，姑以是砭末俗而寄其思古之情则可矣。以是为实，始不然也。然则谓后世惟有王莽、曹操、司马懿、刘裕、杨坚、李渊、朱温、赵匡胤，古独有尧、舜、禹、汤、文武，无有是处。

子玄疑古，颇据《汲冢书》及《山海经》，此皆伪物不足据，亦其所以不见信于世也。百家之言尧、舜、汤、武者多矣，非儒之于儒，犹儒之于非儒也。举其说，犹不足以服儒者之心。今试以儒攻儒，则其可疑者，亦有六焉。

《书》曰：“无若丹朱傲，惟慢游是好，傲虐是作，罔昼夜頟頟，罔水行舟。朋淫于家，用殄厥世。”《释文》：“傲字又作奡。”《说文》奡下，引《虞书》“若丹朱奡”。又引《论语》“奡荡舟”。俞理初《癸巳类稿》曰：“奡与丹朱，各为一人，皆是尧子。”《庄子·盗跖篇》曰：“尧杀长子。”《释文》引崔云：“长子考监明。”又《韩非子·说疑篇》云：《记》曰“尧诛丹朱”，尧时书称允子朱，史称嗣子丹朱。朱至虞时封丹，则尧未诛丹朱。又据《吕氏春秋·去私篇》云“尧有子十人”，高诱注云：“孟子言九男事舜，而此云十子，殆丹朱为胤子，不在数中。”其说盖未详。考

《吕氏春秋·求人篇》云"妻以二女，臣以十子"，吕氏实连丹朱数之。而孟子止言九男，《淮南子·泰族训》亦云尧属舜以九子。合五书，知尧失一子。《书》又云"殄厥世"，是尧十子必绝其一，而又必非丹朱也。《管子·宙合篇》云"若觉卧，若晦明，若敖之在尧也"，即《史记·夏本纪》若丹朱敖。《汉书·楚元王传》刘向引《书》，无若丹朱敖之敖，房乔注云"敖，尧子丹朱"，谓取敖名朱，若举其谥者，尤不成辞。案《说文》言丹朱暴，《论语》已偏举暴。司马迁、刘向言丹朱敖，管子已偏举敖，则暴与朱各为一人，有三代古文为证，无疑也。《汉书·邹阳传》云不合则骨肉为仇敌，朱象管蔡是已，汉初必有师说，朱与暴以傲虐朋淫相恶，亦无疑也。故《经》曰"暴额额，罔水行舟"，则《论语》云"暴荡舟"也。《经》曰"暴朋淫于家"，则邹阳云骨肉为仇敌也。"《经》曰"暴殄厥世"，则《论语》云"不得其死"。《孟子》《吕氏》《淮南》十子、九男之不同；《庄子》言杀长子，《韩非子》言诛丹朱，皆可明其传闻不同之故。又得《管子》《论语》偏举之文，定知言暴者不是丹朱矣。赵耘崧《陔余丛考》曰："羿善射，暴荡舟，解以有穷后羿及寒浞之子，其说始于孔安国，而《朱注》因之，寒浞之子名浇，《左传》并不言暴。浇之荡舟，不见所出，陆德明《音义》于丹朱傲云：字又作暴，宋人吴斗南，因悟即此荡舟之养，与丹朱为两人。盖禹之规戒，若但作傲慢之傲，则既云无若丹朱傲矣，何必又曰傲虐是作乎？以此知丹朱与暴为两人也。曰罔水行舟，正此陆地行舟之明证也。曰朋淫子家，则丹朱与暴二人同淫乐也。吴氏之说，真可谓铁板注脚矣。"予案：界能罔水行舟，则其人必有勇力，似与舜抗而不胜，而尧其余九男，乃往事舜者，此可疑者一也。

太史公曰："夫学者载籍极博，犹考信于六艺。诗书虽缺，然虞夏之文可知也。尧将逊位，让于虞舜，舜、禹之间，岳牧咸荐。乃试之于位；典职数十年，功用既兴，然后授政。示天下重器，王者大统，传天下若斯之难也。而说者曰：尧让天下于许由，许由不受，耻之，逃隐；及夏之时，有卞随、务光者，此何以称焉？太史公曰：余登箕山，其上盖有许由冢云。孔子序列古之仁圣贤人，如吴太伯、伯夷之伦，详矣，余以所闻，由光义至高，其文辞不少概见，何哉？"史公此文，盖深慨载籍所传之说，与《书》义不符，欲考信而无从也。案宋于庭《尚书略说》曰："《周礼》疏序引郑尚书《注》云：四岳，四时之官，主四岳之事。始羲和之时，主四岳者谓之四伯。至其死，分岳事置八伯，皆王官。其八伯，惟驩兜、共工、放齐、鲧四人而已。其余四人，无文可知矣。案上文羲和四子，分掌四时，即是四岳，故云四时之官也。云八伯者，《尚书大传》称阳伯、仪伯、夏伯、羲伯、秋伯、和伯、冬伯，其一阙焉。郑注以阳伯为伯夷掌之，夏伯弃掌之，秋伯咎繇掌之，冬伯垂掌之，余则羲和仲叔之后。《尧典注》言獾兜四人者，郑以《大传》所言，在舜即真之年，此在尧时，当别自有人，而经无所见，故举四人例之。案唐虞四岳有三：其始为羲和之四子，为四伯。其后共、驩等为八伯，其后伯夷诸人为之。《白虎通·王者不臣篇》：先王老臣不名，亲与先王戮力共治国，同功于天下，故尊而不名也。《尚书》曰咨尔伯，不言名也。案班氏说《尚书》知伯夷逮事尧，故居八伯之首，而称太岳。《春秋左氏》隐十一年：夫许，太岳之胤也。申、吕、齐、许同祖，故吕侯训刑，称伯夷、禹、稷为三后，知太岳定是伯夷也。《墨子·所染篇》《吕氏春秋·当染篇》，并去舜染于许由、伯阳。由与夷，夷与阳，并声之转，《大传》之阳伯，《墨》《吕》之许由、伯阳，与书之伯夷，正是一人。伯夷封许，故曰许由。《史记》尧让天下于许由，正传会咨四岳巽朕位之语，百家之言，自有所出。《周语》：太子晋称共之从孙四岳佐禹。又云：胙四岳国，命为侯伯，赐姓曰姜，氏曰有吕。《史记·齐太公世家》云：吕尚，其先祖，尝为四岳，佐禹平水土。虞夏之际，封于吕，姓姜氏。此云四岳，皆指伯夷。盖伯夷称太岳，遂号为四岳，其实四岳非伯一人也。"据此，则孔子于许由未尝无辞，史公偶未悟耳。而如宋氏之说，则四岳之三，即在四罪之中，岂不可骇？又神农姜姓，黄帝姬姓。《史记·五帝本纪》谓黄帝与炎帝战于阪泉之野，又谓黄帝与蚩尤战于涿鹿之野，其实阪泉、涿鹿即是一役；蚩尤、炎帝正是一人，予别有考。自黄帝灭炎帝后，至于周，有天下者，皆黄帝之子孙，而共工、三苗则皆姜姓也。伯夷虽得免患，卒亦不能践大位。唐虞之际，其殆姬、姜之争乎？此可疑者二也。

《小戴记·檀弓》："舜葬于苍梧之野。"各书皆同。惟孟子谓"舜生于诸冯，迁于负夏，卒于鸣条"，未知何据。案《史记·五帝本纪》："舜耕于历山，渔雷泽，陶河滨，作什器于寿丘，就时于负夏。"《索隐》引《尚书大传》："贩于顿丘，就时负夏。"则史公、孟子同用今文书说。《史记》下文又云南巡狩，崩于苍梧之野，葬于江南九疑，是为零陵。"盖又一说也。古衡山或以为在今湖南，或谓实今安徽之霍山。窃疑古代命山，所包甚广。衡、霍峰岭相接，实通名为衡山；衡者，对纵而言，以其脉东西绵亘而名之也。而唐虞之世，所祀为南岳主峰者，则实为今之霍山。何者？禹会诸侯于涂山，又会诸侯于会稽，皆在淮南北、浙东西之地；而三苗之国，衡山在南，岐山在北，至禹时犹勤兵力以征之，舜未必能巡守至北也。自秦以前，戡定天下者，皆成功于今安徽，桀奔鸣条；武庚之叛，淮夷徐戎并兴；楚之亡，亦迁寿春是也。窃疑舜卒于鸣条，实近当时之南岳。后人误以唐虞时南岳亦今衡山，乃并舜之葬处，而移之零陵耳。然无论其为鸣条，为苍梧，其有败逋之嫌则一。鸣条桀之所放；苍梧、九疑，则近乎舜放象之有庳矣。果其雍容揖让，何为而至于此乎？此可疑者三也。

《史记·秦本纪》："秦之先，帝颛顼之苗裔，孙曰女惰。女惰织，玄鸟陨卵，女惰吞之，生子大业。大业取少典之子曰女华。女华生大费，与禹平水土。已成，帝锡玄圭，禹受，曰：'非予能成，亦大费为辅。'帝舜曰：'咨尔费，赞禹功。其赐尔皂游。尔后嗣将大出。'乃妻之姚姓之玉女。大费拜受，佐舜调驯鸟兽，鸟兽多驯服，是为柏翳。"《正义》："《列女传》云：陶子生五岁而佐禹。曹大家注云：'陶子者，皋陶之子伯益也。'按此，即知大业是皋陶。"《索隐》曰："寻检《史记》上下诸文，伯翳与伯益是一人不疑。而《陈杞世家》，即叙伯翳与伯益为二。未知太史公疑而未决邪？抑亦缪误尔？"案《陈杞世家》，叙唐虞之际，有功德之臣十一人：曰舜、曰禹、曰契、曰后稷、曰皋陶、曰伯夷、曰伯翳，曰垂、益、夔、龙。《索隐》曰："秦祖伯翳，解者以翳、益则为一人。今言十一人，叙伯翳，而又别言垂、益，则是二人也。且按《舜本纪》叙十人，无翳，而有彭祖。彭祖亦《坟典》不载。未知太史公意如何，恐多是误。然据《秦本纪》叙翳之功，云佐舜驯调鸟兽，与《舜典》命益作虞，若予上下草木鸟兽文同，则为一人必矣。今未详其所以。"案《陈杞世家》之文，盖漏彭祖。所以叙翳又别言益者，以垂、益、夔、龙四字为句，虽并举益，实但指垂，此古人行文足句之例，详见予所撰《章句论》。十一人去舜得十，加十二牧，凡二十二人。《五帝本纪》上文云："禹、皋陶、契、后稷、伯夷、夔、龙、垂、益、彭祖，自尧时而皆举用，未有分职。"次云："命十二牧。"下乃备载命禹、弃、契、皋陶、垂、益、伯夷、夔、龙之辞。而终之曰：嗟女二十有二人。明二十二人，即指十二牧，及前所举十人，特失命彭祖之辞耳。然则翳、益为一人不疑也。《夏本纪》曰："帝禹立，而举皋陶荐之，且授政焉，而皋陶卒，而后举益，任之政。"禹行禅让，而所传者反父子相继，何邪？此可疑者四也。

《孟子》："万章问曰：人有言，至于禹而德衰，不传于贤，而传于子，有诸？孟子曰：否，不然也。天与贤，则与贤；天与子，则与子。丹朱之不肖，舜之子亦不肖。舜之相尧，禹之相舜也，历年多，施泽于民久；启贤，能敬承继禹之道；益之相禹也，历年少，施泽于民未久，舜、禹、益相去久远；其子之贤不肖，皆天也，非人之所能为也。莫之为而为者，天也；莫之致而致者，命也。"辨矣。然《淮南子》曰："有扈氏为义而亡。"注："有扈，夏启之庶兄也。以尧舜举贤，禹独与子，故伐启。启亡之。"《齐俗训》。《新序》曰："禹问伯成子高曰：'昔者尧治天下，吾子立为诸侯。尧授舜，吾子犹存焉。及吾在位，子辞诸侯而耕。何故？'伯成子高曰：'昔尧之治天下，举天下而传之他人，至无欲也；择贤而与之其位，至公也；……舜亦犹然。今……君之所怀者私也，百姓知之，贪争之端，自此始矣。德自此衰，刑自此繁矣。吾不忍见，以是野处也。'"《节士》。《淮南》世以为杂家而主于道，其实多儒家言，予别有考，今姑勿论。《新序》之为儒家言，则无疑矣。而其言如此。又《书·甘誓序疏》曰"自尧舜受禅相承，启独见继父，以此不服"，故伐之。义疏所本，亦必儒家言也。然则夏之世继，儒家传说，亦有异辞矣。得毋三皇之事，或隐或显，姑以意言之邪？此可疑者五也。

周公摄政，亦今古文之说不同，今文家谓武王克殷二年，天下未集，有疾，周公乃自以为质，告于大王、王季、文王，藏其策金縢匮中。武王崩，成王少，周公恐天下闻而畔，乃践阼，代成王摄行政，当国。管叔及其群弟流言于国，周公告太公望、召公奭曰："我之所以弗辟而摄行政者，恐天下畔周，无以告我先王大王、王季、文王。"于是卒相成王。管、蔡、武庚等果率淮夷而反，周公乃奉成王命，兴师东伐，诛管叔，杀武庚，放蔡叔，宁淮夷东土，二年而毕定。周公归报成王，乃为诗贻王，命之日《鸱鸮》。成王七年，成王长，能听政，周公乃还政于成王。初，成王少时，病，周公乃自揃其蚤，沉之河，以祝于神，曰：王少，未有识，奸神命者，乃旦也。亦藏其策于府。成王病有瘳。及成王用事，人或谮周公。周公奔楚。成王发府，见周公祷书，乃泣，反周公。《史记·鲁世家》《蒙恬列传》。周公死，成王狐疑：欲以天子礼葬公，公人臣也；欲以人臣礼葬公，公有王功。天雷雨，禾偃，木拔，及成王瘈金縢之策，改周公之葬，申命鲁郊，而天立复风雨，禾尽起。《论衡·感类篇》《后汉书·周举传注》引《尚书·洪范五行传》。古文家则以为武王崩，成王年十岁。年十二，丧毕，称己小求摄，周公将代之。管、蔡流言，周公惧，明年，山居东国待罪，以须君之察己。周公之属党与知居摄者，周公出，皆奔。又明年，尽为成王所得。周公伤其属党无罪将死，恐其刑滥，又破其家，而不敢正言，乃作《鸱鸮》之诗以贻王。明年，有雷风之异，王乃改先时之心，更自新，以迎周公于东，周公反，则居摄之元年。时成王年十五，《书传》所谓一年救乱。明年，诛武庚、管、蔡等，《书传》所谓二年克殷。明年，自奄而还，《书传》所谓三年践奄。四年，封康叔，《书传》所谓四年建侯卫。时成王年十八。明年，营洛邑，故《书传》云五年营成周。六年，制礼作乐。七年，致政成王。成王年二十一。明年乃即政，年二十二也。《礼记·明堂位》《诗·七月》《鸱鸮》《东山》《疏》义。《疏》

所引虽郑氏一家之言，然《论衡·感类篇》曰："古文家以武王崩，周公居摄，管、蔡流言，王意狐疑周公，周公奔楚，故天雷雨，以悟成王。"则郑所用，乃古文家之公言也。案周公既以成王幼，而欲摄政，而又出居东国，待罪，以须君之察己，不合情理，自当以今文说为是。古文之说，盖误居东与奔楚为一谈也。周初之楚，在今丹、淅二水入汉之处。宋翔凤《过庭录·楚鬻熊居丹阳武王徙郑考》。文王化行江汉，实得此以震荡中原。迨穆王南巡守，不反，则自武关东南出之道绝，而王室之威灵稍替矣。《左氏》昭公七年："公将适楚，梦襄公祖。梓慎曰：襄公之适楚也，梦周公祖而行。子服惠伯曰：先君未尝适楚，故周公祖以道之；襄公适楚矣，而祖以道君。"可见周公奔楚，确有其事。此事自当如今文说，在成王亲政之后，谓属党之执，亦在斯时，则怡然冰释，涣然理顺矣。丹、淅形胜之地，周公据之，意欲何为，殊不易测。其如何复反于周，亦不可考。发府见书之说，乃讳饰之辞，不足信也。雷风示变，因以王礼改葬，申命鲁郊，其事亦殊可异。《汉书·匈奴列传》："贰师在匈奴岁余，卫律害其宠。会母阏氏病，律饬胡巫言先单于怒曰：'胡故时祠兵，常言得贰师以社，今何故不用？'于是收贰师，贰师骂曰：'我死，必灭匈奴。'遂屠贰师以祠。会连雨雪数月，畜产死，人民疫病，谷稼不熟。单于恐，为贰师立祠室。"生则虐之，死又谀之，巫鬼之世，常有之矣，不足怪也。然则周公其果以功名终邪？此可疑者六也。

此等疑窦，一一搜剔，实不知凡几，今特就其较显著者言之耳。然儒家所传，是否事实，固已不能无疑，则亦无怪子玄之疑之矣。近人有孔子托古改制之说，其甚者，至谓三代以前，皆榛狂之世；尧、舜、禹、汤、文、武为不知谁何之人，皆孔子造作，以寄其意，此亦太过。无征不信，岂能以一手掩尽天下目邪？且孔子固曰"我欲托之空言，不如见之行事之深切著明"矣。立说而蕲为世之所信，固莫如即其所信者而增饰之。然则儒家之言，仍是当日流传之说，儒家特加以张皇，为之弥缝耳。仲任谓"圣人重疑，因不复定"，其说最允矣。《论衡·奇怪篇》。

然当时虽有流传之说，而为之张皇其辞，弥缝其阙者，则固儒家为之，则亦足以考见儒家之主张矣。儒家之书，言禅继之义者，莫备于《孟子·万章上篇》。今试就其言考之，其第一步，实在破天下为一人所私有之说，故曰："天子不能以天下与人。"然则孰与之？曰："天与之。"天与之者，谆谆然命之乎？曰：非也。"天视自我民视，天听自我民听"。故舜、禹之王，必以朝觐、讼狱之归，益之继世亦然也。此所谓"天与贤，则与贤；天与子，则与子"也，故曰："唐虞禅，夏后、殷、周继，其义一也。"设诘之曰：德若舜、禹，必天之所生，欲命以为天子者也，而何以仲尼不有天下？则曰：无天子荐之也。设又诘之曰：启、太甲、成王之德，不必如益、伊尹、周公也，而何以益、伊尹、周公不有天下？则曰："继世而有天下，天之所废，必若桀纣者也。"如常山蛇，击首则尾应，击尾则首应，其立说可谓完密矣。当时虽未能行，卒赖其说，深入于民心，而二千年后，遂成国为民有之局，为儒家言者，尊孔子为制法王，宜哉！

于史事不谛，而以意为说，不独儒家然也。《韩非子·忠孝》曰："瞽叟为舜父，而舜放之；象为舜弟，而舜杀之。放父杀弟，不可为仁；妻帝二女，而取天下，不可谓义。"《外储说》曰："燕王欲传国于子之也，问之潘寿。对曰：'禹爱益而任天下于益，已而以启人为吏。及老，而以启为不足任天下，故传天下于益，而势重尽在启也。已而启与友党攻益而夺之天下。'"舜、禹曾操、懿之不若矣。然《五蠹》则曰："尧之王天下也。茅茨不剪，采橼不亚斫，粝粢之食，藜藿之羹，冬日麑裘，夏日葛衣，虽监门之服养，不亏于此矣。禹之王天下也，身执耒锸，以为民先；股无胈，胫不生毛；虽臣虏之劳，不苦于此矣。以是言之，夫古之让天子者，是去监门之养。"则说又大异，何哉？一以明让，非定位、一教之道；一以明争，让由于养之厚薄也，皆取明义而已，事之实不实，非所问也。子玄所谓"轻事重言"者也。

或曰：古之让国者亦多矣。许由、务光、王子搜《庄子·让王》《吕览·贵生》。等姑勿论，其见于故书雅记者，若伯夷、叔齐，若吴泰伯，若鲁隐公，若宋宣公，《春秋》隐公三年。若曹公子喜时，成公十六年。若吴季札，襄公二十九年。若邾娄叔术，昭公三十一年。若楚公子启，哀公八年。皆是也，尽子虚邪？曰：夷齐之事，殊不近情；周大王之为人，何其与晋献公类也？此外苟察其实，有一如儒家所传尧、舜、禹授受之事者邪？

惑经第四

此篇宗旨与前篇同，而不如前篇之可取。盖前篇论经所载事之不足信，虽乖经义，有裨史识。此篇专攻《春秋》体例之不合，而又不达《春秋》之例，则悉成妄语矣。

《春秋》之作，所以明义。故曰："其事则齐桓、晋文，其文则史，其义则丘窃取之矣。"《公羊》曰："君子曷为为《春秋》？拨乱世，反诸正，莫近诸《春秋》。"又曰："制《春秋》之义，以俟后圣。"太史公曰："余闻董生曰：周道衰废，孔子为司寇，诸侯害之，大夫壅之。孔子知言之不用，道之不行也，是非二百四十二年之中，以为天下仪表。贬天子，退诸侯，讨大夫，以达王事而已矣。"凡汉人之言，无不如此者。知《春秋》之作，本非史书，不为记事。若论史事，则不修《春秋》俱在，自可观览而得也。庄公七年，"夏，四月，辛卯，夜，恒星不见。夜中，星贯如雨。"《公羊》曰："不修《春秋》曰：雨星，不及地尺而复。君子修之曰：星贯如雨。"此作《公羊》者及见《鲁春秋》原文之明证。孔子之修《春秋》，乃自著一书，非将原书毁灭也。后世不修《春秋》既亡，《春秋》为经不为史之义复晦，学者多以《春秋》作史读，遂觉其龃龉疏漏而不可通，乃有断烂朝报之讥矣。须知孔子非编辑朝报，固无所谓断烂。孔子因鲁史修《春秋》，鲁史所记之事，必不止如今之《春秋》，孔子只取此若干条者，取足明之义耳。且如《春秋》所记，隐桓之世，会盟征伐之国甚少，五霸桓公为盛，葵丘之会，则周、鲁、宋、卫、郑、许、曹七国耳。《公羊》曰："葵丘之会，桓公震而矜之，叛者九国"，经所记国，不逮九也。召陵之役，晋可谓衰矣。而于与会者，有周、鲁、宋、蔡、卫、陈、郑、许、曹、莒、邾娄、顿、胡、滕、薛、杞、小邾娄、齐十八国，岂是时之晋，强于齐桓哉？所以见据乱、升平、太平之世，所治远近之不同也，此等处，鲁史原文，必不如是。故以，《春秋》作史读，非徒阙略其事，抑且每事皆改易其真，正不徒断烂朝报而已。若其编辑朝报，而断烂至是，而犹为众所归美，如刘氏所举者，则古之人无一非丧心病狂者矣，有是理邪？

太史公曰："《春秋》文成数万，其旨数千。"董生曰："《诗》无达诂，《易》无达占，《春秋》无达例。"必无达例，数万之文，乃得有数千之旨。后人好以例言《春秋》，凡书法相同者，其义亦必相同，则《春秋》之旨，乃仅数十百耳，安得有数千？知此，则此篇之误，不待辩而可明矣。

本书所攻各条，《春秋》皆自有其义，检阅《公羊》可知，今不暇具辩也。《汲冢书》亦伪物，据之以疑《春秋》，则更误矣。

"仲尼没而微言绝，七十子丧而大义乖"，语出《汉书·艺文志》。微言，"李奇曰：隐微不显之言也。"对大义言，非谓微婉其辞，隐晦其说，此篇讥虚美之五，乃误解也。

申左第五

此篇申《左氏》而攻《公》《穀》，亦以史家之眼光论三传也；若论经学，则不如是。

所称《左氏》三长，一为凡例用周典，此说出于杜预，原注已自言之。案《汉书·楚元王传》曰："初《左氏传》多古字古言，学者传训故而已。及歆治《左氏》，引传文以解经，由是章句义理备焉。"此语实歆作伪显证。传本解经，何待歆引？曰歆引以解，则传之本不解经明矣。《后汉书·郑兴传》曰："晚善《左氏》，遂积精深思，通达其旨，同学者皆师之。天凤中，将门人从刘歆讲正大义。歆美兴才，使撰《条例》《章句》《训诂》。"则伪造《左氏传》者，尚不止刘歆一人，然此书仍为未成之稿。何者？人之思想，不能元为风气所囿，《汉书·艺文志》谓孔子作《春秋》，"有所褒讳贬损，不可书见，口授弟子；弟子退而异言。丘明恐弟子各安其意，以失其真，故论本事而作传，明夫子不以空言说经也"。此《左氏》既行之后，古文家攻击今文之说也。其实《春秋》本为明义，史事别有成书，作《公羊》者，且亲见之，已见前篇评，安有以空言说经之事？故此说不足辩也。使刘歆等之思想亦系如此，则但将《国语》拆散，取其所记之事与《春秋》同者，成一编年之书，已足困《公羊》而有余矣。无如当时风气，习以《春秋》为明义之书，造伪传而但能征引本事，实不足夺今文之席，乃不得不先造《穀梁》，体例一如《公羊》，而立说与之歧异，以淆乱耳目。继又造一《左氏》，于备详本事之外，曲撰解经之文，以示其学有师承焉。于是造端宏大，条例滋繁，而其书遂非一二人之力所能成矣。今之《左氏》，解经处甚少，与经无涉处极多，即其书未成之铁证也。于是后之儒生，治《左氏》者，不得不为之弥缝匡救。以《左氏》释经之文之寥寥，条例之不备，乃不得不借资于《公》《穀》。夫谓丘明作传，专为明本事以免失真，则解经之文一字不著可矣；无如又为刘歆、郑兴辈造出数十条，不能脱然无累，此实作伪者之作茧自缚也，然欲以传解经，而条例必借资于《公》《穀》，则《左氏》之成，其为《春秋》之传者，尚几何哉？直至杜预出，乃穿穴本书，自立凡例，不必乞灵于二传，《左氏》至此，始可谓之独立矣。杜预信《左氏》之功臣也。然因此而信其真得周公之旧典，则为古人所欺矣。

要之《左氏》之可贵，在其能备《春秋》之本事；其所记之事，虽不必皆确，而在今日，欲考《春秋》之本事者，要以此记为最优。则虽笃信《公羊》者，亦不容有异议也。然此在今日则尔，在孔子时决无此事，以其时史籍具存，无待《左氏》之论次也。即造《左氏》者之所重，亦不专在本事；以其时习以《春秋》为明义之书，其重本事，不若后世之甚也。故以《左氏》作史读，则为希世之珍；以之作经读，则不免紫之夺朱，郑之乱雅也。三长中之第二第三两条，宜本此义，分别观之。

此篇之攻《公》《穀》，谓其语地则与鲁产相违，论时则与宣尼不接，此即《汉志》以"口说流行"诋《公》《穀》之见。殊不知以经学论，则所贵者，孔门之口说；师师相传，虽有阙误，究之微言大义，犹有存者，非如《左氏》解经处，纯出后人臆造也。其第二条谓《左氏》所载当时辞令多史官原文，而《公》《穀》则仅凭口说，取诸胸臆，故丰俭不同，文野各异。案以文辞论，《左氏》诚美于《公》《穀》，然《左氏》文字清丽排比处甚多，酷类西京末造东京初年手笔，窃疑《左氏》奥涩难解处，骏快排奡类《国策》处，皆系真古书；独其辞令之美，为后人称道不置者，转有出汉人润饰处。其究与汉人文字不同者，则既以古书为据，自与纯然自作者不同。犹伪古文《尚书》虽气体卑弱，亦自与魏晋人文字不同也。此论颇创深于文者，苟能平心思之，自不以为河汉。至于丰俭之不同，则《公羊》之作本为明义，不为记事，其涉及本事处，但取足明经义而止；而《穀梁》则纯模仿《公羊》者也。第四条病《公》《穀》重述经文，无所发明。案《春秋》与《公羊》乃一书，不得分为经传，已具前评。《春秋》本应每条有义，所以无义者，则相传失之，诸经本皆有阙佚也。第五条讥《公羊》是非之不当，此又涉及经学，可以勿论。

今日将三传作史读，《左氏》优于《公》《穀》，自无待言；然亦有宜参考二传者，不得一笔抹杀，作十成之论也。今试举二事为例：邲之战，据《公羊》所载楚庄几于堂堂之阵、正正之旗，而据《左氏》则始以和误晋，继又乘其不备而夜袭之，盖未尝不用诈。揆度事理，自以《左氏》所记为真。《公羊》盖专为说经，故其记事有不备也。然《左氏》记邲战之事云："晋人或以广队不能进。楚人惎之，脱扃。少进，马还。又惎之，拔旆投衡，乃出。顾曰：吾不如大国之数奔也。"当交战之时，而教敌人遁逃，以致反为所笑，殊不近情。故有以"惎之"，"又惎之"断句，训惎为毒者。然如此，则顾曰云云，殊不可解。读《公羊》"令之还师而佚晋寇"之文，乃知楚庄当未战时，虽不恤用诡道求胜，而既胜之后，则又下令不必蹙敌，以示宽仁。《左氏》此文，及下文"晋之余师不能军，宵济，亦终夜有声"，盖亦以见庄王之还师而侁寇。杜氏释"宵济，亦终夜有声"曰"言其兵众，将不能用"，实未得《左氏》之意矣。季友之获莒挐也，《穀梁》记其事曰："公子友谓莒挐曰：吾二人不相说，士卒何罪？屏左右而相搏，公子友处下。左右曰：孟劳。孟者劳，鲁之宝刀也，公子友以杀之。"此事范注疑之。案《史记》：汉王与项王临广武间而语，项王谓汉王曰："天下匈匈数岁者，徒以吾两人耳。愿与汉王挑战，决雌雄，毋徒苦天下之民父子为也。"即季友谓莒挐之言。使当时汉王应之，则刘、项亦季友、莒挐也。盖古自有此俗。《左氏》城濮之战，"晋侯梦与楚子搏，楚子伏己，而盬其脑，是以惧。子犯曰：'吉。我得天；楚伏其罪，吾且柔之矣。"杜注谓："子犯审见事宜，故权言以答梦。"以梦兆为不吉，究得《左》意与否，读者不能无疑，证以《穀梁》季友莒挐之事，则知当时手搏自以处下者为负，此晋侯之所以惧，杜注自不误也。此皆《左氏》记事，以《公》《穀》参证，而益明者也。以大体论之，《左氏》记事，自较《公》《穀》为详确；然《公》《穀》反详，《左氏》反略，《公》《穀》得实，《左氏》讹误之处，亦非无之。如黄池之会，《公羊》谓先吴，《左氏》谓先晋，以理度之，《公羊》为信。《左氏》所采，《晋语》独多也。处今古书阙佚之时，苟有异同，一字皆宝。要在平情静气，以求其真，固不得如刘氏之偏主一书也。

刘氏佞《左》，可谓成癖，故凡《左氏》与他书歧异处，尽以他书为伪，《左氏》为处，其中《左氏》确而他书误者诚有之。如云"秦缪居春秋之始，而云其女为荆平夫人；韩魏处战国之时，而云其君陪楚庄葬马；栾书仕于周子，而云以晋文如猎，犯颜直言；荀息死于奚齐，而云观晋灵作台，累棋申诫"是也。于此可悟编年之长，及其宜于为长编之理。然他书实不误，而刘氏武断处亦有之。如乘丘之战，庄公败绩，事见《檀弓》，原文曰："鲁庄公及宋人战于乘丘，县贲父御，卜国为右，马惊败绩。公队，佐车授绥，公曰：末之卜也。县贲父曰：他日不败绩，而今败绩，是无勇也，遂死之。圉人浴马，有流矢在白肉。公曰非其罪也，遂诔之。士之有诔，自此始也。"所谓败绩，盖专指庄公之车，与全军得隽，各不相妨。"末之卜也"，注曰："末之，犹微哉，言卜国无勇。"案此注误也。古未有呼臣以姓者。若咎卜国，当云"末之国也"，不当云"末之卜也"。且马惊何与车右，而咎之乎？"末之卜也"，与《论语》"末之难矣"，句法相同。盖指马言，言乘此马未尝卜，故有败绩之咎也。县贲父曰"他日不败绩，而今败绩，是无勇也"，则引咎责躬，而不以归咎于马。案此说出自前人，不能记为谁某矣。楚、晋相遇，置师两棠，事见《新书·先醒篇》。原文云："庄王围宋，伐郑，郑伯肉袒牵羊，奉簪而献国，庄王曰：'古之伐者，乱则整之，服则舍之，非利之也。'遂弗受。乃南与晋人战于两棠，大克。"所述与《公羊》相合，安知邲不又名两棠乎？晋人觇宋，亦见《檀弓》。案司城子罕杀宋君而夺其政，见《韩非子·外储说右下》。或云：宋实有两子罕，即谓不然，《左氏》记事，未必皆备，安知子罕相宋之时，晋人无将伐宋之事？且外为和辑，内将窥伺者，列国多有之矣，又焉保国交方睦、遂无间谍觇察之举乎？其疑《穀梁》鸡泽之会大夫皆执国权之言，蔽亦同此；至于项之灭，《公羊》谓齐桓为之，《左氏》谓鲁僖为之，彼此皆无他证，又安得是此而非彼也。今之《列子》，本系伪书，据其论尼父之文，讥《七略》推校生年之误，亦不中理；至扁鹊医疗虢公，而云时当赵简子之日者，扁鹊乃治此术者之号，非一人之名，《史记》列传所叙，实非一人之事也，详见予所撰《章句论》。

点烦第六

古书多兼用朱墨，又有于朱墨之外，更用他色者，传钞既多讹误；刊板时苟简，又多去之，详见予所撰《章句论》。此篇亦其一也。

古人文烦，自由其时口语如此，不容据后世文法，妄加讥议，前评已言之矣。然以此讥古人则非；谓作文当求简净，理自不误。古人口语烦，后世能易之以简，即文字之进步也。刘氏所点，已不可见，今就所引，以鄙意点之。所去之字，以〔 〕为识，聊以示作文之法耳。非敢谓有当于前贤也。

《孔子家语》：鲁公索氏将祭，而亡其牲。孔子闻之曰：〔公索氏〕不及二年矣。一年而亡。门人问：〔曰昔公索氏亡其祭牲，而夫子曰：不及二年，必亡。今果如期而亡，夫子何以知然？〕原除二十四字；盖留"公索氏"及"曰夫子何以知然"十字也。其实去"公索氏"三字，则语气愈简截。《左氏》多有此例。门人问下，必有孔子答辞，有答辞，则问语可知矣。《论语》多有此例。

《家语》：晋将伐宋，使觇之。宋阳门之介夫死，司城子罕哭之哀。视者反，言于晋侯曰："〔宋阳门之介夫死，而司城子罕哭之哀，〕〔民成悦〕〔矣〕。宋殆未可伐也。"原除二十一字，移三字，疑首句作"晋侯将伐宋"，下作"觇者反曰"，更节"民成悦"之"成"字，或"宋殆未可伐也"之"殆"字。

《史记·五帝本纪》：诸侯之朝觐者，不之丹朱而之舜，百姓之狱讼者，不之丹朱而之舜，讴歌者，皆不讴歌丹朱而讴歌舜。案"诸侯之朝觐者"，今本《史记》无"之"字。"百姓之狱讼者"，今本《史记》无"百姓之"三字，此今本《史记》夺漏，刘氏所据本不误也。"皆

不讴歌丹朱而讴歌舜"，《史记》无"皆"字，上"讴歌"二字，一作
"之"。浦氏云当是除狱讼句内'不之'七字，加'皆'字以该之。其下
之'讴歌'二字，亦当作'之'字也。"案《史记》不得有"皆"字，浦
氏之说近是。然"讴歌"不可云"之"仍可疑也。此数语除一"皆"字系
衍文外，余实无字可节，不知刘氏如何节法。"诸侯之朝觐者"之"之"
字，"百姓之狱讼者"之"百姓之"三字，浦氏疑为刘氏所加；案刘氏
最好简，《史记》所无，未必加之。况"百姓之"三字，设非《史记》
原文，刘氏何由知狱讼讴歌，不属诸侯而属百姓乎？古无刻板时，书皆
传写。传写率由钞胥，钞胥最好节去虚字。故知此四字，《史记》原本有
之，而今本夺也。

又：〔舜年二十以孝闻，三十而〕帝尧问可用者，四岳咸荐〔
虞〕舜。尧老，使舜摄行天子政，巡狩，〔舜得举用事二十年，而尧
使摄政，摄政八年而〕尧崩。三年丧毕，让丹朱，天下归舜。舜年
二十以孝闻，年三十，尧举之，年五十摄行天子事，年五十八尧崩，
年六十一代尧践帝位，践帝位三十九年，南巡狩，崩于苍梧之野。原
本夺漏太甚，今以意定《史记》原文如此，此处欲图删削，必合此百十六
字，乃可着手也。此条合上条，原本云："除二十九字，加七字。"今但
此一条，适除二十九字。此条删法，可有多种，而以此种删法为最清楚。
否则删下"年二十以孝闻"至"尧崩"二十六字亦可，然较此似少晦。

《夏本纪》：〔禹之父曰鲧，鲧之父曰帝颛顼，颛顼之父曰昌
意，昌意之父曰黄帝。禹者〕黄帝之玄孙，而帝颛顼之孙也。〔禹
之〕曾大父昌意〔及〕父鲧，皆不得在帝位，为人臣。除三十一字。
原本云除五十七字，加五字。案除五十七字，疑太多，如再除"而帝颛
顼之孙"之"而"字及"不得在帝位"五字，则得三十七字，疑五十七
或三十七之讹也。然不得在帝位是一事，为人臣又是一事，不得在帝位

者，不必定为人臣，此两语实不复也。又案颛顼以前世系，已见《五帝本纪》，此处但曰父鲧，鲧之父曰帝颛顼亦可，则除五十三字。

《项羽本纪》：项籍者，下相人也；字羽，初起时年二十四，其季父〔项〕梁，梁父〔即楚将项〕燕，为秦将王翦所戮〔者也〕。项氏世世为楚将；封于项，故姓项氏。〔项〕籍少时，学书不成。去学剑，又不成，〔项〕梁怒之。籍曰："书足以记名姓而已，剑一人敌，不足学，学万人敌。"〔于是项〕梁乃教籍兵法。籍大喜。略知其意，又不肯竟学。〔项〕梁尝为栎阳逮捕，〔乃〕请蕲狱掾曹咎书抵栎阳狱掾司马欣〔以故〕，事得已。〔项〕梁杀人，与籍避仇〔于〕吴中，吴中贤士大夫，皆出〔项〕梁下。〔每吴中〕有大繇役，及丧，〔项〕梁尝为主办，阴以兵法部勒宾客及子弟，以是知其能。秦始皇帝游会稽，渡浙江，梁与籍俱观。籍曰："彼可取而代也。"梁掩其口，曰："毋妄言！族矣。"梁以此奇籍。籍八尺余，力能扛鼎，才气过人。虽吴中子弟，皆已惮籍矣。秦二世元年七月，陈涉等起大泽中。其九月，会稽守通谓梁曰："江西皆反，此亦天亡秦之时也；吾闻先即制人，后则为人所制。吾欲发兵，使公及桓楚将。"是时桓楚亡在泽中。梁曰："桓楚亡，人莫知其处，独籍知之耳。"梁乃出，诚籍持剑居外待。梁复人，与守坐。〔曰：〕请召籍，使受命召桓楚，守曰："诺。"梁召籍入。须臾，梁眴籍曰："可行矣！"〔于是〕籍遂拔剑斩守头。〔项〕梁持守头，佩其印绶。门下大惊，扰乱，籍所击杀数十百人。一府中皆慑伏，莫敢起。梁乃召故所知豪杰吏，谕以所为起大事，遂举吴中兵。使人收下县，得精兵八千人。梁部署吴中豪杰，为校尉，候、司马。有一人不得用，自言于梁。梁曰："前时某丧，使公主某事，不能办，以此不任用公。"众乃〔皆〕伏。于是梁为会稽守，籍为裨将，徇下县。原本仅至"故姓项氏"止，云"除三十二字，加二十四字，厘革其次序"。案自"故姓项氏"以上，决无三十二字可除。浦氏疑"此条原本全失，但存《项羽本纪》四字，后人聊写篇首数语当之"。予案"初起时年二十四"一句，可移至"籍为裨将，徇下县"之下，云"时籍年二十四"，因疑原本实当至此为止。又自"故姓项氏"以上，刘氏当尚有移易其先后处；今既不可考见，亦无庸唐突古人矣。《史记》原文，近于口语。以后世文法律之，其可删削处，略为删削，凡得二十八字。原文"三十二"．三或二与五之讹。至于加二十四字，则必加入一事，方可足此数。窃疑会稽守通无姓，《集解》曰："《楚汉春秋》曰：会稽假守殷通。"《史记》亦不言假。刘氏当加一"假"字，一"殷"字；又"逮捕"，《索隐》曰："逮训及，谓有罪相连及，为栎阳县所逮录也，故汉史制狱有逮捕。""逮捕"二字，在汉时人人知之，后人或不知为"连及"，刘氏或当加数语以明之也。

《吕后本纪》：吕太后者，高祖微时妃也，生孝惠帝、鲁元公主。〔及〕高祖为汉王，得定陶戚姬，爱幸，生赵隐王如意。〔高祖嫌〕孝惠为人仁弱，高祖以为不类我。〔常欲废太子，立戚姬子如意，如意类我；又〕戚姬幸，常独从上之关东，日夜啼泣，欲立其子〔如意以代太子〕。吕后年长，常留守，希见，上益疏。如意立为赵王后，几代太子者数矣。赖大臣净之，及留侯策，太子得无废。原注曰"此事见高惠二纪，及诸王、叔孙通、张良等传，过为重叠矣。今又见于《吕后纪》，固可略而不言"。浦氏曰"刘意盖谓并可不点矣"。案《史记》无《惠帝纪》《赵隐王传》。留侯称《世家》，不称《列传》；高帝欲废太子，立赵王，事见《留侯世家》及《周昌》《叔孙通传》中，亦与《吕后记》语不复，此注殊可疑。惟原文云"除七十五字"，则非将高祖欲易太子事尽去之不可，疑《史通》原文，又为后人所乱矣。今就原文点之。"高祖嫌孝惠为人仁弱",今本《史记》无"高祖嫌"三字;"又戚姬幸,常独从上之关东",今本无"又"字、"独"字,"欲立其子如意以代太子",今本无"如意以"三字,此等字决非后人所加,亦今本《史记》夺也。

《宋世家》:景公卒,宋公子特攻杀太子而自立,是为昭公。昭公者,元公之曾庶孙也。昭公父公孙纠,纠父公子禂秦,禂秦即元公少子也。景公杀昭公父纠,故昭公怨,攻杀太子而自立。案《史通》此文之前,多"初元公之孙纠,景公杀之"十字,"景公卒"下无"宋"字,而有"纠之"二字,浦氏谓"皆刘氏所加,宋公子特之'公'字亦应有。'昭公者'以下,大半在所点除"是也。案原文云"除三十六字,加十三字",今所加者已十二字,只能更加一字。而自"昭公者"以下,大抵皆应删除,于《史记》原文,事实必有漏落,实为未妥。予意当易为"景公卒,元公少子公子禂秦,生公孙纠。纠生公子特。景公杀纠,故特怨,攻杀景公太子而自立。是为昭公"。凡四十字。较《史记》省二十六字,而于事实一无遗漏,似较刘氏点法为佳也。

《三王世家》:大司马臣去病昧死,再拜上疏皇帝陛下:陛下过听,使臣去病待罪行间,宜专边塞之思虑,暴骸中野,无以报,乃敢惟他议以干用事者。诚见陛下忧劳天下,哀怜百姓以自忘,亏膳,贬乐,损郎员。皇子赖天,能胜衣趋拜。至今无号位,师傅官,陛下恭让不恤。群臣私望,不敢越职而言。臣窃不胜犬马之心,昧死,愿陛下诏有司,因盛夏吉时,定皇子位。惟陛下幸察。臣去病昧死再拜以闻皇帝陛下。三月,乙亥,御史臣光,守尚书令,奏未央宫,制曰:下御史。六年三月,戊申朔,乙亥,御史臣光,守尚书令丞非下御史书到,言丞相臣青翟、御史大夫臣汤、太常臣充、大行令臣息、太子少传臣安,行宗正事,昧死上言。〔大司马臣去病上疏曰:陛下过听，使臣去病待罪行间，宜专边塞之思虑，暴骸中野，无以报，乃敢惟他议以于用事者。诚见陛下忧劳天下，哀怜百姓以自忘，亏膳，贬乐，损郎员。皇子赖天，能胜衣趋拜。至今无号位，师傅官，陛下恭让不恤。群臣私望，不敢越职而言。臣窃不胜犬马之心，昧死，愿陛下诏有司，因盛夏吉时，定皇子位。惟陛下幸察。制曰：下御史。〕臣谨与中二千石，二千石臣贺等议曰：古者裂地立国，并建诸侯，以承天子，所以尊宗庙，重社稷也。〔今臣去病上疏不忘其职，因以宣恩，乃道天子卑让自贬，以劳天下。虑皇子未有号位。臣青翟、臣汤等，宜奉义遵职，愚蠢不逮事。〕方今盛夏吉时，臣青翟、臣汤等昧死，请立皇子臣闳、臣旦、臣胥为诸侯王。昧死请所立国名。案《史记》原文，乃即当时案牍录存之。古时书少，不甚以文烦为虑，故于覆奏时仍录原奏之文，亦未加删节也。若后世日以史文繁重为虑，欲求节省阅者之精力，则岂徒重复之辞可去，即不重复处，亦无关弘旨，可以不载。诚如刘氏所云，全宜削除也。此篇原除一百八十四字，今所删适与合。

《魏公子传》：高祖始微少时，数闻公子贤。及即〔天子〕位，每过大梁，尝祠公子。〔高祖〕十二年，〔从击黥布还，为公子置守冢五家，世世，岁以四时奉祠〔公子。〕太史公曰：吾过大梁之墟，求问其所谓夷门，〔以征信陵君故事，〕说者云：当战国之时，夷门者，城之东门也。天下诸公子，亦有喜士者矣。然而信陵君之接岩穴隐者，不耻下交，名冠诸侯，有以也。（高祖每过之，祠奉不绝也。〕案今本《史记》无"以征信陵君故事，说者云：当战国之时"十五字；又"有以也"三字在"名冠诸侯"上，其下有"不虚耳"三字，又"高祖每过之"下多"而令民"三字，揆诸文义，俱不如《史通》所录之长，疑亦今本误也。

《鲁仲连传》：鲁仲连者，齐人也，好奇伟俶傥之画策，而不肯仕官任职，好持高节。〔游于赵。〕赵孝成王时，〔而〕秦〔王使白起〕破赵长平〔之〕军，〔前后四十余万，秦兵遂〕东围邯郸。〔赵王恐，〕诸侯之救兵，莫敢击〔秦军；〕魏〔安釐王使〕将军晋鄙救赵，〔畏秦，〕止于荡阴，〔不进。魏王使客将军新垣衍间入邯郸，因平原君谓赵王曰："秦所为急围赵者，前与齐〔滑王〕争强为帝，已而复归帝。今齐〔滑王已〕益弱，〔方今〕惟秦雄天下，此非必贪邯郸，〔其意欲复求为帝。〕赵诚发使尊秦〔昭王〕为帝，秦必喜，罢兵去。"平原君犹豫未有所决。〔此〕时鲁仲连适游赵，〔会秦围赵，闻魏将欲令赵尊秦为帝，〕乃见平原君，曰："事将奈何？"平原君曰："胜也何敢言事。前亡四十万之众于外，今又内围邯郸而不能去。魏王使客将军新垣衍令赵帝秦，今其人在是。胜也何敢言事。"鲁仲连曰："吾始以君为天下之贤公子也，吾乃今〔然后〕知君非天下之贤公子也。梁客新垣衍安在？吾请为君责而归之。"平原君曰："胜请为绍介而见之于先生。"平原君遂见新垣衍曰："东国有鲁仲连先生者，今其人在此，胜请为绍介，交之于将军。"新垣衍曰："吾闻鲁仲连先生，齐国之高士也；衍人臣也，使事有职，吾不愿见鲁仲连先生。"平原君曰："胜既已泄之矣。"新垣衍许诺。鲁连见新垣衍而无言，新垣衍曰："吾视居此围城之中者，皆有求于平原君者也；今吾观先生之玉貌，非有求于平原君者也；曷为久居此围城之中而不去？"鲁仲连曰："世以鲍焦为无从颂而死者，皆非也，众人不知，则为一身。彼秦者，弃礼义而上首功之国也；权使其士，虏使其民。彼即肆然而为帝，过而为政于天下，则连有蹈东海而死耳，〔吾〕不忍为之民也。所为见将军者，欲以助赵也。"新垣衍曰："先生助之将奈何？"鲁连曰："吾将使梁及燕助之，齐楚则固助之矣。"新垣衍曰："燕则吾请以从矣。若〔乃〕梁

〔者〕，则吾乃梁人也，先生恶能使梁助之？"鲁连曰："梁未睹秦称帝之害故耳！使梁睹秦称帝之害，则必助赵矣。"新垣衍曰："秦称帝之害何如？"鲁连曰："昔者齐威王尝为仁义矣，率天下诸侯而朝周。周贫且微，诸侯莫朝，而齐独朝之。居岁余，周烈王崩，齐后往，周怒，赴于齐，曰：'天崩地坼，天子下席。东藩之臣因齐后至则斮。'〔齐〕威王勃然怒曰：'叱嗟，而母婢也。'卒为天下笑！故生则朝周，死则叱之，诚不忍其求也。彼天子固然，其无足怪。"新垣衍曰："先生独不见夫仆乎？十人而从一人者，宁力不胜〔而〕智不若邪？畏之也。"鲁仲连曰："呜呼！梁之比于秦若仆邪？"新垣衍曰："然。"鲁仲连曰："吾将使秦王烹醢梁王。"新垣衍快然不悦，曰："噫嘻！亦太甚矣，先生之言也。先生又恶能使秦王烹醢梁王？"鲁仲连曰："固也。吾将言之，昔者九侯、鄂侯、文王，纣之三公也，九侯有子而好，献之于纣。纣以为恶，醢九侯；鄂侯争之强，辩之疾，故脯鄂侯；文王闻之，喟然而叹，故拘之羑里之库百日，欲令之死，曷为与人俱称王，卒就脯醢之地？齐湣王之鲁，夷维子〔为〕执策而从，谓鲁人曰：'子将何以待吾君？'鲁人曰：'吾将以十太牢待子之君。'夷维子曰：'子安取礼而来待吾君？彼吾君者，天子也。天子巡狩，诸侯辟舍，纳筦籥，摄衽抱机，视膳于堂下，天下已食，乃退而听朝也。'鲁人投其钥，不果纳，不得入于鲁。将之薛，假途于邹；当是时，邹君死，湣王欲入吊。夷维子谓邹之孤曰：'天子吊，主人必将倍殡棺，设北面于南方，然后天子南面吊也。'邹之群臣曰：'必若此，吾将伏剑而死。'故不敢入于邹。邹、鲁之臣，生则不得事养，死则不得赗襚，然且欲行天子之礼于邹、鲁，〔邹、鲁之臣〕不果纳。今秦万乘之国也，梁亦万乘之国也；俱据万乘之国，各有称王之名，睹其一战而胜，欲从而帝之，是使三晋之大臣，不如邹、鲁之仆妾也。且秦无已而帝，则且变易诸侯之大臣；彼将夺其所不肖，而与其所贤；夺其所憎，而与其所爱；彼又将使其子女谗妾，为诸侯妃姬，处梁之宫：梁王安得晏然而已乎？而将军又何以得故宠乎？"于是新垣衍起，再拜谢曰："始以先生为庸人，〔吾〕乃今（日）知先生为天下之士也。吾请出，不敢复言帝秦。"秦将闻之，为却军五十里。适会魏公子无忌夺晋鄙军以救赵，击秦〔军〕，秦军遂引而去。于是平原君欲封鲁连，鲁连辞让，使者三，终不肯受。平原君乃置酒，酒酣，起前，以千金为鲁连寿，鲁连笑曰："所〔谓〕贵于天下之士者，为人排患、释难、解纷乱而无取也；即有取者，是商贾之事也，〔而〕连不忍为也。"遂辞平原君而去，终身不复见。此篇可点除者，不过五六十字，原载除数，一本云"二百七十五字"，一本云"三百七十五字"，必有省去其语言之处。而不知此篇之语言，断不可省也。何也？此文出于《战国策》。《战国策》本纵横家之书，其记此事，特以见鲁连说术之妙。作《鲁连传》，自未便加以删削也。所谓说术之妙者，新垣衍挟帝秦之说而来，成见颇不易破，所以动之者，只在"将军何以得故宠"一语。然此言非可径直陈之，而新垣衍且深闭固拒，并鲁连而不愿见，可见鲁连进说之难。"鲁连见新垣衍而无言"者，战国策士之游说，必视人之所言如何，而因之以进吾之说，较之直陈吾说者为易人，此正进说之术，故此语看似空文，实全篇紧要关键也。新垣衍之拒平原君，谓"鲁连高士，衍人臣，使事有职"，此犹言外交自有使命，不乐闻局外不负责任之言，可见其相距之深。其问鲁连之语，看似居围城中相慰藉之词，实乃讥其无益于平原君，何故不去也。当此情势，直是无从开口，然战国策士，他人不开口则已，一开口，必能因之以进吾说，此可见其说术之工矣。鲁连既以不为一身之意，酬其曷为不去之问；即进申助赵之旨，使其不得不问。自此以下，新垣衍问其如何助赵，则答语拉定一梁，使其不得不驳。新垣衍自承梁之比于秦若仆，则激之以烹醢梁王之言，使其不得不怒，曲曲折折，引入吾说，至于图穷而匕首见，而新垣衍为其所动矣。全篇紧要之语，原只"且秦无已而帝"以下数十字，然使仅存此数十字，而将上文曲曲折折引出此数十字处悉数删除，则何以见鲁连说术之妙乎？故古人文字，有看似冗蔓，而实非冗蔓者，正未可率尔置议也。鲁连见平原君后，必有与之熟筹利害，及论帝秦可否之语，平原君必已心折其说，故欲见之于新垣衍；否则鲁连安得贸然讥平原君以为非天下之贤公子，而平原君亦安得贸然为之介绍乎？此等处史文皆略之者，以此篇之作，意在记鲁连说术之妙，此等处无关宏旨故也，平原君曰"胜既已泄之矣"者，新垣衍不见鲁连，必有其托辞，如云有疾或他出之类，泄之者，谓已将无疾或未尝他出等实情告鲁连也，此等处，史文皆极简省。"前与齐湣王争强为帝"，"湣王"二字乃注语，混入正文。"尊秦昭王为帝"之"昭王"同。下文之"齐湣王"，则涉上文而衍者也。

《屈原贾生传》：〔自屈原沉汨罗后百有余年，汉有贾生为长沙王太传，过湘水投书以吊屈原。〕贾生名谊，洛阳人也云云。乃以贾生为长沙王太传，〔贾生既辞往〕，行闻长沙卑湿，自以寿不得长，又以谪去，意不自得，及度湘水，为赋以吊屈原。其辞曰。贾生为长沙王〔太〕传，三年有鵩飞入〔贾生〕舍，止于坐隅，楚人命鵩曰鹏，贾生〔既以谪居长沙，长沙卑湿，自恐寿不得长，伤〕悼之乃为赋以自广，其辞曰云云。怀王骑，堕马而死，无后。贾生自伤为传无状，哭泣。岁余，亦死。〔时〕年三十三〔矣〕。"汉有贾生"云云，盖刘氏所除；然既除此语，则"自屈原沉汨罗后百有余年"十一字，亦宜并除；原云除七十六字，无论如何，不能盈其数，必有误。

《扁鹊仓公传》：太仓公者，齐太仓长，临淄人也。姓淳于氏，名意，〔少而喜医方术。高后八年，更受师同郡元里公乘阳庆；庆年七十余，无子，使意尽去其故方，更悉以禁方予之，传黄帝扁鹊之脉书，五色诊病。知人死生，决嫌疑，定可治，及药论甚精，受之三年，为人治病决死生多验〕。诏召问〔所为治病死生验者几何人？主名为谁？诏问故太仓长臣意〕方伎所长，及所能治病者，有其书无有？皆安受学？受学几何岁？尝有所验，何县里人也？何病？医药已，其病之状皆何如？〔具悉而对。臣〕意对曰："自意少时，喜医药。〔医药〕方试之，多不验〔者，〕至高皇后八年〔中〕，得见师临淄元里公乘阳庆，庆年七十余，〔意得见事之。〕谓意曰：'尽去而方书，非是也。庆有古先道遗传黄帝、扁鹊之脉书，五色诊病。知人生死，决嫌疑，定可治，及药论书，甚精。我家给富，心爱公，欲尽以我禁方书〔悉〕教公。'臣意即曰：'幸甚，非意之所敢望也。'〔臣意即〕避席再拜谒，受其脉书上下经，五色诊、奇咳术，揆度阴阳外变、药论、石神、接阴阳禁书，受读解验之，可一年所。明岁即验之，有验，然尚未精也。要事之三年所。即常已为人治，诊病决死生，有验，精良。今庆已死十年所。臣意年尽三年，年三十九岁也。"此文首节盖采时人所传仓公事，自"诏召问"以下，亦直录当时文牍也。时人所传仓公事，亦采自仓公对辞，然下文仓公对辞，阳庆有子男殷，而此云无子，则仓公受业时，殷已死矣。此又对辞所不备，而传仓公事者别有所采者。若删之，则此事当于下文补入。

《汉书·龚遂传》：上遣使者征遂。议曹王生愿从。功曹以为王生素耆酒，亡节度，不可使，遂不忍逆，〔从〕至京师，王生日饮酒，不视太守。〔会〕遂引入宫。王生醉，从后呼曰："明府且止，愿有所白。"遂还问其故，王生曰："天子即问君何以治渤海？君不可有所陈对，宜曰：'皆圣主之德，非小臣之力也。'"遂〔受其言，既至前，上果问以治状，遂对〕如〔王生〕言。天子悦其有让，笑曰："君安得长者之言而称之？"遂〔因前〕曰："臣非知此，乃臣议曹教戒臣也。"上以遂年老，不任公卿，拜为水衡都尉。〔议曹〕王生为〔水衡〕丞。

《新晋书·袁宏传》：袁宏（有逸才，文章绝美，曾为咏史诗，是其风情所寄）。少孤贫，以运租自业。谢尚〔时〕镇牛渚。秋夜乘月，〔率尔与左右〕微服泛江。会宏在舫中，讽〔其所作咏史诗，〕咏声既清，会词又藻丽，〔遂〕驻听久之，遣问焉，答云："是袁临汝郎诵诗，即其咏史之作也。"尚〔倾率有胜致，〕即迎升舟，〔与之〕谈论，申旦〔不寐。〕自此名誉日茂。从桓温北伐，〔作《北征赋》，皆其文之高者，尝〕与王珣、伏滔，同在〔桓〕温坐，温令滔读其《北征赋》，至"〔闻所传于相传，云获麟于此野。诞灵物以瑞德，奚受体于虞者。疚尼父之恸泣，似实恸而非假，岂一性之足伤〕，乃致伤于天下"。〔其本至此〕便改韵，珣云："赋方传千载，无容率尔。今于天下之后，移韵徙事，然于〕写送之致，似为未尽。"滔云："得益写韵一句，或为小胜。"〔温曰："卿思益之。"〕宏应声〔答〕曰："感不绝于予心，恸流风而独写。"谢安〔尝〕赏其机〔对〕辩〔速〕。后安为扬州刺史。宏自吏部郎出为东阳郡。〔乃〕祖道（于）冶亭。时贤皆集。〔谢〕安欲以卒迫试之，临别，执其手，顾就左右，以一扇而授之，曰："聊以赠行。"宏应声〔答〕曰："辄当奉扬仁风，慰彼黎庶。"〔观者无不叹服。〕时人叹其卒而能要焉。原云：除一百十四字。今除一百四十字。

《十六国春秋》：郭瑀有女始笄，〔妙〕选〔良〕偶，有心于刘晒，遂别设一席于座前，谓诸弟子曰："吾〔有一女，年向成长，〕欲觅一快女婿，谁坐此席者，〔吾当婿焉。〕"晒遂奋衣来坐，神志湛然，曰："〔向闻先生欲求快女婿，〕晒其人也。"此条除二十二字，与原载除数合。此条与《三王世家》所除，虽不敢谓必与刘氏合，然必颇近之也。

杂说上第七

杂说三篇，议论皆已见他篇中。此盖其初时札记之稿，正论成后，仍未删除；或刘氏已删之，而后人掇拾存之也。其议论有待发明及应矫正处，亦多见他篇评中；今惟补其所未及者数事，余不更赘。上篇中攻《公羊》两条最谬，《曲礼》曰："君有疾饮药，臣先尝之；父有疾饮药，子先尝之。"盖当时事君事父之礼如此。《公羊》引乐正子春之侍亲疾，加一衣一饭，损一衣一饭，则脱然愈，以讥许世子之不尝药，此例可谓极切。又古以鱼为庶人之食，故孟子以"数罟不入污池"，与"不违农时"并言，《诗》亦以"众惟鱼矣"为丰年之兆也。刘氏昧于古礼，而转讥《公羊》之囿于齐俗，误矣。

人不可有所偏，有所偏，则美而不知其恶。刘氏誉《左》，可谓成癖；独其与《汲冢纪年》有异，则又非《左氏》而取《纪年》，由其过尊目击而贱传闻，遂使作伪者得售其欺也。今人亦好言实物而贱书史；然其所谓实物者，实未必皆可信，不可不猛省也。

刘氏论事，每失之刻核。如《太史公自序》意不重在己之受刑，故但云"遭李陵之祸，幽于缧绁"，以浑括之辞出之。其曰"不韦迁蜀，世传《吕览》"，亦但取身废而书行之意耳。此语本非叙不韦之著书，记《吕览》之流传；正不必斤斤于迁蜀与传书之先后也。而皆吹毛求疵，将寻常述意达情之语，一一作叙事文看；则世间除叙事文外，他种文字更何从下笔乎？

史家之论，义各有当。叙事两说并存，更足以昭谨慎。此篇以《汉书·孝成纪赞》与《五行志》之不同，而讥其自相矛盾，孝成即《左氏》所谓知仪而不知礼者，赞与志实并不矛盾也。已伤刻核，又以班氏论项羽、于公之语，与其《幽通赋》对勘，则几于不知文矣。

古书标题，多有脱落，如《礼记·乐记》，据《疏》，实包含十一篇，今旧标题之存于其中者，仅"子贡问乐"一语而已。参看予所撰《章句论》。相如、方朔两传，独无表，其自叙之文，亦由于此。此乃传写之失，不可以议作者。

杂说中第八

此篇讥《新晋书·刘伶》《毕卓传》一段颇谬。史以记事，非以垂法也。刘、毕沉湎，姑无论其为是为非；当时既有此一种人，自不容不为立传。若一概删除，但传守礼拘谨之士，不将如刘氏所讥无以见"古往今来质文屡变"，而使人疑前代风气，"亘两仪而并存，经千载其如一"乎？刘说见《言语篇》。

杂说下第九

《列女传》记事之误，不足为病，已见《申左篇》评。此篇既知刘向之识多才足，而其著书，犹沿讹袭谬如此，其故正可深长思矣。乃刘氏竟不细思，而武断为向之有心欺世，何其刻核而不衷情实邪？《列女传》称会稽之女为徐吾、李吾，吾即《管子》之"吾子"，盖幼小之称，非名也。邦里氏族。安知非传说如此，何以断为向所伪造乎？

《渔父》之辞，《高唐》之赋，自非事实，昔贤采此，或亦以人人知为辞赋之流，使人作辞赋观，非使人作叙事文观也。

《汉书·五行志》错误第十

五行所志，乃当时一种学问，作志者特总揽诸家之说，疏舛不能责之。至于文句疵累，古书多是如此，以其甄录他家之说，大都仍其原文，不加改窜也。

《五行志》杂驳第十一

就事论事，此两篇所驳，亦有不中理者，如谓：《太史公书》春秋以前灾眚占候，皆出《左氏》《国语》；《班志》惟称《史记》，岂非忘本逐末。夫安知太史公不别有所据？又何以断此"史记"二字，非史籍通名，必指太史公书乎？史事传者少，不传者多；就载籍之所存，断不足见当时之真相。此在后世尚然，况于古代？刘氏执乘丘、郒之捷，而谓鲁人不至愁怨；执《春秋》权臣惟有三桓、六卿、田氏，而以溴梁之盟，君若缀旒为虚言，皆坐武断之病也。

暗惑第十二

此篇根据事理，以驳传说之虚诬，必能有此识解，乃不至为谰言所惑，实读史之要法也。惟所谓事理，必极客观者乃可耳。

此篇有二条误驳：一《史记·滑稽列传》，欲以孙叔敖为相之楚王，乃优人所象，非真楚王也。"归乎田成子"之歌，则古书述人语，例不入其人口气，多以我之辞述彼之意耳。此系古人语法如此，不容执后世文例相难。

忤时第十三

　　此篇当与《自叙》参看，可见唐时史馆之弊，其发愤求官，则唐人风气如此，不足为刘氏病也。

附录一　评校《史通》序

　　《史通》行世，久无善本，（《四库提要》谓《永乐大典》亦无此书，可见其传本之罕。何义门云观《玉海》所引《史通》，亦有讹字脱文。乃知宋时即甚少，则又无论明代矣。）明世刻本有三：一陆俨斋（嘉靖十四年），一张元超（万历五年），一张慎吾（万历三十年）。陆本最先出，《补注》《因习》《曲笔》《鉴识》四篇，讹夺不可读。慎吾言家有钞本，宦辙所经，必先购求，复得二三钞本，用校陆本，《曲笔篇》增四百余字，《鉴识篇》增三百余字，而去其自他篇羼入者六十余字。《四库提要》谓不知其所增益果据何本，然自是言是书者，皆以此本为主云。李本宁、郭孔延之评释，即其一也。王损仲因李、郭本而作训诂，又以张元超本参校，增《曲笔篇》百十九字。（《提要》谓卷端题识称除增《因习》一篇及更定《直书》《曲笔》二篇外，共校正一千一百四十二字，然以二本相校，将《曲笔篇》增入一百一十九字，其《因习》《直书》二篇，并与郭本相同，无增入之语，不知何以云然也。）清黄昆圃又因王书而补之，浦二田《通释》略与黄氏同时，而成书前之一年，得黄书参校，故其书之成最后，今世通行者唯浦本，盖以其书成最后，能奄有诸家之长，而去其短也。浦注采摭颇勤，而体例未善，评语间有可采，然十八皆陋儒评文之见也。涵芬楼藏张慎吾刻本，为孙潜夫、顾千里所校，印入四部丛刊，司其事者为无锡孙毓修，得江安傅氏所藏何义门校本及录顾千里校本；又上元邓氏所藏千里别一校本及不知姓名者一家（校勘记称为邓本），据以作校勘记附于后。取与浦本相校，大体不如浦本，然间有胜之者，又有足正浦氏臆改之失者，刻本之旧而不必善者，固多如此。予尝欲博求诸本，用相参校写定，补正旧注之阙违而改其体例，商藏书家未能。十七年秋，讲此书于上海光华大学，乃姑以《四部丛刊》与浦本相较而写定为一本焉。改正旧注，亦苦未暇，而于诸篇之后，皆附评语，抉刘氏思想之所由来，扬榷其得失，并著其与今日之异同，特所以示诸生，非足语于述作，然视浦氏之评，则固有间矣。写既竟，以今曰是书善本之罕，姑刊以问世焉。《四库提要》评浦书谓使评注厘为二书，庶乎离离双美。予之注未成而先以评行世，窃取是语以解嘲焉。

附录二　《史通》习问

六家篇

（六家二体两篇，与《外篇·古今正史》篇参看）

（一）《书》皆典、谟、训、诰、誓、命，（记言）杂以《尧》《舜典》《禹贡》《洪范》，为例不纯，其说如何？

（二）《汉尚书》《隋书》等，何以不行于世？

（三）《周书》果《尚书》之类否？

（四）《竹书》是否可信？

（五）晏子、虞卿、吕不韦、陆贾等书，并无年月，何以亦名春秋？

（六）本纪法春秋，列传为之传，其说当否？

（七）《春秋》《左氏》，同为编年，何以刘氏列为两体？

（八）《左氏》是否《春秋》之传，《国语》是否外传？

（九）《九州春秋》等，何以不行于世？

（十）史记二字，在汉代是否专指太史公书？

（十一）梁武《通史》，元晖《科录》，何以不行于世？《南》《北史》何以能行？

（十二）刘氏称《史记》之失，（1）论家国一政，而胡、越相悬；叙君臣一时，而参、商是隔；（2）事罕异闻，语饶重出。果可为史公咎否？

（十三）刘氏于六家中，认可何家之体为可祖述？

二体篇

（十四）春秋、史记二体，互有长短，试言之。

载言篇

（十五）刘氏既称《左氏》合记言、记事为一书，何以又欲于表志之外，别立制册章表书？别立制册章表书之议可行否？包文章于制册章表书中，其议可行否？

本纪篇

（十六）刘氏谓（1）《史记·周本纪》当自西伯庄王以上，别为世家；（2）又谓项羽不当列于本纪，其说然否？

（十七）本纪是否必须编年，陈寿《国志》假用汉年，陆机《晋书》不编年，二者孰得？

（十八）刘氏议魏、齐帝纪，全为传体，有异纪文。果如所言，本纪仅为列传提纲，君主个人之事，入之何处？若尽从删削，君主个性，何以显见？

世　家

（十九）陈涉何以称世家？

（二十）三晋、田氏，可否称世家？

（二十一）汉世诸王，应否称世家？

（二十二）吴、蜀应否列为世家？

列传篇

（二十三）刘氏谓纪、传不同，犹诗、赋有别，其别安在？

（二十四）合传、附传之别？

表历篇

（二十五）表是否果无用？且与纪传犯复？

（二十六）班氏《人表》，既属无谓，且乖限断，《汉书》列此，意果何居？

书志篇

（二十七）刘氏谓马、班书志多效《礼经》，其说然否？

（二十八）刘氏谓《天文》《艺文》二志所载皆当时为限，其说然否？

（二十九）刘氏谓《五行志》不必附以灾祥，其说然否？

（三十）刘氏欲创下列各志：人形、方言、都邑、氏族、方物，其当否如何？

论赞篇

（三十一）论赞之本意若何？

（三十二）刘氏谓马迁限以篇，各书一论，理有非要，强生其文。《史记》果有此弊否？

（三十三）《晋书》用俪语作论，得失若何？

（三十四）刘氏谓范晔作赞，误学《史》《汉》，其说然否？

序列篇

（三十五）刘氏之意谓序可省、例必立，其说如何？

（三十六）古书率多无例，研究者何以处之？

题目篇

（三十七）《史记》传皇后，何故以外戚名篇？

（三十八）载记之名，始于何时？《晋书》施诸十六国，是否得当？

（三十九）列传标题以简为贵，抑宜全录姓名？

断限篇

（四十）史于前后朝之事，不涉及则不明；所涉太多，则失之滥。应如何方为适当？

编次篇

（四十一）《史记·龟策》究应列传，抑应人志？

（四十二）一姓有传附出余亲，事迹尤异分入他部，得失若何？向、歆事迹应否从《楚元王传》中析出？

（四十三）陈寿《蜀书》首表二牧，得失若何？

（四十四）汉代宗庙制度是否应入《韦玄成传》？

称谓篇

（四十五）古书称谓何以多错误（如《左氏》）杂不正（如《史记》称颂籍为项王）？

（四十六）帝皇尊号由追称者，书法应如何？

（四十七）史传称谓应否有例？若云应有其例，当如何？

采撰篇

（四十八）（1）小说；（2）郡国之记；（3）谱碟；（4）传说应否采取，采取之法宜如何？

载文篇

（四十九）辞赋率多虚矫，《史》《汉》载之，其意何居？

（五十）魏、晋以下之文，何以与两汉之世大异？

补注篇

（五十一）此篇所谓注者，可分几种？

（五十二）裴注《国志》，后人多善其传，此篇独病其芜，其故何欤？

（五十三）陆澄《班注》多引迁书，此缺一言，彼增半句，皆标为异说，其得失若何？

因习篇

（五十四）因习之失，可分几种？

邑里篇

（五十五）经子人物，何以惟书氏族，史公既草兹体，何以东晋以后仍复旧观？

言语篇

（五十六）误学古言之弊若何？

（五十七）已古者即谓之文，犹今者乃惊其质，何以古今通有此习？

（五十八）昔人论作史，贵于"直书其事而是非自见"，与此篇之说，有足相发明者否？

叙事篇

（五十九）此篇所论"尚简""用晦…'妄饰"三端，足否得当？

品藻篇

（六十）现今论作史者，惟贵客观叙述，此篇所论是否尚有参考之价值？

直书篇曲笔篇

（六十一）史求真实，作史者苟甘心曲笔，真实二字即将无从说起。然欲求直笔，其事极难。今日史学界难于直书易于曲笔之情势，与刘氏所述，同异若何？试推论之。

鉴识篇

（六十二）古书中每有极幼稚可笑之处，如"虞舜见厄，匿空而出"，"宣尼既殂，门人推举有若"等，其故何与？

探颐篇

（六十三）此篇所论，皆推论古人著书之意而失之者，必如何方可免于斯弊？

模拟篇

（六十四）此篇所论，以文学眼光观之，得失如何？

（六十五）《左氏》称一人，名字号谥错出，果足法否？

书事篇

（六十六）刘氏所论"书事之标准"如何？试以今日之眼光评之。

人物篇

（六十七）立传与否，当以何为标准？当传不传，是否可尽为作史者之咎？不当传而传，吾侪读之，是否仍有用？

核才篇

（六十八）文史何故异途？修史何故忌用文士？试言其原理。

序传篇

（六十九）古人自叙，何以好侈陈先业？今人是否可效为？

（七十）自叙之体，如何方为得当？

烦省篇

（七十一）后世之史籍，必繁于古代，其故安在？

（七十二）略则事实不具，详则不可观览，此问题如何解决？

杂述篇

（七十三）此篇乃刘氏所谓非正史者，正史非正史之别，今日是否需要？大抵昔人所谓非正史者，所记之事，恒不如正史之可信，吾人当如何别择？

辨职篇　自叙篇

（七十四）此两篇可见官置史官之弊，何以后世之史，卒不能复于私修？私修既不能复，如何可救官修之弊？

史官建置篇

（七十五）古代天文，何故属于史官？后世何以须分为两职？

（七十六）史事是否必须专设机关？专设机关，是否必须由国家设官？

（七十七）"书事记言"，"勒成删定"，是否当分为两事？两者之标准当如何？

古今正史篇

（七十八）何以表志纪传体之史，历代皆有；编年之史，则或付阙如？何以修史者侧重表志纪传体？

疑古篇惑经篇

（七十九）此两篇，昔人何以多加訾议？以今日眼光观之，此两篇之议论，是否得当？

（八十）此两篇系指何经言之，以经学之眼光观之，是否与以史学之眼光观之有别？

（八十一）古人何以轻事重言？

申左篇

（八十二）此篇是否以史学之眼光立论？如以经学眼光论之，当如何？即以文学眼光论，《左氏》亦有可疑之处否？

点烦篇

（八十三）点烦之论，是否得当？古人文字，何以多烦？

文史通义评

序

　　章学诚（实斋）为近代之思想家。其学说见于《文史通义》《校雠通义》二书。其说不必尽合于今；然精深透辟，足以矫前此之失，而为后人导其先路者甚多。读其书，既可知前此思想之转变；又可知新说未输入前，吾国史学家之思想如何，实治国学者所不可不留意也。兹先述其思想之大概，然后逐篇加以评论：或解释其思想之所由来，或引申其所未尽，或补苴其所不足，或订正其违失、偏激之处，冀为读是书者之一助焉。

　　章氏为一既反对宋学，而又反对汉学之人。其反对宋学也，反对其空言无实；其反对汉学也，反对其徒事襞积补苴，而不知其所襞积补苴者之果为何用。

　　宋学之弊也，人人谈心说性，空疏无具，既不能有所作为，并无复切实学问。起而矫其弊者乃有两派：一如顾亭林之讲究实学，清代之讲考据者承之，遂成所谓汉学，此所以救宋学荒芜之弊者也。明末大儒，如亭林等，皆非仅讲学问之人；其于学问，亦非仅讲考据之人，但清儒只承其考据之学。一则如颜习斋之力主实行，此所以救宋学空虚之弊，承其流者殊罕，章氏之思想颇近之。故亦谓必习于事而后可以言学，亦谓空言不可以教人。章氏之思想如是，故其所想望之境为政教合一，官师不分；既主政教合一，官师不分，则不得不谓六经皆先王之政典；既主六经皆先王之政典，则不得不以集大成者为周公，而谓孔子仅学周公而尽其道。章氏此等说，其根本皆自其崇实行、戒空言之一念来也。

章氏好深湛之思，故凡作一事，必先问此事何以须作，既乃考其如何作法，与徒事考据而不问其所以然者大不相同。章氏谓道存于事，求道者必于事，故最重史；既重史，而其作事又必问其何以须作、当如何作，则于史事何者须记、何者不须记，必有辨之甚严者矣。本此以观前史，乃觉其所载者，多不必载之事；而所当载者转或阙焉。故章氏于前史几无当意者，其称《尚书》《春秋》，乃旧时风气，率举其所谓最善之境，托之于古，传之于经，非真有取于此两书也。事实之当记、不当记，非一时所能定，故取之不可不谨严，而储之不可不充足。职是故，章氏乃分保存史材、编辑史材与作史为两事：保存、编辑史材者，章氏之所谓记注，所谓比次之事；作史则章氏所谓撰述，所谓独断之学也。此为章氏思想突过前人之处。前人于此理，虽不能谓其未尝见及，而其言之断不如章氏之明备。章氏论史之学，几全以此二语为归宿。其注重方志，即其保存、编辑史料之苦心；其称纪事本末，善通志，皆其作史意见之一斑也。此等思想，看似与汉学无涉，实则与汉学家大相反对；章氏反对汉学之论，皆与此等见解消息相通。

古者文与学不分；离文与学而言道，尤绝无其事。老子谓为学日益，为道日损，乃谓见道愈深，则其所谓道者，愈足以该贯万事，非谓冥心求道也。徒见万殊，而不知其一本，则学焉而日益矣。自魏之三祖崇尚文辞；两晋至唐，扇而弥盛；儒林、文苑，始渐分途。宋儒出，以学问为玩物丧志，以文辞为浮华害道；而义理与考据、辞章，又若格不相入矣。此固社会演进，由浑趋画，不得不然之势；然源远而流益分，往而不反，而遂忘其朔，亦是一病。故姚姬传有义理、考据、词章三者不可阙一之论，平心论之，固不能谓其无理也。章氏之见与姚氏相同，就此而论，章、姚亦可称为调和汉、宋学及文学之人。故虽重义理，讲考据，而亦不废文事。其所为之文无足观，其论文则多通达及独到之处，深足矫正世俗之失，由其思想刻挚，而又能持综核之论也。章氏思想之大概如此。

易教上

　　此篇为章氏发挥其六经皆史之见之作，谓古人不著书，古人未尝离事而言理，则不得不以六经为先王之政典，以六经为先王之政典，则不得不谓六经皆史矣。以先王之政典必为史官所记也。

　　六经之中：《诗》《书》《礼》《乐》《春秋》为政典，说均易通；惟《易》为讲哲学之书，以为政典，较难取信。故章氏作《易教》上、中两篇以发挥之：上篇之证据，为历代所用之《易》不同，及《易象》亦称《周礼》两端；中篇之证据，则谓历法未发明时，即以卦画为宪象也。

　　三易见《周官·太卜》，郑注引杜子春谓："《连山》伏羲，《归藏》黄帝。"康成《易赞》及《易论》则谓："夏曰《连山》，殷曰《归藏》，周曰《周易》。"案《世谱》等书谓黄帝一曰归藏氏，《易纬》谓《周易》因代以题周，则以《归藏》属黄帝，《周易》属周代，说自可通。惟连山一作列山，亦作厉山。系神农之号，以为伏羲，未知何据。然纵谓子春以《连山》属伏羲为不误，连山必为帝王之号，则可以归藏为黄帝之号，《周易》因周代而题，比例以推。《礼记·礼运》："孔子曰：我欲观殷道，是故之宋，而不足征也，吾得坤乾焉。"郑注："得殷阴阳之书也，其书存者有《归藏》。"康成又释《连山》之义曰："象山之出云，连连不绝。"释《归藏》之义曰："万物莫不归藏于其中。"后儒因谓：周易首乾，殷易首坤，夏易首艮，实与通三统之义相合，则以三易分属三代，亦非无据。以上征引，据《礼记》《周官正义》及《周易正义·八论》释三代易名。然必以此为三代法宪，与改正朔、易服色同科，苟或拟之，即蹈僭窃王章之罪，则未免失之太拘。《易》为占筮之书，乃古代迷信之物。迷信必因社会之习尚，谓社会固有此物，而古帝王仍之则可；谓其为古帝王所创造，则不然也。《春秋》旧例，皆出周公，乃杜预一人之私言。其实当为古代史官记事成法。《易象》为周代之书，自亦可称周礼，然必谓一字不可改易，则亦章氏拘虚之见矣。

章氏谓圣人不以空言立教，故谓《易》为周代政典。《易》为周代政典，自非孔子所著之书；《易》非孔子所著之书，则圣人不以空言立教审矣。"非圣人一己之心思，离事物而特著一书，以谓明道也"，实篇中最要之语也。然欲证明六经非孔子所自作，其事甚易，正不必如章氏之迂曲也。何则？孔子曰"我欲托之空言，不如见诸行事之深切著明"，即此一语，已足证《春秋》非孔子所自著矣。以此推之：《易》为占筮之书，《书》为记言之史，《诗》为太史所采，《礼》《乐》亦当时所行。六经皆固有之书，正不俟烦言而解也。然六经虽固有之书，而既经孔子删修，则自有孔子所取之义。为孔子之学者之重六经，亦重孔子所寓之义，而非重其固有之书也。非谓固有之书不足重，不可误会。不然，自古相传之书多矣，何以儒家独尊此六种邪？此义也，昔辩梁任公《阴阳五行说之来历》，尝发明之，今节录其辞如下：原文见《东方杂志》二十卷二十号。原文曰："在孔子当日所亲身鉴定其文辞者，固经而非传，而后人讽籀，则传之为用，且较大于经。何则？经犹今学校之教科书，传则学生笔录教员口讲之语，教科书死物，教员所讲则活物也。今日若有经无传，经之意义何在，将人人莫名其妙；若有传无经，犹可得许多义理。请言《诗》：

《诗》究系何语？读之究有何义？恐徒读经文者必不能解，而一读《韩诗外传》则可得许多义理矣。请言《书》：《书》者，干燥无味之古史耳，然《孟子》与《大传》多相复重，赵邠卿谓孟子通五经，尤长于《诗》《书》，今《万章》一篇，论禅让之理，虽多托古之谈，亦或重疑之义，《论衡·奇怪篇》辟感生之说曰："圣人重疑，因不复定。"《史通·疑古篇》亦同斯意。然民主之大义存焉，盖皆诵述书说也。请言《礼》：《礼》尤干燥无味之书也，然一读《戴记》中《冠义》《昏义》诸篇，则冠昏诸礼其义固极渊永矣。请言《易》：《易》之哲理，存于《系辞》；然今《系辞》中系辞字及辞字甚多，似皆指《卦》《爻》《彖》《象》之辞言之；而今《系辞》，据释文，王肃本实作《系辞传》，司马谈《论六家之要指》引今《系辞》之文，谓之《易大传》，则今《系辞》盖《易》之传，与伏生之书《大传》等也。《公羊春秋》非常异义尤多，无待深论，若但读今所谓经文，则真断烂朝报矣。"观此可知六经虽皆旧书，而孔子删修，自别有所取义，不得谓义即尽于旧书之内也。

《太玄》《元包》《潜虚》亦皆言哲学之书，其中《元包》一种不足道，此书称北周卫元嵩撰，而出于宋张行成，前有杨楫序，谓"大观中，前进士张升号，初携《元包》见遗，曰：自后周历隋、唐迄今，五百余裁，世莫得闻。顷因杨公元素内翰传秘阁本，俾镂板以传"。《四库提要》："此书《唐志》《崇文总目》并著录，何以云五百余年世莫得闻？王世贞疑为依托，似非无见。"案杨氏所谓世莫得闻者，谓其书藏于秘阁，民间莫得见，非谓无其书；《提要》之言，似属误会。然其书仍八卦而以坤为首，明系附会《归藏》；全书故为艰深，实无深义，盖又效《太玄》而失之者也，殊不似南北朝物，以为依托，仍非无见。《太玄》《潜虚》则亦不能谓其绝无所见。吾昔撰《理学纲要》，尝论数术之学曰："理事不违，欲明一理者，不得不遍究万事，其说然矣。然事物之纷纭，卒非人所能尽究，乃不得不即已经研究之事，姑定为一理，而执之以推其余，此盖凡治学术者所不能免。《史记》述邹衍之学，谓其先验小物，推而大之，至于无根，所用者即此术。《太玄》为杨雄最得意之作，其书起冬至，迄大雪之末，备详一年之变迁，亦以宇宙久大，不可得而知，以为宇宙一期之变迁，必与一年之变迁相类，故欲据此以测彼耳。邵子之元会运世，亦此意也。"观此知各书所用之象数不同，而皆不过一种推测，亦皆不失为一种推测。章氏必谓其理与数，无以出于《易》之外，可以不作；则《易》之理亦可谓其无以出于《太玄》《潜虚》之外，数则二书所用，明明与《易》不同。亦得谓《太玄》《潜虚》既作，而《易》可废邪？至谓其蹈僭窃王章之罪，则观前文所论，其失已不辩自明矣。

易教中

　　此篇亦申《易》为先王政典之说。其所立证，则《易》有易岁之义，卦气与历法有关，而卦序、卦位已隐含其义。卦位见《易》帝出乎巽一节。其位离南坎北，震东兑西，坤西南，乾西北，巽东南，艮东北，坎离当子午，震兑当卯酉，艮在丑寅，巽在辰巳，坤在未申，乾在戌亥之间。附以大一行九宫之说，遂成所谓卦序。大一行九宫之说，见《后汉书·张衡传》注引郑注《乾凿度》，其说曰："大一者，北辰神名。下行八卦之宫，每四乃还于中央。中央者，北辰之所居．故谓之九宫。天数大分，以阳出，以阴入。阳起于子，阴起于午。是以大一下行九宫，从坎宫始，自此而从于坤宫，自此而从于震宫，自此而从于巽宫，所行半矣，还息于中央之宫；既又自此而从于乾宫，又自此而从于兑宫，又自此而从于艮宫．又自此而从于离宫，行则周矣，上游息于大一之星，而反紫宫。"依其所行之序，以定九宫之次，与《大戴记》明堂九室之数合，即宋儒刘长民以为河图，蔡西山以为洛书者也。卦气之说，出于京房。以五日为一候，三候为一气；以坎、离、震、兑四正卦，分管二十四气；余六十卦，当周天三百六十五又四分度之一，则每卦得六日七分，略以一爻当一日，观其风雨、寒温，以为占候。此皆历法既精以后，通其术者，以此附会《易》说，未必《易》之初即如是也。章氏顾谓历法即包含于卦画之中，未免后先倒置矣。因疑历法未立以前，卦画与历象即系一事也。然古代哲学，无不与天象有关。因其与天象有关，遂谓与历法是一，并谓非无位者所得容喙，则亦未免早计矣。

	亥	子	丑	
戌	乾 六	坎 一	艮 八	寅
酉	兑 七	五	震 三	卯
申	坤 二	离 九	巽 四	辰
	未	午	巳	

谓《连山》《归藏》不必名《易》，《易》之名由后人所追命，其说甚通。古书此类极多，必知斯义，乃不致妄起疑实也。谓《易》之名与易岁之义有关，因以牵合历法，则不免于穿凿。易为"变化之总名，改换之殊称"，所包甚广，不能拘定一端也。《易》名初立，义果何取，今难质言；后人解释，当以《乾凿度》之说为最赅、最善。《周易正义·八论》论《易》之三名曰："易纬《乾凿度》云：易一名而含三义：所谓易也，变易也，不易也。又云：易者其德也。光明四通，简易立节。天以烂明。日月星辰，布设张列。通精无门，藏神无穴。不烦不扰，澹泊不失。此其易也。变易者其气也。天地不变，不能通气。五行迭终，四时更废。君臣取象，变节相移。能消者息，必专者败。此其变易也。不易者其位也。天在上，地在下。君南面，臣北面。父坐，子伏。此其不易也。郑玄依此义作《易赞》及《易论》云：易一名而含三义，易简一也，变易二也，不易三也。"案所谓变易者，谓人所见之现象，无一息而不变；所谓不易者，谓现象虽变，而仍有其不变之则；所谓易简者，谓自然现象，振古如斯，不见有司之者，而曾不见其差忒，即老子所谓"绵绵若存，用之不勤"，亦即佛教之所谓无为者也。此三义以哲学言之，极为赅括，盖今文家相传之义也。纬书多用今文说。

要而言之，章氏谓空言不可以教人，必习于事而后可以言学。因之主政教合一，官师不分，虽稍失之偏，自亦不失为一种见解，尤足箴宋学末流空言无实之弊。然必欲牵古事以合之，则未免失之于凿矣。然此亦非章氏故为矫诬之说以欺人，以吾所设想尽美、尽善之境，托之于古，传之于经，昔时固有此风气，人生其时，自不免为所囿也。

易教下

　　此篇文字颇晦。其大意谓天地间事物虽各各不同，然自有其相似之处，夫是之谓类。两物相类，此物即为彼物之象。如名花之与美女，其为物判然不同，而其悦于目则同，于是见名花者可思美女，见美女者亦或忆名花。人心之灵明，往往由此而生悟。如见鸟兽蹄达之迹，而制文字；闻鼓鼙之声，则思将帅之臣是也。物既毕同、毕异，则虽实无其物，亦可以假想造之，如有毛之龟，有角之兔是。此等幻想，有得有失，故章氏谓宜察天地自然之象，而衷之以理。

　　人心之营构所以不尽善者，章氏谓由于情之变易；而情之变易，则外由事物之接构，内由阴阳之消息。此为理学家之说。理学家谓万物皆气之所成，气有自然之屈伸，人为万物之一，自亦不能免此。屈伸而得其当则为善，不得其当则为不善矣。此说颇深奥，欲知其概，须读张横渠之《正蒙》。

　　世间实无其物而人以为有之者，皆出于其心之设想，设想即章氏所谓营构也。佛说之诡诞，盖沿自印度，此为印度人心所营构，与中国人心所营构见于《易》者相同，与耶教天堂、地狱、上帝、魔鬼之说出于希伯来人心所营构者，亦无不同也。此为神教所由成，亦其所以维持于不敝，章氏能见及此，其思力可谓深沉矣。惟谓佛之异于圣人者，乃舍事物而别见有所谓道，则亦沿宋儒之说，未为得当。宋时佛学，诸宗皆衰，惟禅宗独盛。学禅之人，习静既久，往往别有所见，此为变态心理，在佛学中亦为魔境。宋儒自谓深于佛说，能入其室而操其戈，实则于佛学人之不深，遂以此等禅宗之末失概佛教，谓其本来如此。其实世间无离乎事物之道，佛教之所说，亦皆归纳事物而得之者也。

书教上

　　《书教》三篇，为章氏论史最要之作。盖作史之最难者，在于详略之得宜，自今日观之，若仍沿旧史之体，则此事真是无策。何则？史所以记事者也，天下之事繁矣，安能尽记？无论如何详博，总只能就吾所认为有关系者，从而记之；而不然者，则删之。删之，势也。然事之当记、不当记，至难定也：有此人以为不当记，而易一人观之，则以为极要者矣；有今日以为不足记，而易一时观之，则以为极要者矣。盖天下事原无大小、轻重之分，所谓大小、轻重者，特人之意有所偏主，见为如此耳。故有自此方面观之，以为无关系；而自彼方面观之，则觉其极有关系者，此各人之意见所以不同。有今日以为无关系，而时异势殊，忽有一有关系之事生，而追溯其源，乃即在此无关系之事，则今所以为无关系者，一变而极有关系矣，此一人之意见所以前后不同也。然则天下事更无无关系者，亦无大小、轻重之分，欲求因果之尽明，势非举一切事尽记之不可，此为办不到之事。欲求详备，亦惟有即力所能及者，广为搜罗而已。然以今日记载未及万分一之史书，已觉其汗牛充栋，老死不可胜读；设使更求详备，更复谁能翻阅，史书不将成为废纸乎？则必有以济其穷而后可。济其穷之策惟何？曰：将记载与研究，分为两事；研究之中，复分为若干门类而已。记载之作，本以供研究者之取材，非以备普通人之阅览，则虽多而不厌其烦。研究之士，可以就性之所近，各专一门；研究愈精，则分别愈细，则其所去取，必能当乎大小、轻重，而谬误较少。如是分工协力，则可以成多种专门史；而性喜综揽者，乃复合专门之士研究所得，以成一普通史焉。记载无论如何详备，总不能无所遗漏，则殚心考据之士，可以搜其逸而补其遗；研究无论如何精详，总不能无所差误，则好学深思之徒，可以绳其愆而纠其谬。一门有新说，可以波及于他门；分著之日新，益以裨补夫总著。时时搜辑，时时研究，看似分道扬镳，实则相资为用，此则今后史学演进必由之途也。章氏之时，尚未知史当分为若干专门，然后综合之，以成一普通史，而于记载、撰述当分为二，则言之甚莹，其思力可谓深沉矣。

记言、记事之别，特以大略言之，固不能十分精确，亦不当以此驳古人也，见《史通·六家篇》评。

书教中

　　此篇申论记言、记事之不可分，而讥后世之拟《尚书》者之不得其当也。古史体例粗略，记言者但粗陈其事，记事者或不备其言，自后人观之，则以为无当矣。然欲求言、事之兼备，其间又有一难：盖至后世而文字愈多，载之不可胜载，然其言皆与事有关系，或事之办法，有取于其人之言；或当时未行，而后卒行之；或事迄未行，而其言甚善，足资鉴戒；又或议论之中，述及当时情形，实兼叙事之用。删之，则事又不全也。于是刘知几出，欲将诏令奏议，别为一书，编入本书之内，此诚可以济旧史体例之穷。然至章氏时，而文字又繁于唐代，如刘氏之法，又觉其不能容矣，于是章氏又别出一策，以济刘氏之说之穷。其策维何？一则极有关系之文字，附入正史之后，如杜氏《通典·礼门》，附以博士、经生之议；一则关系较浅之文，别为一编，与正史相辅而行，如《唐文粹》《宋文鉴》《元文类》之例，章氏修志，所以欲立文征也。章氏之论，自较刘氏为可行，此非章氏之知过于刘氏，亦其时有不同耳。

　　议论与叙事，实不可分。删之则无以见事之全，然文字既繁，欲隐括之于叙事之内，其事已不可行。章氏之说，实为最便，今后撰各种专门史者，皆可用其说，辑有关系之文字，或附本书之后，或与本书并行也。

　　文既与史相辅而行，则每篇皆当略叙其事，以备所言之本末，此说实为最要：如是则借言以考事者，可以省力；而读其言者，亦益明白矣。清贺耦庚辑《经世文编》，较之《唐文粹》等，益得与史相辅而行之妙，惜于此亦有所未遑也。

书教下

此篇阐发撰述、记注当分为二之义，其精意尤在"史为例拘，当求无例之始"一语。盖史之作，所以举一时代中重要之事，以告后人，俾后人明于其时之真相也。重要之事，历代不一：有在此时代极为重要，而在他时代则不然者；如发明历法，在古代为极重要之事；而后世历法之小小改变，则非专门之士，不必详知。亦有今日视为极要，而前世则并无其事者。如轮船、火车、电报、电话等，与西洋交通以前，皆无之。作史者当深察一时代之事，孰为重要，孰不重要，而后分别记载之、刊落之，以贻后人；所谓事万变而不齐，史文当屈曲而适如其事也。不当如填表格者然，以前史之门类为门类，其所有者则搜辑记载之，其所无者则任其盖阙也，此则章氏所讥"同于科举之程序，官府之簿书者"矣。历代史籍，体例虽有不同，然大体因袭前人，实不免章氏所言之弊，故章氏深恶而欲改革之。其改革之宗旨，则"因事命篇，不拘常格"；其所拟之体裁，则去世家、列传、表、志之分，但择其重要者，则作一篇，名之曰传，与提挈大纲之纪，相辅而行；此纪亦用以提挈全史之大纲耳，非复旧史之本纪也。果如章氏之例以作史，则旧史本纪体例之当改革，自不待言。传之体例，亦无一定，图表等靡不该焉。果用此例，历代史籍之繁文，可以刊落许多；其所不备者，又可补入许多，复重之弊，自亦可减少许多。诚最便于观览者也。正史固不便观览，《通鉴》《通考》等，在今日亦已不甚适宜。

如有博通之士，能用章氏之例，撰一通史，以资诵习，实于承学之士大有裨益也。

《尚书》究系史官撰述，抑出后人追记，已难质言。但无论其为当时所撰，抑出后人追记，其体例皆不可考。在今日，只可谓书缺有间，存者只此数篇耳。谓其人实有特识，能取史事之重且大者，笔而著之，以示经世之大略，而其余则在所弃，其言羌无证据也。章氏之说，只是旧时风气，将理想中尽美、尽善之境，托之于古，附之于经耳，不可泥看。

《太史公书》体例之不划一，亦其所本者然。《史记》之作，只是史公取所见古书，钞录排比成之耳，以后世史例，议其未当，固属妄说，谓其有圆神之妙，亦羌无证据之谈也，此言亦不可泥看。

历代纪传编年之史，皆为古人成例所拘，不免有不当载而载者。惟袁枢之《纪事本末》，体例为其所自创，但取重要之事，浮文悉归刊落，故章氏亟称之。然袁氏此书，不过就《通鉴》一书加以删削编纂耳，与章氏所谓"深思古今大体、天下经纶、网罗檃括，无遗无滥"者，固不同物，故章氏又谓袁氏初无此意，其学亦未足以语此也。章氏以纪为纲，尽泯世家、列传、表、志之别。重要者即撰为传之说，即师纪事本末之意，而又推广其例者也。

古人本无作史以诏后人之意，其所谓史者，只是将当时视为奇异之事笔之以备遗忘，或必须参考之件，保存之以备将来复核耳，说见《史通·史官建置篇》评。章氏谓诸史皆掌记注，未尝有撰述之官，以见撰述之非可易言，亦将自己理想附合古人也。在古则本无其事耳，非有其事而难其人也。然其说与今日非有专门知识不能作史之理，却极相合。要之章氏举理想中尽美、尽善之境，附之古人，与古事不必相合，然其思力则可谓极沉挚也。

诗教上

　　《诗教》两篇，章氏所以溯文学之源者也。著述之事，或属于情，或属于智，纯理应用之学，皆属于智者也；文学属于情者也。文学之形式虽殊，其本质则一。本质惟何？曰：以美动人之情而已。章氏谓"文其言以达旨者，皆属于诗"，可谓卓识。以今语译之，即谓言之主于美者，皆可谓之文学也。章氏所谓诗，非就诗之形式言，而主诗之本质言也，观下篇自明。

　　近人谓文学有纯杂之别。意非主于有用而纯出于情之不自已者，纯文学也；而不然者，则杂文学也。中国学问素主实用，故纯文学较少；而言之无文，行而不远，自古即有此风尚，故杂文学特盛。大而经国、载道，小而叙事、述怀，凡著之简牍者，未有不求其言之美者也。杂文学之本意，虽与纯文学异，然既文其辞以达之，则其中亦既有文学之成分矣，章氏谓文其言以达旨者，皆可谓之文学，其说实极包括也。

　　昔人每以其所谓尽善、尽美之境，托之于古，或附之于经，非所谓经与古者，果如是其尽美而尽善也，人自以其尽美、尽善之境，托之、附之耳。章氏谓诸子之学，皆出六艺，立说自属牵强。然又云："道体无所不该，六艺足以尽之。诸子之为书，其持之有故而言之成理者，必有得于道体之一端……所谓一端者，无非六艺之所该，故推之而皆得其所本，非谓诸子果能服六艺之教，而出辞必衷于是也。"

则非六艺足以该诸子，实章氏自以其所谓道者传之于六艺，章章明矣。凡昔之则古，昔称先王以为尽美、尽善者，皆可作如是观。人之思想必有所托，其所谓尽美、尽善之境者，亦必有所附，所以使空言变为实像也。徒举一理而使人遵从甚难；举一物焉以实之，而曰：此实如是，汝当效之，则听者觉其较有把握矣。每一时代必有其所企慕之境，则恒举其所谓尽美、尽善者而一以附之。昔人开口辄曰三代以上如何如何，今人开口辄曰东西列强如何如何，皆是道也，其实所谓如何如何者，核诸三代以上东西列强，乃十九不然也。此自人之心理如此，无足为怪。

文体古少而后世多，多由进化之理，始简单而后复杂。后世杂多之体制，皆自古代数种文体中分化而出，必知此，乃能知文体之源。然古代简单之文体，自有其不得不化为多种文体之势，必知此，乃可以尽文字之用。欲明于文体者：每一种文体皆当求其始于何时；更求诸未有此体以前，观其从何种文体变化而出；而又深思其不得不变之故；更博观之以明其递变之势，如此则于文体之源流可以洞明。洞明文体之源流，则持以观他人之文字，可了然于其得失；而其所自为亦必无差谬矣。此篇追溯各种文体之源，极有见地；试如其言翻阅之，亦求通文体入门之一道也。

昔人谓周末文胜，文胜者，过求形式之美，而情实不足相副之谓也。吾国自周至今，可谓迄未能改文胜之习。凡事但求表面，而不讲实在；如建筑不曰以资居处，而曰以壮观瞻；练兵不曰以求克敌，而曰以壮军容，皆是此等思想之流露。彼此以浮文相欺，明知其实非如此，而恬不为怪，不但公事如此；即私人交际之问，亦复如此。皆是此弊，崇尚文辞，特其一端耳。然崇尚文辞，虽不足以尽文胜之弊；而文胜之弊，亦可于此见之。自魏、晋以后，隋李谔《论选举疏》曰：自"魏之三祖，更尚文辞，下之从上，有同影响，竞骋浮华，遂成风俗；江左齐、梁，其弊弥甚，世俗以此相高，朝廷据兹擢士，禄利之路既开，爱尚之情愈笃"。案唐、宋以后所尚之文，与魏、晋、南北朝不尽同，然其为尚文则一也；两汉之世，此风尚未大甚。言之无文者，其道不能大行；文士之浮华，明知其无实，而世争尚焉；事之不传之以文辞，而须籍器物者，多失其传，惟空言阔论，则盈天地问皆是。今日名崇科学，实亦惟发为空论者最足华世而取宠，皆是道也。此篇谓"后人著述，惟逐文辞"，下篇谓"后世之文，不过自抒其情意"，皆谓其偏于求美也，可谓能见及此弊。尚文之弊亦由社会进化而来。盖程度高则爱关之心盛，凡事不徒求其足敷实用而止，章氏所谓"质当其用，必有以文之"是也。然文胜则无实之弊起，其后遂至虚伪百出，不可究诘焉。故昔人贵文质彬彬，又求归真返朴；昔人此等见解，自是颠扑不破。

论至战国而著述始专一节，亦极有见。近人创九流不出于王官之论，自谓独到之见；而不知如此则九流之学，前无所承，何以突然而生乎？即就文字观之：诸子之文有极明畅，可证其出于散文已盛之世者；亦有极简质整齐，可证其尚在韵文时代者，亦足明其不出于一时也。王官之学，所以散为九流者：自缘东周以后，社会之变动剧烈，旧制之改易者多；诸侯大夫又互相兼并，官失其守者日众；而世变既剧，思想弥以发皇，平民之事学问者亦日多，前此在官之学遂一变而为私家之业耳。诸子之学同本于古代之哲学，加以各守其官之经验，故其源同而流异，庄生《天下篇》论此最为谛当。九流之学可分家，而不可分人，所谓某子某子云者，特取其学派中最著名之人以名其书耳，实不谓书即其人所著也。此篇谓古人不自著书，《管子》称桓公之谥不足疑，尤足箴近人摭拾诸子中涉及其人身后之事者，便指为伪之失。惟谓诸子之学，尽出古代，亦为非是。诸子之学，其源虽出于古，而加以后来之恢弘，自有非前人所能尽者。章太炎谓"官人守要，而九流究宣其义，及其发抒，王官所弗能与"，其说自最持平也。

诗教下

文字有其质，亦有其形。拘其形而昧其质，固不可；重其质而蔑其形，亦不可。昔人之弊，在太拘形式，凡文字体制不同者，即不甚注意其理之相通，故往往昧于文字之原。近人之弊，则又在太重文字之质，而不能细辨其形。且如诗当重感情，当以美动人，固也，然谓凡重情感、能以美动人者，皆可为诗，则诗何以别于他种文学乎？是明于诗与他种文学之同，而昧于其所异也。章氏此篇亦注重于文之质，故谓"言情达志、敷陈讽谕、抑扬涵泳之文，皆本于诗教"，而讥学者惟拘声韵之为诗。乍观之，似为新诗张目者，然章氏所谓诗教者，自为文学之代名，故谓之诗教，而不谓之诗观。下文论有韵之文，不皆可以谓之诗，并不可皆谓之赋，可见非谓无声韵亦可谓之诗也。今之新诗，或可自成一种文体，然与旧诗必非同物。谓此为诗则必改旧诗之名而后可，何则？其实异其名不得同也。今之新诗特言语之较有抑扬顿挫者，旧诗则出于歌谣，其源固不同也。论必有所当，古人之言，大抵为救弊补偏而发，章氏之论，发于太拘文字形式之时，故导人以求其质。

文之敷张扬厉者，皆赋之变体，此说最通。试取《淮南子》读之，其《说山》《说林》两篇，文之以简截为贵者也，非赋也；其余则皆敷张扬厉者也，皆赋也，便可知二体之别。

谓谈天雕龙、坚白异同，皆《乐》之变，此说殊误，此乃名家之学。名家之学，乃纯粹之哲学，非情感之谈也。章氏之时，此学暗晦，皆以为故为恢诡，不衷隋实之言，故章氏亦视为其人适情肆意之说耳。

文字之分类，莫谬于《文选》，此直是随手立名，不足以云分类也。后世文字分类，当以姚姬传氏之《古文辞类纂》为最精，当试取其序目观之，自见其源流贯澈之妙，此论文者之公言，非偏主桐城之论也。

经解上、中、下

《经解》三篇：上篇论儒家之书所由名为经。中篇论诸家之书以经名者。下篇论后人之拟经也。

经之名盖对传而立。古人著书，传之师者，说分详略，其提挈大纲者称经，详其委曲者为传，上篇所论诸家之书，自分经、传者是也。传所以释经，放亦谓之解。如《管子》书有《牧民》《形势》诸篇，即有《牧民》《形势》诸解是也。《礼记》有《经解篇》，盖所以总释六经之义者也，篇中只首一节为经解；"广天子者"以下，与经解无涉，盖杂录诸篇，以首篇之名为全篇之名，而亡其以下诸篇之名也。其辑录旧闻、补经所不备者，则谓之记，《仪礼正义》谓凡记皆补经所不备，今之大、小《戴记》多出《礼经》之外，比物此志也。《礼记》中《冠》《昏》《燕》《射》诸义当与《仪礼》合，即《仪礼》之传也；其不与《仪礼》相附者，乃可谓之记。其以己意推衍之者，则谓之说，如《汉志·老子》于《邻氏经传》外，又有《传氏经说》《徐氏经说》《刘向说》是也。传氏、徐氏盖仍全录经文，刘向则否。章氏谓刘、班著录诸子不称经，失考。《尚书》有《欧阳说》，《诗》有《韩说》，《礼》有《中庸说》。记与说非必有，传则一家之学皆有之。盖占者简牍用希，学问皆口耳相传，撰为简要包括之语，以资诵习，是之为经；其委曲解释之辞，则但求明了其义而止，无复一定字句，是之为传。经传之分如此。其后笔之于书，亦仍沿其例焉。经为对纬之称，举经已该纬之义。古人辞尚简要也，以相传诵习之辞为经，义盖取于经纶；以委曲解释之辞为传，义盖主于传习，立名各有取义，初不必为相对之辞。汉世异学既兴，乃谓经之外，别有所谓纬，足知其为诬说也。经传必出本师说，或不免各安其意，故韩非谓苦获之属皆诵《墨经》，而倍谲不同，相谓"别墨"也。《法经》称经者，《晋书·刑法志》谓：李悝撰次诸国法，著《法经》六篇；商君受之以相秦；汉承秦法，萧何益以事律《兴》《厩》《户》三篇，为九篇；叔孙通益以律所不及旁章为十八篇，其后张汤、赵禹之属，递有增益，合六十篇；又有令及比等，都目凡九百六篇。汉去战国不远，文繁如此；六篇之法，秦、晋安能足用？则亦仅详其大纲而已，故谓之经也。韩非《定法篇》曰："韩者，晋之别国也，晋之故法未息，而韩之新法又生，先君之令未收，而后君之令又下。"可见当时法令之错杂。魏亦晋之别国也，安得但有六篇之法乎？《离骚》称经者，《汉书》谓淮南王安"且受诏为《离骚传》，日食时上"，今《史记》之《屈原列传》与安所作传大同，非必相袭，盖当时自有此等文字，与《离骚》并行，为二人所同本，犹《伯夷列传》所引逸诗之传矣。合此诸事观之，经传为相辅而行之书可知。章氏谓诸子之书，皆有经传之分，其说甚通；而谓儒家者流，因有诸子之书，乃自尊其书而谓之经，则未必然也。章氏谓孔子不著书，六经皆先王之政典，与诸子之自著书者不同，故谓儒家之书，体例与诸子不同。

汉世学重传授，犹存古意，故除孔子手定之五经外，皆但称为传，而不名为经；后世古义既亡，但以经为儒家所传古籍之称，则并传记之属而亦称为经矣。

章氏惩宋学末流之弊，力主政教合一，官师不分，空言不可以教人，亦自有其独到之处。然因此谓孔子之书皆系古代之政典，孔子于此之外，一无所说，则实不免于偏，因此又堕入尊王之谬见。当代制度无论善否，皆欲强人遵守而弗渝，则尤为拘墟矣。如下篇谓六艺皆周公政典，故可立为经，夫子虽圣，而非政典，则不可称经，扬子作《太玄》，不但有拟圣之愆，并蹈僭窃王章之罪；中篇谓制度之经，时王之法，既为当代臣民，自当率由不越，即服膺六经，亦出王制之一端是也。然则孔子之时，只有桀、纣之法，孔子亦当修明之以立教，而不敢自有所作与？不知古代之民所以服膺时王之教而别无异议者，一由其时之人智识程度之浅，一亦其时之人尊君亲上之情之深。后世智识感情皆异于古而犹欲强之惟上是从，并言思拟议而有所不许，岂真将如秦始皇之欲学法令以吏为师邪？章氏谓始皇此举，不悖于古，诚然，盖亦思古之圣王，能行之于古者，何以秦皇不能行之于秦也？秦皇且不能行之于秦，况又欲行之于秦之后邪？

原道上、中、下

　　此三篇为章氏排斥宋学末流之弊而自伸其离事不可以言道之说之作，其要旨有四：（一）道者，事物之所以然，人当求合之，所谓不得不然也。惟圣人能之。（二）世运日进，事物愈繁，道之因事物而见者亦愈显，所谓渐形渐著也。道之渐著，必有圣人能知之。故道愈著，则圣人合乎道之制作亦愈多，后圣因而法之。（三）道之著至周而极，故周公为集大成，孔子仅学周公而尽其道。非孔子之圣不如周公也，道之著已至乎其极，无俟更有作为也。（四）道必因器而明。离器而言道，则变为人人之私见而道晦，以人各有其受性之偏也。此说与今所谓为学当重客观，颇有相会处。故孔子不著书，但即器以示教；六经皆器。诸子离器而言道，道遂分而不合。此等见解，实自病宋学之凭空以求道来，固亦有理，然亦有所偏，试即其说以折之。章氏既知道之渐形渐著矣，则世运愈进，立说愈繁，实势之不得不然者也。夫道亘古如兹，所以愈进而其说愈繁者，则以人之求道愈精耳。古人立说所以浑沦而其时亦无分歧角立之说者，正由其时求道之法尚粗，未知多其途以测之也。至于多其途以测之，则人各专一门，而其说势不能尽合，固事之无可如何者矣。然分者各致其精，又有人焉，合诸专家之所发明以求其所谓一体者，亦未尝非计之得；此今之言哲学者，所以必合诸科学家所得之原理而更求其原理也。旧时不知此义，徒见研究愈深，立说愈纷，以为道之不明，实由众说纷歧而然，遂转慨想于古代立说浑沦、众说未兴之世。其言固亦有一面之理，然与学术演进之路，实相背驰。庄子《天下》之篇，与章氏《原道》之说，同一蔽也。然章氏谓义理、博学、文章三者必合于一，乃可见道，已有综合众说、以求其真理之机。特言之不如今日之人之莹澈耳。事势所趋，有思想者固皆能见到也。

言宋学者，有理气是一是二之争。主理气是一者，谓理即气之条贯，实乃即气而名之耳；主理气是二者，则谓气为然而理为使之然者。故谓气到强横时，理亦无如之何。如是则理亦自为一物，而不足以物物矣，谓统驭众原理之理，当兼包众原理；不可出于众理之外，而自成一理。故当以前说为是。此篇谓理附于气，似亦堕入理气是二之见也。

凡尊之甚者，必以己所谓尽美尽善之境附之，其极遂至出学术而入乎神教。中国人之尊圣人，往往如是，《论衡·实知篇》之所辟即是也。此篇谓尊圣者莫若切近人情，不知其实，而但务推崇，则玄之又玄，圣人一神天之通号耳，世教何补焉，意与仲任同，固亦一理。然神教之为物，不徒理智，实兼情感。此等情感固亦须有以满足之，非尽作此等说者之愚昧也。又宋学家盛推孔子，过于尧舜，因之重性命而薄事功，固亦有所偏，然与汉儒论圣人，以为"前知千岁，后知万世，有独见之明，独听之聪，事来则名，不学则知，不问自晓"，纯乎神教之谈者，究有区别。性命之学自有其至精之境，以此附诸古圣，或失其真，然究未尝离人事而入于语怪也。

原学上、中、下

　　此三篇：上篇自述为学之准，颇近程朱，实亦调和汉、宋学之见也。中篇谓必习于事而后可以言学，近颜习斋。其谓极思而未习于事，虽持之有故，言之成理，而行之不能无病，可见学与行不能分立之理。下篇攻汉学家之弊，不訾其博学，而訾其以诵习为学之究竟，亦谅其攻取之难，倍于古人，殊为持平。末谓天下不能无风气，风气不能无循环，所贵君子之学，为能持世而救偏；讥世之言学者，"不知持风气，而惟知徇风气"，由于"趋时而好名，徇末不知本"，可谓洞见学者之弊、卓然能自立之论。

博约上、中、下

此三篇乃辟汉学之流弊也，其说极通。

古之学简，后世之学繁，此由后人之研究，较古人为博且精，故不得不如是，下篇所论今人之学不能同于古人者是也。此实学术之进步也。顾天下事利弊相随，分科既密，遂至于他事太疏，则亦不能无弊，何则？宇宙现象本为一体，分而治之，乃以人知有限，不得不然，而非其现象之本各离立也。于全体所知太疏，则于其所治之科见解亦不能无误，此普通知识所由与专门并重也。故承学者非有所专精，不足以言学；以其不能深入。而非有普通知识，亦不足以言学。不自知其不足以言学，而嚣嚣然排斥他人，则不合不公，又增一纠纷矣，此则《原道下篇》所由引庄生之言，叹百家之往而不反也。

为学必专精一类。一类之外，固不必如昔时学者之妄求遍物；而一类之中，则不可以有所歉，上篇所谓市布者不可阙于衣材，市药者不可阙于方剂也。分类之法无定，研究愈精，则分析愈密。若贪多务得，则看似博洽，而实皆无所心得，此则上篇所讥类纂策括之学也。世之以此欺人者不少，惟真知学问者不为所惑耳。如中篇所论，则清儒之考据，章氏且不许其足为学问，彼皆实有心得，非徒钞撮、排比之为也，而况于类纂策括之类乎？此以知学问之贵自得矣。近人钞撮，看似洋洋大篇，而实则自己未说一句者，当深思此言。

章氏所以不认考据为学者，以其徒能考据事实，而未能综合之以立一原理也。学问之所研究者为事，而其所求者为理。徒考据事实，而未能因之以见理，则其考据为无谓，此章氏所由判纂辑与著述为二事，异求知之功力于成家之学术也。平心论之，学问愈精，分工愈密，专力纂辑亦未尝不足名家，秫黍固不可为酒，然种秫黍者亦不可谓非一业，不能责其必兼酿酒也。特不当沉溺偏端，而于全局茫如耳。此则章氏所谓道欲通方、业须专一并行不悖者也。

考证固视其功力，亦与眼光有关，眼光由于天赋。中篇所谓"学有天性……有人识最初，而终身不可变易"者是也。下篇云"高明者由大略而切求"，谓先有眼光，更求证据以实之也；"沉潜者循度数而徐达"，谓先从事于多识，终乃综合之而得其原理者也。固贵不为喜、怒、爱、恶所移，而己饥己溺之怀亦不可无；所谓"功力有余而性情不足"，未可谓之学问者也。如睹贫富之不平、漠然无所动于其中者，必不可以治社会学。此皆深于学问者不能道。

下篇云义理、制数、文辞为道之一端，当致力其一，而不偏弃其二。即义理、考据、辞章三者不可阙一之说，当与《原道下篇》参看。

中国为大国，又为古国：学术之发达，不为不早；资料不为不多；数千年以文为治，致力亦不可谓不深，卒之所造不如近世西人之精确者，由分科不密也。分科不密，故不能精别专门与普通：于是材力不足者，不免于陋；材力大者，亦以贪多务得，而所造不深，此实学术演进之大阻力也。此篇所论之理，今日人人知之，在当日则极通而难得之论也。

言公上、中、下

此三篇辨著述者之自私其言与否，为古今之一大界。著述者之自私其言，盖自好名之一念来。崇尚文辞，始于魏之三祖，而文帝《典论·论文》之言曰："年寿有时而尽，荣乐止乎其身，二者必至之常期，未若文章之无穷。"其意皎然若揭矣。下篇云："富贵愿足，则慕神仙；黄白之术既绌，文章之尚斯专；度生人之不朽，久视弗若名传。"真能洞烛其情也。果出于义，私据有之，似亦未足为害。然既有争名之心，势必至于欺世而后已。作始也简，将毕也巨，君子于弊之所生，所以常防其渐也。

诸子之书，皆非自著，读其书者只可别其为某家之学，而不当凿求为某人之作。不知此义，则近人疑诸子之伪者纷纷矣，此实自生葛藤也。详见予所撰《论读子之法》，在《经子解题》中。

古人引用他人之言，不必著其所出；然治某家之学者，其所引则无非此一家之言，此由古代学有专门，使之然也。参看《文集篇》。后人辑佚，因此而得所藉手不少。又引用书籍，古人亦多不著明，此由书少，人人知之故也；在今日则自以著明并详其卷第、篇目为宜，以便读者按核，非以避抄袭之嫌也。学有心得，用前人之说，而不为嫌；苟其无之，纵力避古人之形貌，仍不免于盗袭之诮，章氏固已言之矣。

古人辑佚，与后世体例亦有不同：后人之辑佚，大抵仍其单辞只句，而著其所自出；古人则不然，既不著所自出，又或以意联属，使成一篇文字。如今所传司马法，以为真，则决非先秦之文；以为伪，则析而观之，又无可断为作伪之语，且其文多错见他书，盖即此类。此法最易失真，自不如后来之善。然见今辑佚之法，亦仍有未尽善者。盖佚文皆借引用而存，然昔人引用，不施符号，孰为引用之文，孰为自著之语，辨别颇难，又引用多有删节、改易，有非并引用者之辞录之，则原文之意，亦不可见者。予意当并引用者之辞全录之：吾意以为原文者，则用白文示别，如此则原文存于引用中之情状，为众所共见，吾所定为原文者，得当与否，读吾书者亦易于推校矣。详见予所撰《章句论》。

文学别是一事，必借载道或述事以自重，自属旧见，然亦必有其实。文主情感，实有其情，而非无病之呻即实也。中篇所谓非徒文具，乃足以语于诚，当如是解。至谓：文可明道，亦可叛道；工于文者，譬彼舟车之良，适燕与粤，犹未可知，则又有辨。文之工者，其情必实，实则无不于世道有裨；若实无其情，而如鹦鹉之学为人语，则未有能真工者也。然世事降而弥繁，专工纂组，亦不能不认为文学之一派，特非其至者耳。

史　德

　　此篇所论，极为入微。今人论学，莫不知重客观；然所谓客观，亦难言之矣。心有所偏，曲立一说，固不足论；即诚不杂以好恶之私，然史事如物，吾心如衡，衡之正久失于平时，临事致谨，又恶足用哉？欲为良史，当尽天而不益以人，从来论史学之求真，未有若此之入微者也。

　　谓《史记》为谤书，可谓无目之论，此篇辨之，可谓畅快。且《史记》之文，皆删取旧籍为之，所自作者甚少，何所用其谤哉？《封禅》《平准》两书非旧物，久有定论；即《游侠》《货殖》列传，亦当时固有此文，而史公辑录之耳。

史　释

此篇亦即道存于器之见。其谓《周官》府史之史，亦即后世书史，能备存掌故之委折，则恐非。古代文字用少，当时诸官之史所记、所守，必极简略，其较繁者，当总存于史官耳。

章氏惩宋学末流之弊，力主道器无二，未免于偏。此篇谓学者但诵先圣遗言，而不达时王制度，则为鼙蜕之文，射覆之学，其言却有至理。昔日所谓经世之学，本期见诸施行；欲求见诸施行，而不通当代之典故，则诚所谓"考西陵之蚕桑，讲神农之树艺"者矣。论秦人以吏为师为合古，李斯之禁诗书为悖道，说亦平允。欲禁异说，在求政事之能厌人心；而欲求政事之能厌人心，则必博观于古而后可协时宜，未有私心自用而能合乎道者也。况人智日开，学术日进，政治之得失，端借学者之评论以见之，并未可责，当代之学悉合于时王之政邪？

史　注

　　此篇论作史者必著其所取，且必明著其去取之由也。史法愈后而愈密，即愈后而愈趋于客观。古人之于史材，直以己意去取之耳；去取或有未当，当并存其去取之由，以待后人别择，此义古人不甚知之，《史》《汉》等书之所以能简也。《史记》必传之外孙，《汉书》必授以女弟，特以其时学术之传未广，不得不然耳。章氏谓"必有法外传心，笔削之功所不及"，误矣。后人考证渐精，渐知客观事实之可贵，其所作之史乃不得不详。于是文诰案牍之类次，日月记注之先后，皆不能不兢兢致谨，而其文遂不得不繁芜复沓，此乃势之自然：与其主观而武断，毋宁客观而多存前说。此则《史》《汉》之简，《唐书》《宋史》之繁，初不容盲从昔人薄今爱古者也。惟是繁猥至《唐书》《宋史》，已非寻常学者所能遍读；读亦不易得其要领。而以言保存史料，则犹病其阙略，此则修史与作史，所由必当分为两事也。

　　史注有补正文之不足者，如裴松之《三国志注》是。后世史籍繁猥，治斯学者贵能分别部居，不贵兼收并蓄。若如裴《注》之例，势将不可胜采，故此类之注，尚非所急。而考异之作，既可自明去取之由，并可考定史事真伪，实于读者大有裨益，章氏称为近代良法，洵不诬也。

　　凡史文，重修之稿，恒不如原稿之可信，以苟非有所订正，则异同之处，其误必在重修之稿也。然原稿能入学者之目者甚鲜，以其太繁猥也；然则重修之稿，不徒无心之误不可知，即其专辄附会、剽窃成书、因陋就简，亦莫得而正之矣。此篇欲借自注以祛其弊，固是一说，然仍未必足恃，何则？其人而苟矫黜，断不肯于注中自暴其短；读者未见原文，亦断元以知其心术之不诚、闻见之狭、功力之疏也。自注如此；得人为之校注，亦不过一二人之智，未必能极公极密。予谓一书之作当否，应由学者公同考校，随时复核，其大体不善者，并可毁之而重作，然则史虽修成，仍当保存其长编，其说固确不可易矣。

传 记

此篇辟世俗拘泥之非，与《古文十弊篇》参看。

习 固

　　此篇为不真知而袭人之论者发：所谓"告主家之酒酸"，乃讥浅学者以人人知之之事矜为创获；所谓"真知是非者，不能遽言是非"，乃讥高谈阔论者，惟于学问所造不深，故觉其言之之易也。所言皆确有至理，亦阅历有得之谈也。

朱 陆

　　此篇兼攻当时治汉、宋学者。其说曰"高明沉潜之殊致，譬则寒暑昼夜，……交相为功"；又曰"宋儒有朱、陆千古不可合之同异，亦千古不可无之同异"；又曰"攻朱者固伪陆、王，……攻陆、王者亦伪陆、王"；又曰"务为实学，则自无暇及于门户异同之见，亦自不致随于消长盛衰之风气"；又谓清儒考据之学实出于朱子之数传，皆卓然不刊之论。

　　大抵一种学问，有其利必有其弊：利必出于公心，弊必出于私心，此百变而不能易者也。弊之征为好名，好名者或借名以求利，或即以名为利，要皆不越于好利，仍是一义利之辨而已。宋儒最严义利之辨，貌附其学者，犹不免于好利，况于汉学之本不致谨于是者乎？本篇攻汉学家之弊，可谓穷形尽相，与《感遇》《辨似》《说林》等篇参看，可知宋学之未可轻诋也。且此犹谓汉学家言行不符、其为人不足取耳。抑知汉学之功，只在考证，若言主义，则初无可取。后来讲今文者，颇有瑰奇之论，然此乃汉人所传非常异义，非其所自得也。大抵清人所长，只在考证；身心性命之学实无所得，此其风俗之所以弊也。近人最尊其说，以为足矫宋学之弊，于哲学中自树一帜者，莫如戴东原。其实戴氏之驳宋儒，初未得其肯綮，自立之义肤浅，而亦未安，旧有《订戴》一篇正之，参看自可晓然也。

文 德

　　文必中理。不中理之文，不足为文也，而多为世所贵者：一则科举余习，本不求其中理；一则俗士无识，不能辨其中理不中理也。此篇所论，足为箴砭，而一归之于治心、养气之功，则尤非深于理学者不能道也。

文　理

　　论文家之语，所以不可奉为标准者：一以其不得古人之意，本篇所谓"起古人而问之，乃曰予之所命不在是"者也。一以其不能喻诸人人。本篇所谓"一时心之所会"者也。古今语法不同，后人所指妙处，往往当时语法如是。初非有意求工；其所谓似起非起、似结非结、似连非连、似断非断等，往往古书本各为段落，后人传写，失其原式，以致涵涌不明，参看予所撰《章句论》。而世俗评骘之徒，一一指为古人极意经营之处，由考据家观之，实可发一大噱。惟文章与考据不同；古人此等处虽非有意求工，后人以为工而效之，固亦未为不可，特不当以是为公言，强欲喻诸人人耳。苟其如是，奉吾之说者将不免舍康庄而趋荆棘矣。章氏谓此等皆不可揭以告人，真是通论。

　　文有其本，本者质也。质立而后形可以具，而后可以论其形之美恶；否则形且不存，更何美恶之可言！抑质之既立，形之美恶有不烦言而可解者，此篇所谓诗之音节，文之法度，可以不学而能也。自文学不明，乃多讥中国为无文法，乃有执文法以论通不通，并有执修辞之学以论美不美者。其究也，法愈繁，而文之不通愈甚。设正告之，彼且将反唇相讥曰：天下岂有无法之事欤？诚哉其无无法之事也。然事必有法，是一事；人之求习此事，是否当执法以授之，又是一事。文固有法，然欲通文者，决非徒授之以法而即能，此侯官严氏所以谓文法者所以资已通者之印证，而非谓未通乎文者可执此以求通也。此其所以者何？则以文法至繁，不可胜授、不可胜习也。今夫弈之为数，小数也，一一按数而演之，其数固可尽也，然从古有为弈谱之人，无思尽演弈数之人，非特谓其不可尽，即能尽之，亦必无人能省，与无等尔。文法犹是也。执一句一节而言之，其通不通，似有定法。然一句必在一节之中，一节必在全篇之中，合一节而观之，而句之通不通，其式骤繁，合全篇而观之，而节之通不通，其式骤繁，而句之通不通，字之妥不妥，巧历不能算矣。此所以欲使人通文字者，只有授以成文，迎机牖启，使之渐悟，决无授以死法之理也。

文学之美，必由直觉。此篇所谓甘旨、轻暖，衣且食者自知之，难以告人者也。牖启人者，亦牖启之使能领略其美而已，非能以我所觉之美，授之于彼也。

文　集

　　专门之学，迄于西汉；东京已无之，后世更不必论矣。此亦各有短长。专门名家之书，决无浮而不实之语；后世则应酬牵率之作，决科俳优之文，泛滥横决，不知所谓。此古专门之学精，而后世之学芜也。然古专门名家之书，皆如章氏所云语无旁出，后世则不然，此亦可谓后世之学通，古专门之学隘也。此篇当与《校雠通义》参看。

篇　卷

此篇考证精确，议论亦通。

后人分卷，亦有计文义起讫者，此犹古人之分篇册；专计短长，则犹古人之分卷也。篇为大成，章为分阕，予所撰《章句论》亦尝考之，可以参看。近人引书，往往注页数，然篇章随文义不易变，页数因版式而有不同，似不如注篇章之为善也。

天　喻

朱子曰：教学者如扶醉人，扶得东来西又倒。一人如是，一国亦然，一世亦然。大抵风气不能无偏重，偏之所在，弊即随之。古今学者所以大声疾呼，晓音瘏口，皆为是耳。夏葛而冬裘，其事殊，其所以裘葛之理则一。裘葛之名殊，所以裘葛之理不能有异名也。然则天下无不可通之同异矣，而同异卒如是纷纷者：一则识有不及，执其事之异而不知其理之同；一则中于名利之私，明知其非而唯风气之骛也。此篇谓名皆起于补偏救弊，非深明本原者，不能为是论；又讥好名之士趋风气而为学，非卓然能自树立者亦不能为是言也。

末节所论，乃为当时汉、宋之争作平亭也。无极、太极，先天、后天，河图、洛书，义理、气质：皆尊奉宋学者所殚心考辨，而诋毁宋学者所用为口实者也。其实此自是一时之说；以为万古不易之理，以为真得古人之意，皆非。为汉学者力攻之，亦攻其不与古合耳；其说如何不合于理，不能言也。此诸说者，以为宋儒之说自有其相当之价值焉，可也。此篇所论，至为持平。

师　说

　　古代社会组织，有与今大异者。今重平等，古重服从；今重自由，古重纪律。国无二君，家无二尊；群居五人，则长者必异席；此等风气，随处可见。此自由今古异宜，不尽关于师道也。本篇于今古之师之异已能知之，而于古代尊师之理，尚未能知其本原。

　　师之不可易者二：一学有专门。此篇所谓"竹帛之外，别有心传，口耳转授，必明所自"者也，西汉经师皆然。一学有独得。此篇所谓隐微独喻，不论学问、技艺，精者皆然；否则皆所谓人所共知、共能，彼偶得而教我者也。

　　身心性命之学确能谓我以为人之道者，师之宜尊者也；学问技艺虽有独得之微，亦不容与之并而偶得夫，人所共知共能之事，不必论矣。

　　末节所论即孟子所谓尚友之理，亦可谓之能自得师于千载之上也。

假　年

　　此篇亦讥流俗务博而不知分科之理，与《博学篇》可以参看，而此篇又有进焉者。此篇所述客说，其蔽有二：一则不知闻见虽博，知识不必随之而增。一则不知知识生于认识，以为随外物而有尽期，因欲毕吾力以穷之，此则所谓形与影竞走也，章氏讥之宜矣。然遂欲绝圣弃知，颓废自甘，则又非是。何者？人既有生，当顺其性：固不当纵欲而求尽物，亦不当窒欲而务绝物也。子曰："发愤忘食，乐以忘忧，不知老之将至。"又曰："倪焉，日有孳孳，毙而后已。"君子之学如是而已。

感　遇

　　社会愈复杂，则人之所以自处者愈难。庄子曰："荣辱立然后睹所病，货财聚然后睹所争；今立人之所病，聚人之所争，穷困人之身，使无休时。"又曰："匿为物而愚不识，大为难而罪不敢，重为任而罚不胜，民知力竭，则以伪继之，日出多伪，士民安取不伪。"其感慨已如此矣。立乎二十世纪之初，追溯春秋、战国之世，不又如四十五十者追念成童舞勺之时乎？

　　读此篇当知古今事势不同，欲知人，必先论世，不可徒薄今而爱古。

　　此篇不屑于考证，而议论之通，援据之确，虽专门名家不能过，抑非仅从事偏端末节者所能逮也。今人论学问，每谓研究当窄而深，此固是一理；然通贯之识，往往非徒事窄而深之研究者所知，故论学贵知异己之美，不可偏于一端也。

　　世事所贵者诚，所恶者伪。章氏于趋时之士，皆痛加驳斥，无所容隐，可以见其识力。然能作伪者，名与利必归焉，欲自立，也难矣。

辨　似

　　此篇亦斥当时骛名趋利之士也，可谓穷形尽相矣，与《博约》《朱陆》等篇参看。

说 林

此篇乃章氏杂述所见，中多见道之言。

其曰"道公而学私"，即《原道中篇》道不因人而名之说也。其曰"合两渥洼之力，终不可致二千里"，即《假年篇》质性不可变之说也；又曰"合两渥洼之力，未始不可负二百钧而各致千里"，则分科骈进之理也。讥使人润饰其文为欺世，谓所定者当与原文并存；又谓取资于人无足纬，入他人之代言亦无伤，即《言公》之旨也。志识足以自立，则可以语于著述，所引者并悬天壤，而不病其重见，即《辨似》之旨也。并悬天壤而不病重见者：一则所谓理自不得不同；一则下节所谓李广入程不识之军而壁垒一新，似同而实异矣。

所谓"好古者，非谓古之必胜乎今也；正以今不殊古，而于因革异同，求其折衷也"。此数语可药泥古之病，亦可箴蔑古之失。求糟粕者，意在想见其菁华；求疵病者，意在想见其典型，则谓徒事襞积补苴不足为学，意亦与讥汉学家之说通也。

著述之以质贵者固不以文辞为尚，然爱美亦人之天性，其质同，斯其传不传、行不行，决之于其辞之工不工矣。且醉之美亦非专以悦人，修饰则使人易晓，美妙则感人益深，固亦有裨于其实也。此篇谓"诸子百家未有鄙于辞而传者"，由"妍媸好恶之公心亦未尝不出于理"，可谓明于人类爱美之性，足箴理学、朴学二家过轻文辞之失。

人心之观念愈析愈精，而口所能发之音有限；故文字所含之义，递降而滋多。不知其然而妄事牵引，则辩说愈多，真理愈晦矣；此科学中每用一名，所以必先定其界说也。此篇谓诸子书中文字各有主义，彼此不必相通，已能见及此理。

天下之论，大抵起于一时之弊。言如相反，理实相同，知体道，则诸家皆可存，当与《天喻篇》参看。

学术之兴，各因时会，不必相非，惟雷同附和者则必无可取。此篇讥徇风气者为"既饱而进粱肉，既暖而增狐貉"；以风会自矜者为"五谷不熟，不如荑稗"，为"王公仆圉"；讥"妄援著作之义，以自文剽窃之私"；讥"私心据之，惟恐名之不自我擅"；讥"强不知以为知，否则大言欺人，以为此外皆不足道"。而其自述宗旨，则曰"拯弊而处中"，曰"知所偏之中亦有不得而废者"。又讥矫枉过正者为"倍用偏枯之药而思起死人"，可谓卓然不惑而又能廓然大公者矣。两种相反之学问各趋极端时，继起者自易有处中之思想，此人心趋向之自然。不论何种学问，甲乙两派之后，必有调和之之第三派出以此也。

知　难

　　此篇论相知之难，大抵有三：一由度量之相越，所谓无夫子之忧，则不能知文王之忧；无马迁之志，则不能知屈原之志也。一由趋向不同，所谓"耳、目、鼻、口，皆有所明，而不能相通"也。一由嫉忌之私，所谓挟恐见破，而相诋毁者也。度量之相越，趋向之不同，皆无足忧；惟起于私见者为足忧。何者？苟无私见，则度量相越者，自将敬谢不敏，不敢置议；趋向不同者，亦必以不相为谋，而不妄置议。惟私心一起，则无所不至矣。故曰：是非之不明，亦人心之不正为之。程子曰：人心不同各如其面，只是私心，殊有至理。

释 通

刘知几非通史，善断代；郑渔仲、章实斋则皆抑断代而扬通史；此乃时势为之。盖刘之时，史籍尚少，所求在精详；郑、章之时，则史籍浸繁，所难在钩玄提要，而重复抵牾之处，尤觉其考不胜考也，说已见前。

本篇以自有创制者为专门之学；并省凡目，取便检阅者，为记诵之陋，论史识固然。然亦有未可概论者，盖弘识通裁，亦不能废钩稽纂辑，而学术愈精，分工愈细，钩稽纂辑亦不能谓非一业也。

横　通

　　兼览之博，与横通极相似，然而不容溷者：一有心得，一无心得也。学者读书眼光，或专注于一隅，或综览乎全局，此为专门之精与兼览之博所由分，二者不可偏废。而论其道，实以综览全局为较难；论其人，亦能综览全局者较少。所恶者，纂类策括之士，以伪乱真耳；若其不然，则其人实景星庆云，凤毛麟角，学者所当馨香尸祝者也。近日论学偏重专精，而承学者多无普通知识，其所谓专精者，逐多入旁门左道，语以综览全局议，且瞠目而不知所谓，亦一弊也。

　　所谓横通，谓徒多识而不足以语于知识者。中国初讲西学，举社会科学、自然科学，一切包举，其时纂类策括之士，试以西学，无不能言其大概者，其实则无一真知。此尚不足以语于横通，而其所由，则横通之途辙也。今既知其不然矣，更有标"西学"二字为一名者，人必闻而笑之矣。乃又创国学、国故之名，治是学者，几自谓于中国之事无所不晓，而众皆说之，何其有类众狙之喜怒颠倒于朝暮三四之间也。

繁　称

　　世事皆由质入文，由简趋繁，此无可如何者也。上古有名不讳，有号无谥；而后世谥号之外，繁称错出。古人著书，仅以其学派中最著之人为书名，诸子书皆是。篇名则或取篇首二字；而后世矜奇吊诡百出，而未有已，皆此之由。繁称诚属可厌，然欲复反于古，势必有所不能。试观今人厌名字之繁，群效西人之有名无字，及其著述题署，则离奇之号更甚于前可知。予谓反繁文为简质，逆于势而难行，正不必生今之世，返古之道，惟如此篇有伤大雅者，则不当效之耳。

　　称名之例，古书错杂，而后世整齐。《左氏》称人，名字谥号错出，由其书成于纂辑，非出一手；《太史公书》亦然。此本不当效，所谓食肉不食马肝，未为不知味也。

　　书名及文字篇名，皆宜雅正，此篇已言之。近日书名诡异者尚少，篇名则极多。大抵篇名不外两种：一观其名即可知其实者。一不然者，其中又分为二：（一）名取简短，故不能尽表篇中之意；（二）故为此以动人，此亦各有其用，予意则以能备括篇中之意者为最善也。

匡　谬

　　此篇攻流俗之失，极为痛快。惟有两端须辨：（一）史公以庄襄以前为《秦纪》，始皇别为《本纪》，盖其所据者然；其作《汉武本纪》，则其书本讫于麟止，非有意足十二之数。（二）《国策》所记，多非实事；古书所记问答之语，亦不必真出其人，此自古人义例如此，不容以后世借其人以自重者同类，而并讥之也。

质　性

　　此篇攻世之有文而无质者也。不满所处之境之情，人所常有，然非偶寓感慨，遂足为文。稽古说诗曰：不得已，誉韩必日明道，颂杜必日爱国。夫固有病且近门面，然恶衣恶食之耻，所识穷乏者之德，意有不足，形之咏歌，遂足为诗人已乎？今之所谓文学者，大抵怨天尤人之意多，悲天悯人之衷少。满纸牢骚若有大不得已者，究其实则饮食男女之欲有所未遂耳，以此迁怒及于社会而诋诃之，宁不可耻？章氏曰：才情不离乎血气，不可无学以持之，可以猛省矣。

黠 陋

此篇砭求名者之弊。

俗　嫌

此篇辟流俗不知文者之谬论，与《古文十弊篇》参看。近人有创八不之说者，所攻皆此等人也。此等皆不知文之人，章氏攻之而名之曰俗，是也。近人乃直以此等为中国文学之弊而攻之则谬矣。

针 名

　　此篇论浮名之不足信，极为刻挚。浮名者利用社会之弱点而成。浮气息，风尚移，则社会之弱点，转移于他方；在此一方面，无可利用，而一听诸秉公心，具真鉴者之批评矣，此沽名之技所以终有穷时也。孟子以同乎流俗合乎污世为乡愿，舍己而求合乎一时之风尚则乡愿之尤也。吾侪当引为深戒。

砭 异

　　此篇亦针好名之弊，其曰"求异者何尝异人哉？特异于坦荡之君子耳"，可以发人深省。

砭 俗

文出于质一语，为万变不离之宗。泥古者往往以古无其体而搁笔不敢为，有为之者，则斥为俗；夸多斗靡者，则又无其质而强为之辞，皆缪也。此篇谓"事万变，文亦万变；事不变，文亦不变"，可谓通论。

申　郑

　　此与《答客问》三篇，为章氏宗旨所在，所谓刘议馆阁纂修，吾议一家著述也。与《书教篇》参看。

答客问上、中、下

作史之功，当分三步：搜集材料，其始也；考订之，整齐之，其中也；《浙东学术篇》曰："整辑排比，谓之史纂；参互搜讨，谓之史考。"皆此步中事。善用之以成一书，其终也，即此篇所谓比次之业，考索之功，独断之学也，与今日史学家之言，若合符节。

昔时科学未明，所谓原理者，往往虚而无薄，如上篇所谓"纲纪天人，推明大道，通古今之变，成一家之言"。而易为似是者所托，此阂识孤怀，所以不见重于世，转不若考据征实之学易使人信从也。今科学之格律既严，又得逻辑以坚其壁垒，著述者苟能善自为之，以开执窒塞不通者之口，不难矣。

高明者为独断之学，沉潜者深考索之功：学问之殊途，实由禀赋之各异，与其论朱、陆为千古不可泯之同异，亦千古不可无之同异同意，真通论也。惟比次之功，实亦足卓然自立，初无惭于考据，而通则原理亦必自兹而出焉。学问之家，所以或事比次，或专考据，或则独断者，固由才性之殊，亦或以所值时势之不同从事于其时之所当务也。章氏视比次之业过轻，似亦有偏，且如马氏《通考》，考索之功颇深，立论亦多能综贯今古，岂得侪诸策括之流邪？

答　问

此篇当与《言公篇》参看。

清代改前人之文者，于古文有方、刘，于时文有路润生。名德，其所改明人之时文，曰《明文明》。路大为人所讥讪，然时文取便场屋，犹之可也；若古文，则诚有如章氏所讥者矣。或曰：文惟其是，前人所见，果不逮后人，改之何妨？此有三义：（一）文辞不当断断于一字一句之得失，章氏所谓无关大义者是也；（二）古人之所见，或有为我所未见及者，章氏所谓不知有不尽然者也；（三）文字源于语言，古代言语，与今不同，不容以我法绳之。此则予于评《史通》时言之详矣。

古文公式

作文有二要义：一日存真，一日求雅。记事之文当以真为尚，而雅次之；文学则二者当并重，但能无损于真，不妨尽力求雅也。《表忠观碑》，后人必不泥之以求当时章奏之式，用"臣栻言""制日可"等语，实属无妨。章氏录巡抚奏议，亦但存其事可矣，篇首之"崇祯九年"云云，篇末之"奉旨览奏"云云，亦何必直录其辞哉？若谓此不可改，则中间辞句虽无定体，亦必与秦、汉文字不同，又安可点窜邪？

李莼客与谭仲修书曰："章氏严核称谓，诚文章之要义；然其中亦自有辨，执而求之，则不能通。盖称谓莫严于碑、志、传、状，不容一字出入。郡县官名，一参古俗，皆乖史法；降而至序记，则可稍宽矣；又降而至书问笺启，则更可稍宽矣。今名称之古而失实者，有如生员为秀才、举人为孝廉者乎？然与士友通书问，而必称之曰某生员、某举人，则哗然骇矣。名称之俗而不典者，有如知县为大令、同知为司马乎？唐之长史，乃今同知之职；司马秩在别驾下，略仿汉之都尉而非是。然与当路通笺启，而必目之曰某知县、某同知，则色然愠矣。是惟求其不大戾乎古，以病吾文，而因文体之所宜，择近焉者以不骇乎俗，古人于此，盖亦有所不得已也。故大令不可称也，不得已而曰明府；司马不可称也，不得已而曰郡丞；生员则秀才之可也；举人则孝廉之可也。若碑版记载，则确守不可易。此仆为文之旨，而亦尝取以裁量古今者也。"此论足箴章氏之失。

或谓文无雅俗，今日众所称为古雅之文，在当时亦俗语耳；则今日之俗语，安知异代不以为古雅，而何必改邪？此亦有说：语之雅俗，存于人读此语所生之想象。古语久废，存于今者，惟有一义，人读之者，不能因此而起恶浊之想象；今语则不然，此历代所以恒视当时之语言为俗，已废之语言为雅也。天下降而弥繁，文学亦然，有宜通俗之处，亦有宜求雅饬之处。执谓尔雅之文当废，与执谓通俗之文不可行，同一失也。又古语不尽传于今；其传于今者，大抵文家所常用。文家于一时代之语言，所以或用或不用者，其所以然，固难悉数；然视其雅俗，以定去取，亦必其中之一事也。故古语之传于今而为文家所常用者，实已经过雅俗之别择矣。

物之美者必纯，说本国话而忽杂以外国话，说官话而忽杂以土语，岂必其不可通，然人多笑之者，为其不纯而不美也。此文言引用俗语，不得不加改窜之由。即白话中引用文言亦然，不能改者，必须加以解释，非必读白话者皆不解文言，为其累于纯也。《表忠观碑》只能用"臣拪言""制曰可"，必不能用"都俞吁咈"之辞，亦以全篇皆学秦、汉文，不能忽作《尚书》体也。

古文十弊

作文字者，虽不必存载道之见，然道德实不可无。本篇所举"八面求圆""私署头衔""同里铭旌"等弊，皆人心世道之忧也。孔子曰："斯民也三代之所以直道而行也。"自夸也，阉然媚于世也，直道之亡失久矣。

近数百年来，文字之坏，时文实为其大原因。时文之弊，在求速化，于是本未能为文者，亦强之为文，为文者遂多不明事理之徒。而"剜肉为疮""削趾适履""不达时势""画蛇添足""优伶演剧"等弊起矣。文以述事，故文法必源于事理；不明事理，而欲讲文法，则穿凿之弊起，此则"井底天文""误学邯郸"两病之所由来也。

"井底天文"之弊，稍博洽者不为；"误学邯郸"，则虽通人时或不免，由古书章句失传，有以致之也。参看拙撰《章句论》自明。

浙东学术

此篇亦箴宋学末流空言无实之弊，而欲以史学救之也，可觇章氏对理学、史学之意见。

妇学、妇学篇书后

此两篇见解之迂腐，自不待言，惟亦有宜节取者。两篇之作，皆所以攻袁枚，枚在当日声名甚盛，依附者极多，而实斋严斥之不少恕，其卓然不为流俗所移可见，一也。静近于学，男女皆然，扰扰者皆《俗嫌篇》所谓浇漓其实者也，二也。长文学者，胸次必高，胸次最忌者为"俗"，同乎"流俗"，合乎"污世"，则文学之本质先漓矣，"好名之士未有不俗"，实为见道之言，三也。

近人于文学好言《诗经》，其实《诗》去今远，作者之意已不可知，领略其美亦殊不易，苟其能之，必深于古文辞者也。今之好讲《诗经》者，偏在自命为新文学家之徒，异矣。盲从附和之徒，大抵皆盲从附和耳，非有真知其其灼见也。作者之意既不可知，故三家所传寡本事而多"诵义"，《小序》作于汉代，篇篇皆具作义，后人已病其诬，况生于今日而自谓能得作者之意乎？《采兰》《赠芍》等篇，章氏谓以为自述则径直无味，作为拟托文情自深，此亦难质言。我以为如是固无不可耳。要之诗歌之作，即作者亦有得之偶然不能自言其意者，主"诵义"则见仁见智，存乎其人，路路皆通，不必凿求而意味自觉深厚，必求作义则舍康庄趋荆棘而意反索然矣。此读今古之诗皆然，抑且读一切文学皆然，正不独三百篇也。今人日攻昔之言诗者穿凿，而其所为顾变本加厉，如谓《月出皎兮》明明为一首情歌之类。时过境迁必成笑柄矣。

古代人民畏神服教之念甚深，后世则不然。此自社会之进化，学求踏实，其道正自多端，不必返之于政教合一也。章氏此见，本不甚妥，处处借国家法令压人，尤为可笑，近人讥为绍兴师爷口吻，宜矣。予谓今日欲通文字，必举向者陋劣之选本尽弃之而后可，无如举世滔滔奉此等物为圭臬者仍不乏也。干禄之文之流弊则可谓深矣。

诗 话

　　此篇亦攻袁枚也。谓诗话通于传记、小学、杂家，自是洞明流别之言。学问前后不相袭，而渊源必有所自，云能溯流别为有本之学，亦不诬也。

　　古所谓小说者，非后世之小说；唐、宋时之小说，又非今日之评话。其说甚长，当别考。

　　以上为内篇，已逐篇加以评论。其外篇多论方志，实斋之学特小试之，于是耳其纲领，见于《方志立三书议》《州县请立志科议》；其所创之例，则见于《答甄秀才论修志》两书，《修志十议》《与石首王明府论志例》《报广济黄大尹论修志》《覆崔荆州书》记与戴东原论修志一篇专为排斥戴氏而作。及所为诸志序。自《书武功志》以下，为评论旧史之作，纲领既明，披览易晓，不复逐篇加评也。

附录一　章学诚之史学思想

（一）章实斋所值之时代

（1）为宋学已敝，汉学弊端肇见之世。

宋学之弊在空疏，反对之者：（甲）如顾亭林主博学，兼主事功，后人但承袭其考据之法，遂转变而成清代之汉学；（乙）如颜习斋注重实事，反对空谈心性。章氏思想颇与（乙）为近。

汉学之弊在于破碎支离，专讲考据，而不知其所考据者果有何用。且排斥义理及文辞，皆失之过当。反对之者，以桐城派为最有力，主张义理、考据、辞章三者不可阙一。章氏之思想，与桐城派亦颇接近。

（2）为史学穷而思变之世。

（甲）（A）时代累积；（B）史学愈进步，则史家觉须记载保存之材料日多，于是史学增多，有读不胜读之患。

（乙）因此故，读史者乃须从事别择——提要钩玄，于是觉前此之史当载而不载，不当载而载者甚多。

（丙）历代史书非一次编成，又其编纂不能尽善，故其中复重矛盾、待删待考之处甚多。

（二）章实斋为好深湛之思而能综核名实之人。故凡事必问其：

（1）何以须作；（2）是否值得作；（3）当如何作法。

（三）章实斋之学说

（1）章氏主张道因事而见，不能以臆想推测。故必事日积而后道日备。故主张至周公之时而进化达于极点——故以周公为集大成，谓孔子仅学周公而得其道。其重要之思想，见于《原道》上、中、下三篇。此为章氏对宋学空疏之反响，而亦其所以注重史学之根源。

（2）章氏主张道不可凭虚测度，故主为学者必习于事；故主政教合一，官师不分；故主六经皆先王之政典。其思想见于《易教》上、中、下三篇，《经解》上、中、下三篇及《史释》篇。

（3）章氏对于作史，主张自立体例：存其有用者，而删其无用者。反对前此作史按照前人成例：前人所有者亦有之，前人所无者亦无之。故谓"史为例拘，当求无例之始"；谓"事万变而不穷，史文当屈曲而适如其事"；讥前此作史者"同于科举之程序，官府之簿书"；而善纪事本末因事命篇，不拘常格"。举其理想中尽善尽美之境，悉附之于《尚书》，谓自《春秋》《史》《汉》而下，逐步渐趋于拘滞。其自创之体，则为合表、志、世家、列传，而统名之曰传——仍以本纪为纲。其重要之思想，见于《书教》上、中、下三篇。

（4）史家之著作，为能提要钩玄：（甲）使人可读；（乙）授人以智识起见，必须有所刊落；而其所储蓄之材料，则不可不多。故章氏分作史与储备史材为两事：于前者谓之撰述，后者谓之记注。举其理想中尽美尽善之境，传之于古：谓三代以上，记注有成法，而撰述无定名——惟记注有成法，故撰述可以无定名；三代以下撰述有定名，而记注无成法——撰述有定名，故成书易；记注无成法，故取材难。保存史材，非但随时记载，如记流水帐然；隔若干年代，亦须加以编辑，章氏谓之比次。作史：（子）既须抉择去取，（丑）又须加以考证。章氏于（子）谓之独断之学，于（丑）谓之考索之功。谓比次之书欲其愚；独断之学、考索之功欲其智。其重要之思想，见于《书教》上、中、下三篇，《答客问》上、中、下三篇。

（5）章氏对于作史，最主提要钩玄，挈其纲领。又史本宜时时加以改纂——（甲）改前人之误缪；（乙）补前人之不足；（丙）言前人之所不能言、不敢言；（丁）去前人所需要，而今日不需要者；（戊）删除重复；（己）考定抵牾；（庚）合前此之分，而齐一其体例——故主通史，而反断代。作通史必从大处着眼，不能求小节之完备，小节或有误谬，亦势所不免，章氏谓此不能以考据家之眼光吹求。其重要之思想，见于《释通》《申郑》两篇。

（6）章氏重独断之学，故善私家撰述，而反对集众纂修——章氏取《孟子》"其事""其文""其义"之文，谓必断之以文，而书始成家，此非众修所能有，故认众修只为比次之业。其重要之思想，见于《答客问篇》。

（7）对于储备史材：章氏谓有一人之史，有一家之史，有一国之史，有天下之史。一人一家之史，私而难信，散而难稽；主以一国之史详其分，以天下之史合其要，故最重方志。方志之纂修，为比次之业；比次之材料，又必预储之于平时：故欲于州县立志科。方志须其具国史——章氏所谓天下之史——之雏形，且此为比次之业，须略有成式可循，故最致谨于方志之体例。其欲于方志立三书——志、掌故、文征——则所以备国史之雏形也。一地方对于史材，平时谨于储备；隔若干时，则加以编辑：既可为国史储备材料；又可合一人一家之史，而稽其信否；且代为保存勿失。其重要之思想，见于《州县请立志科议》《方志立三书议》及《论修志》各书，自为各志序及各旧志书后。

（8）作史须求真实，而如何乃能真实，事极难言。章氏对此之意见，见《史德篇》，其言极为精深，虽今日之史学家，亦有所不逮，此由章氏明于理学——宋学——故也。

（四）吾人对于章实斋之批评

（1）章实斋时代史学上积弊——因因习而来之弊害——甚深，章氏能发现之，且能提出改革之方法，其思力之沉挚，为不可及。

（2）章氏最重要之思想为分作史与储备史材为两事。其论作史之法，在今日不尽可用：（甲）今日之趋势，当将昔日之历史析为各种专门史；然后合各专家考索之结果，而成为一普通史。章氏欲以一人之意，抉择去取，其事为不可能。（乙）今日供普通人阅读之史，宜由多数史学家撰述，听其同时并行，徐图抉择去取；且本应有若干部并行，不必有勒成一书立诸学官之举。如此撰述乃易，且易于改善。章氏于此点未能见及，此自时代为之，不足为章氏咎——今日史学之趋势，全受科学发达分科精密之影响——然吾人则不可不知此理也。

其论储史材之法，虽：（A）不必尽合于今；（B）今日亦不能以此为足，然可供参考之处甚多。

（3）章氏谓古代如何如何，于实际不必相合。此由昔人每以其理想中尽美尽善之境，传之于古，而古书荒略，无论何种思想，皆可传会故——非必有心传会，戴着色眼镜，自易见合于己意之证据故也。吾人今日取其思想，不必信其此等说；亦并不必加以攻击也——因其不合显而易见，无待攻击。

以上所论，以章氏关于史学之思想为限。然其论汉、宋学之处，说极公允，且多精到，亦不可不注意，章氏自为之文不见佳，其针砭俗弊处则极好。

附录二　《文史通义》选读提要

《原道上》：此篇言道因事见，随世运之进化而渐著，至周公而集大成。

《原道中》：言道器不可分，空言不可以为教。

《原道下》：论离器言道之非。此三篇为章氏对宋学之意见。

《博约上》：言各专一门之理。

《博约中》：此篇论考索，言学与识非一事。

《博约下》：辨博与杂，约与漏。此为章氏对汉学之意见，参考《假年篇》。

《原学上》：言学必取于往事，此章氏之所以重史学，又言学不画于往事，其论极通。

《原学中》：此篇申其六经皆政典之说，言诸子之病起于学而不尽，亦自其对宋学之意见也。章氏视诸子宋学佛学皆同病，其论佛之说，见《易教下篇》。

《原学下》：言世儒之病，起于学而不思，攻汉学。

《易教上》《中》：论六经皆政典。

《朱陆》：攻宋学末流之弊，言汉学亦出宋学。

《浙东学术》：论宋学中治史一派。参看《天喻篇》。

《书教上》：论记注有成法，撰述无定名。

《书教中》：论记言当别为专书，此其所以欲别立文征也。章氏主记言记事，本不可分。

《书教下》：申论撰述无定名，有取于纪事本末体，并论传志之别可泯。

《史释》：论史本于掌故，其论政教合一，官师不分，为其攻宋学之口实。

《释通》：泛论通之可贵及史学之通，其辨通与类书之别，即著述与比次之别也。

《横通》：辨通与杂博之别。

《申郑》：辨郑之可贵在义例，不能以其阙考索之功而訾之。

《答客问上》：论著述比次考索之异。

《答客问下》：论比次之业。

《方志立三书议》《州县请立志科议》：此两篇论记注之法。

《史注》：此篇论考索，其言作史，当以自注，详去取则兼涉义例。

《言公上》：言古人书非自著，可矫令人辨伪之失。

《言公中》：论辑佚胜于伪造，知伪书与辑佚同源，其识甚卓。论同源者，其流不能无异，于辨章学术源流，尤为有用。

《言公下》：论撰作假托等，亦有裨于辨伪。参看《辨似篇》。

《匡谬》：论妄效古书体例，及穿凿为说之非。

《史德》：论作史当求客观，而其能否客观，与道德有关，其说极精。

古史家传记文选

导　言

　　从来论文章的人，都会说文章要原本经史。这话在普通人看来，只是一句门面话，然而门面话中，往往含有真理。经姑勿论，讲到史，则正史中的四史，确实是文章的根源。人们都会说："二十四史之中，四史最要紧。四史之中，《史》《汉》最要紧。"话虽不错，可是说得太模糊了。我们若从文学的见地，来研究正史，则二十四史（或二十五史），可以大别为四类：

　　（一）四史。

　　（二）自《晋书》至《旧五代史》。

　　（三）《新唐书》《新五代史》。

　　（四）自宋至明之史。

而此四大类之中，仍各有小别。这话怎样讲呢？

　　让我们先谈谈中国骈散文的变迁史吧。文学史上的公例，韵文的发达，先于散文。中国古代的韵文，即阮芸台所谓"寡其辞，协其音"之文，见《文言说》。其发达远在东周以前。散文则发达于东周，至西汉而极盛。西汉末年，风气渐变，遂开东汉到唐初的骈文。文字何以自散而趋于骈呢？文字本是代表语言的，文字初兴，本与语言一致，后来文字加以修饰，二者遂生差异。文字是怎样修饰的呢？（一）为求整齐。其中包含（甲）无过长过短之句，（乙）多对偶。（二）为求美丽。其中包含（子）词类之选择及（丑）用典。用典到后来，如涂涂附，使人看了不懂，不但不能引起快感，反要感觉沉闷了。然其初所用的，则都是习熟之事，人人皆知。人人皆知之事，再加叙述，未免使人可厌。而且说了一大篇话，内容还只如此，何如以少数的话，包括多数的意思呢？唐宋后的散文，引用故实，较生的都详加叙述。自东汉至唐初则不然，其所谓隶事，都以一语述一事，不论所引用的事的生熟，都把读者当作已知的，即由于此。骈文的初期，不过是文字的修饰，后来踵事增华，就和散文判然了。骈文的体制，大略可分为（一）汉魏；（二）晋宋；（三）齐梁；（四）初唐四期，至晚唐则成为四六。宋代四六，受散文的影响，趋于生动流走，而作风又一变。愈后愈浮靡，亦愈后愈板滞，遂愈后而愈不适于用。但是六朝人于骈文之外，仍应用散行文字，名之为笔，虽稍近自然，而文气仍不免浮靡。所以到了唐代中叶，革新运动起来，韩愈、柳宗元等所做文字，以古为法，称为"古文"。对于骈文而言之，则称为"散文"。"散文"二字，有新旧二义。旧义对骈文言之，此处所用的是新义，对韵文言之。然而此等文字，亦是以古为标准的。不论名词、句法、篇法，可古的地方，必先用古，必其不能古，或求古则妨害事实时，才参用今。而其参用，仍有种种规律，非可直情径行。所以其事甚难，非尽人所能学。所以古文一体之外，别有一种普通应用的文字，此项文字，范围较宽，学习亦易，故能普遍了。

以上已述历代文学变迁的大略，再将分正史为四部之说，大致言之。

（一）四史之部此中《史记》，大部分为东周至西汉的散文，一小部分为西周以前极简质的文字。《汉书》，一部分为东汉人的作品，即骈文风气初开时的文字，但大部分，亦系西汉以前的散文。古人的著书，不是像后世人一般，搜集得材料，一定要将他的文字改过，使人自己口气，且使其色彩一律的。大都是照钞原文，一字不易而已。刘知几《史通·因袭篇》，讥《汉书·陈涉传》，袭《史记·世家》之文，而不改其"至今血食"之语，以后人眼光观之，自属得当，然在汉时，则通行文例如此，并非班固疏忽。职是故，一部书中，文字的色彩，极不一律。通常所谓某书（或某人）的文学如何者，乃指其自作之部分言之。如论《史》《汉》，则指其自作的列传、叙、论赞。其实是否自作，仍是问题，惟来源既无可考，则姑假定其为自作。又或指其最有特色的一部分，如《左氏》《国语》《国策》，都有其奥僻难解处；即《左》《国》亦间有类乎《国策》处，然通常所谓《左》《国》文字如何者，自指风格凝重者而言；所谓《国策》文字如何者，自指其排募骏快处而言。明乎此，则知统论文学的全体，马、班大有区别，但就传记文而论，则其为别甚微。因为《史记》中可假定为史公自作的，都是汉朝人的传，《汉书》亦是如此。班固虽是东汉人，然其所叙者，仍是西汉人。凡《汉书》中的列传，大都是西汉人所作，而班固钞录入书的，并非其所自作也。至于《三国志》，则作者系晋初人，其所襃录者，都是汉末及三国时人的作品。此时骈文渐盛，文章渐次分途。所谓笔者，虽与西汉前之散文，一线相承，并未间断，然已渐受其时文的影响，而趋于矜练。所以《三国志》的文字，最为闲雅。至于《后汉书》，则自晋初司马彪、华峤而后，述作者本有多家，详见《史通·古今正史篇》。至宋范晔，乃删定而成一书。述作删定者，皆自晋至宋之人，故其文字又较妍丽。总而言之：以传记文论，《史》《汉》可代表西汉一代的作品，《三国志》代表汉东汉。魏的作品，《后汉书》代表晋宋的作品。

（二）自《晋书》至《旧五代史》 晋及宋、齐、梁、陈、魏、北齐、周、隋诸书，皆唐初官修。《南北史》则成于私人之手，虽体裁有异，而材料则与宋、齐、梁、陈、魏、北齐、周、隋诸书，大致从同。此等文字，即南北朝时代之所谓笔。犹之今日之浅近文言，去白话仅一等；且其夹杂俗语亦不少；故在当日，并非难解，亦无人特称其文。但（甲）前一时期之俗话，至后一时期，往往即成为文言。后人学六朝文字，本非专学其文，亦可兼学其笔，况（乙）当时作史传文字，虽云通俗，究亦力求雅驯。（丙）而包含于其中的文亦不少。所以熟读诸史，于学晋、宋、齐、梁体的骈文的人，非常有益。即仅学普通文字之人读之，亦有增益见闻，开拓心胸之效。《旧唐书》《旧五代史》，文体实与自晋至隋诸史相同。然时代既殊，文字之体制、神气，自然随之而变。所以此两书的色采，又和自晋至隋之史小异。而读者之受益，则其性质大致相同。

（三）《新唐书》《新五代史》 此为古文既兴之后，用其义法所作之史。自古文家观之，自较自晋至隋之史及《旧唐书》《旧五代史》为胜。如姚姬传《古史辞类纂》，于《史》《汉》外，只选此两史之文。但欧、宋于史法皆不甚精。宋之文，尤有所谓涩僻之弊，甚有不妥而被后人资为话柄者。故以普通之眼光观之，此两书并不较《旧唐书》《旧五代史》为胜。但此两书在正史之中，卓然自成一种谨严的文体，则是事实。

（四）自宋至明之史，为古文既兴后之普通文。自文学方面言之，殊觉其黯然无色。（甲）由此时代之文，较前一时代，本少华饰。（乙）则史学进步，叙事渐趋客观。凡事夹杂主观叙述，觉其有声有色者，专凭客观，便觉声希味淡，其理详见下文。此时代的史，虽不足语于现在的所谓客观，然时代愈后，究竟记述之法，渐趋谨严，不敢凭借主观，将琐屑无味之材料删去，于是记载渐趋于芜。芜为文学之大敌，故此时代之史，以文学论，率无足观。《明史》体例，最称谨严，其文字尤为板滞。此节所谓客观，并非谓其材料均能确实，乃谓史学随时代而进步，则愈知事实之重要，而不敢轻于删薙。故时代愈后，历史之分量愈增。

以上是就所谓正史者，略论其文学性质。虽然自五代以前，都可说有文学价值，然其价值要以四史为最大，则断然无疑了。以下再就四史的文学，略加论列。史家之文，本可分为两类：即（一）叙述制度的，是为典志。（二）叙述事实的，是为纪传。叙事本不必以人为主，但是什么事都有因袭性的，最初所传的材料，是以人为主的，作史的人，就以人为主而加以编制，后来就沿为故事了。而且《本纪》因史裁的变化，只成为全书的提纲，失其为传记的性质。而所谓列传者，遂专据正史中传记文之席。今欲明史家传记体的来源，请引我的旧作两则如下：

古之史，盖止记言记事二家。《礼记·玉藻》曰："动则左史书之，言则右史书之。"郑《注》曰："其书，《春秋》《尚书》其存者。"《汉书·艺文志》："左史记言，右史记事。言为《尚书》，事为《春秋》。"其说当有所本。《左氏》果为《春秋》之传与否，事极可疑。汉博士谓《左氏》不传《春秋》，近世推衍其说者谓《大史公自序》，但曰左丘失明，厥有《国语》。"其报任安书亦然。下文又云："左丘明无目。"则宋祁所见越本，王念孙所见宋景佑本及《文选》，皆无明字。《论语》有"左丘明耻之，丘亦耻之"之语，崔适谓《集解》录孔安国《注》，则此章亦出古论。然则自今文家言之，实有左丘而无左丘明，有《国语》而无《春秋左氏传》也。而《国语》一书，则只可谓与《尚书》同体，而不可别列为一家。何者？古代记事之史，体至简严，今所传之《春秋》是也。其记言之史，则体极恢廓。盖其初意，主于记嘉言之可为法者；然既记嘉言，自可推广之而及于懿行；既记嘉言懿行之可为法者，自亦可记莠言乱行之足为戒者也。故《国语》者，时代较后之《尚书》也。或曰：秦汉以后之史，第一部为《史记》，而《史记》之体例，实原于《世本》。洪饴孙撰《史表》，以《世本》列诸史之首。核其体例，则有本纪，有世家，有传，《史记》称列传，谓合多人之传，以次序列耳。并为《史记》所沿。桓谭谓史公《三代世表》，旁行斜上，益效周谱。《史通·表历篇》引，亦见《南史·王僧孺传》。《隋志》有《世本王侯大夫谱》二卷，盖即周谱之俭。则《史记》之世表、年表、月表，例亦沿自《世本》。《世本》又有《居篇》、记帝王都邑。《作篇》，记占验、饮食、礼乐、兵农、车服、图书、器用、艺术之原。则八书所由防也。百三十篇，本名《太史公书》。《史记》二字，为当时史籍通名，犹今言历史也。史公发愤著书，功在网罗综贯，不在创造。所整齐者，实为旧史之文，非其自作。则纪、传、世家、书、表，乃前此史家之通例，正不独《世本》然矣。安得谓古之史，止记言记事二家欤？案本纪、世家、世表之原，盖出于古之帝系，世本；八书之作，则出于古之典志；此二者，后世虽以为史，而推原其朔，则古人初不以之为史也。《周官》小史，"掌邦国之志。奠系世，辨昭穆。若有事，则诏王之忌讳。大祭祀，读礼法，史以书叙昭穆之俎簋。"郑司农云："系世，谓帝系，世本之属。此世本仅记世系，与前所述世本不同。先王死日为忌，名为讳。"又瞽矇，"讽诵诗，世奠系"。杜子春云："世奠系，谓帝系，诸侯卿大夫世本之属也。小史主次序先王之世，昭穆之系，述其德行。瞽矇主诵诗，并诵世系，以戒劝人君也。故《语》曰：教之世，而为之昭明德而废幽昏焉，以休惧其动。"案小史所识者，先世之名讳忌日及世次，今《大戴记》之《帝系姓》盖其物。瞽矇所诵者，先王之行事，则《五帝德》所本也。此本纪、世家、世表之所由来。凡一官署，必有记其职掌之书，今之礼经逸礼等，盖皆原出于此。此等无从知记者为谁，大约属于何官之守者，则何官之史所记耳。此即后世之典志，八书之所本也。古所谓史，专指珥笔记事者言之。小史、瞽史所识，礼经、逸礼之传，后世虽珍为旧闻，当时实非出有意，故追溯古史者并不之及也。若夫年表、月表，则《春秋》之记事也。列传则《国语》之记言，而其例实原于《尚书》者也。然则安得谓古之史有出于记言记事之外者欤？而刘氏以《左氏》《国语》，与《尚书》《春秋》并列，不其缪欤？《史通评.六家篇》。

记事之史，体极简严，记言之史，则体较恢廓，求诸《周官》，亦可喻其故焉。史官主知天道，故冯相、保章，皆属大史。冯相氏，掌十有二岁，十有二月，十有二辰，十月，二十有八宿之位，辨其序事，以会天位，盖司天道之常。保章氏，掌天星，以志星辰日月之变动，以观天下之迁，辨其吉凶，则司天道之变。常事不书，变事不可不记。执简之始，盖专记日食、星陨等事，此本不待烦言，其后记人事者，亦遂沿其体，此其所以简严。古重言辞，书诸简牍盖其变，既重言辞，则其所书者，亦必如其口语；虽有润饰，所异固无多也，此其体之所以日益恢廓也。记言之史，体既恢廓，其后凡叙述详尽者皆沿之，以其初本记言辞；又古简牍用少，传者或不资记录，而以口耳相授受也；则仍谓之语。《礼记·乐记》：孔子谓宾牟贾曰："且女独未闻牧野之语乎？"此记武王之事者称语也。《史记》本纪、列传，在他篇中述及多称语，《秦本纪》述商鞅说孝公变法曰：其事在《商君语》中。《孝文纪》述大臣诛诸吕，谋召立代王曰：事在《吕后语》中。《礼书》述晁错事曰：事在《袁盎语》中。《陆贾传》述其使尉佗事曰：事在《南越语》中。皆是。《朱建传》：汉已诛布，闻平原君谏，不与谋，得不诛，日语在《黥布语》中，而《布传》无其事。盖古人著书，多直录旧文，不加点定，史公所据朱建、黥布两传，非出一家，故其文如是也。《始皇本纪》述赵高与二世、李斯阴谋杀扶苏、蒙恬日语具《李斯传》中，疑后人所改。亦或当时已有称传者，不始太史公。《萧相国世家》述吕后用何计谋诛淮阴侯日语在《淮阴事》中，《留侯世家》述良解鸿门之危日语在《项羽事》中，事语二字，疑后人所互易。可知纪传等为后人所立新名，其初皆称语。然则《论语》者，孔子及其门弟子之言行之以类纂辑者；《国语》则贤士大夫之言行，分国纂辑者耳。故吾谓《国语》实《尚书》之支流余裔也。不惟《国语》《晏子春秋》及《管子》之《大》《中》《小匡》诸篇，凡记士大夫之言行者，皆《国语》类也。亦不惟《论语》，诸子书中，有记大师、巨子之言行者，皆《论语》类也。《燕石札记·周官五史》。

《史记》为正史中第一部，后来的史书，都系沿袭它的体例。观上两则，可知《史记》体例之所由来。盖当太史公时，前代所留诒的史材，除述制度的典礼以外，其述人事的，可分为（一）春秋；（二）系世；（三）语三者。《史记》的年表、世表，系据春秋、系世制成；本纪、世家，有兼据春秋及系世的，亦有更益之以语的；而列传则大致系根据于语。知此，则知后世之正史，以人为纲，以致将事实寸寸割裂，要看一件大事，必须兼阅本纪及许多篇传，殊觉不便，其咎实不在于史公。因为史公所据的材料，是各有来源，本不相干的。照古人"信以传信，疑以传疑"的例子，异来源的材料，本不以之互相订补，并不使之错居一简。譬如《齐世家》和《管晏列传》，《鲁世家》和《孔子世家》，便是各有来源，不能搀杂的。《史记》的多复重、矛盾，即由于此。而《史记》的列传，所以忽详忽略，或分或合，莫名其妙的，亦由于此。譬如管仲、乐毅，是何等大人物？然而《管晏列传》中，所详叙的，只有管仲和鲍叔的关系，述其相桓公霸诸侯之事反甚略。乐毅亦然，于其外交及军事，并没有详叙，而只备载其和燕惠王往返的书函。老子为什么要和韩非同传？《孟子荀卿列传》中，为什么要兼载这许多人？而又语焉不详？后世史学家、文学家，想出许多说法来，总不能使人满意。如其不用私智穿凿，而但就古书之义例求之，则可以一语斩尽葛藤，曰：其所据之材料，本来如是而已。普通列传，传者以人为主，则史公亦以人为主而传之。类传的传者，以事为主，则史公亦以事为主而传之。这种体例，如其说是好的，史公不应尽冒其功；如其说是坏的，史公亦不能尽尸其咎，正和后来的史家，袭用《史记》的体例，只负模仿的责任，不负创作的责任一样。

以上的话，把史家传记文体的来源说明了。如此，则创始之人，不过是因袭；而后来的人，不过是模仿而已，绝无所谓苦心创造，还有什么价值呢？话不是这样说。文章的价值，是看其内容，并不论其体制的为因为创。至后人之取法于前人，也是移步换形的，并不是死板板的，亦趋亦步。譬如史公的传管仲、乐毅，不能详其行事之大者，而只能详其轶事和书翰，固由材料如此，然后人作良相名将的传，自可不以此篇为法，其有大事不必细述，小事反宜详叙，言论亦宜详载的，则此两篇又足为法了。举此一端，余可类推。

以上系论体制，以下再就文字方面，略为陈说。凡读四史的人，只要对于文学，略有趣味，都能感觉其文字之美，较诸后此诸史为胜，这是什么理由呢？原来史事最重客观。求客观，就只该就其可知之部分，加以说述；其不可知的部分，是不该以意补足的。凡事之可见者，总只是外形，然外形是无意义的。除非对于史学有特别修养的人，能就其外形而推想其内容，以完成其事实，而发现其关系，才会觉得有一种趣味。但是这种趣味，还只是史学上的趣味，不是文学上的趣味。至于文学上的趣味，总要是直观可以感觉到的，不能多靠推理之力。所以文学上的方法，虽然有所谓"匣剑帷镫"，"言有尽而意无穷"等，但其实，都是但凭感想，即可领会的。因而文学作品的叙事，没有真客观。而真客观的叙述，在科学上是有价值，在文学上是无价值的。我们读报，看官方公布的消息，不如访员通信之有味；而大报的记载，有时又不如小报；即由于此。记载当求客观之理，为古人所不知；而古代文字用少，凡事皆由口耳相传，口耳相传之事，最易变易其原形，而此中却又有一个删润的妙理。人之述事，在无意之间，自能将其干燥无味的部分缩小，或竟删去；富有趣味的部分扩大，甚至增加，如此，每传述一次，即不啻经过一次之删润。一篇文字，经过许多人传述，即不啻经过许多无名作家的删润，其趣味浓郁，自然无待于言了。凡古代的历史，尤其是西汉初年以前，带传说的性质，实在很多。读本书《项羽本纪》的评语，便可知道。所以古史文学之美，其内容之适合于文学，是其第一条件。

西汉以前的文字，现在看起来，很觉得其古色斑斓，然此乃时代使然。在当时实甚通俗。虽不能说竟是白话，亦必和白话相去无几。东汉以后，虽然略加修饰，亦不过如现在的浅近文言。所以当时的文字，是很为自然的，凡事总以自然的为美。人工之美，固亦有天然所无之境。其技术的优良，我们亦不能不叹服。然而较诸天然之美，未免终逊一筹。人造的花，终不如树上的花；刻意经营的园林，终不如生成的山水。知此，则知唐、宋以后的古文家，穷老尽气，模仿三代、两汉之文，而终不能及三代、两汉；不但古文家，其余一切文字，也都如此。因而一时代必有一时代独至之文，为后人所不能及；所以现在的白话文，前途正有无穷的希望。《史》《汉》文字，甚为通俗，只要看他句法的冗长，称名的随便，便可知道。譬如《史记·周本纪》说："诸侯不期而会孟津者，八百诸侯。"这两个诸侯字，无论如何，总有一个可省。又如《史记》每称项籍为项王。衡以后世的义法，是很不妥当的。因为从无以人之姓氏，冠于所封爵号之上之理。伯禽姓姬；其父旦，受封于周，亦可以周为氏；然既受封于鲁，则只可称鲁侯，而不可称周侯了。项籍的爵，是西楚霸王，若可称为项王，则汉高祖为什么要称汉王，而不称刘王呢？此等道理，史公岂不知，而竟如此称呼，则除当时的口语如是，史公即照口语书写，别无理由，可以解释了。这话可参看拙撰《史通评》的《称谓篇》，还要说得详尽些。至于句法的冗长，自以《史记》为最。然而现在的《史记》，已经给后来的人，把冗长无谓的字，删节了许多。论其原本，怕的还要冗长。这个，只要看《史通·点烦篇》所引《史记》原文，都较现行本为冗长可知。关于这一点，我以为此等删节，皆系钞录时随手所为。因为古人不讲考据，则其读古书，只要明白其意义而已足，不像现代讲考据的人，一字的有无、同异，即可于其问生出妙悟来，因为图阅看之便，而免钞写之烦。古书中无用的字句，尽可随意删节。句之删节尚较少，而字之删节则甚多。无论藏书的人自写，或钞胥代人钞写，都是如此。袭用人家的文字，照本钞誊，不易一字，这是古人行文的通例。然而现在，《汉书》袭用《史记》之处，字句每有异同。大抵是《史记》繁而《汉书》简。就因魏晋以后，《汉书》的通行，较《史记》为广，经过传钞的次数较多之故。评论之家，却说：这是班固有意为之。又说：班固的本领真大，只要减省一两个虚字，作风就和司马迁判然不同了。真是梦呓。考据和文艺，固然是两件事；懂得考据的人，固然未必懂得文艺；讲文艺的人，亦不需要讲考据；然而考据家考据所得的结果，成为常识的，文学家亦应该知道。因为文艺的批评，亦当根据于正确的事实。同理：考据家亦应略懂得文学。不然会把所根据的书讲错的，亦就大有害于事实的正确了。关于这一个问题，《史通评》的《点烦篇》，也是可以参看的。我所补出的点烦，就是近代人工的文字，和古代自然的文字一个绝好的对照。现在的《史记》，虽已非复原形，《汉书》更甚；而且自《汉书》以下，业已开修饰之风，其语调非复纯任自然；然而保存自然的风格处仍不少，至少，语调虽有雕琢，全篇的抒轴，即篇法，亦即一大篇话先后的次序。还是自然的。这一点，不能举例了，只好由读者自己领悟。凡近于口语的文字，其叙述一定很详尽，而且能描画入微。如本书所选《史》《汉》的《魏其武安侯列传》《李广苏建列传》，便是其最好的例。《后汉书》的《隗嚣公孙述传》《马援传》，也有此等风味，不过较之《史》《汉》，已觉逊色罢了。惟《三国志》的文体，系以谨严见长，间有此等刻画详尽处，转非其特色之所在。总之，一书有一书的特色，研治文学的人，对于一部书，或一个人的作品，都要能认识其特色之所在，总算能够了解的。于此，正式文字和小说之别，却又不可以不知。古文贵叙述详尽，刻画入微，这是人人所可承认的，然古文而带有小说气，则历来的作者，又均视为大戒。究竟何等文字，算是带有小说气呢？这是很难举出具体的标准的。论其原理，则其所叙述，都是依天然的条理，述客观的事实的，为正式的文字；而有意做作，超过如实叙述的程度的，则落入小说的科臼。这话似乎笼统，然只说得到如此。其实际情形，只可望读者自行领悟。勉强举个例，譬如宋濂的《秦士录》，侯朝宗的《大铁椎传》，都是近来中学教科书中常见的作品，这两篇就都有些小说气味，不甚大雅。以近乎口语的句调，比之精心修饰的文言，自然是冗沓的。冗沓未免可厌，然就一句论之，虽然如此，合全篇论之，则自有一种抑扬高下，无不合宜的韵致，断非文人学士有意为之者所能及。以秦汉之文，与唐宋人所为之古文比较自知。即以句法论，近乎口语的自然之调，亦有非人工的文字所能仿效的。本书中《史记·货殖列传》的批评已言之，兹不更赘。不但西汉以前文字如此，即东汉以后的文字，其情韵交至的，亦有自然的语调为本，不过略加修饰而已。熟复《隗嚣公孙述传》《马援传》中的书翰，《诸葛亮传》中的《上诸葛氏集表》，便可悟入。

上述两端，为四史文字之所由美。至所选录各篇之美点，及其可见之义法，别详分评中。义法是略有一定的。美点则由于各人的主观，不能一定相合，亦不必求其相合。凡文评，都只可供触发，助领会，不可执为实然，所以不必十分拘泥。此书本供国文修习之用，所以凡所论列，都就文字方面立论。至于四史之为用，自然不尽于文学方面的。最主要的，自然是史学方面。次之则经子考证方面，关系亦极大。滥行论列，将至喧宾夺主，失之芜杂，故不更及。四史的历史，就普通者言之，可看《史通·古今正史篇》，及《廿二史札记》第一至第六卷中有关涉的各条。此皆习见之书，无待再行赘录。特别的考证，研究文学时，亦可无需，故亦不之及。

评注的体例，是很简单的，不必另为一篇，今亦附述于此：（一）注，只以文字可看懂为限，不再繁征博引，涉及史事暨训诂、名物、制度的考证。因为如此，势将喧宾夺主，不成体裁。（二）地名皆加今释。但亦仅言其为今之某地而止，不及沿革、变迁。（三）批评主旨，系在文字，但史法及评论史事的知识，有为了解文学所必需者，亦加述说。（四）凡古书的句法，恒较后世为短。以后世的"长句…'长读"读古书，易误其意义，尤失其神味。故此书所定句读皆较短。读者如能留意，推广之以读他古书，亦颇有益。

《史记·项羽本纪》

　　项籍者,下相①人也,字羽。初起时,年二十四。其季父项梁,梁父即楚将项燕,为秦将王剪所戮者也。项氏世世为楚将,封于项②,故姓项氏。项籍少时,学书不成,去;学剑,又不成。项梁怒之。籍曰:"书足以记名姓而已;剑一人敌,不足学;学万人敌。"于是项梁乃教籍兵法,籍大喜,略知其意,又不肯竟学。项梁尝有栎阳③逮,④乃请蕲⑤狱掾曹咎书,抵栎阳狱掾司马欣,以故事得已。⑥项梁杀人,与籍避仇于吴中,⑦吴中贤士大夫,皆出项梁下。每吴中有大繇役,及丧,项梁常为主办。阴以兵法,部勒宾客及子弟,以是知其能。秦始皇帝游会稽,⑧

---

① 下相,在今江苏宿迁县西七里。

② 项,在今河南项城县东北。

③ 栎阳,在今陕西临潼县东北七十里。

④ 《索隐》:"按逮训及,谓有罪相连及,为栎阳县所逮录也。"

⑤ 蕲,今安徽宿县。

⑥ 《集解》:"韦昭曰:抵,至也,谓梁尝被栎阳县逮捕,梁乃请狱掾曹咎书,至栎阳狱掾司马欣,故事得止息也。"

⑦ 吴,县名,今江苏吴县,秦时,为会稽郡治。

⑧ 会稽,秦郡名,今江苏东部浙江西部之地。

渡浙江，梁与籍俱观，籍曰：“彼可取而代也。”梁掩其口，曰：“毋妄言，族矣。”梁以此奇籍。籍长八尺余，力能扛鼎，^①才气过人；虽吴中子弟，皆已惮籍矣。

秦二世元年七月，陈涉等起大泽中；其九月，会稽守^②通谓梁曰：“江西^③皆反，此亦天亡秦之时也。吾闻先即制人，后则为人所制；^④吾欲发兵，使公及桓楚将。”是时桓楚亡，在泽中，梁曰：“桓楚亡，人莫知其处，独籍知之耳。”梁乃出，诫籍，持剑居外待，梁复入，与守坐，曰：“请召籍，使受命召桓楚。”守曰“诺”。梁召籍入，须臾，梁眴籍曰：“可行矣。”于是籍遂拔剑，斩守头。项梁持守头，佩其印绶，门下大惊，扰乱，籍所击杀数十百人，一府中皆慑伏，莫敢起。梁乃召故所知^⑤豪吏，谕以所为起大事，遂举吴中兵，使人收下县，^⑥得精兵八千人。梁部署吴中豪杰，为校尉、候、司马，有一人不得用，自言于梁。梁曰：“前时某丧，使公主某事，不能办，以此不任用公。”众乃皆服。

于是梁为会稽守，籍为裨将，狥下县。广陵人召平^⑦

---

① 《集解》：“韦昭曰：扛，举也。”

② 《集解》：“《楚汉春秋》曰：会稽假守殷通。”案汉世叙人，往往不及其姓。

③ 今长江下游之南岸，古称江东；其北岸称江西。

④ 即则义同。古则即二字恒通用。

⑤ 知，即今所谓认识。

⑥ 下县，谓郡之属县。

⑦ 广陵，在今江苏江都县东北。

于是为陈王狥广陵，未能下，闻陈王败走，秦兵又且至，乃渡江，矫陈王命，拜梁为楚王上柱国，曰："江东已定，急引兵西击秦。"项梁乃以八千人渡江而西。闻陈婴以下东阳，①使使与连和俱西。陈婴者，故东阳令史，居县中，素信谨，称为长者。东阳少年杀其令，相聚数千人，欲置长，无适用，乃请陈婴。婴谢不能，遂强立婴为长。县中从者，得二万人。少年欲立婴，便为王，异军仓头特起，②陈婴母谓婴曰："自我为汝家妇，未尝闻汝先古之有贵者，今暴得大名，不祥；不如有所属，事成，犹得封侯；事败，易以亡，非世所指名也。"婴乃不与为王，谓其军吏曰："项氏世世将家，有名于楚，今欲举大事，将，非其人不可，我倚名族，③亡秦必矣。"于是众从其言，以兵属项梁。项梁渡淮，黥布、蒲将军，亦以兵属焉，凡六七万人。军下邳。④当是时，秦嘉已立景驹为楚王，军彭城东，⑤欲距项梁。项梁谓军吏曰："陈王先首事，战不利，未闻所在。今秦嘉倍陈王而立景驹，逆无道。"乃进兵击秦嘉。秦嘉军败，走，追之，至胡陵，⑥嘉

① 东阳，在今安徽天长县西北。
② 《集解》："应劭曰：苍头特起，言与众异也。苍头，谓士卒皂巾，若赤眉，青领，以相别也。如淳曰：魏君兵卒之号也。《战国策》：魏有苍头二十万。"
③ 名族，显名之族。
④ 下邳，在今江苏邳县东
⑤ 彭城，即今江苏铜山县。
⑥ 胡陵，在今山东鱼台县东南六十里。

还战，一日，嘉死，军降，景驹走死梁地。项梁已并秦嘉军，军胡陵，将引军而西，章邯军至栗，[①]项梁使别将朱鸡石、余樊君与战，余樊君死，朱鸡石军败，亡走胡陵，项梁乃引兵入薛，[②]诛鸡石。项梁前使项羽，别攻襄城，[③]襄城坚守不下，已拔，皆坑之。还报项梁。

项梁闻陈王定死，召诸别将会薛计事，此时，沛公亦起沛，往焉。居鄛[④]人范增，年七十，素居家，好奇计，往说项梁曰："陈胜败，固当。夫秦灭六国，楚最无罪，自怀王入秦不返，楚人怜之至今。故楚南公曰：[⑤]'楚虽三户，亡秦必楚也。'[⑥]今陈胜首事，不立楚后而自立，其势不长。今君起江东，楚蠭午之将[⑦]，皆争附君者，以君世世楚将，为能复立楚之后也。"于是项梁然其言，乃求楚怀王孙心民

① 栗，即今河南夏邑县治。

② 薛，今山东滕县。

③ 襄城，今河南襄城县。

④ 居鄛，即居巢，在今安徽巢县东北五里。

⑤ 《集解》："徐广曰：楚人也，善言阴阳。骃案文颖曰：南方老人也。《正义》：《汉书·艺文志》云：《南公》十三篇，六国时人，在阴阳家流。"

⑥ 《集解》瓒曰：楚人怨秦，虽三户犹足以亡秦也。"《索隐》："臣瓒与苏林解同。韦昭以为三户，楚大姓服，屈，景也。"《正义》："按服虔云：三户，漳水津也。南公知秦亡必于三户，故出此言，后项羽果渡三户津破章邯军，降章邯，秦遂亡。"案如服说，则虽字无意义，自当以臣瓒、苏林之说为是。文颖解南公，但以为南方老人，亦不以为知识者也。

⑦ 《集解》："如淳曰：蠭午，犹言蠭起也。"《索隐》："凡物交横为午，言蠭之起，交横屯聚也。故《刘向传》注云：蠭午，杂沓也。又郑玄曰：一纵一横为午。"

间，为人牧羊，立以为楚怀王，从民所望也。①陈婴为楚上柱国，封五县，与怀王都盱台。②项梁自号为武信君。

居数月，引兵攻亢父③，与齐田荣、司马龙且军救东阿，④大破秦军于东阿。田荣即引兵归，逐其王假，假亡走楚，假相田角亡走赵，角弟田间，故齐将，居赵不敢归，田荣立田儋子市为齐王。项梁已破东阿下军，遂追秦军，数使使趣齐兵，欲与俱西。田荣曰："楚杀田假，赵杀田角、田间，乃发兵。"项梁曰："田假为与国之王，穷来从我，不忍杀之。"赵亦不杀田角、田间，以市于齐。齐遂不肯发兵助楚。项梁使沛公及项羽别攻城阳，⑤屠之，西破秦军濮阳⑥东，秦兵收入濮阳。沛公、项羽，乃攻定陶。⑦定陶未下，去，西略地，至雝丘，⑧大破秦军，斩李由，还攻外黄。⑨外黄未下。

项梁起东阿，西北至定陶，再破秦军，项羽等又斩李由，益轻秦，有骄色。宋义乃谏项梁曰："战胜而将骄卒惰者败，今卒少惰矣，秦兵日益，臣为君畏之。"项梁弗听。乃使宋义使于齐，道遇齐使者高陵君显，曰："公将

① 《集解》："应劭曰：以祖谥为号者，顺民望。"
② 在今安徽盱眙县东北。
③ 亢父，在今山东济宁县南五十里。
④ 东阿，在今山东阳谷县东北五十里，即今河城镇。
⑤ 城阳，在今山东城阳县东南。
⑥ 濮阳，在今河北濮阳县南。
⑦ 定陶，在今山东定陶县西北四里。
⑧ 雝丘，即雍丘，今河南杞县。
⑨ 外黄，在今河南杞县东六十里。

见武信君乎？"曰："然。"曰："臣论武信君军必败，公徐行，则免死；疾行，则及祸。"秦果悉起兵益章邯，击楚军，大破之定陶，项梁死。沛公、项羽去外黄，攻陈留，①陈留坚守，不能下，沛公、项羽相与谋曰："今项梁军破，士卒恐。"乃与吕臣军②俱引兵而东。吕臣军彭城东，项羽军彭城西，沛公军砀。③章邯已破项梁军，则以为楚地兵不足忧，乃渡河击赵，大破之。当此时，赵歇为王，陈余为将，张耳为相，皆走入巨鹿城。④章邯令王离、涉间围巨鹿，章邯军其南，筑甬道⑤而输之粟。陈余为将，将卒数万人，而军巨鹿之北。此所谓河北之军也。楚兵已破于定陶，怀王恐，从盱台之彭城，并项羽、吕臣军，自将之。以吕臣为司徒，以其父吕青为令尹，以沛公为砀郡长，封为武安侯，将砀郡兵。

初，宋义所遇齐使者高陵君显，在楚军，见楚王曰："宋义论武信君之军必败，居数日，军果败，兵未战而先见败征，此可谓知兵矣。"王召宋义，与计事而大说之，因置以为上将军，项羽为鲁公，为次将，范增为末将，救赵。诸别将皆属宋义，号为卿子冠军。⑥行至安阳，⑦留，

---

① 陈留，今河南陈留县。

② 乃与吕臣军句，谓与吕臣合兵。

③ 砀，在今江苏砀山县东。

④ 巨鹿，今河北平乡县治。

⑤ 《集解》："应劭曰：恐敌抄辎重，故筑墙垣，如街巷也。"

⑥ 《集解》："文颖曰：卿子，时人相褒尊之辞，犹言公子也。上将，故言冠军。"

⑦ 安阳，在今河南安阳县西南。

四十六日不进。项羽曰："吾闻秦军围赵王巨鹿，疾引兵渡河，楚击其外，赵应其内，破秦军必矣。"宋义曰："不然，夫搏牛之虻，不可以破虮虱。①今秦攻赵，战胜则兵罢，我承其敝；不胜，则我引兵鼓行而西，必举秦矣。故不如先斗秦赵。夫被坚执锐，义不如公；坐而运策，公不如义。"因下令军中曰："猛如虎，狠如羊，贪如狼。强不可使者，皆斩之。"乃遣其子宋襄相齐，身送之，至无盐，②饮酒高会，天寒大雨，士卒冻饥。项羽曰："将戮力而攻秦，久留不行；今岁饥民贫，士卒食芋菽，③军无见粮，乃饮酒高会；不引兵渡河，因赵食，与赵并力攻秦；乃曰承其敝。夫以秦之强，攻新造之赵，其势必举赵，赵举而秦强，何敝之承？且国兵新破，王坐不安席，扫境内而专属于将军，国家安危，在此一举。今不恤士卒，而狥其私，非社稷之臣。"项羽晨朝上将军宋义，即其帐中斩宋义头，出令军中，曰："宋义与齐谋反楚，楚王阴令羽诛之。"当是时，诸将皆慑服，莫敢枝梧，皆曰："首立楚者，将军家也，今将军诛乱。"乃相与共立羽为假上将军，④使人追宋义子，及之齐，杀之。使桓楚报命于怀王，怀王因使项羽为上将军，当阳君、蒲将军，皆属项羽。

---

① 《集解》："如淳曰：用力多而不可以破虮虱，犹言欲以大力伐秦，而不可以救赵也。"

② 无盐，在今山东东平县东二十里。

③ 《集解》："徐广曰芋，一作半，半，五升器也。骃案瓒曰：士卒食蔬菜，以菽杂半之。《汉书》作半菽。"

④ 《正义》："假，摄也。"

项羽已杀卿子冠军，威震楚国，名闻诸侯，乃遣当阳君、蒲将军，将卒二万渡河，救巨鹿，战少利，陈余复请兵，项羽乃悉引兵渡河，皆沉船，破釜甑，烧庐舍，持三日粮，以示士卒必死，无一还心。于是至则围王离，与秦军遇，九战，绝其甬道，大破之，杀苏角，虏王离，涉间不降楚，自烧杀。当是时，楚兵冠诸侯，诸侯军救巨鹿下者十余壁，莫敢纵兵；及楚击秦，诸将皆从壁上观；楚战士无不一以当十，楚兵呼声动天，诸侯军无不人人惴恐。于是已破秦军，项羽召见诸侯将，入辕门，无不膝行而前，莫敢仰视。项羽由是始为诸侯上将军，诸侯皆属焉。

章邯军棘原，①项羽军漳南，相持未战。秦军数却，二世使人让章邯，章邯恐，使长史欣请事，至咸阳，留司马门②三日，赵高不见，有不信之心，长史欣恐，还走其军，不敢出故道。赵高果使人追之，不及。欣至军，报曰："赵高用事于中，下无可为者；今战能胜，高必嫉妒吾功；战不能胜，不免于死；愿将军孰计之。"陈余亦遗章邯书曰："白起为秦将，南征鄢、③郢，④北坑马服，⑤攻城略地，不可胜计，而竟赐死；蒙恬为秦将，北逐戎

---

① 《集解》："张晏曰：在漳南。晋灼曰：地名，在矩鹿南。"

② 《集解》："凡言司马门者，宫垣之内，兵卫所在，四面皆有司马主武事。总言之，外门为司马门也。"

③ 鄢，今河南鄢陵县。

④ 郢，楚都，今湖北江陵县。

⑤ 《索隐》："韦昭曰：赵奢子代号马服。"

人，开榆中①地数千里，竟斩阳周。②何者？功多，秦不能尽封，因以法诛之。今将军为秦将，三岁矣，所亡失以十万数，而诸侯并起，滋益多；彼赵高素谀，日久；今事急，亦恐二世诛之，故欲以法诛将军，以塞责；使人更代将军，以脱其祸夫。③将军居外久，多内却，有功亦诛，无功亦诛；且天之亡秦，无愚智皆知之，今将军内不能直谏，外为亡国将，孤特独立，而欲常存，岂不哀哉？将军何不还兵，与诸侯为从，约共攻秦，分王其地，南面称孤，此孰与身伏铁质，妻子为僇乎？"章邯狐疑，阴使候始成④使项羽，欲约，约未成，项羽使蒲将军日夜引兵渡三户，军津南，与秦战，再破之，项羽悉引兵击秦军污水上，⑤大破之。章邯使人见项羽欲约，项羽召军吏谋曰："粮少，欲听其约。"军吏皆曰："善。"项羽乃与期洹水南殷墟上，⑥已盟，章邯见项羽而流涕，为言赵高。项羽乃立章邯为雍王，置楚军中，使长史欣为上将军，将秦军为前行。

---

① 《索隐》："服虔云：金城县所治。苏林曰：在上郡。"案金城，在今甘肃皋兰县西南；上郡，今陕西省北部，及绥远鄂宁多斯左翼之地。

② 阳周，在今陕西安定县北。

③ 夫字当上属，古书夫字当上属，后人误割属下句者甚多，此其一例。凡古书夫字，在句首者，皆与彼字义同，无虚无所指者。

④ 《集解》："候，军候，官名，始成其名。"

⑤ 《集解》："徐广曰：在邺西。邺，在今河南临漳县西四十里。"

⑥ 《集解》："瓒曰：洹水，在今安阳县北，去朝歌殷都一百五十里。《汲冢古文》曰：盘庚迁于此。南去邺三十里。"案即今河南安阳县北掘获甲骨古器物处。

到新安，①诸侯吏卒，异时故繇使屯戍，过秦中，秦中吏卒遇之多无状。及秦军降诸侯，诸侯吏卒乘胜，多奴虏使之，轻折辱秦吏卒。秦吏卒多窃言曰："章将军等诈吾属降诸侯，今能入关破秦，大善；即不能，诸侯虏吾属而东，秦必尽诛吾父母妻子。"诸将微闻其计，以告项羽。项羽乃召黥布、蒲将军计曰："秦吏卒尚众，其心不服；至关中，不听，②事必危，不如击杀之，而独与章邯、长史欣、都尉翳入秦。"于是楚军夜击坑秦卒二十余万人新安城南。

行，略定秦地，函谷关③有兵守关，不得入；又闻沛公已破咸阳，项羽大怒，使当阳君等击关，项羽遂入，至于戏西。④沛公军霸上，⑤未得与项羽相见。沛公左司马曹无伤，使人言于项羽曰："沛公欲王关中，使子婴为相，珍宝尽有之。"项羽大怒，曰："旦日享士卒，为击破沛公军。"当是时，项羽兵四十万，在新丰鸿门，⑥沛公兵十万，在霸上。范增说项羽曰："沛公居山东⑦时，贪于财货，好美姬；今入关，财物无所取，妇女无所幸，此其志不在小；吾令人望其气，皆为龙虎，成五采，此天子气也，急击，勿失。"楚左尹项伯者，项羽季父

---

① 新安，在今河南渑池县东。
② 听，从也。
③ 函谷关，在河南灵宝县西南。
④ 戏，邑名，在新盐东南，亦水名，盖邑本以水得名也。
⑤ 霸上，在今陕西长安县东。
⑥ 新丰，在陕西临潼县东。
⑦ 古言山东者，为华山以东。

也，素善留侯张良，张良是时从沛公。项伯乃夜驰之沛公军，私见张良，具告以事，欲呼张良与俱去，曰："毋从俱死也。"张良曰："臣为韩王送沛公，沛公今事有急，亡去，不义，不可不语。"良乃入，具告沛公。沛公大惊，曰："为之奈何？"张良曰："谁为大王为此计者。"曰："鲰生①说我曰：'距关，毋内诸侯，秦地可尽王也。'故听之。"良曰："料大王士卒，足以当项王乎？"沛公默然，曰："固不如也，且为之奈何？"张良曰："请往谓项伯，言沛公不敢背项王也。"沛曰："君安与项伯有故？"张良曰："秦时与臣游，项伯杀人，臣活之。今事有急，故幸来告良。"沛公曰："孰与君少长？"良曰："长于臣。"沛公曰："君为我呼入，吾得兄事之。"张良出，要项伯。项伯即入见沛公。沛公奉卮酒为寿，约为婚姻，曰："吾入关，秋毫不敢有所近，籍吏民，封府库，而待将军，所以遣将守关者，备他盗之出入与非常也。日夜望将军至，岂敢反乎？愿伯具言臣之不敢倍德也。"项伯许诺，谓沛公曰："旦日，不可不蚤自来谢项王。"沛公曰："诺。"于是项伯复夜去，至军中，具以沛公言报项王，因言曰："沛公不先破关中，公岂敢入乎？今人有大功而击之，不义也，不如因善遇之。"项王许诺。沛公旦日从百余骑，来见项王。至鸿门，谢曰："臣与将军修力而攻秦，将军战河北，臣战河

---

① 《集解》："徐广曰：鲰音士垢反，鱼名。骃案服虔曰：鲰音浅，鲰小人貌也。瓒曰：《楚汉春秋》：鲰，姓也。"

南，然不自意能先入关破秦，得复见将军于此。今者，有小人之言，令将军与臣有郤。"项王曰："此沛公左司马曹无伤言之，不然，籍何以至此？"项王即日因留沛公与饮，项王项伯东向坐。亚父南向坐；亚父者，范增也。沛公北向坐，张良西向侍。范增数目项王，举所佩玉块以示之者三，项王默然不应。范增起，出，召项庄谓曰："君王为人不忍，若入，前为寿，寿毕，请以剑舞，因击沛公于坐，杀之，不者，若属皆且为所虏。"庄则入为寿，寿毕，曰："君王与沛公饮，军中无以为乐，请以剑舞。"项王曰："诺。"项庄拔剑起舞，项伯亦拔剑起舞，常以身翼蔽沛公，庄不得击。于是张良至军门，见樊哙，樊哙曰："今日之事何如？"良曰："甚急，今者项庄拔剑舞，其意常在沛公也。"哙曰："此迫矣，臣请入，与之同命。"哙即带剑拥盾，入军门。交戟之卫士，欲止不内，樊哙侧其盾以撞，卫士仆地，哙遂入，披帷西向立，嗔目视项王，头发上指，目眦尽裂。项王按剑而跽曰："客何为者？"张良曰："沛公之参乘樊哙者也。"项王曰："壮士，赐之卮酒。"则与斗卮酒。哙拜谢，起立而饮之。项王曰："赐之彘肩。"则与一生彘肩。樊哙覆其盾于地，加彘肩上，拔剑切而啖之。项王曰："壮士，能复饮乎？"樊哙曰："臣死且不避，卮酒安足辞？夫秦王有虎狼之心，杀人如不能举，刑人如恐不胜，天下皆叛之。怀王与诸将约曰：先破秦入咸阳者，王之。今沛公先破秦，入咸阳，毫毛不敢有所近，封闭宫室，还军霸上，以待大王来，故遣将守关者，备他盗出入与非常也。

劳苦而功高如此，未有封侯之赏，而听细说，欲诛有功之人，此亡秦之续耳，窃为大王不取也。"项王未有以应，曰："坐。"樊哙从良坐。坐须臾，沛公起如厕，因招樊哙出。沛公已出，项王使都尉陈平召沛公，沛公曰："今者出，未辞也，为之奈何？"樊哙曰："大行不顾细谨，大礼不辞小让；如今人方为刀俎，我为鱼肉，何辞为？"于是遂去。乃令张良留谢，良问曰："大王来何操？"曰："我持白璧一双，欲献项王；玉斗一双，欲与亚父；哙其怒，不敢献，公为我献之。"张良曰："谨诺。"当是时，项王军在鸿门下，沛公军在霸上，相去四十里。沛公则置车骑，脱身独骑，与樊哙、夏侯婴、靳强、纪信等四人，持剑盾步走，从郦山①下道芷阳②间行。沛公谓张良曰："从此道至吾军，不过二十里耳。度我至军中，公乃入。"沛公已去，间至军中。张良入谢，曰："沛公不胜杯杓，不能辞，谨使臣良，奉白璧一双，再拜献大王足下；玉斗一双，再拜奉大将军足下。"项王曰："沛公安在？"良曰："闻大王有意督过之，脱身独去，已至军矣。"项王则受璧，置之坐上。亚父受玉斗，置之地，拔剑撞而破之，曰："唉！竖子不足与谋，夺项王天下者，必沛公也，吾属今为之虏矣。"沛公至军，立诛杀曹无伤。

居数日，项羽引兵西，屠咸阳，杀秦降王子婴，烧秦宫室，火三月不灭，收其货宝妇女而东。人或说项王曰：

① 郦山，即骊山，在今陕西临潼县。
② 芷阳，在今陕西长安县东。

"关中阻山河，四塞，地肥饶，可都以霸。"项王见秦宫室皆以烧，①残破，又心怀思，欲东归，曰："富贵不归故乡，如衣绣夜行，谁知之者？"说者曰："人言楚人沐猴而冠耳，果然。"项王闻之，烹说者。②

项王使人致命怀王，怀王曰："如约。"乃尊怀王为义帝。项王欲自王，先王诸将相，谓曰："天下初发难时，假立诸侯后以伐秦，然身披坚执锐首事，暴露于野三年，灭秦定天下者，皆将相诸君与籍之力也。义帝虽无功，故当分其地而王之。"诸将皆曰："善。"乃分天下，立诸将为侯王。项王、范增疑沛公之有天下，业已讲解，又恶负约，恐诸侯叛之，乃阴谋曰："巴蜀道险，秦之迁人，皆居蜀。"乃曰："巴、蜀，亦关中地也。"故立沛公为汉王，王巴、蜀、汉中，都南郑。③而三分关中，王秦降将，以距塞汉王。项王乃立章邯为雍王，王咸阳以西，都废丘。④长史欣者，故为栎阳狱掾，尝有德于项梁；都尉董翳者，本劝章邯降楚。故立司马欣为塞王，王咸阳以东至河，都栎阳。⑤立董翳为翟王，王上郡，都高奴。⑥

---

① 以同已，古书以已二字多相乱。

② 《集解》："《楚汉春秋》《扬子法言》云：说者是蔡生，《汉书》云是韩生。"

③ 南郑，在今陕西南郑县东二里。

④ 废丘，今陕西兴平县。

⑤ 栎阳，见前。

⑥ 高奴，在今陕西夫施县东。

徙魏王豹为西魏王，王河东，都平阳。①瑕丘申阳者，②张耳嬖臣也，先下河南郡，③迎楚河上，故立申阳为河南王，都洛阳。④韩王成因故都都阳翟，⑤赵将司马卬定河内，数有功，故立卬为殷王，王河内，都朝歌。⑥徙赵王歇为代王，赵相张耳素贤，又从入关，故立耳为常山王，王赵地，都襄国。⑦当阳君黥布为楚将，常冠军，故立布为九江王，都六。⑧鄱君吴芮，⑨率百越佐诸侯，又从入关，故立芮为衡山王，都邾。⑩义帝柱国共敖，将兵击南郡，功多，因立敖为临江王，都江陵。⑪徙燕王韩广为辽东王，燕将臧荼从楚救赵，因从入关，故立荼为燕王，都蓟。⑫徙齐王田市为胶东王，⑬齐将田都从共救赵，因从入关，故立都为齐

---

① 平阳，今山西临汾县。

② 《集解》："徐广曰：一云瑕丘公也。服虔曰：瑕丘县，属山阳。申姓，阳名。文颖曰：姓瑕丘，字申阳。瓒曰：瑕丘公申阳，是瑕丘县名。"案楚县令称公。

③ 秦三川郡，汉为河南郡，治洛阳。

④ 在今河南洛阳东北二十里。

⑤ 阳翟，今河南禹县治。

⑥ 朝歌，在今河南淇县东北。

⑦ 襄国，在今河北邢台县西南。

⑧ 六，今安徽六安县。

⑨ 今江南鄱阳县。

⑩ 邾，今湖北黄岗县。

⑪ 江陵，今湖北江陵县。

⑫ 蓟，今河北蓟县。

⑬ 《集解》："徐广曰：都即墨。"案即墨今山东即墨县。

王，都临淄。① 故秦所灭齐王建孙田安，项羽方渡河救赵，田安下济北数城，引其兵降项羽，故立安为济北王，都博阳。② 田荣者，数负项梁，又不肯将兵从楚击秦，以故不封。③ 成安君陈余，弃将印去，不从入关，然素闻其贤，有功于赵，闻其在南皮，④ 故因环封三县。⑤ 番君将梅鋗功多，故封十万户侯。项王自立为西楚霸王，⑥ 王九郡，都彭城。汉之元年四月，诸侯罢戏下，各就国。⑦

项王出之国，使人徙义帝，曰："古之帝者，地方千里，必居上游。"乃使使徙义帝长沙郴县。⑧ 趣义帝行，其群臣稍稍背叛之，乃阴令衡山临江王击杀之江中。韩王成无军功，项王不使之国，与俱至彭城，废以为侯，已又杀之。臧荼之国，因逐韩广之辽东，广弗听，荼击杀广

---

① 临淄，今山东临淄县。

② 博阳，今山东泰安县东南。

③ 成安，在今河南临汝县东南。

④ 南皮，在今河北南皮县东。

⑤ 《集解》："《汉书音义》曰：绕南皮三县以封之。"

⑥ 《正义》："《货殖传》云：淮以北，沛、陈、汝南、南郡为西楚也；彭城以东，东海、吴、广陵为东楚也。衡山、九江、江南、豫章、长沙为南楚。孟康云：旧名江陵为南楚，吴为东楚，彭城为西楚。"案霸即五霸之霸；此时分封之国皆称王，故为诸国之长者称霸王。

⑦ 《索隐》："戏音羲，水名也。言下者，如许下洛下然也。按上文云项羽入至戏西鸿门，沛公还军霸上，是羽初停军于戏水之下，后虽引兵西屠咸阳，烧秦宫室，则亦遗戏下。今言诸侯罢戏下，是各受封邑号令讫，自戏下各就国。何须假借文字，以为旌麾之下乎？颜师古、刘伯庄之说皆非。"案《汉书》旌麾之麾，皆作戏。见《窦田灌韩传》注。

⑧ 郴，今湖南郴县。

无终，^①并王其地。田荣闻项羽徙齐王市胶东，而立齐将田都为齐王，乃大怒，不肯遣齐王之胶东，因以齐反．迎击田都。田都走楚。齐王市畏项王，乃亡之胶东就国。田荣怒，追击，杀之即墨，荣因自立为齐王，而西击杀济北王田安，并王三齐。荣与彭越将军印，令反梁地。陈余阴使张同、夏说，说齐王田荣曰："项羽为天下宰，不平，今尽王故王于丑地，而王其群臣诸将善地，逐其故主，赵王乃北居代，余以为不可。闻大王起兵，且不听不义，愿大王资余兵，请以击常山，以复赵王。请以国为扞蔽。"齐王许之，因遣兵之赵，陈余悉发三县兵，与齐并力，击常山，大破之。张耳走归汉。陈余迎故赵王歇于代，反之赵，赵王因立陈余为代王。

是时汉还定三秦，项羽闻汉王皆已并关中，且东，齐、赵叛之，大怒，乃以故吴令郑昌为韩王，以距汉。令萧公角等击彭越，彭越败萧公角等。汉使张良狗韩，乃遗项王书曰："汉王失职，欲得关中，如约即止，不敢东。"又以齐、梁反书遗项王，曰："齐欲与赵并灭楚。"楚以此故无西意，而北击齐，征兵九江王布。布称疾不往，使将将数千人行，项王由此怨布也。汉之二年冬，项羽遂北至城阳，田荣亦将兵会战，田荣不胜，走，至平原，平原民杀之。遂北烧夷齐城郭室屋，皆坑田荣降卒，系虏其老弱妇女，狗齐，至北海，多所残灭。齐人相聚而畔之。于是田荣弟田横，收齐亡卒，得数万人，反城

---

① 无终，今河北蓟县治。

阳。项王因留，速战，未能下。春，汉王部①五诸侯兵②凡五十六万人，东伐楚。项王闻之，即令诸将击齐，而自以精兵三万人南，从鲁出胡陵③，四月，汉皆已入彭城，收其货宝美人，目置酒高会。项王乃西，从萧④晨击汉军，而东至彭城，日中，大破汉军，汉军皆走，相随入榖、泗水，杀汉卒十余万人。汉卒皆南走山，楚又追击，至灵壁⑤东睢水上，汉军却，为楚所挤，多杀汉卒，十余万人，皆入睢水，睢水为之不流。围汉王三匝，于是大风从西北而起，折木，发屋，扬沙石，窈冥画晦，逢迎楚军，楚军大乱坏散，而汉王乃得与数十骑遁去。欲过沛，收家室而西，楚亦使人追之沛，取汉王家，家皆亡，不与汉王相见。汉王

① 《集解》："徐广曰：一作劫。"《索隐》："按《汉书》，见作劫字。"

② 《集解》："徐广曰：塞、翟、魏、殷、河南。骃案应劭曰：雍、翟、塞、殷、韩也。韦昭曰：塞、翟、殷、韩、魏、雍时已败也。"《索隐》："按徐广、韦昭，皆数翟、塞及殷韩等，颜师古不数三秦，谓常山、河南、韩、魏、殷。顾胤意略同，乃以陈余兵为五，未知孰是。鄙意按韩王郑昌拒汉，汉使韩信击破之，则是韩兵不下而已破也。韩，不在此数，五诸侯者，塞、翟、河南、魏、殷也。"《正义》："五诸侯者，谓常山、河南、韩、魏、殷也。此年十月，常山王张耳降，河南王申阳降，韩王郑昌降，魏王豹降，虏殷王印，皆汉东之后。故知此为五诸侯。时雍王犹在废丘被围，即非五诸侯之数也。《高纪》及《汉书》云：发关中兵，收三河士。韦昭云：河南、河东、河内。申阳都洛阳，韩王成都阳翟，皆河南也。魏豹都平阳，河东也。司马印都朝歌，张耳都襄国，河内也。此三河士，则五诸侯兵也。"

③ 胡陵见前。

④ 萧，在今江苏萧县西北。

⑤ 灵壁，在安徽宿县西北。

道逢得孝惠、鲁元，乃载行。楚骑追汉王，汉王急，推堕孝惠、鲁元车下，滕公常下收载之，如是者三，曰："虽急，不可以驱，奈何弃之？"于是遂得脱。求太公、吕后不相遇，审食其从太公、吕后，间行，求汉王，反遇楚军，楚军遂与归，报项王，项王常置军中。是时，吕后兄周吕侯，为汉将兵居下邑。[①] 汉王间往从之，稍稍收其士卒。至荥阳，[②] 诸败军皆会，萧何亦发关中老弱未傅，[③] 悉诣荥阳，复大振。楚起于彭城，常乘胜逐北，与汉战荥阳南京、索间，[④] 汉败楚，楚以故不能通荥阳而西。

项王之救彭城，追汉王，至荥阳。田横亦得收齐，立田荣子广为齐王。汉王之败彭城，诸侯皆复与楚而背汉。汉军荥阳，筑甬道，属之河，以取敖仓粟。汉之三年，项王数侵夺汉甬道，汉王食乏，恐，请和，割荥阳以西为汉。项王欲听之，历阳侯[⑤]范增曰："汉易与耳，今释弗取，后必悔之。"项王乃与范增急围荥阳。汉王患之，乃用陈平计，间项王。项王使者来，为太牢具举欲进之，[⑥]

---

① 在今江苏砀山县东。

② 荥阳，今河南荥阳县。

③ 《集解》："孟康曰：古者二十而传，三年耕，而有一年储，故二十三年而后役之。如淳曰：律：年二十三，传之畴官，各从其父畴内学之。高不满六尺二寸以下为罢癃。《汉仪注》：民年二十三为正，一岁为卫士，一岁为材官骑士，习射御骑驰战陈。又曰：年五十六。衰老，乃得免为庶民，就田里。今老弱未尝传者皆发之。未二十三为弱，过五十六为老。"

④ 京、索，二水名，在荥阳。

⑤ 历阳，今安徽和县。

⑥ 举，谓宰杀，见《周官》膳夫注。

见使者，佯惊愕，曰："吾以为亚父使者，乃反项王使者？"更持去，以恶食食项王使者。使者归报项王，项王乃疑范增与汉有私，稍夺之权。范增大怒，曰："天下事大定矣，君王自为之，愿赐骸骨归卒伍。"项王许之，行，未至彭城，疽发背而死。汉将纪信说汉王曰："事已急矣，请为王诳楚为王，王可以间出。"于是汉王夜出女子荥阳东门，被甲，二千人，楚兵四面击之，纪信乘黄屋车，①传左纛②曰："城中食尽，汉王降。"楚军皆呼万岁。汉王亦与数十骑，从城西门出，走成皋。项王见纪信，问汉王安在，信曰："汉王已出矣。"项王烧杀纪信。汉王使御史大夫周苛、枞公、魏豹，守荥阳。周苛、枞公谋曰："反国之王，难与守城。"乃共杀魏豹，楚下荥阳城，生得周苛，项王谓周苛曰："为我将，我以公为上将军，封三万户。"周苛骂曰："若不趣降汉，汉今虏若，若非汉敌也。"项王怒，烹周苛，并杀枞公。汉王之出荥阳，南走宛、③叶，④得九江王布，行收兵，复入保成皋。⑤汉之四年，项王进兵围成皋，汉王逃，独与滕公出成皋北门，渡河，走修武，⑥从张耳、韩信军。诸将稍稍得出

---

① 《正义》："李斐云：天子车以黄缯为盖里。"案屋，即今幄字。

② 《集解》："李斐曰：纛，毛羽幢也。在乘舆车衡左方上注之。蔡邕曰：以犛牛尾为之。如斗。或在骖头，或在衡上也。"

③ 宛，今河南南阳县治。

④ 叶，今河南叶县。

⑤ 成皋，在河南汜水县西北。

⑥ 修武，今河南获嘉县。

成皋，从汉王。楚遂拔成皋，欲西。汉使兵距之巩，[①]令其不得西。是时彭越渡河击楚东阿，[②]杀楚将军薛公。项王乃自东击彭越。汉王得淮阴侯兵，欲渡河南，郑忠说汉王，乃止壁河内。使刘贾将兵佐彭越，烧楚积聚。项王东击破之，走彭越。汉王则引兵渡河，复取成皋。军广武，就敖仓食。项王已定东海，来西，与汉俱临广武而军，相守数月。

当此时，彭越数反梁地，绝楚粮食，项王患之。为高俎，置太公其上，告汉王曰："今不急下，吾烹太公。"汉王曰："吾与项羽，俱北面受命怀王，曰：'约为兄弟。'吾翁即若翁，必欲烹而翁，则幸分我一杯羹。"项王怒，欲杀之。项伯曰："天下事未可知，且为天下者不顾家，虽杀之，无益，祗益祸耳。"项王从之。楚汉久相持未决，丁壮苦军旅，老弱罢转漕。项王谓汉王曰："天下匈匈数岁者，徒以吾两人耳。愿与汉王挑战，决雌雄，毋徒苦天下之民父子为也。"汉王笑谢曰："吾宁斗智，不能斗力。"项王令壮士出挑战，汉有善骑射者楼烦。[③]楚挑战三合，楼烦辄射杀之。项王大怒，乃自被甲持戟挑战，楼烦欲射之，项王嗔目叱之，楼烦目不敢视，手不敢发，遂走还，入壁，不敢复出。汉王使人间问之，乃项王也，汉王大惊。于是项王乃即汉王，相与临广武间[④]而语，

---

① 巩，在今河南巩县西南三十里。

② 东阿，在今山东阳谷县东北五十里。

③ 《集解》："应劭曰：楼烦胡也，今楼烦县。"案楼烦乃北方部落之名，见《匈奴列传》。后汉以其地为县，在今山西雁门关之北。

④ 有二城，在荥阳西。

汉王数之，项王怒，欲一战，汉王不听。项王伏弩射中汉王，汉王伤，走入成皋。

项王闻淮阴侯已举河北，破齐赵，且欲击楚，乃使龙且往击之，淮阴侯与战。骑将灌婴击之，大破楚军，杀龙且。韩信因自立为齐王。项王闻龙且军破，则恐，使盱台人武涉往说淮阴侯，淮阴侯弗听。是时彭越复反，下梁地，绝楚粮，项王乃请海春侯大司马曹咎等曰："谨守成皋，则汉欲挑战，慎勿与战，毋令得东而已。我十五日，必诛彭越，定梁地，复从将军。"乃东行，击陈留、外黄。外黄不下，数日，已降。项王怒，悉令男子年十五已上，诣城东，欲坑之。外黄令舍人儿，年十三，往说项王曰："彭越强劫外黄，外黄恐，故且降，待大王，大王至，又皆坑之，百姓岂有归心？从此以东，梁地十余城，皆恐，莫肯下矣。"项王然其言，乃救外黄当坑者。东至睢阳，①闻之，皆争下项王。汉果数挑楚军战，楚军不出。使人辱之，五六日，大司马怒，渡兵汜水，士卒半渡，汉击之，大破楚军，尽得楚国货赂。大司马咎、长史翳、塞王欣皆自刭汜水上。大司马咎者，故蕲狱掾，长史欣亦故栎阳狱吏，两人尝有德于项梁，是以项王信任之。当是时，项王在睢阳，闻海春侯军败，则引兵还。汉军方围钟离昧于荥阳东，项王至，汉军畏楚，尽走险阻。

是时汉兵盛，食多，项王兵疲，食绝。汉遣陆贾说项王，请太公，项王弗听；汉王复使侯公往说项王。项王

① 睢阳，在今河南商丘县东。

乃与汉约，中分天下，割鸿沟以西者为汉，鸿沟而东者为楚，项王许之。即归汉王父母妻子，军皆呼万岁。汉王乃封侯公为平国君，匿，弗肯复见，曰："此天下辨士，所居倾国，故号为平国君。"项王巳约，乃引兵解而东归。

汉欲西归，张良、陈平说曰："汉有天下大半，而诸侯皆附之，楚兵罢食尽，此天亡楚之时也，不如因其机而遂取之。今释弗击，此所谓养虎自遗患也。"汉王听之。

汉五年，汉王乃追项王，至阳夏南，^①止军，与淮阴侯韩信、建成侯彭越期会而击楚军。至固陵，^②而信、越之兵不会。楚击汉军，大破之。汉王复入壁，深堑而自守。谓张子房曰："诸侯不从约，为之奈何？"对曰："楚兵且破，信、越未有分地，其不至固宜，君王能与共分天下，今可立致也；即不能，事未可知也。君王能自陈以东，传海，尽与韩信；睢阳以北至毂城，^③以与彭越；使各自为战，则楚易败也。"汉王曰："善。"于是乃发使者告韩信、彭越曰："并力击楚，楚破，自陈以东，传海，与齐王；睢阳以北至毂城，与彭相国。"使者至韩信、彭越皆报曰："请今进兵。"韩信乃从齐往，刘贾军从寿春^④并行，屠城父，^⑤至垓下。^⑥大司马周殷叛楚，以舒^⑦屠

---

① 阳夏，今河南太康县治。
② 固陵，《集解》徐广曰："在阳夏。"
③ 毂城，今山东东阿县治。
④ 寿春．今安徽专县治。
⑤ 城父，在今安徽亳县东南。
⑥ 垓下。在今安徽灵壁县东南。
⑦ 舒，在今安徽庐江县西。

六，^①举九江兵，^②随刘贾、彭越，皆会垓下，诣项王。项王军壁垓下，兵少食尽，汉军及诸侯兵围之数重。夜，闻汉军四面皆楚歌，项王乃大惊曰："汉皆已得楚乎？是何楚人之多也？"项王则夜起，饮帐中，有美人名虞，常幸从；骏马名骓，常骑之；于是项王乃悲歌慷慨，自为诗，曰："力拔山兮气盖世，时不利兮骓不逝，骓不逝兮可奈何，虞兮虞兮奈若何！"歌数阕，美人和之。项王泣数行下。左右皆泣，莫能仰视。于是项王乃上马骑，麾下壮士骑从者，八百余人。直夜溃围，南出驰走。平明，汉军乃觉之，令骑将灌婴，以五千骑追之。项王渡淮，骑能属者百余人耳。项王至阴陵，^③迷失道，问一田父，田父绐曰："左。"左，乃陷大泽中，以故汉追及之。项王乃复引兵而东，至东城，^④乃有二十八骑，汉骑追者数千人。项王自度不得脱，谓其骑曰："吾起兵至今八岁矣，身七十余战，所当者破，所击者服，未尝败北，遂霸有天下。然今卒困于此，此天之亡我，非战之罪也。今日固决死，愿为诸君决战，必三胜之。为诸君溃围，斩将，别旗，令诸君知天亡我，非战之罪也。"乃分其骑以为四队，四向。汉军围之数重。项王谓其骑曰："吾为公取彼一将。"令四面骑驰下，期山东为三处。于是项王大呼驰下，汉军皆披靡，遂斩汉一将。是时赤泉侯为骑将，追项王，项王嗔目而

---

① 六，见前。

② 九江，秦郡，治寿春。

③ 阴陵，在今安徽定远县西北。

④ 东城，在今安徽定远县东南。

叱之，赤泉侯人马俱惊，辟易数里。与其骑会为三处。汉军不知项王所在，乃分军为三，复围之。项王乃驰，复斩汉一都尉，杀数十百人。复聚其骑，亡其两骑耳。乃谓其骑曰："何如？"骑皆伏曰："如大王言。"于是项王乃欲东渡乌江。①乌江亭长权船待，请项王曰："江东虽小，地方千里，众数十万人，亦足王也。愿大王急渡，今独臣有船，汉军至，无以渡。"项王笑曰："天之亡我，我何渡为？且籍与江东子弟八千人，渡江而西，今无一人还。纵江东父兄怜而王我，我何面目见之？纵彼不言，籍独不愧于心乎？"乃谓亭长曰："吾知公长者，吾骑此马五岁，所当无敌，常一日行千里，不忍杀之，以赐公。"乃令骑皆下马，步行，持短兵接战，独籍所杀汉军数百人。项王身亦被十余创，顾见汉骑司马吕马童曰："若非吾故人乎？"马童面之，②指王翳曰："此项王也。"项王乃曰："吾闻汉购我头千金，③邑万户，吾为若德。"乃自刎而死，王翳取其头，余骑相蹂践，争项王，相杀者数十人。最④其后，郎中骑杨喜，骑司马吕马童，郎中吕胜、杨武，各得其一体。五人共会其体，皆是，分其地为五。封吕马童为中水侯，⑤封王翳为杜衍

---

① 乌江，津名，在今安徽和县东北四十里。

② 《集解》："张晏曰：以故人故，难视斩之，故背之。如淳曰：面，不正视也。"案今作佴。

③ 《正义》："汉以一斤金为一金，当一万钱也。"

④ 最，此即今之撮字，谓总计。

⑤ 中水，在今河北献县西北三十里。

侯，①封杨喜为赤泉侯，②封杨武为吴防侯，③封吕胜为湟阳侯。④项王已死，楚地皆降汉，独鲁不下。汉乃引天下兵，欲屠之，为其守礼义，为主死节，乃持项王头视⑤鲁，鲁父兄乃降。始楚怀王初封项籍为鲁公，及其死，鲁最后下，故以鲁公礼葬项王毂城。汉王为发哀，泣之而去。诸项氏枝属，汉王皆不诛。乃封项伯为射阳侯。⑥桃侯、⑦平皋侯、⑧玄武侯⑨皆项氏，赐姓刘氏。

太史公曰：吾闻之周生⑩曰："舜目盖重瞳子"，又闻项羽亦重瞳子，羽岂其苗裔？邪何兴之暴也？夫秦失其政，陈涉首难，豪杰蠭起，相与并争，不可胜数。然羽非有尺寸，乘势起陇亩之中，三年，遂将五诸侯⑪灭秦，分裂

---

① 杜衍，在今河南南阳县西南二十三里。

② 赤泉，《索隐》："南阳有丹水县，疑赤泉后改。"案丹水在今河南淅川县西。

③ 吴防，《索隐》：'《地理志》：县名，属汝南，故房子国。"今河南遂平县。

④ 湟阳，在今河南镇平县南。

⑤ 视，今作示。汉时示人亦作视。

⑥ 《集解》："徐广曰：项伯，名缠，字伯。"射阳在今江苏淮安县城东南。

⑦ 《集解》："徐广曰：名襄。按桃，在今河北冀县西北。"

⑧ 平皋，在今河南温县东二十里。

⑨ 玄武侯，《集解》："徐广曰：诸侯表中不见。"

⑩ 《集解》："文颖曰：周时贤者。"《正义》："孔文祥曰：周生，汉时儒者，姓周也。按太史公云吾闻之周生，则是汉人与太史公耳目相接明矣。"案生，犹言先生，汉时多单称生，亦有单称先者。

⑪ 《集解》：此时山东六国，而齐、赵、韩、魏、燕五国并起，从伐秦，故云五诸侯。

天下，而封王侯，政由羽出，号为霸王，位虽不终，近古以来，未尝有也。及羽背关怀楚，放逐义帝而自立，怨王侯叛己，难矣！自矜功伐，奋其私智，而不师古，谓霸王之业，欲以力征经营天下，五年，卒亡其国，身死东城，尚不觉悟而不自责，过矣！乃引"天亡我，非用兵之罪也"，岂不谬哉！

此篇虽名本纪，然其文实传体也，故列之传记文选之首。本纪、世家、列传，名虽不同，特因其为天子、凡掌握一时代之最高主权者即属之，故项羽亦列于本纪。诸侯，凡其德行功业，宜有国有家，不应与平民并列者，即属之，故孔子、陈涉皆列于世家。或臣下而区别之，其来源初不一律。如《五帝本纪》，所来者多礼家、同《大戴礼记》处。尚书家同《尚书大传》处。之说；《殷周本纪》之文，则多与世家同是也。盖合《系世》及《春秋》为一编。《项羽本纪》，别为一体，其文疑多采之《楚汉春秋》等书。

此篇带传说性质甚多。如沛公往鸿门见项羽，项羽不都关中，陈平间疏楚君臣等皆是也。刘项和战，自当有通盘计划，岂有项王轻听曹无伤一言，即欲飨士卒击沛公，一经沛公解释，又立以曹无伤之言告之之理？范增欲杀沛公，岂能不禀命于项王，而轻召项庄，于席间假舞剑击击杀之？果可如此，又岂一项伯所能翼蔽？樊哙撞仆卫士，面数项王；沛公脱身独去，徒留张良人谢；范增七十之年，须臾不能容忍，竟至拔剑撞破玉斗；仔细思之，有一近于情理者乎？项氏世为楚将，当时楚兵剽悍，冠于全国，项羽岂有背楚而都关中之理？刘项成败，原因甚多，都关中特其一端耳。以背关怀楚，为项羽灭亡之大原因，乃汉人既都关中后夸张之辞，非事实也。项羽答说者之语，论史者或以为羽之托辞，吾则疑羽并无此语，实后人所造作耳。至所谓陈平间疏楚君臣之计，则尚不可以诳小儿，更可发一噱矣。此等处，无识者多轻信之；间有疑之者，则又以为太史公之好奇。此等幼稚之说，亦何奇之有，而谓太史公好之乎？要之乃当时之史料如此耳。

汉初史料，虽尚带传说性质，其见解极为幼稚可笑，然其讳饰，远不如后世之甚。如汉高欲图疾驱，乃推堕孝惠、鲁元车下，殊足见其残忍，然亦直书无所讳是也。又项羽之立章邯实在尚未入关时，可见其立三降将以距塞汉王之说之不确。此等处，在后世之史，必不能据事直书矣。

此篇文字之佳，无待赘论。如叙巨鹿之战，鸿门之败，垓下之败等之饶有精神，皆人人所共见。其特宜注意者，则为篇中多用提击之笔，以叙述特要之事，及各方面之情势。前者如"此时沛公亦起沛往焉"，后者如"是时汉兵盛食多，项王兵罢食绝"是也。叙事能用此等笔法，最易得要，且能醒目，极宜注意。

古人撰述，多仍所本材料之元文，不加更定。如此篇于范增，忽称为亚父，忽又举其爵为历阳侯；汉欲西归时，称"张良、陈平说曰"，下又称汉王"谓张子房曰"，皆是。《左氏》一书，名字谥号错出，亦由于此。

《孔子世家》，虽以世家名，实亦传体。因限于篇幅，未能选录。学者既知史裁初起时，本纪、世家、列传等格式，并不十分固定，可以自取参观。

《史记·伯夷列传》

　　夫学者载籍极博，犹考信于六艺。《诗》《书》虽缺，然虞夏之文可知也。尧将逊位，让于虞舜；舜禹之间，岳牧咸荐，乃试之于位，典职数十年，功用既兴，然后授政。示天下重器，王者大统，传天下若斯之难也。而说者曰尧让天下于许由，许由不受，耻之，逃隐。[①]及夏之时，有卞随、务光者。[②]此何以称焉？太史公曰：余登箕山[③]，其上盖有许由冢云。孔子序列古之仁圣贤人，如吴太伯、伯夷之伦详矣。余以所闻，由、光义至高，其文辞不少概见，何哉？[④]孔子曰："伯夷、叔齐，不念旧恶，怨是

---

　　① 《正义》："皇甫谧《高士传》云：许由，字武仲。尧闻致天下而让焉，乃退而遁于中狱颍水之阳，箕山之下隐。尧又召为九州岛岛长，由不欲闻之，洗耳于颍水滨。时有巢父，牵犊欲饮之，见由洗耳，问其故。对曰：'尧欲召我为九州岛岛长，恶闻其声，是故洗耳。'巢父曰：'子若处高岸深谷，人道不通，谁能见子？子故浮游，欲求其名誉，污吾犊口。'牵犊上流饮之。"

　　② 《索隐》："夏时有卞随、务光等，殷汤欲让之天下，并不受而逃。事具庄周《让王篇》。"

　　③ 箕山，河北行唐县，河南登封县，山西平陵县皆有之，似以在河南为近是。

　　④ 《索隐》："按概是梗概，谓略也。"

用希。"'求仁得仁，又何怨乎！"余悲伯夷之意，睹轶诗①可异焉。

其传曰：伯夷、叔齐，孤竹君②之二子也。父欲立叔齐，及父卒，叔齐让伯夷。伯夷曰："父命也。"遂逃去。叔齐亦不肯立而逃之。国人立其中子。于是伯夷、叔齐闻西伯昌善养老，盍往归焉。及至，西伯卒，武王载木主，号为文王，东伐纣。伯夷、叔齐叩马而谏曰："父死不葬，爰及干戈，可谓孝乎？以臣弑君，可谓仁乎？"左右欲兵之，太公曰："此义人也。"扶而去之。武王已平殷乱，天下宗周，而伯夷、叔齐耻之，义不食周粟，隐于首阳山，③采薇而食之。及饿且死，作歌，其辞曰："登彼西山兮，采其薇矣。以暴易暴兮，不知其非矣。神农、虞、夏，忽焉没兮，我安适归矣！于嗟徂兮，命之衰矣！"遂饿死于首阳山。由此观之，怨耶非耶！

或曰："天道无亲，常与善人。"若伯夷、叔齐，可谓善人者非邪？积仁絜行如此而饿死。且七十子之徒，仲尼独荐颜渊为好学。然回也屡空，糟糠不厌，而卒蚤夭。天之报施善人，其何如哉？盗跖日杀不辜，肝人之肉，暴

① 轶诗，谓不在儒家所传三百五篇之内者。汉时诗书等，凡非儒家所传者，概称为轶。

② 《索隐》按《地理志》：孤竹城，在辽西令支县。应劭云："伯夷之国也。其君姓墨胎氏。"案令支，在今河北迁安县西。

③ 《集解》："马融曰：首阳山，在河东蒲阪华山之北，河曲之中。"《正义》："曹大家注《幽通赋》云夷齐饿于首阳山，在陇西首。又戴延之《西征记》云洛阳东北首阳山，有夷齐祠，在今偃师县西北。又孟子云夷齐避纣，居北海之滨。《说文》云首阳山在辽西。"

戾恣睢，聚党数千人，横行天下，竟以寿终。是遵何德哉？此其尤大彰明较著者也。若至近世，操行不轨，专犯忌讳，而终身逸乐，富厚累世不绝。或择地而蹈之，时然后出言，行不由径，非公正不发愤，而遇祸灾者，不可胜数也。余甚惑焉，傥所谓天道，是邪非邪？子曰"道不同，不相为谋"，亦各从其志也。故曰"富贵如可求，虽执鞭之士，吾亦为之；如不可求，从吾所好"。"岁寒，然后知松柏之后凋"。举世混浊，清士乃见。岂以其重若彼，其轻若此哉。君子疾没世而名不称焉。贾子①曰："贪夫狥财，烈士狥名，夸者死权，众庶冯生。"同明相照，同类相求。云从龙，风从虎，圣人作而万物视。伯夷、叔齐虽贤，得夫子而名益彰；颜渊虽笃学，附骥尾而行益显。岩穴之士，趋舍有时若此，类名堙灭而不称，悲夫！闾巷之人，欲砥行立名者，非附青云之士。恶能施于后世哉？

史传之文，大抵先叙事，后论赞，然亦不过多数如此，取行文之方便而已，非有一定格式也。此篇即论赞、叙事不分者，然亦可谓前两段系叙事，后一段系论赞。盖夷、齐之事，虽有轶诗之传，然以考信之难言之，则许由、卞随、务光等，传说皆极可疑，夷、齐事同一例。此篇首段，实著其事之不尽可信，而又不能遽断为无，所谓疑以传疑也。然则首段之意，实在考论其事之信否，固亦叙事之一部分也。

末段凡具二意，一言福善祸淫，报施之道，并不可信。士之不肯

---

① 《索德》："贾子，贾谊也，谊作《鵩鸟赋》云然。"

为恶者，实由性情使然，所谓各从其志也。一言砥行立名者，非附青云之士，不能施于后世。皆别有义理，与夷、齐之事无涉。于此可悟作论赞之法，凡作论赞者，必别有发挥，或发明义理，或叙正文所未及之事，或考辨其事等等。乃有意义，否则人人皆知之语，取充篇幅，遂成赘疣矣。

此篇乃兼述论次之意者，《孟子·荀卿列传》等亦然，可以参看。

《史记·管晏列传》

　　管仲夷吾者，颍上人也。①少时常与鲍叔牙游，鲍叔知其贤。管仲贫困，常欺鲍叔，鲍叔终善遇之，不以为言。已而鲍叔事齐公子小白，管仲事公子纠。及小白立为桓公，公子纠死，管仲囚焉。鲍叔遂进管仲。管仲既用，任政于齐，齐桓公以霸，九合诸侯，一匡天下，管仲之谋也。管仲曰："吾始困时尝与鲍叔贾，分财利，多自与，鲍叔不以我为贪，知我贫也。吾尝为鲍叔谋事而更穷困，鲍叔不以我为愚，知时有利不利也。吾尝三仕三见逐于君，鲍叔不以我为不肖，知我不遭时也。吾尝三战三走，鲍叔不以我为怯，知我有老母也。公子纠败，召忽死之，吾幽囚受辱，鲍叔不以我为无耻，知我不羞小节，而耻功名不显于天下也。生我者父母，知我者鲍子也。"鲍叔既进管仲，以身下之，子孙世禄于齐，有封邑者十余世，常为名大夫。天下不多管仲之贤，而多鲍叔能知人也。

　　管仲既任政相齐，以区区之齐，在海滨，通货积财，富国强兵，与俗同好恶。故其称曰："仓廪实而知礼节，

---

　　①　《索隐》，颍，水名。

衣食足而知荣辱，上服度，则六亲^①固。四维不张，国乃灭亡。下令如流水之源，令顺民心。故论卑而易行。俗之所欲，因而予之；俗之所否，因而去之。"其为政也，善因祸而为福，转败而为功，贵轻重，任权衡。桓公实怒少姬，南袭蔡，管仲因而伐楚，责包茅不入贡于周室；桓公实北征山戎，而管仲因而令燕修召公之政；于柯之会，桓公欲背曹沫之约，管仲因而信之；诸侯由是归齐。故曰："知与之为取，政之宝也。"管仲富拟于公室，有三归反坫，齐人不以为侈。管仲卒，齐国遵其政，常强于诸侯。

后百余年，而有晏子焉。晏平仲婴者，莱之夷维^②人也。事齐灵公、庄公、景公，以节俭力行重于齐。既相齐，食不重肉，妾不衣帛。其在朝，君语及之，即危言；语不及之，即危行。国有道，即顺命；无道，即衡命。^③以此三世显名于诸侯。

越石父贤，在缧绁中。晏子出，遭之途，解左骖赎之，载归。弗谢，入闺。久之，越石父请绝。晏子戄然，摄衣冠谢曰："婴虽不仁，免子于厄，何子求绝之速也？"石父曰："不然，吾闻君子绌于不知己，而信于知己者。方吾在缧绁中，彼不知我也；夫子既已感寤而赎

---

① 《正义》："上之服御物有制度，则六亲坚固也。六亲谓外祖父母一，父母二，妹姊三，妻兄弟之子四，从母之子五，女之子六。"

② 《正义》："晏氏《齐记》云：齐城三百里，有夷安。即晏平仲之邑，汉为夷安县，属高密国。应劭曰：故莱夷维邑。"案，夷安今山东高密县。

③ 《正义》："衡，秤也。谓国无道，则制秤称之，可行即行。"

我，是知已；知已而无礼，固不如在缧绁之中。"晏子于是延入为上客。

晏子为齐相，出，其御之妻，从门间而窥其夫。其夫为相御，拥大盖，策驷马，意气扬扬，甚自得也。既而归，其妻请去。夫问其故。妻曰："晏子长不满六尺，身相齐国，名显诸侯。今者妾观其出，志念深矣，常有以自下者。今子长八尺，乃为人仆御，然子之意，自以为足，妾是以求去也。"其后夫自抑损，晏子怪而问之，御以实对，晏子荐以为大夫。

太史公曰：吾读管氏《牧民》《山高》《乘马》《轻重》《九符》①及《晏子春秋》，详哉其言之也。既见其著书，欲观其行事，故次其传；至其书，世多有之，是以不论，论其轶事。管仲世所谓贤臣，然孔子小之。岂以为周道衰微，桓公既贤，而不勉之至王，乃称霸哉？语曰："将顺其美，匡救其恶，故上下能相亲也。"岂管仲之谓乎？方晏子伏庄公尸，哭之成礼然后去，岂所谓"见义不为无勇"者邪？至其谏说，犯君之颜，此所谓"进思尽忠，退思补过"者哉？假令晏子而在，余虽为执鞭，所忻慕焉。

此篇为传记文，略大详小，略人人所知之事，而详轶事之法。在太史公并非有意为之，然后人却因此等文字而得此法焉。何谓太史公

---

① 《集解》："刘向《别录》曰：《九府》书民间无有。《山高》一名《形势》。"案余皆《管子》篇名。

非有意为之也？盖汉人之叙事也，不过执前世所传，排比先后，照文钞录，于其名称语气等，与当时不合者，且不加以更改，更无论考核众事，自行撰著也。管晏之传，若使后人为之，必将详考齐国当时政事，于其荦荦大端，皆加叙次。然在古代，简牍用少；又于史事，未知求真求密；则众口相传，不过或具大略，如此篇第二第三节。或详轶事，如此篇第一第四节。如此篇所载而已。太史公即如其文而录之，不加更定，乃汉人行文体例如此，初非如后世文士一曲之见，有如何如何之用意也。于此可悟：正史本纪与列传，列传与列传，皆病互相重复者，实至后世始有此弊，在史公初创此体时则无之，即如此篇所叙，何尝与《齐世家》重复邪？然史公虽非有意为之，而略大详小，略人人所知之事，而详轶事，行文自有此法，后世因古人此等文字而悟入，因而创为此体，原无不可．特不当以乡曲陋儒之见，妄论古人耳。

吕著史学与史籍（下）

吕思勉文集

吕思勉 ◎ 著

吉林人民出版社

《史记·乐毅列传》

乐毅者，其先祖曰乐羊。乐羊为魏文侯将，伐取中山，魏文侯封乐羊以灵寿。①乐羊死，葬于灵寿，其后子孙因家焉。中山复国，至赵武灵王时复灭中山，而乐氏后有乐毅。

乐毅贤，好兵，赵人举之。及武灵王有沙丘之乱，乃去赵适魏。闻燕昭王以子之之乱，而齐大败燕，燕昭王怨齐，未尝一日而忘报齐也。燕国小，辟远，力不能制；于是屈身下士，先礼郭隗，以招贤者。乐毅于是为魏昭王使于燕，燕王以客礼待之，乐毅辞让，遂委质为臣，燕昭王以为亚卿，久之。

齐湣王强，南败楚相唐眛于重丘②，西摧三晋于观津，③遂与三晋击秦，助赵灭中山，破宋，广地千余里，与秦昭王争重为帝，已而复归之。诸侯皆欲背秦而服于齐。湣王自矜，百姓弗堪。于是燕昭王问伐齐之事。乐毅对曰："齐，霸国之余业也，地大人众，未易独攻也。王

---

① 灵寿，在今河北灵寿县西北十里。
② 重丘，在山东德县东。
③ 观津，在今河北武邑县东南二十五里。

必欲伐之，莫如与赵及楚魏。"于是使乐毅约赵惠文王，别使连楚、魏，令赵啖①秦以伐齐之利。诸侯害齐湣王之骄暴，皆争合从，与燕伐齐。乐毅还报，燕昭王悉起兵，使乐毅为上将军，赵惠文王以相国印授乐毅。乐毅于是并护赵、楚、韩、魏、燕之兵以伐齐，破之济西。诸侯兵罢归，而燕军②乐毅独追，至于临淄。齐湣王之败济西，亡走，保于莒。③乐毅独留狗齐，齐皆城守。乐毅攻入临淄，尽取齐宝财物祭器，输之燕。燕昭王大说，亲至济上劳军，行赏飨士，封乐毅于昌国，④号为昌国君。于是燕昭王收齐卤获以归，而使乐毅复以兵平齐城之不下者。乐毅留狗齐，五岁，下齐七十余城，皆为郡县，以属燕，唯独莒、即墨⑤未服。会燕昭王死，子立，为燕惠王。惠王自为太子时，尝不快于乐毅，及即位，齐之田单闻之，乃纵反间于燕，曰："齐城不下者两城耳。然所以不早拔者，闻乐毅与燕新王有隙，欲连兵，且留齐，南面而王齐。齐之所患，唯恐他将之来。"于是燕惠王固已疑乐毅，得齐反间，乃使骑劫代将，而召乐毅。乐毅知燕惠王之不善代之，畏诛，遂西降赵。赵封乐毅于观津，号曰望诸君。⑥尊

---

① 啖，《索隐》："啖与啗同。"

② 此军字为驻扎之意，谓燕兵独留屯。

③ 莒，今山东莒县。

④ 昌国，在今山东淄川县东北三十里。

⑤ 即墨，见《项羽本纪》。

⑥ 望诸君，《索隐》："望诸，泽名，在齐，盖赵有之，故号焉。"案望诸即孟诸，见《周官》职方氏《疏》，在今河南商丘县东北。

宠乐毅，以警动于燕、齐。

齐田单后与骑劫战，果设诈诳燕军，遂破骑劫于即墨下，而转战逐燕，北至河上，尽复得齐城，而迎襄王于莒，入于临淄。

燕惠王后悔使骑劫代乐毅，以故破军亡将失齐；又怨乐毅之降赵，恐赵用乐毅而乘燕之弊以伐燕。燕惠王乃使人让乐毅，且谢之曰："先王举国而委将军，将军为燕破齐，报先王之仇，天下莫不震动，寡人岂敢一日而忘将军之功哉！会先王弃群臣，寡人新即位，左右误寡人。寡人之使骑劫代将军，为将军久暴露于外，故召将军且休计事。将军过听，以与寡人有隙，遂捐燕归赵。将军自为计则可矣，而亦何以报先王之所以遇将军之意乎？"乐毅报遗燕惠王书曰："臣不佞，不能奉承王命，以顺左右之心，恐伤先王之明，有害足下之义，故遁逃走赵。今足下使人数之以罪，臣恐侍御者不察先王之所以畜幸臣之理。又不白臣之所以事先王之心，故敢以书对。臣闻贤圣之君，不以禄私亲，其功多者赏之，其能当者处之。故察能而授官者，成功之君也；论行而结交者，立名之士也。臣窃观先王之举也，见有高世主之心，故假节于魏，以身得察于燕。先王过举，厕之宾客之中，立之群臣之上，不谋父兄，以为亚卿。臣窃不自知，自以为奉令承教，可幸无罪，故受令而不辞。先王命之曰：我有积怨深怒于齐，不量轻弱，而欲以齐为事。'臣曰：'夫齐，霸国之余业，而最①胜之遗事也。练于兵甲，习于战攻，王若欲伐之，必与天下图之；与天下图之，莫若结于赵；且又淮北、宋地，楚、魏之所欲也；赵若许，而约四国攻之，齐可大破也。'先王以为然，具符节，南使臣于赵。顾反命，起兵击齐。以天之道，先王之灵，河北之地，随先王而举之济上。济上之军，受命击齐，大败齐人。轻卒锐兵，长驱至国。齐王遁而走莒，仅以身免；珠玉财宝，车甲珍器，尽收入于燕。齐器设于宁台，②大吕陈于元英，③故鼎反乎历室，④蓟丘之植，植于汶篁，⑤自五霸以来，功未有及先王者也。先王以为慊于志，⑥故裂地而封之，使得比小国诸侯。臣窃不自知，自以为奉命承教，可幸无罪，是以受命不辞。臣闻贤圣之君，功立而不废，故著于春秋；蚤知之士，名成而不毁，故称于后世。若先王之报怨雪耻，夷万乘之强国，收八百岁之蓄积。及至弃群臣之日，余教未衰，执政任事之臣，修法令，慎庶孽，施及乎萌隶，皆可以教后世。臣闻之，善作者不必善成，善始者不必善终。

---

① 最，为总计之词。言总计其用兵，胜时常多；胜负相掩，可称胜利。

② 宁台，《索隐》："燕台也。"

③ 《索隐》："大吕，齐钟名。元英，燕宫殿名也。"

④ 《索隐》："燕鼎前输于齐，今反入历室。磨室，亦宫名。《战国策》作历室。"

⑤ 《集解》："徐广曰：竹田曰篁，谓燕之疆界，移于齐之汶水。"《索隐》："蓟丘，燕所都之地也，言燕之蓟丘所植，皆植齐王汶上之竹也。"

⑥ 《索隐》："按慊音苦簟反，作嗛。嗛者，常慊然而不惬其志也。"按此处所用为慊字之反训，乃快意之辞。

昔伍子胥说听于阖闾，而吴王远迹至郢，夫差弗是也；赐之鸱夷而浮之江。吴王不寤先论之可以立功，故沉子胥而不悔；子胥不早见主之不同量，是以至于入江而不化。夫免身立功，以明先王之迹，臣之上计也。离毁辱之诽谤堕先王之名，臣之所大恐也。临不测之罪，以幸为利，义之所不敢出也。臣闻古①之君子交绝，不出恶声；忠臣去国，不洁其名。臣虽不佞，数奉教于君子矣。恐侍御者之亲左右之说，不察疏远之行，故敢献书以闻，唯君王之留意焉。”

于是燕王复以乐毅子乐间为昌国君，而乐毅往来复通燕，燕、赵以为客卿。乐毅卒于赵。

乐间居燕三十余年，燕王喜，用其相栗腹之计，欲攻赵，而问昌国君乐间。乐间曰："赵四战之国也，其民习兵，伐之，不可。"燕王不听，遂伐赵。赵使廉颇击之，大破栗腹之军于鄗，②禽栗腹、乐乘。乐乘者，乐间之宗也。于是乐间奔赵，赵遂围燕。燕重割地以与赵和，赵乃解而去。燕王恨不用乐间，乐间既在赵，乃遗乐间书曰："纣之时，箕子不用，犯谏不怠，以冀其听；商容不达，身祇辱焉，以冀其变。及民志不入，狱囚自出，③然后二子退隐。故纣负桀暴之累，二子不失忠圣之名。何者？其忧患之尽矣。今寡人虽愚，不若纣之暴也；燕民虽乱，不若

---

① 之者二字古通。下君子十六字为成语。

② 鄗，在今河北柏乡县北。

③ 《索隐》："民志不入，谓国乱而人离心向外，故云不入。又狱囚自出，故政乱，而士师不为守法也。"

殷民之甚也。室有语，不相尽，以告邻里。①二者寡人不为君取也。"乐间、乐乘，怨燕不听其计，二人卒留赵。赵封乐乘为武襄君。其明年，乐乘、廉颇为赵围燕，燕重礼以和，乃解。后五岁，赵孝成王卒。襄王使乐乘代廉颇。廉颇攻乐乘，乐乘走，廉颇亡入魏。其后十六年而秦灭赵。

其后二十余年，高帝过赵，问："乐毅有后世乎？"对曰："有乐叔。"高帝封之乐乡，号曰华成君。华成君，乐毅之孙也。而乐氏之族，有乐瑕公、乐臣公，赵且为秦所灭，亡之齐高密。乐臣公善修黄帝、老子之言，显闻于齐，称贤师。

太史公曰：始齐之蒯通及主父偃读乐毅之报燕王书，未尝不废书而泣也。乐臣公学黄帝、老子，其本师号曰河上丈人，不知其所出。河上丈人教安期生，安期生教毛翕公，毛翕公教乐瑕公，乐瑕公教乐臣公，乐臣公教盖公，盖公教于齐高密、胶西，为曹相国师。

此篇之体，与《管晏列传》适相反。彼篇言管、晏之书世多有，是以不论，论其轶事。此篇于行事仅撮叙大略，而书辞则详载靡遗，盖传者之所重，本在此也。首节叙乐毅家世，次节为乐毅入燕之事，三节乐毅为燕伐齐，四节载书辞，五节为乐毅后世之事，盖皆得诸旧传。太史公曰以下，则自著所闻也。乐臣公修黄帝老子之言，传已著

---

① 《正义》："言家室有忿争不决，必告邻里，今故以书相告也。"案疑谓不肯尽心于内而反暴露其事于外。《正义》说非。

其略，论复具其详，不并作一处叙者，一出旧传，一自著所闻，各有来源，不相问杂也。于此可悟古人著书之体。

刘知几言：古人轻事重言。《战国策》所传纵横之士率如此，即《国语》亦然。《晏子春秋》等传一人之行事者亦然。《易》曰："君子多识前言往行，以畜其德。"传者之意，固在记前人之言行，以资法戒也。太史公所据材料如此，其所成之传记，自亦不得不然。故《史记》诸列传，亦多详于其人之言论，及行事之足为法戒，若新奇可喜者，于功业之大端，学术之真相转略。不徒苏秦、张仪等传如此，即留侯、陈丞相等，于其大谋画，实亦不能言也。此等处，必须深知古书义例，乃可以论古人之文。

古代笔札用少，口语用多，故其辞令极美。辞令之美，一言蔽之，婉曲而已。所谓温柔敦厚也。《乐毅报燕惠王书》为辞令之极则，须熟玩之。

《史记·屈原贾生列传》

　　屈原者，名平，楚之同姓也。为楚怀王左徒。博闻强志，明于治乱，娴于辞令，入则与王图议国事，以出号令；出则接遇宾客，应对诸侯；王甚任之。上官大夫与之同列，争宠，而心害其能。怀王使屈原造为宪令，屈平属草稿，未定。上官大夫见而欲夺之，屈平不与，因谗之曰："王使屈平为令，众莫不知，每一令出，平伐其功，① 曰以为'非我莫能为'也。"王怒，而疏屈平。屈平疾王听之不聪也，谗谄之蔽明也，邪曲之害公也，方正之不容也，故忧愁幽思而作《离骚》。《离骚》者，犹离忧也。夫天者，人之始也；父母者，人之本也。人穷则反本，故劳苦倦极，未尝不呼天也；疾痛惨怛，未尝不呼父母也。屈平正道直行，竭忠尽智，以事其君，谗人间之，可谓穷矣；信而见疑，忠而被谤，能无怨乎？屈平之作《离骚》，盖自怨生也。《国风》好色而不淫，《小雅》怨诽而不乱。若《离骚》者，可谓兼之矣。上称帝喾，下道齐

---

　　① "曰"字与以为字，以后世文法言之为重复；然古用"曰"字与后世少异。此处之"曰"字，"吾欲云云"之"云云"二字，乃一记号，犹今之连点（……），以代屈原之言者也。

桓，中述汤武，以刺世事。明道德之广崇，治乱之条贯，靡不毕见。其文约，其辞微，其志洁，其行廉，其称文小而其指极大，举类迩而见义远。其志洁，故其称物芳；其行廉，故死而不容自疏。濯淖污泥之中，蝉蜕于浊秽，以浮游尘埃之外，不获世之滋垢，皭然泥而不滓者也。推此志也，虽与日月争光可也。

屈平既绌，其后秦欲伐齐，齐与楚从亲，惠王患之，乃令张仪详去秦，厚币委质事楚，曰："秦甚憎齐，齐与楚从亲，楚诚能绝齐，秦愿献商、于之地六百里。"楚怀王贪，而信张仪，遂绝齐，使使如秦受地。张仪诈之曰："仪与王约六里，不闻六百里。"楚使怒，去，归告怀王。怀王怒，大兴师伐秦，秦发兵击之，大破楚师于丹、浙，[1]斩首八万，虏楚将屈匄，遂取楚之汉中地。怀王乃悉发国中兵，以深入击秦，战于蓝田。[2]魏闻之，袭楚，至邓。[3]楚兵惧，自秦归。而齐竟怒，不救楚，楚大困。明年，秦割汉中地与楚以和。楚王曰："不愿得地，愿得张仪而甘心焉。"张仪闻，乃曰："以一仪而当汉中地，臣请往如楚。"如楚，又因厚币用事者臣靳尚，[4]而设诡辩于怀王之宠姬郑袖。怀王竟听郑袖，复释去张仪。是时屈平既疏，不复在位，使于齐，顾反，谏怀王曰："何不杀张仪？"怀王悔，追张仪，不及。其后诸侯共击楚，大

---

① 《索隐》："二水名。"

② 蓝田，在今陕西蓝田县西三十里。

③ 邓，今湖北襄阳县北。

④ 之者二字古通用，用事者臣，犹言用事之臣。

破之，杀其将唐昧。时秦昭王与楚婚，欲与怀王会。怀王欲行，屈平曰："秦，虎狼之国，不可信，不如无行。"怀王稚子子兰，劝王行："奈何绝秦欢？"怀王卒行。入武关，秦伏兵绝其后，因留怀王，以求割地。怀王怒，不听，亡走赵，赵不内。复之秦，竟死于秦而归葬。长子顷襄王立，以其弟子兰为令尹。楚人既咎子兰以劝怀王入秦而不反也。

屈平既嫉之，虽放流，眷顾楚国，系心怀王，不忘欲反，冀幸君之一悟，俗之一改也。其存君兴国，而欲反复之，①一篇之中，三致志焉。然终无可奈何，故不可以反，卒以此见怀王之终不悟也。人君无愚智贤不肖，莫不欲求忠以自为，举贤以自佐，然亡国破家相随属，而圣君治国，累世而不见者，其所谓忠者不忠，而所谓贤者不贤也。怀王以不知忠臣之分，故内惑于郑袖，外欺于张仪，疏屈平而信上官大夫、令尹子兰，兵挫地削，亡其六郡，身客死于秦，为天下笑，此不知人之祸也。《易》曰："井泄不食，为我心恻，可以汲。王明，并受其福。"②王之不明，岂足福哉。

令尹子兰闻之，大怒，卒使上官大夫，短屈原于顷襄王，顷襄王怒而迁之。屈原至于江滨，被发，行吟泽畔，颜色憔悴，形容枯槁。渔父见而问之曰："子非三闾大夫

① 上"不忘欲反"下"不可以反"之反，指己身，谓由放流复归于朝廷。此"欲反复之"之反复，指君，谓反恶而归于善。

② 《井卦》九三《爻辞》，井泄之泄，今本作渫，喻贤才；汲喻见用。

欤？何故而至此？"屈原曰："举世混浊，而我独清；众
人皆醉，而我独醒；是以见放。"渔父曰："夫圣人者，
不凝滞于物，而能与世推移。举世混浊，何不随其流而
扬其波？众人皆醉，何不铺饱其糟而啜其醨？何故怀瑾握
瑜，而自令见放为？"屈原曰："吾闻之，新沐者必弹
冠，新浴者必振衣，人又谁能以身之察察，受物之汶汶者
乎？宁赴常流，[1]而葬乎江鱼腹中耳，又安能以皓皓之白，
而蒙世之温蠖乎？"[2]乃作《怀沙》之赋。其辞曰："陶
陶孟夏兮，草木莽莽；伤怀永哀兮，汨徂南土。[3]眴兮窈
窕，[4]孔静幽墨。[5]冤结纡轸兮，离愍之长鞠；[6]抚情效
志兮，俛诎以自抑。刓方以为圜兮，常度未替；易初本由
兮，君子所鄙。[7]章画职墨兮，前度未改；[8]内直质重兮，
大人所盛。巧匠不斲兮，孰察其揆正？玄文幽处兮，曚谓

---

① 《索隐》："常流犹长流也。"

② 《索隐》："蠖，音鸟廓反，温蠖犹恬愦，《楚辞》作蒙世之尘埃
哉。"

③ 汩，《集解》王逸曰："汩，行貌。"

④ 《集解》："徐广曰：眴，眩也。"《索隐》："眴音舜。徐氏云：
眴音眩。"

⑤ 《集解》："王逸曰：孔，甚也；墨，无声也。"《正义》："孔，
甚；墨，无声，言江南山高泽深，视之眴兮甚清净，叹无人声。"

⑥ 《集解》："王逸曰：鞠，穷纤屈也；轸，痛也；愍，病也。"

⑦ 《集解》："王逸曰：由，道也。"《正义》："本，常也。言人遭
世不道，变易初行，违离光道，君子所鄙。"

⑧ 《集解》："王逸曰：章，明也；度，法也。言工明于所画，念其绳
墨，修前人之法．不易其道，则曲木直而恶木好。"

之不章。^①离娄^②微睇兮，瞽以为无明。变白而为黑兮，倒上以为下。凤凰在笯兮，^③鸡雉翔舞。同糅玉石兮，一概而相量。夫党人之鄙妒兮，羌不知吾所臧。^④任重载盛兮，陷滞而不济；怀瑾握瑜兮，穷不得余所示。邑犬群吠兮，吠所怪也；诽俊疑桀兮，固庸态也。文质疏内兮，众不知吾之异采；材朴委积兮，莫知予之所有。重仁袭义兮，谨厚以为丰；重华不可牾兮，孰知余之从容？古固有不并兮，岂知其故也？汤禹久远兮，邈不可慕也。惩违改忿兮，抑心而自强；离湣而不迁兮，愿志之有象。进路北次兮，日昧昧其将暮，含忧虞哀兮，^⑤限之以大故。^⑥乱曰：浩浩沅、湘兮，分流汩兮。修路幽拂兮，^⑦道远忽兮。曾唫恒悲兮，永叹慨兮。世既莫吾知兮，人心不可谓兮。怀情抱质兮，独无匹兮。伯乐既没兮，骥将焉程兮？人生有命兮，各有所错兮。定心广志，余何畏惧兮？曾伤爰哀，永叹喟兮。世溷不吾知，心不可谓兮。知死不可让兮，愿勿爱兮。明以告君子兮，吾将以为类兮。"于是怀石，遂自投汨罗以死。^⑧屈原既死之后，楚有宋玉、唐勒、景差之徒

---

① 《集解》："王逸曰：玄，黑也；矇，窗者也。"

② 《集解》："王逸曰：离娄，古明视者也。"

③ 《集解》："徐广曰：笯，一作郊。駰案王逸曰：笯，笼落也。"

④ 《索隐》："案王师叔云：羌，楚人语辞。"案师叔，逸字。

⑤ 《索隐》："《楚辞》作舒忧娱哀。娱音虞，娱者，乐也。"

⑥ 《集解》："王逸曰：大故，谓死亡也。"

⑦ 《索臆》："《楚辞》作幽蔽也。"

⑧ 上游曰汨水，一名渡水，源出江西修水县，西南流，经湖南平江县，

者，皆好辞，而以赋见称，然皆祖屈原之从容辞令，终莫敢直谏。其后楚以日削，数十年，竟为秦所灭。

自屈原沉汨罗后，百有余年，汉有贾生，为长沙王太傅，过湘水，投书以吊屈原。

贾生名谊，洛阳①人也。年十八，以能诵诗属书，闻于郡中。吴廷尉为河南守，闻其秀才，召置门下，甚幸爱。孝文皇帝初立，闻河南守吴公，治平为天下第一，故与李斯同邑，而常学事焉，乃征为廷尉。廷尉乃言：贾生年少，颇通诸子百家之书，文帝召以为博士。是时贾生年二十余，最为少。每诏令议下，诸老先生不能言，贾生尽为之对，人人各如其意所欲出，诸生于是乃以为能，不及也。孝文帝说之，超迁，一岁中至太中大夫。贾生以为汉兴至孝文二十余年，天下和洽，而固当改正朔，易服色，法制度，定官名，兴礼乐，乃悉草具其事仪法，色尚黄，数用五，为官名，悉更秦之法。孝文帝初即位，谦让未遑也。诸律令所更定，及列侯悉就国，其说皆自贾生发之。于是天子议以为贾生任公卿之位。绛、灌、东阳侯、冯敬之属②尽害之，乃短贾生曰："洛阳之人，年少初学，专欲擅权，纷乱诸事。"于是天子后亦疏之，不用其议，乃以

折西北，合昌江及诸水。又经湘阴县，合鹅笼江，又西，罗水自岳阳县西流来会，是为汨罗江。

① 洛阳，见《项羽本纪》。

② 《正义》："绛、灌、周勃、灌婴也。东阳侯张相如，冯敬时为御史大夫。"

贾生为长沙①王太传。

贾生既辞，往行，闻长沙卑湿，自以寿不得长，又以适去，②意不自得。及度湘水，为赋以吊屈原，其辞曰："共承嘉惠兮，后罪长沙。侧闻屈原兮，自沉汨罗。造托湘流兮，敬吊先生。遭世罔极兮，乃陨厥身。呜呼哀哉！逢时不祥，鸾凤伏窜兮，鸱枭翱翔。阘茸尊显兮，谗谀得志；贤圣逆曳兮，方正倒植。世谓伯夷贪兮，谓盗跖廉；莫邪为顿兮，铅刀③为铦。于嗟嚜嚜兮，生之无故！④斡弃周鼎兮宝康瓠，⑤腾驾罢牛兮骖蹇驴，骥垂两耳兮服盐车。章甫荐屦兮，⑥渐不可久；嗟苦先生兮，独离此咎。"讯曰："已矣！国其莫我知，独壹郁兮其谁语？凤漂漂其高遰兮，夫固自缩⑦而远去。袭九渊之神龙兮，沕⑧深潜

---

① 即今湖南长沙县。

② 适同谪，谴也。

③ 《索隐》："铅者锡也。"

④ 《集解》："生谓屈原也。"

⑤ 《索隐》："李巡曰：大瓠也。康，空也。"

⑥ 《集解》："应劭曰：章甫，殷冠也。"

⑦ 《索隐》："缩，《汉书》作引也。"

⑧ 《集解》："徐广曰：沕，潜藏也。"

以自珍。弥融爚①以隐处兮,②夫岂从螘与蛭蟥?③所贵圣人之神德兮,远浊世而自藏。使麒骥可得系羁兮,岂云异夫犬羊!般纷纷其离此尤兮,④亦夫子之辜也!瞵九州而相君兮,⑤何必怀此都也!凤凰翔于千仞之上兮,览德辉焉下之;见细德之险微兮,摇增翮⑥逝而去之。彼寻常之污渎兮,岂能容吞舟之鱼?横江湖之鳣鲟兮,固将制于蝼蚁。"

贾生为长沙王太傅,三年,有鸮飞入贾生舍,止于坐隅。楚人命鸮曰"服"。贾生既以适居长沙,长沙卑湿,自以为寿不得长,伤悼之,乃为赋以自广。其辞曰:"单阏之岁兮,⑦四月孟夏,庚子日施兮,⑧服集予舍,止于坐隅,貌甚闲暇。异物来集兮,私怪其故,发书占之兮,策言其度。曰'野鸟入处兮,主人将去'。请问于服兮,予

---

① 弥融爚,《集解》:"徐广曰:一云佰螎獭。"

② 《集解》:"徐广曰:一本云弥蝎爚以隐处也。"《索隐》:'《汉书》作佰螎獭,徐广又一本作弥蝎爚以隐处,盖总三本不同也。应劭曰:佰,背也。螎獭,水虫,害鱼者,以言背恶从善也。"《正义》:"顾野王云:弥,远也;融,明也;爚,光也;没,深藏以自珍,弥远明光以隐处也。"

③ 《集解》:"《汉书》螘作蝦,韦昭曰:蝦,蝦蟆也;蛭,水虫;蟥,丘蟥也。"《索隐》:"螘音蚁,《汉书》作蝦,言俪然绝于螎獭,况从蝦与蛭蟥也。"

④ 《集解》:"孟康曰:般音班,或曰盘桓不去,纷纷构谗意也。"

⑤ 《索隐》:"瞵,丑知反,谓历观也,《汉书》作历九州。"

⑥ 《正义》:"摇,动也。增,加也。言见细德之人又有险难微起,则合加动羽翮,远逝而去之。"

⑦ 《集解》:"徐广曰:岁在卯曰单阏。文帝六年,岁在丁卯。"

⑧ 《集解》:"徐广曰:施,一作斜。"

去何之？吉乎告我，凶言其灾。淹数之度兮，语予其期。服乃叹息，举首奋翼，口不能言，请对以臆。万物变化兮，固无休息。斡流而迁兮，或推而还。形气转续兮，化变而嬗。沕穆无穷兮，胡可胜言。祸兮福所倚，福兮祸所伏；忧喜聚门兮，吉凶同域。彼吴强大兮，夫差以败；越栖会稽兮，句践霸世。斯[1]游遂成兮，卒被五刑；传说胥靡兮，乃相武丁。夫祸之与福兮，何异纠缠？命不可说兮，孰知其极？水激则旱兮，矢激则远。万物回薄兮，振荡相转。云蒸雨降兮，错缪相纷。大专[2]盘物兮，块轧[3]无垠。天不可与虑兮，道不可与谋。迟数有命兮，恶识其时？且夫天地为炉兮，造化为工；阴阳为炭兮，万物为铜。合散消息兮，安有常则；千变万化兮，未始有极。忽然为人兮，何足控搏；化为异物兮，又何足患！小知自私兮，贱彼贵我；通人大观兮，物无不可。贪夫徇财兮，列士徇名；夸者死权兮，品庶冯生。[4]怵迫之徒兮，[5]或趋西东；大人不曲兮，亿变齐同。拘士击俗兮，檋[6]如囚拘；至人遗

---

① 斯，《集解》："韦昭曰：斯，李斯也。"

② 《集解》："《汉书》：专字作钧。"

③ 《集解》："应劭曰：其气块轧。非有限齐也。"

④ 《集解》："孟康曰：冯，贪也。《索隐》：《汉书》作每生。音谋在反。孟康云：每者，贪也。"

⑤ 《集解》："孟康曰：怵，为利所诱怵也。迫，迫贫贱，东西，趋利也。"

⑥ 《索隐》："'《说文》云：檋，大木栅也。"

物兮，独与道俱。众人或或兮，①好恶积意，真人淡漠兮，独与道息。释知遗形兮，超然自丧；寥廓忽荒兮，与道翱翔。乘流则逝兮，得坻则止。②纵躯委命兮，不私与己。其生若浮兮，其死若休。澹乎若深渊之静，氾乎若不系之舟。不以生故自宝兮，养空而游。德人无累兮，③知命不忧。细故蔕葪兮，④何足以疑？”

后岁余，贾生征见。孝文帝方受釐，⑤坐宣室。⑥上因感鬼神事，而问鬼神之本。贾生因具道所以然之状。至夜半，文帝前席。既罢，曰：“吾久不见贾生，自以为过之，今不及也。”居顷之，拜贾生为梁怀王太傅。梁怀王，文帝之少子，爱而好书，故令贾生傅之。文帝复封淮南厉王子四人，皆为列侯。贾生谏，以为患之兴，自此起矣。贾生数上疏，言诸侯或连数郡，非古之制，可稍削之。文帝不听。居数年，怀王骑，堕马而死，无后。贾生自伤为傅无状，哭泣岁余，亦死。贾生之⑦死时年三十三矣。及孝文崩，孝武皇帝立，举贾生之孙二人至郡守，而贾嘉最好学，世其家，与余通书。至孝昭时，列为九卿。

---

①　《集解》：“李奇曰：或或，东西也。所好所恶，积之万亿也。瓒曰：言众怀抱好恶，积之心意。”

②　《集解》：“张晏曰：坻，水中小洲也。”

③　《索隐》：“按德人，谓上德之人。”

④　《索隐》：“葪音介，《汉书》作介，张楫云：蔕介，鲠刺也。”

⑤　《集解》：“徐广曰：祭祀福胙也。”

⑥　《集解》：“苏林曰：未央前正室。”

⑦　之同其。

太史公曰：余读《离骚》《天问》《招魂》《哀郢》，悲其志。适长沙，观屈原所自沉渊，未尝不垂涕，想见其为人。及见贾生吊之，又怪屈原，以彼其材，游诸侯，何国不容，而自令若是。读《服鸟赋》，同生死，轻去就。又爽然自失矣。

此篇为史传中兼载辞赋之式。古史传载辞赋者甚多，以其时以此为重《史记》此篇，则其用意又少异。此篇凡分八节：第一节与淮南王所为《离骚传》略同，与第三第四节，盖并当时传辞赋者之所传。第二节略同《战国策》，则纵横家所传也。《贾生传》亦如此。第五第八节，与第六第七节，材料来源不同。

第四节之首句，遥接第二节之末句，盖将第三节插入其间也。以此推之，知第三节与第一节文本相连，而将第二节插入其间。古人之所谓"论次"者，如是而已。此论必为俗儒所骇。然古籍具在，其义例昭然可见，多读细审自知，非可以臆见曲说争也。

《史记·魏其武安侯列传》

　　魏其侯窦婴者，孝文后从兄子也。父世，^①观津人。^②喜宾客。孝文时，婴为吴相，病免。孝景初即位，为詹事。梁孝王者，孝景弟也，其母窦太后爱之。梁孝王朝，因昆弟燕饮。^③是时上未立太子，酒酣，从容言曰："千秋之后传梁王。"太后欢。窦婴引卮酒进上，曰："天下者，高祖天下，父子相传，此汉之约也，上何以得擅传梁王？"太后由此憎窦婴。窦婴亦薄其官，因病免。太后除窦婴门籍，不得入朝请。

　　孝景三年，吴楚反，上察宗室诸窦，毋如窦婴贤，乃召婴。婴入见，固辞谢病不足任。太后亦惭。于是上曰："天下方有急，王孙宁可以让邪？"乃拜婴为大将军，赐金千斤。窦婴乃言袁盎、栾布诸名将，贤士在家者进之。所赐金，陈之廊庑下，军吏过，辄令财取为用，金无入家者。窦婴守荥阳，监齐、赵兵。七国兵已尽破，封婴为魏其侯。诸游士宾客争归魏其侯。孝景时，每朝议大事，

---

① 《索隐》："累叶在观津，故云父世。"
② 观津，在今河北武邑县东南二十五里。
③ 谓不行君臣之礼。

条侯，魏其侯，诸列侯莫敢与亢礼。

孝景四年，立栗太子，使魏其侯为太子傅。孝景七年，栗太子废，魏其数争，不能得。魏其谢病，屏居蓝田南山之下，①数月，诸宾客辩士说之，莫能来。梁人高遂，乃说魏其曰："能富贵将军者，上也；能亲将军者，太后也。今将军傅太子，太子废，而不能争；争不能得，又弗能死。自引谢病，拥赵女，屏间处而不朝。相提而论，是自明扬主上之过。有如两宫螫将军，则妻子毋类矣。"魏其侯然之，乃遂起，朝请如故。桃侯免相，窦太后数言魏其侯。孝景帝曰："太后岂以为臣有爱，不相魏其？魏其者，沾沾自喜耳，多易，难以为相，持重。"遂不用，用建陵侯卫绾为丞相。

武安侯田蚡者，孝景后同母弟也，生长陵。②魏其已为大将军后，方盛，蚡为诸郎，未贵，往来侍酒魏其，跪起如子侄。及孝景晚节，蚡益贵幸，为太中大夫。蚡辨，有口，学《盘盂》诸书，③王太后贤之。孝景崩，即日太子立，称制，所镇抚多有田蚡宾客计笑。蚡弟田胜，皆以太后弟，孝景后三年，封蚡为武安侯，胜为周阳侯。武安侯新欲用事为相，卑下宾客，进名士家居者贵之，欲以倾魏其诸将相。

---

① 蓝田，见《屈原贾生列传》注。

② 长陵，在今陕西成阳县东北四十里。

③ 《集解》："应劭曰：黄帝史孔甲所作铭也。凡二十九篇，书盘盂中，所为法戒。诸书，诸子文书也。孟康曰：《孔甲盘盂》二十六篇，杂家书，兼儒、墨、名、法。"

建元元年，丞相绾病免，上议置丞相、太尉。籍福说武安侯曰："魏其贵久矣，天下士素归之。今将军初兴，未如魏其，即上以将军为丞相，必让魏其。魏其为丞相，将军必为太尉。太尉、丞相尊等耳，又有让贤名。"武安侯乃微言太后风上，于是乃以魏其侯为丞相，武安侯为太尉。籍福贺魏其侯，因吊曰："君侯资性喜善嫉恶，方今善人誉君侯，故至丞相；然君侯且疾恶，恶人众，亦且毁君侯。君侯能兼容，则幸久；不能，今以毁去矣。"魏其不听。

魏其、武安俱好儒术，推毂赵绾为御史大夫，王臧为郎中令。迎鲁申公。欲设明堂，令列侯就国，除关，[①]以礼为服制，[②]以兴太平。举适诸窦宗室毋节行者，除其属籍。时诸外家为列侯，列侯多尚公主，皆不欲就国，以故毁日至窦太后。太后好黄老之言，而魏其、武安、赵绾、王臧等务隆推儒术，贬道家言，是以窦太后滋不说魏其等。及建元二年，御史大夫赵绾请毋奏事东宫。窦太后大怒，乃罢逐赵绾、王臧等，而免丞相、太尉。以柏至侯许昌为丞相，武强侯庄青翟为御史大夫。魏其、武安由此以侯家居。武安侯虽不任职，以王太后故，亲幸，数言事，多效，天下吏士趋势利者，皆去魏其归武安。武安日益横。

建元六年，窦太后崩，丞相昌、御史大夫青翟，坐丧

---

① 《索隐》："谓除关门之税也。"
② 《索隐》："案其时礼度踰侈，多不依礼；今令吉凶服制，皆法于礼也。"

事不办免。以武安侯蚡为丞相，以大司农韩安国为御史大夫。天下士郡国诸侯，[①]愈益附武安。武安者，貌侵，生贵甚。[②]又以为诸侯王多长，[③]上初即位，富于春秋，蚡以肺腑[④]为京师相，非痛折节，以礼诎之，天下不肃。[⑤]当是时，丞相入奏事，坐语移日，所言皆听。荐人或起家至二千石，权移主上。上乃曰："君除吏已尽未？吾亦欲除吏。"尝请考工地益宅，上怒曰："君何不遂取武库？"是后乃退。尝召客饮，坐其兄盖侯南向，自坐东向，以为汉相尊，不可以兄故私挠。武安由此滋骄，治宅甲诸第，田园极膏腴，而市买郡县器物，相属于道。前堂罗钟鼓，立曲旃，[⑥]后房妇女以百数。诸侯奉金玉、狗马、玩好，不可胜数。魏其失窦太后，益疏不用，无势，诸客稍稍自引而怠傲，唯灌将军独不失故。魏其日默默，不得志，而独厚遇灌将军。灌将军夫者，颍阴人也。[⑦]夫父张孟，尝为颍阴侯婴舍人，得幸，因进之至二千石，故蒙灌氏姓，为灌

① 《索隐》："按谓仕诸郡及仕诸侯王国者，犹言仕郡国也。"

② 《索隐》："按小颜云：生贵，谓自尊高，示贵宠。按生，谓蚡自生，尊贵之势特甚。"案小颜，谓颜师古。

③ 《集解》："张晏曰：多长年。"

④ 《正义》："颜师古曰："旧解云，肺腑，如肺肝之相附着也。一说：肺，斫木札也。喻其轻薄，附着大材。顾野王云：肺腑，腹心也。"

⑤ 《索隐》："欲令士折节屈下于己。"

⑥ 《索隐》："按曲旃，旌旃柄上曲，僭礼也。通帛曰旃。《说文》曰：曲旃者，所以招士也。"

⑦ 颍阴，今河南许昌县。

孟。吴楚反时，颍阴侯灌何①为将军，属太尉，请灌孟为校尉，夫以千人与父俱。灌孟年老，颍阴侯强请之，郁郁不得意，故战尝陷坚，遂死吴军中。军法，父子俱从军，有死事，得与丧归。灌夫不肯随丧归，奋曰："愿取吴王若将军头，以报父之仇。"于是灌夫被甲，持戟，募军中壮士，所善愿从者数十人。及出壁门，莫敢前，独二人及从奴十数骑驰入吴军，至吴将麾下，所杀伤数十人，不得前，复跳还，走入汉壁，皆亡其奴，独与一骑归。夫身中大创十余，适有万金良药，故得无死。夫创少瘳，又复请将军曰："吾益知吴壁中曲折，请复往。"将军壮义之，恐亡夫，乃言太尉，太尉乃固止之。吴已破，灌夫以此名闻天下。颍阴侯言之上，上以夫为中郎将。数月，坐法去。后家居长安，长安中诸公莫弗称之。孝景时至代相。孝景崩，今上初即位，以为淮阳天下交，劲兵处，故徙夫为淮阳太守。建元元年，入为太仆。二年，夫与长乐卫尉窦甫饮，轻重不得，夫醉，搏甫。甫，窦太后昆弟也。上恐太后诛夫，徙为燕相。数岁，坐法去官，家居长安。

灌夫为人刚直，使酒，不好面谀。贵戚诸有势在己之右，不欲加礼，必陵之；诸士在己之左，愈贫贱，尤益敬，与钧。稠人广众，荐宠下辈。士亦以此多之。夫不喜文学，好任侠，已然诺。②诸所与交通，无非豪杰大猾。家累数千万，食客日数十百人。陂池田园，宗族宾客为权

---

① 《索隐》："案何是婴子，《汉书》作婴，误也。"
② 《索隐》："已音以，谓已许诺，必使副其前言也。"

利，横于颖川。颖川儿乃歌之曰："颖水清，灌氏宁；颖
水浊，灌氏族。"灌夫家居，虽富，然失势，卿相侍中宾
客益衰。及魏其侯失势，亦欲倚灌夫，引绳批根①生平慕
之后弃之者。灌夫亦倚魏其而通列侯宗室为名高。两人相
为引重，其游如父子然。相得欢甚，无厌，恨相知晚也。
灌夫有服，过丞相。丞相从容曰："吾欲与仲孺过魏其
侯，会仲孺有服。"灌夫曰："将军乃肯幸临况魏其侯，
夫安敢以服为解！请语魏其侯帐具，将军旦日早临。"武
安许诺，灌夫且语魏其侯如所谓武安侯。魏其与其夫人益
市牛酒，夜洒扫，早帐具至旦。平明，令门下候伺。至日
中，丞相不来。魏其谓灌夫曰："丞相岂忘之哉？"灌夫
不怿，曰："夫以服请，宜往。"②乃驾自往迎丞相。丞
相特前戏许灌夫，殊无意往。及夫至门，丞相尚卧。于是
夫入见，曰："将军昨日幸许过魏其，魏其夫妻治具，自
旦至今，未敢尝食。"武安鄂，谢曰："吾昨日醉，忽忘
与仲孺言。"乃驾往，又徐行，灌夫愈益怒。及饮酒酣，
夫起舞，属③丞相，丞相不起，夫从坐上语侵之，魏其乃
扶灌夫去，谢丞相。丞相卒饮至夜，极欢而去。丞相尝
使籍福请魏其城南田。魏其大望曰："老仆虽弃，将军虽

---

① 《集解》："苏林曰：引绳，直之意。"《索隐》："批者，排也。
《汉书》作排。孟康云：根音根格。"案格为格拒之意。

② 《集解》："徐广曰：一云以服请，不宜往。"《索隐》："案徐广
云：以服请，不宜往，其说非也。正言夫请不以服为解，蚧不宜忘，故驾自往
迎之。"

③ 《索隐》："属，犹委也，付也。小颜曰：若今之舞讫相劝也。"

贵，宁可以势夺乎？"不许。灌夫闻，怒骂籍福。籍福恶
两人有郄，乃谩自好谢丞相曰："魏其老且死，易忍，
且待之。"已而武安闻魏其、灌夫实怒不予田，亦怒曰：
"魏其子尝杀人，蚡活之。蚡事魏其，无所不可，何爱数
顷田？且灌夫何与也？吾不敢复求田。"武安由此大怨灌
夫、魏其。

　　元光四年，春，丞相言灌夫家在颍川，横甚，民苦
之。请案。上曰："此丞相事，何请？"灌夫亦持丞相阴
事，为奸利，受淮南王金与语言。宾客居间，遂止，俱
解。夏，丞相取燕王女为夫人，有太后诏，召列侯宗室
皆往贺。魏其侯过灌夫，欲与俱。夫谢曰："夫数以酒
失得过丞相，丞相今者又与夫有郄。"魏其曰："事已
解。"强与俱。饮酒酣，武安起为寿，坐皆避席伏。已魏
其侯为寿，独故人避席耳，余半膝席。①灌夫不悦。起行
酒，至武安，武安膝席，曰："不能满觞。"夫怒，因嘻
笑曰："将军贵人也，属②之。"时武安不肯。行酒次至
临汝侯，③临汝侯方与程不识耳语，又不避席。夫无所发
怒，乃骂临汝侯曰："生平毁程不识不直一钱，今日长者
为寿，乃效女儿④咕嗫耳语。"武安谓灌夫曰："程李俱

---

①　《集解》："苏林曰：下席而膝半在席上。"
②　《集解》："徐广曰：属一事毕。"《索隐》："案《汉书》作
毕。"
③　《集解》："徐广曰：灌婴孙，名贤也。"
④　《索隐》："女儿，犹云儿女也。《汉书》作女曹儿。曹，辈也；犹
言儿女辈。"

东西宫卫尉，今众辱程将军，仲孺独不为李将军地乎？"
灌夫曰："今日斩头陷胸，何知程李乎？"坐乃起更衣，
稍稍去。魏其侯去，麾灌夫出。武安遂怒曰："此吾骄灌
夫罪。"乃令骑留灌夫。灌夫欲出，不得。籍福起为谢，
按灌夫项，令谢。夫愈怒，不肯谢。武安乃麾骑缚夫置传
舍，召长史曰："今日召宗室有诏。"劾灌夫骂坐不敬，
系居室。遂按其前事，遣吏分曹逐捕诸灌氏支属，皆得弃
市罪。魏其侯大愧，为资使宾客请，①莫能解。武安吏皆
为耳目，诸灌氏皆亡匿，夫系，遂不得告言武安阴事。魏
其锐身为救灌夫。夫人谏魏其曰："灌将军得罪丞相，与
太后家忤，宁可救邪？"魏其侯曰："侯，自我得之，自
我捐之，无所恨。且终不令灌仲孺独死，婴独生。"乃匿
其家，②窃出上书。立召入，具言灌夫醉饱③事，不足诛。
上然之，赐魏其食，曰："东朝廷辨之。"魏其之东朝，
盛推灌夫之善，言其醉饱得过，乃丞相以他事诬罪之。武
安又盛毁灌夫所为横恣，罪逆不道。魏其度不可奈何，因
言丞相短。武安曰："天下幸而安乐无事，蚡得为肺腑，
所好音乐、狗马、田宅。蚡所爱，倡优、巧匠之属，不如
魏其、灌夫，日夜招聚天下豪杰、壮士，与论议，腹诽而
心谤，不仰视天而俯画地，辟倪两宫间，幸天下有变，而

---

① 《集解》："如淳曰：为出资费，使人为夫言。"

② 《集解》："晋灼曰：恐其夫人复谏止也。"

③ 醉饱，犹言醉；饱字无义。连言饱者，所以圆文。参看《礼记·檀
弓》吾欲暴尫而奚若左氏昭公十三年"郑伯男也"《疏》。或拙撰《字例略
说》第十章第六项。

欲有大功。臣乃不知魏其等所为。"于是上问朝臣:"两人孰是?"御史大夫韩安国曰:"魏其言灌夫父死事,身荷戟,驰入不测之吴军,身被数十创,名冠三军,此天下壮士,非有大恶,争杯酒,不足引他过以诛也。魏其言是也。丞相亦言灌夫通奸猾,侵细民,家累巨万,横恣颍川,凌轹宗室,侵犯骨肉,此所谓枝大于本,胫大于股,不折必披。丞相言亦是。唯明主裁之。"主爵都尉汲黯是魏其。内史郑当时是魏其,后不敢坚对。余皆莫敢对。上怒内史曰:"公平生数言魏其、武安长短,今日廷论,局趣效辕下驹,吾并斩若属矣。"即罢起,入,上食太后。太后亦已使人候伺,具以告太后。太后怒,不食,曰:"今我在也,而人皆藉吾弟,令我百岁后,皆鱼肉之矣。且帝宁能为石人邪?①此特帝在,即录录,设百岁后,是属宁有可信者乎?"上谢曰:"俱宗室外家,故廷辩之。不然,此一狱吏所决耳。"是时郎中令石建为上分别言两人事。武安已罢朝,出,止车门,召韩御史大夫载,怒曰:"与长孺共一老秃翁,何为首鼠两端?"②韩御史良久谓丞相曰:"君何不自喜?夫魏其毁君,君当免冠解印绶归,曰'臣以肺腑,幸得待罪,固非其任,魏其言皆是'。如此,上必多君有让,不废君。魏其必内愧,杜门龁舌③自

---

① 《索隐》:"谓帝不如石人,得长存也。"《正义》:"颜师古云:言徒有人形耳;不知好恶。按今俗云人不辨事,机机若木人也。"

② 《集解》:"《汉书音义》曰:秃老翁,言婴无官位扳援也。首鼠一前一却也。"《索隐》:"案谓共治一老秃。"

③ 《索隐》:"案《说文》云:酨,啮也。"

杀。今人毁君，君亦毁之，譬如贾竖、女子争言，何其无大体也？"武安谢罪曰："争时急，不知出此。"于是上使御史簿责魏其，所言灌夫颇不仇，欺谩。劾系都司空。孝景时，魏其常受遗诏，曰"事有不便，以便宜论上"。及系灌夫，罪至族，事日急，诸公莫敢复明言于上。魏其乃使昆弟子上书言之，幸得复召见。书奏上，而案尚书大行无遗诏。诏书独藏魏其家，家丞封。乃劾魏其矫先帝诏，罪当弃市。五年十月，悉论灌夫及家属。魏其良久乃闻，闻即恚，病痱，不食，欲死。或闻上无意杀魏其，魏其复食，治病，议定不死矣，乃有蜚语①为恶言闻上，故以十二月晦，论弃市渭城。

其春，武安侯病，专呼服谢罪，使巫祝鬼者视之，见魏其、灌夫共守，欲杀之。竟死。子恬嗣。

元朔三年，武安侯坐衣襜褕入宫，不敬。淮南王安，谋反觉，治。王前朝，武安侯为太尉时，迎王至霸上，谓王曰："上未有太子，大王最贤，高祖孙，即宫车晏驾，非大王立当谁哉！"淮南王大喜，厚遗金财物。上自魏其时，不直武安，特为太后故耳。及闻淮南王金事，上曰："使武安侯在者，族矣！"

太史公曰：魏其、武安皆以外戚重，灌夫用一时决笑而名显。魏其之举以吴楚，武安之贵，在日月之际。然魏其诚不知时变，灌夫无术而不逊，两人相翼，乃成祸乱。武安负贵而好权，杯酒责望，陷彼两贤。呜呼哀哉！迁怒

---

① 《集解》："张晏曰：蜚伪作飞扬诽谤之语。"

及人，命亦不延。众庶不载，竟被恶言。呜呼哀哉，祸所从来矣！

此篇为《史记》第一妙文。一言蔽之，叙述适如其分，无溢无歉而已。

汉去封建之世近，士大夫多喜结交，立名誉。魏其、武安之争，其实各欲士之媚己，声势出他人上而已。相持不肯相下，益以灌夫之使气，遂至酿成大祸。此篇叙述：（一）两人皆好声华，骛势利之徒；（二）魏其外为高节，实不能轻富贵，一生死；（三）武安尤媚媚小人；（四）汉世游侠，如灌夫者之骄横为民害；（五）韩安国、郑当时等，虽号为贤士大夫，实畏谨不敢直言；无不历历如绘。其尤妙者；（六）前叙魏其谏景帝传梁王，中述太后帝百岁后是属皆不足信之语，末述武安与淮南交通事；又前述孝景谓魏其自喜，后记韩安国谓武安君何不自喜，以见两人优劣，可谓曲尽其妙。然此皆事实如此，行文者仅能不歉不溢，适如其分，若如世俗之见，以为有意为之，则缪矣。

凡叙事，贵直书其事而是非自见。如此篇。武安与灌夫，自以醉饱相失，乃引召宗室有诏，以劾其不敬。又魏其所受景帝遗诏，尚书安得无之？造蜚语为恶言闻上者为谁？此皆不待评其得失，揭其内幕，而读者自可意会者也。更为辞费，以文学论，则伤于拙；以作史论，亦病失真。盖凡事之内容，本宜由读者意会，不应将作者主观之见，作为事实叙述也。

《韩长孺》及《汲郑列传》，因限于篇幅，未能选，须参看。

《史记·货殖列传》

老子曰："至治之极，邻国相望，鸡狗之声相闻，民各甘其食，美其服，安其俗，乐其业，至老死不相往来。"必用此为务，挽近世涂民耳目，则几无行矣。

太史公曰：夫神农以前，吾不知已。至若《诗》《书》所述，虞夏以来，耳目欲极声色之好，口欲穷刍豢之味，身安逸乐，而心夸矜势能之荣使。①俗之渐民久矣，虽户说以眇论，终不能化。故善者因之，其次利道之，其次教诲之，其次整齐之，最下者与之争。夫山西饶材、竹、谷、纑②、旄、玉石，山东多鱼、盐、漆、丝、声色，江南出柟、梓、姜、桂、金、锡、连，③丹砂、犀、瑇瑁、珠玑、齿革，龙门、④碣石⑤北多马、牛、羊、旃裘、筋角，铜、铁则千里往往⑥山出棊置，此其大校也。皆中国人民所喜好，谣俗被服饮食奉生送死之具也。故待农

---

① "而心……使"，此句或有误字，不必强解。
② 《索隐》："谷，木名，皮可为纸。纑，山中芝，可以为布。"
③ 《集解》："徐广曰：音莲。铅之未炼者。"
④ 龙门，山名，在山西河津县西二里。
⑤ 碣石，在今河北昌黎县南。
⑥ 往往，犹今言历历，汉人用此二字就空间言，非如今人就时间言。

而食之，虞而出之，工而成之，商而通之。此宁有政教发征期会哉？人各任其能，竭其力，以得所欲。故物贱之征贵，贵之征贱，各劝其业，乐其事，若水之趋下，日夜无休时，不召而自来，不求而民出之。岂非道之所符，而自然之验耶？《周书》曰："农不出则乏其食，工不出则乏其事，商不出则三宝绝，虞不出则财匮少。"财匮少而山泽不辟矣。此四者，民所衣食之原也。原大则饶，原小则鲜。上则富国，下则富家。贫富之道，莫之夺予，而巧者有余，拙者不足。故太公望封于营丘，①地泻卤，人民寡，于是太公劝其女功，极技巧，通鱼盐，则人物归之，繦至而辐凑。故齐冠带衣履天下，海岱之间，敛袂而往朝焉。其后齐中衰，管子修之，设轻重九府，②则桓公以霸，九合诸侯，一匡天下，而管氏亦有三归，③位在陪臣，富于列国之君。是以齐富强至于威、宣也。故曰："仓廪实而知礼节，衣食足而知荣辱。"礼生于有而废于无。故君子富，好行其德；小人富，以适其力。渊深而鱼生之，山深而兽往之，人富而仁义附焉。富者得势益张，失势则客无所之，以而不乐。夷狄益甚。谚曰："千金之子，不死于

---

① 营丘，在山东临淄县西北。

② 《正义》："《管子》云轻重，谓钱也。夫治民有轻重之法，周有大府、玉府、内府、外府、泉府、天府、职内、职金、职币，皆掌财币之官，故云九府也。"按轻重谓物价贵贱。古法家言谷物贵贱，当由官以敛散之术制驭之，义具详《管子书》，《正义》说未了。府为掌财币之官，是也，但其名亦不必即《周官》九官。

③ 三归，见《论语·八佾》篇，《集解》引包成曰："娶三姓女。"

市。"此非空言也。故曰："天下熙熙，皆为利来；天下壤壤，皆为利往。"夫千乘之王，万家之侯，百室之君，尚有患贫，而况匹夫编户之民乎？

昔者越王句践，困于会稽之上，乃用范蠡、计然。计然曰："知斗则修备，时用则知物，二者形，则万货之情，可得而观矣。故岁在金，穰；水，毁；木，饥；火，旱。旱则资舟，水则资车，物之理也。六岁穰，六岁旱，十二岁一大饥。夫籴，二十病农，九十病末。末病则财不出，农病则草不辟矣。上不过八十，下不减三十，则农末俱利。平粜齐物，关市不乏，治国之道也。积著之理，①务完物，无息币。以物相贸易，腐败而食之。货弗留，无敢居贵。论其有余不足，则知贵贱。贵上极则反贱，贱下极则反贵。贵出如粪土，贱取如珠玉。财币欲其行如流水。"修之十年，国富，厚赂战士，士赴矢石，如渴得饮，遂报强吴，观兵中国，号称"五霸"。

范蠡既雪会稽之耻，乃喟然而叹曰："计然之策七，越用其五而得意。既已施于国，吾欲用之家。"乃乘扁舟，浮于江湖，变名易姓，适齐，为鸱夷子皮，之陶，②为朱公。朱公以为陶，天下之中，诸侯四通，货物所交易也。乃治产积居，与时逐而不责于人。故善治生者，能择人而任时。十九年之中，三致千金，再分散与贫交疏昆弟。此所谓富好行其德者也。后年衰老，而听子孙，子孙

① 著即废著之著，解见下。
② 陶，即定陶，见下。

修业而息之，遂至巨万。故言富者皆称陶朱公。

子赣既学于仲尼，退而仕于卫，废著①鬻财于曹、鲁之间，七十子之徒，赐最为饶益。原宪不厌糟糠，匿于穷巷。子贡结驷连骑，束帛之币，以聘享诸侯，所至，国君无不分庭与之抗礼。夫使孔子名布扬于天下者，子贡先后之也。此所谓得势而益彰者乎？

白圭，周人也。当魏文侯时，李克务尽地力，而白圭乐观时变，故人弃我取，人取我予。夫岁熟，取谷，予之丝漆；茧出，取帛絮，与之食。太阴在卯，穰；明岁衰恶。至午，旱；明岁美。至酉，穰；明岁衰恶。至子，大旱；明岁美，有水。至卯，积著率岁倍。欲长钱，取下谷；长石斗，取上种。能薄饮食，忍嗜欲，节衣服，与用事僮仆同苦乐，趋时若猛兽鸷鸟之发。故曰："吾治生产，犹伊尹、吕尚之谋，孙吴用兵，商鞅行法是也。是故其智不足与权变，勇不足以决断，仁不能以取予，强不能有所守，虽欲学吾术，终不告之矣。"盖天下言治生祖白圭，白圭其有所试矣。能试有所长，非苟而已也。

猗顿用盐起。而邯郸②郭纵以铁冶成业，与王者埒富。乌氏③倮，畜牧，及众，④斥卖，求奇缯物，间献遗戎

---

① 《集解》："徐广曰：《子贡传》云废居，著犹居也。著读音如贮。"《索隐》："著音住，《汉书》亦作贮。"案废化同音。废著，即《尚书》之化居。化字亦即货字。谓以物易物，居谓屯积。

② 邯郸，今河北邯郸县。

③ 乌氏，今甘肃平凉县西北。

④ 《索隐》："谓畜牧及至众多之时。"

王，戎王什倍其偿，与之畜，畜至用谷量马牛。秦始皇帝令倮比封君，以时与列臣朝请。而巴蜀寡妇清，其先得丹穴，而擅其利数世，家亦不訾。清，寡妇也，能守其业，用财自卫，不见侵犯。秦皇帝以为贞妇而客之，为筑女怀清台。夫倮鄙人牧长，清穷乡寡妇，礼抗万乘，名显天下，岂非以富耶？

汉兴，海内为一，开关梁，弛山泽之禁，是以富商大贾，周流天下，交易之物莫不通，得其所欲，而徙豪杰诸侯强族于京师。关中自汧、雍以东至河、华，膏壤沃野千里，自虞夏之贡以为上田，而公刘适邠，[①]太王、王季在岐，[②]文王作丰，[③]武王治鄗，[④]故其民犹有先王之遗风，好稼穑，殖五谷，地重，重为邪。[⑤]及秦文、孝，缪居雍，[⑥]隙，[⑦]陇蜀之货物而多贾。献孝公徙栎邑，[⑧]栎邑北却戎翟，东通三晋，亦多大贾。武、昭治咸阳，[⑨]因以汉都长安诸陵，四方辐凑，并至而会，地小人众，故其民益玩巧而事末也。南则巴蜀。巴蜀亦沃野，地饶卮、姜、丹

---

① 邠，今陕西邠县。

② 岐，今陕西岐山县。

③ 丰，今陕西户县东。

④ 鄗，今陕西长安县西南。

⑤ 《索隐》："言重耕稼也。"

⑥ 雍，今陕西凤翔县南。

⑦ 《集解》："徐广曰：隙者，间孔也。地居陇蜀之间要路，故曰隙。"按隙字疑当属。

⑧ 栎即栎阳，在今陕西临潼县东北七十里。

⑨ 咸阳，见《项羽本纪》。

砂、石、铜、铁、竹、木之器。南御滇、僰、僰僮。西近
印筰，筰马、旄牛。然四塞，栈道千里，无所不通，唯襃
斜①绾毂其口，以所多易所鲜。天水、②陇西、③北地、④
上郡⑤与关中同俗，然西有羌中之利，北有戎翟之畜，畜牧
为天下饶。然地亦穷险，唯京师要其道。故关中之地，于
天下三分之一，而人众不过什三；然量其富，十居其六。

　　昔唐人都河东，殷人都河内，周人都河南。夫三河
在天下之中，若鼎足，王者所更居也，建国各数千百岁，
土地小狭，民人众，都国诸侯所聚会，故其俗纤俭习事。
杨、平阳陈，⑥西贾秦、翟，北贾种、代。⑦种、代，石北
也，地边胡，数被寇。人民矜慬忮，⑧好气，任侠为奸，不
事农商。然迫近北夷，师旅亟往，中国委输，时有奇羡。
其民羯羠⑨不均，自全晋之时，固已患其剽悍，而武灵王

----

①　襃斜道起，在今陕西襃城县东南十里，通眉县之斜谷。
②　天水郡治，今甘肃通渭县西南。
③　陇西郡治，今甘肃临洮县。
④　北地郡治，今甘肃环县。
⑤　上郡，今陕西省北部，及绥远鄂尔多斯左翼地。治肤施，今陕西绥德
县。
⑥　《索隐》："阳，平阳，二邑名，在赵之西。陈盖衍字。下有杨平阳
陈椽，此因衍也。"
⑦　《正义》："种，在恒州石邑县北，盖蔚州也。"代今代州。按唐蔚
州，即今蔚县；代州，今代县。
⑧　《集解》："瓒曰：慬音慨，今北士名强直为慬中也。"
⑨　《索隐》："羯音己纥反，羠音燕纪反。徐广云：羠音儿，皆健羊
也。"

益厉之，其谣俗犹有赵之风也。故杨、平阳陈椽其间[1]，得所欲。温、[2]轵[3]西贾上党，[4]北贾赵、中山。中山地薄人众，犹有沙丘[5]纣淫地余民，民俗儇急，仰机利而食。丈夫相聚游戏，悲歌慷慨，起则相随椎剽，休则掘冢作巧奸冶，多美物，[6]为倡优。女子则鼓鸣瑟，跕屣，[7]游媚贵富，入后宫，遍诸侯。

然邯郸亦漳、河之间一都会也。北通燕、涿，[8]南有郑、卫。郑、卫俗与赵相类，然近梁、鲁，微重而矜节。濮上之邑徙野王，[9]野王好气任侠，卫之风也。

夫燕，亦勃碣[10]之间一都会也。南通齐、赵，东北边胡。上谷[11]至辽东，[12]地踔远，人民稀，数被寇，大与赵、代俗相类，而民雕悍少虑，有鱼盐枣栗之饶。北邻乌桓、夫余，东绾涉貊、朝鲜、真番之利。

洛阳东贾齐、鲁，南贾梁楚。故泰山之阳则鲁，其阴

---

① 《索隐》："椽音逐缘反。犹经营驰逐也。"

② 温，今河南温县。

③ 轵，今河南济源县东南十三里，轵城镇。

④ 上党，今山西长子县。

⑤ 沙丘，今河北平乡县。

⑥ 《集解》："徐广曰美，一作弄，一作椎。"

⑦ 《集解》："瓒曰：蹋跟为跕。"

⑧ 涿，今河北涿县。

⑨ 《集解》："徐广曰：卫君角徙野王。"按野王今河南沁阳县。

⑩ 《正义》："勃海，碣石在西北。"案在今河北昌黎县南。

⑪ 上谷郡治，今察哈尔怀来县南。

⑫ 辽东郡治，今辽宁辽阳县北七十里。

则齐。

齐带山海，膏壤千里，宜桑麻，人民多文彩布帛鱼盐。临淄①亦海岱之间一都会也。其俗宽缓，阔达而足智，好议论，地重，难动摇，怯于众斗，勇于持刺，故多劫人者，大国之风也。其中具五民。②

而邹、鲁滨洙、泗，犹有周公遗风，俗好儒，备于礼，故其民龊龊。颇有桑麻之业，无林泽之饶。地小人众，俭啬，畏罪远邪。及衰，好贾趋利，甚于周人。

夫自鸿沟以东，芒、③砀④以北，属巨野，⑤此梁、宋也。陶、睢阳亦一都会也。昔尧作游成阳，⑥舜渔于雷泽，⑦汤止于亳。⑧其俗犹有先王遗风，重厚，多君子，好稼穑，虽无山川之饶，能恶衣食，致其蓄藏。

---

① 临淄，见《项羽本纪》。

② 《集解》："服虔曰：士，农，工，商，贾。如淳曰：游子乐其俗不复归，故有五方之民。"

③ 在今河南永城县东北三十里。

④ 在今江苏砀山县南。

⑤ 今山东巨野县。

⑥ 《集解》："如淳曰：作，起也。成阳在定陶。"按定陶，今山东定陶县。

⑦ 《集解》："徐广曰：在成阳。"

⑧ 《集解》："徐广曰：今梁国薄县。"按薄，在今河南商丘县北。

越、楚则有三俗。[①]夫自淮北沛、[②]陈、[③]汝南、[④]南郡，[⑤]此西楚也。其俗剽轻，易发怒，地薄，寡于积聚。江陵故郢都，西通巫、巴，东有云梦之饶。陈在楚、夏之交，通鱼盐之货，其民多贾。徐、僮、取虑，[⑥]则清刻，矜已诺。

彭城[⑦]以东，东海、[⑧]吴、[⑨]广陵，[⑩]此东楚也。其俗类徐、僮。朐、[⑪]缯[⑫]以北，俗则齐。浙江南则越。夫吴自阖闾、春申、王濞三人，招致天下之喜游子弟，东有海盐之饶，章山之铜，三江、五湖之利，亦江东一都会也。

---

① 《正义》："越灭吴，则有江淮以北。楚灭越则兼有吴越之地。故言越楚也。"

② 今安徽宿县西北。

③ 郡治今河南睢阳县。

④ 郡治今河南汝南县东南。

⑤ 治江陵，今湖北江陵县。

⑥ 《集解》："徐广曰：皆在下邳。"

⑦ 彭城，见《项羽本纪》。

⑧ 东海郡治，今山东郯城县。

⑨ 吴，见《项羽本纪》。

⑩ 广陵，见《项羽本纪》

⑪ 朐，在今江苏东海县南。

⑫ 缯，在今山东峄县东八十里。

衡山、①九江、②江南、③豫章、④长沙、⑤是南楚也。其俗大类西楚。郢之后徙寿春，⑥亦一都会也。而合肥⑦受南北潮，皮革、鲍、木输会也。与闽中、于越杂俗，故南楚好辞，巧说少信。江南卑湿，丈夫早夭，多竹木。豫章出黄金，长沙出连、锡，然堇堇物之所有，取之不足以更费。九疑、⑧苍梧⑨以南至儋耳者，⑩与江南大同俗，而杨越多焉。番禺，⑪亦其一都会也，珠玑、犀、瑇瑁、果、布之凑。

① 《集解》："徐广曰：都邾。"邾见《项羽本纪》。

② 九江，《正义》："九江郡都阴陵。"按阴陵，在今安徽定远县西北。

③ 《集解》："徐广曰：高帝所置江南者，丹阳也。秦置为鄣郡，武帝改名丹阳。"《正义》："案徐说非，秦置鄣郡，在湖南长城县西南八十里，鄣郡故城是也。汉改为丹阳郡，徙郡宛陵。今宣州地也。上言吴有章山之铜，明是东楚之地。此言大江之南，豫章长沙二郡，南楚之地耳。徐裴以为江南丹阳郡属南楚，误之甚矣。"按长城县，在今浙江长兴县东。宣州，即今安徽宣城县。

④ 豫章郡治，今江西南昌县。

⑤ 长沙郡治长沙。见《屈原贾生列传》。

⑥ 寿春，今安徽寿县。

⑦ 合肥，今安徽合肥县。

⑧ 《集解》："徐广曰：山在营道县南。"按营道县，在今湖南宁远县西。

⑨ 苍梧，今广西苍梧县。

⑩ 儋耳郡治，今广东儋县。

⑪ 番禺，即今广州市。

颍川、①南阳，②夏人之居也。夏人政尚忠朴，犹有先王之遗风。颍川敦愿。秦末世，迁不轨之民于南阳。南阳西通武关、③郧关，④东南受汉、江、淮。宛亦一都会也。俗杂，好事，业多贾。其任侠，交通颍川，故至今谓之夏人。

夫天下物所鲜所多，人民谣俗，山东食海盐，山西食盐卤，⑤岭南、沙北，⑥固往往出盐，大体如此矣。

总之，楚越之地，地广人稀，饭稻羹鱼，或火耕而水耨，果隋⑦蠃蛤，不待贾而足，地势饶食，无饥馑之患，以故昔窳偷生，无积聚而多贫。是故江、淮以南，无冻饿之人，亦无千金之家。沂、泗水以北，宜五谷、桑麻、六畜，地小人众，数被水旱之害，民好畜藏，故秦、夏、梁、鲁，好农而重民。三河、宛、陈亦然，加以商贾。齐、赵设智巧，仰机利，燕、代田畜而事蚕。

由此观之，贤人深谋于廊庙，论议朝廷，守信死节隐居严穴之士，设为名高者安归乎？归于富厚也。是以廉吏

---

① 颍川，治阳翟，今河南禹县。

② 南阳，治宛，今河南南阳县。

③ 武关，在今陕西商县东一百八十五里。

④ 《正义》：'《地理志》云：宛西通武关，而无郧关，盖郧当为洵，洵水上有关，在金州洵阳县。洵亦作郇，与郧相似也。"按洵阳今陕西洵阳县。

⑤ 《正义》："谓西方成地也。坚且成，即出石盐及池盐。"

⑥ 《正义》："谓沙漠之北也。"

⑦ 《集解》："徐广曰：《地理志》作蓏。"

久，久更①富，廉贾归富。富者，人之情性，所不学而俱欲者也。故壮士在军，攻城先登，陷陈却敌，斩将搴旗，前蒙矢石，不避汤火之难者，为重赏使也。其在闾巷，少年攻剽椎埋，劫人作奸，掘冢铸币，任侠并兼，借交报仇，篡逐幽隐，不避法禁，走死地如骛，其实皆为财用耳。今夫赵女郑姬，设形容，抚鸣琴，揄长袂，蹑利屣，②目挑心招。出不远千里，不择老少者，奔富厚也。游闲公子，饰冠剑，连车骑，亦为富贵容也。弋射渔猎，犯晨夜，冒霜雪，驰坑谷，不避猛兽之害，为得味也。博戏驰逐，斗鸡走狗，作色相矜，必争胜者，重失负也。医方，诸食伎术之人，焦神极能，为重糈也。吏士舞文弄法，刻章伪书，不避刀锯之诛者，没于赂遗也。农工商贾畜长，固求富益货也。此有智尽能索耳，终不余力而让财矣。

谚曰："百里不贩樵，千里不贩籴。"居之一岁，种之以谷；十岁，树之以木；百岁，来之以德。德者，人物之谓也。今有无秩禄之奉，爵邑之入，而乐与之比者，命曰"素封"。③封者食租税，岁率户二百。千户之君则二十万，朝觐聘享出其中。庶民农工商贾，率亦岁万息二千户，百万之家则二十万，而更徭租赋出其中。衣食之

---

① 更，续也。言久于其位，则禄入不绝。

② 《集解》："徐广曰：蹑，一作路跕。"

③ 素封，《索隐》："素，定也。"

欲，恣所好美矣。故曰陆地牧马二百蹄，[①]牛蹄角千，[②]千足羊，泽中千足彘，[③]水居千石鱼陂，[④]山居千章之材。[⑤]安邑[⑥]千树枣；燕、秦千树栗；蜀、汉、江陵千树橘；淮北、常山已南，河济之间千树荻；陈、夏千亩漆；齐、鲁千亩桑麻；渭、川千亩竹；及名国万家之城，带郭千亩，亩钟之田，[⑦]若千亩卮茜，千畦姜韭，此其人皆与千户侯等。然是富给之资也，不窥市井，不行异邑，坐而待收，身有处士之义，而取给焉。若至家贫亲老，妻子软弱，岁时无以祭祀、进、醵，饮食[⑧]被服不足以自通，如此不惭耻，则无所比矣。是以无材作力，少有斗智，既饶争时，此其大经也。今治生不待危身取给，则贤人勉焉。是故本富为上，末富次之，奸富最下。无严处奇士之行，而长贫贱，好语仁义，亦足羞也。

凡编户之民，富相什则卑下之，伯则畏惮之，千则役，万则仆，物之理也。夫用贫求富，农不如工，工不如商，刺绣文不如倚市门，此言末业贫者之资也。通邑大

---

① 《集解》："《汉书音义》曰：五十四。"《索隐》："案马有四足，二百蹄有五十四也。"按畜以蹄角计数，凡云千者皆谓千匹，旧注太泥。以下同。

② 《集解》：'《汉书音义》曰：百六十七头也。"

③ 《集解》："韦昭曰：二百五十头。"

④ 《集解》："徐广曰：鱼以斤两为计也。"

⑤ 《索隐》："服虔云：章，方也；如淳云：言任方章者千枚。"

⑥ 安邑，今山西夏县。

⑦ 《集解》："徐广曰：六斛四斗也。"

⑧ 案进即赆字，醵，谓合钱饮食。

都，酤一岁千酿，醯酱千土瓦，①酱千甔，②屠牛羊彘千皮，饭谷粜千钟，薪藁千车，船长千丈，③木千章，竹竿万个，其轺车百乘，牛车千两，木器髤者千枚，铜器千钧，素木④铁器若卮茜千石，马蹄躈千，牛千足，羊彘千双，僮手指千，⑤筋角丹砂千斤，其帛絮细布千钧，文彩千匹，榻布皮革千石，⑥漆千斗，蘗曲盐豉千答，⑦鲐鮆千斤，⑧鲰千石，鲍千钧，⑨枣栗千石者三之，⑩狐貂裘千皮，羔羊裘千石，旃席千具，他果菜千钟，子贷金钱千贯，节驵侩，⑪贪贾三之，廉贾五之，此亦比千乘之家，其大率也。佗杂业不中什二，则非吾财也。请略道当世千里之中贤人所以

① 《集解》："徐广曰：长颈罂。"
② 《集解》："徐广曰：大罂缶。"
③ 《索隐》："按积数长千丈。"
④ 《集解》："《汉书音义》曰：素木，素器也。"
⑤ 《集解》："《汉书音义》曰：僮，奴婢也。古者无空手游，曰皆有作务，作务须手指，故曰手指，以别马牛蹄角也。"按此谓有僮奴千人也。
⑥ 《集解》："《汉书音义》曰：榻布，白叠也。"《正义》："颜师古曰：粗厚之布也。其价贱，故与皮革同重耳。非白叠也，白叠，木棉所织，非中国有也。"
⑦ 《集解》："徐广曰：或作台，器名，有瓵。孙叔然云：瓵，瓦器，受斗六升，音贻。"
⑧ 《正义》："《说文》云：鲐，海鱼也。鮆音齐礼反，刀鱼也。"
⑨ 《集解》："徐广曰：鲰音辄，膊鱼也。"《索隐》："鲰音辄，一音昨苟反，小鱼也。"《正义》："膊并各反，谓破开中，头尾不相离为鲍。"
⑩ 《索隐》："三千石也。"
⑪ 《集解》："《汉书音义》曰：节，节物贵贱。"

富者，令后世得以观择焉。

蜀卓氏之先，赵人也，用铁冶富。秦破赵，迁卓氏。卓氏见虏略，独夫妻推辇，行诣迁处。诸迁虏少有余财，争与吏，求近处，处葭萌。[1]唯卓氏曰："此地狭薄，吾闻汶山[2]之下沃野，下有蹲鸱，[3]至死不饥。民工于市，易贾。"乃求远迁。致之临邛，[4]大喜，即铁山鼓铸，运筹策，倾滇、蜀之民，富至僮千人。田池射猎之乐，拟于人君。

程郑，山东迁虏也，亦冶铸，贾椎髻之民。富埒卓氏，俱居临邛。

宛孔氏之先，梁人也，用铁冶为业。秦伐魏，迁孔氏南阳。大鼓铸，规陂池，连车骑，游诸侯，因通商贾之利，有游闲公子之赐与名。然其赢得过当，愈于纤啬，家致富数千金，故南阳行贾，尽法孔氏之雍容。

鲁人俗俭啬，而曹邴氏尤甚，以铁冶起，富至巨万。然家自父兄子孙约，俯有拾，仰有取，贳贷行贾遍郡国。邹、鲁以其故，多去文学而趋利者，以曹邴氏也。

齐俗贱奴虏，而刀间独爱贵之。桀黠奴，人之所患也，唯刀间收取，使之逐渔盐商贾之利，或连车骑，交守相，然愈信任之。终得其力，起富数千万。故曰："宁爵

---

① 葭萌，在今四川昭化县东南五十里。

② 汶山，即岷山。

③ 《集解》："《汉书音义》曰：水乡多鸱。"《正义》："蹲鸱，芋也。《华阳国志》云：汶山郡都安县，有大芋，如蹲鸱也。"

④ 临邛，即今四川邛崃县。

毋刁。"①言其能使豪奴自饶而尽其力。

周人既纤，而师史尤甚，转毂以百数，贾郡国，无所不至。洛阳街居，在齐秦楚赵之中。贫人学事富家，相矜以久贾，数过邑，不入门。设任此等，故师史能致七千万。

宣曲②任氏之先，为督道仓吏。③秦之败也，豪杰皆争取金玉，而任氏独窖仓粟。楚汉相距荥阳也，民不得耕种，米石至万，而豪杰金玉，尽归任氏，任氏以此起富。富人争奢侈，而任氏折节为俭，力田畜。田畜人争取贱贾，任氏独取贵善。富者数世。然任公家约，非田畜所出弗衣食，公事不毕，则身不得饮酒食肉。以此为闾里率，故富而主上重之。

塞之斥也，④唯桥姚已⑤致马千匹，牛倍之，羊万头，粟以万钟计。吴楚七国兵起时，长安中列侯封君，行从军旅，赍贷子钱，子钱家以为侯邑国在关东，关东成败未决，莫肯与。唯无盐氏出捐千金贷，其息什之。三月，吴

---

① 《集解》："《汉书音义》曰：奴自相谓曰宁欲免去作民有爵邪？将止为刁氏作奴乎？"

② 《索隐》："韦昭云：地名。高祖功臣有宣曲侯，《上林赋》曰：'西驰宣曲。'当在京辅，今阙其地。"《正义》："张揖云：宣曲，官名，在昆池西也。"

③ 《集解》："《汉书音义》曰：若今更督租谷，使上道输在所也。韦昭曰：督道，秦时边县名。"

④ 《正义》："孟康云：边塞主斥候卒也。唯此人能致富若此。颜云：塞斥者，言国斥开边塞，更令宽广，故桥姚得恣其畜牧也。"

⑤ 已同以。

楚平，一岁之中，则无盐氏之息十倍，用此富埒关中。

关中富商大贾，大抵尽诸田，田啬、田兰。韦家栗氏，安陵、①杜②杜氏亦巨万。

此其章章尤异者也。皆非有爵邑奉禄，弄法犯奸而富，尽椎埋去就，与时俯仰，获其赢利，以末致财，用本守之，以武一切，用文持之，变化有概，故足术也。若至力农畜，工虞商贾，为权利以成富，大者倾郡，中者倾县，下者倾乡里者，不可胜数。

夫纤啬筋力，治生之正道也。而富者必用奇胜。田农，拙业，而秦扬以盖一州；掘冢，奸事也，而曲叔以起；博戏，恶业也，而桓发用之富；行贾，丈夫贱行也，而雍乐成其饶；贩脂，③辱处也，而雍伯千金；卖浆，小业也，而张氏千万；洒削，④薄伎也，而郅氏鼎食；胃脯，⑤简微耳，浊氏连骑；马医，浅方，张里击钟。此皆诚壹之所致。

由是观之，富无经业，则货无常主。能者辐凑，不肖者瓦解。千金之家，比一都之君，巨万者乃与王者同乐，岂所谓素封者邪？非也？

---

① 安陵，在今陕西咸阳县东。

② 杜，在陕西长安县东南。

③ 《正义》："《说文》云：戴角者脂，无角者膏也。"

④ 《集解》："《汉书音义》曰：治刀剑名。"

⑤ 《索隐》："晋灼曰：太官常以十月作沸汤，焊羊胃，以末椒姜粉之。讫，暴使燥，则谓之脯。"

凡儒林文苑等，总述一类之人者，谓之类传。其意实欲以叙述社会上之一种现象，而非以传人也。故如子贡，既入《仲尼弟子列传》，又人《货殖列传》。说本章实斋。《史记》各类传皆极佳，因限于篇幅，仅选此一篇，余可类推也。

此篇自第六节以上，所述者皆前代生计学家成说。第七节备论当时各地方风俗及生计情形，盖亦学者成说，而史公录之。第九第十节亦然。十一节乃备述当世之长于货殖者。全篇之意，主于说明一种社会现象，非主传人，其意昭然可见。故凡作类传，不能于社会现象，有所发明，徒屑屑为若干人称述行事者，皆失史公之初意也。

以文字论：此篇之妙，全在其句法之错落，音节之生动，故所列举之名词及排比之句极多，而文气仍极疏宕可诵。此皆本于语调之自然，非人力所可强为也。

《史记·太史公自序》（节录）

昔在颛顼，命南正重以司天，北正黎以司地。唐虞之际，绍重黎之后，使复典之，至于夏商，故重黎氏世序天地。其在周，程伯休甫其后也。当周宣王时，失其守，而为司马氏。①司马氏世典周史。惠襄之间，司马氏去周适晋。晋中军随会奔秦，而司马氏入少梁。自司马氏去周适晋，分散，或在卫，或在赵，或在秦。其在卫者，相中山。在赵者，以传剑论显，蒯聩其后也。在秦者名错，与张仪争论，于是惠王使错将伐蜀，遂拔，因而守之。错孙靳，事武安君白起。而少梁更名曰夏阳。靳与武安君坑赵长平军，②还而与之俱赐死杜邮，③葬于华池。④靳孙昌，昌为秦主铁官，当始皇之时。蒯聩玄孙卬，为武信君将而狥朝歌。诸侯之相王，王卬于殷。汉之伐楚，卬归汉，以其地为河内郡。昌生无泽，无泽为汉市长。无泽生喜，喜为五大夫，卒，皆葬高门。喜生谈，谈为太史公。

---

① 少梁，在今陕西韩城县南。

② 长平，在今山西高平县西北。

③ 杜邮，在今陕西咸阳县东。

④ 《正义》《括地志》云：华池，同州韩城县西南七十里，在夏阳故城西北四里。

太史公学天官于唐都，受《易》于杨何，习道论于黄子。太史公仕于建元元封之间，愍学者之不达其意而师悖。乃论六家之要指，曰：

"《易大传》，天下一致而百虑，同归而殊涂。夫阴阳、儒、墨、名、法、道德，此务为治者也，直所从言之异路，有省不省耳。尝窃观阴阳之术，大祥①而众忌讳，使人拘而多所畏；然其序四时之大顺，不可失也。儒者博而寡要，劳而少功，是以其事难尽从；然其序君臣父子之礼，列夫妇长幼之别，不可易也。墨者俭而难遵，是以其事不可遍循；然其强本节用，不可废也。法家严而少恩；然其正君臣上下之分，不可改矣。名家使人俭而善失真；然其正名实，不可不察也。道家使人精神端一，动合无形，赡足万物；其为术也，因阴阳之大顺，采儒墨之善，撮名法之要，与时迁移，应物变化，立俗施事，无所不宜，指约而易操，事少而功多。儒者则不然，以为人主天下之仪表也，主倡而臣和，主先而臣随。如此则主劳而臣逸。至于大道之要，去健羡，绌聪明，释此而任术。夫神大用则竭，形大劳则敝。形神骚动，欲与天地长久，非所闻也。②

"夫阴阳四时、八位、十二度、二十四节③各有教令，顺之者昌，逆之者不死则亡，未必然也，故曰'使

---

① 《正义》："顾野王曰：祥，善也；吉凶之先见也。"

② 此以上七十五字，及下"凡人所生者……"七十六字，皆神仙家附会道家之言，非汉初所有，疑后人窜入。

③ 《集解》："张晏曰：八位，八卦位也，十二度，十二次也。"

人拘而多畏'。夫春生夏长，秋收冬藏，此天道之大经也。弗顺则无以为天下纲纪，故曰'四时之大顺，不可失也。'

"夫儒者以六艺为法。六艺经传以千万数，累世不能通其学，当年不能究其礼，故曰'博而寡要，劳而少功'。若夫列君臣父子之礼，序夫妇长幼之别，虽百家弗能易也。

"墨者亦尚尧舜道，言其德行曰：'堂高三尺，土阶三等，茅茨不剪，采椽不刮。食土簋，啜土刑，粝粱之食，藜藿之羹。夏日葛衣，冬日鹿裘。'其送死，桐棺三寸，举音不尽其哀。教丧礼，必以此为万民之率。使天下法若此，则尊卑无别也。夫世异时移，事业不必同，故曰'俭而难遵'。要曰强本节用，则人给家足之道也。此墨子之所长，虽百家弗能废也。

"法家不别亲疏，不殊贵贱，一断于法，则亲亲尊尊之恩绝矣。可以行一时之计，而不可长用也，故曰'严而少恩'。若尊主卑臣，明分职不得相逾越，虽百家弗能改也。

"名家苛察缴绕，①使人不得反其意，专决于名而失人情，故曰'使人俭而善失真'。若夫控名责实，参伍不失，此不可不察也。

"道家无为，又曰无不为，其实易行，其辞难知。其术以虚无为本，以因循为用。无成势，无常形，故能究

---

① 《集解》："如淳曰：缴绕，犹缠绕不通大体也。"

万物之情。不为物先，不为物后，故能为万物主。有法无法，因时为业；有度无度，因物与合。故曰'圣人不朽，时变是守。虚者，道之常也；因者，君之纲'也。群臣并至，使各自明也。其实中其声者谓之端，实不中其声者谓之窾。窾言不听，奸乃不生，贤不肖自分，白黑乃形。在所欲用耳，何事不成。乃合大道，混混冥冥。光耀天下，复反无名。凡人所生者神也，所托者形也。神大用则竭，形大劳则敝，形神离则死。死者不可复生，离者不可复反，故圣人重之。由是观之，神者生之本也，形者生之具也；不先定其神，而曰'我有以治天下'，何由哉？"

太史公既掌天官，不治民，有子曰迁。

迁生龙门，耕牧河山之阳。年十岁则诵古文，二十而南游江、淮，上会稽，探禹穴，[①]闚九疑，浮于沅、湘；北涉汶、泗，讲业齐、鲁之都，观孔子之遗风，乡射邹、峄；[②]厄困鄱、[③]薛、彭城，过梁、楚以归。于是迁仕为郎中，奉使西征巴、蜀以南，南略邛、笮、昆明，还报命。

是岁天子始建汉家之封，而太史公留滞周南，[④]不得与从事，故发愤且卒。而子迁适使反，见父于河洛之间。太史公执迁手而泣曰："余先周室之太史也。自上世尝显功名于虞夏，典天官事。后世中衰，绝于予乎？汝复为太

① 禹穴，在浙江绍兴县宛委山。
② 邹、峄，《正义》："邹，县名；峄，山名。峄山在邹县北二十二里。"
③ 鄱，《汉书·地理志》作蕃县，属鲁国，今山东滕县。
④ 《集解》："徐广曰：挚虞曰：古之周南，今之洛阳。"

史，则续吾祖矣。今天子接千岁之统，封泰山，而予不得从行，是命也夫，命也夫！余死，汝必为太史，为太史，无忘吾所欲论著矣。且夫孝，始于事亲，中于事君，终于立身。扬名于后世，以显父母，此孝之大者。夫天下称诵周公，言其能论歌文、武之德，宣周、召之风，达太王、王季之思虑，爰及公刘，以尊后稷也。幽、厉之后，王道缺，礼乐衰，孔子修旧起废，论《诗》《书》，作《春秋》，则学者至今则之。自获麟以来，四百有余岁，而诸侯相兼，史记放绝。今汉兴，海内一统，明主贤君忠臣死义之士，余为太史，而弗论载，废天下之史文，余甚惧焉，汝其念哉！"迁俯首流涕曰："小子不敏，请悉论先人所次旧闻，弗敢阙。"

卒三岁，而迁为太史令，紬给史记石室金匮^①之书。五年而当太初元年，十一月甲子朔旦冬至，天历始改，建于明堂，诸神受纪。^②

太史公曰："先人有言，自周公卒五百岁而有孔子。孔子卒后至于今五百岁，有能绍明世，正《易传》，继《春秋》，本《诗》《书》《礼》《乐》之际，意在斯乎！意在斯乎！小子何敢让焉！"

上大夫壶遂曰："昔孔子何为而作《春秋》哉？"太

---

① 《索隐》："案石室金匮，皆国家藏书之处。"

② 《索隐》："虞喜《志林》云：改历于明堂，班之于诸侯。诸侯群神之主，故曰诸神受纪。"

史公曰："余闻董生曰：[①]'周道衰废，孔子为鲁司寇，诸侯害之，大夫壅之。孔子知言之不用，道之不行也，是非二百四十二年之中，以为天下仪表，贬天子，退诸侯，讨大夫，以达王事而已矣。'子曰：'我欲载之空言，不如见之于行事之深切著明也。'[②]夫《春秋》，上明三王之道，下辩人事之纪，别嫌疑，明是非，定犹豫，善善恶恶，贤贤贱不肖，存亡国，继绝世，补敝起废，王道之大者也。《易》著天地阴阳四时五行，故长于变；《礼》经纪人伦，故长于行；《书》记先王之事，故长于政；《诗》纪山川溪谷禽兽草木牝牡雌雄，故长于风；《乐》乐所以立，故长于和；《春秋》辩是非，故长于治人。是故《礼》以节人，《乐》以发和，《书》以道事，《诗》以达意，《易》以道化，《春秋》以道义。拨乱世，反之正，莫近于《春秋》。《春秋》文成数万，其指数千。万物之散聚，皆在《春秋》。《春秋》之中，弑君三十六，亡国五十二，诸侯奔走不得保其社稷者不可胜数。察其所以，皆失其本矣。故《易》曰：'失之毫厘，差以千里。'[③]故曰：'臣弑君，子弑父，非一旦一夕之故也，其渐久矣。'故有国者不可以不知《春秋》，前有谗而弗见，后有贼而不知。为人臣者，不可以不知《春秋》，守经事而不知其宜，遭变事而不知其权。为人君父而不通于

----

① 《集解》："服虔曰：仲舒也。"

② 行事，谓已往之事。

③ 《集解》："今《易》无此语，《易纬》有之。"

《春秋》之义者，必蒙首恶之名。为人臣子而不通于《春秋》之义者，必陷篡弑之诛，死罪之名。其实皆以为善，为之不知其义，被之空言而不敢辞。夫不通礼义之旨，至于君不君，臣不臣，父不父，子不子。君不君则犯，臣不臣则诛，父不父则无道，子不子则不孝。此四行者，天下之大过也。以天下之大过予之，则受而弗敢辞。故《春秋》者，礼义之大宗也。夫礼禁未然之前，法施已然之后，法之所为用者易见，而礼之所为禁者难知。"

壶遂曰："孔子之时，上无明君，下不得任用，故作《春秋》，垂空文以断礼义，当一王之法。今夫子上遇明天子，下得守职，万事既具，咸各序其宜，夫子所论，欲以何明？"

太史公曰："唯唯，否否，不然。余闻之先人曰：'伏羲至纯厚，作《易》八卦。尧舜之盛，《尚书》载之，礼乐作焉。汤武之隆，诗人歌之。《春秋》采善贬恶，推三代之德，褒周室，非独刺讥而已也。'汉兴以来，至明天子，获符瑞，建封禅，改正朔，易服色，受命于穆清，泽流罔极，海外殊俗，重译款塞，请来献见者，不可胜道。臣下百官，力诵圣德，犹不能宣尽其意。且士贤能而不用，有国者之耻；主上明圣而德不布闻，有司之过也。且余尝掌其官，废明圣盛德不载，灭功臣世家贤大夫之业不述，堕先人所言，罪莫大焉。余所谓述故事，整齐其世传，非所谓作也，而君比之于《春秋》，谬矣。"

于是论次其文。七年而太史公遭李陵之祸，幽于缧绁。乃喟然而叹曰："是余之罪也夫！是余之罪也夫！身毁不用矣。"退而深惟曰："夫《诗》《书》隐约者，欲遂其志之思也。昔西伯拘羑里，演《周易》；孔子厄陈蔡，作《春秋》；屈原放逐，著《离骚》；左丘失明，厥有《国语》；孙子膑脚，而论兵法；不韦迁蜀，世传《吕览》；韩非囚秦，《说难》孤愤；《诗》三百篇，大抵贤圣发愤之所为作也。此人皆意有所郁结，不得通其道也，故述往事，思来者。"于是卒述陶唐以来，至于麟止，①自黄帝始。

此篇虽以序名，实系自传之体，故录之，而删其后半，以后半系专为书作序，与自传无涉也。

古代职业，恒父子相传；又其时社会等级方严，故最重家世。此篇可分四节：第一节叙司马氏先世；次节述其父谈之学术及志事；第三节自述学问经历，及受命于父而作《史记》；第四节自述述作之旨，及其始末。语皆实录，性情又极真挚，自系自传佳作。后世社会情形既变，亦或摹放古人之形式，妄溯远祖事实上毫无关系者；又或妄自夸张，附益失实；则非修辞立诚之道矣。

_____

① 《集解》："张晏曰：武帝获麟，迁以为述事之端。"

《汉书·李广苏建传》

　　李广，陇西成纪①人也。其先曰李信，秦时为将，逐得燕太子丹者也。广世世受射。②孝文十四年，匈奴大入萧关，③而广以良家子从军击胡，用善射，杀首虏多，为郎，骑常侍。④数从射猎，格杀猛兽，文帝曰："惜广不逢时，令当高祖世，万户侯岂足道哉？"

　　景帝即位，为骑郎将。⑤吴楚反时，为骁骑都尉，从太尉亚夫战昌邑下，⑥显名。以梁王授广将军印，故还，赏不行。为上谷太守，数与匈奴战。典属国公孙昆邪为上泣曰："李广材气，天下亡双，自负其能，数与虏确，⑦恐亡之。"乃徙广为上郡太守。

　　匈奴入上郡，上使中贵人从广勒习兵击匈奴。中贵人者将数十骑从，见匈奴三人，与战。射伤中贵人，杀

---

① 成纪，在今甘肃秦安县北三十里。
② 师古曰："受射法。"
③ 萧关，在今甘肃固原县东南。
④ 师古曰："官为郎，而常骑以侍天子，故曰骑常侍。"
⑤ 师古曰："为骑郎之将，主骑郎。"
⑥ 昌邑，在今山东金乡县西北四十里。
⑦ 师古曰："负，恃也，确，为竞胜败也。"

其骑且尽。中贵人走广，广曰："是必射雕者也。"①广
乃从百骑往驰三人。三人亡马，步行，行数十里。广令其
骑张左右翼，而广身自射彼三人者，杀其二人，生得一
人，果匈奴射雕者也。已缚之上山，望匈奴数千骑，见
广，以为诱骑，惊，上山陈。广之百骑皆大恐，欲驰还
走。广曰："我去大军数十里，今如此走，匈奴追射我，
立尽。今我留，匈奴必以我为大军之诱，不我击。"广令
曰："前。"未到匈奴陈二里所，止，令曰："皆下马解
鞍。"骑曰："虏多如是，解鞍，即急，奈何？"广曰：
"彼虏以我为走，今解鞍以示不去，用坚其意。"有白
马将出护兵。广上马，与十余骑奔射杀白马将，而复还至
其百骑中，解鞍，纵马卧。时会暮，胡兵终怪之，弗敢
击。夜半，胡兵以为汉有伏军于傍，欲夜取之，即引去。
平旦，广乃归其大军。后徙为陇西、北地、厉门、云中太
守。②

　　武帝即位，左右言广名将也，由是入为未央卫尉，而
程不识时亦为长乐卫尉。程不识故与广俱以边太守将屯。
及出击胡，而广行无部曲行陈，③就善水草顿舍，人人自

---

①　文颖曰："雕，鸟也，故使善射者射之。"师古曰："雕，大鸷鸟
也，一名鹫。黑色，翮可以为箭羽。"

②　陇西，治狄道，在今甘肃临洮县东北。北地，治义渠，今甘肃宁县西
北。雁门，治善无，在今山西右玉县南。云中，治云中，今绥远托克托县。

③　师古曰："《续汉书·百官志》曰：'将军领军，皆有部曲，大将军
营五部，部校尉一人；部下有曲，曲有军侯一人。'今广尚于简易，故行道之
中，而不立部曲也。"

便，不击刁斗自卫，[1]莫府省文书，[2]然亦远斥候，未尝遇害。程不识正部曲行伍营陈，击刁斗，吏治军簿至明，军不得自便。不识曰："李将军极简易，然虏卒犯之，无以禁，而其士亦佚，乐为之死。我军虽烦扰，虏亦不得犯我。"是时汉边郡李广、程不识为名将，然匈奴畏广，士卒多乐从，而苦程不识。不识，孝景时以数直谏，为太中大夫，为人廉，谨于文法。

后汉诱单于以马邑城，使大军伏马邑傍，而广为骁骑将军，属护军将军。[3]单于觉之，去，汉军皆无功。后四岁，广以卫尉为将军出雁门，击匈奴。匈奴兵多，破广军，生得广。单于素闻广贤，令曰："得李广，必生致之。"胡骑得广，广时伤，置两马间，络而盛之卧。行十余里，广阳死，睨其傍，有一儿骑善马，暂腾而上胡儿马，因抱儿鞭马南驰数十里，得其余军。匈奴骑数百追之，广行取儿弓，射杀追骑，以故得脱，于是至汉，汉下广吏，吏当广亡失多，为虏所生得，当斩，赎为庶人。

数岁，与故颍阴侯屏居蓝田南山中射猎。尝夜从一骑出，从人田间饮。还至亭，霸陵尉醉，呵止广，广骑曰："故李将军。"尉曰："今将军尚不得夜行，何故也！"宿广亭下。居无何，匈奴入辽西，[4]杀太守，败韩将军，

① 孟康曰："刁斗，以铜作鐎，受一斗，昼炊饭食，夜击持行夜，名曰刁斗。"

② 师古曰："莫府者，以军幕为义，军旅无常居止，故以帐幕言之。"

③ 师古曰："韩安国。"

④ 辽西，治且卢，今河北卢龙县。

韩将军后徙居右北平，死。①于是上乃召拜广为右北平太守。广请霸陵尉与俱，至军而斩之，上书自陈谢罪。上报曰："将军者，国之爪牙也。《司马法》曰：'登车不式，遭丧不服，振旅抚师，以征不服；率三军之心，同战士之力，故怒形则千里竦，威振则万物伏；是以名声暴于夷貉，威棱憺乎邻国。'夫报忿除害，捐残去杀，朕之所图于将军也；若乃免冠徒跣，稽颡请罪，岂朕之指哉！将军其率师东辕，弥节白檀②以临右北平盛秋。"广在郡，匈奴号曰"汉飞将军"，避之，数岁不入界。

广出猎，见草中石，以为虎而射之，中石没矢，视之，石也。他日射之，终不能入矣。广所居郡，闻有虎，常自射之。及居右北平，射虎，虎腾，伤广，广亦射杀之。

石建卒，上召广代为郎中令。元朔六年，广复为将军，从大将军出定襄。诸将多中首虏率为侯者，③而广军无功。后三岁，广以郎中令将四千骑出右北平，博望侯张骞将万骑与广俱，异道。行数百里，匈奴左贤王将四万骑围广。广军士皆恐，广乃使其子敢往驰之。敢从数十骑，直贯胡骑，出其左右而还，报广曰："胡虏易与耳。"军士乃安。为圜陈外乡，胡急击，矢下如雨。汉兵死者过半，

---

① 韩将军，苏林曰："韩安国。"右北平，治平刚，今热河平泉县。

② 白檀，在今热河承德县西。

③ 师古曰："率，谓军功封赏之科，著在法令者也。"

汉矢且尽。广乃令持满毋发，而广身自以大黄①射其裨将，杀数人，胡虏益解。会暮，吏士无人色，而广意气自如，益治军。军中服其勇也。明日，复力战，而博望侯军亦至，匈奴乃解去。汉军罢，②弗能追。是时广军几没，罢归。汉法，博望侯后期，当死，赎为庶人。广军自当，亡赏。

初，广与从弟李蔡俱为郎，事文帝。景帝时，蔡积功至二千石。武帝元朔中，为轻车将军，从大将军击右贤王，有功，中率，封为乐安侯。元狩二年，代公孙弘为丞相。蔡为人在下中，名声出广下远甚，然广不得爵邑，官不过九卿。广之军吏及士卒，或取封侯。广与望气王朔语曰："自汉击匈奴，广未尝不在其中，而诸妄校尉以下，③材能不及中，④以军功取侯者数十人。广不为后人，然终无尺寸功以得封邑者，何也？岂吾相不当侯邪？"朔曰："将军自念，岂尝有恨者乎？"广曰："吾为陇西守，羌尝反，吾诱降者八百余人，诈而同日杀之，至今恨，独此耳。"朔曰："祸莫大于杀已降，此乃将军所以不得侯者也。"

广历七郡太守，前后四十余年，得赏赐，辄分其戏下，饮食与士卒共之。家无余财，终不言生产事。为人长，爱臂，其善射亦天性，虽子孙他人学者莫能及。广呐

---

① 大黄，弩名。

② 师古曰："罢，读如疲。"

③ 张晏曰："妄，犹凡也。"

④ 师古曰："中，谓中庸之人也。"

口少言，与人居，则画地为军陈，射阔狭以饮。专以射为戏。将兵，乏绝处，见水，士卒不尽饮，不近水；不尽餐，不尝食。宽缓不苛，士以此爱乐为用。其射，见敌，非在数十步之内，度不中不发，发即应弦而倒。用此，其将数困辱，及射猛兽，亦数为所伤云。

元狩四年，大将军票骑将军大击匈奴，广数自请行。上以为老，不许；良久，乃许之，以为前将军。

大将军青出塞，捕虏，知单于所居，乃自以精兵走之。①而令广并于右将军军，出东道。东道少回远，大军行，水草少，其势不屯行。广辞曰："臣部为前将军，今大将军乃徙臣出东道，且臣结发而与匈奴战，乃今一得当单于，臣愿居前，先死单于。"大将军阴受上指，以为李广数奇，毋令当单于，恐不得所欲。是时公孙敖新失侯，为中将军，大将军亦欲使敖与俱当单于，故徙广。广知之，固辞。大将军弗听，令长史封书与广之莫府，曰："急诣部，如书。"广不谢大将军而起行，意象愠怒而就部，引兵与右将军食其合军，出东道。惑失道，后大将军。大将军与单于接战，单于遁走，弗能得而还。南绝幕，乃遇两将军。广已见大将军，还入军。大将军使长史持糒醪遗广，因问广、食其失道状，曰："青欲上书，报天子失军曲折。"广未对。大将军长史急责广之莫府上簿。广曰："诸校尉亡罪，乃我自失道，吾今自上簿。"至莫府，谓其麾下曰："广结发与匈奴大小七十余战，今

---

① 师古曰："走，趋也。"

幸从大将军出接单于兵，而大将军徙广部，行回远，又迷失道，岂非天哉？且广年六十余，终不能复对刀笔之吏矣。"遂引刀自刭。百姓闻之，知与不知，老壮皆为垂泣，而右将军独下吏，当死，赎为庶人。

广三子，曰当户、椒、敢，皆为郎。上与韩嫣戏，嫣少不逊，当户击嫣，嫣走，于是上以为能。当户蚤死，乃拜椒为代郡太守，皆先广死。广死军中时，敢从票骑将军。广死明年，李蔡以丞相坐诏赐冢地阳陵当得二十亩，蔡盗取三顷，颇卖，①得四十余万，又盗取神道外壖地一亩，葬其中，当下狱，自杀。敢以校尉从票骑将军击胡左贤王，力战，夺左贤王旗鼓，斩首多，赐爵关内侯，食邑二百户，代广为郎中令。顷之，怨大将军青之恨其父，乃击伤大将军。大将军匿讳之。居无何，敢从上雍，②至甘泉宫猎，票骑将军去病怨敢伤青，射杀敢。去病时方贵幸，上为讳，云鹿触杀之。居岁余，去病死。

敢有女，为太子中人，爱幸。敢男禹，有宠于太子，然好利，亦有勇。尝与侍中贵人饮，侵陵之，莫敢应。后怨之上，上召禹，使刺虎，县下圈中，未至地，有诏引出之。禹从落中以剑斫绝累，③欲刺虎。上壮之，遂救止焉。而当户有遗腹子陵，将兵击胡，兵败降匈奴。后人告禹谋欲亡从陵，下吏死。

---

① 颇卖，谓卖去其一部分。"

② 师古曰："雍之所在，地形积高，故云上也。"

③ 师古曰："落与络同，谓当时缠络而下之也。累，索也。"

陵字少卿，少为侍中建章监。善骑射，爱人，谦让下士，甚得名誉。武帝以为有广之风，使将八百骑，深入匈奴二千余里，过居延①视地形，不见虏，还。拜为骑都尉，将勇敢五千人，教射酒泉、张掖以备胡。数年，汉遣贰师将军伐大宛，使陵将五校兵随后行，至塞，会贰师还，上赐陵书，陵留吏士，与轻骑五百出敦煌，至盐水迎贰师还。复留屯张掖。②

天汉二年，贰师将三万骑出酒泉，击右贤王于天山。召陵，欲使为贰师将辎重。陵召见武台，叩头自请曰："臣所将屯边者，皆荆楚勇士，奇材剑客也，力扼虎，射命中，愿得自当一队，到兰干山南，以分单于兵，毋令专乡贰师军。"上曰："将恶相属邪？吾发军多，毋骑予女。"陵对："无所事骑，臣愿以少击众。步兵五千人，涉单于庭。"上壮而许之，因诏强弩都尉路博德将兵半道迎陵军。博德故伏波将军，亦羞为陵后距，奏言："方秋，匈奴马肥，未可与战，臣愿留陵至春，俱将酒泉、张掖骑各五千人，并击东西浚稽，③可必禽也。"书奏，上怒，疑陵悔不欲出，而教博德上书，乃诏博德："吾欲予李陵骑，云欲以少击众，今虏入西河，其引兵走西河，遮钩营之道。"诏陵："以九月发出遮虏鄣，至东浚稽山南龙勒水上，徘徊观虏，即亡所见，从浞野侯赵破奴故道抵

① 居延，泽名，在今宁夏居延县北。
② 酒泉、张掖、敦煌，皆郡名，今属甘肃。
③ 师古曰："浚稽，山名。"按山当在今外蒙古土剌河及鄂尔浑河之间。

受降城①休士，因骑置以闻。所与博德言者云何，具以书对。"

陵于是将其步卒五千人，出居延北行，三十日至浚稽山，止营，举图所过山川地形，使麾下骑陈步乐还以闻。步乐召见，道陵将率得士死力，上甚说，拜步乐为郎。陵至浚稽山，与单于相直，骑可三万，围陵军。军居两山间，以大车为营。陵引士出营外为陈，前行持戟盾，后行持弓弩，令曰："闻鼓声而纵，闻金声而止。"虏见汉军少，直前就营。陵搏战攻之，千弩俱发，应弦而倒。虏还走上山，汉军追击，杀数千人。单于大惊，召左右地兵八万余骑攻陵。陵且战且引，南行数日，抵山谷中。连战，士卒中矢伤三创者载辇，两创者将车，一创者持兵战。陵曰："吾士气少衰而鼓不起者，何也？军中岂有女子乎？"始军出时，关东群盗妻子徙边者，随军为卒妻妇，大匿车中。②陵搜得，皆剑斩之。明日，复战，斩首三千余级。引兵东南循故龙城道行，③四五日，抵大泽葭苇中，虏从上风纵火，陵亦令军中纵火以自救。④南行至山下，单于在南山上，使其子将骑击陵。陵军步斗树木间，复杀数千人，因发连弩射单于。单于下走。是日捕得虏，言："单于曰：'此汉精兵，攻之不能下，日夜引吾南近塞，得毋有伏兵乎？'诸当户君长皆言：'单于自将数万

---

① 受降城，在今绥远境乌喇特旗北。

② 大，多也。

③ 此当系匈奴会众之龙城，在今察哈尔地方。

④ 师古曰："预自烧其旁草木，令虏火不及延及也。"

骑，击汉数千人，不能灭，后无以复使边臣，令汉益轻匈奴。复力战山谷间，尚四五十里，得平地，不能破，乃还。'"

是时陵军益急，匈奴骑多，战一日数十合，复伤杀虏二千余人。虏不利，欲去，会陵军侯管敢，为校尉所辱，亡降匈奴，具言："陵军无后救，射矢且尽，独将军麾下及成安侯校各八百人为前行，以黄与白为帜，当使精骑射之，即破矣。"成安侯者，颍川人，父韩千秋，故济南相，奋击南越战死，武帝封子延年为侯，以校尉随陵。单于得敢，大喜，使骑并攻汉军，疾呼曰："李陵、韩延年趣降。"遂遮道急攻陵。陵居谷中，虏在山上，四面射，矢如雨下。汉军南行，未至鞮汗山，①一日五十万矢皆尽，即弃车去。士尚三千余人，徒斩军辐而持之，军吏持尺刀，抵山，入狭谷。单于遮其后，乘隅下垒石，②士卒多死，不得行。昏后，陵便衣独步出营，止左右："毋随我，丈夫一取单于耳。"良久，陵还，大息曰："兵败，死矣。"军吏或曰："将军威震匈奴，天命不遂，后求道径还归，如浞野侯为虏所得，后亡还，天子客遇之，况于将军乎？"陵曰："公止，吾不死，非壮士也。"于是尽斩旌旗及珍宝埋地中，陵叹曰："复得数十矢，足以脱矣。今无兵复战，天明坐受缚矣。各鸟兽散，犹有得脱

① 鞮汗山，当距遮虏障不远，观下文可见。
② 师古曰："言放石以投入，因山隅曲而下也。"

归报天子者。"令军士人持二升糒，一半冰，①期至遮虏
鄣者相待。②夜半时，击鼓吉士，鼓不鸣。陵与韩延年俱
上马，壮士从者十余人。虏骑数千追之，韩延年战死。陵
曰："无面目报陛下。"遂降。军人分散，脱至塞者四百
余人。陵败处去塞百余里。

边塞以闻。上欲陵死战，召陵母及妇，使相者视之，
无死丧色。后闻陵降，上怒甚，责问陈步乐，步乐自杀。
群臣皆罪陵，上以问太史令司马迁，迁盛言："陵事亲
孝，与士信，常奋不顾身，以殉国家之急。其素所畜积
也，有国士之风。今举事一不幸，全躯保妻子之臣，随而
媒蘖其短，诚可痛也。且陵提步卒不满五千，深輮戎马之
地，抑数万之师，虏救死扶伤不暇，悉举引弓之民，共攻
围之。转斗千里，矢尽道穷，士张空拳，③冒白刃，北首
争死敌，得人之死力，虽古名将，不过也。身虽陷败，然
其所摧败，亦足暴于天下。彼之不死，宜欲得当以报汉
也。"初，上遣贰师大军出，财令陵为助兵，及陵与单于
相值，而贰师功少。上以迁诬罔，欲沮贰师，为陵游说，
下迁腐刑。久之，上悔陵无救，曰："陵当发出塞，乃诏
强弩都尉令迎军，坐预诏之，得令老将生奸诈。"乃遣使
劳赐陵余军得脱者。

---

① 如淳曰："半读如片。"或曰五升曰半。师古曰："半读曰判，大片
也。"

② 遮虏鄣，亦曰居延塞，在甘肃金塔县北，蒙古额济纳旗地。

③ 文颖曰："拳，弓弩拳也。"师古曰："拳字与弮同，音去权反，又
音眷。"

陵在匈奴岁余，上遣因杅将军公孙敖将兵深入匈奴迎陵。敖军无功还，曰："捕得生口，言李陵教单于为兵，以备汉军，故臣无所得。"上闻，于是族陵家，母弟妻子皆伏诛。陇西士大夫以李氏为愧。其后，汉遣使使匈奴，陵谓使者曰："吾为汉将步卒五千人，横行匈奴，以亡救而败，何负于汉，而诛吾家？"使者曰："汉闻李少卿教匈奴为兵。"陵曰："乃李绪，非我也。"李绪本汉塞外都尉，居奚侯城，匈奴攻之，绪降，而单于客遇绪，常坐陵上。陵痛其家以李绪而诛，使人刺杀绪。大阏氏欲杀陵，单于匿之北方，大阏氏死，乃还。单于壮陵，以女妻之，立为右校王，卫律为丁灵王，皆贵，用事。卫律者，父本长水胡人。律生长汉，善协律都尉李延年，延年荐言律使匈奴。使还，会延年家收，律惧并诛，亡还降匈奴。匈奴爱之，常在单于左右。陵居外，有大事，乃入议。

昭帝立，大将军霍光、左将军上官桀辅政，素与陵善，遣陵故人陇西任立政等三人俱至匈奴招陵。立政等至，单于置酒，赐汉使者，李陵、卫律皆侍坐。立政等见陵，未得私语，即目视陵，而数数自循其刀环，握其足，阴谕之，言可还归汉也。后陵、律持牛酒劳汉使，博饮，两人皆胡服椎结。立政大言曰："汉已大赦，中国安乐，主上富于春秋，霍子孟、上官少叔用事。"以此言微动之。陵默不应，孰视而自循其发，答曰："吾已胡服矣。"有顷，律起更衣，立政曰："咄，少卿良苦，霍子孟、上官少叔谢女。"陵曰："霍与上官无恙乎？"立政曰："请少卿来归故乡，毋忧富贵。"陵字立政曰："少公，归易耳，恐再辱，奈何？"语未卒，卫律还，颇闻余语，曰："李少卿，贤者不独居一国，范蠡遍游天下，由余去戎入秦，今何语之亲也。"因罢去。立政随谓陵，曰："亦有意乎？"陵曰："丈夫不能再辱。"陵在匈奴二十余年。元平元年，病死。

苏建，杜陵人也，以校尉从大将军青击匈奴，封平陵侯。以将军筑朔方。①后以卫尉为游击将军，从大将军出朔方。后一岁，以右将军再从大将军出定襄，②亡翕侯，③失军，当斩，赎为庶人。其后为代郡太守，卒官。有三子，嘉，为奉车都尉，贤，为骑都尉，中子武，最知名。

武字子卿，少以父任兄弟并为郎，稍迁至移中厩监。④时汉连伐胡，数通使相窥观，匈奴留汉使郭吉、路充国等，前后十余辈。匈奴使来，汉亦留之以相当。天汉元年，且鞮侯单于初立，恐汉袭之，乃曰："汉天子我丈人行也。"⑤尽归汉使路充国等。武帝嘉其义，乃遣武以中郎将使持节，送匈奴使留在汉者，因厚赂单于，答其善意。武与副中郎将张胜，及假吏常惠等，募士斥候百余人俱。既至匈奴，置币遗单于。单于益骄，非汉所望也。

方欲发使送武等，会缑王与长水虞常等谋反匈奴中。

---

① 今绥远南境，故城在鄂尔多斯右翼后旗界内。

② 定襄在今绥远及蒙古喀尔喀右翼四子部落之地，治成乐，今绥远和椿格尔县。

③ 翕侯，服虔曰："赵信也。"

④ 师古曰："移中，厩名，为之监也。"

⑤ 师古曰："丈人，尊老之称。"

缑王者，昆邪王姊子也，与昆邪王俱降汉，后随浞野侯[1]
没胡中，及卫律所将降者，阴相与谋，劫单于母阏氏归
汉。会武等至匈奴，虞常在汉时，素与副张胜相知，私候
胜曰："闻汉天子甚怨卫律，常能为汉伏弩射杀之。吾母
与弟在汉，幸蒙其赏赐。"张胜许之，以货物与常。后月
余，单于出猎，独阏氏子弟在。虞常等七十余人欲发，其
一人夜亡，告之。单于子弟发兵与战。缑王等皆死，虞常
生得。

单于使卫律治其事。张胜闻之，恐前语发，以状语
武。武曰："事如此，此必及我，见犯乃死，重负国。"
欲自杀，胜、惠共止之。虞常果引张胜。单于怒，召诸贵
人议，欲杀汉使者。左伊秩訾[2]曰："即谋单于，何以复
加，宜皆降之。"单于使卫律召武受辞，武谓惠等："屈
节辱命，虽生，何面目以归汉！"引佩刀自刺。卫律惊，
自抱持武，驰召医。凿地为坎，置煴火，[3]覆武其上。蹈其
背以出血。武气绝半日复息。惠等哭，舆归营。单于壮其
节，朝夕遣人候问武，而收系张胜。武益愈，单于使使晓
武，会论虞常，欲因此时降武。剑斩虞常已，律曰："汉
使张胜谋杀单于近臣，[4]当死，单于募降者赦罪。"举剑
欲击之，胜请降。律谓武曰："副有罪，当相坐。"武
曰："本无谋，又非亲属，何谓相坐？"复举剑拟之，武

---

① 师古曰："从赵破奴击匈奴，兵败而降。"

② 臣瓒曰："胡官之号也。"

③ 师古曰："谓聚火无焱者也。"

④ 师古曰："卫律自谓也。"

不动。律曰："苏君，律前负汉，归匈奴，幸蒙大恩，赐号称王，拥众数万，马畜弥山，富贵如此。苏君今日降，明日复然。空以身膏草野，谁复知之？"武不应。律曰："君因我降，与君为兄弟，今不听吾计，后虽欲复见我，尚可得乎？"武骂律曰："女为人臣子，不顾恩义，畔主背亲，为降虏于蛮夷，何以女为见？[①]且单于信女，使决人死生，不平心持正，反欲斗两主，观祸败。南越杀汉使者，屠为九郡；宛王杀汉使者，头县北阙；朝鲜杀汉使者，即时诛灭。独匈奴未耳！若知我不降明，欲令两国相攻，匈奴之祸，从我始矣。"律知武终不可胁，白单于，单于愈益欲降之，乃幽武置大窖中，绝不饮食。天雨雪，武卧啮雪，与旃毛并咽之。数目不死，匈奴以为神，乃徙武北海上无人处，使牧羝，羝乳，乃得归。别其官属常惠等，各置他所。

武既至海上，廪食不至，掘野鼠去少中实而食之。[②]杖汉节牧羊，卧起操持，节旄尽落。积五六年，单于弟于靬王弋射海上。武能纲纺缴，檠弓弩，[③]于靬王爱之，给其衣食。三岁余，王病，赐武马畜服匿[④]穹庐。王死后，人众

---

① 师古曰："言何用见汝为也。"

② 苏林曰："取鼠所去草实而食之。"师古曰："中，古草字。去，谓藏之也。"

③ 师古曰："缴，生丝缕也，可以弋射。檠，谓辅正弓弩也。"

④ 刘德曰："服匿，如小施帐。"孟康曰："服匿，如罂，小口，大腹，方底。用受酒酪。穹庐，旃帐也。"晋灼曰："河东北界人呼小石罂受二斗所曰服匿。"

徙去。其冬，丁令盗武牛羊，武复穷厄。

初，武与李陵俱为侍中，武使匈奴明年，陵降，不敢求武。久之，单于使陵至海上，为武置酒设乐，因谓武曰："单于闻陵与子卿素厚，故使陵来说足下，虚心欲相待，终不得归汉。空自苦亡人之地，信义安所见乎？前长君为奉车，[①]从至雍棫阳宫，扶辇下除，触柱折辕，劾大不敬，伏剑自刎，赐钱二百万以葬。孺卿[②]从祠河东后土，宦骑与黄门驸马争船，[③]推堕驸马河中溺死，宦骑亡，诏使孺卿逐捕不得，惶恐，饮药而死。来时大夫人已不幸，陵送葬至阳陵。子卿妇年少，闻已更嫁矣。独有女弟二人，两女一男，今复十余年，存亡不可知。人生如朝露，何久自苦如此！陵始降时，忽忽如狂，自痛负汉，加以老母系保宫，子卿不欲降，何以过陵？且陛下春秋高，法令亡常，大臣亡罪夷灭者数十家，安危不可知，子卿尚复谁为乎？愿听陵计，勿复有云。"武曰："武父子亡功德，皆为陛下所成就，位列将，爵通侯，兄弟亲近，常愿肝脑涂地。今得杀身自效，虽蒙斧钺汤镬，诚甘乐之。臣事君，犹子事父也，子为父死无所恨，愿勿复再言。"陵与武饮数日，复曰："子卿壹听陵言。"武曰："自分已死久矣，王必欲降武，请毕今日之欢，效死于前。"陵见其至诚，喟然叹曰："嗟乎，义士！陵与卫律之罪，上通于天。"

---

① 服虔曰："武兄嘉。"

② 张晏曰："武弟贤。"

③ 师古曰："宦骑，宦者而为骑也。黄门驸马，天子骑马之在黄门者也。驸，副也。"

因泣下沾衿，与武决去。陵恶自赐武，使其妻赐武牛羊数十头。

后陵复至北海上。语武："区脱[①]捕得云中生口，言太守以下吏民皆白服，曰：'上崩。'"武闻之，南乡号哭，欧血，旦夕临。数月，昭帝即位。数年，匈奴与汉和亲。汉求武等，匈奴诡言武死。后汉使复至匈奴，常惠请其守者与俱，得夜见汉使，具自陈道。教使者谓单于，言天子射上林中，得雁，足有系帛书言武等在某泽中。使者大喜，如惠语以让单于，单于视左右而惊，谢汉使曰："武等实在。"于是李陵置酒贺武曰："今足下还归，扬名于匈奴，功显于汉室，虽古竹帛所载，丹青所画，何以过子卿？陵虽驽怯，令汉且贳陵罪，全其老母，使得奋大辱之积志，庶几乎曹柯之盟，此陵宿昔之所不忘也。收族陵家，为世大戮，陵尚复何顾乎？已矣！令子卿知吾心耳。异域之人，壹别长绝。"陵起舞，歌曰："径万里兮度沙幕，为君将兮奋匈奴。路穷绝兮矢刃摧，士众灭兮名已隤。老母已死，虽欲报恩将安归？"陵泣下数行，因与武决。单于召会武官属，前以降及物故，凡随武还者九人。武以元始六年春至京师，诏武奉一太牢，谒武帝园庙，拜为典属国，秩中二千石，赐钱二百万。公田二顷，宅一区。常惠、徐圣、赵终根皆拜为中郎，赐帛各二百匹。其余六人老，归家，赐钱人十万，复终身。常惠后至右将军，封列侯，自有传。武留匈奴凡十九岁，始以强壮

①　服虔曰："区脱，土室，胡儿所作，以候者也。"

出，及还，须发尽白。

武来归，明年，上官桀子安与桑弘羊及燕王、盖主谋反，武子男元与安有谋，坐死。初桀、安与大将军霍光争权，数疏光过失予燕王，令上书告之。又言苏武使匈奴二十年不降，还乃为典属国，大将军长史无功劳，为搜粟都尉，光颛权自恣。及燕王等反诛，穷治党与，武素与桀、弘羊有旧，数为燕王所讼，子又在谋中，廷尉奏请逮捕武。霍光寝其奏，免武官，数年，昭帝崩，武以故二千石与计谋立宣帝，赐爵关内侯，食邑三百户。久之，卫将军张安世荐武明习故事，奉使不辱命，先帝以为遗言。宣帝即时召武，待诏宦者署，数进见，复为右曹典属国。以武著节老臣，令朝朔望，号称祭酒，甚优宠之。武所得赏赐，尽以施予昆弟故人，家不余财。皇后父平恩侯，帝舅平昌侯、乐昌侯，[①]车骑将军韩增，丞相魏相，御史大夫丙吉，皆敬重武。武年老，子前坐事死，上闵之，问左右："武在匈奴久，岂有子乎？"武因平恩侯自白："前发匈奴时，胡妇适产一子通国，有声问来，愿因使者致金帛赎之。"上许焉。后通国随使者至，上以为郎。又以武弟子为右曹。武年八十余，神爵二年病卒。甘露三年，单于始入朝。上思股肱之美，乃图画其人于麒麟阁，法其形貌，署其官爵姓名。唯霍光不名，曰大司马大将军博陆侯姓霍氏，次曰卫将军富平侯张安世，次曰车骑将军龙额侯韩增，次曰后将军营平侯赵充国，次曰丞相高平侯魏相，次

---

① 师古曰："平恩侯许伯，平昌侯王无故，乐昌侯王武也。"

日丞相博阳侯丙吉，次曰御史大夫建平侯杜延年，次曰宗
正阳城侯刘德，次曰少府梁丘贺，次曰太子太傅萧望之，
次曰典属国苏武。皆有功德，知名当世，是以表而扬之，
明著中兴辅佐，列于方叔、召虎、仲山甫焉。凡十一人，
皆有传。自丞相黄霸、廷尉于定国、大司农朱邑、京兆尹
张敞、右扶风尹翁归，及儒者夏侯胜等，皆以善终，著名
宣帝之世，然不得列于名臣之图，以此知其选矣。

赞曰：李将军恂恂如鄙人，口不能出辞，及死之日，
天下知与不知，皆为流涕，彼其中心诚信于士大夫也。谚
曰："桃李不言，下自成蹊。"此言虽小，可以喻大。然
三代之将，道家所忌，自广至陵，遂亡其宗，哀哉！孔子
称志士仁人，有杀身以成仁，无求生以害仁。""使于四
方，不辱君命。"苏武有之矣！

此篇李广传袭《史记》，李陵、苏武之传则撰《汉书》者所自
为。其妙亦在适如其分，无溢无歉而已。

汉去封建之世近，士大夫皆嚎慨喜功名。以当时中国之国力，
如得严明任法之主而用之，所立之功，虽十倍于汉武可也。汉武严而
不明，任喜怒而不任法。置宿将而任椒房之亲；又任严酷之吏，以深
文随其后；虽能摧匈奴，通西域，县朝鲜，平两越，开西南夷，实当
时中国国力，与四夷相去悬绝，有以致之。计其所失亡，中国转远过
于夷狄，盖国力之浪费者多矣。此篇叙李广之见扼于卫青，李陵立奇
功，而以见疑欲沮贰师，并司马迁而下之蚕室；广以不肯对刀笔之吏
而自刭，陵以不能再辱而不肯归；以及全躯保妻子之臣，随顺意旨，
不敢直言，并媒蘖倾陷他人，以图自免；无不曲尽。

武帝亲以李广为前将军，岂有不欲其当单于之理？云“大将军阴受上指”，明其事之无征；云“欲使敖与俱当单于”，明其意实在此也。此亦所谓直书其事，而是非自见者。

李陵国士，断非爱死降敌者，云欲得当而报汉，事必不诬。其终已不顾者，封建时代忠臣之效忠，非以为国，实以为君，汉代伦理观念，虽与古稍异，仍多带此等性质。君臣本以义合，孟子曰：“君之视臣如草芥，则臣视君如寇仇。”陵以步卒五千人，横行匈奴中，以无救而败，而汉收族其家，君臣之义已绝矣，义固不可以复返，非徒曰丈夫不能再辱也。文亦不必为之辩白，但历叙陵在匈奴中，亲任不如李绪、卫律，及其与苏武、任立政等语，倦倦不忘故国之意，而陵之本心自明。亦所谓直书其事，而是非自见者也。

《汉书·霍光金日磾传》

霍光，字子孟，票骑将军去病弟也。父中孺，河东平阳人也，以县吏给事平阳侯家，与侍者卫少儿私通，而生去病。中孺吏毕归家，娶妇生光，因绝不相闻。久之，少儿女弟子夫，得幸于武帝，立为皇后，去病以皇后姊子贵幸。既壮大，乃自知父为霍中孺，未及求问。会为票骑将军击匈奴，道出河东。河东太守郊迎，负弩矢先驱，至平阳传舍，遣吏迎霍中孺。中孺趋入拜谒，将军迎拜，因跪曰："去病不早自知为大人遗体也。"中孺扶服叩头，曰："老臣得托命将军，此天力也。"去病大为中孺买田宅奴婢而去。还，复过焉，乃将光西至长安，时年十余岁，任光为郎，稍迁诸曹侍中。去病死后，光为奉车都尉，光禄大夫，出则奉车，入侍左右，出入禁闼，二十余年，小心谨慎，未尝有过，甚见亲信。

征和二年，卫太子为江充所败，而燕王旦、广陵王胥，皆多过失。是时上年老，宠姬钩弋赵倢伃有男，上心欲以为嗣，命大臣辅之。察群臣，唯光任大重，可属社稷。上乃使黄门画者画周公负成王朝诸侯以赐光。后元二年春，上游五柞宫，①病笃，光涕泣问曰："如有不讳，谁当嗣者？"上曰："君未谕前画意邪？立少子，君行周公之事。"光顿首让曰："臣不如金日磾。"日磾亦曰："臣外国人，不如光。"上以光为大司马大将军，日磾为车骑将军，及太仆上官桀为左将军，搜粟都尉桑弘羊为御史大夫，皆拜卧内床下，受遗诏辅少主。明日，武帝崩，太子袭尊号，是为孝昭皇帝。帝年八岁，政事壹决于光。

先是，后元年，侍中仆射莽何罗与弟重合侯通谋为逆，时光与金日磾、上官桀等共诛之，功未录。武帝病，封玺书曰："帝崩发书以从事。"遗诏封金日磾为秺侯，上官桀为安阳侯，光为博陆侯，②皆以前捕反者功封。时卫尉王莽子男忽侍中，扬语曰："帝病，忽常在左右，安得遗诏封三子事！群儿自相贵耳。"光闻之，切让王莽，莽鸩杀忽。光为人沉静详审，长财七尺三寸，白皙，疏眉目，美须髯。每出入下殿门，止进有常处，郎仆射窃识视之，不失尺寸，其资性端正如此。初辅幼主，政自己出，天下想闻其风采。殿中尝有怪，一夜，群臣相惊，光召尚符玺郎，郎不肯授光。光欲夺之，郎按剑曰："臣头可得，玺不可得也。"光甚谊之。明日，诏增此郎秩二等。众庶莫不多光。

光与左将军桀结婚相亲，光长女为桀子安妻。有女，

---

① 五柞宫，在今陕西周至县东南。

② 文颖曰："博，大。陆，平，取其嘉名，无此县也，食邑北海、河、东城。师古曰："盖亦取乡聚之名以为国号，非必县也，公孙弘平津乡则是矣。"

年与帝相配，桀因帝姊鄂邑盖主，内安女后宫为使仔，数月，立为皇后。父安为票骑将军，封桑乐侯。光时休沐出，桀辄入代光决事。桀父子既尊盛，而德长公主。公主内行不修，近幸河间丁外人。桀、安欲为外人求封，幸依国家故事，以列侯尚公主者，光不许。又为外人求光禄大夫，欲令得召见，又不许。长主大以是怨光。而桀、安数为外人求官爵，弗能得，亦惭。自先帝时，桀已为九卿，位在光右；及父子并为将军，有椒房中宫之重，皇后亲安女，光乃其外祖，而顾专制朝事，繇是与光争权。燕王旦，自以昭帝兄，常怀怨望。及御史大夫桑弘羊，建造酒榷、盐铁，为国兴利，伐其功，欲为子弟得官，亦怨恨光。于是盖主、上官桀、安及弘羊，皆与燕王旦通谋，诈令人为燕王上书，言："光出都肄郎羽林，道上①称跸，大官②先置。又引苏武前使匈奴，拘留二十年不降，还乃为典属国，而大将军长史敞亡功，为搜粟都尉。③又擅调益莫府校尉。④光专权自恣，疑有非常。臣旦愿归符玺，入宿卫，察奸臣变。"候司光出沐日奏之。桀欲从中下其事，桑弘羊当与诸大臣共执退光。书奏，帝不肯下。明旦，光闻之，止画室中不入。⑤上问大将军安在？左将军桀对曰：

---

① 孟康曰："都，试也。肄，习也。"师古曰："谓总阅试，习武备也。"

② 师古曰："供饮食之具。"

③ 师古曰："杨敞也。"

④ 师古曰："调，选也。莫府，大将军府也。"

⑤ 如淳曰："近臣所止计划之室也。"或曰："雕画之室。"师古曰："雕画是也。"

"以燕王告其罪，故不敢入。"有诏召大将军。光入，免冠顿首谢。上曰："将军冠，朕知是书诈也，将军亡罪。"光曰："陛下何以知之？"上曰："将军之广明，都郎属耳。调校尉以来，未能十日，燕王何以得知之？且将军为非，不须校尉。"是时帝年十四，尚书左右皆惊，而上书者果亡，捕之甚急。桀等惧，白上少事不足遂，上不听。后桀党与有谮光者，上辄怒曰："大将军忠臣，先帝所属，以辅朕身，敢有毁者，坐之。"自是桀等不敢复言，乃谋令长公主置酒请光，伏兵格杀之，因废帝，迎立燕王为天子。事发觉，光尽诛桀、安、弘羊、外人宗族。燕王、盖主皆自杀。光威震海内。

　　昭帝既冠，遂委任光，讫十三年，百姓充实，四夷宾服。元平元年，昭帝崩，亡嗣。武帝六男，独有广陵王胥在，群臣议所立，咸持广陵王。王本以行失道，先帝所不用。光内不自安。郎有上书言："周太王废太伯立王季，文王舍伯邑考立武王，唯在所宜，虽废长立少可也。广陵王不可以承宗庙。"言合光意。光以其书视丞相敞等，[①]擢郎为九江太守，即日承皇太后诏，遣行大鸿胪事少府乐成、宗正德、光禄大夫吉、中郎将利汉迎昌邑王贺。贺者，武帝孙，昌邑哀王子也。既至，即位，行淫乱。光忧懑，独以问所亲故吏大司农田延年。延年曰："将军为国柱石，[②]审此人不可，何不建白太后，更选贤而立之？"

---

① 师古曰："视读曰示。敞即杨敞也。"
② 师古曰："柱者，梁下之柱；石者，承柱之础也。"

光曰："今欲如是，于古尝有此否？"延年曰："伊尹相
殷，废太甲以安宗庙，后世称其忠，将军若能行此，亦汉
之伊尹也。"光乃引延年给事中，阴与车骑将军张安世图
计，遂召丞相、御史、将军、列侯、中二千石、大夫、博
士会议未央宫。光曰："昌邑王行昏乱，恐危社稷，如
何？"群臣皆惊鄂失色，莫敢发言，但唯唯而已。田延年
前，离席按剑曰："先帝属将军以幼孤，寄将军以天下，
以将军忠贤，能安刘氏也。今群下鼎沸，社稷将倾，且汉
之传谥，常为孝者，以长有天下，令宗庙血食也。如令汉
家绝祀，将军虽死，何面目见先帝于地下乎？今日之议，
不得旋踵。群臣后应者，臣请剑斩之。"光谢曰："九卿
责光是也。天下匈匈不安，光当受难。"于是议者皆叩
头，曰："万姓之命，在于将军，唯大将军令。"光即与
群臣俱见白太后，具陈昌邑王不可以承宗庙状。皇太后乃
车驾幸未央承明殿，诏诸禁门毋内昌邑群臣。王入朝太后
还，乘辇欲归温室，中黄门宦者各持门扇，王入，门闭，
昌邑群臣不得入。王曰："何为？"大将军跪曰："有皇
太后诏，毋内昌邑群臣。"王曰："徐之，何乃惊人如
是！"光使尽驱出昌邑群臣，置金马门外。车骑将军安世
将羽林骑收缚二百余人，皆送廷尉诏狱。令故昭帝侍中中
臣侍守王。光敕左右：谨"宿卫，卒有物故自裁，令我负
天下，有杀主名"。王尚未自知当废，谓左右："我故群
臣从官安得罪，而大将军尽系之乎？"顷之，有太后诏召
王。王闻召，意恐，乃曰："我安得罪而召我哉？"太后
被珠襦，盛服，坐武帐中，侍御数百人，皆持兵，期门武

士，陛戟陈列殿下。①群臣以次上殿，召昌邑王伏前听诏。

光与群臣连名奏王，尚书令读奏曰："丞相臣敞、大司马大将军臣光、车骑将军臣安世、度辽将军臣明友、前将军臣增、后将军臣充国、御史大夫臣谊、宜春侯臣谭、当涂侯臣圣、随桃侯臣昌乐、杜侯臣屠耆堂、太仆臣延年、太常臣昌、大司农臣延年、宗正臣德、少府臣乐成、廷尉臣光、执金吾臣延寿、大鸿胪臣贤、左冯翊臣广明、右扶风臣德、长信少府臣嘉、典属国臣武、京辅都尉臣广汉、司隶校对臣辟兵，诸吏文学光禄大夫臣迁、臣畸、臣吉、臣赐、臣管、臣胜、臣梁、臣长幸、臣夏侯胜，②太中大夫臣德、臣印，昧死言皇太后陛下：臣敞等顿首死罪。天子所以永保宗庙，总壹海内者，以慈孝礼谊赏罚为本。孝昭皇帝早弃天下，亡嗣，臣敞等议：礼曰'为人后者为之子也'，昌邑王宜嗣后。遣宗正、大鸿胪、光禄大夫奉节使征昌邑王典丧。服斩缞，亡悲哀之心，废礼谊，居道上不素食，③使从官略女子载衣车，内所居传舍。始至谒见，立为皇太子，常私买鸡豚以食。受皇帝信玺、行玺大行前，④就次发玺不封。⑤从官更持节，引内昌邑从官、驺

---

① 师古曰："陛戟，谓执戟以卫陛下。"

② 李奇曰："同官同名，故以姓别也。"

③ 师古曰："素食，菜食无肉也。"

④ 孟康曰："汉初有三玺：天子之玺自佩，行玺、信玺在符节台。大行前，昭帝枢前也。"

⑤ 师古曰："玺既国器，常当缄封，而王于大行前受之，退还所次，遂尔发漏，更不封之，得令凡人皆见，言不慎重也。"

宰、官奴二百余人，常与居禁闼内敖戏。自之符玺，取节十六，朝暮临，令从官更持节从。为书曰：'皇帝问侍中君卿，①使中御府令高昌奉黄金千斤，赐君卿取十妻。'大行在前殿，发乐府乐器，引内昌邑乐人，击鼓歌吹，作徘倡。会下还，上前殿，②击钟磬，召内泰壹宗庙乐人辇道牟首，③鼓吹歌舞，悉奏众乐。发长安厨三太牢具祠阁室中，④祀已，与从官饮啖。驾法驾，皮轩鸾旗，驱驰北宫、桂官，弄彘斗虎。⑤召皇太后御小马车，⑥使官奴骑乘，游戏掖庭中。与孝昭皇帝宫人蒙等淫乱，诏掖庭令敢泄言要斩。"太后曰："止！为人臣子，当悖乱如是邪！"王离席伏。尚书令复读曰："取诸侯王、列侯、二千石绶，及墨绶、黄绶，以并佩昌邑郎官者免奴。⑦变易节上黄旄以赤。发御府金钱、刀、剑、玉器、采缯，赏赐所与游戏者。与从官官奴夜饮，湛沔于酒。⑧诏大官上乘舆食如故。食监奏未释服，未可御故食，复杂大官趣具，无关

---

① 师古曰："昌邑之侍中，名君卿也。"

② 如淳曰："下，谓柩之入冢。葬还，不居丧位，便处前殿也。"

③ 郑氏曰："祭泰壹神乐人也。"臣瓒曰："牟首，池名也，在上林苑中。"师古曰："召泰壹乐人，内之于辇道牟首，而鼓吹歌舞也。"

④ 如淳曰："《黄图》，北出中门，有长安厨，故谓之厨城门。阁室，阁道之有室者，不知祷何淫祠也。"

⑤ 师古曰："皮轩、鸾旗，皆法驾所陈也。北宫、桂官，并在未央官。"

⑥ 张晏曰："皇太后所驾游宫中辇车也。"

⑦ 师古曰："免奴，谓免放为良人者。"

⑧ 师古曰："湛读如沉，又读如耽。"

食监。大官不敢具，即使从官出买鸡豚，诏殿门内，以为常。独夜设九宾温室，①延见姊夫昌邑关内侯。祖宗庙祠未举，为玺书，使使者持节，以三太牢祠昌邑哀王园庙，称嗣子皇帝。受玺以来二十七日，使者旁午，持节诏诸官署征发，凡千一百二十七事。文学光禄大夫夏侯胜等及侍中傅嘉数进谏以过失，使人簿责胜，缚嘉系狱。荒淫迷惑，失帝王礼谊，乱汉制度。臣敞等数进谏，不变更，日以益甚，恐危社稷，天下不安。臣敞等谨与博士臣霸、臣隽舍、②臣德、臣虞舍、臣射、臣仓议，皆曰：'高皇帝建功业为汉太祖，孝文皇帝慈仁节俭为太宗，今陛下嗣孝昭皇帝后，行淫辟不轨。诗云："籍曰未知，亦既抱子。"五辟之属，莫大不孝。周襄王不能事母，《春秋》曰："天王出居于郑。"繇不孝出之，绝之于天下也。宗庙重于君，陛下未见命高庙，不可以承天序，奉祖宗庙，子万姓，当废。'臣请有司御史大夫臣谊、宗正臣德、太常臣昌，与太祝以一太牢具告祠高庙。臣敞等昧死以闻。"皇太后诏曰："可。"光令王起拜受诏，王曰："闻天子有争臣七人，虽无道，不失天下。"光曰："皇太后诏废，安得天子！"乃即持其手，解脱其玺组，奉上太后，扶王下殿，出金马门，群臣随送。王西面拜曰："愚戆，不任汉事。"起就乘舆副车。大将军光送至昌邑邸。光谢曰："王行自绝于天，臣等驽怯，不能杀身报德。臣宁负王，

---

① 师古曰："于温室中设九宾之礼也。"
② 晋灼曰："隽姓，舍名也。下有臣虞舍，故以姓别之。"

不敢负社稷。愿王自爱，臣长不复见左右。"光涕泣而去。群臣奏言："古者废放之人，屏于远方，不及以政，请徙王贺汉中房陵县。"太后诏归贺昌邑，赐汤沐邑二千户。昌邑群臣，坐亡辅导之谊，陷王于恶，光悉诛杀二百余人。出死，号呼市中曰："当断不断，反受其乱。"

光坐庭中，会丞相以下，议定所立。广陵王已前不用，及燕剌王反诛，其子不在议中。近亲唯有卫太子孙，号皇曾孙，在民间，成称述焉。光遂复与丞相敞等上奏曰："礼曰：'人道亲亲，故尊祖，尊祖故敬宗。'太宗亡嗣，择支子孙贤者为嗣。孝武皇帝曾孙病已，武帝时有诏掖庭养视，至今年十八，师受《诗》《论语》《孝经》，躬行节俭，慈仁爱人，可以嗣孝昭皇帝后，奉承祖宗庙，子万姓。臣昧死以闻。"皇太后诏曰："可。"光遣宗正刘德至曾孙家尚冠里洗沐，赐御衣，太仆以軨猎车迎曾孙就斋宗正府，入未央宫，见皇太后，封为阳武侯。已而光奉上皇帝玺绶，谒于高庙，是为孝宣皇帝。

明年，下诏曰："夫褒有德，赏元功，古今通谊也。大司马大将军光，宿卫忠正，宣德明恩，守节秉谊，以安宗庙。其以河北、东武阳益封光万七千户。"与故所食凡二万户。赏赐前后黄金七千斤，钱六千万，杂缯三万匹，奴婢百七十人，马二千匹。甲第一区。自昭帝时，光子禹及兄孙云皆中郎将，云弟山奉车都尉侍中，领胡越兵。光两女婿为东西宫卫尉，昆弟、诸婿、外孙皆奉朝请，为诸曹大夫、骑都尉、给事中。党亲连体，根据于朝廷。光自后元秉持万机，及上即位，乃归政。上谦让不受，诸事皆先关白光，然后奏御天子。光每朝见，上虚己敛容，礼下之已甚。光秉政前后二十年，地节二年春，病笃，车驾自临问光病，上为之涕泣。光上书谢恩曰："愿分国邑三千户，以封兄孙奉车都尉山为列侯，奉兄票骑将军去病祀。"事下丞相御史，即日，拜光子禹为右将军。光薨，上及皇太后亲临光丧。太中大夫任宣与侍御史五人持节护丧事，中二千石治莫府冢上。[①]赐金钱、缯絮、绣被百领、衣五十箧，璧、珠、玑、玉衣、[②]梓宫、便房、黄肠、题凑各一具，[③]枞木外臧椁十五具。[④]东园温明，[⑤]皆如乘舆制度。载光尸枢以辒辌车，[⑥]黄屋左纛，[⑦]发材官轻车北军五校士军陈至茂陵，以送其葬，谥曰宣成侯。发三河卒穿复土，起冢祠堂，置园邑三百家，长丞奉守如旧法。既葬，封山为乐平侯，以奉车都尉领尚书事。天子思光功德，下诏

---

① 如淳曰："典为冢者。"

② 师古曰："《汉仪注》：以玉为襦，如铠状，连缀之，以黄金为缕。要以下玉为札，长尺，广二寸半，为甲，下至足，亦缀以黄金缕。"

③ 服虔曰："便房，藏中便坐也。"苏林曰："以柏木黄心，致累棺外，故曰黄肠。木头皆向内，故曰题凑。"如淳曰："《汉仪注》：天子陵中明，中高丈二尺四寸，周二丈，内梓宫，次枞椁，柏黄肠题凑。"

④ 服虔曰："在正臧外，婢妾臧也。"或曰："厨厩之属也。"

⑤ 服虔曰："形如方漆桶，开一面，漆画之，以镜置其中，以悬尸上，大敛并盖之。"师古曰："东园，署名也，属少府，其署主作此器也。"

⑥ 孟康曰："如衣车，有窗牖，闭之则温，开之则凉。故名之辒辌车。"师古曰："辒辌本安车也。可以卧息，后因载丧，饰以柳翼，故遂为丧车耳。辒者，密闭；辌者，旁开窗牖；各别一乘，随车为名。后人既专以载丧，又去其一，总为藩饰，而合二名呼之耳。"

⑦ 黄屋左纛，见《史记·项羽本纪》注。

曰："故大司马大将军博陆侯宿卫孝武皇帝三十有余年，辅孝昭皇帝十有余年，遭大难，躬秉谊，率三公九卿大夫定万世册①以安社稷，天下蒸庶咸以康宁。功德茂盛，朕甚嘉之。复其后世，畴其爵邑，世世无有所与，功如萧相国。"明年夏，封太子外祖父许广汉为平恩侯。复下诏曰："宣成侯光，宿卫忠正，勤劳国家。善善及后世，其封光兄孙中郎将云为冠阳侯。"

禹既嗣为博陆侯，太夫人显，改光时所自造茔制而侈大之，起三出阙，筑神道，北临昭灵，南出承恩，②盛饰祠室，辇阁通属永巷，而幽良人婢妾守之。③广治第室，作乘舆辇，加画绣絪冯，黄金涂，④韦絮荐轮，⑤侍婢以五采丝輓显，游戏第中。初，光爱幸监奴冯子都，常与计事，及显寡居，与子都乱。而禹、山亦并缮治第宅，走马驰逐平乐馆。云当朝请，数称病私出，多从宾客，张围猎黄山苑中，使苍头奴上朝谒，莫敢谴者。而显及诸女，昼夜出入长信宫殿中，亡期度。宣帝自在民间，闻知霍氏尊盛目久，内不能善。光薨，上始躬亲朝政，御史大夫魏相给事

---

① 册同策。

② 服虔曰："昭灵、承恩，皆馆名。"

③ 晋灼曰："阁道，乃通属至永巷中也。"师古曰："此亦其冢上作辇阁之道及永巷也。非谓掖庭之永巷也。"

④ 如淳曰："絪亦茵，冯谓所冯者也。"师古曰："茵，蓐也。以绣为茵冯，而黄金涂舆辇也。"

⑤ 晋灼曰："御辇以韦缘轮，着之以絮。"师古曰："取其行安，不摇动也。"

中。显谓禹、云、山："女曹不务奉大将军余业，今大夫给事中，他人壹间，女能复自救邪？"后两家奴争道，霍氏奴入御史府，欲蹋大夫门，御史为叩头谢，乃去。人以谓霍氏，显等始知忧。会魏大夫为丞相，数燕见言事。平恩侯与侍中金安上等径出入省中。时霍山自若领尚书，①上令吏民得奏封事，不关尚书，群臣进见独往来，于是霍氏甚恶之。宣帝始立，立微时许妃为皇后。显爱小女成君，欲贵之，私使乳医淳于衍行毒药杀许后，因劝光内成君，代立为后。语在《外戚传》。始许后暴崩，吏捕诸医，劾衍侍疾亡状，不道，下狱。吏簿问急，显恐事败，即具以实语光。光大惊，欲自发举，不忍，犹与。会奏上，因署衍勿论。光薨后，语稍泄。于是上始闻之而未察，乃徙光女婿度辽将军未央卫尉平陵侯范明友为光禄勋，次婿诸吏中郎将羽林监任胜出为安定太守。②数月，复出光姊婿给事中光禄大夫张朔为蜀郡太守，③群孙婿中郎将王汉为武威太守。④顷之，复徙光长女婿长乐卫尉邓广汉为少府。更以禹为大司马，冠小冠，亡印绶，罢其右将军屯兵官属，特使禹官名与光俱大司马者。⑤又收范明友度辽将军印绶，但为光禄勋。及光中女婿赵平为散骑骑都尉光禄大夫将屯兵，又收平骑都尉印绶。诸领胡、越骑、羽林及两宫卫

---

① 师古曰："自若，犹言如故也。"
② 安定，在甘肃泾川县北五里。
③ 蜀郡，治今四川成都县。
④ 郡治今甘肃武威县。
⑤ 苏林曰："特，但也。"

将屯兵，悉易以所亲信许、史子弟代之。禹为大司马，称病。禹故长史任宣侯问，禹曰："我何病？县官非我家将军，不得至是，今将军坟墓未干，尽外我家，反任许史，夺我印绶，令人不省死。"宣见禹恨望深，乃谓曰："大将军时何可复行！持国权柄，杀生在手。中廷尉李种、王平、左冯翊贾胜胡及车丞相女婿少府徐仁皆坐逆将军意下狱死。使乐成小家子[①]得幸将军，至九卿封侯。百官以下，但事冯子都、王子方等，[②]视丞相亡如也。各自有时，今许、史自天子骨肉，贵正宜耳。大司马欲用是怨恨，愚以为不可。"禹默然。数日，起祝事。显及禹、山、云自见日侵削，数相对啼泣，自怨。山曰："今丞相用事，县官信之，尽变易大将军时法令，以公田赋与贫民，发扬大将军过失。又诸儒生多窭人子，远客饥寒，喜妄说狂言，不避忌讳，大将军常仇之，今陛下好与诸儒生语，人人自使书对事，多言我家者。尝有上书言大将军时，主弱臣强，专制擅权，今其子孙用事，昆弟益骄恣，恐危宗庙，灾异数见，尽为是也。其言绝痛，山屏不奏其书。后上书者益黠，尽奏封事，辄使中书令出取之，不关尚书，益不信人。"显曰："丞相数言我家，独无罪乎？"山曰："丞相廉正，安得罪？我家昆弟诸婿多不谨。又闻民间权言霍氏毒杀许皇后，宁有是邪？"显恐急，即具以实告山、云、禹。山、云、禹惊，曰："如是，何不早告禹等？

---

① 师古曰："即上所云少府乐成者也。使者其姓也，字或作史。"

② 服虔曰："皆光奴。"

县官离散斥逐诸婿，用是故也。此大事，诛罚不小，奈何？"于是始有邪谋矣。

初赵平客石夏，善为天官，语平曰："荧惑守御星，御星，太仆奉车都尉也，不黜则死。"平内忧山等。云舅李竟所善张赦，见云家卒卒，①谓竟曰："今丞相与平恩侯用事，可令太夫人言太后，先诛此两人。移徙陛下，在太后耳。"长安男子张章告之，事下廷尉。执金吾捕张赦、石夏等，后有诏止勿捕。山等愈恐，相谓曰："此县官重太后，故不竟也。然恶端已见，又有弑许后事，陛下虽宽仁，恐左右不听，久之犹发，发即族矣，不如先也。"遂令诸女各归报其夫，皆曰："安所相避？"会李竟坐与诸侯王交通，辞语及霍氏，有诏云、山不宜宿卫，免就第。光诸女遇太后无礼，②冯子都数犯法，上并以为让。山禹等甚恐。显梦第中井水溢，流庭下，龟居树上，又梦大将军谓显曰："知捕儿不？亟下捕之。"第中鼠暴多，与人相触，以尾画地。鸮数鸣殿前树上。第门自坏。云尚冠里宅中门亦坏。巷端人共见有人居云屋上，彻瓦投地，就视，亡有，大怪之。禹梦车骑声正谳来捕禹，举家忧愁。山曰："丞相擅减宗庙羔、菟、龟，可以此罪也。"谋令太后为博平君置酒，召丞相平恩侯以下，使范明友、邓广汉承太后制引斩之，因废天子而立禹。约定，未发。云拜为

---

① 师古曰："卒，读如猝，忽遽之貌也。"
② 服虔曰："光诸女自以于上官太后为姨母，遇之无礼。"

玄菟太守，[①] 太中大夫任宣为代郡太守。山又坐写秘书，显为上书献城西第，入马千匹，以赎山罪。书报闻。[②] 会事发觉，云、山、明友自杀，显、禹、广汉等捕得。禹要斩，显及诸女昆弟皆弃市。唯独霍后废处昭台官，与霍氏相连坐诛灭者数千家。上乃下诏曰：“乃者东织室令史张赦，使魏郡豪李竟报冠阳侯云谋为大逆，朕以大将军故，抑而不扬，冀其自新。今大司马博陆侯禹与母宣成侯夫人显及从昆弟子冠阳侯云、乐平侯山诸姊妹婿谋为大逆，欲挂误百姓。赖祖宗神灵，先发得，咸伏其辜，朕甚悼之。诸为霍氏所诖误，事在丙申前，未发觉在吏者，皆赦除之。男子张章先发觉，以语期门董忠，忠告左曹杨恽，恽告侍中金安上。恽召见对状后，章上书以闻。侍中史高与金安上建发其事，言无入霍氏禁闼，卒不得遂其谋，皆仇，有功。[③] 封章为博成侯，忠高昌侯，恽平通侯，安上都成侯，高乐陵侯。”

初，霍氏奢侈，茂陵徐生曰：“霍氏必亡。夫奢则不逊，不逊必侮上。侮上者，逆道也。在人之右，众必害之。霍氏秉权日久，害之者多矣。天下害之，而又行以逆道，不亡何待？”乃上疏言：“霍氏泰盛，陛下即爱厚之，宜以时抑制，无使至亡。”书三上，辄报闻。其后霍氏诛灭，而告霍氏者皆封。人为徐生上书曰：“臣闻客有

---

① 玄菟，今朝鲜咸镜道及吉林南境地，治沃沮城。

② 师古曰：”不许之。”

③ 晋灼曰：“仇，等也。”师古曰：“言其功相等类也。”

过主人者，见其灶直突，傍有积薪，客谓主人更为曲突，远徙其薪。不者，且有火患。主人嘿然不应。俄而家果失火，邻里共救之，幸而得息。于是杀牛置酒，谢其邻人，灼烂者在于上行，余各以功次坐，而不录言曲突者。人谓主人曰："乡使听客之言，不费牛酒，终亡火患。今论功而请宾，曲突徙薪亡恩泽，燋头烂额为上客耶？"主人乃寤而请之。今茂陵徐福数上书，言霍氏且有变，宜防绝之。乡使福说得行，则国亡裂土出爵之费，臣亡逆乱诛灭之败。往事既已，而福独不蒙其功，唯陛下察之。贵徙薪曲突之策，使居焦发灼烂之右。"上乃赐福帛十疋，后以为郎。

宣帝始立，谒见高庙，大将军光从骖乘，上内严惮之，若有芒刺在背。后车骑将军张安世代光骖乘，天子从容肆体，甚安近焉。及光身死，而宗族竟诛，故俗传之曰："威震主者不畜，霍氏之祸，萌于骖乘。"至成帝时，为光置守冢百家，吏卒奉祠焉。元始二年，封光从父昆弟曾孙阳为博陆侯，千户。

金日䃅，字翁叔，本匈奴休屠王太子也，武帝元狩中，票骑将军霍去病将兵击匈奴右地，多斩首，虏获休屠王祭天金人。其夏，票骑复西过居延，攻祁连山，大克获。于是单于怨昆邪、休屠居西方，多为汉所破，召其王，欲诛之。昆邪、休屠恐，谋降汉。休屠王后悔，昆邪王杀之，并将其众降汉。封昆邪王为列侯，日䃅以父不降见杀，与母阏氏弟伦俱没入官，输黄门养马，时年十四矣。久之，武帝游宴见马，后宫满侧。日䃅等数十人牵马过殿下，莫不窃视，至日䃅，独敢。日䃅长八尺二寸，容貌甚严，马又肥好，上异而问之，具以本状对。上奇焉，即日赐汤沐衣冠，拜为马监，迁侍中驸马都尉，光禄大夫。日䃅既亲近，未尝有过失，上甚信爱之，赏赐累千金，出则骖乘，入侍左右。贵戚多窃怨曰："陛下妄得一胡儿，反贵重之。"上闻，愈厚焉。日䃅母教诲两子，甚有法度，上闻而嘉之。病死，诏图画于甘泉宫，署曰："休屠王阏氏。"日䃅每见画，常拜，乡之涕泣，然后乃去。日䃅子二人，皆爱，为帝弄儿，常在旁侧。弄儿或自后拥上项，日䃅在前，见而目之。弄儿走且啼曰："翁怒。"上谓日䃅："何怒吾儿为？"其后弄儿壮大，不谨，自殿下与宫人戏，日䃅适见之，恶其淫乱，遂杀弄儿。弄儿即日䃅长子也。上闻之大怒，日䃅顿首谢，具言所以杀弄儿状。上甚哀，为之泣，已而心敬日䃅。初，莽何罗与江充相善，及充败卫太子，何罗弟通，用诛太子时力战得封。后上知太子冤，乃夷灭充宗族党与。何罗兄弟惧及，遂谋为逆。日䃅视其志意有非常，心疑之，阴独察其动静，与俱上下。何罗亦觉日䃅意，以故久不得发。是时上行幸林光宫，曰䃅小疾，卧庐，何罗与通及小弟安成矫制夜出，共杀使者，发兵。明旦，上未起，何罗亡何[1]从外入。日䃅奏厕，[2]心动，立入坐内户下，须臾，何罗袖白刃从东箱上，见日䃅，色变，走趋卧内，欲入，行触

---

① 师古曰："亡何，犹言无故也。"
② 师古曰："奏，向也。日䃅方向厕而心动。"

▶ 490

宝瑟，僵。日磾得抱何罗，因传曰："莽何罗反。"上惊起，左右拔刃欲格之，上恐并中日磾，止勿格。日磾捽胡投何罗殿下，[①]得禽缚之，穷治，皆伏辜。繇是著忠孝节。

日磾自在左右，目不忤视者数十年。赐出宫女，不敢近。上欲内其女后宫，不肯。其笃慎如此，上尤奇异之。及上病，属霍光以辅少主，光让日磾。日磾曰："臣外国人，且使匈奴轻汉。"于是遂为光副。光以女妻日磾嗣子赏。

初，武帝遗诏，以讨莽何罗功，封日磾为秅侯，日磾以帝少，不受封。辅政岁余，病困，大将军光白封日磾，卧授印绶，一日，薨，赐葬具冢地，送以轻车、介士，军陈至茂陵，谥曰敬侯。日磾两子赏、建，俱侍中，与昭帝略同年，共卧起。赏为奉车，建驸马都尉。及赏嗣侯，佩两绶，上谓霍将军曰："金氏兄弟两人，不可使俱两绶邪？"霍光对曰："赏自嗣父为侯耳。"上笑曰："侯不在我与将军乎？"光曰："先帝之约，有功乃得封侯。"时年俱八九岁。宣帝即位，赏为太仆，霍氏有事萌牙，上书去妻，上亦自哀之，独得不坐。元帝时为光禄勋，薨，亡子，国除。元始中，继绝世，封建孙当为秅侯，奉日磾后。初日磾所将俱降弟伦，字少卿，为黄门郎，早卒。日磾两子贵，及孙则衰矣，而伦后嗣遂盛，子安上始贵显，封侯。

---

① 孟康曰："胡音互。捽胡，若今相僻卧轮之类也。"晋灼曰："胡，颈也，捽其颈而投殿下也。"

安上，字子侯，少为侍中，悖笃有智，宣帝爱之。颇与发举楚王延寿反谋，赐爵关内侯，食邑三百户。后霍氏反，安上传禁门闼，无内霍氏亲属，封为都成侯，至建章卫尉。薨，赐冢茔杜陵，谥曰敬侯。四子：常、敞、岑、明。岑、明皆为诸曹中郎将，常光禄大夫。元帝为太子时，敞为中庶子，幸，有宠，帝即位，为骑都尉，光禄大夫，中郎将侍中。元帝崩，故事，近臣皆随陵为园郎，敞以世名忠孝，太后诏留侍成帝，为奉车水衡都尉，至卫尉。敞为人正直，敢犯颜色，左右惮之，唯上亦难焉。病甚，上使使者问所欲，以弟岑为托。上召岑，拜为郎，使主客。敞子涉，本为左曹，上拜涉为侍中，使待幸绿车，载送卫尉舍。①须臾卒。敞三子涉、参、饶。涉明经，俭节，诸儒称之。成帝时，为侍中骑都尉，领三辅胡越骑。哀帝即位，为奉车都尉，至长信少府。而参使匈奴，拜匈奴中郎将，越骑校尉，关都尉，安定、东海太守。饶为越骑尉校。涉两子汤、融，皆侍中诸曹将大夫。②而涉之从父弟钦，举明经，为太子门大夫，哀帝即位，为太中大夫给事中。钦从父弟迁为尚书令，兄弟用事。帝祖母傅太后崩，钦使护作，职办，擢为泰山、弘农太守，著威名。平帝即位，征为大司徒司直、京兆尹。帝年幼，选置师友，

---

① 李奇曰："幸绿车，常设以待幸也。临敞病，拜子为侍中，以此车送，欲敞见其荣宠也。"如淳曰："幸绿车常置左右以待召载皇孙，今遣涉归，以皇孙车载之，宠之也。"晋灼曰："《汉注》：绿车名皇孙车。太子有子，乘以从。"

② 师古曰："将，亦谓中郎将也。"

大司徒孔光以明经高行，为孔氏师，京兆尹金钦以家世忠孝，为金氏友。徙光禄大夫侍中，秩中二千石，封都成侯。时王莽新诛平帝外家卫氏，召明礼少府宗伯凤入说为人后之谊，白令公卿、将军、侍中、朝臣并听，欲以内厉平帝而外塞百姓之议。钦与族昆弟秺侯当俱封。初，当曾祖父日磾传子节侯赏，而钦祖父安上传子夷侯常，皆亡子，国绝，故莽封钦、当奉其后。当母南，即莽母功显君同产弟也。当上南大行①为太夫人。钦因缘谓当："诏书陈日磾功，亡有赏语，当名为以孙继祖也，自当为父、祖父立庙。赏故国君，使大夫主其祭。"时甄邯在旁，庭叱钦，因劾奏曰："钦幸得以通经术，超擢侍帷幄，重蒙厚恩，封袭爵号，知圣朝以世有为人后之谊。前遭故定陶太后背本逆天，孝哀不获厥福，乃者吕宽、卫宝，复造奸谋，至于反逆，成伏厥辜。太皇太后惩艾悼惧，逆天之咎，非圣诬法，大乱之殃，诚欲奉承天心，遵明圣制，专壹为后之谊，以安天下之命，数临正殿，延见群臣，讲习礼经。孙继祖者，谓亡正统持重者也。赏见嗣日磾，后成为君，持大宗重，则礼所谓'尊祖故敬宗'，'大宗不可以绝'者也。钦自知与当俱拜同谊，即数扬言殿省中，教当云云。当即如其言，则钦亦欲为父明立庙而不入夷侯常庙矣。进退异言，颇惑众心，乱国大纲，开祸乱原，诬祖不孝，罪莫大焉。尤非大臣所宜，大不敬。秺侯当上母南为太夫人，失礼不敬。"莽白太后，下四辅、公卿、大

---

① 文颖曰："大行，官名也。当上名状于大行也。"

夫、博士、议郎，皆曰："钦宜以时即罪。"谒者召钦诣诏狱，钦自杀。邯以纲纪国体，亡所阿私，忠孝尤著，益封千户。更封长信少府涉子右曹汤为都成侯。汤受封日，不敢还归家，以明为人后之谊。益封之后，莽复用钦弟遵，封侯，历九卿位。

赞曰：霍光以结发内侍，起于阶闼之间，确然秉志，谊形于主。受襁褓之托，任汉室之寄，当庙堂，拥幼君，摧燕王，仆上官，因权制敌，以成其忠。处废置之际，临大节而不可夺，遂匡国家，安社稷。拥昭立宣，光为师保，虽周公、阿衡，何以加此？然光不学亡术，暗于大理，阴妻邪谋，立女为后，湛溺盈溢之欲，以增颠覆之祸，死财三年，宗族诛夷，哀哉！昔霍叔封于晋，晋即河东，光岂其苗裔乎？金日磾夷狄亡国，羁虏汉庭，而以笃敬寤主，忠信自著，勒功上将，传国后嗣，世名忠孝，七世内侍，何其盛也？本以休屠作金人为祭天主，故因赐姓金氏云。

两汉人文字，后人读之，恒觉其古茂，此乃时代相隔久远为之，其实在当时，只是通行口语耳。读此篇最可见之。魏晋以后，文字日趋靡丽；然所谓文者，特施之宜华饰之事，寻常叙事达意，别自有笔。笔中未尝不闲杂口语，其杼轴亦于口语为近。读两晋南北朝人奏议书翰，及其时史传文字可见。此篇叙事及所载奏议，与六朝人所谓笔者极近，加以对勘，可悟文字源流。

燕王、广陵王，皆多过失，武帝立贤，未尝不是。然主少国疑之际，必得才德学识兼茂之大臣，乃足持之，武帝徒能拔用谨慎之人，实非人君之度。霍光、金日磾，皆小忠小信之徒，非能以道事君者也。中央再行废立，而海内晏然。霍氏已席震主之势，而仍为宣帝所诛夷，匕鬯不惊者，其时本无乱源，宣帝又有相当才具，霍氏亲党，皆庸才耳。否则未尝不可召变也。此篇亦但如实述之，而其事之真相自见。如载霍光等奏昌邑王之辞，信否已难质言，即谓皆信，亦皆个人失德耳，未尝害及政事也。王见废，曰："天子有争臣七人，虽无道，不失天下。"则光等之未尝谏可知。光杀昌邑余臣二百余人，号呼市中曰："当断不断，反受其乱。"则昌邑实欲谋光，光乃先发可见。然则昭、宣之得安，正以其恭己委任耳。霍山谓丞相用事，尽变易大将军时法令，以公田赋与贫民，发扬大将军过失；又大将军仇诸儒生，而今陛下好与之语；则光秉权时，暴横多失政，专权蒙蔽，又可见也。可谓婉而章矣。

金日磾传，历叙其后嗣甚详者，金氏累世贵显，且以一胡人而致此，自系当时一重要事实也。后世史籍，于事实无关系者，亦累累记之则亡谓矣。

《汉书·眭两夏侯京翼李传》

　　眭弘，字孟，鲁国蕃①人也。少时好侠，斗鸡走马，长乃变节，从嬴公受《春秋》。以明经为议郎，至符节令。孝昭元凤三年，正月，泰山莱芜山南匈匈有数千人声，民视之，有大石自立，高丈五尺，大四十八围，入地深八尺，三石为足。石立后，有白鸟数千，下集其旁。是时昌邑有枯社木卧复生，又上林苑中大柳树，断枯卧地，亦自立生，有虫食树叶成文字，曰："公孙病已立。"孟推《春秋》之意，以为石柳皆阴类，下民之象。而泰山者岱宗之岳，王者易姓告代之处。今大石自立，僵柳复起，非人力所为，此当有从匹夫为天子者。枯社木复生，故废之家公孙氏当复兴者也。孟意亦不知其所在，即说曰："先师董仲舒有言：虽有继体守文之君，不害圣人之受命，汉家尧后，有传国之运。汉帝宜谁差天下，求索贤人，②禅以帝位，③而退自封百里，如殷周二王后，以承顺天命。"孟使友人内官长赐上此书。时昭帝幼，大将军霍

---

① 蕃，县名。今山东滕县。
② 孟康曰："谁，问；差，择也。问择天下贤臣。"
③ 师古曰："禅，古禅字也。"

光秉政，恶之，下其书廷尉。奏赐、孟妄设祅言惑众，大逆不道，皆伏诛。后五年，孝宣帝兴于民间，即位，征孟子为郎。

夏侯始昌，鲁人也。通五经，以《齐诗》《尚书》教授。自董仲舒、韩婴死后，武帝得始昌，甚重之。始昌明于阴阳，先言柏梁台灾日，至期日，果灾。时昌邑王以少子爱，上为选师，始昌为太傅。年老以寿终。族子胜，亦以儒显名。

夏侯胜，字长公。初，鲁共王分鲁西宁乡以封子节侯，别属大河，大河后更名东平，故胜为东平人。①胜少孤，好学，从始昌受《尚书》及《洪范五行传》，说灾异。后事简卿，又从欧阳氏问。为学精孰，所问非一师也。善说礼服。②征为博士光禄大夫。会昭帝崩，昌邑王嗣立，数出。胜当乘舆前谏曰："天久阴而不雨，臣下有谋上者，陛下出欲何之？"王怒，谓胜为祅言，缚以属吏。吏白大将军霍光，光不举法。是时，光与车骑将军张安世谋，欲废昌邑王，光让安世，以为泄语。安世实不言，乃召问胜。胜对"言在《鸿范传》曰：'皇之不极，厥罚常阴，时则下人有伐上者。'恶察察言，故云臣下有谋。"光、安世大惊，以此益重经术士。后十余日，光卒与安世共白太后，废昌邑王，尊立宣帝。光以为群臣奏事东宫，太后省政，宜知经术，白令胜用《尚书》授太后。迁长信

---

① 今山东东平县。

② 师古曰："礼之丧服也。"

少府，赐爵关内侯，以与谋废立，定策安宗庙，益千户。

宣帝初即位，欲褒先帝，诏丞相御史曰："朕以眇身，蒙遗德，承圣业，奉宗庙，夙夜惟念：孝武皇帝，躬仁谊，厉威武，北征匈奴，单于远遁；南平氐、羌、昆明、瓯骆、两越；东定薉貉、朝鲜，廓地斥境，立郡县，百蛮率服，款塞自至，珍贡陈于宗庙。协音律，造乐歌，荐上帝，封太山，立明堂，改正朔，易服色。明开圣绪，尊贤显功，兴灭继绝，褒周之后。各天地之礼，广道术之路，上天报况，符瑞并应。宝鼎出，白麟获，海效巨鱼，神人并见，山称万岁。功德茂盛，不能尽宣，而庙乐未称，朕甚悼焉。其与列侯二千石博士议。"于是群臣大议廷中，皆曰："宜如诏书。"长信少府胜独曰："武帝虽有攘四夷，广土斥境之功，然多杀士众，竭民财力，奢泰亡度，天下虚耗。百姓流离，物故者过半。蝗虫大起，赤地数千里，或人民相食，畜积至今未复。亡德泽于民，不宜为立庙乐。"公卿共难胜曰："此诏书也。"胜曰："诏书不可用也。人臣之谊，宜直言正论，非苟阿意顺指。议已出口，虽死不悔。"于是丞相义、御史大夫广明劾奏胜非议诏书，毁先帝，不道，及丞相长史黄霸，阿纵胜不举劾，俱下狱。有司遂请尊孝武帝庙为世宗庙，奏盛德、文始、五行之舞，天下世世献纳，以明盛德。武帝巡狩所幸郡国凡四十九，皆立庙，如高祖太宗焉。

胜、霸既久系，霸欲从胜受经，胜辞以罪死。霸曰："朝闻道，夕死可矣。"胜贤其言，遂授之。系再更冬，讲论不息。至四年夏，关东四十九郡同日地动，或山崩，坏城郭室屋，杀六千余人。上乃素服，避正殿，遣使者吊问吏民，赐死者棺钱。下诏曰："盖灾异者，天地之戒也。朕承洪业，托士民之上，未能和群生。曩者，地震北海、琅邪，坏祖宗庙，朕甚惧焉。其与列侯中二千石博问术士，有以应变，补朕之阙，毋有所讳。"因大赦，胜出为谏大夫给事中，霸为扬州刺史。

胜为人质朴守正，简易亡威仪。见时①谓上为君，误相字于前，②上亦以是亲信之。尝见出，道上语，上闻而让胜。胜曰："陛下所言善，臣故扬之。尧言布于天下，至今见诵。臣以为可传，故传耳。"朝廷每有大议，上知胜素直，谓曰："先生通正言，③无惩前事。"胜复为长信少府，迁太子太傅，受诏撰《尚书》《论语》说，赐黄金百斤，年九十卒。官赐冢茔葬平陵。太后赐钱二百万，为胜素服五日，以报师傅之恩，儒者以为荣。

始胜每讲授，常谓诸生曰："士病不明经术，经术苟明，其取青紫如俛拾地芥耳。学经不明，不如归耕。"胜从父子建，字长卿，自师事胜及欧阳高，左右采获，又从五经诸儒，问与《尚书》相出入者，牵引以次章句，具文饰说。胜非之曰："建所谓章句小儒，破碎大道。"建亦非胜为学疏略，难以应敌。建卒自颛门名经，为议郎，博士，至太子少傅。胜子兼，为左曹太中大夫，孙尧至长信

---

① 师古曰："见，见于天子。"
② 师古曰："前，天子之前也。君前臣名，不当相呼字也。"
③ 师古曰："通，谓陈道之也。"

少府、司农、鸿胪，曾孙蕃，郡守、州牧、长乐少府。胜同产弟子赏为梁内史。梁内史子定国为豫章太守。而建子千秋，亦为少府、太子少傅。

京房，字君明，东郡顿丘人也。①治《易》，事梁人焦延寿。延寿字赣，赣贫贱，以好学，得幸梁王，王共其资用，令极意学。既成，为郡史，察举补小黄令。②以候司先知奸邪，盗贼不得发。爱养吏民，化行县中。举最当迁，三老官属上书愿留赣，有诏许增秩留，卒于小黄。赣常曰："得我道以亡身者，必京生也。"其说长于灾变，分六十四卦，更值日用事，以风雨寒温为候，各有占验。房用之，尤精。好钟律，知音声。

初元四年，以孝廉为郎。永光、建昭间，西羌反，日蚀，又久青亡光，阴雾不精。秀数上疏，先言其将然，近数月，远一岁，所言屡中。天子说之，数召见问，房对曰："古帝王以功举贤，则万化成，瑞应著，末世以毁誉取人。故功业废而致灾异。宜令百官各试其功，灾异可息。"诏使房作其事，房奏考功课吏法。上令公卿朝臣与房会议温室，皆以房言烦碎，令上下相司，不可许。上意乡之。时部刺史奏事京师，上召见诸刺史，令房晓以课事，刺史复以为不可行。唯御史大夫郑弘，光禄大夫周堪，初言不可，后善之。

是时中书令石显颛权，显友人五鹿充宗为尚书令，

---

① 顿丘，汉县名，在今河北省清丰县西南二十五里。

② 汉县名，在今河南陈留县东北三十三里。

与房同经，论议相非。二人用事，房尝宴见，问上曰："幽、厉之君，何以危？所任者何人也？"上曰："君不明，而所任者巧佞。"房曰："知其巧佞而用之邪？将以为贤也？"上曰："贤之。"房曰："然则今何以知其不贤也？"上曰："以其时乱而君危知之。"房曰："若是，任贤必治，任不肖必乱，必然之道也。幽、厉何不觉寤而更求贤？曷为卒任不肖，以至于是？"上曰："临乱之君，各贤其臣，令皆觉寤，天下安得危亡之君？"房曰："齐桓公、秦二世，亦尝闻此君而非笑之，然则任竖刀、赵高，政治日乱，盗贼满山，何不以幽、厉卜之而觉寤乎？"上曰："唯有道者，能以往知来耳。"房因免冠顿首曰："《春秋》纪二百四十二年灾异，以视万世之君，今陛下即位已来日月失明，星辰逆行，山崩泉涌，地震石陨，夏霜冬雷，春凋秋荣，陨霜不杀，水旱螟虫，民人饥疫，盗贼不禁，刑人满市，《春秋》所记灾异尽备。陛下视今为治邪？乱邪？"上曰："亦极乱耳，尚何道？"房曰："今所任用者谁与？"上曰："然，幸其愈于彼，又以为不在此人也。"房曰："夫前世之君，亦皆然矣。臣恐后之视今，犹今之视前也。"上良久，乃曰："今为乱者谁哉？"房曰："明主宜自知之。"上曰："不知也。如知之，何故用之？"房曰："上最所信任，与图事帷幄之中，进退天下之士者是矣。"房指谓石显，上亦知之，谓房曰："已谕。"房罢出。

后上令房上弟子晓知考功课吏事者，欲试用之。房上中郎任良、姚平，"愿以为刺史，试考功法，臣得通籍殿中，为奏事，以防雍塞"。石显、五鹿充宗皆疾房，欲远之，建言宜试以房为郡守。元帝于是以房为魏郡太守，秩八百石，居得以考功法治郡。房自请，愿无属刺史，得除用它郡人，自第吏千石以下，岁竟，乘传奏事。天子许焉。房自知数以论议为大臣所非，内与石显、五鹿充宗有隙，不欲远离左右，及为太守，忧惧。房以建昭二年二月朔拜，上封事曰："辛酉以来，蒙气衰去，太阳精明，臣独欣然，以为陛下有所定也。然少阴倍力而乘消息，[①]臣疑陛下虽行此道，犹不得如意，臣窃悼惧。守阳平侯凤欲见未得，至己卯，臣拜为太守，此言上虽明，下犹胜之效也。臣出之后，恐必为用事所蔽，身死而功不成，故愿岁尽乘传奏事，蒙哀见许。乃辛巳，蒙气复乘卦，太阳侵色，此上大夫覆阳而上意疑也。己卯、庚辰之间，必有欲隔绝臣，令不得乘传奏事者。"房未发，上令阳平侯凤承制诏房，止无乘传奏事，房意愈恐，去至新丰，因邮上封事，曰："臣以六月中言遁卦不效，法曰：'道人始去，寒，涌水为灾。'[②]至其七月，涌水出，臣弟子姚平谓臣曰：'房可谓知道，未可谓信道也。房言灾异未尝不中，今涌水已出，道人当逐死，尚复何言？'臣曰：'陛下至仁，于臣尤厚，虽言而死，臣犹言也。'平又曰：'房可

---

① 孟康曰：房以消息卦为辟，辟，君也。息卦曰太阴，消卦曰太阳，其余卦曰少阴少阳，谓臣下也。

② 师古曰："道人，有道术之人也。天气寒而有水涌出也。"

谓小忠，未可谓大忠也。昔秦时赵高用事，有正先者，^①非刺高而死，高威自此成，故秦之乱，正先趣之。'今臣得出守郡，自诡效功，^②恐未效而死，惟陛下毋使臣塞涌水之异，当正先之死，为姚平所笑。"房至陕，复上封事，曰："乃丙戌小雨，丁亥蒙气去，然少阴并力而乘消息，戊子益甚，到五十分，蒙气复起。此陛下欲正消息，杂卦之党并力而争，消息之气不胜。强弱安危之机，不可不察。己丑夜，有还风，尽辛卯，^③太阳复侵色，至癸巳，日月相薄，此邪阴同力，而太阳为之疑也。臣前白九年不改，必有星亡之异。臣愿出任良试考功，臣得居内，星亡之异可去。议者知如此于身不利，臣不可蔽，故云：'使弟子不若试师。'臣为刺史，又当奏事，故复云：'为刺史恐太守不与同心，不若以为太守。'此其所以隔绝臣也。陛下不违其言，而遂听之，此乃蒙气所以不解，太阳亡色者也。臣去朝稍远，太阳侵色益甚，唯陛下毋难还臣，而易逆天意。邪说虽安于人，天气必变，故人可欺，天不可欺也。愿陛下察焉。"房去月余，竟征下狱。

初，淮阳宪王舅张博，从房受学，以女妻房。房与相亲，每朝见，辄为博道其语，以为上意欲用房议，而群臣恶其害己，故为众所排。博曰："淮阳王上亲弟，敏达好政，欲为国忠。今欲令王上书求入朝，得佐助房。"

---

① 孟康曰："姓正，名先，秦博士也。"

② 师古曰："诡，责也。"

③ 孟康曰："还风，暴风也。风为教令，言正令还也。"

房曰："得无不可？"博曰："前楚王朝荐士，何为不可？"房曰："中书令石显，尚书令五鹿君，相与合同，巧佞之人也，事县官十余年，及丞相韦侯，皆久亡补于民，可谓亡功矣。此尤不欲行考功者也。淮阳王即朝见，劝上行考功事，善；不然，但言丞相中书令任事久而不治，可休丞相，以御史大夫郑弘代之，迁中书令置他官，以钩盾令徐立代之，如此，房考功事得施行矣。"博具从房记诸所说灾异事，固令房为淮阳王作求朝奏草，皆持柬与淮阳王，石显微司具知之，以房亲近，未敢言。及房出守郡，显告房与张博通谋，非夸政治，归恶天子，挂误诸侯王，语在《宪王传》。初房见道幽、厉事，出为御史大夫郑弘言之。房、博皆弃市，弘坐免为庶人。房本姓李，推律自定为京氏，死时年四十一。

翼奉，字少君，东海下邳人也。[①]治《齐诗》，与萧望之、匡衡同师。三人经术皆明，衡为后进，望之施之政事，而奉悖学不仕，好律历阴阳之占。元帝初即位，诸儒荐之，征待诏宦者署，数言事宴见，天子敬焉。时平昌侯王临以宣帝外属侍中，称诏欲从奉学其术。奉不肯与言，而上封事曰："臣闻之于师：'治道要务，在知下之邪正。人诚乡正，虽愚为用；若乃怀邪，知益为害。'知下之术，在于六情十二律而已。北方之情，好也。好行贪狼，申子主之；东方之情，怒也，怒行阴贼，亥卯主之。贪狼必待阴贼而后动，阴贼必待贪狼而后用，二阴并行，

---

① 今江苏邳县。

是以王者忌子卯也。《礼经》避之，《春秋》讳焉。南方之情，恶也；恶行廉贞，寅午主之。西方之情，喜也；喜行宽大，巳酉主之。二阳并行，是以王者吉午酉也。诗曰：'吉日庚午。'上方之情，乐也；乐行奸邪，辰未主之。下方之情，哀也；哀行公正，戌丑主之。辰未属阴，戌丑属阳，万物各以其类应。今陛下明圣虚静，以待物至，万事虽众，何闻而不谕？岂况乎执十二律而御六情？于以知下参实，亦甚优矣。万不失一，自然之道也。乃正月癸未，日加申，有暴风，从西南来，未主奸邪，申主贪狼，风以大阴，下抵建前，是人主左右邪臣之气也。[①]平昌侯比三来见臣，皆以正辰加邪时。辰为客，时为主人。以律知人情，王者之秘道也。愚臣诚不敢以语邪人。"

上以奉为中郎，召问奉："来者以善日邪时，孰与邪日善时？"奉对曰："师法用辰不用日。辰为客，时为主人。见于明主，侍者为主人。辰正时邪，见者正，侍者邪；辰邪时正，见者邪，侍者正。忠正之见，侍者虽邪，辰时俱正；大邪之见，侍者虽正，辰时俱邪。即以自知侍者之邪，而时邪辰正，见者反邪；即以自知侍者之正，而时正辰邪，见者反正。辰为常事，时为一行，辰疏而时精，其效同功，必参五观之，然后可知。故曰：'察其所繇，省其进退，参之六合五行，则可以见人性，知人情。难用外察，从中甚明，故诗之为学，情性而已。五性不相

---

① 孟康曰："时太阴在未，月建在寅，风从未下，至寅南也。建为主气。太阴臣气也。加主气，是人主左右邪臣验也。"

害，六情更兴废。观性以历，观情以律，明主所宜独用，难与二人共也。'故曰：'显诸仁，臧诸用。'露之则不神，独行则自然矣。"唯奉能用之，学者莫能行。

是岁，关东大水，郡国十一，饥疫尤甚。上乃下诏江海、陂湖、园池属少府者，以假贫民，勿租税；损大官膳，减乐府员，省苑囿，诸宫馆稀御幸者，勿缮治。太仆少府减食谷马，水衡省食肉兽。明年，二月，戊午，地震。其夏，齐地人相食。七月，已酉，地复震。上曰："盖闻贤圣在位，阴阳和，风雨时，日月光，星辰静，黎庶康宁，考终厥命。今朕共承天地，托于公侯之上，明不能烛，德不能绥，灾异并臻，连年不息。乃二月戊午，地大震于陇西郡，毁落太上庙殿壁木饰，坏败獂道县①城郭、官寺及民室屋，厌杀人众，山崩地裂，水泉涌出。一年地再动，天惟降灾，震惊朕躬。治有大亏，咎至于此。夙夜兢兢，不通大变，深怀郁悼，未知其序。比年不登，元元困乏，不胜饥寒，以陷刑辟，朕甚闵焉，僭怛于心。已诏吏虚仓廪，开府臧，振救贫民。群司其茂思天地之戒，有可蠲除减省，以便万姓者，各条奏。悉意陈朕过失，靡有所讳。"因赦天下，举直言极谏之士。奉奏封事曰："臣闻之于师曰：'天地设位，悬日月，布星辰，分阴阳，定四时，列五行，以视圣人，名之曰道。圣人见道，然后知王治之象，故画州土，建君臣，立律历，陈成败，以视贤者，名之曰经。贤者见经，然后知人道之务，则《诗》

---

① 獂道县，属天水。故城在今甘肃陇西县西北。

《书》《易》《春秋》《礼》《乐》是也。'《易》有阴阳，《诗》有五际，①《春秋》有灾异，皆列终始，推得失，考天心，以言王道之安危。至秦乃不说，伤之以法，②是以大道不通，至于灭亡。今陛下明圣，深怀要道，烛临万方，布德流惠，靡有阙遗。罢省不急之用，振救困贫，赋医药，赐棺钱，恩泽甚厚。又举直言，求过失，盛德纯备，天下幸甚。臣奉窃学《齐诗》，闻五际之要《十月之交》篇，知日蚀地震之效，昭然可明，犹巢居知风，穴处知雨，亦不足多，适所习耳。臣闻人气内逆，则感动天地，天变见于星气日蚀，地变见于奇物震动。所以然者，阳用其精，阴用其形，犹人之有五藏六体，五藏象天，六体象地，故藏病则气色发于面，体病则欠申动于貌。今年太阴建于甲戌，律以庚寅初用事，历以甲午从春。③历中甲庚，律得参阳，性中仁义，情得公正贞廉，百年之精岁也。正以精岁，本首王位，日临中时接律而地大震，其后连月久阴，虽有大令犹不能复，④阴气盛矣。古者朝廷必有同姓以明亲亲，必有异姓以明贤贤，此圣王之所以大通天下也。同姓亲而易进，异姓疏而难通，故同姓一，异姓

---

① 孟康曰："《诗内传》曰：'五际，卯、酉、午、戌、亥也。'阴阳始终际会之岁，于此则有变改之政也。"

② 师古曰："说音悦。言不悦《诗》《书》，而以文法伤文学之人也。"

③ 孟康曰："太阴在甲戌，则太岁在子，十一月庚寅日，黄钟律初起用事也。"

④ 师古曰："大令，虚仓廪，开府库之属也。复，补也。"

五，乃为平均。今左右亡同姓，独以舅后之家为亲，异姓之臣又疏。二后之党满朝，非特处位，执尤奢僭过度，吕、霍、上官，足以卜之，甚非爱人之道，又非后嗣之长策也。阴气之盛，不亦宜乎！臣又闻未央、建章、甘泉宫才人，各以百数，皆不得天性。[①] 若杜陵园，其已御见者，臣子不敢有言，虽然，太皇太后之事也。及诸侯王国，与其后宫，宜为设员，出其过制者，此损阴气，应天救邪之道也。今异至不应，灾将随之。其法大水，极阴生阳，反为大旱，甚则有火灾，《春秋》宋伯姬是矣。唯陛下财察。"

明年夏四月乙未，孝武园白鹤馆灾。奉自以为中，上疏白："臣前上五际地震之效，日极阴生阳，恐有火灾。不合明听，未见省答，臣窃内不自信，今白鹤馆以四月乙未，时加于卯，月宿亢灾，与前地震同法。臣奉乃深知道之可信也。不胜拳拳，愿复赐间，卒其终始。"上复延问以得失，奉以为祭天地于云阳、汾阴，及诸寝庙不以亲疏迭毁，皆烦费，违古制。又宫室苑囿，奢泰难供，以故民困国虚，亡累年之畜。所繇来久，不改其本，难以末正，乃上疏曰："臣闻昔者盘庚改邑，以兴殷道，圣人美之。窃闻汉德隆盛，在于孝文皇帝，躬行节俭，外省繇役，其时未有甘泉、建章，及上林中诸离宫馆也；未央宫又无高门、武台、麒麟、凤皇、白虎、玉堂、金华之殿，独有前殿、曲台、渐台、宣室、温室、承明耳。孝文欲作

---

① 师古曰："言绝男女之好也。"

一台，度用百金，重民之财，废而不为，其积土基，至
今犹存，又下遗诏，不起山坟。故其时天下太和，百姓洽
足，德流后嗣。如令处于当今，因此制度，必不能成功
名。天道有常，王道亡常。亡常者，所以应有常也。必有
非常之主，然后能立非常之功。臣愿陛下徙都于成周，左
据成皋，右阻黾池，前乡嵩高，后介大河，建荥阳，扶河
东，南北千里以为关，而入敖仓；地方百里者八九，足以
自娱；东厌诸侯之权，西远羌、胡之难，陛下共己亡为，
按成周之居，兼盘庚之德，万岁之后，长为高宗。汉家郊
兆寝庙祭祀之礼多不应古，臣奉诚难宣居而改作，^①故愿
陛下迁都正本。众制皆定，亡复缮治宫馆不急之费，岁可
余一年之畜。臣闻三代之祖，积德以王，然皆不遏数百年
而绝。周至成王，有上贤之材，因文武之业，以周召为
辅，有司各敬其事，在位莫非其人，天下甫二世耳，然周
公犹作《诗》《书》，深戒成王，以恐失天下。《书》则
曰：'王毋若殷王纣。'其《诗》则曰：'殷之未丧师，
克配上帝，宜监于殷，骏命不易。'今汉初取天下，起于
丰沛，以兵征伐，德化未洽，后世奢侈，国家之费，当数
代之用，非直费财，又乃费士。孝武之世，暴骨四夷，不
可胜数。有天下虽未久，至于陛下八世九主矣，虽有成王
之明，然亡周召之佐。今东方连年饥馑，加之以疾疫，百
姓菜色，或至相食。地比震动，天气混浊，日光侵夺。繇
此言之，执国政者岂可以不怀怵惕而戒万分之一乎！故臣

---

① 师古曰："宣读如但。但居，谓依旧都也。"

愿陛下因天变而徙都，所谓与天下更始者也。天道终而复始，穷则反本，故能延长而亡穷也。今汉道未终，陛下本而始之，于以永世延祚，不亦优乎！如因丙子之孟夏，顺太阴以东行，到后七年之明岁，必有五年之余蓄，然后大行考室之礼，①虽周之隆盛，亡以加此。唯陛下留神详察万世之策。"书奏，天子异其意，答曰："问奉：今园庙有七，云东徙，状何如？"奉对曰："昔成王徙洛，盘庚迁殷，其所避就，皆陛下所明知也。非有圣明，不能一变天下之道。臣奉愚戆狂惑，唯陛下裁赦。"其后贡禹亦言当定迭毁礼，上遂从之。及匡衡为丞相，奏徙南北郊，其议皆自奉发之。奉以中郎为博士谏大夫，年老，以寿终，子及孙皆以学在儒官。

李寻，字子长，平陵人也。②治尚书，与张孺、郑宽中同师。宽中等守师法教授，寻独好《洪范》灾异，又学天文月令阴阳。事丞相翟方进，方进亦善为星历，除寻为吏，数为翟侯言事。帝舅曲阳侯王根为大司马票骑将军，厚遇寻。是时多灾异，根辅政，数虚己问寻。寻见汉家有中衰阸会之象，其意以为且有洪水为灾，乃说根曰："《书》云'天聪明'"盖言紫宫极枢，通位帝纪，③太微四门，④广开大道，五经六纬，尊术显士，⑤翼张舒

---

① 师古曰："考，成也。成其礼也。"
② 在今山东历城县东。
③ 孟康曰："紫宫，天之北宫也。极，天之北极星也。"
④ 孟康曰："太微，天之南宫也。四门，太微之四门也。"
⑤ 孟康曰："六纬，五经与乐纬也。"案：此亦当指天象言，孟说恐未是。

布，独临四海，①少微处士，为比为辅，②故次帝廷，女
官在后。③圣人承天，贤贤易色，④取法于此。天官上相
上将，皆颛面正朝，⑤忧责甚重，要在得人。得人之效，
成败之机，不可不勉也。昔秦穆公说诚伐之言，任仡仡之
勇，身受大辱，社稷几亡。悔过自责，思惟黄发，任用百
里奚，卒伯西域，德列王道。二者祸福如此，可不慎哉！
夫士者，国家之大宝，功名之本也。将军一门九侯，二十
朱轮，汉兴以来，臣子贵盛，未尝至此。夫物盛必衰，自
然之理，唯有贤友强辅，庶几可以保身命，全子孙，安国
家。《书》曰："历象日月星辰。"此言仰视天文，俯察
地理，观日月消息，候星辰行伍，揆山川变动，参人民缟
俗，以制法度，考祸福。举错悖逆，咎败将至，征兆为之
先见。明君恐惧修正，侧身博问，转祸为福；不可救者，
即蓄备以待之，故社稷亡忧。窃见往者赤黄四塞，地气大
发，动土竭民，天下扰乱之征也。彗星争明，庶雄为桀，
大寇之引也。此二者已颇效矣。城中讹言大水，奔走上
城，朝廷惊骇，女孽入宫，此独未效。间者重以水泉涌
溢，旁宫阙仍出。月、太白入东井，犯积水，缺天渊。日

---

① 张晏曰："翼，二十八星。舒，布；张，广也。"

② 孟康曰："少微四星，在太微西。主处士，儒学之冠，为太微辅佐
也。"

③ 孟康曰："女官，谓轩辕星也。"

④ 师古曰："贤贤，尊上贤人；易色，轻略于色，不贵之也。"

⑤ 孟康曰："朝，太微宫垣也。西垣为上将，东垣为上相，各专一面，
而正天下之朝事也。"

数湛于极阳之色。羽气乘宫，[①]起风积云。又错以山崩地动，河不用其道。盛冬雷电，潜龙为孽。继以陨星流彗，维填上见，[②]日蚀有背乡。此亦高下易居，洪水之征也。不忧不改，洪水乃欲荡涤，流彗乃欲埽除；改之，则有年亡期。[③]故属者颇有变改，小贬邪猾，日月光精，时雨气应，此皇天右汉亡已也，何况致大改之！宜急博求幽隐，拔擢天士，任以大职。诸阘茸佞谄，抱虚求进，及用残贼酷虐闻者，若此之徒，皆嫉善憎忠，坏天文，败地理，涌超邪阴，湛溺太阳，[④]为主结怨于民，宜以时废退，不当得居位。诚必行之，凶灾销灭，子孙之福，不旋日而至。政治感阴阳，犹铁炭之低印，[⑤]见效可信者也。及诸蓄水连泉，务通利之。修旧堤防，省池泽税，以助损邪阴之盛。案行事，考变易，讹言之效，未尝不至。请征韩放，[⑥]掾周敞、王望，可与图之。"根于是荐寻。

哀帝初即位，召寻待诏黄门，使侍中卫尉傅喜问寻曰："间者水出地动，日月失度，星辰乱行，灾异仍重，极言毋有所讳。"寻对曰："陛下圣德，尊天敬地，畏命

---

① 孟康曰："《天文志》曰：'西方为羽。'羽，少阴之位，少阴臣气，乘于君也。"晋灼曰："羽，北方，水也。水阴为臣。宫，中央土也。土为君。今水乘土，言臣气胜于君也。"

② 孟康曰："有地维星有四填星，皆妖星也。"

③ 师古曰："言可延期，得禳灾。"

④ 师古曰："超字与跃同。湛读如沉。"

⑤ 孟康曰："先冬夏至，县铁炭于衡，各一端。令适停，冬阳气至，炭仰而铁低。夏阴气至，炭低而铁仰，以此候二至也。"

⑥ 服虔曰："姓名也。晓水。"

重民，悼惧变异，不忘疏贱之臣，幸使重臣临问，愚臣不足以奉明诏。窃见陛下新即位，开大明，除忌讳，博延名士，靡不并进。臣寻位卑术浅，过随众贤待诏，食太官，衣御府，久污玉堂之署。①比得召见，亡以自效。复特见延问至诚，自以逢不世出之命，愿竭愚心，不敢有所避，庶几万分有一可采。唯弃须臾之间，宿留瞽言，考之文理，稽之五经，揆之圣意，以参天心。夫变异之来，各应象而至，臣谨条陈所闻。《易》曰：'县象著明，莫大乎日月。'夫日者，众阳之长，辉光所烛，万里同暴，人君之表也。故日将旦，清风发，群阴伏，君以临朝，不牵于色。日初出，炎以阳，君登朝，佞不行，忠直进，不蔽障。日中辉光，君德盛明，大臣奉公。日将入，专以壹，君就房，有常节。君不修道，则日失其度，晻昧亡光。各有云为。其于东方作，日初出时，②阴云邪气起者，法为牵于女谒，有所畏难；日出后，为近臣乱政；日中，为大臣欺诬；日且入，为妻妾役使所营。间者日尤不精，光明侵夺失色，邪气珥蜺数作。本起于晨，相连至昏，其日出后至日中间差愈。小臣不知内事，窃以日视陛下志操，衰于始初多矣。其咎恐有以守正直言而得罪者，伤嗣害世，不可不慎也。唯陛下执乾刚之德，强志守度，毋听女谒邪臣之态。诸保阿乳母甘言悲辞之托，断而勿听。勉强大谊，绝小不忍，良有不得已，可赐以货财，不可私以官位，诚

---

① 师古曰："玉堂殿，在未央宫。"

② 师古曰："作，起也。"

皇天之禁也。日失其光，则星辰放流，阳不能制阴，阴桀得作。间者，太白正画经天。宜隆德克躬，以执不轨。臣闻月者，众阴之长，销息见伏，百里为品，千里立表，万里连纪，妃后大臣诸侯之象也。朔晦正终始，弦为绳墨，望成君德，春夏南，秋冬北。间者，月数以春夏与日同道，过轩辕上后受气，①入太微帝廷杨光辉，犯上将近臣，列星皆失色，厌厌如灭，此为母后与政乱朝，阴阳俱伤，两不相便。外臣不知朝事，窃信天文即如此，近臣已不足杖矣。屋大柱小，可为寒心。唯陛下亲求贤士，无强所恶，以崇社稷，尊强本朝。臣闻五星者，五行之精，五帝司命，应王者号令，为之节度。岁星主岁事，为统首，号令所纪，今失度而盛，此君指意欲有所为，未得其节也。又填星不避岁星者，后帝共政，相留于奎、娄，②当以义断之。荧惑往来亡常，周历两宫，③作态低卬，入天门，上明堂，贯尾乱宫。太白发越犯库，④兵寇之应也。贯黄龙，入帝庭，⑤当门而出，随荧惑入天门，至房而分，欲与荧惑为患，不敢当明堂之精。此陛下神灵，故祸乱不成也。荧惑厥弛，⑥佞巧依势，微言毁誉，进类蔽善。太白

---

① 孟康曰："轩辕南大星为后。"

② 张晏曰：岁星为帝，填星为女主也。

③ 张晏曰："两宫，谓紫微，太微。"

④ 张晏曰："发越，疾貌也。"孟康曰："奎为天库。"

⑤ 张晏曰：黄龙，轩辕也。"

⑥ 张晏曰："厥弛，动摇貌。"

出端门，①臣有不臣者。火入室，金上堂，②不以时解，其忧凶。填岁相守，又主内乱。宜察萧墙之内，毋忽亲疏之微，诛放佞人，防绝萌牙，以荡涤浊涉，消散积恶，毋使得成祸乱。辰星主正四时。当效于四仲；四时失序，则辰星作异。今出于岁首之孟，天所以谴告陛下也。政急则出蚤，政缓则出晚，政绝不行则伏不见而为彗茀。③四孟皆出，为易王命；四季皆出，星家所讳。今幸独出寅孟之月，盖皇天所以笃右陛下也。宜深自改。治国故不可以戚戚，欲速则不达。《经》曰：‘三载考绩，三考黜陟。加以号令不顺四时，既往不咎，来事之师也。间者，春三月治大狱，时贼阴立逆，恐岁小收；④季夏举兵，法时寒气应，恐后有霜雹之灾；秋月行封爵，其月土湮奥，恐后有雷雹之变。夫以喜怒赏罚而不顾时禁，虽有尧舜之心，犹不能致和善。言天者，必有效于人。设上农夫而欲冬田，肉袒深耕，汗出种之，然犹不生者，非人心不至，天时不得也。《易》曰：‘时止则止，时行则行，动静不失其时，其道光明。’《书》曰：‘敬授民时。’故古之王者，尊天地，重阴阳，敬四时，严月令。顺之以善政，则和气可立致，犹袍鼓之相应也。今朝廷忽于时月之令，诸侍中尚书近臣宜皆令通知月令之意，设群下请事；若陛下

①　孟康曰："端门，太微正南门。"
②　张晏曰："荧惑入营室也。"孟康曰："火入室，谓荧惑，历两宫也。金，谓太白也。上堂，入房星也。"
③　师古曰："弗与茀同。"
④　小同少。

出令，有谬于时者，当知争之，以顺时气。臣闻五行以水为本，其星玄武婺女，天地所纪，终始所生。水为准平，王道公正修明，则百川理，落脉通。偏党失纲，则踊溢为败。《书》云：'水曰润下。'阴动而卑，不失其道。天下有道，则河出图，洛出书，故河洛决溢，所为最大。今汝、颍畎浍皆川水漂踊，与雨水并为民害，此诗所谓'烨烨震电，不宁不令，百川沸腾'者也。[①]其咎在于皇甫卿士之属。[②]唯陛下留意诗人之言，少抑外亲大臣。臣闻地道柔静，阴之常义也。地有上中下，其上位震，应妃后不顺，中位应大臣作乱，下位应庶民离畔。震或于其国，国君之咎也。四方中央连国历州俱动者，其异最大。闻者。关东地数震，五星作异，亦未大逆，宜务崇阳抑阴，以救其咎。固志建威，闭绝私路，拔进英隽，退不任职，以强本朝。夫本强则精神折卫，本弱则招殃致凶，为邪谋所陵。闻往者淮南王作谋之时，其所难者独有汲黯，公孙弘等不足言也。弘，汉之名相，于今亡比，而尚见轻，何况亡弘之属乎？故曰朝廷亡人，则为贼乱所轻，其道自然也。天下未闻陛下奇策固守之臣也。《语》曰：'何以知朝廷之衰？人人自贤，不务于通人，[③]故世陵夷。'马不伏历，不可以趋道；士不素养，不可以重国。《诗》曰：'济济多士，文王以宁。'孔子曰：'十室之邑，必有忠信。'非

---

① 师古曰："《诗·小雅》《十月之交》之诗也。"

② 师古曰："皇甫卿士，周室女宠之族也。"按见《诗·十月之交》篇。

③ 师古曰："通人，谓荐达贤材也。"

虚言也。陛下秉四海之众，曾亡柱干之固守闻于四境，殆开之不广，取之不明，劝之不笃。《传》曰：'土之美者善养禾，君之明者善养士。'中人皆可使为君子，诏书进贤良，救小过，无求备，以博聚英隽。如近世贡禹，以言事忠切蒙尊荣，当此之时，士厉身立名者多。禹死之后，日日以衰。及京兆尹王章坐言事诛灭，智者结舌，邪伪并兴，外戚颛命，君臣隔塞，至绝继嗣，女官作乱。此行事之败，诚可畏而悲也。本在积任母后之家，非一日之渐，往者不可及，来者犹可追也。先帝大圣，深见天意昭然，使陛下奉承天统，欲矫正之也。宜少抑外亲，选练左右，举有德行道术通明之士充备天官，然后可以辅圣德，保帝位，承大宗。下至郎吏从官，行能亡以异，又不通一蓺，及博士无文雅者，宜皆使就南亩，以视天下，明朝廷皆贤材君子，于以重朝尊君，灭凶致安，此其本也。臣自知以言害身，不辟死亡之诛，唯财留神，反复复愚臣之言。"

是时，哀帝初立，成帝外家王氏未甚抑黜，而帝外家丁、傅新贵，祖母傅太后尤骄恣，欲称尊号。丞相孔光、大司空师丹执政，谏争，久之，上不得已，遂免光、丹而尊傅太后。语在《丹传》。上虽不从寻言，然采其语，每有非常，辄问寻。寻对屡中，迁黄门侍郎，以寻言且有水灾，故拜寻为骑都尉，使护河堤。

初，成帝时，齐人甘忠可诈造《天官历》《包元太平经》十二卷，以言"汉家逢天地之大终，当更受命于天，天帝使真人赤精子下，教我此道"。忠可以教重平夏贺良、容丘丁广世、东郡郭昌等，中垒校尉刘向奏忠可假鬼神罔上惑众，下狱治服，未断病死。贺良等坐挟学忠可书，以不敬论，后贺良等复私以相教。哀帝初立，司隶校尉解光亦以明经通灾异得幸，白贺良等所挟忠可书事下奉车都尉刘歆，歆以为不合五经，不可施行。而李寻亦好之。光曰："前歆父向奏忠可下狱，歆安肯通此道？"时郭昌为长安令，劝寻宜助贺良等。寻遂白贺良等，皆待诏黄门，数召见，陈说："汉历中衰，当更受命。成帝不应天命，故绝嗣。今陛下久疾，变异屡数，天所以谴告人也。宜急改元易号，乃得延年益寿，皇子生，灾异息矣。得道不得行，咎殃且亡。不有洪水将出，灾火且起，涤荡人民。"哀帝久寝疾，几其有益，遂从贺良等议。于是诏制丞相御史："盖闻《尚书》五曰考终命，言大运壹终，更纪天元人元，考文正理，推历定纪，数如甲子也。朕以眇身，入继太祖，承皇天，总百僚，子元元，未有应天心之效。即位出入三年，灾变数降，日月失度，星辰错谬，高下贸易，大异连仍，盗贼并起。朕甚惧焉，战战兢兢，唯恐陵夷。惟汉兴至今二百载，历纪开元，皇天降非材之右，①汉国再获受命之符，朕之不德，曷敢不通。夫受天之元命，必与天下自新。其大赦天下，以建平二年为太初元将元年。号曰陈圣刘太平皇帝。漏刻以百二十为度。布告天下，使明知之。"后月余，上疾自若。贺良等复欲妄变政事，大臣争以为不可许。贺良等奏言大臣皆不知天命，宜退丞相御史，以解光、李寻辅政。上以其言亡验，遂下

---

① 师古曰："右，读曰佑。佑，助也。帝自言不材而得天助也。"

贺良等吏，而下诏曰："朕获保宗庙，为政不德，变异屡仍，恐惧战栗，未知所繇。待诏贺良等，建言改元易号，增益漏刻，可以永安国家。朕信道不笃，过听其言，几为百姓获福。卒无嘉应，久旱为灾。以问货良等，对当复改制度，皆背经谊，违圣制，不合时宜。夫过而不改，是为过矣。六月甲子诏书，非赦令也，皆蠲除之。贺良等反道惑众，奸态当穷竟。"皆下狱，光禄勋平当、光禄大夫毛莫如与御史中丞、廷尉杂治，当贺良等执左道，乱朝政，倾覆国家，诬罔主上，不道。贺良等皆伏诛，寻及解光减死一等，徙敦煌郡。

赞曰："幽赞神明，通合天人之道者，莫著乎《易》《春秋》。然子赣犹云'夫子之文章，可得而闻，夫子之言性与天道，不可得而闻'已矣。汉兴。推阴阳言灾异者，孝武时有董仲舒、夏侯始昌，昭、宣则眭孟、夏侯胜，元、成则京房、翼奉、刘向、谷永，哀、平则李寻、田终术。此其纳说时君著明者也。察其所言，仿佛一端。假经设谊，依托象类，或不免乎'亿则屡中'。仲舒下吏，夏侯囚执，眭孟诛戮，李寻流放，此学者之大戒也。京房区区，不量浅深，危言刺讥，构怨强臣，罪辜不旋踵，亦不密以失身。悲夫！"

《汉书》学者之传甚多，以限于篇幅，选此一篇。

汉世阴阳五行之学盛行，似涉迷信。然其人皆通达治体，慷慨欲有所为。如眭孟至劝汉帝求贤人，禅以帝位，而退自封百里。此后世之人，所万不敢言者也。京房考功之法，王符尝称之，实察吏之要政。翼奉、李寻等所建，亦皆治本之道，大改革之方。为权要不便者所泥，道不行，身且获祸耳。古人言论，传于后者不多。如贾生之策治安，可谓切于事矣。然亦未尝不言改正朔易服色也。设使贾生他说皆不传，而独传其改正朔易服色之论，后人亦将以迷信之徒视之矣。书阙有间，不宜据偏端作一成之论，凡读古书皆然，正不独汉史也。

《后汉书·隗嚣公孙述列传》

隗嚣，字季孟，天水成纪人也。少仕州郡，王莽国师刘歆，引嚣为士。歆死，嚣归乡里。季父崔，素豪侠，能得众，闻更始立，而莽兵连败，于是乃与兄义及上邽人杨广、冀人周宗谋起兵应汉。嚣止之曰："夫兵，凶事也。宗族何辜？"崔不听，遂聚众数千人，攻平襄，^①杀莽镇戎大尹。崔、广等以为举事宜立主，以一众心，咸谓嚣素有名，好经书，遂共推为上将军。嚣辞让不得已．曰："诸父众贤不量小子，必能用嚣言者，乃敢从命。"众皆曰："诺。"嚣既立，遣使聘请平陵人方望，以为军师。望至说嚣曰："足下欲承天顺民，辅汉而起，今立者乃在南阳，王莽尚据长安，虽欲以汉为名，其实无所受命，将何以见信于众乎？宜急立高庙，称臣奉祠，所谓'神道设教'，求助入神者也。且礼有损益，质文无常，削地开兆，茅茨土阶，以致其肃敬。虽未备物，神明其舍诸？"嚣从其言，遂立庙邑东，祀高祖、太宗、世宗，嚣等皆称臣执事，史奉璧而告。祝毕，有司穿坎于庭，^②牵马操刀，

---

① 在今甘肃省通渭县西南。

② 章怀太子《注》（以下简称《旧注》）："《周礼》，司盟，掌盟载

奉盘错鍉，遂割牲而盟。①曰："凡我同盟三十一将，十有六姓，允承天道，兴辅刘宗。如怀奸虑，明神殛之。高祖、文皇、武皇，俾坠厥命，厥宗受兵，族类灭亡。"有司奉血鍉进，护军举手揖诸将军曰："鍉不濡血，歃不入口，是欺神明也，厥罚如盟。"既而薤草血加书，一如古礼。事毕，移檄告郡国曰："汉复元年七月己酉朔，己巳，上将军隗嚣、白虎将军隗崔、左将军隗义、右将军杨广、明威将军王遵、云旗将军周宗等，告州牧、部监、郡卒正、连率、大尹、尹、尉队大夫、属正、属令：故新都侯王莽，慢侮天地，悖道逆理。鸩杀孝平皇帝，篡夺其位。矫托天命，伪作符书，欺惑众庶，震怒上帝。反戾饰文，以为祥瑞。.戏弄神祇，歌颂祸殃。楚越之竹，不足以书其恶。天下昭然，所共闻见。今略举大端，以喻吏民。盖天为父，地为母，祸福之应，各以事降。莽明知之，而冥昧触冒，不顾大忌，诡乱天术，援引史传。昔秦始皇毁坏谥法，以一二数，欲至万世，而莽下三旄六千岁之历，言身当尽此度。循亡秦之轨，推无穷之数。是其逆天之大罪也。分裂郡国，断截地络。②田为王田，卖买不得。规锢山泽，夺民本业。造起九庙，穷极土作。发冢

之法。郑玄注曰：载，盟辞也。书其辞于策，杀牲取血，坎其牲，加书于上，而蕴之。"

① 《旧注》："前书《匈奴传》云：韩昌等与单于及大臣俱登诺水东山，刑白马，单于以径路刀金留犁挠酒。应劭曰：留犁，饭匕也。挠，搅也。以匕搅血而歃之，今亦奉盘措匕而歃也。以此而言，鍉即匕字。"

② 《旧注》："络，犹经络也。谓莽分坼郡县，断割疆界也。"

河东，攻劫丘垄。此其逆地之大罪也。尊任残贼，信用奸佞，诛戮忠正，覆按口语，赤车奔驰，①法冠晨夜，冤系无辜，妄族众庶。行炮烙之刑，除顺时之法，灌以醇醢，裂以五毒。政令日变，官名月易，货币岁改，吏民昏乱，不知所从，商旅穷窘，号泣币道。设为六管，②增重赋敛，刻剥百姓，厚自奉养，包苴流行，财入公辅，上下贪贿，莫相检考。民坐挟铜炭，没入钟官，③徒隶殷积，数十万人，工匠饥死，长安皆臭。既乱诸夏，狂心益悖，北攻强胡，南扰劲越，西侵羌戎，东摘涉貉。使四境之外，并入为害，缘边之郡，江海之濒，涤地无类。故攻战之所败，苛罚之所陷，饥馑之所夭，疾疫之所及，以万万计。其死者则露尸不掩，生者则奔亡流散，幼孤妇女，流离系虏。此其逆人之大罪也。是故上帝哀矜，降罚于莽，妻子颠殒，还自诛刈。大臣反据，亡形已成。大司马董忠、国师刘歆、卫将军王涉，皆结谋内溃；司命孔仁、纳言严尤、秩宗陈茂，举众外降。今山东之兵，二百余万，已平齐、楚，下蜀、汉，定宛、洛，据敖仓，守函谷，威命四布，宣风中岳。兴灭继绝，封定万国，遵高祖之旧制，修孝文之遗德。有不从命，武军平之。驰使四夷，复其爵号。然后还师振旅，橐弓卧鼓。申命百姓，各安其所，庶无负子

————

① 《旧注》：“《续汉志》曰：小使车，赤毂白盖，赤帷，从驺骑四十人。”

② 《旧注》：“莽设六管之令，谓沽酒、卖盐、铁器、铸钱、名山、大泽。”

③ 《旧注》：“钟官，主铸钱之官也。”

之责。"①嚣乃勒兵十万，击投雍州牧陈庆。将攻安定。②安定大尹王向，莽从弟平阿侯谭之子也，威风独能行其邦内，属县皆无叛者。嚣乃移书于向，喻以天命，反复诲示，终不从。于是进兵虏之，以徇百姓，然后行戮，安定悉降。而长安中亦起兵诛王莽。嚣遂分遣诸将徇陇西、③武都、④金城、武威、张掖、酒泉、敦煌，⑤皆下之。

更始二年，遣使征嚣及崔、义等。嚣将行，方望以为更始未可知固止之。嚣不听。望以书辞谢而去，曰："足下将建伊、吕之业，弘不世之功，而大事草创，英雄未集。以望异域之人，疵瑕未露，欲先崇郭隗，想望乐毅，故钦承大旨，顺风不让。将军以至德尊贤，广其谋虑，动有功，发中权，基业已定，大勋方缉。今俊义并会，羽翮比肩，望无耆耇之德，而猥托宾客之上，诚自愧也。虽怀介然之节，欲絜去就之分，诚终不背其本，贰其志也。何则？范蠡收责勾践，乘偏舟于五湖；咎犯谢罪文公，亦逡巡于河上。夫以二子之贤，勒铭两国，犹削迹归愆，请命乞身，望之无劳，盖其宜也。望闻乌氏有龙池之山，⑥微径南通，与汉相属，其傍时有奇人，聊及闲暇，广求其真。

---

① 《旧注》："百姓褔负流亡，责在君上，既安其业，则无责也。"
② 治高平。今甘肃固原县，后汉治临泾，在今甘肃镇原县附近。
③ 治狄道，在甘肃临洮县东北。
④ 治武都，在今甘肃成县西八十里。
⑤ 金城治允吾，在今甘肃皋兰县西北。武威、张掖、酒泉、敦煌，皆郡名，治今县。
⑥ 乌氏县，在今甘肃平凉县西北。

愿将军勉之。"嚣等遂至长安，更始以为右将军，崔、义皆即旧号。其冬，崔、义谋欲叛归，嚣惧并祸，即以事告之，崔、义诛死，更始感嚣忠，以为御史大夫。明年夏，赤眉入关，三辅扰乱。流闻光武即位河北，嚣即说更始归政于光武叔父国三老良，更始不听。诸将欲劫更始东归，嚣亦与通谋。事发觉，更始使使者召嚣，嚣称疾不入，因会客王遵、周宗等，勒兵自守。更始使执金吾邓晔将兵围嚣，嚣闭门拒守，至昏时，遂溃围，与数十骑夜斩平城门关，亡归天水。①复招聚其众，据故地，自称西州上将军。及更始败，三辅耆老士大夫皆奔归嚣。嚣素谦恭爱士，倾身引接，为布衣交。以前王莽平河大尹长安谷恭为掌野大夫，平陵②范逡为师友，赵秉、苏衡、郑兴为祭酒，申屠刚、杜林为持书，杨广、王遵、周宗及平襄人行巡、阿阳人王捷、③长陵人王元④为大将军，杜陵、金丹之属为宾客。⑤由此名震西州，闻于山东。

建武二年，大司徒邓禹西击赤眉，屯云阳。⑥禹裨将冯情引兵叛禹，西向天水，嚣迎击，破之于高平，⑦尽获辎重。于是禹承制遣使持节命嚣为西州大将军，得专制凉

---

① 天水治平襄，见前。

② 平陵，在陕西咸阳西北十五里。

③ 河阳，在山东禹城县。

④ 长陵，在今陕西咸阳东北。

⑤ 杜陵，在陕西长安县东南。

⑥ 今陕西淳化县西北。

⑦ 高平在今甘肃固原县境。

州、朔方事。及赤眉去长安，欲西上陇，嚣遣将军杨广迎击，破之，又追败之于乌氏泾阳间。[①]嚣既有功于汉，又受邓禹爵，署其腹心，议者多劝通使京师。三年，嚣乃上书诣阙，光武素闻其风声，报以殊礼，言称字，用敌国之仪，所以慰藉之良厚。时陈仓[②]人吕鲔拥众数万，与公孙述通，寇三辅。嚣复遣兵佐征西大将军冯异击之，走鲔，遣使上状。帝报以手书，曰："慕乐德义，思相结纳；昔文王三分，犹服事殷。但驽马鈆刀，不可强扶。数蒙伯乐一顾之价，而苍蝇之飞，不通数步，即托骥尾，得有绝群。隔于盗贼，声问不数。将军操执款款，扶倾救危，南距公孙之兵，北御羌胡之乱。是以冯异西征，得以数千百人踯躅三辅。微将军之助，则成阳已为佗人禽矣！今关东寇贼，往往屯聚，志务广远，多所不暇，未能观兵成都，与子阳角力。如令子阳到汉中、三辅，愿因将军兵马，鼓旗相当。傥肯如言，蒙天之福，即智士计功割地之秋也。管仲曰：'生我者父母，成我者鲍子。'自今以后，手书相闻，勿用傍人解构之言。"自是恩礼愈笃。

其后公孙述数出兵汉中，遣使以大司空扶安王印绶授嚣。嚣自以与述敌国，耻为所臣，乃斩其使，出兵击之，连破述军，以故蜀兵不复北出。时关中将帅数上书，言蜀可击之状，帝以示嚣，因使讨蜀，以效其信。嚣乃遣长史上书，盛言三辅单弱，刘文伯在边，未宜谋蜀。帝知嚣

---

① 今甘肃平凉县西四十里。

② 陈仓，在今陕西宝鸡县东。

欲持两端，不愿天下统一，于是稍黜其礼，正君臣之仪。初嚣与来歙、马援相善，故帝数使歙、援奉使往来，劝令入朝，许以重爵。嚣不欲东，连遣使，深持谦辞，言无功德，须四方平定，退伏间里。五年，复遣来歙说嚣遣子入侍，嚣闻刘永、彭宠，皆已破灭，乃遣长子恂随歙诣阙。以为胡骑校尉，封镌羌侯。而嚣将王元、王捷，常以为天下成败未可知，不愿专心内事。元遂说嚣曰："昔更始西都，四方响应，天下喁喁，谓之太平。一旦败坏，大王既无所厝。今南有子阳，北有文伯，江湖海岱，王公十数，而欲牵儒生之说，弃千乘之基，羁旅危国，以求万全，此循覆车之轨，计之不可者也。今天水完富，士马最强，北收西河、上郡，东收三辅之地，按秦旧迹，表里河山。元请以一丸泥为大王东封函谷关，此万世一时也。若计不及此，且畜养士马，据隘自守，旷日持久，以待四方之变，图王不成，其弊犹足以霸。要之，鱼不可脱于渊，神龙失执，即还与蚯蚓同。"嚣心然元计，虽遣子入质，犹负其险阸，欲专方面，于是游士长者，稍稍去之。六年，关东悉平，帝积苦兵间，以嚣子内侍，公孙述远据边垂，乃谓诸将曰："且当置此两子于度外耳。"因数腾书陇、蜀，告示祸福。嚣宾客、掾史多文学生，每所上事，当世士大夫皆讽诵之，故帝有所辞答，尤加意焉。嚣复遣使周游诣阙，先到冯异营，游为仇家所杀。帝遣卫尉铫期持珍宝缯帛赐嚣，期至郑被盗，亡失财物。帝常称嚣长者，务欲招之，闻而叹曰："吾与隗嚣，事欲不谐，使来见杀，得赐道亡。"会公孙述遣兵寇南郡，乃诏嚣当从大水伐蜀，因此欲以溃其心腹。嚣复上言："白水险阻，①栈阁绝败。"又多设支阁。帝知其终不为用，亘欲讨之。②遂西幸长安，遣建威大将军耿弇等七将军从陇道伐蜀，先使来歙奉玺书喻旨。嚣疑惧，即勒兵，使王元据陇坻，伐木塞道，谋欲杀歙。歙得亡归。诸将与嚣战，大败，各引退。嚣因使王元行巡侵三辅，征西大将军冯异、征虏将军祭遵等击破之。嚣乃上疏谢曰："吏人闻大兵卒至，惊恐自救，臣嚣不能禁止。兵有大利，不敢废臣子之节，亲自追还。昔虞舜事父，大杖则走，小杖则受。臣虽不敏，敢忘斯义？今臣之事，在于本朝，赐死则死，加刑则刑，如遂蒙恩，更得洗心，死骨不朽。"有司以嚣言慢，请诛其子恂。帝不忍，复使来歙至汧，赐嚣书曰："昔柴将军与韩信书云：'陛下宽仁，诸侯虽有亡叛而后归，辄复位号，不诛也。'以嚣文吏，晓义理，故复赐书。深言则似不逊，略言则事不决。今若束手，复遣恂弟归阙庭者，则爵禄获全，有浩大之福矣。吾年垂四十，在兵中十岁，厌浮语虚辞。即不欲，勿报。"嚣知帝审其诈，遂遣使称臣于公孙述。

明年，述以嚣为朔宁王，遣兵往来，为之援执。秋，嚣将步骑三万侵安定，至阴盘，③冯异率诸将拒之。嚣又令别将下陇，攻祭遵于汧。兵并无利，乃引还。帝因令来歙

---

① 白水，在今四川昭化县西北。

② 《旧注》："亘，犹遂也。"

③ 阴盘，在今陕西长武县西北。

以书招王遵，遵乃与家属东诣京师，拜为大中大夫，封向义侯。遵字子春，霸陵人也。①父为上郡太守。遵少豪侠，有才辩，虽与嚣举兵，而常有归汉意。曾于天水私于来歙曰："吾所以戮力不避矢石者，岂要爵禄哉！徒以人思旧主，先君蒙汉厚恩，思效万分耳。"又数劝嚣遣子入侍，前后辞谏切甚，嚣不从，故去焉。八年春，来歙从山道袭得略阳城。②嚣出不意，惧更有大兵，乃使王元拒陇坻，行巡守番须口，③王孟塞鸡头道，④牛邯军瓦亭，⑤嚣自悉其大众围来歙。公孙述亦遣其将李育、田弇助嚣攻略阳，连月不下。帝乃率诸将西征之，数道上陇，使王遵持节监大司马吴汉留屯于长安。遵知嚣必败灭，而与牛邯旧故，知其有归义意，以书喻之曰："遵与隗王歃血盟为汉，自经历虎口，践履死地，已十数矣。于时周洛以西，无所统一，故为王策，欲东收关中，北取上郡，进以奉天人之用，退以惩外夷之乱。数年之间，冀圣汉复存，当挈河陇，奉旧都，以归本朝。生民以来，臣人之执，未有便于此时者也。而王之将吏，群居穴处之徒，人人抵掌，欲为不善之计。遵与孺卿日夜所争，害几及身者，岂一事哉？前计抑绝，后策不从，所以吟啸扼腕，垂涕登车。幸蒙封

---

① 霸陵，在今陕西长安县东。

② 略阳，在今甘肃秦安县东北九十里。

③ 《旧注》："番须口，与回中相近，并在沂。"

④ 《旧注》："鸡头，山道也。鸡，或作笄，一名崆峒山，在原州西。"案唐原州，在今甘肃镇原县。

⑤ 《旧注》："安定乌支县有瓦亭故关，有瓦亭川水，在原州南。"

拜，得延论议，每及西州之事，未尝敢忘孺卿之言。今车
驾大众，已在道路，吴、耿骁将，云集四境，而孺卿有奔
离之卒，拒要阨，当军卫，视其形执何如哉？夫智者觇危
思变，贤者泥而不滓，是以功名终申，策画复得。故夷吾
束缚而相齐，黥布杖剑以归汉，去愚就义，功名并著。今
孺卿当成败之际，遇严兵之锋，可为怖栗。宜断之心胸，
参之有识。"邯得书，沉吟十余日，乃谢士众，归命洛
阳，拜为太中大夫。于是嚣大将十三人，属县十六，众十
余万皆降。王元入蜀求救，嚣将妻子奔西城，①从杨广，而
田弇、李育保上邽。②诏告嚣曰："若束手自诣，父子相
见，保无佗也。高皇帝云：'横来，大者王，小者侯。'
若遂欲为黥布者，亦自任也。"嚣终不降。于是诛其子
恂，使吴汉与征南大将军岑彭围西城，耿弇与虎牙大将军
盖延围上邽，车驾东归。月余，杨广死，嚣穷困。其大将
王捷别在戎丘，登城呼汉军曰："为隗王城守者，皆必死
无二心。愿诸军亟罢，请自杀以明之。"遂自刎颈死。数
月，王元、行巡、周宗将蜀救兵五千余人，乘高卒至，鼓
噪大呼曰："百万之众方至。"汉军大惊，未及成陈，元
等决围，殊死战，遂得入城，迎嚣归冀。③会吴、汉等食尽
退去，于是安定、北地、天水、陇西，复反为嚣。

　　九年春，嚣病且饿，出城餐糗糒，恚愤而死。王元、

---

①　西城，在今陕西安康县西北。

②　上邽，在今甘肃天水县西南。

③　冀，今甘肃伏羌县。

周宗，立嚣少子纯为王。明年，来歙、耿弇、盖延等攻破落门，^①周宗、行巡、苟宇、赵恢等将纯降。宗、恢及诸隗分徙京师以东，纯与巡、宇徙弘农，唯王元留为蜀将。及辅威将军臧宫破延岑，元举众诣宫降。元字惠孟，初拜上蔡令，迁东平相，坐垦田不实，下狱死。牛邯，字孺卿，狄道人，有勇力才气，雄于边垂。及降，大司空司直杜林、太中大夫马援并荐之，以为护羌校尉，与来歙平陇右。十八年，纯与宾客数十骑亡入胡，至武威，捕得，诛之。

论曰：隗嚣援旗纠族，假制明神，迹夫创图首事，有以识其风矣。终于孤立一隅，介于大国，陇坻虽隘，非有百二之执，区区两郡，以御堂堂之锋，至使穷庙策，竭征徭，身殁众解，然后定之。则知其道有足怀者，所以栖有四方之杰，士至投死绝亢而不悔者矣。夫功全则誉显，业谢则衅生，回成丧而为其议者，或未闻焉。若嚣命会符运，敌非天力，虽坐论西伯，岂多嗤乎？

公孙述，字子阳，扶风茂陵人也。^②哀帝时，以父任为郎。后父仁为河南都尉，而述补清水长。^③仁以述年少，遣门下掾随之官。月余，掾辞归，白仁曰："述非待教者也。"后太守以其能，使兼摄五县。政事修理，奸盗不发，郡中谓有鬼神。王莽、天凤中，为导江卒正，居临

---

① 《旧注》："落门，聚名也。有落门谷水，在秦州伏羌县西。"案伏羌，今为县，属甘肃。

② 茂陵，在陕西兴平县东北。

③ 清水，在甘肃清水县西。

邛，复有能名。及更始立，豪杰各起其县以应汉，南阳人宗成自称虎牙将军，入略汉中；又商人王岑，亦起兵于雒县。①自称定汉将军，杀王莽庸部牧以应成，众合数万人。述闻之，遣使迎成等。成等至成都，虏掠暴横。述意恶之，召县中豪杰谓曰："天下同苦新室，思刘氏久矣。故闻汉将军到，驰迎道路。今百姓无辜而妇子系获，室屋烧燔，此寇贼，非义兵也。吾欲保郡自守，以待真主。诸卿欲并力者即留，不欲者便去。"豪杰皆叩头曰："愿效死。"述于是使人诈称汉使者自东方来，假述辅汉将军、蜀郡太守兼益州牧印绶。乃选精兵千余人，西击成等。比至成都，众数千人，遂攻成，大破之。成将垣副杀成，以其众降。二年秋，更始遣柱功侯李宝、益州刺史张忠，将兵万余人徇蜀、汉。述恃其地险众附，有自立志，乃使其弟恢于绵竹击宝、忠，大破走之。由是威震益部。

功曹李熊说述曰："方今四海波荡，匹夫横议。将军割据千里，地什汤武，若奋威德以投天隙，霸王之业成矣。宜改名号，以镇百姓。"述曰："吾亦虑之，公言起我意。"于是自立为蜀王，都成都。蜀地肥饶，兵力精强，远方士庶多往归之，邛、笮君长，皆来贡献。李熊复说述曰："今山东饥馑，人庶相食，兵所屠灭，城邑丘墟。蜀地沃野千里，土壤膏腴，果实所生，无谷而饱。女工之业，覆衣天下。名材、竹干、器械之饶，不可胜用。又有鱼盐、铜银之利，浮水转漕之便。北据汉中，杜褒、

---

① 雒县，今四川广汉县。

斜之险，东守巴郡，拒扞关之口；①地方数千里，战士不下百万。见利则出兵而略地，无利则坚守而力农。东下汉水，以窥秦地，南顺江流，以震荆、扬。所谓用天因地，成功之资。今君王之声，闻于天下，而名号未定，志士狐疑，宜即大位，使远人有所依归。”述曰：“帝王有命，吾何足以当之？”熊曰：“天命无常，百姓与能。能者当之，王何疑焉？”述梦有人语之曰：“八厶子系，十二为期。”觉，谓其妻曰：“虽贵而祚短，若何？”妻对曰：“朝闻道，夕死尚可，况十二乎？”会有龙出其府，殿中夜有光耀，述以为符瑞，因刻其掌，文曰“公孙帝”。建武元年，四月，遂自立为天子。号成家，色尚白。建元曰龙兴元年。以李熊为大司徒，以其弟光为大司马，恢为大司空。改益州为司隶校尉，蜀郡为成都尹。越巂②任贵，亦杀王莽大尹而据郡降。述遂使将军侯丹开白水关，③北守南郑，将军任满从阆中④下江州，⑤东据扞关，于是尽有益州之地。

自更始败后，光武方事山东，未遑西伐，关中豪杰吕鲔等，往往拥众以万数，莫知所属，多往归述，皆拜为将军。遂大作营垒，陈车骑，肄习战射，会聚兵甲数十万

---

① 扞关，在湖北长汤县西。
② 越巂郡治邛都，在今四川西昌县东南。
③ 白水关在陕西宁羌县境。
④ 阆中县，在今四川阆中县西。
⑤ 江州县，即今四川巴县。

人，积粮汉中，筑官南郑。又造十层赤楼帛兰舡①。多刻天下牧守印章，备置公卿百官。使将军李育、程乌将数万众出陈仓，与李鲔徇三辅。三年，征西将军冯异击鲔、育于陈仓，大败之。鲔、育奔汉中。五年，延岑、田戎为汉兵所败，皆亡入蜀。岑字叔牙，南阳人。始起据汉中，又拥兵关西，关西所在破散，走至南阳，略有数县。戎，汝南人。②初起兵夷陵，③转寇郡县，众数万人。岑戎并与秦丰合，丰俱以女妻之。及丰败，故二人皆降于述。述以岑为大司马，封汝宁王，戎翼江王。六年，述遣戎与将军任满出江关，④下临沮、夷陵间，⑤招其故众，因欲取荆州诸郡，竟不能克。

是时述废铜钱，置铁官钱，百姓货币不行。蜀中童谣言曰："黄牛白腹，五铢当复。"好事者窃言王莽称黄，述自号白，五铢钱，汉货也，言天下当并还刘氏。述亦好为符命鬼神瑞应之事，妄引谶记，以为"孔子作《春秋》为赤制而断十二公。明汉至平帝十二代，历数尽也，一姓不得再受命。又引《箓运法》曰：'废昌帝，立公孙。'《括地象》曰：'帝轩辕受命，公孙氏握。'《援神契》曰：'西太守，乙卯金。'谓西方太守而乙绝卯金也。五德之运，黄承赤而白继黄，金据西方为白德，而代王氏，

---

① 《旧注》："盖以帛饰其兰槛也。"

② 郡名，治市舆，在今河南汝南县东南六十里。

③ 今湖北宜昌县。

④ 在荆门虎牙二山间。

⑤ 临沮，在今湖北当阳县西北。

得其正序。"又自言手文有奇，及得龙兴之瑞，数移书中国，冀以感动众心。帝患之，乃与述书曰："图谶言公孙，即宣帝也。代汉者当涂高，君岂高之身邪？乃复以掌文为瑞，王莽何足效乎？君非吾贼臣乱子，仓卒时人，皆欲为君事耳，何足数也！君日月已逝，妻子弱小，当早为定计，可以无忧。天下神器，不可力争，宜留三思。，'署曰公孙皇帝。述不答。

明年，隗嚣称臣于述，述骑都尉平陵人荆邯见东方渐平，兵且西向，说述曰："兵者，帝王之大器，古今所不能废也。昔秦失其守，豪杰并起，汉祖无前人之迹，立锥之地，起于行阵之中，躬自奋击，兵破身困者数矣。然军败复合，创愈复战。何则？前死而成功，逾于却就于灭亡也。隗嚣遭遇运会，割有雍州，兵强士附，威加山东。遇更始政乱，复失天下，众庶引领，四方瓦解。嚣不及此时推危乘胜，以争天命，而退欲为西伯之事，尊师章句，宾友处士，偃武息戈，卑辞事汉，喟然自以为武王复出也。令汉帝释关陇之忧，专精东伐，四分天下而有其三，使西州豪杰，咸居心于山东，发间使，召携贰，则五分而有其四；若举兵天水，必至沮溃，天水既定，则九分而有其八。陛下以梁州之地，内奉万乘，外给三军，百姓愁困，不堪上命，将有王氏自溃之变。臣之愚计，以为宜及天下之望未绝，豪杰尚可招诱，急以此时发国内精兵，令田戎据江陵，临江南之会，倚巫山之固，筑垒坚守，传檄吴、楚，长沙以南，必随风而靡。令延岑出汉中，定三辅、天水、陇西，拱手自服。如此，海内震摇，冀有大利。"述以问群臣。博士吴柱曰："昔武王伐殷，先观兵孟津，八百诸侯不期同辞，然犹还师以待天命。未闻无左右之助，而欲出师千里之外，以广封疆者也。"邯曰："今东帝无尺土之柄，驱乌合之众，跨马陷敌，所向辄平。不亟乘时与之分功，而坐谈武王之说，是效隗嚣欲为西伯也。"述然邯言，欲悉发北军屯士及山东客兵，使延岑、田戎分出两道，与汉中诸将，合兵并执。蜀人及其弟光以为不宜空国千里之外，决成败于一举，固争之，述乃止。延岑、田戎，亦数请兵立功，终疑不听。述性苛细，察于小事，敢诛杀，而不见大体，好改易郡县官名。然少为郎，习汉家制度，出入法驾，銮旗旄骑，陈置陛戟，然后辇出房闼。又立其两子为王，食犍为、广汉各数县。①群臣多谏，以为成败未可知，戎士暴露而遽王皇子，示无大志，伤战士心。述不听，唯公孙氏得任事，由此大臣皆怨。

八年，帝使诸将攻隗嚣，述遣李育将万余人救嚣。嚣败，并没其军，蜀地闻之恐动。述惧，欲安众心。成都郭外，有秦时旧仓，述改名白帝仓，自王莽以来常空。述即诈使人言白帝仓出谷如山陵，百姓空市里往观之。述乃大会群臣，问曰："白帝仓竟出谷乎？"皆对言"无"。述曰："讹言不可信，道隗王破者复如此矣。"俄而嚣将

---

① 犍为，治僰道，在四川宜宾西南。后汉移治武阳，在四川彭山县东。广汉后汉治雒，今四川广汉县。

王元降，述以为将军。明年，使元与领军环安拒河池，①又遣田戎及大司徒任满、南郡太守程泛将兵下江关，破虏将军冯骏等拔巫②及夷陵、夷道，③因据荆门。④十一年，征南大将军岑彭攻之，满等大败，述将王政斩满首降于彭，田戎走保江州。城邑皆开门降，彭遂长驱至武阳。⑤帝乃与述书，陈言祸福，以明丹青之信。述省书叹息，以示所亲太常常少、光禄勋张隆，隆、少皆劝降。述曰："废兴，命也，岂有降天子哉！"左右莫敢复言。中郎将来歙急攻王元、环安，安使刺客杀歙，述复令刺杀岑彭。十二年，述弟恢及子婿史兴，并为大司马吴汉、辅威将军臧宫所破，战死。自是将帅恐惧，日夜离叛，述虽诛灭其家，犹不能禁。帝必欲降之，乃下诏喻述曰："往年诏书比下，开示恩信，勿以来歙、岑彭受害自疑。今以时自诣，则家族完全；若迷惑不喻，委肉虎口，痛哉奈何！将帅疲倦，吏士思归，不乐久相屯守，诏书手记，不可数得，朕不食言。"述终无降意。九月，吴汉又破。斩其大司徒谢丰、执金吾袁吉，汉兵遂守成都。述谓延岑曰："事当奈何？"岑曰："男儿当死中求生，可坐穷乎？财物易聚耳，不宜有爱。"述乃悉散金帛，募敢死士五千余人，以配岑于市桥，伪建旗帜，鸣鼓挑战，而潜遣奇兵出

---

① 河池，在今甘肃徽县西。

② 巫，今四川巫山县。

③ 夷道，在今湖北宜都县西北。

④ 荆门，山名，在湖北宜都县西北五十里。

⑤ 武阳，在四川彭山县东十里。

吴汉军后，袭击，破汉，汉堕水，缘马尾得出。十一月，臧宫军至成门。述视占书云："虏死城下"，大喜，谓汉等当之。乃自将数万人攻汉，使延岑拒宫。大战，岑三合三胜，自旦及日中，军士不得食，并疲。汉因令壮士突之，述兵大乱，被刺洞胸，堕马，左右舆入城，述以兵属延岑，其夜死。明旦，岑降。吴汉乃夷述妻子，尽灭公孙氏，并族延岑。遂放兵大掠，焚述宫室。帝闻之，怒，以谴汉；又让汉副将刘尚曰："城降三日，吏人从服，孩儿老母，口以万数，一旦放兵纵火，闻之可为酸鼻。尚宗室子孙，尝更吏职，何忍行此？仰视天，俯视地，观放麑啜羹，二者孰仁，①良失斩将吊人之义也。"初常少、张隆劝述降，不从，并以忧死。帝下诏追赠少为太常，隆为光禄勋，以礼改葬之。其忠节志义之士，并蒙旌显。程乌、李育，以有才干，皆擢用之。于是西土感悦，莫不归心焉。

论曰：昔赵佗自王番禺，公孙亦窃帝蜀汉，推其无他功能，而至于后亡者，将以地边处远，非王化之所先乎。述虽为汉吏，无所冯资，徒以文俗自憙，遂能集其志计，道未足而意有余，不能因隙立功，以会时变，方乃坐饰边幅，以高深自安，昔吴起所以惭魏侯也。及其谢臣属，审废兴之命，与夫泥首衔玉者，异日谈也。

赞曰：公孙习吏，隗王得士。汉命已还，二隅方蹗。

---

① 《旧注》："韩子曰：孟孙猎得麑，使秦西巴持之，其母随而呼，秦西巴不忍，而与其母。《战国策》曰：乐羊为魏将，而攻中山，其子在中山，中山君烹其子，而遗之羹，乐羊啜之尽一杯，而攻拔中山。"

天数有违，江山难恃。

此篇为群雄传之最有精神者，故选之。范晔以谋反诛，盖亦数奇尚气之徒，故于嚣、述皆深致惋惜之意。立意稍失之偏，然革易之际，乘时崛起者，亦多有才略德泽，以与兴朝相距，莫为表章，遂致湮没。范书立意稍偏，于事转得持平也。

范书列传，多载书疏，盖取其文辞之美也。以史裁论，或少伤于尤，然以文章论自极美。

《后汉书·马援列传》

马援，字文渊，扶风茂陵人也。①其先赵奢为赵将，号曰马服君，子孙因为氏。武帝时，以吏二千石，自邯郸徒焉。曾祖父通，以功封重合侯，坐兄何罗反，被诛，故援再世不显。援三兄：况、余、员，并有才能，王莽时，皆为二千石。援年十二而孤，少有大志，诸兄奇之。尝受《齐诗》，意不能守章句，乃辞况，欲就边郡田牧。况曰："汝大才，当晚成，良工不示人以朴，且从所好。"会况卒，援行服春年，不离墓所，敬事寡嫂，不冠不入庐。后为郡督邮，送囚至司命府，②囚有重罪，援哀而纵之，遂亡命北地。遇赦，因留牧畜，宾客多归附者，遂役属数百家。转游陇汉间，尝谓宾客曰："丈夫为志，穷当益坚，老当益壮。"因处田牧，至有牛马羊数千头，谷数万斛。既而叹曰："凡殖货财产，贵其能施赈也，否则守钱虏耳！"乃尽散以班昆弟故旧，身衣羊裘皮绔。王莽末，四方兵起，莽从弟卫将军林广招雄俊，乃辟援及同县

① 茂陵，见前。

② 《旧注》："王莽置司命官，上公以下皆纠察。"

原涉为掾，荐之于莽。莽以涉为镇戎大尹，①援为新成大尹。②及莽败，援兄员，时为增山连率，③与援俱去郡，复避地凉州。世祖即位，员先诣洛阳，帝遣员复郡，卒于官。援因留西州，隗嚣甚敬重之，以援为绥德将军，与决筹策。

是时公孙述称帝于蜀，嚣使援往观之。援素与述同里闬，相善，以为既至当握手欢如平生，而述盛陈陛卫，以延援入，交拜礼毕，使出就馆，更为援制都布单衣、④交让冠，会百官于宗庙中，立旧交之位。述鸾旗旄骑，警跸就车，磬折而入，礼飨官属甚盛，欲授援以封侯大将军位。宾客皆乐留，援晓之曰："天下雄雌未定，公孙不吐哺走迎国士，与图成败，反修饰边幅，如偶人形。此子何足久稽天下士乎？"因辞归，谓嚣曰："子阳井底蛙耳！而妄自尊大，不如专意东方。"建武四年冬，嚣使援奉书洛阳。援至，引见于宣德殿。世祖迎，笑谓援曰："卿遨游二帝间，今见卿，使人大惭。"援顿首辞谢，因曰："当今之世，非独君择臣也，臣亦择君矣。臣与公孙述同县，少相善。臣前至蜀，述陛戟而进臣。臣今远来，陛下何知非刺客奸人，而简易若是？"帝复笑曰："卿非刺客，顾说客耳。"援曰："天下反复，盗名字者不可胜数，今见

①《旧注》："王莽改天水为镇戎，改太守为大尹。"

②《旧注》："莽改汉中为新成。"

③《旧注》："莽改上郡为增山。连率，亦太守也。莽法：典郡者，公为牧，侯称卒正，伯称连率；其无封爵者为尹也。"

④《旧注》："《东观记》曰'都作答'，见《史记·货殖传》。"

陛下，恢廓大度，同符高祖，乃知帝王自有真也。"帝甚
壮之。援从南幸黎丘，转至东海，及还，以为待诏，使
太中大夫来歙持节送援西归陇右。隗嚣与援共卧起，问以
东方流言及京师得失。援说嚣曰："前到朝廷，上引见数
十，每接谈，语自夕至旦，才明勇略，非人敌也。且开心
见诚，无所隐伏，阔达多大节，略与高帝同。经学博览，
政事文辩，前世无比。"嚣曰："卿谓何如高帝？"援
曰："不如也。高帝无可无不可，今上好吏事，动如节
度，又不喜饮酒。"嚣意不怿，曰："如卿言，反复胜
邪？"然雅信援，故遂遣长子恂入质，援因将家属随恂归
洛阳。

居数月，而无它职任。援以三辅地旷土沃，而所将
宾客猥多，乃上书求屯田上林苑中，帝许之。会隗嚣用王
元计，意更狐疑，援数以书记责譬于嚣。嚣怨援背己，得
书增怒，其后遂发兵拒汉。援乃上疏曰："臣援自念归身
圣朝，奉事陛下，本无公辅一言之荐，左右为容之助。臣
不自陈，陛下何因闻之？夫居前不能令人轻，居后不能令
人轩，与人怨不能为人患，臣所耻也。故敢触冒罪忌，昧
死陈诚。臣与隗嚣，本实交友。初，嚣遣臣东，谓臣曰：
'本欲为汉，愿足下往观之；于汝意可，即专心矣。'及
臣还反，报以未心，实欲导之于善，非敢谤以非义。而嚣
自挟奸心，盗憎主人，怨毒之情，遂归于臣。臣欲不言，
则无以上闻。愿听诣行在所，极陈灭嚣之术，得空匈腹，
申愚策，退就陇亩，死无所恨。"帝乃召援计事，援具言
谋画，因使援将突骑五千，往来游说嚣将高峻、任禹之

属，下及羌豪，为陈祸福，以离嚣支党。援又为书与嚣将杨广，使晓劝于嚣，曰："春卿无恙，前别冀南，寂无音驿。援间还长安，因留上林，窃见四海已定，兆民同情，而季孟闭拒背畔，为天下表的。常惧海内切齿，思相屠裂，故遗书恋恋，以致恻隐之计。乃闻季孟归罪于援，而纳王游翁谄邪之说，① 自谓函谷以西，举足可定，以今而观，竟何如邪？援间至河内，过存伯春，见其奴吉从西方还，说伯春小弟仲舒望见吉，欲问伯春无它否，竟不能言，晓夕号泣，婉转尘中，又说其家悲愁之状，不可言也。夫怨仇可刺不可毁，援闻之，不自知其泣下也。援素知季孟孝爱，曾、闵不过。夫孝于其亲，岂不慈于其子？可有子抱三木，而跳梁妄作，自同分羹之事乎？季孟平生自言所以拥兵众者，欲以保全父母之国而完坟墓也，又言苟厚士大夫而已。而今所欲全者将破亡之，所欲完者将毁伤之，所欲厚者将反薄之。季孟尝折愧子阳而不受其爵，今更共陆陆，欲往附之，将难为颜乎？若复责以重质，当安从得子主给是哉？往时子阳独欲以王相待，而春卿拒之；今者归老，更欲低头与小儿曹共槽枥而食，并肩侧身于怨家之朝乎？男儿溺死何伤而拘游哉！今国家待春卿意深，宜使牛孺卿与诸耆老大人共说季孟，若计划不从，真可引领去矣。前披舆地图，见天下郡国百有六所，奈何欲以区区二邦，以当诸夏百有四乎？春卿事季孟，外有君臣之义，内有朋友之道。言君臣邪，固当谏争；语朋友邪，

---

① 游翁，王元也，按王元字惠孟，见前《隗嚣传》。

应有切磋。岂有知其无成，而但萎腰咋舌，[①]又手从族乎？及今成计，殊尚善也，过是，欲少味矣。[②]且来君叔天下信士，朝廷重之，其意依依，常独为西州言。援商朝廷，尤欲立信于此，必不负约。援不得久留，愿急赐报。"广竟不答。八年，帝自西征嚣，至漆，诸将多以王师之重，不宜远入险阻，计尢豫未决。会召援，夜至，帝大喜，引入，具以群议质之。援因说隗嚣将帅有土崩之执，兵进有必破之状。又于帝前聚米为山谷，指画形执，开示众军所从道径，往来分析，曲折昭然可晓。帝曰："虏在吾目中矣。"明旦遂进军，至第一，[③]嚣众大溃。

九年，拜为太中大夫，副来歙监诸将平凉州。自王莽末，西羌寇边，遂入居塞内，金城属县，多为虏有。来歙奏言陇西侵残，非马援莫能定。十一年夏，玺书拜援陇西太守。援乃发步骑三千人，击破先零羌于临洮，[④]斩首数百级，获马牛羊万余头。守塞诸羌八千余人诣援降。诸种有数万，屯聚寇钞，拒浩亹隘。[⑤]援与扬武将军马成击之，羌因将其妻子辎重，移阻于允吾谷。援乃潜行间道，掩赴其营。羌大惊溃，复远徙唐翼谷中，援复追讨之。羌引精兵聚北山上，援陈军向山，而分遣数百骑绕袭其后，乘夜放火，击鼓叫噪，虏遂大溃，凡斩首千余级。援以兵

---

① 《旧注》："萎腰，耎弱也。"
② 《旧注》："以食为谕。"
③ 《续汉志·郡国志》："高平有第一城。高平见《隗嚣传》。"
④ 今甘肃岷县治。
⑤ 在今甘肃矿伯县东。

少，不得穷追，收其谷粮畜产而还。援中矢贯胫，帝以玺书劳之，赐牛羊数千头。援尽班诸宾客。是时朝臣以金城破羌之西，涂远多寇，议欲弃之。援上言："破羌以西，城多完牢，易可依固，其田土肥壤，灌溉流通，如令羌在湟中，则为害不休，不可弃也。"帝然之。于是诏武威太守，令悉还金城客民。归者三千余口，使各反旧邑。援奏为置长吏，缮城郭，起坞候，开导水田，劝以耕牧，郡中乐业。又遣羌豪杨封譬说塞外羌，皆来和亲。又武都氐人背公孙述来降者，援皆上复其侯王君长，赐印绶，帝悉从之。乃罢马成军。十三年，武都参狼羌与塞外诸种为寇，杀长吏。援将四千余人击之。至氐道县，①羌在山上，援军据便地，夺其水草，不与战，羌遂穷困，豪帅数十万户亡出塞，诸种万余人悉降，于是陇右清静。援务开宽信，恩以待下，任吏以职，但总大体而已。宾客故人日满其门。诸曹时自外事，援辄曰："此丞掾之任，何足相烦？颇哀老子，使得遨游，若大姓侵小民，黠羌欲旅距，此乃太守事耳。"傍县尝有报仇者，吏民惊言羌反，百姓奔入城郭。狄适②长诣门，请闭城发兵。援时与宾客饮，大笑曰："烧虏何敢复犯我？晓狄道长，归守寺舍，良怖急者，可床下伏。"后稍定，郡中服之。视事六年，征入为虎贲中郎将。初援在陇西上书，言宜如旧转五铢钱，事下三府，三府奏以为未可许，事遂寝。及援还，从公府求得前奏难

---

① 氐道县在今甘肃清山县西南。
② 狄道在今甘肃狄道县西南。

十余条，乃随牒解释，更具表言。帝从之，天下赖其便。援自还京师，数被进见。为人明须发，眉目如画。闲于进对，尤善述前世行事。每言及三辅长者，下至闾里少年，皆可观听。自皇太子诸王侍闻者，莫不属耳忘倦。又善兵策，帝常言伏波论兵，与我意合。每有所谋，未尝不用。

初，卷人维汜，妖言称神，有弟子数百人，坐伏诛。后其弟子李广等官言，汜神化不死，以诳惑百姓。十七年，遂共聚会徒党，攻没皖城，杀皖侯刘闵，自称"南岳太师"。遣谒者张宗将兵数千人讨之，复为广所败，于是使援发诸郡兵，合万余人，击破广等，斩之。又交趾女子征侧及女弟征贰反，①攻没其郡。九真、②日南、③合浦④蛮夷皆应之，寇略岭外六十余城。倒自立为王，于是玺书拜援伏波将军，以扶乐侯刘隆为副，督楼船将军段志等，南击交趾。军至合浦而志病卒，诏援并将其兵。遂缘海而进，随山刊道千余里。十八年春，军至浪泊上，与贼战，破之，斩首数千级，降者万余人。援追征侧等至禁溪，数败之，贼遂散走。明年，正月，斩征侧、征贰，传首洛阳。封援为新息侯，食邑三千户。援乃击牛酾酒，劳飨军士。从容谓官属曰："吾从弟少游，常哀吾慷慨多大志，曰：'士生一世，但取衣食裁足，乘下泽车，⑤御款段

---

① 交趾，郡名，今安南北部。

② 九真，郡名，今安南河内以南，顺化以北，清华、又安等处。

③ 日南，郡名，今安南南部。

④ 合浦，郡名，今广东钦廉雷等处。

⑤ 《旧注》："《周礼》曰：车人为身，行泽者欲短毂，行山者欲长

马，①为郡掾史，守坟墓，乡里称善人，斯可矣。致求盈余，但自苦耳。'当吾在浪泊、西里间，虏未灭之时，下潦上雾，毒气重蒸，仰祝飞鸢，②跕跕堕水中，卧念少游平生时语，何可得也？今赖士大夫之力，被蒙大恩，猥先诸君，纡佩金紫，且喜且惭。"吏士皆伏称万岁。援将楼船大小二千余艘，战士二万余人，击九真贼征侧余党都羊等，自无功至居风，③斩获五千余人，峤南悉平。援奏言西于县④户有三万二千，远界去庭⑤千余里，请分为封溪、望海二县，许之。援所遇辄为郡县治城郭，穿渠灌溉，以利其民。条奏越律与汉律驳者十余事，与越人申明旧制，以约束之。自后骆越奉行马将军故事。二十年秋，振旅还京师，军吏经瘴疫，死者十四五，赐援兵车一乘，朝见位次九卿。

援好骑，善别名马，于交阯得骆越铜鼓，乃铸为马式，还上之，因表曰："夫行天莫如龙，行地莫如马。马者，甲兵之本，国之大用。安宁则以别尊卑之序，有变则以济远近之难。昔有骐骥，一日千里，伯乐见之，昭然不惑。近世有西河子舆，亦明相法。子舆传西河仪长孺，长孺传茂陵丁君都，君都传成纪杨子阿，臣援尝师事子阿，

毂，短毂则利，长毂则安也。"

① 《旧注》："款犹缓也，言行段迟缓也。"

② 《旧注》："鸢，鸱也。"

③ 无功，居风，二县名，并属九真郡。

④ 西于县，属交阯。

⑤ 庭，郡治公庭也。

受相马骨法，考之于行事，辄有验效。臣愚以为传闻不如亲见，视景不如察形。今欲形之于生马，则骨法难备具，又不可传之于后。孝武皇帝时，善相马者东门京铸作铜马法①献之，有诏立马于鲁班门外，则更名鲁班门曰金马门。臣谨依仪氏䩭，中帛氏口齿，谢氏唇鬐，丁氏身中，备此数家骨相以为法。"马高三尺五寸，围四尺四寸。有诏，置于宣德殿下，以为名马式焉。

初，援军还，将至，故人多迎劳之。平陵人孟冀，名有计谋，于坐贺援。援谓之曰："吾望子有善言，反同众人邪？昔伏波将军路博德，开置七郡，裁封数百户；今我微劳，猥飨大县，功薄赏厚，何以能长久乎？先生奚用相济？"冀曰："愚不及。"援曰："方今匈奴、乌桓，尚扰北边，欲自请击之，男儿要当死于边野，以马革裹尸还葬耳。何能卧床上，在儿女子手中邪？"冀曰："谅为烈士，当如此矣。"还月余，会匈奴、乌桓寇扶风，援以三辅侵扰，园陵危逼，因请行，许之。自九月至京师，十二月，复出屯襄国，诏百官祖道。援谓黄门郎梁松、窦固曰："凡人为贵，当使可贱，如卿等欲不可复贱，居高坚自持，勉思鄙言。"松后果以贵满致灾，固亦几不免。明年秋，援乃将三千骑出高柳，行雁门、代郡、上谷障塞，乌桓候者见汉军至，虏遂散去，援无所得而还。

援尝有疾，梁松来候之，独拜床下，援不答。松去后，诸子问曰："梁伯孙帝婿，贵重朝廷，公卿以下，

---

① 法，犹今言模型。

莫不惮之，大人奈何独不为礼？"援曰："我乃松父友也。虽贵，何得失其序乎？"松由是恨之。二十四年，武威将军刘尚击武陵①五溪蛮夷，②深入，军没，援因复请行。时年六十二，帝愍其老，未许之。援自请曰："臣尚能被甲上马。"帝令试之，援据鞍顾眄，以示可用。帝笑曰："矍铄哉，是翁也！"遂遣援率中郎将马武、耿舒、刘匡、孙永等，将十二郡募士及弛刑四万余人征五溪。援夜与送者诀，谓友人谒者杜愔曰："吾受厚恩，年迫余日索，常恐不得死国事，今获所愿，甘心瞑目，但畏长者家儿，或在左右，或与从事，殊难得调，介介独恶是耳。"明年春，军至临乡，③遇贼攻县，援迎击，破之，斩获二千余人，皆散走入竹林中。初，军次下隽，④有两道可入，从壶头⑤则路近而水崄，从充⑥则涂夷而运远，帝初以为疑，及军至，耿舒欲从充道，援以为弃日费粮，不如进壶头，扼其喉咽，充贼自破。以事上之，帝从援策。三月，进营壶头。贼乘高守隘，水疾，舡不得上。会暑甚，士卒多疫死，援亦中病，遂困，乃穿岸为室，以避炎气。贼每升险鼓噪，援辄曳足以观之，左右哀其壮意，莫不为之流涕。

---

① 武陵后汉治临沅，在湖南常德县西。
② 《旧注》："郦元注《水经》，武陵有五溪，谓雄溪、满溪、西溪、沅溪、辰溪。"
③ 临乡，在湖南常德古城山，即沅南故城。
④ 下隽，在今湖南沅陵县东北。
⑤ 壶头，山名，在湖南沅陵县境。
⑥ 充，在今湖南大庸县西。

耿舒与兄好畤侯弇书曰："前舒上书，当先击充，粮虽难运，而兵马得用，军人数万，争欲先奋。今壶头竟不得进，大众怫郁行死，诚可痛惜。前到临乡，贼无故自致，若夜击之，即可歼灭。伏波类西域贾胡，到一处辄止，以是失利。今果疾疫，皆如舒言。"弇得书，奏之。帝乃使虎贲中郎将梁松乘驿责问援，因代监军，会援病卒，松宿怀不平，遂因事陷之，帝大怒，追收援新息侯印绶。

初，兄子严敦，并喜讥议，而通轻侠客。援前在交趾，还书诫之曰："吾欲汝曹闻人过失，如闻父母之名，耳可得闻，口不可得言也。好论议人长短，妄是非正法，此吾所大恶也，宁死不愿闻子孙有此行也。汝曹知吾恶之甚矣，所以复言者，施衿结缡，申父母之戒，欲使汝曹不忘之耳。龙伯高郭厚周慎，口无择言，谦约节俭，廉公有威，吾爱之重之，愿汝曹效之；杜季良豪侠好义，忧人之忧，乐人之乐，清浊无所失，父丧致客，数郡毕至，吾爱之重之，不愿汝曹效也。效伯高不得，犹为谨敕之士，所谓刻鹄不成尚类鹜者也；效季良不得，陷为天下轻薄子，所谓画虎不成反类狗者也。讫今季良尚未可知，郡将下车辄切齿，州郡以为言，吾常为寒心，是以不愿子孙效也。"季良名保，京兆人，时为越骑司马。保仇人上书，讼：保"为行浮薄，乱群惑众，伏波将军万里还书以诫兄子，而梁松、窦固，以之交结，将扇其轻伪，败乱诸夏。"书奏，帝召责松、固，以讼书及援诫书示之，松、固叩头流血，而得不罪。诏免保官。伯高名述，亦京兆

人，为山都长，^①由此擢拜零陵太守。^②

初，援在交趾，常饵薏苡实，用能轻身省欲，以胜瘴气。南方薏苡实大，援欲以为种，军还，载之一车，时人以为南土珍怪，权贵皆望之。援时方有宠，故莫以闻。及卒后，有上书谮之者，以为前所载还，皆明珠文犀。马武与于陵侯侯昱等，皆以章言其状。帝益怒，援妻孥惶惧，不敢以丧还旧茔，裁买城西数亩地，槁葬而已。宾客故人，莫敢吊会，严与援妻子草索相连，诣阙请罪。帝乃出松书以示之，方知所坐，上书诉冤，前后六上，辞甚哀切，然后得葬。又前云阳令同郡朱勃，诣阙上书曰：“臣闻王德圣政，不忘人之功，采其一美，不求备于众。故高祖救蒯通而以王礼葬田横，大臣旷然，咸不自疑。夫大将在外，谗言在内，微过辄记，大功不计，诚为国之所慎也。故章邯畏口而奔楚，燕将据聊而不下。岂其甘心末规哉，悼巧言之伤类也！窃见故伏波将军新息侯马援，拔自西州，钦慕圣义，间关险难，触冒万死，孤立群贵之间，傍无一言之佐，驰深渊，入虎口，岂顾计哉！宁自知当要七郡之使，徼封侯之福邪？八年，车驾西讨隗嚣，国计狐疑，众营未集，援建宜进之策，卒破西州。及吴汉下陇，冀路断隔，唯独狄道为国坚守，士民饥困，寄命漏刻。援奉诏西使，镇慰边众，乃招集豪杰，晓诱羌戎，谋如涌泉，埶如转规，遂救倒悬之急，存几亡之城，兵全师进，

---

① 山都，县名，属南阳郡，在今湖北襄阳县西北。
② 零陵，今湖南零陵县。

因粮敌人，陇、冀略平，而独守空郡，兵动有功，师进辄克。铢锄先零，缘入山谷，猛怒力战，飞矢贯胫。又出征交趾，土多障气，援与妻子生诀，无悔吝之心，遂斩灭征侧，克平一州。间复南讨，立陷临乡，师已有业，未竟而死，吏士虽疫，援不独存。夫战或以久而立功，或以速而致败，深入未必为得，不进未必为非。人情岂乐久屯绝地，不生归哉！惟援得事朝廷二十二年，北出塞漠，南渡江海，触冒害气，僵死军事，名灭爵绝，国土不传。海内不知其过，众庶未闻其毁，卒遇三夫之言，横被诬罔之谗，家属杜门，葬不归墓，怨隙并兴，宗亲怖栗。死者不能自列，生者莫为之讼，臣窃伤之。夫明主酿于用赏，约于用刑。高祖尝与陈平金四万斤以间楚军，不问出入所为，岂复疑以钱谷间哉？夫操孔父之忠，而不能自免于谗，此邹阳之所悲也。诗云：‘取彼谗人，投畀豺虎。豺虎不食，投畀有北。有北不受，投畀有昊。’此言欲令上天而平其恶。惟陛下留思竖儒之言，无使功臣，怀恨黄泉。臣闻《春秋》之义，罪以功除；圣王之祀，①臣有五义。若援，所谓以死勤事者也。愿下公卿，平援功罪，宜绝宜续，以厌海内之望。臣年已六十，常伏田里，窃感栾布哭彭越之义，冒陈悲愤，战栗阙庭。”书奏，报，归田里。勃字叔阳，年十二，能诵诗书，常候援兄况。勃衣方

---

① 《旧注》：“《礼记》曰：夫圣王之制祀也，法施于人则祀之，以死勤事则祀之，以劳定国则祀之，能御大灾则祀之，能捍大患则祀之。”案见《祭法》篇。

领，能矩步，辞言娴雅，援裁知书，见之自失。况知其意，乃自酌酒慰援曰："朱勃小器速成，智尽此耳，卒当从汝禀学，勿畏也。"朱勃未二十，右扶风请试守渭城宰，及援为将军，封侯，而勃位不过县令。援后虽贵，常待以旧恩，而卑侮之，勃愈身自亲，及援遇谗，唯勃能终焉。肃宗即位，追赐勃子谷二千斛。

初，援兄子婿王磐子石，①王莽从兄平阿侯仁之子也。莽败，磐拥富贵居故国，为人尚气节，而爱士好施，有名江淮间。后游京师，与卫尉阴兴、大司空朱浮、齐王章共相友善。援谓姊子曹训曰："王氏，废姓也，子石当屏居自守，而反游京师长者，用气自行，多所陵折，其败必也。"后岁余，磐果与司隶校尉苏邺、丁鸿事相连，坐死洛阳狱。而磐子肃，复出入北宫及王侯邸第。援谓司马吕种曰："建武之元，名为天下重开。自今以往，海内日当安耳。但忧国家诸子并壮，而旧防未立，若多通宾客，则大狱起矣。卿曹戒慎之。"及郭后薨，有上书者，以为肃等受诛之家，客因事生乱，虑致贯高、任章之变。②帝怒，乃下郡县收捕诸王宾客，更相牵引，死者以千数。吕种亦豫其祸，临命，叹曰："马将军诚神人也。"

永平初，援女立为皇后。显宗图画建武中名臣列将于云台，以椒房故，独不及援。东平王苍观图，言于帝曰：

---

① 子石，盘字也。

② 《旧注》："张敖为赵王，相贯高，高祖不礼赵王，高耻之，置人壁中，欲害高祖。又任章父宣，霍氏女婿，坐谋反诛，宣帝祠昭帝庙，章乃玄服，夜入庙，待帝至，欲为逆，发觉，伏诛。并见《前书》。"

"何故不画伏波将军像？"帝笑而不言。至十七年，援夫人卒，乃更修封树，起祠堂。建初三年，肃宗使五官中郎将持节追策，谥援曰忠成侯。四子：廖、防、光、客卿。客卿幼而岐嶷，年六岁，能应接诸公，专对宾客。尝有死罪亡命者来过，客卿逃匿，不令人知。外若讷而内沉敏，援甚奇之，以为将相器，故以客卿字焉。援卒后，客卿亦夭没。

论曰：马援腾声三辅，遨游二帝，及定节立谋，以干时主，将怀负鼎之愿，盖为千载之遇焉。然其戒人之祸，智矣，而不能自免于谗隙。岂功名之际，理固然乎？夫利不在身，以之谋事则智；虑不私己，以之断义必厉；诚能回观物之智，而为反身之察，若施之于人则能恕，自鉴其情亦明矣。

廖字敬平，少以父任为郎。明德皇后既立，拜廖为羽林左监、虎贲中郎将。显宗崩，受遗诏典掌门禁，遂代赵熹为卫尉，肃宗甚尊重之。时皇太后躬履节俭，事从简约，廖虑美业难终，上疏长乐宫，以劝成德政，曰："臣案前世诏令，以百姓不足，起于世尚奢靡，故元帝罢服官，①成帝御浣衣，哀帝去乐府，②然而侈费不息，至于衰乱者，百姓从行不从言也。夫改政移风，必有其本。《传》曰：'吴王好剑客，百姓多创瘢；楚王好细腰，宫中多饿死。'长安语曰：'城中好高髻，四方高一尺；城中好广眉，四方且半额；城中好大袖，四方全匹帛。'斯

---

① 《旧注》："《前书音义》曰：'齐国旧有三服之官。'"
② 《旧注》："哀帝即位，诏罢郑卫之音，减郊祭及武乐等人数也。"

言如戏，有切事实。前下制度，未几，后稍不行。虽或吏不奉法，良由慢起京师。今陛下躬服厚缯，斥去华饰，素简所安，发自圣性。此诚上合天心，下顺民望，浩大之福，莫尚于此。陛下既已得之自然，犹宜加以勉勖。法太宗之隆德，戒成、哀之不终。《易》曰：'不恒其德，或承之羞。'诚令斯事一竟，则四海诵德，声熏天地。神明可通，金石可勒，而况于行仁心乎？况于行令乎？愿置章坐侧，以当瞽人夜诵之音。"太后深纳之，朝廷大议，辄以询访。

廖性质诚畏慎，不爱权执声名，尽心纳忠，不屑毁誉。有司连据旧典，奏封廖等，累让，不得已，建初四年，遂受封为顺阳侯，以特进就第。每有赏赐，辄辞让不敢当。京师以是称之。子豫，为步兵校尉。太后崩后，马氏失执，廖性宽缓，不能教勒子孙，豫遂投书怨诽。又防、光奢侈，好树党与。八年，有司奏免豫，遣廖、防、光就封。豫随廖归国，考击物故。后诏还廖京师。永元四年，卒。和帝以廖先帝之舅，厚加赠赗，使者吊祭，王主会丧，谥曰哀侯。子遵嗣，徙封程乡侯。遵卒，无子，国除。元初三年，邓太后诏封廖孙度为颍阳侯。

防，字江平，永平十二年，与弟光俱为黄门侍郎。肃宗即位，拜防中郎将，稍迁城门校尉。建初二年，金城、陇西保塞羌皆反，拜防行车骑将军事，以长水校尉耿恭副，将北军五校兵及诸郡积射士三万人击之。军到冀，而羌豪布桥等围南部都尉于临洮，防欲救之，临洮道险，车骑不得方驾，防乃别使两司马将数百骑，分为前后军，去临洮十余里为大营，多树幡帜，扬言大兵旦当进。羌候见之驰还，言汉兵盛，不可当。明旦，遂鼓噪而前，羌虏惊走，因追击破之，斩首虏四千余人，遂解临洮围。防开以恩信，烧当种皆降，唯布桥等二万余人，在临洮西南望曲谷。十二月，羌又败耿恭司马及陇西长史于和罗谷，死者数百人。明年，春，防遣司马夏骏将五千人从大道向其前，潜遣司马马彭将五千人从间道卫其心腹，又令将兵长史李调等将四千人绕其西，三道俱击，复破之，斩获千余人，得牛羊十余万头。羌退走。夏骏追之，反为所败。防乃引兵与战于索西，① 又破之。布桥迫急，将种人万余降。诏征防还，拜车骑将军，城门校尉如故。

防贵宠最盛，与九卿绝席。光自越骑校尉迁执金吾。四年，封防颍阳侯，光为许阳侯，兄弟二人，各六千户。防以显宗寝疾，入参医药，又平定西羌，增邑千三百五十户，屡上表让位，俱以特进就第。皇太后崩，明年，拜防光禄勋，光为卫尉，防数言政事，多见采用。是冬，始施行《十二月迎气乐》，防所上也。子巨，为常从小侯。② 六年正月，以巨当冠，特拜为黄门侍郎。肃宗亲御章台下殿，陈鼎俎，自临冠之。明年，防复以病乞骸骨，诏赐故中山王田庐，以特进就第。

防兄弟贵盛，奴婢各千人已上，资产巨亿，皆买京师膏腴美田，又大起第观，连阁临道，弥亘街路，多聚声

---

① 索西，在今甘肃岷县东北。

② 《旧注》："以小侯，故得常从也。"

乐，曲度比诸郊庙。①宾客奔凑，四方毕至。京兆杜笃之徒数百人，常为食客，居门下。刺史守令，多出其家。岁时赈给，乡闾故人，莫不周给。防又多牧马畜，赋敛羌胡，帝不喜之，数加谴敕，所以禁遏甚备，由是权执稍损，宾客亦衰。八年，因兄子豫怨谤事，有司奏防兄弟奢侈逾僭，浊乱圣化，悉免就国。临上路，诏曰："舅氏一门，俱就国封，四时陵庙，无助祭先后者，朕甚伤之。其令许侯思愆田庐，有司勿复请，②以慰朕渭阳之情。"光为人小心周密，丧母过哀，帝以是特亲爱之，乃复位特进。子康，黄门侍郎。永元二年，光为太仆，康为侍中。及窦宪诛，光坐与厚善，复免就封。后宪奴诚光与宪逆，自杀，家属归本郡。本郡复杀康，而防及廖子遵皆坐徙封丹阳。防为翟乡侯，租岁限三百万，不得臣吏民。防后以江南下湿，上书乞归本郡，和帝听之。十三年，卒。子巨嗣，后为长水校尉，永初七年，邓太后诏诸马子孙还京师，随四时见会如故事，复绍封光子郎为合乡侯。

严字威卿。父余，王莽时为扬州牧。严少孤，而好击剑，习骑射。后乃自援，从平原杨太伯讲学，专心坟典，能通《春秋左氏》，因览百家群言，遂交结英贤，京师大人，咸器异之。仕郡督邮，援常与计议，委以家事。弟敦，字孺卿，亦知名。援卒后，严乃与敦俱归安陵，③居

---

① 《旧注》："曲度谓曲之节度也。"

② 《旧注》："于京守田庐，而思愆过也。"

③ 在今陕西咸阳县东。

巨下，^①三辅称其义行，号曰："巨下二卿。"明德皇后既立，严乃闭门自守，犹复虑致讥嫌，遂更徙北地，断绝宾客。永平十五年，皇后敕使移居洛阳。显宗召见，严进对闲雅，意甚异之，有诏留仁寿闼，与校书郎杜抚、班固等杂定《建武注记》。常与宗室近亲临邑侯刘复等论议政事，甚见宠幸。后拜将军长史，将北军五校士、羽林禁兵三千人屯西河美稷，^②卫护南单于，听置司马、从事。牧守谒敬，同之将军。敕严过武库，祭蚩尤，帝亲御阿阁，观其士众，时人荣之。

肃宗即位，征拜侍御史中丞，除子缚为郎，令劝学省中。其冬，有日食之灾，严上封事曰："臣闻日者，众阳之长；食者，阴侵之征。书曰：'无旷庶官，天工人其代之。'言王者代天官人也。故考绩黜陟，以明褒贬，无功不黜，明阴盛陵阳。臣伏见方今刺史太守，专州典郡，不务奉事，尽心为国，而司察偏阿，取与自己。同则举为尤异，异则中以刑法，不即垂头塞耳，采取财赂。今益州刺史朱酺、扬州刺史倪说、凉州刺史尹业等，每行考事，辄有物故，又选举不实，曾无贬坐，是使臣下得作威福也。故事州郡所举上奏，司直察能否，以惩虚实。今宜加防检，式遵前制。旧丞相、御史，亲治职事，唯丙吉以年老优游，不案吏罪，于是宰府习为常俗，更共阔养，以崇虚名。或未晓其职，便复迁徙，诚非建官职禄之意。宜敕正

---

① 《旧注》："《决录注》曰：巨下，地名也。"
② 美稷，县名，在今绥远境内，蒙古鄂尔多斯左翼前旗。

百司，各责以事。州郡所举，必得其人，若不如言，裁以法令。《传》曰：'上德以宽服民，其次莫如猛；故火烈则人望而畏之，水懦则人狎而玩之。'为政者宽以济猛，猛以济宽。如此，绥御有体，灾眚消矣。"书奏，帝纳其言，而免酺等官。

建初元年，迁五官中郎，除三子为郎。严数荐达贤能，申解冤结，多见纳用。复以五官中郎将行长乐卫尉事。二年，拜陈留太守。严当之职，乃言于帝曰："昔显亲侯窦固，误先帝出兵西域，置伊吾卢屯，烦费无益。又窦勋受诛，其家不宜亲近京师。"是时勋女为皇后，窦氏方宠，时有侧听严言者，以告窦宪兄弟，由是失权贵心。严下车，明赏罚，发奸慝，郡界清静。时京师讹言贼从东方来，百姓奔走，转相惊动，诸郡遑急，各以状闻。严察其虚妄，独不为备。诏书敕问，使驿系道，严固执无贼，后卒如言。典郡四年，坐与宗正刘轶、少府丁鸿等更相属托，征拜太中大夫，十余日，迁将作大匠。七年，复坐事免。后既为窦氏所忌，遂不复在位。及帝崩，窦太后临朝，严乃退居自守，刻教子孙。永元十年，卒于家，时年八十二。弟敦，官至虎贲中郎将。严七子，唯续、融知名。续，字季则，七岁能通《论语》，十三明《尚书》，十六治《诗》，博观群籍，善《九章算术》。[1]顺帝时，为

---

[1] 《旧注》："刘徽《九章算术》曰：《方田》第一，《粟米》第二，《差分》第三，《少广》第四，《商功》第五，《均输》第六，《盈不足》第七，《方程》第八，《句股》第九。"

护羌校尉，迁度辽将军，所在有维恩称。融自有传。

棱字伯威，援之族孙也。少孤，依从兄毅，共居业，恩犹同产。毅卒，无子，棱心丧三年。建初中，仕郡功曹，举孝廉，及马氏废，肃宗以棱行义，征拜谒者。章和元年，迁广陵太守。时谷贵，民饥，奏罢盐官，以利百姓，赈贫赢，薄赋敛，兴复陂湖，溉田二万余顷，吏民刻石颂之。永元二年，转汉阳太守，有威严称。大将军窦宪，西屯武威，棱多奉军费，侵赋百姓，宪诛，坐抵罪。后数年，江湖多剧贼，以棱为丹阳太守。棱发兵掩击，皆禽灭之。转会稽太守，治亦有声。转河内太守。永初中，坐事抵罪，卒于家。

赞曰：伏波好功，爰自冀、陇。南静骆越，西屠烧种。徂年已流，壮情方勇。明德既升，家祚以兴。廖乏三趣，防遂骄陵。

此篇为开国功臣传之最有精神者。马援乃功名之士，其背隗嚣而归光武，亦欲自就功名耳。观其决去就于天下未定之时，东征西讨，无或宁居，垂老犹有壮志，似其忠悃可取，而光武疑之为已薄。然观朱勃能始终于援，而援顾卑侮之，则援实非长厚之徒，实乃倾巧之士，其诚不足以见信于人，光武疑之久矣。援之兢兢畏慎，惟恐获祸，盖自有其由，特其事无传于后耳。不然，历代开国之主，待功臣以光武为最厚，何独于援而疑之哉？此等处，必能于无记载处，推见事实，乃能得史事之真相，非穿凿附会，事理固如此也。昔人所谓读书当于无字句处也。

《后汉书·周黄徐姜申屠列传》

《易》曰："君子之道，或出或处，或默或语。"孔子称："蘧伯玉，邦有道，则仕；邦无道，则可卷而怀也。"然用舍之端，君子之所以存其诚也。故其行也，则濡足蒙垢，出身以效时；及其止也，则穷栖茹菽，臧宝以迷国。太原①闵仲叔者，世称节士，虽周党之洁清，自以弗及也。党见其含菽饮水，遗以生蒜，受而不食。建武中，应司徒侯霸之辟，既至，霸不及政事，徒劳苦而已。仲叔恨曰："始蒙嘉命，且喜且惧；今见明公，喜惧皆去。以仲叔为不足问邪，不当辟也；辟而不问，是失人也。"遂辞出，投劾而去。复以博士征，不至。客居安邑。老病，家贫，不能得肉，日买猪肝一片，屠者或不肯与，安邑令闻，敕吏常给焉。仲叔怪而问之，知，乃叹曰："闵仲叔岂以口腹累安邑邪？"遂去，客沛。以寿终。仲叔同郡荀恁，字君大，少亦修清节，资财千万，父越卒，悉散与九族。隐居山泽，以求厥志。王莽末，匈奴寇其本县广武，②闻恁名节，相约不入荀氏间。光武征，以病不至。永平

---

① 太原，郡名，治今山西太原县。
② 广武，在今山西代县西。

初，东平王苍为骠骑将军，开东阁，延贤俊，辟而应焉。及后朝会，显宗戏之曰："先帝征君不至，骠骑辟君而来，何也？"对曰："先帝秉德以惠下，故臣可得不来；骠骑执法以检下，故臣不敢不至。"后月余，罢归，卒于家。桓帝时，安阳①人魏桓，字仲英，亦数被征。其乡人劝之行，桓曰："夫干禄求进，所以行其志也。今后官千数，其可损乎？厩马万匹，其可减乎？左右悉权豪，其可去乎？"皆对曰："不可。"桓乃慨然叹曰："使桓生行死归，于诸子何有哉？"遂隐身不出。若二三子，可谓识去就之概，候时而处。夫然，岂其枯槁苟而已哉！盖诡时审己，以成其道焉。余故列其风流，区而载之。

周燮，字彦祖，汝南安城人，②决曹掾燕之后也。燮生而钦颐折頞，丑状骇人。③其母欲弃之，其父不听，曰："吾闻贤圣多有异貌。兴我宗者，）乃此儿也。"于是养之。始在髫龀，而知廉让；十岁就学，能通《诗论》；及长，专精《礼》《易》。不读非圣之书，不修贺问之好。有先人草庐结于冈畔，下有陂田，常肆勤以自给，非身所耕渔，则不食也。乡党宗族，希得见者。举孝廉、贤良方正，特征，皆以疾辞。延光二年，安帝以玄𡎖羔币聘燮及南阳冯良，二郡各遣丞掾致礼。宗族更劝之曰："夫修德立行，所以为国。自先世以来，动宠相承，君独何为守东

---

① 今河南安阳县。

② 安城，在今河南汝南县东南七十里。

③ 《旧注》："颐，颔也。钦颐，曲颔也。《说文》曰：頞，鼻茎也。折，亦曲也。"

冈之陂乎？"燮曰："吾既不能隐处巢穴，追绮季之迹，①
而犹显然不远父母之国，斯固以滑泥扬波，同其流矣。夫
修道者，度其时而动，动而不时，焉得亨乎？"因自载到
颍川阳城，②遣生送敬，遂辞疾而归。③良亦载病到近县，
送礼而还。④诏书告二郡，岁以羊酒养病。良字君郎，出于
孤微，少作县吏。年三十为尉从佐。⑤奉檄迎督邮，即路慨
然，耻在厮役，因坏车杀马，毁裂衣冠，乃遁至犍为，从
杜抚学。妻子求索，踪迹断绝，后乃见草中有败车死马，
衣裳腐朽，谓为虎狼盗贼所害，发丧制服。积十许年，乃
还乡里。志行高整，非礼不动，遇妻子如君臣，乡党以为
仪表。燮、良年皆七十余终。

　　黄宪，字叔度，汝南慎阳人也。⑥世贫贱，父为牛
医。颍川荀淑至慎阳，遇宪于逆旅，时年十四，淑竦然
异之，揖与语，移日不能去。谓宪曰："子，吾之师表
也。"既而前至袁闳所，未及劳问，逆曰："子国有颜
子，宁识之乎？"闳曰："见吾叔度邪？"是时同郡戴
良，才高倨傲，而见宪未尝不正容，及归，罔然若有失
也。其母问曰："汝复从牛医儿来邪？"对曰："良不见

---

①　《旧注》：绮季、东园公、夏黄公、角里先生，谓之四皓，隐于商
山。
②　阳城，在今河南登封县。
③　《旧注》："送敬，犹致谢也。"
④　《旧注》："送礼，送其所致之礼也。"
⑤　《旧注》："从佐，谓随从而已，不主案牍也。"
⑥　慎阳，在今河南正阳县北四十里。

叔度，不自以为不及，既睹其人，则瞻之在前，忽焉在后，固难得而测矣。"同郡陈蕃、周举，常相谓曰："时月之间，不见黄生，则鄙吝之萌，复存乎心。"及蕃为三公，临朝叹曰："叔度若在，吾不敢先佩印绶矣。"太守王龚在郡，礼进贤达，多所降致，卒不能屈宪。郭林宗少游汝南，先过袁闳，不宿而退；进往从宪，累日方还。或以问林宗，林宗曰："奉高之器，譬诸泛滥，虽清而易挹。①叔度汪汪若千顷陂，澄之不清，淆之不浊，不可量也。"宪初举孝廉，又辟公府，友人劝其仕，宪亦不拒之，暂到京师而还，竟无所就。年四十八终，天下号曰征君。

论曰：黄宪言论风旨，无所传闻，然士君子见之者，靡不服深远，去玭吝。将以道周性全，无德而称乎？余曾祖穆侯，②以为宪隤然其处顺，渊乎其似道，浅深莫臻其分，清浊未议其方，若及门于孔氏，其殆庶乎！故尝著论云。

徐稺字孺子，豫章南昌人也。③家贫，常自耕稼，非其力不食。恭俭义让，所居服其德。屡辟公府，不起。时陈蕃为太守，以礼请署功曹，稺不之免，既谒而退。蕃在郡不接宾客，唯稺来特设一榻，去则县之。后举有道，家

---

① 《旧注》："奉高，闳字也。《尔雅》曰：侧出泛泉，正出滥泉。"

② 《晋书》曰："范汪，字玄平，安北将军，谥曰穆侯。"

③ 今江西南昌县。

拜太原太守，①皆不就。延熹二年，尚书令陈蕃、仆射胡广等上疏荐稺等曰："臣闻善人，天地之纪，政之所由也。《诗》云：'思皇多士，生此王国。'天挺俊义，为陛下出，当辅弼明时，左右大业者也，伏见处士豫章徐稺、彭城姜肱、汝南袁闳、京兆韦著、颍川李昙，德行纯备，著于人听，若使擢登三事，协亮天工，必能翼宣盛美，增光日月矣。"桓帝乃以安车、玄𫄸，备礼征之，并不至。帝因问蕃，曰："徐稺、袁闳、韦著，孰为先后？"蕃对曰："闳生出公族，闻道渐训；著长于三辅，礼义之俗；所谓不扶自直，不镂自雕。至于稺者，爰自江南卑薄之域，而角立杰出，宜当为先。"稺尝为太尉黄琼所辟，不就，及琼卒，归葬，稺乃负粮，徒步到江夏赴之，设鸡酒薄祭，哭毕而去，不告姓名。时会者四方名士郭林宗等数十人，闻之，疑其稺也，乃选能言语生茅容轻骑追之，及于涂，容为设饭，共言稼穑之事。临诀去，谓容曰："为我谢郭林宗，大树将颠，非一绳所维，何为栖栖，不遑宁处？"及林宗有母忧，稺往吊之，置生刍一束于庐前而去。众怪，不知其故。林宗曰："此必南州高士徐孺子也。诗不云乎：'生刍一束，其人如玉。'吾无德以堪之。"灵帝初，欲蒲轮聘稺，会卒，时年七十二。子胤，字季登，笃行孝悌，亦隐居不仕。太守华歆，礼请相见，固病不诣。汉末，寇贼纵横，皆敬胤礼行，转相约敕，不犯其间。建安中，卒。李昙字云，少孤，继母严酷，昙事

① 《旧注》："就家而拜之也。"

之愈谨，为乡里所称法。养亲行道，终身不仕。

姜肱，字伯淮，彭城广戚人也。①家世名族。肱与二弟仲海、季江，俱以孝行著闻。其友爱天至，常共卧起。及各娶妻，兄弟相恋，不能别寝，以系嗣当立，乃递往就室。肱博通五经，兼明星纬，士之远来就学者，三千余人。诸公争加辟命，皆不就。二弟名声相次，亦不应征聘。时人慕之。肱尝与季江谒郡，夜于道遇盗，欲杀之，肱兄弟更相争死，贼遂两释焉，但掠夺衣资而已。既至郡中，见肱无衣服，怪问其故，肱托以他辞，终不言盗。盗闻而感悔，后乃就精庐求见征君，肱与相见，皆叩头谢罪，而还所略物。肱不受，劳以酒食而遣之。后与徐稺俱征，不至。桓帝乃下彭城，使画工图其形状。肱卧于幽暗，以被韬面，言感眩疾，不欲出风，工竟不得见之。中常侍曹节等，专执朝事，新诛太传陈蕃，大将军窦武，欲借宠贤德，以释众望，乃白征肱为太守。肱得诏，乃私告其友曰："吾以虚获实，遂藉声价；明明在上，犹当固其本志；况今政在阉竖，夫何为哉？"乃隐身遁命，远浮海滨，再以玄纁聘，不就，即拜大中大夫，诏书至门，肱使家人对云："久病就医。"遂羸服间行，窜伏青州界中，卖卜给食。召命得断，家亦不知其处，历年乃还。年七十七，熹平二年，终于家。弟子陈留、刘操，②追慕肱德，共刊石颂之。

---

① 广戚，前汉侯国，属沛。后汉为县，属彭城。

② 陈留，今河南陈留县。

申屠蟠字子龙，陈留外黄人也。①九岁丧父，哀毁过礼。服除，不进酒肉十余年。母忌日，辄三日不食。同郡缑氏女玉为父报仇，杀夫氏之党，吏执玉。以告外黄令梁配，配欲论杀玉。蟠时年十五，为诸生，进谏曰："玉之节义，足以感无耻之孙，激忍辱之子，不遭明时，尚当表旌庐墓，况在清听，而不加哀矜？"配善其言，乃为谳，得减死论，乡人称美之。家贫，佣为漆工，郭林宗见而奇之。同郡蔡邕深重蟠，及被州辟，乃辞让之曰："申屠蟠禀气玄妙，性敏心通，丧亲尽礼，几于毁灭；至行美义，人所鲜能，安贫乐潜，味道守真，不为燥湿轻重，不为穷达易节。方之于邕，以齿则长，以德则贤。"后郡召为主簿，不行。遂隐居精学，博贯五经，兼明图纬。始与济阴王子居②同在太学，子居临殁，以身托蟠。蟠乃躬推辇车，送丧归于乡里，遇司隶从事于河巩之间，从事义之，为封传护送，蟠不肯受，投传于地而去。事毕，还学。太尉黄琼辟不就，及琼卒，归葬江夏，四方名豪，会帐下者六七千人，互相谈论，莫有及蟠者。唯南郡一生，与相酬对，既别，执蟠手曰："君非聘则征，如是，相见于上京矣。"蟠勃然作色曰："始吾以子为可与言也，何意乃相拘教乐贵之徒邪？"因振手而去，不复与言。再举有道，不就。先是京师游士，汝南范滂等，非讦朝政，自公卿以下，皆折节下之。太学生争慕其风，以为文学将兴，处士

---

① 外黄在今河南杞县东。

② 济阴，在今山东定陶县西北。

复用，蟠独叹曰："昔战国之世，处士横议，列国之王，至为拥彗先驱，卒有坑儒烧书之祸，今之谓矣。"乃绝迹于梁砀之间。因树为屋，自同佣人。居二年，滂等果罹党锢，或死或刑者数百人，蟠确然，免于疑论。后蟠友人陈郡冯雍①坐事系狱，豫州牧黄琬欲杀之。或劝蟠救雍，蟠不肯行曰："黄子琰为吾故邪，未必合罪；如不用吾言，虽往何益？"琬闻之，遂免雍罪。大将军何进连征不诣，进必欲致之，使蟠同郡黄忠书劝曰："前莫府初开至如先生，特加殊礼，优而不名。申以手笔，设几杖之坐。经过二载，而先生抗志弥高，所尚益固。窃论先生高节有余，于时则未也。今颖川荀爽，载疾在道；北海郑玄，北面受署；彼岂乐羁牵哉！知时不可逸豫也。昔人之隐，遭时则放声灭迹，巢栖茹薇；其不遇也，则裸身大笑，被发狂歌。今先生处平壤，游人间，吟典籍，袭衣裳，事异昔人，而欲远蹈其迹，不亦难乎！孔氏可师，何必首阳？"蟠不答。中平五年，复与爽、玄及颖川韩融、陈纪等十四人，并博士征，不至。明年董卓废立，蟠及爽、融、纪等，复俱公车征，唯蟠不到。众人咸劝之，蟠笑而不应。居无几，爽等为卓所胁迫，西都长安，京师扰乱，及大驾西迁，公卿多遇兵饥，室家流散。融等仅以身脱。唯蟠处乱末，终全高志，年七十四，终于家。

赞曰：琛宝可怀，贞期难对。②道苟违运，理用同

---

① 陈郡，治陈县，今河南淮阳县。

② 《旧注》："贞期，谓明时也。对，偶也。"

废。与其退栖，岂若蒙秽？凄凄硕人，陵阿穷退。韬伏明

姿，甘是堙暧。

两汉士尚气节，好立名誉。其性质活动，喜奔走朝市者，则成党

锢之士：其性恬退，不喜奔走者，则虽有誉望，仍得善终。此篇所言

是也。文亦含豪邈然，殊有高致。

《三国志·魏志·方技传》

华佗，字元化，沛国谯人也，^①一名旉。游学徐土，兼通数经。沛相陈珪举孝廉，太尉黄琬辟，皆不就。晓养性之术，^②时人以为年且百岁，而貌有壮容。又精方药，其疗疾，合汤不过数种。心解分剂，不复称量，煮熟便饮，语其节度，舍去辄愈。若当灸，不过'一两处，每处七八壮，病亦应除。若当针，亦不过一两处。下针，言"当引某许；若至，语人"。病者言已到，应便拔针，病亦行差。若病结积在内，针药所不能及，当须刳割者，便饮其麻沸散，须臾，便如醉死，无所知，因破取病。若在肠中，便断肠湔洗，缝腹膏摩，四五日差。不痛，人亦不自寤；一月之间，即平复矣。

故甘陵相夫人，^③有娠六月，腹痛不安。佗视脉，曰："胎已死矣。"使人手摸，知所在，在左则男，在右则女。人云在左，于是为汤下之，果下男形，即愈。县吏尹世苦四支烦，口中干，不欲闻人声，小便不利。佗曰：

----

① 今安徽亳县。

② 养性，即养生，古生性二字时通用。

③ 今山东清平县。

“试作热食，得汗则愈，不汗后三日死。”即作热食，而不汗出。佗目：“藏气已绝于内，当啼泣而绝。”果如佗言。府吏儿寻、李延共止，俱头痛身热，所苦正同。佗曰：“寻当下之，延当发汗。”或难其异，佗曰：“寻外实，延内实，故治之宜殊。”即各与药，明旦并起。盐渎严昕，与数人共候佗，适至。佗谓昕曰：“君身中佳否？”昕曰：“自如常。”佗曰：“君有急病，见于面，莫多饮酒。”坐毕，归，行数里，昕卒头眩堕车，人扶将还载归家，中宿死。故督邮顿子献得病，已差，诣佗视脉，曰：“尚虚，未得复，勿为劳事，御内即死。临死当吐舌数寸。”其妻闻其病除，从百余里来省之，止宿，交接，中间三日，发病，一如佗言。督邮徐毅得病，佗往省之。毅谓佗曰：“昨使医曹吏刘租针胃管，讫，便苦欬嗽，欲卧不安。”佗曰：“刺不得胃管，误中肝也。食当日减，五日不救。”遂如佗言。东阳①陈叔山小男，二岁，得疾下利，常先啼，日以羸困，问佗。佗曰：“其母怀躯，阳气内养，乳中虚冷，儿得母寒，故令不时愈。”佗与四物女宛丸，十日即除。彭城夫人夜之厕，虿螫其手，呻呼无赖。佗令温汤近热，渍手其中，卒可得寐。但旁人数为易汤，汤令暖之，其旦即愈。军吏梅平得病，除名还家，家居广陵，未至二百里，止亲人舍。有顷，佗偶至主人许，主人令佗祝平，佗谓平曰：“君早见我，可不至此。今疾已结，促去，可得与家相见，五日卒。”应时

---

① 在山东恩县西北六十里。

归，如佗所刻。佗行道，见一人，病咽塞，嗜食而不得下。家人车载，欲往就医。佗闻其呻吟，驻车往视，语之曰："向来道边有卖饼家，蒜齑大酢，从取三升饮之，病自当去。"即如佗言，立吐蛇一枚。县车边，欲造佗。佗尚未还，小儿戏门前，逆见，自相谓曰："似逢我公，车边病是也。"疾者前入坐，见佗北壁县此蛇辈约以十数。又有一郡守病，佗以为其人盛怒则差，乃多受其货，而不加治，无何，弃去，留书骂之。郡守果大怒，令人追捉杀佗。郡守子知之，属使勿逐，守嗔恚既甚，吐黑血数升而愈。又有一士大夫，不快。佗云："君病甚，当破腹取，然君寿亦不过十年，病不能杀君，忍病十岁，寿俱当尽，不足故自剖裂。"士大夫不耐痛痒，必欲除之，佗遂下手，所患寻差，十年竟死。广陵太守陈登得病，胸中烦懑，面赤不食，佗脉之，曰："府君胃中有虫数升，欲成内疽，食腥物所为也。"即作汤二升，先服一升，斯须，尽服之。食顷，吐出二升许虫，赤头，皆动，半身是生鱼脍也。所苦便愈。佗曰："此病后三期当发，遇良医乃可济救。"依期果发动，时佗不在，如言而死。太祖闻而召佗，佗常在左右。太祖苦头风，每发，心乱目眩。佗针鬲，随手而差。李将军妻病甚，呼佗视脉，曰："伤娠而胎不出。"将军言："闻实伤娠，胎已去矣。"佗曰："案脉，胎未去也。"将军以为不然，佗舍去，妇稍小差，百余日，复动，更呼佗。佗曰："此脉故事有胎。前当生两儿，一儿先出，血出甚多，后儿不及生，母不自觉，旁人亦不寤。不复迎，遂不得生。胎死，血脉不复

归，必燥着母脊，故使多脊痛。今当与汤，并针一处，此
死胎必出。"汤针既加，妇痛急如欲生者。佗曰："此死
胎，久枯，不能自出，宜使人探之。"果得一死男。手足
完具，色黑，长可尺许。佗之绝技，凡类此也。然本作士
人，以医见业，意常自悔。后太祖亲理，得病笃重，使佗
专视。佗曰："此近难济，恒事政治，可延岁月。"佗久
远家，思归，因曰："当得家书，方欲暂还耳。"到家，
辞以妻病，数乞期不反。太祖累书呼，又敕郡县发遣，佗
恃能，厌食事，犹不上道。太祖大怒，使人往检。若妻信
病，赐小豆四十斛，宽假限日。若其虚诈，便收送之。
于是传付许狱，①考验首服。荀或谓曰："佗术实工，人
命所县，宜含宥之。"太祖曰："不忧天下当无此鼠辈
邪？"遂考竟佗。佗临死，出一卷书，与狱吏曰："此可
以活人。"吏畏法不受，佗亦不强，索火烧之。佗死后，
太祖头风未除，太祖曰："佗能愈此，小人养吾病，欲以
自重。然吾不杀此子，亦终当不为我断此根源耳。"及后
爱子仓舒病困，太祖叹曰："吾悔杀华佗，令此儿强死
也。"初军吏李成苦欬嗽，昼夜不寐，时吐脓血，以问
佗。佗言："君病肠臃，欬之所吐，非从肺来也。与君散
两钱，当吐二升余脓血。讫快。自养一月，可小起，好自
将爱，一年便健。十八岁当一小发，服此散，亦行复差，
若不得此药，故当死。"复与两钱散。成得药去。五六
岁，亲中人有病如成者，谓成曰："卿今强健，我欲死，

---

① 许，今河南许昌县，时汉献帝迁都于此。

何忍无急去药以待不祥？[①]先持贷我。我差，为卿从华佗更索。"成与之。已，故到谯，适值佗见收，忽忽，不忍从求。后十八岁，成病竟发，无药可服，以至于死。

广陵吴普、彭城樊阿，皆从佗学。普依准佗治，多所全济。佗语普曰："人体欲得劳动，但不当使极耳。动摇则谷气得消，血脉流通，病不得生，譬犹户枢不朽是也。是以古之仙者，为导引之事，熊颈，鸱顾，引挽腰体，动诸关节，以求难老。吾有一术，名五禽之戏：一曰虎，二曰鹿，三曰熊，四曰猨，五曰鸟，亦以除疾，并利蹄足，以当导引。体中不快，起作一禽之戏，沾濡汗出，因上着粉，身体轻便，腹中欲食。"普施行之。年九十余，耳目聪明，齿牙完坚。阿善针术。凡医咸言背及胸藏之间，不可妄针。针之不过四分。而阿针背入一二寸；巨阙胸藏，针下五六寸；而病辄皆瘳。阿从佗求可服食益于人者。佗授以漆叶青黏散，漆叶屑一升，青黏屑十四两，以是为率。言久服去三虫，利五藏，轻体，使人头不白。阿从其言，寿百余岁。漆叶处所而有，青黏生于丰、沛、彭城及朝歌云。[②]

杜夔字公良，河南人也。[③]以知音，为雅乐郎，中平五年，疾去官，州郡司徒礼辟，以世乱奔荆州。荆州牧刘表，令与孟曜为汉主合雅乐。乐备，表欲庭观之。夔

---

① 裴《注》："古语以藏为去。"案此亦所谓反训。

② 丰，今江苏丰县。余均见《史记·项羽本纪》注。

③ 今河南洛阳县。

谏曰："今将军号不为天子，合乐而庭作之，无乃不可乎！"表纳其言而止。后表子琮降太祖，太祖以夔为军谋祭酒，参太乐事，因令创制雅乐。

夔善钟律，聪思过人。丝竹八音，靡所不能，惟歌舞非所长。时散郎邓静、尹齐，善咏雅乐；歌师尹胡，能歌宗庙郊祀之曲；舞师冯肃，服养，晓知先代诸舞；夔总统研精，远考诸经，近采故事，教习讲肄，备作乐器，绍复先代古乐，皆自夔始也。黄初中，为太乐令协律都尉。

汉铸钟工柴玉，巧有意思，形器之中，多所造作，亦为时贵人见知。夔令玉铸铜钟，其声韵清浊，多不如法，数毁改作。玉甚厌之，谓夔清浊任意，颇拒捍夔。夔、玉更相白于太祖。太祖取所铸钟杂错更试，然知夔为精而玉之妄也，于是罪玉，及诸子皆为养马士。文帝爱待玉，又尝令夔与左愿等，于宾客之中，吹笙鼓琴，夔有难色，由是帝意不悦。后因他事系夔，使愿等就学。夔自谓所习者雅，仕宦有本，意犹不满，遂黜免以卒。弟子河南邵登、张泰、桑馥，各至太乐丞；下邳陈颃，司律中郎将。自左延年等，虽妙于音，咸善郑声，其好古存正，莫及夔。

朱建平，沛国人也。善相术，于间巷之间，效验非一。太祖为魏公，闻之，召为郎。文帝为五官将，坐上会客，三十余人。文帝问已年寿，又令遍相众宾。建平曰："将军当寿八十，至四十时，当有小厄，愿谨护之。"谓夏侯威曰："君四十九位为州牧，而当有厄。厄若得过，可年至七十，致位公辅。"谓应璩曰："君六十二，位为常伯，而当有厄。先此一年，当独见一白狗，而旁人不见也。"谓曹彪曰："君据藩国，至五十七，当厄于兵，宜善防之。"初颍川荀攸、钟繇，相与亲善。攸先亡，子幼，繇经纪其门户，欲嫁其妾，与人书曰："吾与公达，曾共使朱建平相。建平曰：'荀君虽少，然当以后事付钟君。'吾时啁之曰：'当嫁卿阿骛耳！'何意此子，竟早陨没，戏言遂验乎！今欲嫁阿骛，使得善处。追思建平之妙，虽唐举、许负，^①何以复加也？"文帝黄初七年，年四十，病困。谓左右曰："建平所言八十，谓昼夜也，吾其决矣。"顷之，果崩。夏侯威为兖州刺史，年四十九，十二月上旬得疾，念建平之言，自分必死，豫作遗令，及送丧之备，咸使素办。至下旬，转差，垂以平复。三十日，日昃，请纪纲大吏设酒，曰："吾所苦渐平，明日鸡鸣，年便五十，建平之戒，真必过矣。"威罢客之后，合暝，疾动，夜半，遂卒。璩六十一为侍中，直省内，炊见白狗，问之众人，悉无见者。于是数聚会，并急游观田里，饮宴自娱，遇期一年，六十三卒。曹彪封楚王，年五十七，坐与王凌通谋，赐死。凡说此辈，无不如言，不能具详，故粗记数事。惟相司空王昶、征北将军程喜、中领军王肃有蹉跌云。肃年六十二，疾笃，众医并以为不愈，肃夫人问以遗言。肃云："建平相我逾七十，位至三公，今皆未也。将何虑乎？"而肃竟卒。建平又善相马。文帝将出，取马外入。建平道遇之，语曰："此马之

---

① 唐举，战国时人，尝相李兑、蔡泽。许负，汉河内老妪，尝相周亚夫，决其当饿死。

相，今日死矣。"帝将乘马，马恶衣香，惊啮文帝膝。帝大怒，即便杀之。建平黄初中卒。

周宣，字孔和，乐安人也。[①]为郡吏，太守杨沛梦人曰："八月一日，曹公当至，必与君杖，饮以药酒。"使宣占之。是时黄巾贼起，宣对曰："夫杖起弱者，药治人病，八月一日，贼必除灭。"至期，贼果破。后东平刘桢，梦蛇生四足，穴居门中。使宣占之。宣曰："此为国梦，非君家之事也。当杀女子而作贼者。"顷之，女贼郑姜，遂俱夷讨。以蛇女子之祥，足非蛇之所宜故也。文帝问宣曰："吾梦殿屋两瓦堕地，化为双鸳鸯，此何谓也？"宣对目："后宫当有暴死者。"帝曰："吾诈卿耳。"宣对曰："夫梦者，意耳。苟以形言，便占吉凶。"言未毕，而黄门令奏宫人相杀。无几，帝复问曰："我昨夜梦青气，自地属天。"宣对曰："天下当有贵女子冤死。"是时帝已遣使赐甄后玺书，闻宣言而悔之。遣人追使者，不及。帝复问曰："吾梦摩钱文欲令灭，而更愈明，此何谓邪？"宣怅然不对，帝重问之。宣对曰："此自陛下家事，虽意欲尔，而太后不听，是以文欲灭而明耳。"时帝欲治弟植之罪，逼于太后，但加贬爵。以宣为中郎，属太史。

尝有问宣曰："吾昨夜梦见刍狗，其占何也？"宣答曰："君欲得美食耳。"有顷，出行，果遇丰膳。后又问宣曰："昨夜复梦见刍狗，何也？"宣曰："君欲堕车折

---

① 乐安，汉县。在今山东博兴县北。

脚，宜戒慎之。"顷之，果如宣言。后又问宣："昨夜复梦见刍狗何也？"宣曰："君家欲失火，当善护之。"俄遂火起。语宣曰："前后三时，皆不梦也，聊试君耳。何以皆验邪？"宣对曰："此神灵动君使言，故与真梦无异也。"又问宣曰："三梦刍狗，而其占不同，何也？"宣曰："刍狗者，祭神之物，故君始梦当得饮食也。祭祀既讫，则刍狗为车所轹，故中梦当堕车折脚也。刍狗既车轹之后，必载以为樵，故后梦忧失火也。"宣之叙梦，凡此类也。十中八九，世以比建平之相矣。其余效故不次列，明帝末卒。

管辂字公明，平原人也。[①] 容貌粗丑，无威仪，而嗜酒，饮食言戏，不择非类，故人多爱之而不敬也。父为利漕。利漕民郭恩，兄弟三人，皆得躄疾，使辂筮其所由。辂曰："卦中有君本墓，墓中有女鬼，非君伯母，当叔母也。昔饥荒之世，当有利其数升米者，排著井中，喷喷有声，推一大石，下破其头，孤魂冤痛，自诉于天。"于是恩涕泣服罪。广平刘奉林[②]妇病困，已买棺器，时正月也。使辂占，曰："命在八月辛卯日日中之时。"林谓必不然，而妇渐差。至秋发动，一如辂言。辂往见安平太守王基，[③]基令作卦。辂曰："当有贱妇人，生一男儿，堕地便走，入灶中死。又床上当有一大蛇衔笔，小大共视，

---

① 今山东省平原县。

② 广平，在今河北省鸡泽县东。

③ 安平，治信都，今河北省冀县。

须臾去之也。又乌来入室中，与燕共斗，燕死乌去，有此三怪。"基大惊，问其吉凶。辂曰："直官舍久远，魑魅魍魉为怪耳。儿生便走，非能自走，直宋无忌之妖，将其入灶也。大蛇御笔，直老书佐耳。乌与燕斗，直老铃下耳。今卦中见象，而不见其凶，知非妖咎之征，自无所忧也。"后卒无患。时信都令家，①妇女惊恐，更互疾病，使辂筮之。辂曰："君此堂西头，有两死男子，一男持矛，一男持弓箭，头在壁内，脚在壁外，持矛者主刺头，故头重痛，不得举也。持弓箭者主射胸腹，故心中县痛，不得饮食也。昼则浮游，夜来病人。故使惊恐也。"于是掘徙骸骨，家中皆愈。清河王经，②去官还家，辂与相见。经曰："近有一怪，大不喜之，欲烦作卦。"卦成，辂曰："爻吉，不为怪也。君夜在堂，户前有一流光，如燕爵者，入居怀中，殷殷有声，内神不安，解衣彷佯，招呼妇人，觅索余光。"经大笑曰："实如君言。"辂曰："吉，迁官之征也。其应行至。"顷之，经为江夏太守。③辂又至郭恩家，有飞鸠来，在梁头，鸣甚悲。辂曰："当有老公，从东方来，携豚一头，酒一壶，主人虽喜，当有小故。"明日，果有客，如所占。恩使客节酒，戒肉，慎火，而射鸡作食，箭从树间，激中数岁女子手，流血，惊

---

① 信都，安平治，见上。
② 清河，今河北清河县。
③ 在今湖北黄冈县西北。

怖。辂至安德令刘长仁家，①有鸣鹊来，在阁屋上，其声甚急。辂曰："鹊言东北有妇昨杀夫，牵引西家人夫离娄，候不过日在虞渊之际，告者至矣。"到时，果有东北同伍民来告，邻妇手杀其夫，诈言西家人与夫有嫌，来杀我婿。辂至列人典哀王弘直许，②有飘风，高三尺余，从申上来，在庭中幢幢回转，息以复起，良久乃止。直以问辂。辂曰："东方当有马吏至，恐父哭子，如何？"明日，胶东吏到，直子果亡。直问其故，辂曰："其日乙卯，则长子之候也。木落于申，申破寅，死丧之候也；日加午而风发，则马之候也；离为文章，则吏之候也；申未为虎，虎为大入，则父之候也。"有雄雉飞来，登直内铃柱头，直大以不安，令辂作卦。辂曰："到五月必迁。"时三月也。至期，直果为渤海太守。馆陶令诸葛原迁新兴太守。③辂往祖饯之，宾客并会。原自起取燕卵蜂窠蜘蛛著器中，便射覆。卦成，辂曰："第一物含气须变，依乎宇堂，雄雌以形，超翼舒张，此燕卵也。第二物家室倒县，门户众多，藏精育毒，得秋乃化，此蜂窠也。第三物觳觫长足，吐丝成罗，寻网求食，利在昏夜，此蜘蛛也。"举坐惊喜。辂族兄孝国，居在斥丘，④辂往从之，与二客会。客去后，辂谓孝国曰："此二人天庭及口耳之间，同有凶气，异变俱起，双魂无宅。流魂于海，骨归于家，少许时当并

---

① 安德，今山东陵县治。

② 列人，在今河北省肥乡县东北。

③ 馆陶，今山东馆陶县。新兴，今山西忻县。

④ 斥丘，汉县，今河北成安县。

死也。"复数十日，二人饮酒醉，夜共载车，牛惊下道，入漳河中，皆即溺死也。当此之时，辂之邻里，外户不闭，无相偷窃者。

清河太守华表，召辂为文学掾，安平赵孔曜荐辂于冀州刺史裴徽曰："辂雅性宽大，与世无忌。仰观天文，则同妙甘公、石申，^①俯览《周易》，则齐思季主，^②今明使君，方垂神幽薮，留神九皋，辂宜蒙阴和之应，得及羽仪之时。"微于是辟为文学从事，引与相见，大善友之。徙部巨鹿，迁治中别驾。初应州召，与弟季儒共载，至武城西，自卦吉凶，语儒云："当在故城中，见三狸，尔者乃显。"前到河西故城角，正见三狸，共踞城侧，兄弟并喜。正始九年，举秀才。十二月二十八日，吏部尚书何晏请之，邓飏在晏许。晏谓辂曰："闻君著爻神妙，为作试一卦，知位当至三公不？"又问："连梦见青蝇数十头，来在鼻上，驱之不肯去。有何意故？"辂曰："夫飞鹗天下贱鸟，及其在林食椹，则怀我好音，况辂心非草木，敢不尽忠。昔元凯之弼重华，宣慈惠和；周公之翼成王，坐而待旦；故能流光六合，万国咸宁，此乃履道休应，非卜筮之所明也。今君侯位重山岳，势若雷电，而怀德者鲜，畏威者众，殆非小心翼翼，多福之仁。又鼻者艮，此天中之山，^③高而不危，所以长守贵，今青蝇臭恶而集之焉，

---

① 甘公、石申，古天文家，见《汉书·律历志》。

② 司马季主，汉时楚人，卖卜长安市，见《史记·日者列传》。

③ 裴《注》："相书谓鼻之所在为天中，鼻有山象，故曰天中之山也。"

位峻者颠，轻豪者亡，不可不思害盈之数，盛衰之期。是故山在地中曰谦，雷在天上曰壮；谦则褒多益寡，壮则非礼不履，未有损己而不光大，行非而不伤败，愿君侯上追文王六爻之旨，下思尼父象象之义，然后三公可决，青绳可驱也。"飐曰："此老生之常谭。"辂答曰："夫老生者见不生，常谭者见不谭。"晏曰："过岁更当相见。"辂还邑舍，具以此言语舅氏，舅氏责辂言太切至。辂曰："与死人语，何所畏邪？"舅大怒，谓辂狂悖。岁朝，西北风大，尘埃蔽天，十余日，闻晏、飐皆诛。然后舅乃服。

始辂过魏郡太守钟毓，共论《易》义，辂因言卜可知君生死之日。毓使筮其生日月，如言无蹉跌。毓大愕然曰："君可畏也，死以付天，不以付君。"遂不复筮。毓问辂："天下当太平否？"辂曰："方今四九天飞，利见大人，神武升建，王道大明，何忧不平？"毓未解辂言。无几，曹爽等诛，乃觉寤云。平原太守刘邠，取印囊及山鸡毛著器中，使筮。辂曰："内外方员，五色成文，含宝守信，出则有章，此印囊也。高岳严严，有鸟朱身，羽翼玄黄，鸣不失晨，此山鸡毛也。"邠曰："此郡官舍，连有变怪，使人恐怖，其理何由？"辂曰："或因汉末之乱，兵马扰攘，军尸流血，污染丘山，故因昏夕，多有怪形也。明府道德高妙，自天佑之，愿安百禄，以光休宠。"清河令徐季龙，使人行猎，令辂筮其所得。辂曰："当获小兽，复非食禽，虽有爪牙，微而不强。虽有文章，蔚而不明。非虎非雉，其名曰狸。"猎人暮归，果如辂言。季龙取十三种物，著大箧中，使辂射。云器中藉藉，有十三种物，先说鸡子，后道蚕蛹，遂一一名之，惟以梳为枇耳。辂随军西行，过毋丘俭墓下，倚树哀吟，精神不乐。人问其故。辂曰："林木虽茂，无形可久，碑诔虽美，无后可守。玄武藏头，苍龙无足，白虎衔尸，朱雀悲哭。四危以备，法当灭族。不过二载，其应至矣。"卒如其言。后得休，过清河倪太守，时天旱，倪问辂雨期，辂曰："今夕当雨。"是日旸燥，昼无形似，府丞及令在坐，咸谓不然。到鼓一中，星月皆没，风云并起，竟成快雨。于是倪盛修主人礼，共为欢乐。

正元二年，弟辰谓辂曰："大将军待君意厚，冀当富贵乎？"辂长叹曰："吾自知有分直耳。然天与我才明，不与我年寿，恐四十七八间，不见女嫁儿娶妇也。若得免此，欲作洛阳令，可使路不拾遗，枹鼓不鸣。但恐至太山治鬼，不得治生人，如何？"辰问其故，辂曰："吾额上无生骨，眼中无守精，鼻无梁柱，脚无天根，背无三甲，腹无三壬，此皆不寿之验。又吾本命在寅，加月食夜生，天有常数，不可得讳，但人不知耳。吾前后相当死者过百人，略无错也。"是岁八月，为少府丞，明年二月卒，年四十八。

评曰："华佗之医诊，杜夔之声乐，朱建平之相术，周宣之相梦，管辂之术筮，诚皆玄妙之殊巧，非常之绝技矣。昔史迁著扁鹊、仓公、日者乏传，所以广异闻而表奇事也。故存录云尔。"

此篇为技术人才传式，所言未必尽实，然自是一种文体也。凡专门技术之才，最好得深通其术者以传之，然不能皆得；亦或传世材料，本由恒人，不能知其学术，惟能侈语其迹；作史者岂能将无作有？亦岂能遂废不传？则亦只得就所有者整齐之，以待后之人矣。如此篇是也。医学发明，必由解剖；针石到割，事尤径捷；其始用者必多。后世专门技术，稍以失传，乃专用汤药耳。宋以后医籍之多，几于汗牛充栋，然皆言脉理方剂。针石之书，十不得一；间有之，其所言亦不能有加于古，或反不逮焉，即以此故。华陀盖犹有古代专门技术之传者。志所述治迹，不甚可信，则传者之过也。

《佗传》首节总言其医术，次节述其治效，三节言太祖召之及杀之之始末，四节言其弟子。李将军妻一事，独置第三节中者，第二节所记，盖佗在南方时事，此则太祖召之之后，在许下时事也。古人叙次，于材料之异其来源者，皆各如其旧而传之，不苟并合如此。

《三国志·魏志·乌丸鲜卑东夷传》

《书》载"蛮夷猾夏",《诗》称"猃狁孔炽",久矣其为中国患也!秦、汉以来,匈奴久为边害。孝武虽外事四夷,东平两越、朝鲜,西讨贰师、大宛,开邛笮、夜郎之道,然皆在荒服之外,不能为中国轻重。而匈奴最逼于诸夏,胡骑南侵,则三边受敌,是以屡遣卫、霍之将,深入北伐,穷追单于,夺其饶衍之地。后遂保塞称藩,世以衰弱。建安中,呼厨泉南单于入朝,遂留内侍,使右贤王抚其国,而匈奴折节,过于汉旧。然乌丸、鲜卑,稍更强盛,亦因汉末之乱,中国多事,不遑外讨,故得擅汉南之地,寇暴城邑,杀略人民,北边仍受其困。会袁绍兼河北,乃抚有三郡乌丸,宠其名王,而收其精骑。其后尚、熙又逃于蹋顿。蹋顿又骁武,边长老皆比之冒顿,恃其阻远,敢受亡命,以控百蛮。太祖潜师北伐,出其不意,一战而定之,夷狄慑服,威振朔土,遂引乌丸之众,服从征讨,而边民得用安息。后鲜卑大人轲比能,复制御群狄,尽收匈奴故地,自云中、五原以东,抵辽水,皆为鲜卑庭。数犯塞寇边,幽、并苦之。田豫有马城之围,毕轨有陉北之败。青龙中,帝乃听王雄,遣剑客刺之。然后种落离散,互相侵伐,强者远遁,弱者请服。由是边陲差安,漠南少事，虽时颇钞盗，不能复相扇动矣。乌丸、鲜卑，即古所谓东胡也。其习俗前事，撰《汉记》者已录而载之矣。故但举汉末魏初以来，以备四夷之变云。

汉末，辽西乌大人丘力居，众五千余落，上谷乌丸大人难楼，众九千余落，各称王，而辽东属国乌丸大人苏仆延，众千余落，自称峭王，右北平乌丸大人乌延，众八百余落，自称汗鲁王，皆有计策勇健。中山太守张纯叛入丘力居众中，自号弥天安定王，为三郡乌丸元帅，寇略青、徐、幽、冀四州，杀略吏民。灵帝末，以刘虞为幽州牧，募胡斩纯首，北州乃定。后丘力居死，子楼班年小，从子蹋顿有武略，代立，总摄三王部，众皆从其教令。袁绍与公孙瓒连战不决，蹋顿遣使诣绍，求和亲，助绍击瓒破之。绍矫制赐蹋顿、难峭王、汗鲁王印绶，皆以为单于。后楼班大，峭王率其部众奉楼班为单于，蹋顿为王。然蹋顿多画计策。广阳阎柔，少没乌丸、鲜卑中，为其种所归信。柔乃因鲜卑众杀乌丸校尉邢举代之，绍因宠慰以安北边。后袁尚败奔蹋顿，凭其势，复图冀州，会太祖平河北，柔帅鲜卑、乌丸归附，遂因以柔为校尉，犹持汉使节，治广宁如旧。[①]建安十一年，太祖自征蹋顿于柳城，[②]潜军诡道，未至百余里，虏乃觉，尚与蹋顿将众逆战于凡城，兵马甚盛。太祖登高望虏阵，柳军未进，观其小动，乃击破其众，临阵斩蹋顿首，死者被野，速附丸、楼班、

---

① 在今河北省宣化县西北。

② 在今辽宁兴城西南。

乌延等走辽东，辽东悉斩传送其首，其余遗进皆降。及幽州、并州柔所统乌丸万余落，悉徙其族居中国，帅从其侯王大人种众与征伐，由是三郡乌丸，为天下名骑。

鲜卑步度根既立，众稍衰弱。中兄扶罗韩亦别拥众数万，为大人。建安中，太祖定幽州，步度根与轲比能等因乌丸校尉阎柔上贡献。后代郡乌丸能臣氏等叛，求属扶罗韩。扶罗韩将万余骑迎之到桑干。氏等议以为扶罗韩部威禁宽缓，恐不见济，更遣人呼轲比能。比能即将万余骑到，当共盟誓。比能便于会上杀扶罗韩，扶罗韩子泄归泥及部众悉属比能。比能自以杀归泥父，特又善遇之。步度根由是怨比能。文帝践祚，田豫为乌丸校尉，持节并护鲜卑，屯昌平。步度根遣使献马，帝拜为王。后数与轲比能更相攻击，步度根部众稍寡弱，将其众万余落，保太原、雁门郡。[①]步度根乃使人招呼泄归泥曰："汝父为比能所杀，不念报仇，反属怨家，今虽厚待汝，是欲杀汝计也。不如还我，我与汝是骨肉至亲，岂与仇等？"由是归泥将其部落，逃归步度根，比能追之，弗及。至黄初五年，步度诣阙贡献，厚加赏赐，是后一心守边，不为寇害。而轲比能众遂强盛。明帝即位，务欲绥和戎狄，以息征伐，羁縻两部而已。至青龙元年，比能诱步度根深结和亲，于是步度根将泄归泥及部众悉保比能，寇钞并州，杀略吏民，帝遣骁骑将军秦朗征之，归泥叛比能，将其部众降，拜归义王，赐幢麾曲盖鼓吹，居并州如故，步度根为比能所

---

① 今山西代县。

杀。

轲比能，本小种鲜卑，以勇健，断法平端，不贪财物，众推以为大人。部落近塞，自袁绍据河北，中国人多亡叛归之，教作兵器、铠楯，颇学文字，故其勒御部众，拟则中国，出入弋猎，建立旌麾，以鼓节为进退。建安中，因阎柔上贡献，太祖西征关中，田银反河间，[①]比能将三千余骑，随柔击破银，后代郡乌丸反，比能复助为寇害。太祖以鄢陵侯彰为骁骑将军，北征，大破之，比能走出塞，后复通贡献。延康初，比能遣使献马，文帝亦立比能为附义王。黄初二年，比能出诸魏人在鲜卑者五百余家，还居代郡。明年比能帅部落大人小子代郡乌丸修武庐等三千余骑，驱牛马七万余口交市，遣魏人千余家居上谷。后与东部鲜卑大人素利及步度根三部争斗，更相攻击。田豫和合，使不得相侵。五年，比能复击素利，豫帅轻骑，径进掎其后，比能使别小帅琐奴拒豫，豫进讨，破走之，由是怀贰。乃与辅国将军鲜于辅书曰："夷狄不识文字，故校尉阎柔，保我于天子。我与素利为仇，往年攻击之，而田校尉助素利，我临阵，使琐奴往，闻使君来，即便引军退。步度根数数钞盗，又杀我弟。而诬我以钞盗，我夷狄虽不知礼义，兄弟子孙，受天子印绶，牛马尚知美水草，况我有人心邪？将军当保明我于天子。"辅得书，以闻帝，帝复使豫招纳安慰。比能众遂强盛，控弦十余万骑。每钞略，得财物，均平分付，一决目前，终无所

---

① 今河北省献县。

私，故得众死力，余部大人皆敬惮之，然犹未能及檀石槐也。太和二年，豫遣译夏舍诣比能女婿郁筑鞬部，舍为鞬所杀。其秋，豫将西部鲜卑蒲头、泄归泥出塞讨郁筑鞬，大破之。还至马城，比能自将三万骑围豫七日。上谷太守阎志，柔之弟也，素为鲜卑所信，志往解喻，即解围去。后幽州刺史王雄并领校尉，抚以恩信。比能数款塞，诣州奉贡献。至青龙元年，比能诱纳步度根，使叛并州，与结和亲，自勒万骑，迎其累重于陉北。[1]并州刺史毕轨，遣将军苏尚、董弼等击之，比能遣子将骑与尚等会战于楼烦，[2]临阵害尚、弼。至三年中，雄遣勇士韩龙刺杀比能，更立其弟。素利、弥加、厥机，皆为大人，在辽西、右北平、渔阳塞外，道远，初不为边患，然其种众多于比能。建安中，因阎柔上贡献，通市，太祖皆表宠以为王。厥机死，又立其子沙末汗为亲汉王。延康初，又各遣使献马。文帝立素利、弥加为归义王。素利与比能更相攻击，太和二年，素利死。子小，以弟成律归为王，代摄其众。

《书》称"东渐于海，西被于流沙"。其九服之制，可得而言也。然荒域之外，重译而至，非足迹车轨所及，未有知其国俗殊方者也。自虞暨周，西戎有白环之献，东夷有肃慎之贡，皆旷世而至，其邈远也如此。及汉氏遣张骞使西域，穷河源，经历诸国，遂置都护，以总领之，然后西域之事具存，故史官得详载焉。魏兴，西域虽不能

---

① 陉岭，今雁门山，山北之地，谓之陉北。

② 县名。见《史记·项羽本纪》注。

尽至，其大国龟兹、于真、康居、乌孙、疏勒、月氏、鄯善、车师之属，无岁不奉朝贡，略如汉氏故事。而公孙渊仍父祖三世有辽东，天子为其绝域，委以海外之事，遂隔断东夷，不得通于诸夏。景初中，大兴师旅诛渊，又潜军浮海收乐浪、[①]带方[②]之郡，而后海表谧然，东夷屈服。其后高句丽背叛，又遣偏师致讨，穷追极远，踰乌丸、骨都，过沃沮，践肃慎之庭，东临大海。长老说有异面之人，近日之所出，[③]遂周观诸国，采其法俗，小大区别，各有名号，可得详纪。虽夷狄之邦，而俎豆之象存。中国失礼，求之四夷，犹信。故撰次其国，别其同异，以接前史之所未备焉。

夫余，在长城之北，去玄菟[④]千里，南与高句丽，东与挹娄，西与鲜卑接，北有弱水，[⑤]方可二千里。户八万，其民土著，有宫室、仓库、牢狱。多山陵、广泽，于东夷之域最平敞。土地宜五谷，不生五果。其人粗大，性强勇谨厚，不寇钞。国有君王，皆以六畜名官，有马加、牛加、猪加、狗加、犬使、大使者、使者。邑落有豪民，名下户皆为奴仆。诸加别主四出道，大者主数千家，小者数百家，食饮皆用俎豆，会同、拜爵、洗爵，揖让升降。以殷正月祭天，国中大会，连日饮食歌舞，名曰迎鼓，于是

① 今朝鲜、成镜、平安二道境，故治即今朝鲜平壤。

② 今朝鲜京畿道及忠清北道之地。

③ 见下《沃沮传》。

④ 朝鲜成镜道及吉林南部之地，治沃沮城。

⑤ 即今松花江。

时断刑狱，解囚徒。在国衣尚白，白布大袂，袍、裤，履革鞜。出国则尚缯绣锦罽，大人加狐狸、狖白、黑貂之裘，以金银饰帽。译人传辞，皆跪，手据地窃语。用刑严急，杀人者死，没其家人为奴婢。窃盗一责十二，男女淫，妇人妒，皆杀之。尤憎妒，已杀，尸之国南山上，至腐烂。女家欲得，输牛马乃与之。兄死妻嫂，与匈奴同俗。其国善养牲，出名马、赤玉、貂狖、美珠。珠大者如酸枣。以弓、矢、刀、矛为兵，家家自有铠仗。国之耆老，自说古之亡人，作城栅皆员，有似牢狱。行道，昼夜无老幼皆歌，通日声不绝。有军事亦祭天，杀牛观蹄以占吉凶，蹄解者为凶，合者为吉。有敌，诸加自战，下户俱担粮饮食之。其死，夏月皆用冰。杀人殉葬，多者百数。厚葬，有棺无椁。

夫余本属玄菟。汉末，公孙度雄张海东，威服外夷，夫余王尉仇台更属辽东。时句丽、鲜卑强，度以夫余在二虏之间，妻以宗女。尉仇台死，简位居立。无适子，有孽子麻余。位居死，诸加共立麻余。牛加兄子名位居，为大使，轻财善施，国人附之，岁岁遣使诣京都贡献。正始中，幽州刺史毋丘俭讨句丽，遣玄菟太守王颀诣夫余，位居遣大加郊迎，供军粮。季父牛加有二心，位居杀季父父子，籍没财物，遣使薄敛送官。旧夫余俗，水旱不调，五谷不熟，辄归咎于王，或言当易，或言当杀。麻余死，其子依虑年六岁，立以为王。汉时，夫余王葬用玉匣，常豫以付玄菟郡，王死则迎取以葬。公孙渊伏诛，玄菟库犹有玉匣一具。今夫余库有玉璧、珪、瓒，数代之物，传世以为宝，耆老言，先代之所赐也。其印文言"濊王之印"，国有故城名濊城，盖本濊貊之地，而夫余王其中，自谓亡人，抑有似也。

句丽在边东之东千里，南与朝鲜、濊貊，东与沃沮，北与夫余接，都于丸都之下。方可二千里，户三万。多大山深谷，无原泽。随山谷以为居，食涧水。无良田，虽力佃作，不足以实口腹。其俗节食，好治宫室，于所居之左右立大屋，祭鬼神，又祀灵星、社稷。其人性凶急，喜寇钞。其国有王，其官有相加、对卢、沛者、古雏加、主簿、优台丞、使者、皂衣先人，尊卑各有等级。东夷旧语以为夫余别种，言语诸事，多与夫余同，其性气衣服有异。本有五族，有涓奴部、绝奴部、顺奴部、灌奴部、桂娄部。本涓奴部为王，稍微弱，今桂娄部代之。汉时赐鼓吹技人，常从玄菟郡受朝服衣帻，高句丽[①]令主其名籍。后稍骄恣，不复诣郡，于东界筑小城，置朝服衣帻其中，岁时来取之，今胡犹名此城为帻沟溇。沟溇者，句丽名城也。其置官，有对卢，则不置沛者；有沛者，则不置对卢。王之宗族，其大加皆称古雏加。涓奴部本国主，今虽不为王，适统大人，得称古雏加，亦得立宗庙，祀灵星、社稷。绝奴部世与王婚，加古雏之号。诸大加亦自置使者、皂衣先人，名皆达于王，如卿大夫之家臣，会同坐起，不得与王家使者、皂衣先人同列。其国中大家不佃作，坐食者万余口，下户远担米粮鱼盐供给之。其民喜歌

---

① 此高句丽为县名，属玄菟郡，地在今辽宁长白县境。

舞，国中邑落，暮夜男女群聚，相就歌戏。无大仓库，家家自有小仓，名之为桴京。其人洁清自喜，善藏酿。跪拜申一脚，与夫余异，行步皆走。以十月祭天，国中大会，名曰'东盟'。其公会，衣服皆锦绣金银以自饰。大加主簿头着帻，如帻而无后，其小如着折风，形如弁。其国东有大穴，名隧穴。十月，国中大会，迎隧神，还于国东上祭之，置木隧于神坐。无牢狱，有罪诸加评议，便杀之，没入妻子为奴婢。其俗作婚姻，言语已定，女家作小屋于大屋后，名婿屋，婿暮至女家户外，自名，跪拜，乞得就女宿，如是者再三，女父母乃听使就小屋中宿，傍顿钱帛，至生子已长大，乃将妇归家。其俗淫。男女已嫁娶，使稍作送终之衣。厚葬，金银财币，尽于送死，积石为封，列种松柏。其马皆小，便登山。国人有气力，习战斗，沃沮、东涉皆属焉。又有小水貊。句丽作国，依大水而居，西安平县①北有小水南流入海，句丽别种，依小水作国，因名之为小水貊。出好弓，所谓貊弓是也。

王莽初，发高句丽兵以伐胡，不欲行，强迫遣之，皆亡出塞为寇盗。辽西大尹田谭追击之，为所杀。州郡县归咎于句丽侯驹。严尤奏言："貊人犯法．罪不起于驹，且宜安慰，今猥被之大罪，恐其遂反。"莽不听，诏尤击之。尤锈期句丽侯驹，至而斩之，传送其首诣长安。莽大悦，布告天下，更名高句丽为下句丽。当此时，为侯国，汉光武帝八年，高句丽王遣使朝贡，始见称王。至殇、安

---

① 西安平，相传今辽宁辽阳县东六十里有屯名安平，即其故址。

之间，句丽王宫数寇辽东，更属玄菟。辽东太守蔡风、玄菟太守姚光，以宫为二郡害，兴师伐之。宫诈降，请和，二郡不进。宫密遣军攻玄菟，焚烧候城，入辽隧，[①]杀吏民。后宫复犯辽东，蔡风轻将吏士追讨之，军败没。宫死，子伯固立。顺、桓之间，复犯辽东，寇新安、居乡，又攻西安平，于道上杀带方令，略得乐浪太守妻子。灵帝建宁二年，玄菟太守耿临讨之，斩首虏数百级，伯固降，属辽东。嘉平中，伯固乞属玄菟。公孙度之雄海东也，伯固遣大加优居主簿然人等，助度击富山贼，破之。伯固死，有二子，长子拔奇，小子伊夷模。拔奇不肖，国人便共立伊夷模为王。自伯固时，数寇辽东，又受亡胡五百余家。建安中，公孙康出军击之，破其国，焚烧邑落。拔奇怨为兄而不得立，与涓奴加各将下户三万余口诣康降，还住沸流水。[②]降胡亦叛伊夷模。伊夷模更作新国，今日所在是也。拔奇遂往辽东，有子留句丽国，今古雏加驳位居是也。其后复击玄菟，玄菟与辽东合击，大破之。伊夷模无子，淫灌奴部，生子，名位宫。伊夷模死，立以为王，今句丽王宫是也。其曾祖名宫，生能开目视，其国人恶之，及长大，果凶虐，数寇钞，国见残破。今王生堕地，亦能开目视人，句丽呼相似为位，似其祖，故名之为位宫。位宫有力勇，便鞍马，善猎射。景初二年，太尉司马宣王率众讨公孙渊，宫遣主簿大加将数千人助军。正始三年，宫

---

① 县名，汉置，后汉废，公孙度复置，在今辽宁海城县境。

② 今佟家江。

寇西安平，其五年，为幽州刺史毋丘俭所破，语在《俭传》。

东沃沮，在高句丽盖马大山之东，[①]滨大海而居。其地形东北狭，西南长，可千里，北与挹娄、夫余，南与涉貊接。户五千，无大君王，世世[②]邑落，各有长帅，其言语与句丽大同，时时小异。

汉初，燕亡人卫满王朝鲜，时沃沮皆属焉。汉武元封二年，伐朝鲜，杀满孙右渠，分其地为四郡，以沃沮城为玄菟郡。后为夷貊所侵，徙郡句丽西北，今所谓玄菟故府是也。沃沮还属乐浪，汉以土地广远，在单单大领之东，分治东部都尉，治不耐城，别主领东七县，时沃沮亦皆为县。汉光武六年，省边郡，都尉由此罢。其后皆以其县中渠帅为县侯，不耐、华丽、沃沮诸县，皆为侯国。夷狄更相攻伐，唯不耐ｊ岁侯至今犹置功曹、主簿诸曹，皆涉民作之。沃沮诸邑落渠帅皆自称三老，则故县国之制也。国小，迫于大国之间，遂臣属句丽。句丽复置其中大人为使者，使相主领，又使大加统责其租赋，貊布、鱼、盐、海中食物，千里担负致之，又送其美女以为婢妾，遇之如奴仆。

其土地肥美，背山向海，宜五谷，善田种。人性质直强勇，少牛马，便持矛步战。食饮居处，衣服礼节，有似句丽。其葬，作大木椁，长十余丈，开一头作户。新死者

---

① 盖马大山，与下单单大领，皆今纵贯朝鲜半岛之山脉。

② 上世字为名词，下世字犹言相继。

皆假埋之，才使覆形，皮肉尽，乃取骨置椁中。举家皆共一椁，刻木如生形，随死者为数。又有瓦鑩，置米其中，编县之于椁户边。

毋丘俭讨句丽，句丽王宫奔沃沮，遂进师击之。沃沮邑落皆破之，斩获首虏三千余级，宫奔北沃沮。北沃沮，一名置沟娄，去南沃沮八百余里，其俗南北皆同，与挹娄接。挹娄喜乘船寇钞，北沃沮畏之，夏月恒在山岩深穴中，为守备，冬月冰冻，船道不通，乃下居村落。王颀别遣追讨宫，尽其东界。问其耆老"海东复有人不？"耆老言："国人尝乘船捕鱼，遭风见吹，数十日。东得一岛，上有人，言语不相晓，其俗常以七月取童女沉海。"又言："有一国，亦在海中，纯女无男。"又说：得一布衣，从海中浮出，其身如中国人衣，其两袖长三丈。又得一破船，随波出在海岸边。有一人，项中复有面，生得之，与语，不相通，不食而死。其域皆在沃沮东大海中。

挹娄，在夫余东北千余里，滨大海，南与北沃沮接，未知其北所极。其土地多山险。其人形似夫余，言语不与夫余、句丽同。有五谷、牛、马、麻布。人多勇力，无大君长，邑落各有大人。处山林之间，常穴居，大家深九梯，以多为好。土气寒，剧于夫余。其俗好养猪，食其肉，衣其皮。冬以猪膏涂身，厚数分，以御风寒。夏则裸袒，以尺布隐其前后，以蔽形体。其人不洁，作溷在中央，人围其表居。其弓长四尺，力如弩，矢用楛，长尺八寸，青石为镞，古之肃慎氏之国也。善射，射人皆入，因矢施毒，人中皆死。出赤玉、好貂，今所谓挹娄貂是也。

自汉以来，臣属夫余，夫余责其租赋重，以黄初中叛之。夫余数伐之，其人众虽少，所在山险，邻国人畏其弓矢，卒不能服也。其国便乘船寇盗，邻国患之。东夷饮食，类皆用俎豆，唯挹娄不，法俗最无纲纪也。

涉，南与辰韩，北与高句丽、沃沮接，东穷大海，今朝鲜之东，皆其地也。户二万。昔箕子既适朝鲜，作八条之教以教之，无门户之闭，而民不为盗。其后四十余世，朝鲜侯准，僭号称王。陈胜等起，天下叛秦，燕、齐、赵民避地朝鲜数万口。燕人卫满，魋结夷服，复来王之。汉武帝伐灭朝鲜，分其地为四郡。自是之后，胡、汉稍别。无大君长，自汉已来，其官有侯、邑君、三老，统主下户。其耆老旧自谓与句丽同种。其人性愿悫，少嗜欲，有廉耻，不请句丽。言语法俗，大抵与句丽同，衣服有异。男女衣皆着曲领，男子系银花，广数寸，以为饰。自单单大领以西属乐浪，自领以东七县，都尉主之，皆以岁为民。后省都尉，封其渠帅为侯，今不耐岁，皆其种也。汉末，更属句丽。其俗重山川，山川各有部分，不得妄相涉入。同姓不婚。多忌讳，疾病死亡，辄捐弃旧宅，更作新居。有麻布，蚕桑作绵。晓候星宿，豫知年岁丰约。不以珠玉为宝。常用十月节祭天，昼夜饮酒歌舞，名之为舞天。又祭虎以为神。其邑落相侵犯，辄相罚，责生口牛马，名之为责祸。杀人者偿死。少寇盗。作矛，长三丈，或数人共持之，能步战。乐浪檀弓出其地。其海出班鱼皮，土地饶文豹，又出果下马，汉桓时献之。

正始六年，乐浪太守刘茂、带方太守弓遵，以领东涉属句丽，兴师伐之，不耐侯等举邑降。其八年，诣阙朝贡，诏更拜不耐濊王。居处杂在民间，四时诣郡朝谒。二郡有军征赋调，供给役使，遇之如民。

韩，在带方之南，东西以海为限，南与倭接，方可四千里。有三种：一曰马韩，二曰辰韩，三曰弁韩。辰转者，古之辰国也。马韩在西，其民土著，种植，知蚕桑，作绵布。各有长帅，大者自名为臣智，其次为邑借，散在山海间，无城郭。有爰襄国、牟水国、桑外国、小石索国、大石索国、优休牟涿国、臣濆活国、伯济国、速卢不斯国、日华国、古诞者国、古离国、怒蓝国、月支国、咨离牟卢国、素谓乾国、古爰国、莫卢国、卑离国、占离卑国、臣衅国、支侵国、狗卢国、卑弥国、监奚卑离国、古蒲国、致利鞠国、冉路国、儿林国、驷卢国、内卑离国、感奚国、万卢国、辟卑离国、臼斯乌旦国、一离国、不弥国、支半国、狗素国、捷卢国、牟卢卑离国、臣苏涂国、莫卢国、古腊国、临素半国、臣云新国、如来卑离国、楚山涂卑离国、一难国、狗奚国、不云国、不斯濆邪国、爰池国、乾马国、楚离国，凡五十余国。大国万余家，小国数千家，总十余万户。辰王治月支国，臣智或加优呼臣云遣支报安邪踧支濆臣离儿不例拘邪秦支廉之号。其官有魏率善、邑君、归义侯、中郎将、都尉、伯长。

侯准既僭号称王，为燕亡人街满所攻夺，将其左右官人，走入海，居转地，自号韩王。其后绝灭，今韩人犹有奉其祭祀者。汉时属乐浪郡，四时朝谒。桓、灵之末，韩濊岁强盛，郡县不能制，民多流入韩国。建安中，公孙康分屯有县以南荒地为带方郡，遣公孙模、张敞等收集遗民，兴兵伐韩涉，旧民稍出，是后倭韩遂属带方。景初中，明帝密遣带方太守刘昕、乐浪太守鲜于嗣越海定二郡，诸韩国臣智加赐邑君印绶，其次与邑长。其俗好衣帻，下户诣郡朝谒，皆假衣帻，自服印绶衣帻，千有余人，部从事吴林，以乐浪本统韩国，分割辰韩八国，以与乐浪，吏译转有异同，臣智激韩忿攻带方郡崎离营，时太守弓遵，乐浪太守刘茂，兴兵伐之，遵战死，二郡遂灭韩。

其俗少纲纪，国邑虽有主帅，邑落杂居，不能善相制御。无跪拜之礼。居处作草屋土室，形如冢，其户在上，举家共在中，无长幼男女之别。其葬有棺无椁，不知乘牛马，牛马尽于送死。以璎珠为财宝，或以缀衣为饰，或以县颈垂耳，不以金银锦绣为珍。[①]其人性强勇，魁头露纷如炅，兵衣布袍，足履革跃蹋。其国中有所为，及官家使筑城郭，诸年少勇健者，皆凿脊皮，以大绳贯之，又以丈许木锸之，通日欢呼作力，不以为痛，既以劝作，且以为健。常以五月下种讫，祭鬼神，群聚歌舞，饮酒昼夜无休。其舞，数十人俱起，相随踏地低昂，手足相应，节奏有似铎舞。十月农功毕，亦复如之。信鬼神，国邑各立一人，主祭天神，名之天君。又诸国各有别邑，名之为苏涂。立大木。县铃鼓，事鬼神。诸亡逃至其中，皆不还之。好作贼，其立苏涂之义，有似浮屠，而所行善恶有

---

① 魁头，即科头。

异。其北方近郡诸国，差晓礼俗，其远处，直如囚徒、奴婢相聚。无他珍宝，禽兽草木，略与中国同。出大栗，大如梨。又出细尾鸡，其尾皆长五尺余。其男子时时有文身。又有州胡，在马韩之西，海中大岛上，其人差短小，言语不与韩同，皆髡头如鲜卑，但衣韦，好养牛及猪，其衣有上无下，略如裸势，乘船往来，市买中韩。

辰转，在马韩之东，其耆老传世，自言古之亡人，避秦役，来适韩国，马韩割其东界地与之。有城栅。其言语不与马韩同。名国为邦，弓为弧，贼为寇，行酒为行觞，相呼皆为徒，有似秦人，非但燕、齐之名物也。名乐浪人为阿残，东方人名我为阿。谓乐浪人本其残余人。今有名之为秦韩者。始有六国，稍分为十二国。

弁辰亦十二国，又有诸小别邑，各有渠帅，大者名臣智，其次有险侧，次有樊涉，次有杀奚，次有借邑。有已柢国、不斯国、弁辰弥离弥冻国、弁辰接涂国、勤耆国、难弥离弥冻国、弁辰古资弥冻国、弁辰古淳是国、冉奚国、弁辰半路国、弁乐奴国、军弥国、弁军弥国、弁辰弥乌邪马国、如湛国、弁辰甘路国、户路国、州鲜国、马延国、弁辰狗邪国、弁辰走漕马国、弁辰安邪国、马延国、弁辰渎卢国、斯卢国、优中国。弁、辰韩合二十四国，大国四五千家，小国六七百家，总四五万户。其十二国属辰王。辰王常用马韩人作之，世世相继。辰王不得自立为王。土地肥美，宜种五谷及稻，晓蚕桑，作缣布，乘驾牛马。嫁娶礼俗，男女有别。以大鸟羽送死，其意欲使死者飞扬。国出铁，韩、涉、倭皆从取之。诸市买皆用铁，如中国用钱，又以供给二郡。俗喜歌舞饮酒。有瑟，其形似筑，弹之亦有音曲。儿生，便以石压其头，欲其褊，今辰韩人皆褊头。男女近倭，亦文身。便步战，兵仗与马韩同。其俗，行者相逢，皆住让路。

牟辰与辰韩杂居，亦有城郭。衣服居处，与辰韩同。言语法俗相似，祠祭鬼神有异，施灶皆在户西。其渎卢国与倭接界。十二国亦有王，其人形皆大。衣服洁清，长发，亦作广幅细布。法俗特严峻。

倭人，在带方东南大海之中，依山岛为国邑。旧百余国，汉时有朝见者，今使译所通三十国。从郡至倭，循海岸水行，历韩国，乍南乍东，到其北岸狗邪韩国，七千余里，始度一海，千余里至对马国。其大官曰卑狗，副曰卑奴母离。所居绝岛，方可四百余里，土地山险，多深林，道路如禽鹿径。有千余户，无良田，食海物自活，乘船南北市籴。又南渡一海，千余里，名曰瀚海，至一大国，官亦曰卑狗，副曰卑奴母离。方可三百里，多竹木丛林，有三千许家，差有田地，耕田犹不足食，亦南北市籴。又渡一海，千余里至末卢国，有四千余户，滨山海居，草木茂盛，行不见前人。好捕鱼鰒，水无深浅，皆沉没取之。东南陆行五百里，到伊都国，官曰尔支，副曰泄谟觚、柄渠觚。有千余户，世有王，皆统属女王国，郡使往来常所驻。东南至奴国百里，官曰兕马觚，副曰卑奴母离，有二万余户。东行至不弥国，百里，官曰多模，副曰卑奴母离，有千余家。南至投马国，水行二十日，官曰弥弥，副曰弥弥那利，可五万余户。南至邪马台国，女王之所都，水行十日，陆行一月。官有伊支马，次日弥马升，次日弥马获支，次日奴佳鞮，可七万余户。自女王国以北，其户数道里可略载，其余旁国远绝，不可得详。次有斯马国，次有已百支国，次有伊邪国，次有都支国，次有弥奴国，次有好古都国，次有不呼国，次有姐奴国，次有对苏国，次有苏奴国，次有呼邑国，次有华奴苏奴国，次有鬼国，次有为吾国，次有鬼奴国，次有邪马国，次有躬臣国，次有巴利国，次有支惟国，次有乌奴国，次有奴国，此女王境界所尽。其南有狗奴国，男子为王，其官有狗古智卑狗，不属女王。自郡至女王国万二千余里。

男子无大小，皆黥面文身。自古以来，其使诣中国，皆自称大夫。夏后少康之子，封于会稽，断发文身，以避蛟龙之害。今倭水人好沉没捕鱼蛤，文身亦以厌大鱼水禽，后稍以为饰。诸国文身各异，或左或右，或大或小，尊卑有差。计其道里，当在会稽、东冶之东。[①]其风俗不淫，男子皆露纷，以木绵招头，其衣横幅，但结束相连，略无缝。妇人被发，屈纷，作衣如单被，穿其中央，贯头衣之。种禾稻、纻麻、蚕桑、缉绩，出细纻、缣绵。其地无牛、马、虎、豹、羊、鹊。兵用矛、橹、木弓。木弓短下长上，竹箭或铁镞或骨镞，所有无与儋耳、朱崖同。倭地温暖，冬夏食生菜，皆徒跣。有屋室，父母兄弟，卧息异处。以朱丹涂其身体，如中国用粉也。食饮用笾豆，手食。其死，有棺无椁，封土作冢。始死，停丧十余日，

---

① 东冶，汉县，在今福建闽侯县境。

当时不食肉，丧主哭泣，他人就歌舞饮酒。已葬，举家诣水中澡浴，以如练沐。其行来渡海诣中国，恒使一人不梳头，不去虮虱，衣服垢污，不食肉，不近妇人，如丧人，名之为"持衰"。若行者吉善，共顾其生口财物，若有疾病，遭暴害，便欲杀之，谓其持衰不谨。出真珠、青玉。其山有丹，其木有枏、杼、豫、樟、楺、枥、投橿、乌号、枫香，其竹条竿、桃支。有姜、橘、椒、蘘荷，不知以为滋味。有猕猴、黑雉。其俗举事行来，有所云为，辄灼骨而卜，以占吉凶，先告所卜，其辞如令龟法，视火坼占兆。其会同坐起，父子男女无别，人性嗜酒。见大人所敬，但搏手以当跪拜。其人寿考，或百年，或八九十年。其俗，国大人皆四五妇，下户或二三妇。妇人不淫，不妒忌。不盗窃，少争讼。其犯法，轻者没其妻子，重者灭其门户。及亲族尊卑，各有差序，足相臣服。收租赋，有邸合，国国有市，交易有无，使大倭监之。自女王国以北，特置一大率，检察诸国，诸国畏惮之。常治伊都国，于国中有如刺史。王遣使诣京都、带方郡、诸韩国，及郡使倭国，皆临津搜露，传送文书赐遗之物诣女王，不得差错。下户与大人相逢道路，逡巡入草。传辞说事，或蹲或跪，两手据地，为之恭敬。对应声曰噫，比如然诺。其国本亦以男子为王，住七八十年，倭国乱，相攻伐历年，乃共立一女子为王，名曰卑弥呼，事鬼道，能惑众，年已长大，无夫婿，有男弟佐治国。自为王以来，少有见者。以婢千人自侍，唯有男子一人，给饮食，传辞出入。居处宫室楼观城栅严设，常有人持兵守卫。女王国东渡海千余里，复有国，皆倭种。又有侏儒国，在其南，人长三四尺，去女王四千余里。又有裸国、黑齿国，复在其东南，船行一年可至。参问倭地，绝在海中洲岛之上，或绝或连，周旋可五千余里。

景初二年，六月，倭女王遣大夫难升米等诣郡，求诣天子朝献，太守刘夏遣吏将送诸京都。其年十二月，诏书报倭女王曰："制诏亲魏倭王卑弥呼：带方太守刘夏遣使送汝大夫难升米、次使都市牛利奉汝所献男生口四人，女生口六人，班布二匹二丈，以①到。汝所在逾远，乃遣使贡献，是汝之忠孝，我甚哀汝。今以汝为亲魏倭王，假金印紫绶，装封付带方太守假授汝。其绥抚种人，勉为孝顺。汝来使难升米、牛利涉远，道路勤劳，今以难升米为率善中郎将，牛利为率善校尉，假银印青绶，引见劳赐遣还。今以绛地交龙锦五匹，绛地绉粟罽十张，蒨绛五十匹，绀青五十匹，答汝所献贡直。又特赐汝绀地句文锦三匹，细班华罽五张，白绢五十匹，金八两，五尺刀二口，铜镜百枚，真珠铅丹各五十斤，皆装封付难升米、牛利，还到录受，悉可以示汝国中人，使知国家哀汝，故郑重赐汝好物也。"正始元年，太守弓遵遣建中校尉梯儁等奉诏书印绶，诣倭国，拜假倭王，并赍诏赐金帛、锦罽、刀镜、采物，倭王因使上表答谢诏恩。其四年，倭王复遣使大夫伊声耆、掖邪狗等八人，上献生口、倭锦、绛青缣、绵衣、帛布、丹木、矛忕、短弓矢。掖邪狗等壹拜率善中郎将印

① 以同已。

绶。其六年，诏赐倭难升米黄幢，付郡假授。其八年，太守王颀到官，倭女王卑弥呼与狗奴国男王卑弥弓呼素不和，遣倭载斯、乌越等诣郡，说相攻击状。遣塞曹掾史张政等因赍诏书、黄幢，拜假难升米，为檄告喻之。卑弥呼以死。大作冢，径百余步，徇葬者奴婢百余人。更立男王，国中不服，更相诛杀，当时杀千余人。复立卑弥呼宗女壹与，年十三，为王，国中遂定。政等以檄告喻壹与，壹与遣倭大夫率善中郎将掖邪狗等二十人送政等还，因诣台献上男女生口三十人，贡白珠五千孔，青大句珠二枚，异文杂锦二十匹。

评曰："《史》《汉》著朝鲜两越，东京撰录西羌。魏世匈奴遂衰，更有乌丸、鲜卑，爰及东夷，使译时通，记述随事，岂常也哉！"

此篇为外国传之式。史家有言：本国史如显微镜，多详特殊之事实；外国史如望远镜，多述一般之法俗；以本国法俗，为众所习知，外国则否也。此篇于乌丸、鲜卑，因前史已详其法俗，故不更赘，于东南夷传则甚详。

述外国传，于其地理亦宜详悉。其中尤要者，为山川形势，郡邑建置，及道里程途，此篇亦足为法。

《三国志·蜀志·诸葛亮传》

  诸葛亮，字孔明，琅邪阳都人也。[①]汉司肃校尉诸葛丰后也。父蛙，字君贡，汉末为太山郡丞。[②]亮早孤，从父玄为袁术所署豫章太守，玄将亮及亮弟均之官。会汉朝更选朱皓代玄。玄素与荆州牧刘表有旧，往依之。玄卒，亮躬耕陇亩，好为《梁父吟》。身长八尺，每自比于管仲、乐毅，时人莫之许也。惟博陵崔州平[③]、颍川徐庶元直，与亮友善，谓为信然。

  时先主屯新野，[④]徐庶见先主，先主器之，谓先主曰："诸葛孔明者，卧龙也，将军岂愿见之乎？"先主曰："君与俱来。"庶曰："此入可就见，不可屈致也，将军宜枉驾顾之。"由是先主遂诣亮，凡三往，乃见。因屏人曰："汉室倾颓，奸臣窃命，主上蒙尘，孤不度德量力，欲信大义于天下，而智术浅短，遂用猖獗，至于今日。然志犹未已，君谓计将安出？"亮答曰："自董卓以

---

① 阳都，在今山东沂水县南。
② 太山，汉郡，治奉高，今山东泰安县。
③ 博陵，后汉县，今河北蠡县。
④ 在今河南省新野县南。

来，豪杰并起，跨州连郡者，不可胜数。曹操比于袁绍，则名微而众寡，然操遂能克绍，以弱为强者，非惟天时，抑亦人谋也。今操已拥百万之众，挟天子以令诸侯，此诚不可与争锋。孙权据有江东，已历三世，国险而民附，贤能为之用，此可与为援而不可图也。荆州北据汉、沔，利尽南海，东连吴会，西通巴、蜀，此用武之国，而其主不能守，此殆天所以资将军，将军岂有意乎？益州险塞，沃野千里，天府之土，高祖因之以成帝业。刘璋暗弱，张鲁在北，民殷国富而不知存恤，智能之士，思得明君。将军既帝室之胄，信义著于四海，总揽英雄，思贤如渴，若跨有荆、益，保其岩阻，西和诸戎，南抚夷越，外结好孙权，内修政理；天下有变，则命一上将将荆州之军，以向宛洛，将军身率益州之众以出秦川，百姓孰敢不箪食壶浆以迎将军者乎？诚如是，则霸业可成，汉室可兴矣。”先主曰：“善。”于是与亮情好日密。关羽、张飞等不悦，先主解之曰：“孤之有孔明，犹鱼之有水也。愿诸君勿复言。”羽、飞乃止。

刘表长子琦，亦深器亮。表受后妻之言，爱少子琮，不悦于琦。琦每欲与亮谋自安之术，亮辄拒塞，未与处画。琦乃将亮游观后园，共上高楼，饮宴之间，令人去梯，因谓亮曰：“今日上不至天，下不至地，言出子口，入于吾耳，可以言未？”亮答曰：“君不见申生在内而危，重耳在外而安乎？”琦意感悟，阴规出计，会黄祖死，得出，遂为江夏太守。

俄而表卒，综闻曹公来征，遣使请降。先主在樊，闻之，率其众南行，亮与徐庶并从，为曹公所追破，获庶母。庶辞先主而指其心曰："本欲与将军共图王霸之业者，以此方寸之地也。今已失老母，方寸乱矣，无益于事，请从此别。"遂诣曹公。先主至于夏口，亮曰："事急矣，请奉命求救于孙将军。"时权拥军在柴桑，观望成败，亮说权曰："海内大乱，将军起兵据有江东，刘豫州亦收众汉南，与曹操并争天下。今操芟夷大难，略已平矣，遂破荆州，威震四海，英雄无所用武，故豫州遁逃至此。将军量力而处之：若能以吴越之众与中国抗衡，不如早与之绝；若不能当，何不案兵束甲，北面而事之！今将军外托服从之名，而内怀犹豫之计，事急而不断，祸至无日矣。"权曰："苟如君言，刘豫州何不遂事之乎？"亮曰："田横，齐之壮士耳，犹守义不辱，况刘豫州王室之胄，英才盖世，众士慕仰，若水之归海，若事之不济，此乃天也，安能复为之下乎？"权勃然曰："吾不能举全吴之地，十万之众，受制于人。吾计决矣。非刘豫州莫可以当曹操者，然豫州新败之后，安能抗此难乎？"亮曰："豫州军虽败于长阪，今战士还者及关羽水军精甲万人，刘琦合江夏战士亦不下万人，曹操之众，远来疲弊，闻追豫州，轻骑一日一夜行三百余里，此所谓'强弩之末，势不能穿鲁缟者也。故兵法忌之，曰：'必蹶上将军。'且北方之人，不习水战；又荆州之民附操者，逼兵势耳，非心服也。今将军诚能命猛将统兵数万，与豫州协规同力，破操军必矣。操军破，必北还，如此，则荆、吴之势强，鼎足之形成矣。成败之机，在于今日。"权大悦，即遣周瑜、程普、鲁肃等水军三万，随亮诣先主，并力拒曹公。曹公败于赤壁，引军归邺。先主遂收江南，以亮为军师中郎将，使督零陵、桂阳、长沙三郡，调其赋税，以充军实。

建安十六年，益州牧刘璋遣法正迎先主，使击张鲁。亮与关羽镇荆州。先主自葭萌还攻璋，亮与张飞、赵云等率众沂江，分定郡县，与先主共围成都。成都平，以亮为军师将军，署左将军府事。先主外出，亮常镇守成都，足食足兵。

二十六年，群下劝先主称尊号，先主未许，亮说曰："昔吴汉、耿弇等初劝世祖即帝位，世祖辞让，前后数四，耿纯进言曰：'天下英雄喁喁冀有所望。如不从议者，士大夫各归求主，无为从公也。'世祖感纯言深至，遂然诺之。今曹氏篡汉，天下无主，大王刘氏苗族，绍世而起，今即帝位，乃其宜也。士大夫随大王久勤苦者，亦欲望尺寸之功，如纯言耳。"先主于是即帝位，策亮为丞相曰："朕遭家不造，奉承大统，兢兢业业，不敢康宁。思靖百姓，惧未能绥。于戏！丞相亮，其悉朕意，无怠，辅朕之阙，助宣重光，以照明天下，君其勖哉。"亮以丞相录尚书事，假节。张飞卒后，领司隶校尉。

章武三年，春，先主于永安病笃，召亮于成都，属以后事，谓亮曰："君才十倍曹丕，必能安国，终定大事。若嗣子可辅，辅之；如其不才，君可自取。"亮涕泣曰："臣敢竭股肱之力，效忠贞之节，继之以死。"先主又为诏敕后主曰："汝与丞相从事，事之如父。"建兴元年，封亮武乡侯，开府治事。顷之，又领益州牧。政事无巨细，咸决于亮。

　　南中诸郡，并皆叛乱，亮以新遭大丧，故未便加兵，且遣使聘吴，因结和亲，遂为与国。三年，春，亮率众南征，其秋，悉平。军资所出，国以富饶，乃治戎讲武，以俟大举。

　　五年，率诸军北驻汉中，临发，上疏曰："先帝创业未半，而中道崩殂，今天下三分，益州疲弊，此诚危急存亡之秋也。然侍卫之臣不懈于内，忠志之士忘身于外者，盖追先帝之殊遇，欲报之于陛下也。诚宜开张圣听，以光先帝遗德，恢弘志士之气，不宜妄自菲薄，引喻失义，以塞忠谏之路也。宫中府中，俱为一体，陟罚臧否，不宜异同。若有作奸犯科，及为忠善者，宜付有司。论其刑赏，以昭陛下平明之理，不宜偏私，使内外异法也。侍中、侍郎郭攸之、费祎、董允等，此皆良实，志虑忠纯，是以先帝简拔以遗陛下，愚以为宫中之事，事无大小，悉以咨之，然后施行，必能裨补阙漏，有所广益。将军向宠，性行淑均，晓畅军事，试用于昔日，先帝称之曰能，是以众议举宠为督。愚以为营中之事，悉以咨之，必能使行阵和睦，优劣得所。亲贤臣，远小人，此先汉所以兴隆也；亲小人，远贤臣，此后汉所以倾颓也。先帝在时，每与臣论此事，未尝不叹息痛恨于桓、灵也。侍中、尚书、长史、参军，此悉贞良死节之臣，愿陛下亲之信之，则汉室之隆，可计日而待也。臣本布衣，躬耕于南阳，苟全性命于乱世，不求闻达于诸侯。先帝不以臣卑鄙，猥自枉屈，三顾臣于草庐之中，咨臣以当世之事，由是感激，遂许先帝以驱驰。后值倾覆，受任于败军之际，奉命于危难之间，尔来二十有一年矣。先帝知臣谨慎，故临崩寄臣以大事也。受命以来，夙夜忧叹，恐托付不效，以伤先帝之明，故五月渡泸，深入不毛。今南方已定，兵甲已足，当奖率三军，北定中原，庶竭驽钝，攘除奸凶，兴复汉室，还于旧都。此臣所以报先帝，而忠陛下之职分也。至于斟酌损益，进尽忠言，则攸之、祎、允之任也。愿陛下托臣以讨贼兴复之效；不效则治臣之罪，以告先帝之灵。责攸之、祎、允等之慢，以彰其咎。陛下亦宜自谋，以咨诹善道，察纳雅言，深追先帝遗诏。臣不胜受恩感激，今当远离，临表涕零，不知所言。"遂行，屯于沔阳。①

六年，春，扬声由斜谷道取眉，②使赵云、邓芝为疑军，据箕谷，③魏大将军曹真举众拒之。亮身率诸军攻祁山，④戎阵整齐，赏罚肃而号令明。南安、天水、安定三郡叛魏应亮，关中响震。魏明帝西镇长安，命张郃拒亮。亮使马谡督诸军在前，与郃战于街亭。⑤谡违亮节度，举动失宜，大为郃所破。亮拔西县千余家，还于汉中，⑥戮谡以谢众。上疏曰："臣以弱才，叨窃非据，亲秉旄钺以厉三军，不能训章明法，临事而惧，至有街亭违命之阙，箕谷不戒之失，咎皆在臣授任无方。臣明不知人，恤事多暗，

①　沔阳，在今陕西省沔县东南。
②　见《后汉书·隗嚣公孙述传》注。
③　箕谷，在今陕西褒城县西北。
④　祁山，在今甘肃西和县西北。
⑤　街亭，在今甘肃平番县北。
⑥　西县，在今甘肃天水县西南百二十里。

《春秋》责帅，臣职是当。请自贬三等，以督厥咎。"于是以亮为右将军，行丞相事，所总统如前。冬，亮复出散关，①围陈仓。曹真拒之，亮粮尽而还。魏将王双率骑追亮，亮与战，破之，斩双。七年，亮遣陈式攻武都、阴平。②魏雍州刺史郭淮率众欲击式。亮自出，至建威，③淮退还，遂平二郡。诏策亮曰："街亭之役，咎由马谡，而君引愆，深自贬抑，重违君意，听顺所守。前年耀师，馘斩王双，今岁爰征，郭淮遁走。降集氐羌，兴复二郡，威震凶暴，功勋显然。方今天下骚扰，元恶未枭，君受大任，干国之重，而久自抑损，非所以光扬洪烈矣。今复君丞相，君其勿辞。"九年，亮复出祁山，以木牛运，粮尽退军，与魏将张郃交战，射杀郃。十二年，春，亮悉大众由斜谷出，以流马运，据武功五丈原，④与司马宣王对于渭南。亮每患粮不继，使己志不伸，是以分兵屯田，为久住之基。耕者杂于渭滨居民之间，而百姓安堵，军无私焉。相持百余日，其年八月，亮疾病，卒于军，时年五十四。及军退，宣王案行其营垒处所，曰："天下奇才也。"亮遗命葬汉中定军山，因山为坟，冢足容棺，敛以时服，不须器物。诏策曰："惟君体资文武，明叡笃诚。受遗托孤，匡辅朕躬；继绝兴微，志存靖乱。爰整六师，无岁不征，神武赫然，威震八荒。将建殊功于季汉，参伊周之巨

---

① 散关，在今陕西宝鸡县西南。

② 武都见《后汉书·隗嚣公孙述传》注。

③ 建威在今甘肃成县西北。

④ 武功县今属陕西省。五丈原，在今眉县西南，接岐山县界。

勋，如何不吊，事临垂克，遘疾陨丧，朕用伤悼，肝心若裂。夫崇德序功，纪行命谥，所以光昭将来，刊载不朽。今使使持节左中郎将杜琼，赠君丞相武乡侯印绶，谥君为忠武侯。魂而有灵，嘉兹宠荣。呜呼哀哉！呜呼哀哉！"

初，亮自表后主曰："成都有桑八百株，薄田十五顷，子弟衣食，自有余饶。至于臣在外任，无别调度，随身衣食，悉仰于官。不别治生，以长尺寸。若臣死之日，不使内有余帛，外有赢财，以负陛下。"及卒，如其所言。

亮性长于巧思，损益连弩，木牛流马，皆出其意。推演兵法作八阵图，成得其要云。亮言教书奏多可观，别为一集。景耀六年，春，诏为亮立庙于沔。秋，魏镇西将军钟会征蜀，至汉川，祭亮之庙，令军士不得于亮墓所左右刍牧樵采。亮弟均，官至长水校尉。亮子瞻嗣爵。

《诸葛氏集》目录

右二十四篇，凡十万四千一百一十二字。

臣寿等言，臣前在著作郎，侍中领中书监济北侯臣荀
勖、中书令关内侯臣和峤奏使臣定故蜀丞相诸葛亮故事。
亮毗佐危国，负阻不宾，然犹存录其言，耻善有遗，诚是
大晋光明至德，泽被无疆，自古以来，未之有伦也。辄删
除复重，随类相从，凡为二十四篇，篇名如右。亮少有逸
群之才，英霸之器，身长八尺，容貌甚伟，时人异焉。遭
汉末扰乱，随叔父玄，避难荆州，躬耕于野，不求闻达。
时左将军刘备以亮有殊量，乃三顾亮于草庐之中。亮深谓
备雄姿杰出，遂解带写诚，厚相结纳。及魏武帝南征荆
州，刘琮举州委质，而备失势，众寡，无立锥之地。亮时
年二十七，乃建奇策，身使孙权，求援吴会。权既宿服仰
备，又亲亮奇雅，甚敬重之，即遣兵三万人以助备。备得
用与武帝交战，大破其军，乘胜克捷，江南悉平。后备又
西取益州，益州既定，以亮为军师将军。备称尊号，拜亮
为丞相，录尚书事。及备殂没，嗣子幼弱，事无巨细，亮
皆专之。于是外连东吴，内平南越，立法施度，整理戎
旅。工械技巧，物究其极。科教严明，赏罚必信。无恶不
惩，无善不显。至于吏不容奸，人怀自厉，道不拾遗，强
不侵弱，风化肃然也。当此之时，亮之素志，进欲龙骧虎
视，包括四海；退欲跨陵边疆，震荡宇内。又自以为无身
之日，则未有能蹈涉中原，抗衡上国者，是以用兵不戢，
屡耀其武。然亮才于治戎为长，奇谋为短，理民之干，
优于将略。而所与对敌，或值人杰，加众寡不侔，攻守异
体，故虽连年动众，未能有克。昔萧何荐韩信，管仲举王
子城父，皆忖己之长，未能兼有故也。亮之器能政理，抑

亦管、萧之亚匹也，而时之名将，无城父、韩信，故使功业陵迟，大义不及邪？盖天命有归，不可以智力争也。青龙二年春，亮帅众出武功，分兵屯田，为久驻之基。其秋，病卒。黎庶追思，以为口实。至今梁、益之民，咨述亮者，言犹在耳，虽甘棠之咏召公，郑人之歌子产，无以远譬也。孟轲有云："以逸道使民，虽劳不怨；以生道杀人，虽死不怨。"信矣！论者或怪亮文彩不艳，而过于丁宁周至，臣愚以为咎繇大贤也，周公圣人也，考之《尚书》，咎繇之谟略而雅，周公之诰烦而悉。何则？咎繇与舜、禹共谈，周公与群下矢誓故也。亮所与言，尽众人凡士，故其文指不得及远也。然其声教遗言，皆经事综物，公诚之心，形于文墨，足以知其人之意理，而有补于当世。伏惟陛下，远踪古圣，荡然无忌，故虽敌国诽谤之言，咸肆其辞而无所革讳，所以明大通之道也。谨录写上诣著作。臣寿诚惶诚恐，顿首顿首，死罪死罪。

泰始十年二月一日癸巳，平阳侯相臣陈寿上。

乔，字伯松，亮兄瑾之第二子也，本字仲慎。与兄元逊，俱有名于时，论者以为乔才不及兄，而性业过之。初，亮未有子，求乔为嗣，瑾启孙权，遣乔来西，亮以乔为己适子，故易其字焉。拜为驸马都尉，随亮至汉中。年二十五，建兴元年卒。子攀，官至行护军翊武将军，亦早卒。诸葛恪见诛于吴，子孙皆尽，而亮自有胄裔，故攀还复为瑾后。

瞻，字思远。建兴十二年，亮出武功，与兄瑾书曰："瞻今已八岁，聪慧可爱，嫌其早成，恐不为重器耳。"

年十七，尚公主，拜骑都尉。其明年，为羽林中郎将，屡迁射声校尉、侍中、尚书仆射，加军师将军。瞻工书画，强识念，蜀人追思亮，咸爱其才敏。每朝廷有一善政佳事，虽非瞻所建倡，百姓皆传相告曰："葛侯之所为也。"是以美声溢誉，有过其实。景耀四年，为行都护卫将军，与辅国大将军南乡侯董厥并平尚书事。六年冬，魏征西将军邓艾伐蜀，自阴平由景谷道旁入。瞻督诸军至涪^①停住，前锋破，退还，住绵竹，艾遣书诱瞻曰："若降者，必表为琅邪王。"瞻怒，斩艾使。遂战，大败，临阵死，时年三十七。众皆离散，艾长驱至成都。瞻长子尚，与瞻俱没。次子京，及攀子显等，成熙元年内移河东。

董厥者，丞相亮时为府令史，亮称之曰："董令史，良士也。吾每与之言，思慎宜适。"徙为主簿。亮卒后，稍迁至尚书仆射，代陈祗为尚书令，迁大将军，平台事，而义阳樊建代焉。延熙二十四年，以校尉使吴，值孙权病笃，不自见建。权问诸葛恪曰："樊建何如宗预也？"恪对曰："才识不及预，而雅性过之。"后为侍中，守尚书令。自瞻、厥建统事，姜维常征伐在外，宦人黄皓，窃弄机柄，咸共将复，无能匡矫，然建特不与皓和好往来。蜀破之明年，厥、建俱诣京都，同为相国参军，其秋，并兼散骑常侍，使蜀慰劳。

评曰：诸葛亮之为相国也，抚百姓，示仪轨，约官职，从权制，开诚心，布公道；尽忠益时者，虽仇必赏；

---

① 涪县，今四川绵阳县。绵竹，今四川绵竹县。

犯法怠慢者，虽亲必罚；服罪输情者，虽重必释；游辞巧饰者，虽轻必戮；善无微而不赏，恶无织而不贬；庶事精练，物理其本，循名责实，虚伪不齿；终于邦域之内，成畏而爱之；刑政虽峻，而无怨者，以其用心平而劝戒明也。可谓识治之良才，管、萧之亚匹矣。然连年动众，未能成功，盖应变将略，非其所长欤？

此篇为《三国志》中第一有精神文字。首节略述亮之为人。次节述其豫定三分之策。三节言亮教刘琦求出守江夏，刘琮降曹公后，先主实倚江夏为资也。四节言亮建奇策，身使孙权，此赤壁之战，所以成功，三分之业所由定。五节言亮佐先主取益州。六节劝先主称尊号，因为之相。七节受遗诏辅后主。八节和吴及南征。九节出兵北伐。载其临行一疏，亮内安外攘策画所在也。十节言亮北伐事及其卒。十一节述其身后之事。皆荦荦大端。其中如南征之役，在当日特为艰苦，然互详于李严、张嶷诸传中，于《亮传》仅著其略。此所谓辞尚体要。《国志》在诸史中称最简，读此篇，可知其简实由其能扼要，非徒删削事实也。

承祚于诸葛公，推挹备至。谓将略非其所长，乃身处晋朝，不得不然。然犹断之曰："天命有归，不可以智力争。"以见将略亦不可为短，其归美可谓至矣。或谓承祚以私怨，于诸葛公有贬辞，宁非呓语！

史籍不可轻信，亦不可轻疑。近人或谓诸葛隆中之对，何以能与后来事业，若合符节，必事后传会之辞。然则眼光远大者，豫定计划，而后来略如其所豫期，皆'事之所必无，而人生诚如萍飘梗泛，一事不能自主欤？经猷之素定者，安得视同谶书也？亦可谓不察矣。

史籍选文评述

拟　目

　　本课以指导学生略知读书门径为目的，不能希望因此通知史事，因太偏而不全。讲授只能注重体例，字句必无暇解释，但此点恐将发生严重困难。

　　现就古代一部分涉想所及，举例如下：

　　《尚书》：选录一篇以见古代记言史之体例，能兼选《周书》一篇，以资印证最好。儒家、兵家同取古史为材料。

　　《春秋》：选读一两篇，以见古记事史之体例。

　　《左氏》：选读一篇。参看《通鉴》。

　　《春秋》为纲，三传为目，选读一事。参看纲目，以知体例。

　　可选"邲之战"，见《左氏》主记事。又实从记言体扩展，《公羊》主说经义。"泓之战"见《公羊》为儒家言，《左氏》为兵家言。

　　《诗》：《风》《雅》《颂》各选一篇。《风》以见民俗，如《氓》可见古代男女关系。《雅》见政治与风俗之关系。《颂》为纪功德之作，取其中包含史事，与后世刻石等同类。

　　《楚辞》（《天问》《招魂》）：文学作品中包含古代史事、地理观之例。

　　《礼经》（《冠礼》或《昏礼》）：礼可考民俗之例，兼看《礼记》冠义或昏义，以见经传合行或别行之式。

《周官》节选：取今古文制度相对照。可兼读《管子》一篇，与《周官》相证，同今文者，则到处都是，不烦广征也。

《白虎通义》：选读一篇。为今文家说之荟萃。

《五经异义》：选读一篇。此书为今古文重要异点。

《国语》：记言式之扩展，见其与《左氏》同类。《论语》《孔子家语》《晏子春秋》《新语》《说苑》，皆其支流。

《国策》：纵横家言，只见说术，不能看作史事。此为极端之例，他家言以此类推。

《山海经》节录：古神话。

《吴越春秋》《越绝书》节录：古传奇。

《史记·夏本纪》：与《禹贡》相同处，见古史与经学相涉。后文见帝纪、世家取材系世者。羿浞事《本纪》不载，而见《吴世家》，见古人编撰各如所据元式传之，不混合羼杂。因不校改，故古书中矛盾甚多。

《世家》：选读一篇，见兼据系世及《春秋》。或取《秦本纪》，则一部分为开国传说，一部分兼据系世，春秋后附一段，纯为系世。

《老子列传》：《史记》受后人窜乱之式。

《李斯列传》：督责书为伪造文件之式。

《项羽本纪》：巨鹿之战、垓下之败较为确实，然秦楚、楚汉战事胜败关键，实不可见也。沛公见羽于鸿门，则纯为传奇矣。

《汉书·食货志》：下两篇为典志之文最易了解者，能全读最佳。

《汉书·地理志》：节录，取本秦以下一段。

《史记·魏其武安侯列传》《汉书·李广苏建列传》：此两篇为

《史》《汉》文字之最佳者。《李广传》兼见《史》《汉》文字异同问题。

《绎史》：选读一题，以见纪事本末之式，兼见辑治古史之法。

《路史》：选读一题，以见古史荒诞材料之多。

《古本竹书纪年》：古人所造伪书。

再有一法，则减少分量，在史学方面减低要求，而讲授时兼顾国文方面，长篇必不能略者，留在后期教授，可节者则节录，如此教授，不能依时代顺序。

总论

《史记·项羽本纪》：记事为传奇式之例。

《史记·李斯列传》：伪造文件之例。

《汉书·货殖传序》：旧史注重经济变迁者。

《汉书·李广苏建传》：《史》《汉》文字异同及文学。

《论衡·语增》：论史之法。

《论衡·治期》：论史之识。

《潜夫论·救边》
《后汉书·堂锢传》　— 此三篇可见著述中暴露社会政治情况者。
《中论·谴交》

《三国志·刘敖传》：重要事实在注之例。

《晋书·天文志》：《晋志》突过前人，举此为例。

《晋书·阮籍嵇康传》：《晋书》采杂说之例。

《抱朴子·诘鲍》：昔人之空想社会主义。

《抱朴子·论仙》：学者对神仙家之态度。

《魏书·序纪》：外夷伪造历史之例。

《魏书·崔浩传》：史事真相须待阐发之例。

《魏书·释老志》：正史记载宗教者。参《隋书·经籍志》道佛经。

《宋书·索虏传》：敌国史记较本国得实者。

《宋书·范晔传》：据爱书作传之例。

《齐书·竟陵王传》：公文中通用之笔。与庾信《哀江南赋·序》参看，知文中亦可得史实。

《北齐书·恩幸传》：与《齐书》幸臣相对照，见其名同实异。

《水经注》：图经之式。

《日知录·部刺史·六条之外不察·隋以后刺史》：通论之例。

《十七史商榷》：（论伊娄河，标题已忘，俟借到书后补）考证之式。

《旧唐书·高宗废后王氏传》：两说并存之例。

《新唐书·礼乐志序》：昔人论史明于社会变迁者。

《史通·言语》：史评举例。

《史通·点烦》：史评举例。

《陆贽奏议·均节赋税恤百姓六条·一论两税之弊须有厘革》：文件在史学上之重要。

杜甫"三吏""三别"、前后《出塞》《负薪行》，白居易《缚戎人》《缭绫》：文学作品可作史材者。

总 论

本课以指导学生自行阅读史籍为目的。欲读史，必须先知史籍之性质。史籍为书籍之一种，欲知史，又必先知凡书籍之性质。

谁都知道，中国旧籍，分为经、史、子、集四部。经、子都是发表主观见解的，集则原于《七略》中的诗赋略，所以收容文学作品，但到后来，渐渐的以人为主，一个人的什么作品，都收入其中了，《七略》为汉朝皇室藏书的目录，由刘向及其子刘歆所定。包括（一）辑略，乃总论辑录之意。（二）六艺，即今所谓经学。（三）诸子。（四）兵书。（五）数术。（六）方技。（七）诗赋。实分当时之书籍为六类也。文集的初步，亦止收文学作品，后乃渐将他种述作一概编入。说见章学诚《文史通义·文集篇》。那自然有涉及客观记载的。然则要读史，但读史部及集部中的一部分好了。然而我们要考究起从前社会的情形来，须要知道的，从前客观的记载，未必都能告诉我们；所不须知道的，反而杂出其中；可见前人的去取，未必都能得当。我们欲读史籍，并不能以前人所谓客观记载为限。近人说："一切书籍，都应看作史材。"这话也很有道理。

虽然如此，昔时所谓史部之书，究系研究的重心，至少是先务之急。所以我们在研究之前，先须就史部之书，作一鸟瞰。

欲知史部之大略，必须先知其书籍之分类。史籍分类，历代不同，现在无暇遍引；亦且虽有小异，究属大同。所以但引最后的一种，即清代四库书目之分类，以见其概。

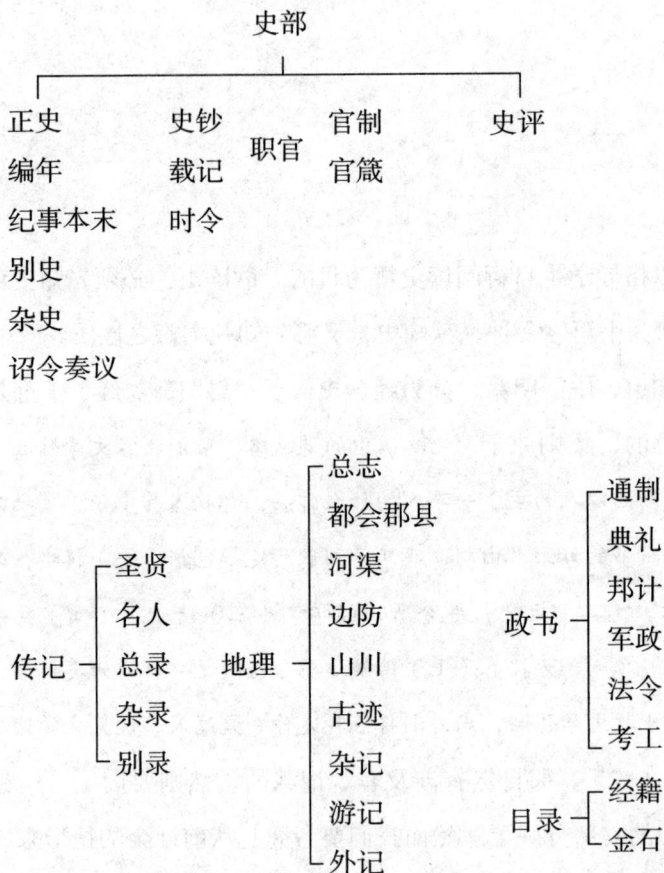

史部

正史　　史钞　　　官制　　　史评
编年　　载记　职官　官箴
纪事本末　时令
别史
杂史
诏令奏议

　　　　　　　　　　总志　　　　　　通制
　　　　　　　　　都会郡县　　　　　典礼
　　　　　圣贤　　河渠　　　　　　　邦计
　　　　　名人　　边防　　　　政书　军政
　　传记　总录　地理　山川　　　　　法令
　　　　　杂录　　古迹　　　　　　　考工
　　　　　别录　　杂记
　　　　　　　　　游记　　　　　　　　经籍
　　　　　　　　　外记　　　　目录　金石

　　正史之名，初为学者的见解，后来则系功令所定，唐修《隋书》，其《经籍志》专指今之正史为正史。然刘子玄作《史通》，有六家二体两篇。六家：一《尚书》，二《春秋》，三《左传》，四《国语》，五《史记》，六《汉书》。二体则以编年与今所谓正史者并举。其古今正史篇，胪列历代史籍，亦兼及此二体。盖并认六家为正史，而以其所谓二体，为适宜于后世也。此学者之意见也。后者如民国时代，由总统徐世昌下令，列柯绍忞之《元史》于正史是。并不能表示其书之体裁，亦不能表示其内容。就其书之体裁言，昔人称为纪传表志体。正史之第一部为《史记》，中包本纪、世家、列传、表、书五种体裁。世家乃称未统一时之列国者，后世无其事，故亦无其体。欧阳修之《新五代史》，用以称割据之国，实不适合。《晋书》称叙割据之国者为载记，他史亦无用之者。书自《汉书》而下，亦皆称为志。故后人从其多者，称此体力纪传表志体。至其内容，则马端临的《文献通考·序》最能表示旧时学者的意见。他把史事分为（一）理乱兴衰；（二）典章经制两类。前者是政治上随时发生的事情，后者则政治上预定的制度，所用以应付未来的。正史中之表，乃所以安排零碎的事情，使有条理系统，其事情的性质，并无一定；纪、传则大体上系记前一类的事情；志则专记后一类的事情。我们试本此而观，便知正史所以被称为正史之故，因为昔时史家，重视这两类事实，在体例上，都能够把他包括无遗，其余的史书，虽所载的事实，或较正史为详确；又或其体例较正史为便于观览，然都不如正史能包括。别史即未被功令所承认之正史。杂史则体裁不同，而所载之事，与正史相出人。载记以其所记者，系偏方之国而名。史钞多就正史加以摘取。编年、纪事本末，大体就纪传所载之事，别立系统编纂。时令、地理、职官、政书、目录所载之事皆与志之所载者同。传记同于列传。诏令奏议，纪传与志，皆可收容。史评则依附史籍而行者耳。故以体例论，正史之所载，于各史无不包。在功令上，要勉强定于一尊，自舍今之正史莫属了。

然则中国向来史籍之所记载，是以马端临所谓理乱兴衰、典章经制两类的事实为中心的。这在今日，自然觉得不够。

现在要研究历史，其所取材，在理论上，当分为（一）记载；（二）非记载两门。其子目，在非记载，当分为（1）人；（2）物；（3）法俗法俗二字，多见正史四夷传中。法谓有强制性质者，俗则反之。而两字实兼包一切社会轨范也。三项。在记载，亦当分为：（1）以其事为有价值而记载之，以贻后人；（2）其意亦在诏示后人，但非欲启发他人，而在于自己夸示；（3）但备自行省览，非欲示人；（4）并非欲自行省览，但发于情不容已，随意抒写。（1）即史籍，（2）如碑志，（3）如日记、账簿，（4）如文学作品。此四项中之第一项，在今日，仍为研究之重心及其先务。此在理论上，本包括不隶于史部之书，但其中隶属史部者，究尤为重心中之重心，先务中之先务。

一切事情，莫不从发展而来，所以要知道史籍的性质，又必先知道史籍发展的历史。史籍的发展，亦当分为两阶段：（一）虽知其事之有价值，而加以记载，然仅供自用，而非欲以遗他人，如官府之档案，私人之记录都是。（二）则知其事之有益于社会，而记载之遗后人。必发达至此阶段，乃可称为史籍。中国人之知道记载很早。古代国家所设立之史官，以及民间很古的传述都是。然这只能算是第一阶段。试观《七略》中尚无所谓史部可知。《太史公》书附《春秋》后。然太史公之书，名为《史记》。史记乃当时史籍的通称，犹今言历史。《太史公书》为历史书的第一部，所以以一部书而占据一类书的总名。然则当《太史公书》成书之时，当时社会上，尚未有可称为历史的书籍。然观"史记"一名词的成立，则当时的社会，已可说是有了历史的观念，而史学亦肇起于此时了。知重历史，就是知重客观的事实，这是人类思想的一个进步。所以我们阅览史籍，亦当依此分为两大时期。

在前一时期，人类的知识，尚形幼稚，主客观不分。其时虽亦有客观的记录，然经过一时期，或几次传述，即和主观混淆。今日见于经、子中之古史材料，大率如此。此时期之史料，都显出其时之人知识之幼稚，其特征为：（一）夹杂神话；（二）多带传奇性质；（三）轻事重言，随意推衍，将其事无限扩大，遂至全失真相；（四）则竟系寓言。古所谓小说，非今之小说，其所谓寓言，则今之小说也。但有一异点，今小说无论其事之虚实，其人地名，至少其人名必为虚构。古寓言则事出虚构，或取真人名以实之。如《庄子·盗跖篇》。此时期之史籍，必能通经子之学，乃能治之。惟史籍之此项性质，非至某一时期即行截止。故至秦汉时代，正式之史籍，虽已出现，带有此项性质者仍不乏，今乃略示其凡。

正式史籍之出现，乃由人类知重客观事实而起。此观念之初步发展，为"信以传信，疑以传疑"，更发展则为"作史者惟恐其不出于人"。所以中国史籍中的称谓，并不前后一律。在编年史中，前一卷尚直呼其名，后一卷即可称之为帝。由此例推之，则（一）一篇之中，称呼一人，名、字、谥、号错出，亦不为病。而（二）直录原文，不加点定。（三）两说或两以上之说并存，显然矛盾。（四）各部分各照所据之原文誊录，并不使其互相羼杂诸例出焉。此等似无关宏旨，然因此，则可知中国人对于史事的见解，全部皆不使羼入史籍之中。所以欲知中国所谓史观等，不能于史籍中求之，而转须于他部之书籍中求之。考订事实之谬误，亦别自立说，不羼入正文中；辑出之事实，必注明出处等例，亦皆自此而来。此为读中国史籍最要之关键，若其不知，必生隔阂，以致误谬。

昔时史家之见解，不能尽与今日之史学相合，此乃自然之事，不能为讳，而亦不足为病。（一）须知如前说，史家之见解，本不能求之史籍之中。（二）则史观之改变，实受他学之影响，而系于一时代思想之总转变，本不能于史学中求之也。史家但能随时代思想之转变，而举出其事实以示人，则其责任为已尽，而其文字，亦即有阅读之价值矣。

文学看似关系不甚重要，然昔人表示意见之处，或非直说而用隐讽等手段，则非知文学，不能看出；又有表面系论此事，而意实系指别一事者，亦非通知文学之体例，不能了解，此等处，乃文与史相互之关系也。

《史记·李斯列传》（节录）

　　二世燕居，乃召高与谋事，谓曰："夫人生居世间也，譬犹骋六骥过决隙也。吾既已临天下矣，欲悉耳目之所好，穷心志之所乐，以安宗庙而乐万姓，长有天下，终吾年寿，其道可乎？"高曰："此贤主之所能行也，而昏乱主之所禁也。臣请言之，不敢避斧钺之诛，愿陛下少留意焉。夫沙丘之谋，诸公子及大臣皆疑焉，而诸公子尽帝兄，大臣又先帝之所置也。今陛下初立，此其属意怏怏皆不服，恐为变。且蒙恬已死，蒙毅将兵居外，臣战战栗栗，唯恐不终。且陛下安得为此乐乎？"二世曰："为之奈何？"赵高曰："严法而刻刑，令有罪者相坐诛，至收族，灭大臣而远骨肉；贫者富之，贱者贵之。尽除去先帝之故臣，更置陛下之所亲信者近之。此则阴德归陛下，害除而奸谋塞，群臣莫不被润泽，蒙厚德，陛下则高枕肆志宠乐矣。计莫出于此。"二世然高之言，乃更为法律。于是群臣诸公子有罪，辄下高，令鞠治之。杀大臣蒙毅等。公子十二人谬死咸阳市，十公主矺死于杜，矺，《索隐》曰：与磔同。财物入于县官。相连坐者不可胜数。

　　公子高欲奔，恐收族，乃上书曰："先帝无恙时，臣入则赐食、出则乘舆。御府之衣，臣得赐之；中厩之宝马，臣得赐之。臣当从死而不能，为人子不孝，为人臣不忠。不忠者无名以立于世，臣请从死，愿葬郦山之足。唯上幸哀怜之。"书上，胡亥大悦，召赵高而示之，曰："此可谓急乎？"赵高曰："人臣当忧死而不暇，何变之得谋！"胡亥可其书，赐钱十万以葬。

法令诛罚日益刻深，群臣人人自危，欲畔者众。又作阿房之宫，治直〔道〕、驰道，赋敛愈重，戍徭无已。于是楚戍卒陈胜、吴广等乃作乱，起于山东，杰俊相立，自置为侯王，叛秦，兵至鸿门而却。李斯数欲请间谏，二世不许。而二世责问李斯曰："吾有私议而有所闻于韩子也，曰'尧之有天下也，堂高三尺，采椽不斫，茅茨不剪，虽逆旅之宿不勤于此矣。冬日鹿裘，夏日葛衣，粢粝之食，藜藿之羹，饭土匦，啜土铏，虽监门之养不觳于此矣。禹凿龙门，通大夏，疏九河，曲九防，决渟水致之海，而股无腹，胫无毛，手足胼胝，面目黎黑，遂以死于外，葬于会稽，臣虏之劳不烈于此矣'。然则夫所贵于有天下者，岂欲苦形劳神，身处逆旅之宿，口食监门之养，手持臣虏之作哉？此不肖人之所勉也，非贤者之所务也。彼贤人之有天下也，专用天下适己而已矣，此所以贵于有天下也。夫所谓贤人者，必能安天下而治万民，今身且不能利，将恶能治天下哉！故吾愿赐志广欲，长享天下而无害，为之奈何？"李斯子由为三川守，群盗吴广等西略地过去，弗能禁。章邯以破逐广等兵，使者覆案三川相属，诮让斯居三公位，如何令盗如此。李斯恐惧，重爵禄，不知所出，乃阿二世意，欲求容，以书对曰：

"夫贤主者，必且能全道而行督责之术者也。督责之，则臣不敢不竭能以徇其主矣。此臣主之分定，上下之义明，则天下贤不肖莫敢不尽力竭任以徇其君矣。是故主独制于天下而无所制也，能穷乐之极矣。贤明之主也，可不察焉！

"故申子曰'有天下而不恣睢，命之曰以天下为桎梏'者，无他焉，不能督责，而顾以其身劳于天下之民，若尧、禹然，故谓之'桎梏'也。夫不能修申、韩之明术，行督责之道，专以天下自适也，而徒务苦形劳神，以身徇百姓，则是黔首之役，非畜天下者也，何足贵哉！夫以人徇己，则己贵而人贱；以己徇人，则己贱而人贵。故徇人者贱，而人所徇者贵，自古及今，未有不然者也。凡古之所为尊贤者，为其贵也；而所为恶不肖者，为其贱也。而尧、禹以身徇天下者也，因随而尊之，则亦失所为尊贤之心矣，夫可谓大缪矣。谓之为'桎〔梏〕'，不亦宜乎？不能督责之过也。

"故韩子曰'慈母有败子而严家无格虏'者，何也？则能罚之加焉必也。故商君之法，刑弃灰于道者。夫弃灰，薄罪也；而被刑，重罚也。彼唯明主为能深督轻罪。夫罪轻且督深，而况有重罪乎？故民不敢犯也。是故韩子曰'布帛寻常，庸人不释；铄金百镒，铄金，《索隐》曰：《尔雅》云，铄，美也。盗跖不搏'者，非庸人之心重，寻常之利深，而盗跖之欲浅也。又不以盗跖之行，为轻百镒之重也。搏必随手刑，则盗跖不搏百镒；而罚不必行也，则庸人不释寻常。是故城高五丈，而楼季不轻犯也；泰山之高百仞，而跛牂牧其上。夫楼季也而难五丈之限，岂跛牂也而易百仞之高哉？峭堑之势异也。峭堑，《索隐》曰：峭，峻也，高也。堑音渐。明主圣王之所以能久处尊位，长执重势，而独擅天下之利者，非有异道也，能独断而审督责，必深罚，故天下不敢犯也。今不务所以不犯，而事慈母之所以败子也，则亦不察于圣人之论矣。夫不能行圣人之衡，则舍为天下役何事哉？可不哀邪！

"且夫俭节仁义之人立于朝，则荒肆之乐辍矣；谏说论理之臣间于侧，则流漫之志诎矣；烈士死节之行显于世，则淫康之虞废矣。故明主能外此三者，而独操主术以制听从之臣，而修其明法，故身尊而势重也。凡贤主者，必将能拂世摩俗，而废其所恶，立其所欲，故生则有尊重之势，死则有贤明之谥也。是以明君独断，故权不在臣也。然后能灭仁义之涂，掩驰说之口，困烈士之行，塞聪掩明，内独视听，故外不可倾以仁义烈士之行，而内不可夺以谏说忿争之辩。故能荦然独行恣睢之心而莫之敢逆。若此，然后可谓能明申、韩之术，而修商君之法。法修术明而天下乱者，未之闻也。故曰'王道约而易操'也，唯明主为能行之。若此则谓督责之诚，则臣无邪，臣无邪则天下安，天下安则主严尊，主严尊则督责必，督责必则所求得，所求得则国家富，国家富则君乐丰。故督责之衡设，则所欲无不得矣。群臣百姓救过不给，何变之敢图？若此则帝道备，而可谓能明君臣之术矣。虽申、韩复生，不能加也。"

书奏，二世悦。于是行督责益严。

此篇为伪造文件之例。文件在后世，不易伪造，然在前世，则不乏其例。盖其时文字用少，史实皆由口传；口传者，原不易记文件之原字句。且古人言语粗略，我们现在说"彼以为""彼盖云"作为我们揣测之辞者，古人则径以为其人所说；而口语与书面，又不严格区别，遂成为伪文件矣。如此篇所载李斯对二世之书，即其一例。法家督责之术本欲以治国，非所以求逸乐。然后来有一派求逸乐的议论，读《庄子·盗跖篇》者，可见之。亦牵引法家督责之说，此篇即此派人所附会也。

伪造文件，在后世亦时有。如苏洵之《辩奸论》，即其一例。此文但见《邵氏闻见录》，得李绂考证知为伪造，见《穆堂集》。又如《旧唐书·张行成传》载武则天令选美少年为左右奉宸供奉，右补阙朱敬则谏，则天劳之曰：非卿直言，朕不知此，赐采百般。赵翼《廿二史札记》以此称则天之能纳谏。《廿二史札记》卷十九"武后纳谏知人"。然旧书所载敬则谏辞，恐亦伪造也。

此传所载，大部分系传奇性质。下文载赵高指鹿为马事更易见。

《史记·项羽本纪》（节录）

……于是楚军夜击，坑秦卒二十余万人新安城南。

行略定秦地。函谷关有兵守关，不得入。又闻沛公已破咸阳，项羽大怒，使当阳君等击关。项羽遂入，至于戏西。戏，水名，源出骊山，入渭。沛公军霸上，在今西安市东。未得与项羽相见。沛公左司马曹无伤使人言于项羽曰："沛公欲王关中，使子婴为相，珍宝尽有之。"项羽大怒，曰："旦日飨士卒，为击破沛公军！"

当是时，项羽兵四十万，在新丰在今陕西临潼县东。鸿门，沛公兵十万，在霸上。范增说项羽曰："沛公居山东时，贪于财货，好美姬。今入关，财物无所取，妇女无所幸，此其志不在小。吾令人望其气，皆为龙虎，成五采，此天子气也。急击勿失。"

楚左尹项伯者，项羽季父也，素善留侯张良。张良是时从沛公，项伯乃夜驰之沛公军，私见张良，具告以事，欲呼张良与俱去。曰："毋从俱死也。"张良曰："臣为韩王送沛公，沛公今事有急，亡去不义，不可不语。"良乃入，具告沛公。沛公大惊，曰："为之奈何？"张良曰："谁为大王为此计者？"曰："鲰生说我曰'距关，毋内诸侯，秦地可尽王也'。故听之。"良曰："料大王士卒足以当项王乎？"沛公默然，曰："固不如也，且为之奈何？"张良曰："请往谓项伯，言沛公不敢背项王也。"沛公曰："君安与项伯有故？"张良曰："秦时与臣游，项伯杀人，臣活之。今事有急，故幸来告良。"沛公曰："孰与君少长？"良曰："长于臣。"沛公曰："君为我呼入，吾得兄事之。"张良出，要项伯。项伯即入见沛公。沛公奉卮酒为寿，约为婚姻，曰："吾入关，秋毫不敢有所近，籍吏民，封府库，而待将军。所以遣将守关者，备他盗之出入与非常也。日夜望将军至，岂敢反乎！愿伯具言臣之不敢倍德也。"项伯许诺，谓沛公曰："旦日不可不早自来谢项王。"沛公曰："诺。"于是项伯复夜去，至军中，具以沛公言报项王。因言曰："沛公不先破关中，公岂敢入乎？今人有大功而击之，不义也，不如因善遇之。"项王许诺。

　　沛公旦日从百余骑来见项王。至鸿门，谢曰："臣与将军戮力而攻秦，将军战河北，臣战河南，然不自意能先入关破秦，得复见将军于此。今者有小人之言，令将军与臣有隙。"项王曰："此沛公左司马曹无伤言之。不然，籍何以至此？"项王即日因留沛公与饮。项王、项伯东向坐，亚父南向坐。亚父者，范增也。沛公北向坐，张良西向侍。范增数目项王，举所佩玉玦以示之者三，项王默然不应。范增起，出召项庄，谓曰："君王为人不忍，若入前为寿，寿毕，请以剑舞，因击沛公于坐，杀之。不者，若属皆且为所虏。"庄则入为寿，寿毕，曰："君王与沛公饮，军中无以为乐，请以剑舞。"项王曰：

"诺。"项庄拔剑起舞，项伯亦拔剑起舞，常以身翼蔽沛公，庄不得击。于是张良至军门，见樊哙。樊哙目："今日之事何如？"良曰："甚急。今者项庄拔剑舞，其意常在沛公也。"哙曰："此迫矣，臣请入，与之同命。"哙即带剑拥盾入军门。交戟之卫士欲止不内，樊哙侧其盾以撞，卫士仆地，哙遂入，披帷西向立，嗔目视项王，头发上指，目眦尽裂。项王按剑而跽曰："客何为者？"张良曰："沛公之参乘樊哙者也。"项王曰："壮士！赐之卮酒。"则与斗卮酒。哙拜谢，起，立而饮之。项王曰："赐之彘肩。"则与一生彘肩。樊哙覆其盾于地，加彘肩上，拔剑切而啖之。项王曰："壮士，能复饮乎？"樊哙曰："臣死且不避，卮酒安足辞！夫秦王有虎狼之心，杀人如不能举，刑人如恐不胜，天下皆叛之。怀王与诸将约曰'先破秦入咸阳者王之'。今沛公先破秦入咸阳，毫毛不敢有所近，封闭宫室，还军霸上，以待大王来。故遣将守关者，备他盗出入与非常也。劳苦而功高如此，未有封侯之赏，而听细说，欲诛有功之人。此亡秦之续耳，窃为大王不取也。"项王未有以应，曰："坐。"樊哙从良坐。坐须臾，沛公起如厕，因招樊哙出。

沛公已出，项王使都尉陈平召沛公。沛公曰："今者出，未辞也，为之奈何？"樊哙曰："大行不顾细谨，大礼不辞小让。如今人方为刀俎，我为鱼肉，何辞为？"于是遂去。乃令张良留谢。良问曰："大王来何操？"曰："我持白璧一双，欲献项王；玉斗一双，欲与亚父。会其怒，不敢献，公为我献之。"张良曰："谨诺。"

当是时，项王军在鸿门下，沛公军在霸上，相去四十里。沛公则置车骑，脱身独骑，与樊哙、夏侯婴、靳强、纪信等四人持剑盾步走，从郦山下郦山，即骊山，在临潼县。道芷阳在今西安市东。间行。沛公谓张良曰："从此道至吾军，不通二十里耳。度我至军中，公乃入。"

沛公已去，间至军中。张良入谢，曰："沛公不胜杯杓，不能辞，谨使臣良奉白璧一双，再拜献大王足下；玉斗一双，再拜奉大将军足下。"项王曰："沛公安在？"良曰："闻大王有意督过之，脱身独去，已至军矣。"项王则受璧，置之坐上。亚父受玉斗，置之地，拔剑撞而破之，曰："唉！竖子不足与谋。夺项王天下者，必沛公也，吾属今为之虏矣。"

沛公至军，立诛杀曹无伤。

此历史记载，属于传奇性质之例。秦亡后汉复灭楚，后称皇帝，乃后来事势使然。当秦初亡时，决无人敢为帝，亦无人欲为帝者。以当时之人，视列国并立为当然，一统反属变态也。故项羽仅称西楚霸王。霸者，伯之同音假借字，伯之义为长，霸王为诸王之长，犹之春秋时之霸国，为诸侯之长，特王侯之称异耳。古共主称王，此时之共主称帝，故其下最高之爵称王。然则范增安得谓汉高祖欲与项羽争天下？曹无伤谓汉高祖欲尽有关中珍宝，此言何等幼稚？使汉高祖欲有关中珍宝，既先入关，岂不可早取之？即使不王关中，岂不可携之而去乎？鸿门灞上，相去四十里，即走间道亦二十里，项伯夜自鸿门至灞上，汉高祖留之饮酒，再归鸿门，尚及见项羽，劝止其明日勿击高祖，然则项羽终夜不睡乎？若谓因明日欲击高祖，而夜间发号施令，则岂项伯数言所能止？且项伯安知项羽必听其言，而属汉高祖明日自来谢乎？范增安得不告项王，而使项庄击高祖？樊哙即鲁莽，安得撞倒卫士，再面责项羽？古人饮酒，诚有中间离席休息之事，亦必不能甚久。汉高安得令张良待其至军，然后人谢乎？范增七十老翁，既称有谋，岂有当场拔剑撞破玉斗之理？种种不合情理，故知必非事实而为传奇式之传述也。传奇式之传述，关系社会之知识程度。以必众人之知识幼稚，此等传说，乃能流行；且惟有此等传说乃能流行也。历史中此等材料实不少，时代愈早则愈多，读史者不可轻信。

《汉书·货殖传序》

昔先王之制，自天子公侯卿大夫士至于皂隶抱关击柝者，其爵禄奉养宫室车服棺椁祭祀死生之制各有差品，小不得僭大，贱不得逾贵。夫然，故上下序而民志定。于是辩其土地川泽丘陵衍沃原隰之宜，教民种树畜养；五谷六畜及至鱼鳖鸟兽萑蒲材干器械之资，所以养生送终之具，靡不皆育。育之以时，而用之有节。草木未落，斧斤不入于山林；豺獭未祭，罝网不布于野泽；鹰隼未击，矰弋不施于徯隧。既顺时而取物，然犹山不茬蘖，泽不伐夭，蜎鱼麑卵，咸有常禁。所以顺时宣气，蕃阜庶物，稸足功用，如此之备也。然后四民因其土宜，各任智力，夙兴夜寐，以治其业，相与通功易事，交利而俱赡，非有征发期会，而远近成足。故《易》曰"后以财成辅相天地之宜，以左右民"，"备物致用，立成器以为天下利，莫大乎圣人"，此之谓也。《管子》云古之四民不得杂处。士相与言仁谊于闲宴，工相与议技巧于官府，商相与语财利于市井，农相与谋稼穑于田野，朝夕从事，不见异物而迁焉。故其父兄之教不肃而成，子弟之学不劳而能，各安其居而乐其业，甘其食而美其服，虽见奇丽纷华，非其所习，辟犹戎翟之与于越，不相入矣。是以欲寡而事节，财足而不争。于是在民上者，道之以德，齐之以礼，故民有耻而且敬，贵谊而贱利。此三代之所以直道而行，不严而治之大略也。

及周室衰，礼法堕，诸侯刻桷丹楹，大夫山节藻棁，师古曰："桷，椽也，楹，柱也。节，栌也（案：亦称斗拱。谓柱上方木，所以承梁）。山，刻为山形也。棁，侏儒柱也。藻，谓刻镂为水藻之文也。"八佾舞于庭，雍彻于堂。其流至乎士庶人，莫不离制而弃本，稼穑之民少，商旅之民多，谷不足而货有余。

陵夷至乎桓、文之后，礼谊大坏，上下相冒，国异政，家殊俗，耆欲不制，僭差亡极。于是商通难得之货，工作亡用之器，士设反道之行，以追时好而取世资。伪民背实而要名，奸夫犯害而求利，篡弑取国者为王公，圉夺成家者为雄桀。礼谊不足以拘君子，刑戮不足以威小人。富者木土被文锦，犬马余肉粟，而贫者裋褐不完，含菽饮水。其为编户齐民，同列而以财力相君，虽为仆虏，犹亡愠色。故夫饰变诈为奸宄者，自足乎一世之间；守道循理者，不免于饥寒之患。其教自上兴，繇法度之无限也。故列其行事，行事，谓已往之事，不可误作"行事"解。以传世变云。

中国自列国分立，逐渐互相吞并，而终至于统一，实缘社会经济起着剧烈之变迁。政治之力，不过追随其后而已。当列国分立之时，各国内之经济大率保持自给自足的状况，此其所以能分立。此时之封君坐食租税，其生活反较劳动平民为优裕，固属不平。然其所谓不平者止于此。其余大体尚保存氏族时代之旧规。其生产消费，均为有计划的，因而其社会经济，亦为有秩序的也。随着生产力的进步，旧规逐渐成为获利之障碍，遂逐渐被人破坏。当此情势之下，交通逐渐便利，各国人民，互相往来者日多，风俗亦逐渐接近，遂造成统一有利之条件，而政治之力随之。政治上之统一，固属有利，然各国内部，前此经济上之规制，逐渐破坏，而无规制以代之，遂成为无秩序无组织之局矣。斯时之人，视此无秩序无组织之状态，尚以为变态，而欲反之于正常。然能当计划及组织之任者，谁乎？斯时之人，则误以为其时之治者阶级，足以当之。此为一大误谬，自东周之世，即有改革之声浪，至王莽而后行之，而卒召大乱，以此也。欲知此中消息者，在子部宜读《孟》《荀》《管》三子，及汉人之《盐铁论》；在史部宜读《史》《汉》之《货殖列传》，《汉书》之《食货志》《史记·平准书》亡，其大部分，后人钞《汉书·食货志》补之。《王贡两龚鲍传》《眭两夏侯京翼李传》《王莽传》，即可知其大略也。

序之作，昔人解释含有二义：一为次序，即说全书之编纂，取何条理系统之意。一曰："序者，绪也。"乃为读者开示门径，使如治丝之能得其头绪。故作序最忌空洞。《汉书·货殖传序》借述时人对于社会经济的意见，使读者可持此眼光，以观当时之货殖现象，乃史序中之佳作也。

《汉书·李广苏建传》

　　李广，陇西成纪今甘肃秦安县。人也。其先曰李信，秦时为将，逐得燕太子丹者也。广世世受射。孝文十四年，匈奴大入萧关，在今甘肃固原县东南。而广以良家子从军击胡，用善射，杀首虏多，为郎，骑常侍。数从射猎，格杀猛兽，文帝曰："惜广不逢时，令当高祖世，万户侯岂足道哉！"

　　景帝即位，为骑郎将。吴楚反时，为骁骑都尉，从太尉亚夫战昌邑下，昌邑，国，今平原金乡县。显名。以梁王授广将军印，故还，赏不行。为上谷太守，上谷，郡，今察哈尔怀来县。数与匈奴战。典属国公孙昆邪为上泣曰："李广材气，天下亡双，自负其能，数与虏确，恐亡之。"上乃徙广为上郡太守。

　　匈奴（入）〔侵〕上郡，今陕西绥德县。上使中贵人从广勒习兵击匈奴。中贵人者将数十骑从，见匈奴三人，与战。射伤中贵人，杀其骑且尽。中贵人走广，广曰："是必射雕者也。"广乃从百骑往驰三人。三人亡马步行，行数十里。广令其骑张左右翼，而广身自射彼三人者，杀其二，生得一人，果匈奴射雕者也。已缚之上山，望匈奴数千骑，见广，以为诱骑，惊，上山陈。广之百骑皆大恐，欲驰还走。广曰："我去大军数十里，今如此走，匈奴追射，我立尽。今我留，匈奴必以我为大军之诱，不我击。"广令曰："前！"未到匈奴陈二里所，止，令曰："皆下马解鞍！"骑曰："虏多如是，解鞍，即急，奈何？"广曰："彼虏以我为走，今解鞍以示不去，用坚其意。"有白马将出护兵。广上马，与十余骑奔射杀白马将，而复还至其百骑中，解按，纵马卧。时会暮，胡兵终怪之，弗敢击。夜半，胡兵以为汉有伏军于傍欲夜取之，即引去。平旦，广乃归其大军。后徒为陇西、北地、雁门、云中太守。陇西，郡，今甘肃临洮县。北地，郡，今甘肃环县。雁门，郡，今察哈尔右玉县。云中，郡，今绥远托克托县。

武帝即位，左右言广名将也，由是入为未央卫尉，而程不识时亦为长乐卫尉。程不识故与广俱以边太守将屯。及出击胡，而广行无部曲行陈，就善水草顿舍，人人自便，不击（刁）〔刁〕斗自卫，莫府省文书，然亦远斥候，未尝遇害。程不识正部曲行伍营陈，击（刁）〔刁〕斗，吏治军簿至明，军不得自便。不识曰："李将军极简易，然虏卒犯之，无以禁；而其士亦佚乐，为之死。我军虽烦扰，虏亦不得犯我。"是时汉边郡李广、程不识为名将，然匈奴畏广，士卒多乐从，而苦程不识。不识孝景时以数直谏为太中大夫，为人廉，谨于文法。

后汉诱单于以马邑城，使大军伏马邑傍，而广为骁骑将军，属护军将军。单于觉之，去，汉军皆无功。后四岁，广以卫尉为将军，出雁门击匈奴。匈奴兵多，破广军，生得广。单于素闻广贤，令曰："得李广必生致之。"胡骑得广，广时伤，置两马间，络而盛（之）卧。行十余里，广阳死，睨其傍有一儿骑善马，暂腾而上胡儿马，因抱儿鞭马南驰数十里，得其余军。匈奴骑数百追之，广行取儿弓射杀追骑，以故得脱。于是至汉，汉下广吏。吏当广亡失多，为虏所生得，当斩，赎为庶人。

数岁，与故颍阴侯屏居蓝田南山中射猎。蓝田，县，今陕西蓝田县。尝夜从一骑出，从人田间饮。还至亭，霸陵尉醉，霸陵，汉文帝陵，在今西安市东。呵止广，广骑曰："故李将军。"尉曰："今将军尚不得夜行，何故也！"宿广亭下。居无何，匈奴入辽西，杀太守，败韩将军。韩将军后徙居右北平，死。于是上乃召拜广为右北平太守。右北平，郡，今热河平泉县。广请霸陵尉与俱，至军而斩之，上书自陈谢罪。上报曰："将军者，国之爪牙也。《司马法》曰：'登车不式，遭丧不服，振旅抚师，以征不服；率三军之心，同战士之力，故怒形则千里竦，威振则万物伏；是以名声暴于夷貉，威棱憺乎邻国。'夫报忿除害，捐残去杀，朕之所图于将军也；若乃免冠徒跣，稽颡请罪，岂朕之指哉！将军其率师东辕，弥节白檀，白檀，在今热河承德县西。以临右北平盛秋。"广在郡，匈奴号曰"汉飞将军"，避之，数岁不入界。

广出猎，见草中石，以为虎而射之，中石没矢，祝之，石也。他日射之，终不能入矣。广所居郡闻有虎，常自射之。及居右北平射虎，虎腾伤广，广亦射杀之。

石建卒，上召广代为郎中令。元朔六年，广复为将

军，从大将军出定襄。定襄，郡，今绥远和林格尔县。诸将
多中首虏率为侯者，而广军无功。后三岁，广以郎中令将
四千骑出右北平，博望侯张骞将万骑与广俱，异道。行数
百里，匈奴左贤王将四万骑围广，广军士皆恐，广乃使其
子敢往驰之。敢从数十骑直贯胡骑，出其左右而还，报广
曰："胡虏易与耳。"军士乃安。为圜陈外乡，胡急击，
矢下如雨。汉兵死者过半，汉矢且尽。广乃令持满毋发，
而广身自以大黄射其裨将，杀数人，胡虏益解。会暮，吏
士无人色，而广意气自如，益治军。军中服其勇也。明
日，复力战，而博望侯军亦至，匈奴乃解去。汉军罢，弗
能追。是时广军几没，罢归。汉法，博望侯后期，当死，
赎为庶人。广军自当，亡赏。

初，广与从弟李蔡俱为郎，事文帝。景帝时，蔡积
功至二千石。武帝元朔中，为轻车将军，从大将军击右贤
王，有功中率，封为乐安侯。元狩二年，代公孙弘为丞
相。蔡为人在下中，名声出广下远甚，然广不得爵邑，官
不过九卿。广之军吏及士卒或取封侯。广与望气王朔语
云："自汉击匈奴，广未尝不在其中，而诸妄校尉以下，
材能不及中，以军功取侯者数十人。广不为后人，然终无
尺寸功以得封邑者，何也？岂吾相不当侯邪？"朔曰：
"将军自念，岂尝有恨者乎？"广曰："吾为陇西守，羌
尝反，吾诱降者八百余人，诈而同日杀之，至今恨独此
耳。"朔曰："祸莫大于杀已降，此乃将军所以不得侯者
也。"

广历七郡太守，前后四十余年，得赏赐，辄分其戏

下，饮食与士卒共之。家无余财，终不言生产事。为人长，爱臂，其善射亦天性，虽子孙他人学者莫能及。广呐口少言，与人居，则画地为军陈，射阔狭以饮。专以射为戏。将兵乏绝处见水，士卒不尽饮，不近水，不尽餐，不尝食。宽缓不苛，士以此爱乐为用。其射，见敌，非在数十步之内，度不中不发，发即应弦而倒。用此，其将数困辱，及射猛兽，亦数为所伤云。

元狩四年，大将军票骑将军大击匈奴，广数自请行。上以为老，不许；良久乃许之，以为前将军。

大将军青出塞，捕虏知单于所居，乃自以精兵走之，而令广并于右将军军，出东道。东道少回远，大军行，水草少，其势不屯行。广辞曰："臣部为前将军，今大将军乃徙臣出东道，且臣结发而与匈奴战，乃今一得当单于，臣愿居前，先死单于。"大将军阴受上指，以为李广数奇，毋令当单于，恐不得所欲。是时公孙敖新失侯，为中将军，大将军亦欲使敖与俱当单于，故徙广。广知之，固辞。大将军弗听，令长史封书与广之莫府，曰："急诣部，如书。"广不谢大将军而起行，意象愠怒而就部，引兵与右将军食其合军出东道。惑失道，后大将军。大将军与单于接战，单于遁走，弗能得而还。南绝幕，乃遇两将军。广已见大将军，还入军。大将军使长史持■醪遗广，因问广、食其失道状，曰："青欲上书报天子失军曲折。"广未对。大将军长史急责广之莫府上簿。广曰："诸校尉亡罪，乃我自失道。吾今自上簿。"

至莫府，谓其麾下曰："广结发与匈奴大小七十余战，今幸从大将军出接单于兵，而大将军徙广部行回远，又迷失道，岂非天哉！且广年六十余，终不能复对刀笔之吏矣！"遂引刀自刭。百姓闻之，知与不知，老壮皆为垂泣。而右将军独下吏，当死，赎为庶人。

广三子，曰当户、椒、敢，皆为郎。上与韩嫣戏，嫣少不逊，当户击嫣，嫣走，于是上以为能。当户蚤死，乃拜椒为代郡太守，代郡，今察哈尔蔚县东北。皆先广死。广死军中时，敢从票骑将军。广死明年，李蔡以丞相坐诏赐冢地阳陵景帝陵，在今陕西咸阳东。当得二十亩，蔡盗取三顷，颇卖得四十余万，又盗取神道外蠕地一亩葬其中，当下狱，自杀。敢以校尉从票骑将军击胡左贤王，力战，夺左贤王旗鼓，斩首多，赐爵关内侯，食邑二百户，代广为郎中令。顷之，怨大将军青之恨其父，乃击伤大将军，大将军匿讳之。居无何，敢从上雍，雍，县，今陕西凤翔县南。至甘泉宫猎，票骑将军去病怨敢伤青，射杀敢。去病时方贵幸，上为讳，云鹿触杀之。居岁余，去病死。

敢有女为太子中人，爱幸。敢男禹有宠于太子，然好利，亦有勇。尝与侍中贵人饮，侵陵之，莫敢应。后想之上，上召禹，使刺虎，县下圈中，未至地，有诏引出之。禹从落中以剑斫绝累，欲刺虎。上壮之，遂救止焉。而当户有遗腹子陵，将兵击胡，兵败，降匈奴。后人告禹谋欲亡从陵，下吏死。

陵字少卿，少为侍中建章监。善骑射，爱人，谦让下士，甚得名誉。武帝以为有广之风，使将八百骑，深入匈奴二千余里，过居延视地形，不见虏，还。拜为骑都尉，将勇敢五千人，教射酒泉、张掖以备胡。酒泉，郡，今甘肃酒泉。张掖，郡，今甘肃张掖。数年，汉遣贰师将军伐大宛，使陵将五校兵随后。行至塞，会贰师还。上赐陵书，陵留吏士，与轻骑五百出敦煌，至盐水，迎贰师还，复留屯张掖。

天汉二年，贰师将三万骑出酒泉，击右贤王于天山。召陵，欲使为贰师将辎重。陵召见武台，叩头自请曰："臣所将屯边者，皆荆楚勇士奇材剑客也，力扼虎，射命中，愿得自当一队，到兰干山南以分单于兵，毋令专乡贰师军。"上曰："将恶相属邪！吾发军多，毋骑予女。"陵对："无所事骑，臣愿以少击众，步兵五千人涉单于庭。"上壮而许之，因诏强弩都尉路博德将兵半道迎陵军。博德故伏波将军，亦羞为陵后距，奏言："方秋匈奴马肥，未可与战，臣愿留陵至春，俱将酒泉、张掖骑各五千人并击东西浚稽，可必禽也。"书奏，上怒，疑陵悔不欲出而教博德上书，乃诏博德："吾欲予李陵骑，云'欲以少击众'。今虏入西河，其引兵走西河，遮钩营之道。"诏陵："以九月发，出遮房鄣，至东浚稽山南龙勒水上，徘徊观虏，即亡所见，从泥野侯赵破奴故道抵受降城休士，受降城，在绥远乌拉特旗之北。因骑置以闻。所与博德言者云何？具以书对。"陵于是将其步卒五千人出居延，北行三十日，至浚稽山止营，举图所过山川地形，使麾下骑陈步乐还以闻。步乐召见，道陵将率得士死力，上甚说，拜步乐为郎。

陵至浚稽山，与单于相直，骑可三万围陵军。军居两山间，以大车为营。陵引士出营外为陈，前行持戟盾，后行持弓弩，令曰："闻鼓声而纵，闻金声而止。"虏见汉军少，直前就营。陵搏战攻之，千弩俱发，应弦而倒。虏还走上山，汉军追系，杀数千人。单于大惊，召左右地兵八万余骑攻陵。陵且战且引，南行数日，抵山谷中。连战，士卒中矢伤，三创者载辇，两创者将车，一创者持兵战。陵曰："吾士气少衰而鼓不起者，何也？军中岂有女子乎？"始军出时，关东群盗妻子徙边者随军为卒妻妇，大匿车中。陵搜得，皆剑斩之。明日复战，斩首三千余级。引兵东南，循故龙城道行，四五日，抵大泽葭苇中，虏从上风纵火，陵亦令军中纵火以自救。南行至山下，单于在南山上，使其子将骑击陵。陵军步斗树木间，复杀数千人，因发连弩射单于，单于下走。是日捕得虏，言："单于曰：'此汉精兵，击之不能下，日夜引吾南近塞，得毋有伏兵乎？'诸当户君长皆言'单于自将数万骑击汉数千人不能灭，后无以复使边臣，令汉益轻匈奴。复力战山谷间，尚四五十里得平地，不能破，乃还。'"

是时陵军益急，匈奴骑多，战一日数十合，复伤杀虏二千余人。虏不利，欲去，会陵军候管敢为校尉所辱，亡降匈奴，具言"陵军无后救，射矢且尽，独将军麾下及成安侯校各八百人为前行，以黄与白为帜，当使精骑射之即破矣"。成安侯者，颍川人，父韩千秋，故济南相，奋击南越战死，武帝封子延年为侯，以校尉随陵。单于得敢大喜，使骑并攻汉军，疾呼曰："李陵、韩延年趣降！"遂遮道急攻陵。陵居谷中，虏在山上，四面射，矢如雨下。汉军南行，未至鞮污山，一日五十万矢皆尽，即弃车去。士尚三千余人，徒斩车辐而持之，军吏持尺刀，抵山入峡谷。单于遮其后，乘隅下垒石，士卒多死，不得行。昏后，陵便衣独步出营，止左右："毋随我，丈夫一取单于耳！"良久，陵还，大息曰："兵败，死矣！"军吏或曰："将军威震匈奴，天命不遂，后求道径还归，如浞野侯为虏所得，后亡还，天子客遇之，况于将军乎！"陵曰："公止！吾不死，非壮士也。"于是尽斩旌旗，及珍宝埋地中，陵叹曰："复得数十矢，足以脱矣。今无兵复战，天明坐受缚矣！各鸟兽散，犹有得脱归报天子者。"令军士人持二升糒，一半冰，期至遮虏鄣者相待。夜半时，击鼓起士，鼓不鸣。陵与韩延年俱上马，壮士从者十余人。虏骑数千追之，韩延年战死。陵曰："无面目报陛下！"遂降。军人分散，脱至塞者四百余人。

陵败处去塞百余里，边塞以闻。上欲陵死战，召陵母及妇，使相者视之，无死丧色。后闻陵降，上怒甚。责问陈步乐，步乐自杀。群臣皆罪陵，上以问太史令司马迁，迁盛言："陵事亲孝，与士信，常奋不顾身以殉国家之急。其素所畜积也，有国士之风。今举事一不幸，全躯保妻子之臣随而媒蘖其短，诚可痛也！且陵提步卒不满五千，深鞣戎马之地，抑数万之师，虏救死扶伤不暇，悉举引弓之民共攻围之。转斗千里，矢尽道穷，士张空拳，冒白刃，北首争死敌，得人之死力，虽古名将不过也。身虽陷败，然其所摧败亦足暴于天下。彼之不死，宜欲得当以报汉也。"初，上遣贰师大军出，财令陵为助兵，及险与单于相值，而贰师功少。上以迁诬罔，欲沮贰师，为陵游说，下迁腐刑。

久之，上悔陵无救，曰："陵当发出塞，乃诏强弩都尉令迎军。坐预诏之，得令老将生奸诈。"乃遣使劳赐陵余军得脱者。

陵在匈奴岁余，上遣因杅将军公孙敖将兵深入匈奴迎陵。敖军无功还，曰："捕得生口，言李陵教单于为兵以备汉军，故臣无所得。"上闻，于是族陵家，母弟妻子皆伏诛。陇西士大夫以李氏为愧。其后，汉遣使使匈奴，陵谓使者曰："吾为汉将步卒五千人横行匈奴，以亡救而败，何负于汉而诛吾家？"使者曰："汉闻李少卿教匈奴为兵。"陵曰："乃李绪，非我也。"李绪本汉塞外都尉，居奚侯城，匈奴攻之，绪降，而单于客遇绪，常坐陵上。陵痛其家以李绪而诛，使人刺杀绪。大阏氏欲杀陵，单于匿之北方，大阏氏死乃还。

单于壮陵，以女妻之，立为右校王，卫律为丁灵王，皆贵用事。卫律者，父本长水胡人，长水，水名，在蓝田县西北。汉有长水校尉，掌长水胡骑。律生长汉，善协律都尉李延年，延年荐言律使匈奴。使还，会延年家收，律惧并诛，亡还降匈奴。匈奴爱之，常在单于左右。陵居外，有大事，乃入议。

昭帝立，大将军霍光、左将军上官桀辅政，素与陵善，遣陵故人陇西任立政等三人俱至匈奴招陵。立政等至，单于置酒赐汉使者，李陵、卫律皆侍坐。立政等见陵，未得私语，即目视陵，而数数自循其刀环，握其足，阴谕之，言可还归汉也。后陵、律持牛酒劳汉使，博饮，两人皆胡服椎结。立政大言曰："汉已大赦，中国安乐，主上富于春秋，霍子孟、上官少叔用事。"以此言微动之。陵墨不应，孰视而自循其发，答曰："吾已胡服矣！"有顷，律起更衣，立政曰："咄，少卿良苦！霍子孟、上官少叔谢女。"陵曰："霍与上官无恙乎？"立政曰："请少卿来归故乡，毋忧富贵。"陵字立政曰："少公，归易耳，恐再辱，奈何！' '语未卒，卫律还，颇闻余语，曰："李少卿贤者，不独居一国。范蠡遍游天下，由余去戎入秦，今何语之亲也！"因罢去。立政随谓陵曰："亦有意乎？"陵曰："丈夫不能再辱。"

陵在匈奴二十余年，元平元年病死。

苏建，杜陵人也，以校尉从大将军青击匈奴，封平陵侯。以将军筑朔方。后以卫尉为游击将军，从大将军出朔方。后一岁，以右将军再从大将军出定襄，亡翕侯，失军当斩，赎为庶人。其后为代郡太守，卒官。有三子：嘉为奉车都尉，贤为骑都尉，中子武最知名。

武字子卿，少以父任，兄弟并为郎，稍迁至栘中厩监。时汉连伐胡，数通使相窥观，匈奴留汉使郭吉、路充国等，前后十余辈。匈奴使来，汉亦留之以相当。天汉元年，且鞮侯单于初立，恐汉袭之，乃曰："汉天子我丈人行也。"尽归汉使路充国等。武帝嘉其义，乃遣武以中郎将使持节送匈奴使留在汉者，因厚（胳）〔赂〕单于，答其善意。武与副中郎将张胜及假吏常惠等募士斥候百余人俱。既至匈奴，置币遗单于。单于益骄，非汉所望也。

　　方欲发使送武等，会缑王与长水虞常等谋反匈奴中。缑王者，昆邪王姊子也，与昆邪王俱降汉，后随浞野侯没胡中。及卫律所将降者，隆相与谋劫单于母阏氏归汉。会武等至匈奴，虞常在汉时素与副张胜相知，私候胜曰："闻汉天子甚怨卫律，常能为汉伏弩射杀之。吾母与弟在汉，幸蒙其赏赐。"张胜许之，以货物与常。后月余，单于出猎，独阏氏子弟在。虞常等七十余人欲发，其一人夜亡，告之。单于子弟发兵与战。缑王等皆死，虞常生得。

　　单于使卫律治其事。张胜闻之，恐前语发，以状语武。武曰："事如此，此必及我。见犯乃死，重负国。"欲自杀，胜、惠共止之。虞常果引张胜。单于怒，召诸贵人议，欲杀汉使者。左伊秩訾曰："即谋单于，何以复加？宜皆降之。"单于使卫律召武受辞，武谓惠等屈节辱命，虽生，何面目以归汉！"引佩刀自刺。卫律惊，自抱持武，驰召毉。凿地为坎，置煴火，覆武其上，蹈其背以出血。武气绝，半日复息。惠等哭，舆归营。单于壮其节，朝夕遣人候问武，而收系张胜。

　　武益愈，单于使使晓武。会论虞常，欲因此时降武。剑斩虞常已，律曰："汉使张胜谋杀单于近臣，当死，单于募降者赦罪。"举剑欲击之，胜请降。律谓武曰："副有罪，当相坐。"武曰："本无谋，又非亲属，何谓相坐？"复举剑拟之，武不动。律曰："苏君，律前负汉归匈奴，幸蒙大恩，赐号称王，拥众数万，马畜弥山，富贵如此。苏君今日降，明日复然。空以身膏草野，谁复知之！"武不应。律曰："君因我降，与君为兄弟，今不听吾计，后虽欲复见我，尚可得乎？"武骂律曰："女为人臣子，不顾恩义，畔主背亲，为降虏于蛮夷，何以女为见？且单于信女，使决人死生，不平心持正，反欲斗两主，观祸败。南越杀汉使者，屠为九郡；宛王杀汉使者，头县北阙，朝鲜杀汉使者，实时诛灭。独匈奴未耳。若知我不降明，欲令两国相攻，匈奴之祸从我始矣。"

律知武终不可胁，白单于。单于愈益欲降之，乃幽武置大窖中，绝不饮食。天雨雪，武卧啮雪与旃毛并咽之，数日不死，匈奴以为神。乃徙武北海上无人处，使牧羝，羝乳乃得归。别其官属常惠等，各置他所。

武既至海上，廪食不至，掘野鼠去中实而食之。杖汉节牧羊，卧起操持，节旄尽落。积五六年，单于弟于轩王戈射海上。武能网纺缴，檠弓弩，于轩王爱之，给其衣食。三岁余，王病，赐武马畜服匿穹庐。王死后，人众徙去。其冬，丁令盗武牛羊，武复穷厄。

初，武与李陵俱为侍中，武使匈奴明年，陵降，不敢求武。久之，单于使陵至海上，为武置酒设乐，因谓武曰："单于闻陵与子卿素厚。故使陵来说足下，虚心欲相待。终不得归汉，空自苦亡人之地，信义安所见乎？前长君为奉车，从至雍棫阳宫，扶辇下除，触柱折辕，劾大不敬，伏剑自刎，赐钱二百万以葬。孺卿从祠河东后土，宦骑与黄门驸马争船，推堕驸马河中溺死，宦骑亡，诏使孺卿逐捕不得，惶恐饮药而死。来时，大夫人已不幸，陵送葬至阳陵。子卿妇年少，闻已更嫁矣。独有女弟二人，两女一男，今复十余年，存亡不可知。人生如朝露，何久自苦如此！陵始降时，忽忽如狂，自痛负汉，加以老母系保宫，子卿不欲降，何以过陵？且陛下春秋高，法令亡常，大臣亡罪夷灭者数十家，安危不可知，子卿尚复谁为乎？愿听陵计，勿复有云。"武曰："武父子亡功德，皆为陛下所成就，位列将，爵通侯，兄弟亲近，常愿肝脑涂地。今得杀身自效，虽蒙斧钺汤镬，诚甘乐之。臣事君，犹子事父也，子为父死亡所恨。愿勿复再言。"陵与武饮数日，复曰："子卿壹听陵言。，'武曰："自分已死久矣！王必欲降武，请毕今日之欢，效死于前！"陵见其至诚，喟然叹曰："嗟乎，义士！陵与卫律之罪上通于天。"因泣下沾衿，与武决去。

陵恶自赐武，使其妻赐武牛羊数十头。后陵复至北海上，语武区脱捕得云中生口，言太守以下吏民皆白服，曰上崩。"武闻之，南乡号哭，呕血，旦夕临。

数月，昭帝即位。数年，匈奴与汉和亲。汉求武等，匈奴诡言武死。后汉使复至匈奴，常惠请其守者与俱，得夜见汉使，具自陈道。教使者谓单于，百-ff天子射上林中，得雁，足有系帛书，言武等在某泽中。使者大喜，如惠语以让单于。单于视左右而惊，谢汉使曰："武等实在。"于是李陵置酒贺武曰："今足下还归，扬名于匈奴，功显于汉室，虽古竹帛所载，丹青所画，何以过子卿！陵虽驽怯，令汉且贳陵罪，全其老母，使得奋大辱之积志，庶几乎曹柯之盟，此陵宿昔之所不忘也。收族陵家，为世大戮，陵尚复何顾乎？已矣！令子卿知吾心耳。异域之人，壹别长绝！"陵起舞，歌曰："径万里兮度沙幕，为君将兮奋匈奴。路穷绝兮矢刃摧，士众灭兮名已隤。老母已死，虽欲报恩将安归！"陵泣下数行，因与武决。单于召会武官属，前以降及物故，凡随武还者九人。"

武以（元始）〔始元〕六年春至京师。诏武奉一太牢谒武帝园庙，拜为典属国，秩中二千石，赐钱二百万，公田二顷，宅一区。常惠、徐圣、赵终根皆拜为中郎，赐帛各二百匹。其余六人老归家，赐钱人十万，复终身。常惠后至右将军，封列侯，自有传。武留匈奴凡十九岁，始以强壮出，及还，须发尽白。

武来归明年，上官桀子安与桑弘羊及燕王、盖主谋反。武子男元与安有谋，坐死。

初桀、安与大将军霍光争权，数疏光过失予燕王，令上书告之。又言苏武使匈奴二十年不降，还乃为典属国，大将军长史无功劳，为搜粟都尉，光颛权自恣。及燕王等反诛，穷治党与，武素与桀、弘羊有旧，数为燕王所讼，子又在谋中，廷尉奏请逮捕武。霍光寝其奏，免武官。

数年，昭帝崩，武以故二千石与计谋立宣帝，赐爵关内侯，食邑三百户。久之，卫将军张安世荐武明习故事，奉使不辱命，先帝以为遗言。宣帝即时召武待诏宦者署，数进见，复为右曹典属国。以武著节老臣，令朝朔望，号称祭酒，甚优宠之。

武所得赏赐，尽以施予昆弟故人，家不余财。皇后父平恩侯、帝舅平昌侯、乐昌侯、车骑将军韩增、丞相魏相、御史大夫丙吉皆敬重武。武年老，子前坐事死，上闵之，问左右："武在匈奴久，岂有子乎？"武因平恩侯自白："前发匈奴时，胡妇适产一子通国，有声问来，愿因使者致金帛赎之。"上许焉。后通国随使者至，上以为郎。又以武弟子为右曹。武年八十余，神爵二年病卒。

甘露三年，单于始入朝。上思股肱之美，乃图画其人于麒麟阁，法其形貌，署其官爵姓名。唯霍光不名，曰大司马大将军博陆侯姓霍氏，次曰卫将军富平侯张安世，次曰车骑将军龙颌侯韩增，次曰后将军营平侯赵充国，次曰丞相高平侯魏相，次曰丞相博阳侯丙吉，次曰御史大夫建平侯杜延年，次曰宗正阳城侯刘德，次曰少府梁丘贺，次曰太子太傅萧望之，次曰典属国苏武。皆有功德，知名当世，是以表而扬之，明著中兴辅佐，列于方叔、召虎、仲山甫焉。凡十一人，皆有传。自丞相黄霸、廷尉于定国、大司农朱邑、京兆尹张敞、右扶风尹翁归及儒者夏侯胜等，皆以善终，著名宣帝之世，然不得列于名臣之图，以此知其选矣。

赞曰：李将军恂恂如鄙人，口不能出辞，及死之日，天下知与不知皆为流弟，知与不知，犹今言识与不识。彼其中心诚信于士大夫也。谚曰："桃李不言，下自成蹊。"此言虽小，可以喻大。然三代之将，道家所忌，自广至陵，遂亡其宗，哀哉！孔子称"志士仁人，有杀身以成仁，无求生以害仁"，"使于四方，不辱君命"，苏武有之矣。

此篇为史籍文字之佳者。凡治史，不宜偏重文学。以史学贵于真实，从事文学者，加以描写，即有意漏略亦然。往往使事实失真故也。但因注重文学，而牺牲事实之真实性不可，若其事本可歌可泣，足以感动人，而如实传述之，则不惟无损于史学，且必须如此，乃为能尽作史之责也。史籍文字之佳者，自当首推《史》《汉》。《史记》叙事之佳，首推《魏其武安侯列传》，《汉书》则此篇是也。因为时间所限，但讲此一篇。此篇叙事最佳者，为后半述李陵苏武处。前半叙李广事，大体沿袭《史记》，在《史》《汉》文字中，不为最佳，但示《史》《汉》异同之例，故并讲之。

所谓《史》《汉》字句异同者，非谓《汉书》对于《史记》所叙之事，有所增、删、改。若其如此，自是史事异同问题，非文字异同问题也。如此篇《李广传》中，载广在右北平时，汉武帝报广之诏，即在《史记》所无，此乃《汉书》别有据以补之，自无疑义。所谓字句异同者，于事实并无增删改，但于字句有之，此将《史》《汉》相校，随处可见。以大体言之，皆《史记》字多句长，而《汉书》将其节去。普通之说，恒谓作《汉书》者有意将《史记》字句节减，以求简劲。此乃妄说。文人之见，不可以读史也。读古书当先通古书义例，乃为正当方法。古书通例，对于前人文字，皆不加以改易。照本誊写，此为原则，而有所改易，则为例外。

此例随处可见，如《史通》訾《汉书·陈胜传》，不改《史记》"至今血食"之文，特其最显著者耳。然则《汉书》何以恒将《史记》字句删节乎？此盖钞录时所为？一字一句不可出入，此乃后世考据渐精之结果，古人则不甚知此，无论自誊写，或请人代写，以为与意义无关，即皆随手删节。此风甚为普遍，且久而未已。如《史通·点烦篇》照录《史记》原文，以与今本校勘，其虚字较今更多。可见自唐开元至《史记》刻板时，钞录者又有删节矣。大抵书经传钞之次数愈多，则其被删节愈甚。自隋以前，《汉书》之通行，远较《史记》为广，汉代部分《汉书》固较《史记》为详备，自秦以前，则其时通行者，为皇甫谧之《帝王世纪》，谯周之《古史考》次之，《史记》又次之，故其被删节，亦较《史记》为甚也。此例甚要，读一切古书，皆宜知之，故于此发其凡。

删节字句，有时于意义无碍，有时则不然。如《李广传》，《史记》之"不敢击我"，《汉书》改为"不我击"，此特图省写一字，将汉时通俗语法，改成古语耳，于意义尚无甚出入也。如"广家世世受射"，《汉书》删去"家"字。"广令曰：前。前，未到匈奴陈二里所，止。"《汉书》节去一"前"字。上"前"字为广之令，下"前"字则受令者之前行。"然匈奴畏李广之略"，《汉书》删"李"字、"之略"字。"李"可删，"之略"字不可删。"与故颖阴侯孙"，《汉书》删"孙"字。"博望侯留迟后期，当死。"《汉书》删"留迟"字。"与右将军食其合军，出东道。军无导，惑失道。"《汉书》删"军无导"三字。即皆不妥，故昔人谓"与其过而废之，无宁过而存之"也。又《史记》："广暂腾而上胡儿马。因推堕儿，取其弓，鞭马南驰。数十里，复得其余军。""推堕儿，取其弓"，《汉书》作"抱儿"，似乎有意改易。然徐广谓《史记》之别一本，亦作"抱儿"，则《汉书》所据之本与今本异，非有意改易也。

凡读史，当从多方面领略。史籍实随吾人所欲研究，而供给吾人以无限之材料。如此篇，李广李陵，皆可见封建时代武士之性质。其不爱财利，与士卒同甘苦，谦让下士，自为其光明面，然杀降则为其黑暗面。李陵之兵强矣，然以步卒五千涉单于庭，则为轻视士卒之生命以要功，非古者"可杀而不可使击不胜"之义也。且略关东徙边者之妻，匿之车中而偕行，尤可见其军纪之坏，此等兵，果可用之以克敌乎？即能克敌，国内多聚此等兵，能无他患乎？观此篇王朔之语，又谓三代之将，道家所忌，即可见时人对于武士之反对也。李广甚重侯封，其愚已不可及。然苏武，徒以父子为汉武所成就，而甘心为之效死，不复问是非善恶，其愚亦无异于广也。广既为卫青所害，敢又为霍去病所杀，而李陵仍愿为汉家效忠，其愚实更不可及。此等并可见封建时代士大夫之性质，此等性质，西汉时最浓厚，东汉时已大衰，魏晋后几不可见矣。有之者，乃其个人之性质，非复社会之风气。汉武帝欲事四夷，本无以卫青、霍去病为大将之理，而用之，则以椒房之亲故也。青，卫皇后弟，去病，青姊子。听李陵以步卒涉单于庭，本非用兵之道。已又疑其中悔，终乃自悔堕路博德术中，纯用手段，不以至诚待人。闻李陵败，召相者视其母妻有无死伤之色，尤可见其迷信。责问陈步乐，致其自杀，则可见其暴虐。群臣除一司马迁外，皆罪李陵，岂无知其不然者？皆为积威所劫而面从也。此等人，可以事四夷乎？汉武之事四夷实侵略多而防御少。即不论此，当时国力之耗费甚大，与其成功，实不成正比例。使易一人而用兵，其成功与耗费之比例，必非如此。故汉武之武功，即站在侵略之立场上言之，亦无足称也。当时之文治派，如夏侯胜及《汉书·西域传》之作者等，本不站在侵略之立场上，故于汉武非议尤甚。李广不肯对刀笔之吏，可见当时刀笔吏之酷。李陵军败，埋珍宝地中，可见当时行军多赍珍宝充赏。左伊秩訾不肯杀汉使，谓即谋单于，何以复加？可见野蛮人持法论事多有平心处。此仅略举其例。要之，读书可接触之方面甚多。初读时几如山阴道上，应扩其胸襟以受之；久之宗旨既定，则或专取某方面，或专撷其菁英，而事迹皆在所吐弃，必有一途以自处矣。

《论衡·治期篇》

　　世谓古人君贤则道德施行，施行则功成治安；人君不肖则道德顿废，顿废则功败治乱。古今论者，莫谓不然。何则？见尧舜贤圣致太平，桀纣无道致乱得诛。如实论之，命期自然，非德化也。

　　吏百石以上若斗食以下，居位治民，为政布教，教行与止，民治与乱，皆有命焉。或才高行洁，居位职废；或智浅操洿，治民而立。上古之黜陟幽明，考功，据有功而加赏，案无功而施罚。是考命而长禄，非实才而厚能也。论者因考功之法，据效而定贤，则谓民治国安者，贤君之所致，民乱国危者，无道之所为也。故危乱之变至，论者以责人君，归罪于为政不得其道。人君受以自责，愁神苦思，撼动形体，而危乱之变终不减除。空愤人君之心，使明知之主虚受之责，世论传称，使之然也。

　　夫贤君能治当安之民，不能化当乱之世。良医能行其针药，使方术验者，遇未死之人，得未死之病也。如命穷病因，则虽扁鹊末如之何。夫命穷病困之不可治，犹夫乱民之不可安也。药气之愈病，犹教导之安民也。皆有命时，不可令勉力也。公伯寮诉子路于季孙，子服景伯以告孔子，孔子曰："道之将行也与，命也！道之将废也与，命也！"由此言之，教之行废，国之安危，皆在命时，非人力也。

夫世乱民逆，国之危殆灾害，系于上天，贤君之德不能消却。《诗》道周宣王遭大旱矣。《诗》曰："周余黎民，靡有孑遗。"言无有孑遗一人不被害者。宣王贤者，嫌于德微，仁惠盛者，莫过尧汤，尧遭洪水，汤遭大旱。水旱，灾害之甚者也，而二圣逢之。岂二圣政之所致哉？天地历数当然也。以尧汤之水旱，准百王之灾害，非德所致。非德所致，则其福佑非德所为也。

贤君之治国也，犹慈父之治家。慈父耐平教明令，耐，同能，同音假借字。耐使子孙皆为孝善。子孙孝善，是家兴也；百姓平安，是国昌也。昌必有衰，兴必有废。兴昌非德所能成，然则衰废非德所能败也。昌衰兴废，皆天时也。此善恶之实，未言苦乐之效也。家安人乐，富饶财用足也。案富饶者命厚所致，非贤惠所获也。人皆知富饶居安乐者命禄厚，而不知国安治化行者历数吉也。故世治非贤圣之功，衰乱非无道之致。国当衰乱，贤圣不能盛；时当治，恶人不能乱。世之治乱，在时不在政；国之安危，在数不在教。贤不贤之君，明不明之政，无能损益。

世称五帝之时，天下太平，家有十年之蓄，人有君子之行。或时不然。世增其美；亦（一有然字）或时政致。何以审之？夫世之所以为乱者，不以贼盗众多，兵革并起，民弃礼义，负畔其上乎？若此者，由谷食乏绝，不能忍饥寒。夫饥寒并至而能无为非者寡，然则温饱并至而能不为善者希。传曰："仓廪实，民知礼节；衣食足，民知荣辱。"让生于有余，争起于不足。谷足食多，礼义之心生；礼丰义重，平安之基立矣。故饥岁之春，不食亲戚；穰岁之秋，召及四邻。不食亲戚，恶行也；召及四邻，善义也。为善恶之行，不在人质性，在于岁之饥穰。由此言之，礼义之行，在谷足也。

案谷成败，自有年岁。年岁水旱，五谷不成，非政所致，时数然也。必谓水旱政治所致，不能为政者莫过桀纣，桀纣之时，宜常水旱。案桀纣之时，无饥耗之灾。灾至自有数，或时返在圣君之世。实事者说尧之洪水，汤之大旱，皆有遭遇，非政恶之所致。说百王之害，独谓为恶之应，此见尧汤德优，百王劣也。审一足以见百，明恶足以照善。尧汤证百王，至百王遭变，非政所致。以变见而明祸福，五帝致太平，非德所就，明矣。

人之温病而死也，先有凶色见于面部。其病，遇邪气也。其病不愈，至于身死，命寿讫也。国之乱亡，与此同验。有变见于天地，犹人温病而死，色见于面部也。有水旱之灾，犹人遇气而病也。灾祸不除，至于国亡，犹病不愈，至于身死也。论者谓变征政治，贤人温病色凶，可谓操行所生乎？谓水旱者无道所致，贤者遭病，可谓无状所得乎？谓亡者为恶极，贤者身死，可谓罪重乎？夫贤人有被病而早死，恶人有完强而老寿，人之病死，不在操行为恶也。然则国之乱亡，不在政之是非。恶人完强而老寿，非政平安而常存。由此言之，祸变不足以明恶，福瑞不足以表善，明矣。

在天之变，日月薄蚀，四十二月日一食，五十六月月亦一食。食有常数，不在政治。百变千灾，皆同一状，未必人君政教所致。**岁害鸟帑，鸟帑，星次。**周楚有祸；**繲然之气见，繲然，未详。**宋、卫、陈、郑皆灾。当此之时，六国政教，未必失误也。历阳之都，一夕沉而为湖，当时**历阳长吏历阳，今安徽和县。**未必诳妄也。成败系于天，吉凶制于时。人事未为，天气已见，非时而何！五谷生地，一丰一耗；谷粜在市，一贵一贱。丰者未必贱，耗者未必贵。丰耗有岁，贵贱有时。时当贵，丰谷价增；时当贱，耗谷直减。夫谷之贵贱不在丰耗，犹国之治乱不在善恶。

贤君之立，偶在当治之世，德自明于上，民自善于下，世平民安，瑞佑并至，世则谓之贤君所致。无道之君，偶生于当乱之时，世扰俗乱，灾害不绝，遂以破国亡身灭嗣，世皆谓之为恶所致。若此，明于善恶之外形，不见祸福之内实也。祸福不在善恶，善恶之证不在祸福。长吏到官，未有所行，政教因前，无所改更，然而盗贼或多或寡，灾害或无或有，夫何故哉？长吏秩贵，当阶平安以升迁，或命贱不任，当由危乱以贬诎也。以今之长吏，况古之国君，安危存亡，可得论也。

此篇为昔人论事之有识者。《论衡》一书，持论精赅，不论在自然现象方面，或社会现象方面，均能破除迷信，诚为极可宝贵之书，然今之论者，或以为千古一人，或以为并时无两，则非也。不论何种思想，必无一人独有之，而同时之人，绝无与之互相出入者。《后汉书·儒林传》言：赵晔著《诗细》，蔡邕见而叹息，以为胜于《论衡》。邕为汉末大学者，其赏鉴必非偶然，足见并时人之思想，自有与充相类者也，特其说有传有不传耳。

中国人之思想，在自然现象方面，有一派在注重物质者，其源可上溯至古代之形法，《汉书·艺文志》论《数术略》中形法家之学曰："形人及六畜骨法之度数，器物之形容，以求其声气贵贱吉凶，犹律有长短，而各征其声，非有鬼神，数自然也。"此说否认形质之外，别有精神作用，实为哲学中之唯物论，至社会现象方面，则最切实者为法家，皆就事实观察，极反对教条主义，试读《韩非子》可见。王充乃兼具此两种思想之人也。

所谓综核名实者，谓就事实观察，以判定通常称某事为某事之因，某事为某事之果者，其间是否确有因果关系，以定其说之正确与不正确也，如以世之治乱，全决于人君行为之善恶，其说自不正确，但为从古流传，众人共信之说，故辞而辟之。

此从古流传，众人共信之说，果何自来乎？曰：当来自氏族时代，当时团体小，事务简，各方面之利害，无甚冲突，凡事皆为有计划的，领导者措置之得失，其利害，自可及于全群也。至于国家时代，则虽小，其势已非复如此，愈大，则中央政府对社会之影响愈微薄矣。而数千年来，墨守此陈旧的教条而不改，以至论史者，论时事者，皆视政治之力量太大，远超过其实际，此实谬见之亟当破除者，而王充在二世纪中，已能破除之，其识自可钦佩也。

得此篇之观点，于读史极有益。何者？向来议论，皆以世之治乱，原于君之贤愚，多失其实，得此篇之观点，则可知其诬，而别求其真原因也。

或谓此篇视世之治乱，几谓全由于运会，而人力绝无能为，不亦太过乎？曰：此篇专为辟俗论之谬而作，言之自不免稍过，但亦并无谓人力绝无能为之意，不过必不能如世俗之不论分量，谓一有所为，即能转否为泰耳。此固自明之理，不待说明也。

此篇为汉人通俗文字，盖系照口语抒写，不加组织润饰者，并不如加以组织润饰者之有力量，此可见笔舌之间，不能无揆隔也。

《后汉书·党锢列传序》

孔子曰："性相近也，习相远也。"言嗜恶之本同，而迁染之涂异也。夫刻意则行不肆，牵物则其志流。是以圣人导人理性，裁抑宕佚，慎其所与，节其所偏，虽情品万区，质文异数，至于陶物振俗，其道一也。叔末洗讹，王道陵缺，而犹假仁以效己，凭义以济功。举中于理，则强梁褫气；片言违正，则斯台解情。盖前哲之遗尘，有足求者。

霸德既衰，狙诈萌起。强者以决胜为雄，弱者以诈劣受屈。至有画半策而绾万金，开一说而锡琛瑞。或起徒步而仕执珪，解草衣以升卿相。士之饰巧驰辩，以要能钓利者，不期而景从矣。自是爱尚相夺，与时回变，其风不可留，其敝不能反。

及汉祖杖剑，武夫勃兴，宪令宽赊，文礼简阔，绪余四豪之烈，人怀陵上之心，轻死重气，怨惠必仇，令行私庭，权移匹庶，任侠之方，成其俗矣。自武帝以后，崇尚儒学，怀经协术，所在务会，至有石渠，石渠阁名，前汉宣帝时，集诸儒讲五经异同于此。分争之论，党同伐异之说，守文之徒，盛于时矣。至王莽专伪，终于篡国，忠义之流，耻见缨绂，遂乃荣华丘壑，甘足枯槁。虽中兴在运，汉德重开，而保身怀方，弥相慕袭，去就之节，重于时矣。逮桓灵之间，主荒政缪，国命委于阉寺，士子羞与为伍，故匹夫抗愤，处士横议，遂乃激扬名声，互相题拂，品核公卿，裁量执政，婞直之风，于斯行矣。

夫上好则下必甚，矫枉故直必过，其理然矣。若范滂、张俭之徒，清心忌恶，终陷党议，不其然乎？

初，桓帝为蠡吾侯，**蠡吾，汉县，今河北博望县。**受学于甘陵周福，**甘陵故城，或云在河北清河县境，或云在山东清平县境。**及即帝位，擢福为尚书。时同郡河南尹房植有名当朝，乡人为之谣曰："天下规矩房伯武，因师获印周仲进。"**矩与武，印与进为韵，下天下模楷三语同。**二家宾客，互相讥揣，遂各树朋徒，渐成尤隙，由是甘陵有南北部，党人之议，自此始矣。后汝南太守宗资任功曹范滂，南阳太守成瑨亦委功曹岑晊，二郡又为谣曰："汝南太守范孟博，南阳宗资主画诺。南阳太守岑公孝，弘农成瑨但坐啸。"因此流言转入太学，诸生三万余人，郭林宗、贾伟节为其冠，并与李膺、陈蕃、王畅更相褒重。学中语曰："天下模楷李元礼，不畏强御陈仲举，天下俊秀王叔茂。"又渤海公族进阶、扶风魏齐卿，并危言深论，不隐豪强。自公卿以下，莫不畏其贬议，屣履到门。

时河内张成善说风角，**风角，一种占候之法。**推占当赦，遂教子杀人。李膺为河南尹，督促收捕，既而逢宥获免，膺愈怀愤疾，竟案杀之。初，成以方伎交通宫官，帝亦颇谇其占。**谇，问也。**成弟子牢修因上书诬告膺等养太学游士，交结诸郡生徒，更相驱驰，共为部党，诽讪朝廷，疑乱风俗。于是天子震怒，班下郡国，逮捕党人，布告天下，使同忿疾，遂收执膺等。其辞所连及陈定之徒二百余人，或有逃遁不获，皆悬金购募。使者四出，相望于道。明年，尚书霍谞、城门校尉窦武并表为请，帝意稍解，乃皆救归田里，禁锢终身。锢，谓终身不得仕，见《汉书·息夫躬传》注。而党人之名，犹书王府。

自是正直废放，邪枉炽结，海内希风之流，遂共相标榜，指天下名士，为之称号。上曰"三君"，次曰"八俊"，次曰"八顾"，次曰"八及"，次曰"八厨"，犹古之"八元""八凯"也。《左氏》云：昔高辛氏有才子八人，天下谓之八元；高阳氏有才子八人，天下谓之八凯。窦武、刘淑、陈蕃为"三君"。君者，言一世之所宗也。李膺、荀翌、杜密、王畅、刘佑、魏朗、赵典、朱寓为"八俊"。俊者，言人之英也。郭林宗、宗慈、巴肃、夏馥、范滂、尹勋、蔡衍、羊陟为"八顾"。顾者，言能以德行引人者也。张俭、岑晊、刘表、陈翔、孔昱、苑康、檀（敷）〔敷〕、翟超为"八及"。及者，言其能导人追宗者也。度尚、张邈、王考、刘儒、胡母班、秦周、蕃向、王章为"八厨"。厨者，言能以财救人者也。

又张俭乡人朱并，承望中常侍侯览意旨，上书告俭与同乡二十四人别相署号，共为部党，图危社稷。以俭及檀彬、褚凤、张肃、薛兰、冯禧、魏玄、徐乾为"八俊"，田林、张隐、刘表、薛郁、王访、刘祇、宣靖、公绪恭为"八顾"，朱楷、田盘、疏耽、薛敦、宋布、唐龙、嬴咨、宣褒为"八及"，刻石立蝉，共为部党，而俭为之魁。灵帝诏刊章捕俭等。大长秋曹节因此讽有司奏捕前党故司空虞放、太仆杜密、长乐少府李膺、司隶校尉朱㝢、颍川太守巴肃、沛相荀翌、河内太守魏朗、山阳太守翟超、任城相刘儒、太尉掾范滂等百余人，皆死狱中，余或先殁不及，或亡命获免，自此诸为怨隙者，因相陷害，睚眦之忿，滥入党中。又州郡承旨，或有未尝交关，亦离祸毒。其死徙废禁者，六七百人。

熹平五年，永昌太守曹鸾上书大讼党人，言甚方切。帝省奏大怒，即诏司隶、益州槛车收鸾，送槐里狱掠杀之。于是又诏州郡更考党人门生故吏父子兄弟，其在位者，免官禁锢，爰及五属。五属，《后汉书》注云：谓斩衰、齐衰、大功、小功、缌麻也。

光和二年，上禄，汉县，今甘肃成县。长和海上言礼，从祖兄弟别居异财，恩义已轻，服属疏末。而今党人锢及五族，既乖典训之文，有谬经常之法。"帝览而悟之，党锢自从祖以下，皆得解释。

中平元年，黄巾贼起，中常侍吕强言于帝曰："党锢久积，人情多怨。若久不赦宥，轻与张角合谋，为变滋大，悔之无救。"帝惧其言，乃大赦党人，诛徙之家皆归故郡。其后黄巾遂盛，朝野崩离，纲纪文章荡然矣。

凡党事始自甘陵、汝南，成于李膺、张俭，海内涂炭，二十余年，诸所蔓衍，皆天下善士。三君、八俊等三十五人，其名迹存者，并载乎篇。陈蕃、窦武、王畅、刘表、度尚、郭林宗别有传。荀翌附祖《淑传》。张邈附《吕布传》。胡母班附《袁绍传》。王考字文祖，东平寿

张人，冀州刺史；秦周字平王，陈留平丘人，北海相；蕃
向字嘉景，鲁国人，郎中；王璋字伯仪，东莱曲城人，少
府卿；位行并不显。翟超，山阳太守，事在《陈蕃传》，
字及郡县未详。朱寓，沛人，与杜密等俱死狱中。唯赵典
名见而已。

史家有将一种人之传，类聚一处者，谓之类传。儒林、文苑、货
殖等皆是也，党锢亦其一。

党锢之兴与一时士大夫之风气，关系甚大。此篇历叙战国以来
风气。始于游说，继以任侠，继以儒术，继以隐居，而终至于互相品
题，裁量人物，以见党锢之根源，可谓卓识。

自起至不其然乎？为作者之议论，初灵帝为蠡吾侯以下，则叙事
也，史家叙事，例用正式之散文，自古至今变迁不大，故史籍并无甚
难解，其较难解者，一羼入散文未成熟以前之文字，如《史记·五帝
本纪》《夏本纪》同于《大戴礼记》及《尚书》是也。二为散文既成
熟后，走入歧途之骈文，如此篇前半即是也。然此等在史籍中，仅占
一极小部分而已，故史籍实无甚难读也。史籍用正式散文处，有时且
甚为通俗，往往夹人方言俗语，此等在当时甚为通俗，然其语未经后
人沿用，则阅一时焉，反而成为不可解，此等处亦问有之，然亦不多
也。

《中论·谴交篇》（节录）

世之衰也，上无明天子，下无贤诸侯；君不识是非，臣不辨黑白；取士不由于乡党，考行不本于阀阅；多助者为贤才，寡助者为不肖；序爵听无征之论，班禄采方国之谣。民见其如此者，知富贵可以从众为也，知名誉可以虚哗获也，乃离其父兄，去其邑里；不修道义，不治德行；讲偶时之说，结此周之党；汲汲皇皇，无日以处，更相叹扬，迭为表里，祷杌生华，憔悴布衣，以欺人主，惑宰相，窃选举，盗荣宠者，不可胜数也。既获者贤已而遂往，羡慕者并驱而追之，悠悠者是，孰能不然者乎？桓、灵之世，其盛者也，自公、卿、大夫、州牧、郡守，王事不恤，宾客为务，冠盖填门，儒服塞道；饥不暇飧，倦不获已；殷殷沄沄，俾夜作昼，下及小司，列城墨绶，莫不相商以得人，自矜以下士，星言凤驾，送往迎来；亭传常满，吏卒传问，炬火夜行，阍寺不闭，把臂挼腕，叩天矢誓，推托恩好，不较轻重，文书委于官曹，系囚积于囹圄，而不遑省也。详察其为也，非欲忧国、恤民、谋道、讲德也，徒营己、自私、求势、逐利而已。

凡事皆有多方面，作史者恒但著其一方面，此由中国之作史者，不以意说，而但整齐旧文，所谓"惟恐其不出于人"，此虽不能百分之百皆然，大体上系如此，去取或有不当，无所本而以意言之者无有也。是以如此，其意原使人当作一方面之话看，未尝曰此为至当不易之理，所以不申明之者，以此为自明之理，亘于全部历史皆然，不待言也。故訾史家所载之不实，以为淆乱是非者，实多半为误会之辞也。凡事多仅传一方面之辞，以社会情形，不可能各方面之人，皆有记载。如武训之事，非经调查，则调查记中所载诸人之言，无写出来之机会矣。即使数方面之人，皆有记载，亦未必皆能流传故。然数方面之意见，同获流传者，亦闻有之，如《党锢传》中人物，反抗后汉之暴政，是其光明面，后书所著，偏重于此，而其合党连群，互相援引，或相排挤，则其黑暗面，当时议论，从此方面加以谴责者亦多，如《潜夫论》之《务本》《贤难》《考绩》《潜叹》《实贡》《交际》，《抱朴子》之《审举》《交际》《名实》《汉过》，《中论》之《考伪》及此篇是也，此等处即宜合诸方面之辞参观。

每一时代之中，人所作为，必有合乎时代要求者，此可称为顺动，亦必有反乎时代之所要求者，此可称为反动。人，很少能全合乎时代要求，亦甚少无事不违反时代要求者，故欲论定某为顺动之人，于是其所作为，事事为之辩护；某为反动之人，于是其所作为，事事加以贬斥；必多窒碍，此不妨随事定之。若欲判定其人，则从其多者大者可也，如《党锢传》中人，其奔走运动，违道干誉，自为劣点，然其反抗宦官，则大体上符合人民之要求，自不妨各如其事论之。每一阶级各有其所长短，如小资产阶级，有其进步性，亦有其动摇性，亦此理也。

昔人所作文字，无论诏令、奏议等有公文性质者，或私家著述，多可考见当时社会情形，及某一类事实之真相，必非史籍所能尽赅，然实为治史最好资料，章实斋曾欲编为"文征"与史并行，实为卓识，其实自古言文献，献即指此方面也。

《晋书·食货志》（节录）

......

又制户调之式：丁男之户，岁输绢三匹，绵三斤，女及次丁男为户者半输。其诸边郡或三分之二，远者三分之一。夷人输賨布，户一匹，远者或一丈。男子一人占田七十亩，女子三十亩。其外丁男课田五十亩，丁女二十亩，次丁男半之，女则不课。男女年十六已上至六十为正丁，十五以下至十三、六十一已上至六十五为次丁，十二以下六十六已上为老小，不事。远夷不课田者输义米，户三斛，远者五斗，极远者输算钱，人二十八文。其官品第一至于第九，各以贵贱占田，品第一者占五十顷，第二品四十五顷，第三品四十顷，第四品三十五顷，第五品三十顷，第六品二十五顷，第七品二十顷，第八品十五顷，第九品十顷。而又各以品之高卑荫其亲属，多者及九族，少者三世。宗室、国宾、先贤之后及士人子孙亦如之。而又得荫人以为衣食客及佃客，品第六已上得衣食客三人，第七第八品二人，第九品及举辇、迹禽、前驱、由基、强弩、司马、羽林郎、殿中冗从武贲、殿中武贲、持椎斧武骑武贲、持钑冗从武贲、命中武贲武骑一人。其应有佃客者，官品第一第二者佃客无过五十户，第三品十户，第四

品七户，第五品五户，第六品三户，第七品二户，第八品
第九品一户。

正史由集众修纂，起于唐人之修《晋书》。旧时论者，多贵独修
而贱众纂，此亦有偏见。二者实各有短长，然材料日多，各方面之记
载，内容日益精深，断非一人之力所克集事，则势之无可如何者也。
故自唐以后，遂以众纂为原则，独修为例外。

昔人言《晋书》无足取，而志则突过前人，即由志之门类甚广，
一人不能兼通各种学问故也。读《天文志》最可见。此即众纂之长。

众纂亦有所短。独纂必深于史学，对所修之史，必更热心，自
不肯苟且。众纂者则不能然，故往往潦草塞责。而彼此所修，不免复
重，矛盾，尚其小焉者也。浅人每以为既称正史，作者必矜心作意，
其实不然。集众纂修之书，仅有随意钞掇、编排，绝未用心者。读
《旧唐书》《旧五代史》《宋史》《元史》，最可见之。《晋书》中
之《食货志》，内容颇为贫薄。此或限于材料。然如此节，"其外"
二字，实承上岁输而言，而于其中，夹人"男子一人占田七十亩，女
子三十亩"十四字，遂使读者误会其时男子一人占田共百二十亩，女
子共五十亩矣。试读《通典》，则《食货典·田制门》云："男子一
人占田七十亩，女子三十亩，其丁男课田五十亩，丁女二十亩，次丁
男半之，女则不课。"而《晋志》之"丁男户岁输绢三匹"至"远者
或一丈"，则别入《赋税门》。则绝无误会矣。此即可见撰《晋志》
者下笔时之不审慎也。此等措辞不审之处，旧史甚多。如《通鉴》与
《旧唐书》，同本实录，核其文辞，《通鉴》大抵较《旧唐书》为审
谛，即其一例。故两书所本者同，仍须互校。

《南齐书·竞陵文宣王子良传》（节录）

......

　　升明三年，升明，宋顺帝年号。升明三年，即齐高帝建元元年。为使持节、都督会稽东阳临海永嘉新安五郡、辅国将军、会稽太守。宋世元嘉中，皆责成郡县。孝武征求急速，以郡县迟缓，始遣台使，晋宋间称朝廷禁省曰台，故谓其使为台使。自此公役劳扰。太祖践阼，子良陈之曰：

　　"前台使督递切调，恒闻相望于道。及臣至郡，亦殊不疏。凡此辈使人，既非详慎勤顺，或贪险崎岖，要求此役。朝辞禁门，情态即异；暮宿村县，威福便行。但令朱鼓裁完，铍槊微具，顾昐左右，叱咤自专。摘宗断族，排轻斥重，胁遏津埭，土坝。恐喝传邮。破岗水逆，破岗，渎名，在今江苏丹阳境。商旅半引，逼令到下，到同倒。先过已船。浙江风猛，公私畏渡，脱舫在前，驱令俱发。呵魇行民，固其常理。侮折守宰，出变无穷。既瞻郭望境，便飞下严符，但称行台，未显所督。先诃强寺，却摄群曹，开亭正榻，便振荆革。其次绛标寸纸，一日数至；征村切里，俄刻十催。四乡所召，莫辨枉直，孩老士庶，具令付狱。或尺布之逋，曲以当匹；百钱余税，且增为千。或雄应质作尚方，官署名，主作器物。寄系东冶，县名，今福建闽候县。万姓骇迫，人不自固。遂漂衣败力，竟致兼浆。值今夕酒谐肉饫，即许附申赦格；明日礼轻货薄，便复不入恩科。筐贡微阙，（总）〔桱〕挞肆情，风尘毁谤，随忿而发。及其狗蒜转积，鹅栗渐盈，远则分蠲他境，近则托贸吏民。反请郡邑，助民（由）〔申〕缓，回刺言台，推信在所。如闻顷者令长守牧，离此每实，非复近岁。愚谓凡诸检课，宜停遣使，密畿州郡，则指赐敕〔令〕，遥外镇宰，明下条源，既各奉别旨，人竟自馨。虽复台使盈凑，会取正属所〔办〕，徒相疑债，反更淹懈。

"凡预衣冠，荷恩盛世，多以暗缓贻愆，少为欺猾入罪。若类以宰牧乖政，则触事难委，不容课逋上纲，上纲之纲，谓纲运。偏觉非才。但赊促差降，各限一期。如乃犹若乃。事速应缓，自依违纠坐之。坐之〔之〕科，不必须重，但令必行，期在可肃。且两装之船，充拟千绪；三坊寡役，呼订万计。每一事之发，弥晨方办，粗计近远，率遣一部，职散人领，无减二十，舟船所资，皆复称是。长江万里，费固倍之。较略一年，脱得省者，息船优役，实为不少。兼折奸减窃，远近暂安。"

此魏晋南北朝时所谓"笔"也。当时之文，好用辞藻典故，笔则不然，且俗字俗语皆可用，故有关实用之作恒用之。但其语调仍近整齐而多对偶，与口语之调不合，故仍不其适用。言语通行之广狭，有从空间上言之，亦有从时间上言之。空间上或限于一地域，或则各处通行，时间上或限于一时代，或则古今沿用，其道一也。一时代之语，不必历久通行，则阅一时焉而即觉其生疏，甚至于不可解。古书中往往有此等字句。读者或以为古，故不可解。实则在当时甚为通俗，但阅一时焉而用者渐少，则后人即觉其生疏矣。故作文者用语谨严，尽量避免俗字俗语，不能避处则加注，亦有其益。因其能节制语汇之增加，缩短古今之距离也。

《魏书·序纪》（节录）

　　昔黄帝有子二十五人，或内列诸华，或外分荒服，昌意少子，受封北土，国有大鲜卑山，因以为号。其后，世为君长，统幽都之北，广漠之野，畜牧迁徙，射猎为业，淳朴为俗，简易为化，不为文字，刻木纪契而已，世事远近，人相传授，如史官之纪录焉。黄帝以土德王，北俗谓土为托，谓后为跋，故以为氏。其裔始均，入仕尧世，逐女魃于弱水之北，民赖其勤，帝舜嘉之，命为田祖。爰历三代，以及秦汉，獯鬻、猃狁、山戎、匈奴之属，累代残暴，作害中州，而始均之裔，不交南夏，是以载籍无闻焉。

　　积六十七世，至成皇帝讳毛立。聪明武略，远近所推，统国三十六，大姓九十九，威振北方，莫不率服。崩。

　　节皇帝讳贷立，崩。

　　庄皇帝讳观立，崩。

　　明皇帝讳楼立，崩。

　　安皇帝讳越立，崩。

　　宣皇帝讳推寅立。南迁大泽，方千余里，厥土昏冥沮洳。谋更南徙，未行而崩。

景皇帝讳利立，崩。

元皇帝讳俟立，崩。

和皇帝讳肆立，崩。

定皇帝讳机立，崩。

僖皇帝讳盖立，崩。

威皇帝讳侩立，崩。

献皇帝讳邻立。时有神人言于国曰："此土荒遐，未足以建都邑，宜复徙居。"帝时年衰老，乃以位授子。

圣武皇帝讳诘汾。献帝命南移，山谷高深，九难八阻，于是欲止。有神兽，其形似马，其声类牛，先行导引，历年乃出。始居匈奴之故地。其迁徙策略，多出宣、献二帝，故人并号曰"推寅"，盖俗云"钻研"之义。初，圣武帝尝率数万骑田于山泽，欻见辎軿，有衣之车，妇人所乘。自天而下。既至，见美妇人，侍卫甚盛。帝异而问之，对曰："我，天女也，受命相偶。"遂同寝宿。旦，请还，曰："明年周时，复会此处。"言终而别，去如风雨。及期，帝至先所田处，果复相见。天女以所生男授帝曰："此君之子也，善养视之，子孙相承，当世为帝王。"语讫而去。予即始祖也。故时人谚曰："诘汾皇帝无妇家，力微皇帝无舅家。"帝崩。

始祖神元皇帝讳力微立，生而英睿。

元年，岁在庚子。先是，西部内侵，国民离散，依于没鹿回部大人窦宾。始祖有雄杰之度，时人莫测。后与宾政西部，军败，失马步走，始祖使人以所乘骏马给之。宾归，令其部内求与马之人，当加重赏，始祖隐而不言。久之，宾乃知，大惊，将分国之半，以奉始祖，始祖不受，乃进其爱女。宾犹思报恩，固问所欲。始祖请率所部北居长川，在今绥远兴和县境。宾乃敬从。积十数岁，德化大洽，诸旧部民，咸来归附。

二十九年，宾临终，戒其二子使谨奉始祖。其子不从，乃阴谋为逆。始祖召杀之，尽并其众，诸部大人，悉皆款服，控弦上马二十余万。

三十九年，迁于定襄之盛乐。定襄，汉郡，治成乐，后汉移治善无。成乐，后汉曰盛乐，在今绥远和林格尔境。夏四月，祭天，诸部君长皆来助祭，唯白部大人观望不至，于是征而戮之，远近肃然，莫不震慑。始祖乃告诸本人曰："我历观前世匈奴，蹋顿之徒，苟贪财利，抄掠边民，虽有所得，而其死伤不足相补，更招寇仇，百姓涂炭，非长计也。"于是与魏和亲。

四十二年，遣子文帝如魏，且观风土。魏景元二年也。

文皇帝讳沙漠汗，以国太子留洛阳，为魏宾之冠、聘问交市，往来不绝，魏人奉遣金帛缯絮，岁以万计。始祖与邻国交接，笃信推诚，不为倚伏以要一时之利，宽恕任真，而退通归仰。魏晋禅代，和好仍密。始祖春秋已迈，帝以父老求归，晋武帝具礼护送。

四十八年，帝至自晋。

五十六年，帝复如晋；其年冬，还国。晋遗帝锦、厨、缯、彩、绵、绢诸物，成出丰厚，车牛百乘，行达并州，晋征北将军卫罐，以帝为人雄异，恐为后患，乃密启晋帝，请留不遣，晋帝难于失言，不许。璜复请以金锦赂国之大人，令致间隙，使相危害。晋帝从之，遂留帝。于是国之执事及外部大人，皆受璜货。

五十八年，方遣帝。始祖闻帝归，大悦，使诸部大人诣阴馆阴馆，**汉县，在今山西代县西北**。迎之。酒酣，帝仰祝飞鸟，谓诸大人曰："我为汝曹取之。"援弹飞丸，应弦而落。时国俗无弹，众咸大惊，乃相谓曰："太子风彩被服，同于南夏，兼奇术绝世，若继国统，变易旧俗，吾等必不得志，不若在国诸子，习本淳朴。"咸以为然。且离间素行，乃谋危害，并先驰还。始祖问曰："我子既历他国，进德何如？"皆对曰："太子才艺非常，引空弓而落飞鸟，是似得晋人异法怪术，乱国害民之兆，惟愿察之。"自帝在晋之后，诸子爱宠日进，始祖年逾期颐，颇有所惑，闻诸大人之语，意乃有疑。因曰："不可容者，便当除之。"于是诸大人乃驰诣塞南，矫害帝。既而，始祖甚悔之。帝身长八尺，英姿瑰伟，在晋之日，朝士英俊多与亲善，雅为人物归仰。后乃追谥焉。

其年，始祖不豫。乌丸王库贤，亲近任势，先受卫璜之货，故欲沮动诸部，因在庭中砺钺斧，诸大人问欲何为，答曰："上恨汝曹谗杀太子，今欲尽收诸大人长子杀之。"大人皆信，各各散走。始祖寻崩。凡飨国五十八年，年一百四岁。太祖即位，尊为始祖。

此外夷伪造历史之例也。野蛮之族，与文明民族接，往往有之。如日本，如满洲，皆其例也。研究此等民族之起源，转恃他族之记载，由此。但爱惜历史，为人类之天性。故虽或造作，其中仍有真事实，读此篇亦可见也。

此篇述魏之先世，六十七传而至成帝毛，又五世至宣帝推寅，又七世至献帝邻，又两世至圣武帝诘汾，凡八十一世。八十一者，九九之积也。自成帝至神元十五世，三与五之积也。统国三十六者，四面各九国也。大姓九十九，益己则为百矣。数字有如是整齐巧合者乎？然成帝讳毛，毛，无也。又曰"诘汾皇帝无妇家，力微皇帝无舅家"，已微示后人以其说之出于造作矣。宣献二帝，人并号曰推寅，亦隐示人，并不知为何人，但相传有两能用心钻研者，相继成迁徙之业耳。

云其中仍含真事实者。案《后汉书》：东胡为匈奴所破，余类分保乌丸、鲜卑二山，因以为名。则鲜卑确居鲜卑山也。《魏书·乌洛侯传》云：真君四年，来朝，称其国西北有国家先世旧墟。乌洛侯西北有完水，东北流，合于难水，其地大小水，皆注于难，东入于海，又西北二十日行，有于已尼大水，所谓北海也。难水，今嫩江。完水，今额尔古讷河。北海，今贝加尔湖。于已尼盖入湖之巨川。魏人先世，曾居黑龙江、贝加尔湖之间，其附近，固可有昏冥沮洳之地。魏人此一追忆，必不诬也。《晋书·武帝纪》：咸宁元年，六月，书鲜卑力微遣子来献，三年，正月，书使卫瓘讨力微。则始祖初非子虚乌有之流矣。称此人为始祖，亦见前此皆非真实世系也。始祖之四十二年，为魏景元二年。据此上推，则其元年庚子，为魏文帝黄初元年，正魏建国之岁。此说恐不足信。始祖年百有四岁，亦附会之辞耳。但五十六年遣子如晋，五十八年丧败而死，则晋以纪证之。而年岁亦不诬矣。神元纂窦宾之业，亦见《魏书·神元皇后传》，神元并手刃其妻。其为人实极残忍，序纪亦未尝没其迹也。《隋书·长孙晟传》：周时使于突厥，其可汗摄图，命诸子弟贵人，皆相亲友，冀呢近之，以学弹射。则北族确甚重中国之弹。鲜卑大人，见文帝工是技而惊异，亦必非虚语也。

《水经·叶榆水注》（节录）

交州外域记曰："交趾昔未有郡县之时，土地有雒田。其田从潮水上下，民垦食其田，因名为雒民，设雒王雒侯，主诸郡县，县多为雒将，雒将铜印青绶。后蜀王子将兵三万，来讨雒王雒侯，服诸雄将，蜀王子因称为安阳王。后南越王尉佗举众攻安阳王。安阳王有神人名皋通，下辅佐，为安阳王治神弩一张。一发杀三百人。南越王知不可战，却军住武宁。按《晋太康记》，县属交趾。越遣太子名始，降伏安阳王，称臣事之。安阳王不知通神人，遇之无道。通便去，语王曰：'能持此弩王天下，不能持此弩亡天下。'通去，安阳王有女，名曰媚珠，见始端正，珠与始交通。始问珠，令取父弩视之。始见弩便盗，以锯截弩讫，便逃归报南越王。南越进兵攻之。安阳王发弩，弩折遂败。安阳王下船，径出于海。今平道县后王宫城，见有故墟。《晋太康地记》：县属交趾。越遂服诸雒将。"

中国疆域广大，民族众多，各地方之历史传说，亦应极多，惜存者殊少。所以然者？各地方文明程度不同，其程度较低者，不能著之竹帛，日久遂致湮没也。然其仅存者，则读之殊有趣味，藉以考各地方开化情形，亦殊有裨益，如《吴越春秋》《越绝书》《华阳国志》等是也。此等各地方之传说，及其确实可信之历史，存于图经中者必多，惜图经亦多湮灭。近世之方志，即古之图经，然多出后人纂辑，古代材料，留存者不多矣。然苟能精心采撷，其中可宝之材料，当仍不乏也。引用古代图经最多者，在古书中，当推《水经注》。今故录此一节，以见其概。此一节乃南越征服南方民族之事，为史所不载者也。雒，即自晋至唐所谓獠，亦即后汉时所谓哀牢，亦即近世狍猪，亦作绎狫者也。或曰："明史谓暹罗本分暹与罗斛二国，后暹为罗斛所并，乃称暹罗，罗斛与哀牢，犵猿，亦属同音异译。暹则与古之蜀，汉世之叟及賨，同音异译也。"

文明程度较低之处，对于兴亡大事，往往以传奇之形式出之，如此篇亦是也。其说似荒唐，然中实隐含史实。如此篇谓平道县后有王宫城，则决不能以安阳王为子虚，亡是之流。然则蜀人之服杂而王之，而南越又随其后，亦必非虚语矣。特此等史料，皆当打一甚大之折扣，而后可用也。

顾炎武《日知录》（节录）

部刺史

汉武帝遣刺史周行郡国，省察治状，黜陟能否，断治冤狱，以六条问事：一条强宗豪右，田宅逾制，以强陵弱，以众暴寡。二条二千石不奉诏书，倍公向私，旁诏牟利，侵渔百姓，聚敛为奸。三条二千石不恤疑狱，风厉杀人，怒则任刑，喜则任赏，烦扰刻暴，剥削黎元，为百姓所疾，山崩石裂，妖祥讹言。四条二千石选署不平，苟阿所爱，蔽贤宠顽。五条二千石子弟怙倚荣势，请托所监。六条二千石违公下比，阿附豪强，通行货赂，割损政令。又令岁终得乘传奏事，夫秩卑而命之尊，官小而权之重，此小大相制，内外相维之意也。（原注：《元城语录》：汉元封五年，初置刺史，部十三州，秋分行郡国，秩六百石而得按二千石不法，其权最重，秩卑则其人激昂，权重则能行志。王氏曰：刺史权重，而内隶于御史中丞，陈成为御史中丞，总领州郡奏事，课第诸刺史。薛宣为御史中丞，执法殿中，外总部刺史，宣数言政事，便宜举奏部刺史郡国二千石所贬退称进，白黑分明是也。）本自秦时遣御史出监诸郡。《史记》言秦始皇分天下以为三十六郡，郡置守、尉、监。盖罢侯置守之初，而已设此制矣。（原注：《汉书·百官表》：监御史，秦官，掌监郡。汉省丞相，遣史分刺，州不常置。武帝元封五年初置部刺史，掌奉诏条察，州秩六百石，员十三人。）成帝末，翟方进、何武乃言：春秋之义，用贵治贱，不以卑临尊，刺史位下大夫，而临二千石，轻重不相准。请罢刺史，更置州牧，秩二千石。而朱博以汉家故事，置部刺史，秩卑而赏厚，成劝功乐进，州牧秩真二千石，位次九卿。汉以太常、光禄勋、卫尉、太仆、廷尉、大鸿胪、宗if_、大司农、少府为九卿。九卿缺，以高第补，其中材，则苟自守而已。恐功效陵夷，奸宄不胜。于是罢州牧，复置刺史。（原注：《后汉书·刘焉传》：灵帝政化衰缺，四方兵寇焉，以刺史成轻，建议改为牧伯，请选重臣，以居其任，从之。州任之重，自此而始。）刘昭之论，以为刺史监纠非法，不过六条，传车周流，匪有定镇，秩裁六百，未生陵犯之衅。成帝改牧，其萌始大。（原注：唐戴叔伦《抚州刺史应璧记》云：汉置十三部刺史，以察举天下，非法通籍，殿中乘传奏事，居靡定处，权不牧人。）合二者之言观之，则州牧之设，中材仅循资自全，强者至专权裂土。（原注：《新唐书》：李景伯为太子右庶子，与太子舍人卢备议，今天下诸州，分隶都督，专生杀刑赏，使授非其人，则权重衅生，非强干弱枝之谊，愿罢都督，留御史，以时按察，秩卑任重，以制奸宄，便由是停都督。）然后知刺史六条，为百代不易之良法，而今之监察御史，巡按地方，为得古人之意矣。（原注：唐书监察御史，掌分察百寮，巡按州县。）又其善者，在于一年一代，夫守令之官，不可以不久也。监临之任，不可以久也。久则情亲而弊生，望轻而法玩，故一年一代之制，又汉法之所不如，而察吏安民之效，已见于二三百年者也。（原注：唐李峤请十州置御史一人，以周年为限，使其亲至属县，或入闾里，督察奸讹，观采风俗，此法正明代所行。）若夫倚势作威，受赇不法，此特其人之不称职耳。不以守、令之贪残而废郡县，岂以巡方之浊乱而停御史乎？至于秩止七品，与汉六百石制同。《王制》：天子使其大夫为三监，监于方伯之国，国三人。金华应氏曰：方伯者，天子所任，以总乎外者也。又有监以临之。盖方伯权重则易专，大夫位卑则不敢肆。此大小相维，内外相统之微意也。何病其轻重不相准乎？夫不达前人立法之意而轻议变更，未有不召乱而生事者，吾于成哀之际，见汉治之无具矣。

唐自太宗贞观二十年，遣大理卿孙伏伽、黄门侍郎褚遂良等二十二人，以六条巡察四方，黜陟官吏。帝亲自临决，牧守以下，以贤能进擢者二十人，以罪死者七人，其流罪以下及免黜者数百人。已后频遣使者，或名按察，或名巡抚，至玄宗天宝五载正月，命礼部尚书席豫等分道巡按天下风俗及黜陟官吏，此则巡按之名所由始也。

玄宗开元二十二年二月辛亥，置十道采访处置使，诏曰：言念苍生，心必编于天下，自古良牧，福犹润于京师。所以历选列城，聿求连率，岂徒刺察，将委辑宁。朝散大夫、检校御史中丞、关内宣谕赈给使、上柱国卢绚等，任寄已深，声实兼茂，成贯通于理道，益纯固于公心，或华发不衰，或白圭无玷，可以轨仪郡国，康济黎元。间岁已来，数州失稔，颇致流冗，能勿轸怀，而吏或不畏不仁，不安不便，诚须矫过，必在任贤，庶蠲疾苦之源，以协火中之义，若令行一道，利乃万人，朕所设官，以俟能者。（原注：唐开元中，或请选择守令，停采访使，姚崇奏十道采访，犹未尽得人，天下三百余州县，多数倍，安得守令皆称其职。）

于文定于文定，名慎行，明人，文定其谥。《笔尘》曰：元时风宪之制，在内诸司有不法者，监察御史劾之，在外诸司有不法者，行台御史劾之，即今在内道长，在外按台之法也。惟所谓行台御史者，竟厉行台，岁以八月出巡，四月还治，乃长官差遣，非由朝命，其体轻矣。本朝御史总属内台，奉命出按，一岁而更，与汉遣刺史法同。唐宋以来皆不及也。（原注：唐中宗神龙二年，遣十道巡察使，诏二周年一替。韦忠谦言，御史一出，当动摇山岳，震慑州县，本朝多有其人。）

《金史·宗雄传》：自熙宗时，遣使兼问吏治得失。世宗即位，凡数岁辄一遣黜陟之。故大定之间，郡县吏皆奉法，百姓滋殖，号为小康。章宗即位，置九路提刑使（原注：此即今按察使）。

六条之外不察

汉时，部刺史之职不过以六条察郡国而已，不当与守令事。（原注：《三国志》"司马宣王报夏侯太初书"曰：秦时无刺史，但有郡守长吏，汉家虽有刺史，奉六条而已。故刺史称传车，其吏言从事，居无常治，吏不成臣，其后转更为官司耳。）故朱博为冀州刺史，敕告吏民：欲言县丞尉者，刺史不察，黄绶各自诣郡。鲍宣为豫州牧，以听讼所察过诏条被劾，而薛宣上疏言，吏多苛政，政教烦碎，大率咎在部刺史，或不循守条职举错，各以其意多与郡县事。《翟方进传》言：迁朔方刺史，居官不烦苛，所察应条辄举。自刺史之职下侵而守令始不可为，天下之事犹治丝而棼之矣。

《太祖实录》：洪武二十一年四月，谕按治江西监察御史花纶等，自今惟官吏贪墨蠹法及事重者，如律逮问，其细事毋得苛求。

隋以后刺史

秦置御史以监诸郡，汉省，丞相遣史分刺州，不常置。武帝元封五年，初置十三州刺史各一人。魏晋以下，为刺史持节都督。（原注：《魏志》言：自汉季以来，刺史总统诸郡赋政于外，非若曩时司察之任而已。汉时止十三州，至梁时南方一偏之地，遂置一百七州。）隋文帝开皇三年，罢郡，以州统县。（原注：杜氏《通典》曰：以州治民，职同郡守，无复刺举之任。）自是刺史之名存而职廉。后虽有刺史，皆太守之互名。（原注：有时改郡为州，则谓之刺史，有时改州为郡，谓之太守，一也。）

非旧刺史之职，理一郡而已。由此言之，汉之刺史，犹今之巡按御史。魏晋以下之刺史，犹今之总督，隋以后之刺史，犹今之知府及直隶知州也。（原注：《新唐书·地理志》曰：唐兴，高祖改郡为州，太守为刺史。）

中国史部之书，专重记载，史学家对史事之意见，转须求之子、集二部，前已言之，笔记一类之书，如《日知录》乃其上乘，此等书非徒恃钞撮之功，其所引用者或不及其所钞撮者十分之一，以吾侪所曾研究之事较之而可知也。必如此，方可语于著述，而非徒章实斋所谓比次之事也。但比次亦是一业，善为之亦足名家。

此数条，自历代正史至当代实录，皆撷取其精要，可见研究一事，皆须通贯历代也。

此所谓制度，虽与现代不同，然监察与行政，用人之法不同，则其原理仍可供参考也。

王鸣盛《十七史商榷·瓜洲瓜步》（节录）

　　《新唐书·地志》：润州丹阳郡丹徒注：开元二十二年，刺史齐浣，以州北隔江，舟行绕瓜步，回远六十里，多风涛，乃于京口埭下直趋渡江二十里，开伊娄河二十五里，渡扬子立埭，岁利百亿，舟不漂溺。《旧唐·文苑·齐浣传》叙此事云：开元二十五年，迁润州刺史，充江南东道采访处置使。润州北界隔吴江，至瓜步，涉尾纤汇六十里。船绕瓜步，多为风涛之所漂损，浣乃移其漕路，于京口塘下直渡江二十里，又开伊娄河二十五里，即达扬子县，扬子，津名，唐人于其地置县，在今江都县南。自是免漂损之灾，岁减脚钱数十万。又立伊娄埭官，收其课，迄今利济焉。案此与新志略同，而皆不言是瓜洲，其实则瓜洲也。盖自吴夫差开邗沟通江淮，此与今瓜洲抵扬州淮安之路，不知是一是二，要为近之。然夫差时，此道但可运粮，不胜战舰，其用兵争霸上国，仍沿江入海，自海溯淮，不由邗沟也。（原注：详《尚书后案》第三卷。）《汉志》：广陵国江都县注：渠水首受江，北至射阳入湖，射阳，湖名，在淮安县南，吴开邗游，通此湖。此即夫差邗沟。然汉时大兵大役，亦必不以此为渡江之路。直至隋大业中，大发淮南夫开邗沟，自山阳至扬子入江，山阳，晋县，今淮安县。江淮始大通。（原注：亦详《尚书后案》第三卷。）而汴、泗亦通矣。白居易词曰"汴水流，泗水流，流到瓜洲古渡头"是也。乾隆元年《江南通志》第二十卷《城池门》云：瓜洲城，在扬州府南四十五里大江之滨，宋乾道中筑。又第二十六卷《关津门》云：西津渡，在镇江府丹徒县西北九里，北与瓜洲对岸，旧名蒜山渡，又瓜洲渡，在江都县南四十五里，瓜洲镇与江南镇江相对，江面十余里，此正予辈今日南北往来必由之路。若瓜步则在第二十五卷《关津门》云：瓜步镇，在六合县东南二十五里瓜步山下是也。自开邗沟，江淮已通，而道犹浅狭。六朝皆都建业，南北往来，以瓜步就近为便。故不取邗沟与京口相对之路。《庾子山集》《将命使北始渡瓜步江诗》倪璠注："隋志：江都六合有瓜步山。《述异记》曰：水际谓之瓜步。瓜步在吴中。吴人赏瓜于江畔，因以名焉。吴、楚之间，谓浦为步，唐之讹耳。"鲍照《瓜步山碣文》其略曰："鲍子辞吴客楚，指兖归扬，道出关津，升高问途，北眺毡乡，南瞰炎国。分风代川，揆气闽泽"。即此观之，则南北朝之以瓜步为通津明矣。隋既大开邗沟，加浚深阔，至唐皆南北混一，无事于建业，而都在关中，自宜取邗沟路自江入淮，自淮入汴，以溯河、渭，乃犹因循瓜步之旧，直至齐游始改。（原注：伊娄之名今不称，未详。）

此篇为笔记中专考一事之式。其引证亦甚博。

陆贽《均节赋税恤百姓六条·一论两税之弊须有厘革》

国朝著令，赋役之法有三，一曰租，二曰调，三曰庸。古者一井之地，九夫共之，公田在中，藉而不税，私田不善则非吏，公田不善则非民，事颇纤微，难于防检，春秋之际已不能行，故国家袭其要而去其烦。丁男一人授田百畮，但岁纳租粟二石而已。言以公田假人，而收其租入，故谓之租。古者任土之宜，以莫赋法，国家就因德制，简而壹之，每丁各随乡土所出，岁输若绢若绫若绝，共二丈，绵三两。其无蚕桑之处，则输布二丈五尺，麻三斤，以其据丁户调而取之，故谓之调。古者用人之力，岁不过三日，后代多事，其增十之，国家斟酌物宜，立为中制，每丁一岁定役二旬，若不役，则收其庸，曰准三尺，以其出绢而当庸直，故谓之庸。此三道者，皆宗本前哲之规模，参考历代之利害，其取法也远，其立意也深，其敛财也均，其域人也固，其裁规也简，其备虑也周。有田则有租，有家则有调，有身则有庸。天下为家，法制均壹，虽欲转徙，莫容其奸，故人无摇心，而事有定制，以之厚生，则不堤防而家业可久，以之成务，则不校阅而众寡可知，以之为理，则法不烦而教化行，以之成赋，则下不困而上用足。三代创制，百王是程，虽维御损益之术小殊，而其义一也。天宝季岁，羯胡乱华，海内波摇，兆庶云扰，版图隳于避地，赋法坏于奉军。建中之初，再造百度，执事者知弊之宜革，而所作兼失其源，知简之可从，而所操不得其要，旧患虽减，新渗复滋，救跛成瘘，展转增剧，凡欲拯其积弊，须穷致弊之由，时弊则但理其时，法弊则全革其法，而又揆新校旧，虑远图难，规略未详悉，固不果行，利害非相悬，固不苟变，所为必当，其悔乃亡，若好革而不知原始要终，斯皆以弊易弊者也。至如赋役旧法，乃是圣祖典章，行之百年，人以为便，兵兴之后，供亿不恒，乘急诛求，渐隳经制，此所谓时之弊非法弊也，时有弊而未理，法无弊而已。更扫庸调之成规，创两税之新制，立意且爽，弥纶又疏，竭耗编氓，日日滋甚。夫作法裕于人，未有不得人者也。作法裕于财，未有不失人者也。陛下初膺宝位，思致理平，诞发德音，哀痛流弊，念征役之频重，悯烝黎之困穷，分命使臣，敷扬惠化，诚宜损上益下，啬用节财，窒侈欲以荡其贪风，息冗费以舒其厚敛，而乃搜摘郡邑，劾验簿书，每州各取大历中一年科率钱谷数最多者，便为两税定额，此乃采非法之权令以为经制，总无名之暴赋以立恒规，是务取财，岂云恤隐，作法而不以裕人拯病为本，得非立意且爽者乎！夫财之所生必因人力，工而能勤则丰富，拙而兼惰则窭空，是以先王之制，赋入也必以丁夫为本，无求于力分之外，无贷于力分之内，故不以务稼增其税，不以辍嫁减其租，则播种多；不以殖产厚其征，不以流寓免其调，则地著固；不以饬励重其役，不以癙怠蠲其庸，则功力勤；如是然后能使人安其居，尽其力相观而化，时靡遁心，虽有堕游不率之人，亦已惩矣。两税之立，则异于斯，唯以资产为宗，不以丁身为本，资产少者则其税少，资产多者则税多，曾不悟资产之中，事情不一，有藏于襟怀囊箧，物虽贵而人莫能窥，有积于场囷仓直，虽轻而众以为富，有流通蓄息之货，数虽寡而计日收赢，有庐舍器用之资，价虽高而终岁无利，如此之比，其流实繁，一概计估，算缗，汉世以百二十钱为一算，征税时满若干钱，则取其一算，算遂成为一个计算单位，又变为抽取之意之动词。此文之算缗二字，只为按率征收之意。宜其失平长伪，由是务轻费而乐转徙者，恒脱于徭税，敦本业而树居产者，每困于征求，此乃诱之为奸，欧之避役，力用不得不弛，风俗不得不讹，闾井不得不残，赋入不得不阙，复以创制之首，不务齐平，但令本道本州，各依旧额征税。军兴已久，事例不常，供应有烦简之殊，牧守有能否之异，所在徭赋轻重相悬，既成新规，须惩积弊，化之所在，足使无偏，减重分轻，是将均济，而乃急于聚敛，或蠲除不是物力所堪，唯以旧额为准，旧重之处，流亡益多，旧轻之乡，归附益众，有流亡则已重者摊征转重，有归附则已轻者散出转轻，高下相倾，势何能止，又以谋始之际，不立科条，分遣使臣．凡十余辈，专行其意，各制一隅，遂使人殊，见道异法，低昂不类，缓急不伦，逮至复命于朝，竟无类会裁处，其于踳驳，踳，此与"舛"实为一字，读如蠢。胡可胜言，利害相形，事尤非便，作法而不以究微防患为虑，得非弥纶又疏者乎！立意且爽，弥纶又疏，凡厥疲人，已婴其弊，就加保育，犹惧不支，况复亟缘棼丝，重伤宿痏，痏：读如"洧"，受伤而无创口者曰痏，亦曰痕，痏痕二字，亦可连用。其为扰病，抑又甚焉。请为陛下举其尤者六七端，则人之困穷，固可知矣。大历中纪纲废弛，百事从权，至于率税少多，皆在牧守，裁制邦赋，既无定限，官私惧有阙供，每至征配之初，例必广张名数，以备不时之命，且为施惠之资，应用有余，则遂减放增损，既由郡邑消息，易协物宜，故法虽久刓，而人未甚瘁，及总杂征虚数，以为两税恒规，悉登地官，地官，以吏、户、礼、兵、刑、工六部，拟《周礼》之天、地、春、夏、秋、冬六官，事始于唐武后时，而后人沿之。然《周礼·冬官》亡，后人以《考工记》补之实误。冬官司空，乃管建设事务，非工官也。成系经费，计奏一定，有加无除，此则人益困穷其事，一也。本惩赋敛繁重，所以变旧从新。新法既行，已重于旧。旋属征讨，国用不充，复以供军为名，每贯加征二百。当道或增戎旅，又许量事取资。诏敕皆谓权宜，悉令事毕停罢，息兵已久，加税如初。此则人益困穷，其事二也。定税之数，皆计缗钱，纳税之时，多配绫绢，往者纳绢一疋，当钱三千二三百文，今者纳绢一疋，当钱一千五六百文，往输其一者，今过于二矣。虽官非增赋，而私已倍输，此则人益困穷，其事三也。诸州税物，送至上都，度支颁给群司，例皆增长本价，而又缪称折估，抑使剥征，奸吏因缘，得行侵夺，所获殊寡，所扰殊多，此则人益困穷，其事四也。税法之重若是，既于已极之中，而复有奉进宣索之繁，尚在其外，方岳颇拘于成例，莫敢阙供，朝典又束以彝章，不许别税，绮丽之饰，纨素之饶，非从地生，非自天降，若不出编户之筋力膏髓，将安所取哉！于是有巧避征文，曲承睿旨，变征役以召雇之目，换科配以和市之名，广其课而狭偿其庸，精其入而粗计其值，以召雇为目，而捕之不得不来；以和市为名，而迫之不得不出；其为妨抑特甚常徭，此则人益困穷，其事五也。大历中，非法赋敛，急备供军折估，宣索进奉之类者，既并收入两税矣。今于两税之外，非法之事复又并存，此则人益困穷，其事六也。建中定税之始，诸道已不均齐，其复或吏理失宜。或兵赋偏重，或疠疾钟害，水旱荐灾，田里荒芜，户口减耗，牧守苟避于殿责，罕尽申闻所司，姑务于取求，莫肯矜恤，遂于逃死阙乏，税额累加，见在疲氓，一室已空，四邻继尽，渐行增广，何由自存，此则人益困穷，其事七也。自至德讫于大历二十年余，兵乱相乘，海内罢弊，幸遇陛下，绍膺宝运，忧济生灵，诞敷圣谟，痛矫前弊，重爱人节用之旨，宣轻徭薄赋之名，率土蒸黎，感涕相贺，延颈企踵，咸以为太平可期，既而制失其中，敛从其重，颇乖始望，已沮群心，因之以兵甲，而烦暴之取转加；继之以献求，而静约之风浸靡，臣所知者才梗概耳。而人益困穷之事，已有七焉。臣不知者何替于此，陛下傥追思大历中，所闻疾苦，而又有此七事，重增于前，则人之无聊，不问可悉。昔鲁哀公问于有若曰：年饥，用不足，如之何？有若对曰：盍彻乎？*哀公曰：二，吾犹不足，如之何其彻也。有若曰：百姓*

足，君孰与不足；百姓不足，君孰与足。孔子曰：有国有家者，不患寡而患不均，不患贫而患不安。盖均而无怨，节而无贫，和而无寡，安而无倾。汉文恤患救灾，则命郡国无来献，是以人为本，以财为末，人安则财赡，本固则邦宁。今百姓难穷，非止不足税额，类例非止不均，求取繁多，非止来献，诚可哀悯，亦可忧危，此而不图，何者为急。圣情重慎，每戒作为，伏知贵欲因循，不敢尽求厘革，且去其太甚，亦足小休，望令所司，与宰臣参量，据每年支用色目中，有不急者，无益者，罢废之。有过制者，广费者，减节之，遂以罢减之资，回给要切之用，其百姓税钱，顷因军兴，每贯加征二百者，下诏停之，用复其言，俾人知信，下之化，上不令而行，诸道权宜加征，亦当自清蠲放，如是则困穷之中，十缓其二三矣，供御之物，各有典司，任土之仪，各有常贡，过此以往，复何所须，假欲崇饰燕居，储备赐与，天子之贵，宁忧乏财，但敕有司，何求不给，岂必旁延进献，别徇营求，减德示私，伤风败法，因依纵扰，为害最深。陛下临御之初，已弘清净之化，下无曲献，上绝私求。近岁以来，稍渝前旨，今但涤除流误，振起圣猷，则淳风再兴，贿道中寝，虽有贪饕之辈，曷由复肆侵渔，州郡羡财，亦将焉德。若不止输王府，理须下纾疲人，如是则穷困之中，十有缓其四五矣。所定税物，估价合依当处月中，物一月中旬之价，一月之平价，谓之月平。百姓输纳之时，累经州县简阅，事或涉于奸党，过则不在户人，重重剥征，理甚无谓，望令所司，应诸州府，送税物到京，但与色样相符，不得虚称折估，如滥恶尤甚，给用不充，唯罪元纳官司，亦勿更征百姓，根本既自端静，枝叶无因动摇，如是则困穷之中，又缓其二三矣。然后据每年见供赋税之处，详谕诏旨，成俾均平，每道各令知两税判官，一人赴京，与度支类会参定，通计户数，以配税钱，轻重之间，大约可准，而又量土地之沃瘠，计物产之少多，伦比诸州，定为两等，州等下者，其每户配钱之数少；州等高者，其每户配钱之数多，多少已差，悉令折衷，仍委观察使，更于当管所配钱数之内，均融处置，务尽事宜，就于一管之中，轻重不得偏并，虽或未尽齐一，决当不甚低昂，既免扰人，且不变法，粗均劳逸，足救凋残，非但征赋易供，亦冀逋逃渐息，俟稍宁阜，更择所宜。

唐代取于农民者曰租、庸、调，其法具如此首节所述。此法关键，在于丁口、田亩记录之详实，而至开元之世，其法大坏，故赋税亦极不平均。天宝乱作，人民流离，收入益少，于是苛税大兴。此等苛税，不可不除，欲除苛税，则必恢复固有之收入。欲恢复固有之收入，其道有二：（一）整顿租庸调法，确实丁口之记载，而于当受田者皆给之以田，此路线在当日无人能走。（二）则不问其人之有田无田，但就其现有之资产而税之。租、庸、调之法，与授田连带，于其所居之地无田，故其名亦不入册籍，旧时户口册，往往实为收税起见，故不出税之人，即不入籍。今则不许如此。则杨炎改租庸调法为两税所走之路线，所谓"户无主客，以见居为簿；人无丁中，以贫富为差"也，此法虽不税田而税资产，然人民进款之来源，究以依于农业者为多，故仍按农业季节，于夏、秋分两次取之，谓之两税。两税之法，当时草草行之；后来又徒计收入，而未留意于改善；故有如此篇所言之弊。然在当时，能使苛税悉除，民亦大受其益，故论者亦称杨炎为救时相焉。平心论之，（一）改行两税，可以急速集事，整顿租庸调法，必也旷日持久，当时势不能待；（二）而租庸调法，偏重农民，不足以适应工商发达之趋势；亦非完善之税法，改之实未为非计。但（一）两税之法，不应不思改善；（二）又两税法行后，赋税之收入，虽不直接倚赖田亩，然农民仍宜抚恤，地复仍宜均平，不应遂置诸不闻，此则行两税法后之缺点耳。此实与杨炎无涉，因炎为相不久。故炎未可厚非也。

杜甫《前出塞九首》

戚戚去故里，悠悠赴交河。^①公家有程期，亡命婴祸罹。
君已富土境，开边一何多。弃绝父母恩，吞声行负戈。

出门日已远，不受徒旅欺。骨肉恩岂断，男儿死无时。
走马脱辔头，手中挑青丝。捷下万仞岗，俯身试搴旗。

磨刀鸣咽水，水赤刃伤手。欲轻肠断声，心绪乱已久。
丈夫誓许国，愤惋复何有。功名图麒麟，战骨当速朽。

送徒既有长，远戍亦有身。生死向前去，不劳吏怒嗔。
路逢相识人，附书与六亲。哀哉两决绝，不复同苦辛。

迢迢万里余，领我赴三军。军中异苦乐，主将宁尽闻。
隔路见胡骑，倏忽数百群。我始为奴仆，几时树功勋。

挽弓当挽强，用箭当用长。射人先射马，擒贼先擒王。
杀人亦有限，列国自有疆。苟能制侵陵，岂在多杀伤。

----

① 唐交河郡，今新疆吐鲁番县。

驱马天雨雪，军行入高山。径危抱寒石，指落曾冰间。
已去汉月远，何时筑城还。浮云暮南征，可望不可攀。

单于寇我垒，百里风尘昏。雄剑四五动，彼军为我奔。
虏其名王归，系颈授辕门。潜身备行列，一胜何足论。

从军十年余，能无分寸功。众人贵苟得，欲语羞雷同。
中原有斗争，况在狄与戎。丈夫四方杰，安可辞固穷。

此谴责天宝时之开边也，唐代之用兵，太宗时北平突厥，可云除患，其后灭薛延陀，亦可云因其向来跋扈，乘机灭之，除祸患之根，而中国所费不大。征高丽，太宗、高宗两代，所费甚巨，然辽东本中国领土，此时为高丽所据，犹可云恢复旧疆也。高宗时吐蕃强盛，武后时突厥复张，且益之以契丹，中国用兵屡败，丧失甚多，然事属御侮，可谴责其不善用兵也，谴责其用兵则不可也。玄宗开元时之用兵及整顿边备，尚多出于御侮之意。天宝时之攻吐蕃，则失之过当，且不善驭将，耗费甚多。竭生民之膏血，且苦役其身，以事不必要之攻战，而供将士之邀功中饱，此诗人所以深嫉之也。此诗九首，皆写西方兵事。第一首谴责玄宗之开边。第二首写从军者轻生之状。第三首言其愤惋之情。云"愤惋复何有"，反言之也。第四首言送徒者之虐。第五首言主将不恤士，役战士如奴仆，不使其从事战斗也。第六首重防御而贱开疆，不欲多杀人，蔼然仁者之言。第七首言军士处境之苦，离家之远，归路断绝。第八首言立功，雄剑谓干将，雌剑谓莫邪，晋围楚，楚以宝剑登城麾之，晋军大败，皆见《越绝书》。此乃谬悠之言，然此处不可实写，实写则笨伯矣。此首只是引起下首耳。第九首言有功不赏，亦可以谴责将兵者也。

杜甫《后出塞五首》

男儿生世间，及壮当封侯。战伐有功业，焉能守旧邱。召募赴蓟门，[①]军动不可留。千金装马鞍，百金装刀头。闾里送我行，亲戚拥道周。斑白居上列，酒酣进庶羞。少年别有赠，含笑看吴钩。

朝进东门营，暮上河阳桥。落日照大旗，马鸣风萧萧。平沙列万幕，部伍各见招。中天悬明月，令严夜寂寥。悲笳数声动，壮士惨不骄。借问大将谁，恐是霍嫖姚。

古人重守边，今人重高勋。岂知英雄主，出师亘长云。六合已一家，四夷且孤军。遂使貔虎士，奋身勇所闻。拔剑击大荒，日收胡马群。誓开玄冥北，持以奉吾君。

---

① 蓟门，今河北蓟县。

献凯日继踵，两蕃①静无虞。渔阳②豪侠地，击鼓吹笙竽。云帆转辽海，粳稻来东吴。越罗与楚练，照耀舆台躯。主将位益崇，气骄凌上都。边人不敢议，议者死路衢。

我本良家子，出师亦多门。将骄益愁思，身贵何足论。跃马二十年，恐孤明主恩。坐见幽州骑，长驱河洛昏。中夜间道归，故里但空村。恶名幸脱免，穷老无儿孙。

此写东北兵事，即安禄山之兵也。第一首言从军之始，颇含轻骠好战之意，作者意亦加以谴责。第二首谴责主将之不恤士。霍票姚，霍去病也。汉武帝时为票姚校尉，后为骠骑将军。史言其将兵，士有饥者，而后车余弃粱肉。第三首谴责开边。第四首言禄山之骄暴，唐朝畏而奉之，反以养成其叛。第五首言禄山反后，此从军者逃归，幸未与于逆乱。然因欲立战功故，早岁从军，未立室家，遂至穷老无儿孙，亦以谴责好战之士也。

---

① 唐人称奚、契丹为两番。

② 唐渔阳郡，即蓟州，今蓟县。

杜甫《石壕吏》《新婚别》

石壕吏

暮投石壕村[①]，有吏夜捉人。老翁逾墙走，老妇出看门。吏呼一何怒！妇啼一何苦！听妇前致词，三男邺城[②]戍，一男附书至，二男新战死。存者且偷生，死者长已矣。室中更无人，惟有乳下孙。有孙母未去，出入无完裙。老妪力虽衰，请从吏夜归。急应河阳役，犹得备晨炊。夜久语声绝，如闻泣幽咽。天明登前途，独与老翁别。

新婚别

兔丝附蓬麻，引蔓故不长。嫁女与征夫，不如弃路旁。结发为君妻，席不暖君床。暮婚晨告别，无乃太匆

---

① 石壕村在今河南陕县东。
② 唐邺郡，即相州，今河南安阳县。

忙！君行虽不远，守边赴河阳。①妾身未分明，何以拜姑
嫜？父母养我时，日夜令我藏。生女有所归，鸡狗亦得
将。君今往死地，沉痛迫中肠。誓欲随君去，形势反苍
黄。勿为新婚念，努力事戎行。妇人在军中，兵气恐不
扬。自嗟贫家女，久致罗襦裳。罗襦不复施，对君洗红
妆。仰祝百鸟飞，大小必双翔。人事多错迕，与君永相
望。

　　《新安吏》《潼关吏》《石壕吏》，谓之“三吏”。《新婚别》
《垂老别》《无家别》，谓之“三别”。皆写安史乱后，唐朝迫民从
军应役之状。今各选其一。

---

　　①　河阳三城，在今河南孟县。相州败后，郭子仪断河阳桥保洛阳。

杜甫《负薪行》

　　夔州处女发半华，[①]四十五十无夫家。更遭丧乱嫁不售，一生抱恨长咨嗟。土风坐男使女立，男当门户女出入。十犹八九负薪归，卖薪得钱应供给。至老双鬟只垂颈，野花山叶银钗并。筋力登危集市门，死生射利兼盐井。面妆首饰杂啼痕，地褊衣寒困石根。若道巫山女粗丑，[②]何得此有昭君村？

　　此写民间风俗之诗也。古代社会两性间分工，男子多从事于畋猎，其后田猎之事，日益无关重要。且禽兽易尽，寝至无物可猎，于是男子亦多从事农牧。间有因环境特殊，男子已不畋猎，而仍未转入农牧部门，遂至无所事事，待豢于女子。夔州盖唐时犹有此俗也。双鬟，盖女子未嫁者之饰。古人多以女子之嫁喻男子之仕，惜其嫁不售，而言其非由于粗丑，又以喻士之怀才不遇也。杜甫对于穷困之民，多抱深厚之同情。此诗亦其一。

---

① 夔州，今四川奉节县。
② 巫山，今四川巫山县东。

自居易《缚戎人》（新乐府）

缚戎人，缚戎人，耳穿面缚驱入秦。①天子矜怜不忍杀，诏徙东南吴与越。黄衣小使录姓名，领出长安乘递行。身被金疮面多瘠，扶病徒行日一驿。朝餐饥渴费杯盘，夜卧腥臊污床席。忽逢江水忆交河，垂手齐声呜咽歌。其中一虏语诸虏：尔苦非多我苦多。同伴行人因借问，欲说喉中气愤愤。自云乡管本凉原，大历年中没落蕃。一落蕃中四十载，遣着皮裘系毛带。唯许正朝服汉仪，敛衣整巾潜泪垂；誓心密定归乡计，不使蕃中妻子知。暗思幸有残筋力，更恐年衰归不得。蕃候严兵鸟不飞，脱身冒死奔逃归。昼伏宵行经大漠，云阴月黑风沙恶；惊藏青冢寒草疏，②价渡黄河夜冰薄。忽闻汉军鼙鼓声，路傍走出再拜迎；游骑不听能汉语，将军遂缚作蕃生。配向江南卑湿地，定无存恤空防备。念此吞声仰诉天，若为辛苦度残年！凉原乡井不得见，胡地妻儿虚弃

---

① 面缚，通行本误作面破，今依影宋本。面缚即反绑。面亦训背，所谓"反训也"。

② 青冢在今归绥县境，相传为王昭君冢。自吐番逃归者，未必由此，此但取与黄河作

对耳。辞章家用字，不能十分审谛也。

捐！没蕃被囚思汉土，归汉被劫为蕃虏。早知如此悔归来，两地宁如一处苦？缚戎人，戎人之中我苦辛。自古此冤应未有，汉心汉语吐蕃身！

此所写乃当时实事也，具见边将之丧尽天良。

自居易《缭绫》（新乐府）

缭绫缭绫何所似？不似罗绡与纨绮；应似天台山上月明前，[1]四十五尺瀑布泉。中有文章又奇绝，地铺白烟花簇雪。织者何人衣者谁？越溪寒女汉宫姬。去年中使宣口敕，天上取样人间织。织为云外秋雁行，染作池中通行本作江南。春水色。广裁衫袖长制裙，金斗熨波刀剪纹。异彩奇文相隐映，转侧看花花不定。昭阳舞人恩正深，春衣一对值千金。汗沾粉污不再着，曳土踏泥无惜心。缭绫织成费功绩，莫比寻常绫[2]与帛。丝细缭多女手疼，缭作缥。轧轧千声不盈尺。昭阳殿里歌舞人，不见织[3]，若见织时应合惜。[4]

---

① 天台山，在今浙江天台县北。

② 绫作缯。

③ "不见织"三字无。

④ "应合惜"作"应也惜"。今皆依影宋本。

王安石《度支副使厅壁题名记》

    三司副使，三司者，户部、度支、盐铁。唐时财政本属户部，中叶后分属度支、盐铁二使。宋时未将度支、盐铁之职还之户部，却合组为三司，置使、副：其下户部、度支、盐铁，亦各有使副；其下则分设若干案，以司全国之财政。不书前人名姓。嘉佑五年，尚书户部员外郎吕君冲之，始稽之众史。而自李紘以上至查道，得其名；自杨偕以上，得其官；自郭劝以下，又得其在事之岁时。于是书石而劖之东壁。劖，有平、去二声，义同剗，凿也。

    夫合天下之众者财，理天下之财者法，守天下之法者吏也。吏不良，则有法而莫守；法不善，则有财而莫理。有财而莫理，则阡陌闾巷之贱人，皆能私取予之势，擅万物之利，以与人主争黔首，而放其无穷之欲。非必贵强桀大而后能。如是而天子犹为不失其民者，盖特号而已耳。虽欲食蔬衣敝，憔悴其身，愁思其心，以幸天下之给足而安吾政，吾知其犹不得也。然则善吾法，而择吏以守之，以理天下之财，虽上古尧舜，犹不能毋以此为先急。而况于后世之纷纷乎！

    三司副使，方今之大吏，朝廷所以尊宠之甚备。盖今理财之法，有不善者，其势皆得以议于上而改为之。非特当守成法，吝出入，以从有司之事而已。其职事如此，则其人之贤不肖，利害施于天下如何也！观其人，以其在事之岁时，以求其政事之见于今者，而考其所以佐上理财之方，则其人之贤不肖，与世之治否，吾可以坐而得矣。此盖吕君之志也。

王安石为北宋一大政治家。其政见异于寻常政治家者，以其注重理财；其所以注重理财，则因其深知社会经济之重要。此篇言"合天下之众者财"，明人皆恃财而生，不可任其为少数人所霸占，如所谓"阡陌（乡间）闾巷（城市）之贱人，私取予之势，而擅万物之利"者也。但何以使此等人不能私取予之势，以擅万物之利？则昔时之人，不知领导被剥削者以与剥削者斗争，而徒欲借政治上之治者，为之操刀代斫，即此篇欲立法而守之以吏之说也。此则终不能免于失败耳。然此非安石一人之失，固从前政治家之通病也。此篇虽廖廖数百言，实足代表安石之政见，并可代表从前一部分政治家之政见也。

王岩叟《论保甲》（节录）

　　臣初以保甲之法，行之累年，朝廷固已知人情之所共苦，而前日下诏蠲疾病，汰小弱，释第五等之田不及二十亩者，省一月之六教而为三日之并教，甚大惠也。然其司尚存，其患终在。夫朝廷知教民以为兵，而不知教之太苛而民不能堪；知别为一司以总之，而不知扰之太烦而民以生怨。教之欲以为用也，而使之至于怨，则恐一日用之有不如吾意者，不可不思也。民之言曰：教法之难不足以为苦，而羁縻之虐有甚焉；羁縻不足以为苦，而鞭笞之酷有甚焉；鞭笞不足以为苦也，而诛求之无已有甚焉。方耕方耘而罢，方干方营而去，此羁縻之所以为苦也。其教也，保长得笞之，保正又笞之，巡检之指使与巡检者又交挞之，提举司之指使与提举司之干当公事者又互鞭之，提举之官长又鞭之，一有逃避，县令又鞭之。人无聊生，每相与言曰恨不死尔，此鞭笞之所以为甚苦也。创袍、市巾、买弓、修箭、添弦、换仓指、治鞍辔、盖凉棚、画像法、造队牌、缉架、儌椅桌、团典纸墨、看定人雇直、均菜缗、纳楷粒之类，其名百出，不可胜数。故其父老之谚曰：儿曹空手，不可以入教场。非虚语也。都副两保正、大小两保长，平居于家，婚姻丧葬之问遗，秋成夏熟，丝麻谷麦之邀求，过于城市，一饮一食之责望，此迫于势而不敢不致者也。一不如意，则以艺不如法为名，而捶辱之，无所不至。又所谓巡检、指使者，多由此徒以出，贪而冒法，不顾后祸，有逾于保正、保长者，此诛求之所以为甚苦也。又有逐养子，出赘婿，再嫁其母，而兄弟析居，以求免者。有毒其目，断其指，炙其肌肤，以致于残废而求免者，有尽室以逃而不归者，有委老弱于家而保丁自逃者，保丁者逃，则法当督其家出赏钱十千以募之。使其家有所出，当未至于逃，至于逃，则困穷可知，而督取十千，何可以得。故每县常有数十百家老弱嗟咨于道路，哀诉于公庭。如臣之愚，且知不忍使，陛下仁圣知之，当如何也。又保丁之外，平户之家，凡有一马，皆令借供，逐场教骑，终日驰骤，往往至于饥羸残破而就毙，谁复敢言？其或主家倘因他出，一误借供，遂有追呼笞责之害。又或其家官捕督迫，不得已而易之，则有抑令还取之苦，故人人以有马为祸，此皆提举官吏倚法以生事，重为百姓之扰者也。臣窃惟古者未尝不教民以战也，而不闻其有此，何则？因人之情而为之法耳。夫缘情以推法，则愈久而愈行，倚威以行令，则愈严而愈悖，此自然之理也。兽穷则搏，人穷则诈，自古及今，未有穷其下而能无危者也。臣观保甲一司，上下官吏，无毫发爱百姓之意，故百姓祝其官司不啻虎狼，积愤衔怨之，人人所同。比者保丁执指使，逐巡检，攻提举司干当官，大狱相继，今犹未已。虽民之愚，顾岂忘父母妻子之爱，而喜为犯上之恶，以取祸哉。盖激之至于此极尔，臣以为激而益深，安知其发有不甚于此者。情状如此，不可不先事而虑，以保大体，为安静计。夫三时务农，一时讲武，先王之通制也。臣愚以为一月之间并教三日，不若一岁之终，并教一月。农事既毕，无他用心，人自安于讲武而无憾。遂可罢提举司，废巡教官，一以隶州县，而俾逐路安抚司总之。每俟冬教，则安抚司旋择教官，分诣诸邑，与令佐同教于城下，一邑分两番，当一月。起教则与正长论阶钗，罢教则与正长不相谁何。**谁何，伺察诘问之意。贾谊《过秦论》："信臣精卒，陈利兵而谁何。"** 而百姓获优游以治生，无终年遁逃之苦，无侵渔苛虐之患，无争陵犯上之恶矣。且武事不废，威声亦全，岂不易而有功哉？

王安石保甲之法，行于宋神宗熙宁三年。元丰八年，神宗崩，知陈州司马光、监察御史王岩叟上疏论之，其疏皆见《宋史·兵志》。安石所行之法，以免役成效为最多，流弊为最少，而保甲适反之。其所由然，则以封建时代，治者阶级，即剥削阶级，有可藉手之机会，无不借以虐民也。此篇所写，可谓穷形极相。然则法皆不可变乎？是亦不然。特必人民自有觉悟，能自立法而自行之耳。故欲行新法者，在能教育人民，切戒强迫命令。此篇"缘情以推法，则愈久而愈行；倚威以行令，则愈严而愈悖"之说，可称不刊之论。试以宋河北弓箭社与保甲法比观而可知也。

苏轼《乞增修弓箭社条约状二首》（节录）

　　臣窃见北虏久和，河朔无事，沿边诸郡，军政少弛，将骄卒惰，缓急恐不可用，武艺军装，皆不逮陕西、河东远甚。虽据即目边防事势，三五年间必无警急，然居安虑危，有国之常备，事不素讲，难以应猝。今者河朔沿边诸军，未尝出征，终年坐食，理合富强。臣近遣所辟幕官李之仪、孙敏行亲入诸营，按视曲折，审知禁军大率贫窘，妻子赤露饥寒，十有六七，屋舍大坏，不庇风雨。体问其故，盖是将校不肃，敛掠乞取，坐放债负，习以成风。将校既先违法不公，则军政无缘修举，所以军人例皆饮博逾滥。三事不止，虽是禁军，不免寒饿，既轻犯法，动辄逃亡，此岂久安之道。臣自到任，渐次申严军法，逃军盗贼已觉衰少，年岁之间，庶革此风。然臣窃谓沿边禁军，缓急终不可用，何也？骄惰既久，膽力耗惫，虽近戍短使，辄与妻孥泣别，被甲持兵，行数十里，即便喘汗。臣若加严训练，昼夜勤习，驰骤坐作，使耐辛苦，则此声先驰，北虏疑畏，或致生事。臣观祖宗以来沿边要害，屯聚重兵，止以壮国威而消敌谋，盖所谓先声后实，形格势禁之道耳。若进取深入，交锋两阵，犹当杂用禁旅，至于平日保境备御小寇，即须专用极边土人，此古今不易之论也。

晁错与汉文帝划备边策，不过二事，其一曰徙远方以实广虚，其二曰制边县以备敌。宝元庆历中，赵元昊反。屯兵四十余万，招刺宣毅、保捷二十五万人，皆不得其用，卒无成功。范仲淹、刘沪、种世衡等，专务整样蕃汉熟户弓箭手，所以封殖其家，封殖，栽培之意。砥砺其人者非一道。藩篱既成，贼来无所得，故元昊复臣。今河朔西路被边州军，自澶渊讲和以来，百姓自相团结为弓箭社，不论家业高下，户出一人，又自相推择家资武艺众所服者为社头、社副录事，谓之头目，带弓而锄，佩剑而樵，出入山坂，饮食长技与北虏同。私立赏罚，严于官府。分番巡逻，铺屋相望，若透漏北贼及本土强盗，不获其当，番人皆有重罚。遇有紧急，击鼓集众，顷刻可致千人。器甲鞍马，常若寇至。盖亲戚坟墓所在，人自为战，虏甚畏之。……先朝名臣，帅定州者，定州，今河北定县。如韩诗、庞籍，皆加意拊循其人，以为爪牙耳目之用。而籍又增损其约束赏罚，奏得仁宗皇帝圣旨，见今具存。昨于熙宁六年行保甲法，准当年十二月四日圣旨，强壮弓箭社并行废罢。又至熙宁七年，再准正月十九日中书札子圣旨，应两地供输人户，除元有弓箭社强壮并义勇之类，并依旧存留外，更不编排保甲。看详上件两次圣旨，除两地供输村分方许依旧置弓箭社，其余并合废罢。虽有上件指挥，公私相承，无不废罢。只是令弓箭社两丁以上人户兼充保甲，以至逐捕本界及化外盗贼，并皆驱使弓箭社人户，向前用命捉杀，见今州县委实全借此等寅夜防托，显见弓箭社实为边防要用，其势决不可废。但以兼充保甲之故，召集追呼，劳费失业。今虽名目具存，责其实用，不逮往日。臣窃谓陕西、河东弓箭手，官给良田以备甲马，今河朔沿边弓箭社，皆是人户祖业田产，官无丝毫之给，而捐躯捍边，器甲鞍马，与陕西、河东无异，苦乐相逢，未尽其用。近日霸州文安县及真定府北寨，霸州，今河北霸县。文安县，今河北文安县。真定府，今河北正定县。皆有北贼惊劫人户，捕盗官吏，拱手相视，无如之何，以验禁军弓手，皆不得力。向使州县逐处皆有弓箭社人户致命尽力，则北贼岂敢轻犯边寨，如入无人之境。臣已戒饬本路将吏，申严赏罚，加意拊循，其人去讫，辄后拾用庞籍旧奏约束，稍加增损，别立条目。欲乞朝廷立法，少赐优异，明设赏罚，以示惩劝。今已密切取会到本路极边定、保两州，保州，今河北保定市。安肃、广信、顺安三军，边面七县一寨，内管自来团结弓箭社五百八十八村，六百五十一伙，共计三万一千四百一十一人。若朝廷以为可行，立法之后，更敕将吏常加拊循，使三万余人分番昼夜巡逻，当番之番，今作班，唐宋时皆作番。盗边小寇，来即擒获，不至怛怵，以生戒心，怛上声，义同狙，怏音逝，亦读上声。怛怏，习也。而事皆循旧，无所改作，虏不疑畏，无由生事。有利无害，较然可见。……

此疏亦上于元丰八年，轼时知定州。

《辽史·营卫志·部族上》（节录）

　　部落曰部，氏族曰族。契丹故俗，分地而居，合族而处。有族而部者，五院、六院之类是也；五院六院，源出迭刺部。耶律亦出迭刺部。有部而族者，奚王、室韦之类是也；有部而不族者，特里特勉、稍瓦、曷术亡均为部名。之类是也；有族而不部者，遥辇九帐、皇族三父房是也。

　　奇首八部为高丽、蠕蠕所侵，仅以万口附于元魏。生聚未几，北齐见侵，掠男女十万余口。继为突厥所逼，寄处高丽，不通万家。部落离散，非复古八部矣。别部有臣附突厥者，内附于隋者，依纥臣水而居。部落渐众，分为十部，有地边西五百余里。唐世大贺氏仍为八部，而松漠、玄州别出，亦十部也。遥辇氏承万荣、可突于散败之余，更为八部；然遥辇、迭刺别出，又十部也。阻午可汗析为二十部，契丹始大。至于辽太祖，析九帐、三房之族，更列二十部。圣宗之世，分置十有六，增置十有八，并旧为五十四部；内有拔里、乙室巳国舅族，拔里、乙室巳世与耶律氏婚姻，故称国舅。外有附庸十部，即志末所载国外十部，此乃辽之属国，而非其构成之部分也，故曰外。盛矣！

　　其氏族可知者，略具皇族、外戚二表。余五院、六院、乙室部止见益古、撒里本，涅刺、乌古部止见撒里卜、涅勒，突吕不、突举部止见塔古里、航斡，皆兄弟也。乙室，部名。益古，人名。撒里本，益古之弟。涅剌，部名。乌古，部名。撒里卜，人名，涅勃撒里卜之兄。突吕不，部名。突举，部名。塔古里，人名。航斡，塔古里之弟。奚王府部时瑟、哲里奚王后，其臣时瑟逐之自立。哲里，则臣主也。品部有挐女，褚特部有洼。品，部名。挐女，人名。褚突，部名。洼，人名。其余世系名字，皆漫无所考矣。

旧志曰："契丹之初，草居野次，靡有定所。至涅里始制部族，各有分地。太祖之兴，以迭剌部强炽，析为五院、六院。奚六部以下，多因俘降而置。胜兵甲者即著军籍，分隶诸路详稳、官名。统军、招讨司。番居内地者，岁时田牧平莽间。边防纠户，生生之资，仰给畜牧，绩毛饮湩，以为衣食。各安旧风，狃习劳事，不见纷华异物而迁。故家给人足，戎备整完。卒之虎视四方，强朝弱附，东逾蟠木，西越流沙，莫不率服。部族实为之爪牙云。"

辽之立国，合两种成分而成，一曰州县，乃得自中国之地；一曰部族，则北方游牧之民也。人之以地缘结合者曰部落，以血族结合者曰氏族。属于辽之游牧民族，两种成分都有，故《辽史》称之曰部族。从此以后，"部族"二字，遂为史家习用之辞。（一）以其可包括部落氏族二者；（二）有些团体，两种条件均有；如此篇谓族而部，部而族者。（三）有些团体，我们不知其为部落或氏族，故用此部落、氏族两语合组而成之一辞，最便也。州县一部分，对于辽国之构成，实居次要之地位，其首要之部分，则部族也。《营卫志》分三目：一曰宫卫，二曰行营，三曰部族。宫卫者，辽每一君主，皆有其所定居之地，直属之民，此直属人民中之壮丁，即组成军队。君主死后，此组织仍不解散，故传世愈久，直属中央之人民及军队愈多，而其力量亦愈强大。行营者，辽为游牧民族，其君主虽有定居之处，又有一定巡游之处，行营则其巡游时之护卫也。宫卫行营之民众及兵力，皆出于部族，故部族为辽立国之本。州县之民，辽人重在取其赋税，其兵则称为乡丁，不出戍。部族虽以畜牧为业，亦非绝无定处，而辽诸部族，又经其政府指定居地，故辽国各地方，除州县外，又均恃部族为之守卫也。此篇末引旧志一段，最足见辽国之性质。云旧志者，今《辽史》为元人所修，自此以前，辽人本有自修之史，金人亦曾修《辽史》也。契丹部族本无明确之历史，其传说，但有一奇首可汗耳。自辽太祖建国以前，其历史皆见于中国史籍中者也。首先于《魏书》，其众分为八部，修《辽史》者谓此即奇首可汗之世。《隋书》云其众分十部，而不载其部名。唐时以其部为羁縻州，共有八部，而八部之外又有松漠都督府及玄州，故修《辽史》者云其亦有十部。《唐书》云：契丹之共主，初为大贺氏，次为遥辇氏。继遥辇氏而起者为耶律氏，即世里氏，异译又作移剌，即辽之王室也。孙万荣、李尽忠，皆契丹酋长，武后时叛中国，为突厥所袭破。可突干，亦契丹酋长，玄宗时桀骜，为幽州将张守珪所讨杀，修《辽史》者以此为大贺氏之君。继之之阻午可汗，则为遥辇氏。然阻午为涅里所立，涅里为辽太祖之先。故遥辇氏时，实权亦以耶律氏为大也。

《金史·世宗本纪》（节录）

......

（大定十三年三月）乙卯，上谓宰臣曰："会宁乃国家兴王之地，自海陵迁都永安，女直人寝忘旧风。朕时尝见女直风俗，迄今不忘。今之燕饮音乐，皆习汉风，盖以备礼也，非朕心所好。东宫不知女直风俗，第以朕故，犹尚存之。恐异时一变此风，非长久之计。甚欲一至会宁，使子孙得见旧俗，庶几习效之。"女真歌辞译文，见《乐志上》。

......

（十六年正月）丙寅，上与亲王、宰执、从官从容论古今兴废事，曰："经籍之兴，其来久矣，垂教后世，无不尽善。今之学者，跃能诵之，必须行之。然知而不能行者多矣。苟不能行，诵之何益。女直旧风最为纯直，虽不知书，然其祭天地，敬亲戚，尊耆老，接宾客，信朋友，礼意款曲，皆出自然，其善与古书所载无异。汝辈当习学之，旧风不可忘也。"

......

（二十四年二月）癸酉，上曰："朕将往上京。念本朝风俗重端午节，比及端午到上京，则燕劳乡间宗室父老。"

……

（三月）壬寅，如上京。

……

五月己丑，至上京，居于光兴宫。庚寅，朝谒于庆元宫。戊戌，宴于皇武殿。上谓宗戚曰："朕思故乡，积有日矣，今既至此，可极欢饮，君臣同之。"赐诸王妃、主，宰执百官命妇各有差。宗戚皆沾醉起舞，竟日乃罢。

……

（二十五年四月）上谓群臣曰："上京风物朕自乐之，每奏还都，辄用感怆。祖宗旧邦，不忍舍去，万岁之后，当置朕于太祖之侧，卿等无忘朕言。"丁丑，宴宗室、宗妇于皇武殿，大功亲赐官三阶，小功二阶，缌麻一阶，年高属近者加宣武将军，及封宗女，赐银、绢各有差。曰："朕寻常不饮酒，今日甚欲成醉，此乐亦不易得也。"宗室妇女及群臣故老以次起舞，进酒。上曰："吾来数月，未有一人歌本曲者，吾为汝等歌之。"命宗室子弟叙坐殿下者皆坐殿上，听上自歌。其词道王业之艰难，及继述之不易，至"慨想祖宗，宛然如睹"，慷慨悲激，不能成声，歌毕泣下。右丞相元忠率群臣、宗戚捧觞上寿，皆称万岁。于是，诸夫人更歌本曲，如私家之会。既醉，上复续调，至一鼓乃罢。己卯，发上京。庚辰，宗室戚属奉辞。上曰："朕久思故乡，甚欲留一二岁，京师天下根本，不能久于此也。太平岁久，国无征徭，汝等皆奢纵，往往贫乏，朕甚怜之。当务俭约，无忘祖先艰难。"

因泣数行下，宗室戚属皆感泣而退。

金旧都上京会宁府，在今松江省阿城县之南。海陵图南侵，迁于燕，又迁于汴。世宗继起，虽罢南侵之役，然所得中国北方之地，不肯放弃，则势不能回复旧都，而只能定居燕京矣。既居汉地，何法不同化于汉？然落后民族之风俗，确有较先进民族为优者，其所以能战胜先进民族，亦正以此。《日知录》卷二十九《外国风俗》一条，颇能言之。盖自氏族崩溃以后，风俗即日益下降，须至社会主义时代，乃能再向上耳。但自化除血缘种族等偏见言之，则仍为进步。金世宗倦倦于女真旧俗之美，而欲保存之，自不足怪。但既欲享先进民族之生活，则必改从其社会组织，生活决定意识，复何法保存其旧俗哉？此亦见物质为上层建筑之基也。

《金史·食货志》（节录）

......

海陵正隆元年二月，遣刑部尚书纥石烈娄室等十一人，分行大兴府、金置，今北京。山东、真定府，今正定县。拘括系官或荒闲牧地，及官民占射逃绝户地，戍兵占佃官籍监、外路官本业外增置土田，及大兴府、平州路僧尼道士女冠等地，盖以授所迁之猛安谋克户，且令民请射，而官得其租也。

世宗大定五年十二月，上以京畿两猛安民户不自耕垦，及伐桑枣为薪鬻之，命大兴少尹完颜让巡察。

......

十七年六月，邢州今邢台县。男子赵迪简言："随路不附籍官田及河滩地，皆为豪强所占，而贫民土瘠税重，乞遣官拘籍冒佃者，定立租课，复量减人户税数，庶得轻重均平。"诏付有司，将行而止。复以近都猛安谋克所给官地率皆薄瘠，豪民租佃官田岁久，往往冒为己业，令拘籍之。又谓省臣曰："官地非民谁种，然女直人户自乡土三四千里移来，尽得薄地，若不拘刷良田给之，久必贫乏，其遣官察之。"又谓参知政事张汝弼曰："先尝遣问女直土地，皆云良田。及朕出猎，因问之，则谓自起移

至此，不能种莳，斫芦为席，或斩刍以自给。卿等其议
之。"省臣奏，官地所以人多蔽匿盗耕者，由其罪轻故
也。乃更条约，立限令人自陈，过限则人能告者有赏。遣
同知中都路转运使张九思往拘籍之。

······

（十九年）十二月谓宰臣曰："亡辽时所拨地，与本
朝元帅府，已曾拘籍矣。民或指射为无主地，租佃及新开
荒为己业者可以拘括。其间播种岁久，若遽夺之，恐民失
业。"因诏括地官张九思戒之。复谓宰臣曰："朕闻括地
事所行极不当，如皇后庄、太子务之类，止以名称便为官
地，百姓所执凭验，一切不问。其相邻冒占官地，复有幸
免者。能使军户稍给，民不失业，乃朕之心也。"

······

二十一年正月，上谓宰臣曰："山东、大名等路猛安
谋克户之民，往往骄纵，不亲稼穑，不令家人农作，尽令
汉人佃莳，取租而已。富家尽服纨绮，酒食游宴，贫者争
慕效之，欲望家给人足，难矣。近已禁卖奴婢，约其吉凶
之礼，更当委官阅实户数，计口授地，必令自耕，力不赡
者方许佃于人。仍禁其农时饮酒。"

······

二十二年，以附都猛安户不自种，悉租与民，有一家
百口拢无一苗者，上曰："劝农官，何劝谕为也，其令治
罪。"宰臣奏曰："不自种而辄与人者，合科违例。"上
曰："太重，愚民安知。"遂从大兴少尹王修所奏，以不
种者杖六十，谋克四十，受租百姓无罪。

……

牛头税。即牛具税，猛安谋克部女真户所输之税也。其制每耒牛三头为一具，限民口二十五受田四顷四亩有奇，岁输粟大约不过一石，官民占田无过四十具。

……

（世宗大定二十三年）八月，尚书省奏，推排定猛安谋克户口、田亩、牛具之数。猛安二百二，谋克千八百七十八，户六十一万五千六百二十四，口六百一十五万八千六百三十六，内正口四百八十一万二千六百六十九，奴婢口一百三十四万五千九百六十七，田一百六十九万三百八十顷有奇，牛具三十八万四千七百七十一。在都宗室将军司，户一百七十，口二万八千七百九十，内正口九百八十二，奴婢口二万七千八百八，田三千六百八十三顷七十五故有奇，牛具三百四。迭剌、唐古二部五糺，户五千五百八十五，口一十三万七千五百四十四，内正口十一万九千四百六十三，奴婢口一万八千八十一，田四万六千二十四顷一十七故，牛具五千六十六。

移猛安谋克户于中原，为金人制汉人之策。金人之意，希望其人新屯以自食，团结以自相保卫。然侵掠者所希望，则亦奴役被征服者以自奉耳。若猛安谋克户仍尽力于耕耘警卫，则彼辈又何必侵掠汉人？岂非侵掠之成果，全为金少数贵人之所享乎？至此，则女真人自己之矛盾起，而金政府之令不能行矣。《金史》材料极缺乏，然就所存者观之，亦足见金政府左支右绌之状。

赵翼《廿二史札记·金末种人被害之惨》

一代敝政，有不尽载于正史，而散见于他书者。金制，以种人设猛安谋克分领之，使散处中原。世宗虑种人为民害，乃令猛安谋克自为保聚，其土地与民犬牙相入者互易之，使种人与汉民各有界址，意至深远也。其后蒙古兵起，种人往战辄败。承安中，主兵者谓种人所给田少，不足赡身家，故无斗志，请括民田之冒税者给之。于是武夫悍卒，倚国威以为重，有耕之数世者，亦以冒占夺之。及宣宗贞佑间南渡，盗贼群起，向之恃势夺田者，人视之为血仇骨怨，一顾盼之顷，皆死于锋镝之下，虽非一丁亦不免。事见元遗山所作张万公碑文。又完颜怀德碑亦云，民间仇拨地之怨，睚眦种人，期必杀而后已。寻踪捕影，不三二日，屠戮净尽，甚至掘坟墓，弃骸骨。惟怀德令临淄有惠政，民不忍杀，得全其生。可见种人之安插河北诸郡者，尽歼于贞佑时。盖由种人与平民杂处，初则种人倚势虐平民，后则平民报怨杀种人，此亦一代得失之林也。然《金史》绝不载此事，仅于《张万公传》中略见之，则知《金史》之缺漏多矣。

又金末金军之弊，见刘祁《归潜志》。金制，每有征伐，辄下令金军，民家有数丁者，尽拣取无遗。贞佑初，有任子为监当者，正赴吏部选，亦佥监官军。其人诉于宰相仆散七斤，七斤怒，命左右以弓矢射之，已而上知其不可，乃止。元光末，备黄河，修潼关，又下令佥军。祁之父刘元规，曾官户部郎中，家居在籍，又监察御史刘从益，亦家居，俱选为千户，既立部曲，当以次相钤束，后亦罢之。此可见衰世一切苟且之法也。

金人侵夺汉人田地之事，不尽见于《金史》。（一）由正史材料，本不完全；（二）则金史修于元时，亦或虑触忌讳而有所隐匿也。此为治史必须兼采史部以外材料之重要理由。

赵翼《廿二史札记·元诸帝多不习汉文》

　　元起朔方，本有语无字。太祖以来，但借用畏吾字以通文檄。世祖始用西僧八思巴造蒙古字，然于汉文则未习也。《元史》本纪，至元二十三年，翰林承旨撒里蛮言，国史院纂修《太祖》、累朝《实录》，请先以畏吾字翻译进读，再付纂定。元贞二年，兀都带等进所译太宗、宪宗、世祖实录，是皆以国书进呈也。其散见于他传者，世祖问徐世隆以尧、舜、禹、汤为君之道，世隆取书传以对，帝喜曰："汝为朕直解进读。"书成，令翰林承旨安藏译写以进。曹元用奉旨译唐《贞观政要》为国语。元明善奉武宗诏，节《尚书》经文，译其关于政事者，乃举文升同译，每进一篇，帝必称善。虞集在经筵，取经史中有益于治道者，用国语、汉文两进读，译润之际，务为明白，数日乃成一篇。马祖常亦译《皇图大训》以进。皆见各本传。是凡进呈文字必皆译以国书，可知诸帝皆不习汉文也。惟裕宗为太子时，早从姚枢、窦默受《孝经》。及长，则侍经幄者如王恂、白栋、李谦、宋道等，皆长在东宫备咨访。中庶子伯必以其子阿八赤入见，太子谕令入学，伯必即令入蒙古学，逾年再见，问所读何书，以蒙古书对，太子曰："我命汝学汉人文字耳。"此可见裕宗之留心学问，然未即位薨。以后如仁宗，最能亲儒重道，然有人进《大学衍义》者，命詹事王约等节而译之，则其于汉文盖亦不甚深贯。至朝廷大臣亦多用蒙古勋旧，罕有留意儒学者。世祖时，尚书留梦炎等奏，江淮行省无一人通文墨者，乃以崔彧为江淮行省左丞。《彧传》。李元礼谏太后不当幸五台，帝大怒，令丞相完泽、不忽木等鞠问，不忽木以国语译而读之，完泽曰："吾意亦如此。"是不惟帝王不习汉文，即大臣中习汉文者亦少也。如小云石海牙、字术鲁种、蘧蘧、萨都剌等，固当为翘楚矣。

侵入中原之民族，对待汉人之态度，各有不同。以大体言之，仰慕汉人之文化，视汉族为高贵而欲攀附之者，五胡献文帝以前之拓跋氏除外。及沙陀也。明知汉族文化之优，与之接触，则必为所同化，因而欲竭力保存本族之文化，与汉族立于对峙之地位者，金与清也。介乎二者之间者，辽也。不了解汉人文化，惟恃其征服之势，肆行压制与暴虐者，元也。此盖由其（一）侵入之先，或居塞内及附塞之地，或则距中原较远，故其渐染汉族之文化，本有深浅。（二）其侵入中原后，其本据地或已不存，如五胡与沙陀。或虽存而断不能再行退回，如金、清。或仍勉足自立，如辽及未迁洛前之拓跋氏。或则领土甚广，视中原不过其一部分。如元。元人不了解中原之文化，不通中原之语文，实为其根本之点。读此一条，可见其略。

《宋史·林勋传》

　　林勋，贺州人。今贺县。政和五年进士，为广州教授。建炎三年八月，献《本政书》十三篇，言："国家兵农之政，率因唐末之故。今农贫而多失职，兵骄而不可用，是以饥民窜卒，类为盗贼。宜仿古井田之制，使民一夫占田五十亩，其有羡田之家，毋得市田，其无田与游惰末作者，皆驱之使为隶农，以耕田之羡者，而杂纽钱谷，**杂纽，谓以此物余数，改取他物。物变而其价格仍相当，乃当时税法上用语。**以为十一之税。宋二税之数，视唐增至七倍。今本政之制，每十六夫为一井，提封百里，为三千四百井，率税米五万一千斛、钱万二千缗；每井赋二兵、马一匹，率为兵六千八百人、马三千四百匹，岁取五之一以为上番之额，以给征役。无事则又分为四番，以直官府，以给守卫。是民凡三十五年而役使一遍也。悉上则岁食米万九千余斛，钱三千六百余缗，无事则减四分之三，皆以一同之租税供之。匹妇之贡，绢三尺，绵一两。百里之县，岁收绢四千余疋，绵三千四百斤。非蚕乡则布六尺、麻二两，所收视绢绵率倍之。行之十年，则民之口算，官之酒酤，与凡茶、盐、香、矾之榷，皆可弛以予民。"其说甚备。书奏，以勋为桂州节度掌书记。

其后，勋又献《比校书》二篇，大略谓："桂
州地东西六百里，桂州，今桂林。南北五百里，以古
尺计之，为方百里之国四十，地方百里为同。当垦田
二百二十五万二千八百顷，有田夫二百四万八千，出米
二十四万八千斛，禄卿大夫以下四千人，禄兵三十万人。
今桂州垦田约万四十二顷，丁二十一万六千六百一十五，
税钱万五千余缗，苗米五万二百斛有奇，州县官不满百
员，官兵五千一百人。盖土地荒芜而游手末作之人众，是
以地利多遗，财用不足，皆本政不修之故。"朱熹甚爱其
书。东阳今东阳。陈亮曰："勋为此书，考古验今，思虑
周密，可谓勤矣。世之为井地之学者，孰有加于勋者乎？
要必有英雄特起之君，用于一变之后，成顺致利，则民不
骇而可以善其后矣。"

宋儒论治，颇为彻底，其时不知社会发展之理，而但欲以古为
法。其极端者，遂至欲复井田封建，其欲复井田封建之理由亦不一，
然其有彻底改革之精神则一也。皆欲大变现局。正史中述宋儒此等主
张较详者，当推此篇。

何以言宋儒之论治，有彻底改革之精神也？曰：试就此篇分析
之，则见其所言者，可分为两端，即（一）比较可能与现实之距离；
（二）则推论其所以然之故也。前者皆用数字表示，不能谓为不确，
唯后者则所言不当耳。然所言虽不当，而现局之不合理而不可不改
革，则人皆不能不承认矣。故曰：宋儒之论治，有彻底改革之精神
也。

宋儒主张井田封建者甚多，几乎可以说，凡严整之宋学家，无不

主张此论者，虽其所建议实行之方法，有缓和与急激之不同，甚者或只承认其原理。然并此原理而不承认者，必为庸俗之宋学家矣。宋学本有两方面，一为社会政治的方面，一为哲学道德的方面。后来哲学道德的方面，偏见发展；社会政治的方面，日益荒落。因之，宋学家此等议论，亡佚者亦甚多，然即就《宋儒学案》所辑者观之，亦尚可见怀抱此等见解者之不少也。

宋儒主张井田封建之论，昔人即以为迂而无当，况今日乎？然昔人之议论，无无用者，特视用之者何如耳。即如此篇，就桂州之自然条件，推论其可至之境，以与当时之现实相比较，其间确有一段距离，不能谓为不当也。然则何以有此距离乎？林氏之解释曰：土地荒芜，而游手末作之人众。土地之荒芜，实由人力之不尽，则两问题仍是一问题。末作即工商，实不可谓之不生利，则归结到底，只是游手之一问题耳。人何以多为游手？自林氏言之，则曰本政不修，意为统治阶级未能尽责。自今日言之，则理适相反，乃正由统治阶级之剥削，使劳动者无以自存，乃不得不为游手耳。然则封建时代，仅能为单纯之再生产，而不克扩张者，实以其时生产之剩余，均以地租等形式，为剥削者所消费，而不克作为资本之故。而其所剥削者共有几何？则正可由如林氏之所推论者，而想象其崖略也。故曰：昔人之议论，无无用者也。

有羡田者不令退出，但限制其不得再买，而以耕羡田者为隶农，茶盐香矾之税，皆欲废除，均可考见当时人之思想。

苏洵《田制》

　　古之税重乎？今之税重乎？周公之制，园廛二十而税一，近郊十一，远郊二十而三，稍甸县都，皆无过十二。漆林之征，二十而五。盖周之盛时，其尤重者，至四分而取一，其次者乃五而取一，然后以次而轻，始至于十一，而又有轻者也。今之税虽不啻十一，然而使县官无急征，无横敛，则亦未至乎四而取一，与五而取一之为多也。是今之税，与周之税，轻重之相去无疑也。虽然，当周之时，天下之民，歌舞以乐其上之盛德。而吾之民，反戚戚不乐，常苦擢筋剥肤，以供亿其上。周之税如此，吾之税亦如此，而其民之哀乐，何如此之相远也。其所以然者，盖有由矣。周之时用井田，井田废，田非耕者之所有，而有田者不耕也。耕者之田，资于富民，富民之家，地大业广，阡陌连接，募召浮客，分耕其中，鞭笞驱役，视以奴仆，安坐四顾，指麾于其间，而役属之民，夏为之耨，秋为之获，无有一人违其节度以嬉。而田之所入，已得其半，耕者得其半。有田者一人，而耕者十人，是以田主日累其半，以至于富强。耕者日食其半，以至于穷饿而无告。夫使耕者至于穷饿，而不耕不获者，坐而食富强之利，犹且不可，而况富强之民，输租于县官，而不免于怨叹嗟愤，何则？彼以其半而供县官之税，不若周之民以其全力而供其上之税也。周之十一，以其全力而供十一之税也。使以其半供十一之税，犹用十二之税然也。况今之税，又非特止于十一而已。则宜乎其怨叹嗟愤之不免也。噫！贫民耕而不免于饥，富民坐而饱且嬉，又不免于怨，其弊皆起于废井田。井田复，则贫民有田以耕，谷食粟米，不分于富民，可以无饥，富民不得多占田以锢贫民，其势不耕则无所得食，以地之全力，供县官之税，又可以无怨。是以天下之士争言复井田，既又有言者曰：夺富民之田，以与无田之民，则富民不服，此必生乱，如乘大饥之后，土广而人稀，可以一举而就。高祖之灭秦，光武之承汉，可为而不为，以是为恨。吾又以为不然。今虽使富民皆奉其田而归诸公，乞为井田，其势亦不可得。何则？井田之制，九夫为井，井间有沟，四井为邑，四邑为邱，四邱为甸，甸方八里，旁加一里为一成，成间有洫，其地万井而方百里，百里之间，为浍者一，为洫者百，为沟者万。既为井田，又必兼备沟洫。沟洫之制，夫间有遂，遂上有径。十夫有沟，沟上有畛，百夫有洫，洫上有涂，千夫有浍，浍上有道，万夫有川，川上有路，万夫之地，盖三十二里有半，而其间为川为路者一，为浍为道者九，为洫为涂者百，为沟为畛者千，为遂为径者万，此二者非塞溪壑，平涧谷，夷邱陵，破坟墓，坏庐舍，徙城郭，易疆垅，不可为也。纵使能画得平原广野，而遂规画于其中，亦当驱天下之人，竭天下之粮，穷数百年，专力于此，不治他事，而后可以望天下之地，尽为井田，尽为沟洫，已而又为民作屋庐于其中，以安其居而后可。吁！亦已迂矣。井田成，而民之死其骨已朽矣。古者井田之兴，其必始于唐虞之世乎？非唐虞之世，则周之世无以成井田。唐虞启之，至于夏商，稍稍葺治，至周而大备。周公承之，因遂申定其制度。疏整其疆界，非一日而遽能如此也。其所由来者渐矣。夫井田虽不可为，而其实便于今。今诚有能为近井田者而用之，则亦可以苏民矣乎？闻之董生曰：井田虽难卒行，宜少近古，限民名田，以赡不足。名田之说，盖出于此，而后世未有行者，非以不便民也。惧民不肯损其田以入吾法，而遂因此以为变也。孔光何武曰：吏民名田，无过三十顷，期尽三年而犯者，没入官。夫三十顷之田，周民三十夫之田也。纵不能尽如此制，一人而兼三十夫之田，亦已过矣。期之三年，是又迫蹙平民，使自坏其业，非人情难用，吾欲少为之限，而不夺其田尝已通吾限者，但使后之人，不敢多占田以过吾限耳。要之数世，富者之子孙，或不能保其地以复于贫，而彼尝已过吾限者，散而入于他人矣。或者子孙出而分之无几矣。如此富民所占者少，而余地多，余地多，则贫民易取此为业，不为人所役属，各食其地之全利，利不分于人，而乐输于官。夫端坐于朝廷，下令于天下，不惊民，不动众，不用井田之制，而获井田之利，虽周之井田，何以远过于此哉！

宋儒持井田论者甚多，此篇之说，为多数宋学家所共认为允当者。此篇之要点有三：（一）承认后世之租税，不重于古，而以农民困穷，归咎于地主之剥削；（二）谓欲复井田，不必拘整齐之形式；（三）则欲用平和手段，达到改革之目的也。第一点可谓近真，盖由研究事实而得，第二点自亦不错，但须知古书所说井田、封国等整齐画一之形式，本系"设法"之辞，非谓实际如此。"设法"二字，见《周礼》郑《注》，谓假设平正之例以示。《汉书·食货志》述井田之制毕，又申明之曰"此谓平土可以为法者也"，亦即此意。近人举古书所言井田、封国之制，称之曰"豆腐干"式，谓实际不能有此事，殊不知古人本未曾云实际有此事，其辞乃无的放矢也。且古代井田，本只限于平坦之地，不能谓无此制，以其时地皆在公，人少矛盾，整齐画一之阡陌、沟洫，不能谓其不可以积渐而致，但亦不能如古书所言之刻板耳。至于崎岖之地，古不行井田而行畦田，此篇所言塞溪壑，平涧谷，亦误会之辞也。非到处如此也。第三点则事实上不可能，在今日其理易明，无待赘论。然昔人之议论，殆无不如此者，由其未知阶级斗争之理也。

富强之民，以其半供县官之税，仍不免于竭蹶，其说似不近情，须知此所云富强之民者，乃富农、中农之流，非大地主。在一条鞭法未行时，赋役远较后世为重，虽富农、中农，亦不能免竭蹶也。大地主则身份特殊，多可免除，逃避赋役，故可以致富。然其数较少，故苏氏未之及。

顾亭林《郡县论》

一

知封建之所以变而为郡县，则知郡县之敝而将复变。然则将复变而为封建乎？曰：不能，有圣人起，寓封建之意于郡县之中，而天下治矣。盖自汉以下之人，莫不谓秦以孤立而亡。不知秦之亡，不封建亡，封建亦亡。而封建之废，固自周衰之日而不自于秦也。封建之废，非一日之故也；虽圣人起，亦将变而为郡县。方今郡县之敝已极，而无圣人出焉。尚一一仍其故事，此民生之所以日贫，中国之所以日弱，而益趋于乱也。何则？封建之失，其专在下，郡县之失，其专在上。古之圣人，以公心待天下之人，胙之士而分之国，今之君人者，尽四海之内为我郡县犹不足也，人人而疑之，事事而制之，科条文簿日多于一日，而又设之监司，设之督抚，以为如此，守令不得以残害其民矣。不知有司之官，凛凛焉救过之不给，以得代为幸，而无肯为其民兴一日之利者，民乌得而不穷，国乌得而不弱？率此不变，虽千百年，而吾知其与乱同事，日甚一日者矣。然则尊令长之秩，而予之以生财治人之权，罢监司之任，设世官之奖，行辟属之法，所谓寓封建之意于郡县之中，而二千年以来之敝可以后振。后之君苟欲厚民生，强国势，则必用吾言矣。

二

其说曰：改知县为五品官，正其名曰县令。任是职者，必用千里以内习其风土之人。其初曰试令，三年，称职，为真；又三年，称职，封父母；又三年，称职，玺书劳问；又三年，称职，进阶益禄，任之终身。其老疾乞休者，举子若弟代，不举子若弟，举他人者听；既代去，处其县为祭酒，禄之终身。所举之人后为试令，三年称职为真，如上法。每三四县若五六县为郡，郡设一太守，太守三年一代。诏遣御史巡方，一年一代。其督抚司道悉罢。令以下设一丞，吏部选授。丞任九年以上得补令。丞以下曰簿，曰尉，曰博士，曰驿丞，曰司仓，曰游缴，曰啬夫之属，备设之，毋裁。其人听令自择，报名于吏部，簿以下得用本邑人为之。令有得罪于民者，小则流，大则杀；其称职者，既家于县，则除其本籍。夫使天下之为县令者，不得迁又不得归，其身与县终，而子孙世世处焉。不职者流，贪以败官者杀。夫居则为县宰，去则为流人，赏则为世官，罚则为斩绞，岂有不勉而为良吏者哉。

三

何谓称职？曰：土地辟，田野治，树木蕃，沟洫修，城郭固，仓廪实，学校兴，盗贼屏，戎器完，而其大者则人民乐业而已。夫养民者，如人家之畜五牸然，司马牛者一人，司刍豆者复一人，又使纪纲之仆监之，升斗之计必闻之于其主人，而马牛之瘠也日甚。吾则不然，择一圉人之勤干者，委之以马牛，给之以牧地，使其所出常浮于所养，而视其肥息者赏之，否则挞之。然则其为主人者，必乌氏也，必桥姚也，故天下之患，一圉人之足办，而为是纷纷者也。不信其圉人，而用其监仆，甚者并监仆亦不信焉，而主人之耳目乱矣。于是爱马牛之心，常不胜其吝刍粟之计，而畜产耗矣。故马以一圉人而肥，民以一令而乐。

四

或曰：无监司，令不已重乎？子弟代，无乃专乎？千里以内之人，不私其亲故乎？夫吏职之所以多为亲故挠者，以其远也。使并处一城之内，则虽欲挠之而有不可者。自汉以来，守乡郡者多矣，曲阜之令，鲜以贪酷败者，非孔氏之子独贤，其势然也。若以子弟得代而虑其专，蕞尔之县，其能称兵以叛乎？上有太守，不能举旁县之兵以讨之乎？太守欲反，其五六县者肯舍其可传子弟之官而从乱乎？不见播州之杨传八百年，而以叛受戮乎？若曰无监司不可为治，南畿十四府四州何以自达于六部乎？且今之州县，官无定守，民无定奉，是以常有盗贼戎翟之祸，至一州则一州破，至一县则一县残，不此之图，而虑令长之擅，此之谓不知类也。

五

天下之人各怀其家，各私其子，其常情也。为天子为百姓之心，必不如其自为。此在三代以上已然矣。圣人者因而用之，用天之私，以成一人之公而天下治。夫使县令得私其百里之地，则县之人民皆其子姓，县之土地皆其田畴，县之城郭皆其藩垣，县之仓廪皆其困竂。为子姓，则必爱之而勿伤；为田畴，则必治之而勿弃；为藩垣困竂，则必缮之而勿损。自令言之，私也。自天子言之，所求乎治天下者，如是焉止矣。一旦有不虞之变，必不如刘渊、石勒、王仙芝、黄巢之辈，横行千里，如入无人之境也。于是有效死勿去之守，于是有令从缔交之拒，非为天子也，为其私也。为其私，所以为天子也。故天下之私，天子之公也。公则说，信则人任焉。此三代之治可以庶几，而况乎汉唐之盛，不难致也。

六

今天下之患，莫大乎贫。用吾之说，则五年而小康，十年而大富。且以马言之，天下驿递往来，以及州县上计京师，白事司府，迎候上官，递送文书，及庶人在官所用之马，一岁无虑百万匹，其行无虑万万里。今则十减六七，而西北之马赢不可胜用矣。以文册言之，一事必报数衙门，往复驳勘必数次，以及迎候、生辰、拜贺之用，其纸料之费率诸民者，岁不下巨万。今则十减七八，则东南之竹箭不可胜用矣。他物之称是者，不可悉数。且使好令者得以省耕敛，教树畜，而田功之获，果蓏之收，六畜之孳，材木之茂，五年之中，必当倍益。从是而山泽之利，亦可开也。夫采矿之役，自元以前，岁以为常，先朝所以闭之而不发者，以其召乱也。譬之有窖金焉，发于五达之衢，则市人聚而争之，发于堂室之内，则唯主人有之，门外者不得而争也。今有矿焉，天子开之，是发金于五达之衢也。县令开之，是发金于堂室之内也。利尽山泽而不取诸民，故曰此富国之策也。

七

法之敝也，莫甚乎以东州之饷，而给西边之兵，以南郡之粮，而济北方之驿。今则一切归于其县，量其冲僻，衡其繁简，使一县之用，常宽然有余。又留一县之官之禄，亦必使之溢于常数，而其余者然后定为解京之类。其先必则坏定赋，取田之上中下，列为三等或五等，其所入悉委县令收之。其解京曰贡、曰赋，其非时之办，则于额赋支销，若尽一县之入用之而犹不足，然后以他县之赋益之，名为协济。此则天子之财，不可以为常额。然而行此十年，必无尽一县之入用之而犹不足者也。

八

善乎业正则之言曰：今天下官无封建而吏有封建。州县之敝，吏胥窟穴其中，父以是传之子，兄以是传之弟。而其尤桀黠者，则进而为院司之书吏，以掣州县之权，上之人明知其为天下之大害而不能去也。使官皆千里以内之人，皆其民事，而又终其身任之，则上下辨而民志定矣，文法除而吏事简矣。官之力足以御吏而有余，吏无所以把持其官而自循其法。昔人所谓养百万虎狼于民间者，将一旦而尽去，治天下之愉快，孰过于此。

九

取士之制，其荐之也，略用古人乡举里选之意，其试之也，略用唐人身言书判之法。县举贤能之士，间岁一人试于部。上者为郎，无定员，郎之高第得出而补令，次者为丞，于其近郡用之，又次者归其本县，署为簿射之属。

而学校之设，听令与其邑之士自聘之，谓之师不谓之官，不隶名于吏部。而在京，由公卿以上，仿汉人三府辟召之法，参而用之。夫天下之士，有道德而不愿仕者，则为人师，有学术才能而思自见于世者，其县令得而举之，三府得而辟之，其亦可以无失士矣。或曰：间岁一人，功名之路无乃狭乎？化天下之士使之不就于功名，王治之大者也。且颜渊不仕，闵子辞官，漆雕未能，曾皙异撰，亦何必于功名哉！

宋学家之封建论，大致可以此篇为代表。宋学家之欲行封建者，其言似人人殊，然探求其所以然，则不外二端：一则不忍民生之憔悴；一则自宋以后，辽金元清，屡次侵入，愤于国势之弱，而欲求强而已。此论首篇所提出之"厚民生，强国势"六字，实其宗旨所在也。民生何以瘁？国势何以弱？此篇探求其源，谓"由于其专在上，专在上，则科条文簿"，所以束缚其下之具日密，"监司督抚"，所以监督其下之官日多，而令长一事不可为矣。救之之法，在"尊令长"，而令长以下之人，则听令长自用，所谓"行辟属之法"也。令长以上，能掣令长之肘者去之，所谓"罢监司之任"也，监司且当罢，督抚自不待言。监司督抚悉罢，则监督令长之人已亡，科条文簿，不得去而自去矣，此所以使令长可以有为。然则何以鼓励之而使其欲有所为乎？此则"设世官之奖"其策也。故"厚民生，强国势"二语，为此论宗旨所在；"尊令长之秩，罢监司之任，设世官之奖，行辟属之法"四语，则其行之之法也。首篇悉提出之，以下各篇，则加以申说而已。

此篇之蔽安在乎？曰中国封建政体之废，此旧日所用狭义之封建，专就政治上言之，非今日所用广义之封建，主要之意义，在于经济上者也。有一要义焉，曰：去其相互间之兵争，且使固有君国子民之权者，失去其权，不能虐民而已。故当封建之世，即得明天子，天下亦不能大治，以列国之君，不能皆贤，而其治民之权，仍为合法也。郡县之世则不然，事实上，中央政府，固不能事事而正之，然就法律上言，则其权固得贯彻到底，有好事皆可推行，有恶事皆可制止，故得一为中央政府，政府即可彻底改良矣。但此系理论如此，事实上，则有阶级之世，治者阶级，必思剥削被治者以自利。郡县之世，为统治之阶级者谁乎？则官僚是已。官僚阶级，既欲剥民以自利，则贤明之中央政府，必图制止之。制止之策惟何？（一）日严密监督其所为，如是，则监督之人必日增，监督之具必日密，然其力终有所弗胜。（二）则惟有竭力减少所办之事，于是百事皆废矣。故宋学家所痛心疾首之弊，乃昔时社会之本质如此，非改变其社会组织，其病必不能去，断非但改其政治制度，遂能有济者也。即如此篇所论，果如其说而行之，试问何以能保中央政府不为恶乎？"居则为县宰，去则为流人，赏则为世官，罚则为斩绞，岂有不勉为良吏者哉？"似矣，然古来世袭之君，孰无此权利？何以不皆勉为仁君？曰：昏愚耳。然则能保今世之令长，若其子弟，无昏愚者乎？若乃互相并吞，所享之权利，岂不更大？又能保无野心者乎？此等难端，随时可以提出无数，而皆不易解答，故知倒行逆施之法，无一而可也。

但提出封建论者，其欲彻底改革之精神自在，不敢提此论者，即无此等精神，失去宋学家之特点矣，故吾终目为庸俗也。

讨论拟题

宋代保甲虐民，而河北弓箭社，则成效卓著，且无流弊，王岩叟及苏轼之辞，可谓成一鲜明之对照。但河北弓箭社等组织，非至外患逼近时不能有，则不能希望以此练成民兵，因民兵不能至外患逼近时始练也，然则欲练民兵，当用何策？《旧唐书·李抱真传》说他做泽潞节度使，泽州，今山西晋城县。潞州，今山西长治县，古之上党也。"密揣山东当有变，上党且当兵冲"，而"承战余，……无以养军士"，乃"籍户丁男，三选其一。……免其租徭，给弓矢，令之曰：农……隙则分曹角射，岁终，吾当会试。及期，按户而征之，都试以示赏罚汉时试民兵，谓之都试。……比三年，皆善射得……卒二万"。此法但用奖励，而不派人教练，故无如宋保甲之弊，是否可行？

《辽史·营卫志》说辽之强，"部族实为之爪牙"，而其部族之所以强，则由于"生生之资，仰给畜牧，各安旧风，狃习劳事，不见纷华异物而迁"。这话，似乎是不可否认的，然则一国之中而有落后之游牧民族，是否可利用之以为兵力之骨干？如其可以，是否怕兵力的偏重？

金世宗倦倦于女真旧俗，这不是无理由的，因为就我们之所见，经济上落后的地方，其风俗往往是淳厚质朴的，但是这种风俗，为什么总不能长久保持？

金人之括田以授猛安谋克户，事实上固然侵犯了汉族农民的权利，但其本意，乃是拘括官田的，这种官田，多为豪强所占，豪强并不自耕，必以之租给佃农，他的收租，未必不剥削。然则田主与佃户之间，必然有仇恨，为什么后来汉人只恨女真人？假使当时金朝人括田的政策，办理得好些，真的只拘括官地，而不甚侵犯耕农，汉人对女真人的仇恨，是否会浅些，或者竟无甚仇恨？

把元朝的皇帝及其大臣，多数不通汉族的语文，看作元朝人对于中国不了解的根源，这看法是否妥当？如其妥当的，其理由在哪里？中国从前主张平均地权的人很多。这班人的见解，其实是落后的。试看他们：（一）仍认工商业为末业，而欲加以裁抑；（二）又欲除农业以外之杂税而可知。然则他们所认为唯一重要之生产数据者田而已。既然认田为唯一的生产数据，则人口增加，生产数据必感不足，乃当然之结论；而地权平均之后，生活改善，社会安宁，人口增加必速，又是易于见得的。如此，极易走向马尔萨斯一条路线，但中国却又从来没有这种议论，是何理由？

宋学家持封建论的，都把政治的败坏，看作由于君主的自私，这话，乍看似有道理，但细思之，则（一）开国的君主，总是聪明的，天下不能用强力或手段把持的道理，他一定能懂得。（二）继世之主，则必多昏愚，不但不会把持天下，并亦不知道天下须要把持。这正和昏愚的纨绔子弟，不会保守产业，并没有保守产业的思想一样。然则说从来做皇帝的都有私天下之心，这话又成疑问了。然则说历来的皇帝，不必都有私天下之心，则如顾炎武所说"人人而疑之，事事而制之"的局面，又何从而来？这个问题你以为如何？宋学家持封建论的，谓人人自顾其私，利用之即可以成天下之公，如顾炎武《郡县论五》所说。这话是否妥当？

欧阳修《本论》（节录）

　　佛法为中国患千余岁，世之卓然不惑而有力者，莫不欲去之，已尝去矣而复大集，攻之暂破而愈坚，扑之未灭而愈炽，遂至于无可奈何，是果不可去耶？盖亦未知其方也。夫医者之于疾也，必推其病之所自来，而治其受病之处，病之中人，乘乎气虚而入焉，则善医者不攻其疾而务养其气，气实则病去，此自然之效也。故救天下之患者，亦必推其患之所自来，而治其受患之处。佛为夷狄，去中国最远，而有佛固已久矣。尧舜三代之际，王政修明，社义之教，充于天下，于此之时，虽有佛，无由而入。及三代衰，王政阙，礼义废，后二百余年而佛至乎中国，由是言之，佛所以为吾患者，乘其阙废之时而来，此其受患之本也。补其阙，修其废，使王政明而礼义充，则虽有佛，无所施于吾民矣，此亦自然之势也。昔尧舜三代之为政，设为井田之法，籍天下之人，计其口而皆授之田，凡人之力能胜耕者，莫不有田而耕之，敛以什一，差其征赋，以督其不勤，使天下之人，力皆尽于南亩，而不暇乎其他，然又惧其劳且怠而入于邪僻也。于是为制牲牢酒醴以养其体，弦匏俎豆以悦其耳目，于是不耕休力之时而教之以礼，故因其田猎而为搜狩之礼，因其嫁娶而为婚姻之礼，因其死葬而为丧祭之礼，因其饮食群聚而为乡射之礼，非徒以防其乱，又因而教之，使知尊卑长幼，凡人之大伦也。故凡养生送死之道，皆因其欲而为之制，饰之物采而文焉，所以悦之，使其易趣也。顺其情性而节焉，所以防之，使其不过也。然犹惧其未也，又为立学以讲明之，故上自天子之郊，下至乡党，莫不有学，择民之聪明者而习焉，使相告语而诱劝其愚惰，呜呼！何其备也。盖尧舜三代之为政如此，其虑民之意甚精，治民之具甚备，防民之术甚周，诱民之道甚笃，行之以勤而被于物者洽，浸之以渐而入于人者深，故民之生也，不用力于南亩，则从事于礼乐之际，不在其家，则在乎庠序之间，耳闻目见，无非仁义，乐而趣之，不知其倦。终身不见异物，又奚暇夫外慕哉！故曰虽有佛无由而入者，谓有此具也。及周之衰，秦并天下，尽去三代之法，而王道中绝，后之有天下者，不能勉强。其为治之具不备，防民之渐不周，佛于此时乘间而出，千有余岁之间，佛之来者日益众，吾之所为者日益坏，井田最先废，而兼并游惰之奸起，其后所谓搜狩婚姻丧祭御射之礼，凡所以教民之具，相次而尽废，然后民之奸者有暇而为他，其良者泯然不见礼义之及已。夫奸民有余力，则思为邪僻，良民不见礼义，则莫知所趣，佛于此时乘其隙，方鼓其雄诞之说而率之，则民不得不从而归矣。又况王公大人，往往倡而驱之．曰佛是真可归依者，然则吾民何疑而不归焉。幸而有一不惑者，方艴然而怒曰：佛何为者，吾将操戈而逐之。又曰：吾将有说以排之。夫千岁之患，遍于天下，岂一人一日之可为。

民之沉酗入于骨髓，非口舌之可胜，然则将奈何？曰：莫若修其本以胜之。昔战国之时，杨墨交乱，孟子患之而专言仁义，故仁义之说胜，则杨墨之学废。汉之时，百家并兴，董生患之而退修孔氏，故孔氏之道明而百家息。此所谓修其本以胜之之效也。今八尺之夫，被甲荷戟，勇盖三甲，然而见佛则拜，闻佛之说，则有畏慕之诚者，何也？彼诚壮佼，其中心茫然无所守而然也。一介之士，眇然柔懦，进趋畏怯，然而闻有道佛者，则义形于色，非德不为之屈，又欲驱而绝之者，何也？彼无他焉，学问明而礼义熟，中心有所守以胜之也，然则礼义者，胜佛之本也。今一介之士，知礼义者尚能不为之屈，使天下皆知礼义，则胜之矣，此自然之势也。

宋儒之辟佛，从政治上立论者，从哲学、道德上立论者除外。以此篇之主张，为能得大多数人之承认。

佛教之行于中国，最大之理由有二：（一）社会有矛盾，因而人有痛苦，需要慰安，亦即须此麻醉也。古代之人生观，最高之蕲求，为养生送死无憾，此诚甚切实，但社会之组织变坏，则此蕲求为不可致，不可致则人有痛苦，需有以麻醉之，当此之时，相需最殷者，为死后亦即来生。之幸福，而此为旧说所缺，佛教则于此强调焉。（二）印度之哲学，较中国之哲学程度为高，故能使知识分子信服，合此二者，而佛教风行全国矣。此确系乘虚而入。人民有此需求，而本国无以满足之。外教不能盛行于中国者，以中国人之需要，业已有佛教以满足之，如程子所谓瓶盎中实，则水不能人也。

但佛教之输入，亦有招致中国人之反对者，（一）则其教太抛荒人事，（二）则在经济上耗损太大也。用政治上之力以摧毁之者，（一）为魏太武帝，（二）周武帝，（三）为唐武宗。佛家所谓"三武之祸"也，皆无效。学者持反佛之论者亦不乏，亦无效。此篇所谓非一人一日所可为，非口舌所可胜也，此自为经验之谈。其谓佛教之入，系中国之空虚，亦饶有理致，但其所谓充实之法，则殊不可信耳。何者？佛教乘中国之空虚，即中国有此需求之谓，中国有此需求，自有其所以然之故。非不变社会之组织，但如统治阶级之意，以振兴教化所能致也。此为一切宗教能存在之原因，亦非独佛教耳。

周敦颐《太极图说》

　　无极而太极。太极动而生阳，动极而静。静而生阴，静极复动。一动一静，互为其根；分阴分阳，两仪立焉。阳变阴合，而生水、火、木、金、土，王气顺布，四时行焉。五行一阴阳也，阴阳一太极也，太极本无极也。五行之生也，各一其性，无极之真，二五之精，妙合而凝。乾道成男，坤道成女；二气交感，化生万物。万物生生，而变化无穷焉。惟人也，得其秀而最灵。形既生矣，神发知矣。五性感动，而善恶分，万事出矣。圣人定之以仁、义、中、正，而主静，立人极焉。故圣人与天地合其德，与日月合其明，与四时合其序，与鬼神合其吉凶。君子修之吉，小人悖之凶，故曰：立天之道，曰阴与阳；立地之道，曰柔与刚；立人之道，曰仁与义。又曰：原始要终，故知死生之说。大哉易也，斯其至矣。

　　此篇为宋儒哲学之根柢。宋学巨子称五子，五子者：周敦颐、张载、程颢、程颐、朱熹。其发展之顺序，周、张先奠定一宇宙观、人生观，而程、朱进言其修为之法，与朱熹同时有陆九渊，其修为之法，与朱熹异，故宋学有朱、陆两派。明代之王守仁，人称其学近于陆九渊，故以王、陆连称。以予观之，王实综合朱、陆二家；自朱、陆至王，实为一辩证法之进步也。

一种学术之兴起，必有其特殊之宇宙观及人生观。人者宇宙间之一物，必明于宇宙之规律，然后知自处之道，故二者实为一物。宋学承佛学盛行之后，务在吸收其长而矫其弊。佛教之长安在？曰：在其哲学之精深，修为之法之鞭辟近里，非中国旧说所及。其弊安在？曰：在其宇宙观、人生观，谓"万法惟识"，因此，看得外界的规律，都不真实，遂觉万事皆空。欲矫其弊，必先承认外界之规律为真实，规律即佛所谓法，故反佛教者，必先变其"万法惟识"之说，而主张万法皆实。

欲主张万法皆实，则必须承认外界之物质为实有，且有一定之规律，物质之根本为何？中国古说有二，一分为五行，水、火、木、金、土；一谓止有一气。由后之说，张子之《正蒙》以之，由前之说，周子之《太极图说》以之，视万物之原质为一气，其说实较五行为进步，但宋学以程朱为大宗，程子服膺周子，而于张子有微辞，故张子之说，不如周子之说之盛行也。物质非不变者，此为凡哲学家所同认，变必由于其动，动态可归纳为二端，是为阴阳，哲学上不能将阴阳认为两物，而只能认为两种动态，故阴阳仍是一体，是为太极。太极究为何物，则无从说起，此为人知识所穷，故曰无极。故本篇之说，犹曰：无从说起即不可知。的世界本体，无极而太极。是会动的，动的状态唤做阳，又是会静的，静的状态唤做阴。动必承静之后，静必承动之后，故曰："动极而静，静极复动。"动和静的原因，都不能求诸太极本身以外。而动之后必从以静，静之后必继以动，则只可说动是静的原因，静是动的原因，故曰"一动一静，互为其根"，太极之体是一。为什么世界上的物质，会分为水、火、木、金、土五种？周子认为即由于太极之一动一静而然，故曰："阳变，阴合，而生水、火、木、金、土。"水、火、木、金、土，不是呆呆的五种物质，而是各有其作用的，此即周子所谓五气，五气的作用，依一定之次序，而迭为盛衰，此即所谓"五气顺布，四时行焉"。此亦取古者谓春为木王，今之"旺"字。夏为火王，秋为金王，冬为水王，土则寄王四时之说也。阴阳，五行，非各为一物而实即一物；此物也，我们只能认识其动态，而无从知道其本体。此意恐人误解，故又申言之曰："五行一阴阳也，阴阳一太极也，太极本无极也。"此周子之宇宙观也。

宇宙间之一切物，连人在内，均系宇宙之一部分。此一切物，都是兼具水、火、木、金、土五种质的，这五种质，为什么会杂糅而成各种物呢？周子说其原因为无极之真，二五之精，妙合而凝，"真"即实体，《易经》的《系辞》说："天数五，地数五。"二五犹言天地，物质有属于天的，属于地的，即是有阳性的，有阴性的，因为五行即阴阳，故仍可分为阴阳两种。如此则成为两性，乾道成男，坤道成女。此男女不专指人，可兼包一切生物。一切物都系两性相合而成的。单性生殖等，自非古人所知。此即所谓"二气交感，化生万物"。万物之生，子皆有异于其亲，即所谓"万物生生，而变化无穷"了。此为周子说万物之所由成，人亦包括在内。

人之所以为人，当如何呢？周子首先承认人在万物之中是最高的，所以沿袭古语"人为万物之灵"之说，而称他为"最灵"。人为什么最灵呢？这由于他是最好的物质，所以沿袭《礼记·礼运》"人者五行之秀气"之说，而说他"得其秀"，精神现象（神）根据于物质现象（形），所以说"形既生矣，神发知矣"，知近乎现在所谓意识。此即是说，有此物质，使有此精神，然则人之精神，应当就是物质的性质。如此，人性物性通而为一。因为人即是物，物质的性质如何呢？那是有五种的，因为物质分为五行，此乃沿袭古代以五性配五行之说。水智、火礼、木仁、金义、土信。人之行为，没有不关涉精神现象的，所以其原因皆由于五性的感动。五性都是好的，为什么会有恶呢？那是由于用之不得其当，更严密些说，则是由于份量的太多或太少。这话怎样说呢？五性之分，"智"只是知道而已，"礼"只是做事情的一种方式，"信"只是确实如此，都无善恶之可言。其反于物，即使我以外之物受其影响的，则只有仁、义两端。"仁"即是顺从物意，譬如小孩要吃，我们就给他吃；"义"却要违反物意，譬如小孩要吃，我们偏不给他吃。二者都可以得好结果，也都可以得坏结果，所以其本质都是好的，其坏，只是由于用之不得其当。再严密些说：当仁的事情，并不是就不要义，只是我们用义用得太早些，还没有达到用义的时机，先已用义了，以至于义变而为恶，当义之事而误用仁，亦是如此。所以说：天下无所谓善恶，只有中庸和过不及，这是宋学最精之说，社会主义是好的，只能行新民主主义的时候，而使行社会主义，就坏了；旧民主主义，也是好的，已该行新民主主义的时候，而要保守旧民主主义，就坏了，亦不外乎这个理。所以人的行为，可总括为仁义两端，等于五行可总括为阴阳，而仁义原即一物，仁是目的，义是达此目的的手段。则等于阴阳就是一个太极。人具有五性，而不能用之皆得其当，即其及于他物的仁义，不能用之皆适其时，恰如其分，所以五生感动之后，就要分出善恶的动机；为遂行此动机而生出来的万事，自然也是有善有恶的了。此乃生物界之事实，我们不能变更生物的本质，只有借自己的修为来补救，来矫正。那么，就该将人的行为，分为仁义两端，而求其用之之得当，得当即所谓中正。中正的状态，我们要随时，亦即永远保守着，而不可任其移动。此即所谓"定之以仁义中正而主静"。这是为人最好的道理，所以说是"立人极焉"。能如此，则与自然的规律相合。人是自然界的一物，原该遵守自然的规律的，而能遵守自然的规律，为人之道，亦即可谓之无遗憾了。下文"与天地合其德"数语，乃引用《易经–乾卦》的《文言》，其意，只是称圣人能与自然界的规律完全相合而已。

周子之说如此，张子之说，则认宇宙间惟一之物质为气。一切物皆此一原质所成，宇宙间充满此气，更无空隙，不过气有疏有密，密则为人所能感觉，疏则不能感觉罢了。气是运动不已的，而其疏密，亦随其运动而变。疏变为密，密变为疏，气所以要运动，则由气之性质，本有好恶，即这个气喜欢那个气，不喜欢另一个气。对于所喜欢的则迎，对于所不喜欢的则拒，就生出各种运动来。而人性之所以有好恶，其根源亦即在此，因为人是物质造成的，不能皆得其当，所以学问之道，贵在"变化气质"。

张子之异于周子者，在于不用古说之五行，其认物质是基本，精神出于物质，精神现象即物质现象，是相同的，世界是真实的，外界的规律是真实的，而不可不遵守，亦是相同的。和佛教说：我们所认识的世界，是依据我们的识，识变了，我们所认识的世界，也就变了。所以我们现在所认识的外界，和外界的规律，都并不真实，恰恰相反。所以佛教认世事为不足为，即为足为，我们亦不能为。宋学家亦恰恰与之相反。所以宋学家有一句最重要的口号，是"释氏本心，吾徒本天"。"天即理"，理即今所谓外界的规律。所以这种学问，最正当的名字是"理学"，所以理学的反佛，是以哲学中的唯物论反对唯心论。

经这周、张二子的发明，理学家的宇宙观、人生观，业经定了，宗旨既定，便要讲究实行的方法。理学家既重视外界的规律，首先要努力的，自然是求知外界规律，求知外界的规律，必于外物的本身，此即小程子（颐）提出，而朱子郑重加以阐发的"即物穷理"之说，此在理论自无疑义。但于此有一问题，即"即物穷理"，是要用我们的心去穷的，而我们的心，为重重的私欲所蔽，这种为私欲所蔽的心，能否去即物穷理呢？于是陆子对朱子之说，提出异议，要"先发人本心之明"。如此，在修为方法上，就有两说对立了。到王子出，才加以综合，说格物就是发本心之明，两事只是一事，如此，在修为方法上，也就无遗义了。理学发展的经过，大致如此。

理学的内容及其发展，现在无暇详细讲，所以但选取这个最基本的，即理学家奠定其宇宙观、人生观的著作一篇，加以讲述，而其余则附带着加以说明，但他粗略的轮廓，也可以略有所知了。《太极图》这一张图，在考据上，是出于道家书的，从前的汉学家，以此为攻击周子之口实，但此说在今日，无足争辩。

《明史·食货志》（节录）

太祖籍天下户口，置户帖、户籍，具书名、岁、居地。籍上户部，帖给之民。有司岁计其登耗以闻。及郊祀，中书省以户籍陈坛下，荐之天，祭毕而藏之。洪武十四年诏天下编赋役黄册，以一百十户为一里，推丁粮多者十户为长，余百户为十甲，甲凡十人。岁役里长一人，甲首一人，董一里一甲之事。先后以丁粮多寡为序，凡十年一周，曰排年。在城曰坊，近城曰厢，乡都曰里。里编为册，册首总为一图。鳏寡孤独不任役者，附十甲后为畸零。僧道给度牒，有田者编册如民科，无田者亦为畸零。每十年有司更定其册，以丁粮增减而升降之。册凡四：一上户部，其三则布政司、府、县各存一焉。上户部者，册面黄纸，故谓之黄册。年终进呈，送后湖东西二库庋藏之。岁命户科给事中一人、御史二人、户部主事四人厘校讹舛。其后黄册只具文，有司征税、编徭，则自为一册，曰白册云。

……

明土田之制，凡二等：曰官田，曰民田。初，官田皆宋、元时入官田地。厥后有还官田，没官田，断入官田，学田，皇庄，牧马草场，城壖苜蓿地，牲地，园陵坟地，公占隙地，诸王、公主、勋戚、大臣、内监、寺观赐乞庄田，百官职田，边臣养廉田，军、民、商屯田，通谓之官田。其余为民田。

……洪武二十年命国子生武淳等分行州县，随粮定区。区设粮长四人，量度田亩方圆，次以字号，悉书主名及田之丈尺，编类为册，状如鱼鳞，号曰鱼鳞图册。先是，诏天下编黄册，以户为主，详具旧管、新收、开除、实在之数为四柱式。而鱼鳞图册以土田为主，诸原坂、坟衍、下隰、沃瘠、沙卤之别毕具。鱼鳞册为经，土田之讼质焉。黄册为纬，赋役之法定焉。

……

太祖为吴王，赋税十取一，役法计田出夫。……即位之初，定赋役法，一以黄册为准。册有丁有田，丁有役，田有租。租曰夏税，曰秋粮，凡二等。夏税无过八月，秋粮无过明年二月。丁曰成丁，曰未成丁，凡二等。民始生，籍其名曰不成丁，年十六曰成丁。成丁而役，六十而免。又有职役优免者。役曰里甲，曰均徭，曰杂泛，凡三等。以户计曰甲役，以丁计曰徭役，上命非时曰杂役，皆有力役，有雇役。府州县验册丁口多寡，事产厚薄，以均适其力。

……

役法定于洪武元年。田一顷出丁夫一人，不及顷者以他田足之，名曰均工夫。寻编应天十八府州，江西九江、饶州、南康三府均工夫图册。每岁农隙赴京，供役三十日遣归。田多丁少者，以佃人充夫，而田主出米一石资其用。非佃人而计亩出夫者，亩资米二升五合。迨造黄册成，以一百十户为一里，里分十甲曰里甲。以上、中、下户为三等，五岁均役，十岁一更造。一岁中诸色杂目应役者，编第均之，银、力从所便，曰均徭。他杂役，曰杂泛。凡只应、禁子、弓兵，悉佥市民，毋役粮户。额外科一钱、役一夫者，罪流徙。

后法稍弛，编徭役里甲者，以户为断，放大户而勾单小。于是议者言，均徭之法，按册籍丁粮，以资产为宗，核人户上下，以蓄藏得实也。稽册籍，则富商大贾免役，而土著困；核人户；则官吏里胥轻重其手，而小民益穷蹙。二者交病。然专论丁粮，庶几古人租庸调之意。乃令以旧编力差、银差之数当丁粮之数，难易轻重酌其中。役以应差，里甲除当复者，论丁粮多少编次先后，曰鼠尾册，按而征之。市民商贾家殷足而无田产者，听自占，以佐银差。正统初，佥事夏时创行于江西，他省仿行之，役以稍平。

其后诸上供者，官为支解，而官府公私所须，复给所输银于坊里长，责其营办。给不能一二，供者或什伯，甚至无所给，惟计值年里甲只应夫马饮食，而里甲病矣。

......

世宗中年，边供费繁，加以土木、祷祀，月无虚日，帑藏匮竭。司农百计生财，甚至变卖寺田，收赎军罪，犹不能给。二十九年，俺答犯京师，增兵设戍，饷额过倍。三十年，京边岁用至五百九十五万，户部尚书孙应奎蒿目无策，乃议于南畿、浙江等州县增赋百二十万，加派于是始。

及倭患平，应天巡抚周如斗乞减加派，给事中何煃亦具陈南畿困敝，言："军门养兵，工部料价，操江募兵，兵备道壮丁，府州县乡兵，率为民累，甚者指一科十，请禁革之。"命如蝰议，而提编之额不能减。

隆、万之世，增额既如故，又多无艺之征，逋粮愈多，规避亦益巧。已解而愆限或至十余年，未征而报收，一县有至十万者。逋欠之多，县各数十万。赖行一条鞭法，无他科扰，民力不大绌。

一条鞭法者，总括一州县之赋役，量地计丁，丁粮毕输于官。一岁之役，官为佥募。力差，则计其工食之费，量为增减；银差，则计其交纳之费，加以增耗。凡额办、派办、京库岁需与存留、供亿诸费，以及土贡方物，悉并为一条，皆计亩征银，折办于官，故谓之一条鞭。立法颇为简便。嘉靖间，数行数止，至万历九年乃尽行之。

《明史》在诸史中，文体颇称谨严。二十四史，自《元史》以前，除《新唐书》《新五代史》外，并无意于为文，其所难解者：（一）由其时代远，读之自觉其古。（二）则一时代之语汇，后来未曾沿用者，亦觉其不可解也。欲救此弊，（一）在用极通行之文法，（二）则语汇之不习见者，宜加以说明。《明史》虽未能尽，然开始有此意。

明代去今近，其政治制度，有至今犹受其影响者，赋役之法，其最著者也。如黄册、鱼鳞册即是。黄册、鱼鳞册，立法极精详，然无救于赋役之弊者，无行之之人也。何以无行之之人？司记录者里、甲长之伦，监督之者官，皆欲剥削者，必不利记录其清楚翔实也。于此，可悟被压迫阶级必须掌握政权之理。

读此篇，可见负担之偏重于农民。何者？赋役之负担，按册籍丁粮，即租庸调之意，核人户上下，则两税之意，两税之法，较租庸调为进步，前讲陆贽奏议时已言之矣。当时卒取专论丁粮之法，则负担不得不偏重于农民矣。后来又有"丁随粮行"之法。丁随粮行者，以丁税摊派于田亩，名为丁税，实则田税。故地方之人口，永不增加。清代明知其然，乃将丁银摊人地粮。此就农民言之，为使有田者出税，无田者免役；合全国之民而论之，非农民仍未分担农民之赋税也。但立论不能走向极端，彼善于此之法，亦当承认其有相对之价值。一条鞭及丁随粮行两法，乃近代农民稍获苏息之原因，则不可诬也。

黄宗羲《明夷待访录·学校》

　　学校，所以养士也。然古之圣王，其意不仅此也，必使治天下之具皆出于学校，而后设学校之意始备。非谓班朝，布令，养老，恤孤，讯馘，大师旅则会将士，大狱讼则期吏民，大祭祀则享始祖，行之自辟雍也。盖使朝廷之上，闾阎之细，渐摩濡染，莫不有诗书宽大之气，天子之所是未必是，天子之所非未必非，天子亦遂不敢自为非是，而公其非是于学校。是故养士为学校之一事，而学校不仅为养士而设也。三代以下，天下之是非一出于朝廷。天子荣之，则群趋以为是；天子辱之，则群趋以为非。簿书、期会、钱谷、戎狱，一切委之俗吏。时风众势之外，稍有人焉，便以为学校中无当于缓急之习气。而其所谓学校者，科举嚣争，富贵熏心，亦遂以朝廷之势利，一变其本领，而士之有才能学术者，且往往自拔于草野之间，于学校初无与也，究竟养士一事亦失之矣。于是学校变而为书院，有所非也，则朝廷必以为是而荣之；有所是也，则朝廷必以为非而辱之。伪学之禁，书院之毁，必欲以朝廷之权与之争胜。其不仕者有刑，曰：此率天下士大夫而背朝廷者也。其始也，学校与朝廷无与；其继也，朝廷与学校相反。不特不能养士，且至于害士，犹然循其名而立之何欤？东汉太学三万人，危言深论，不隐豪强，公卿避其贬议。宋诸生伏阙捶鼓，请起李纲，三代遗风，惟此犹为相近。使当日之在朝廷者，以其所非是为非是，将见盗贼奸邪慑心于正气霜雪之下，君安而国可保也。乃论者目之为衰世之事，不知其所以亡者，收捕党人，编管陈、欧，正坐破坏学校所致，而反咎学校之人乎？嗟乎！天之生斯民也，以教养托之于君。授田之法废，民买田而自养，犹赋税以扰之；学校之法废，民蚩蚩而失教，犹势利以诱之。是亦不仁之甚，而以其空名跻之日君父君父，则吾谁欺！

郡县学官，毋得出自选除。郡县公议，请名儒主之。自布衣以至宰相之谢事者，皆可当其任，不拘已未仕也。其人稍有干于清议，则诸生得共起而易之，曰：是不可以为吾师也。其下有五经师，兵法、历算、医、射各有师，皆听学官自择。凡邑之生童皆裹粮从学，离城烟火聚落之处士人众多者，亦置经师。民间童子十人以上，则以诸生之老而不仕者充为蒙师。故郡邑无无师之士，而士之学行成者，非主六曹之事，则主分教之务，亦无不用之人。

学官以外，凡在城在野寺观庵堂，大者改为书院，经师领之，小者改为小学，蒙师领之，以分处诸生受业。其寺产即隶于学，以赡诸生之贫者。二氏之徒，分别其学行者，归之学官，其余则各还其业。

太学祭酒，推择当世大儒，其重与宰相等，或宰相退处为之。每朔日，天子临幸太学，宰相、六卿、谏议皆从之。祭酒南面讲学，天子亦就弟子之列。政有缺失，祭酒直言无讳。

天子之子年至十五，则与大臣之子就学于太学，使知民之情伪，且使之稍习于劳苦。毋得闭置宫中，其所闻见不出宦官宫妾之外，妄自崇大也。

郡县朔望，大会一邑之缙绅士子。学官讲学，郡县官就子弟列，北面再拜。师弟子各以疑义相质难。其以簿书期会，不至者罚之。郡县官政事缺失，小则纠绳，大则伐鼓号于众。其或僻郡下县，学官不解骤得名儒，而郡县官之学行过之者，则期望之会，郡县官南面讲学可也，若郡县官少年无实学，妄自压老儒而上之者，则士子哗而退之。

择名儒提督学政，然学官不隶属于提学，以其学行名辈相师友也。每三年，学官送其后秀于提学而考之，补博士弟子。送博士弟子于提学而考之，以解礼部。**原注：更不别遣考试官。**发榜所遗之士，有平日优于学行者，学官咨于提学补入之。其弟子之罢黜，学官以生平定之，而提学不与焉。

学历者能算气朔，即补博士弟子。其精者同入解额，使礼部考之，官于钦天监。学医者送提学考之，补博士弟子，方许行术。岁终，稽其生死效否之数，书之于册，分为三等。下等黜之，中等行术如故，上等解试礼部，入太医院而官之。

凡乡饮酒，合一郡一县之缙绅士子，士人年七十以上，生平无玷清议者，庶民年八十以上，无过犯者，皆以齿南面，学官、郡县官皆北面，宪老乞言。

乡贤名位，毋得以势位及子弟为进退。功业气节则考之国史，文章则稽之传世，理学则定之言行。此外乡曲之小誉，时文之声名，讲章之经学，依附之事功，已经入祠者皆罢之。

凡郡邑书籍，不论行世藏家，博搜重购。每书抄印三册，一册上秘府，一册送大学，一册送本学。时人文集，古文非有师法，语录非有心得，奏议无裨实用，序事无裨史学者，不许传刻。其时文、小说、词曲、应酬代笔，已刻者皆追板烧之。士子选场屋之文及私试义策，蛊惑坊市者，弟子员黜革，见任官落职，致仕官夺告身。

民间吉凶，一依朱子家礼行事。庶民未必通谙其丧服之制度，木主之尺寸，衣冠之式，宫室之制，在市肆工艺者，学官定而付之，离城聚落，蒙师相其礼以革习俗。

凡一邑之名迹及先贤陵墓祠宇，其修饰表章，皆学官之事。淫祠通行拆毁，但留土谷，设主祀之。故入其境，有违礼之祀，有非法之服，市悬无益之物，土留未掩之丧，优歌在耳，鄙语满街，则学官之职不修也。

《明夷待访录》一卷，明末黄梨洲先生所著，此书之价值，实在顾亭林先生《日知录》之上。以《日知录》仅言政事，此书则欲革政体。故《日知录》为改良主义，此书则革命主义也。

一社会之内部，必不能无矛盾。中国社会内部之矛盾，果安在乎？曰：（一）自战国以前，在国君与诸土地较小的领主。所以克服之者，其第一步在变封建为郡县。各国内部之事。其第二步，则并诸国而成一统，秦之灭六国是也。（二）自秦至唐，为防此等被灭之国之复活。其问复活者三次：（1）秦汉之际及汉初之分封；（2）魏晋南北朝之州郡握兵；（3）唐代之藩镇是也。在第一期，国君及皇帝之利益，较与人民一致，故人民于此时提倡尊君及尊王。在第二时期，皇帝之利益，亦较与人民一致，故人民于此时，赞助统一而反对割据。（三）自宋以后，中央之权力较大，割据之局已势难再起，人民之所当反对者，则为皇帝亦即最大之国君。之昏愚暴虐，及将全国政权摄归于官之流弊。宋代理学家，力攻秦汉而后教养之政之废弛，至于欲复井田、封建，其意即针对后者，至于前者，则因仍唐、五代裂冠毁冕之余波，尊君、尊王之论，一时不能遽泯，又辽金元相继侵入，君主为国家主权之所寄，人民于此时，不能反对之，故至明代胡元已被攘斥，历朝君主，又多昏愚暴虐，然后其论乃大盛，则梨洲先生此书是也。

此书最脍炙人口者，为《原君》《原臣》《原法》三篇。其理在今日已易明，今因时间所限，不再讲授。夫欲限制君权，则必有一种权力。在当日读书人之理想中，则清议是也。自彼辈观之，清议即民意之代表，而学校则清议所寄也。此此篇之所由作也。

此主义可行乎？曰：不可。向来主持清议者，固不乏真代表人民利益之人，然其徒党之大多数，则皆随声附和，阴图私利之人也。假使满洲人不侵入，欧美人不东来，而中国长因仍明代昏愚暴虐之局，则为革命之领导者，必提出其限制君权，或竟废除君主世袭之主张；革命之领袖，必也欣欣然而从之，以彼辈多有公心，欲实行其空想社会主义也。于斯时也，知识分子必将定出一种制度而实行之，然行之必致大糟，以其行之，必借其徒党，而其徒党实多自图私利之徒也。于斯时也，革命之领袖较为现实，必将此等怀抱理想之士打倒，而政体大致仍归于君主专制。然实行此等理想之人，可以被打倒，而此理想则不能消灭，必也屡仆而屡起。此为予推测中国近代，不与欧洲接触所当自起之变化。

斯时也，中国之经济状况，将起如何之变动乎？曰：以予测之，则商业资本必将抬头也。曰：夫通功易事之不能废也久矣。欲求农民之生计宽裕，则必使其所生产之物，能广与他人相交易。两汉之儒，只见商人之剥削农人，而不见农工商互相依赖方面，于是专讲重农抑商，商被抑而农亦受其弊矣。魏晋以降，徒有重农、恤农之空言，实未能真照顾农民之生活，故此偏差之见解，迄未能破。宋儒最好讲井田，所有藉乎？部分的，不彻底的平均地权，或能稍稍实现，至斯，则重农抑商之论必渐破。试观《明夷待访录》论财计第三篇，言工商皆本业，只为佛，为巫，迷信。为优倡、奇技淫巧者奢侈。当绝，则已启其端矣。于斯时也，商业资本家包括工业家。较为开通，或将与空想社会主义者联合，以反对地主，而成为政争中之一种力量，未可知也。

又历代怀抱理想之知识分子，多不能掌握兵权，能为革命行动之首领者，则知识太差，实为革命事业不能进展之原因。《明夷待访录》论兵制第三篇，极言儒者不知兵，以为当属之豪健之流、倾危之士之非。其第二篇，则举所亲历之事，谓从毅宗死者皆文臣，建义者皆文臣及儒生；而武臣则各以其众幸富贵，其言尤为沉痛，而所反对之目标，亦益明确。倘使此等理论而获进展，则革命时之军事形势，亦必有转变也。

近来论史者，多谓历代之农民革命无不失败，实非也。彼辈在当时，并未想及君主专制之外，更有何种政体，其所欲推翻者，则昏愚暴虐之君主及其政府耳。空想社会主义，江湖豪杰多怀抱之，农民为小有产者，本非所欲。故至于朝代改易，政治较为清明，则其目的已达矣。且当封建领主及较大之国王分裂割据之时，彼辈则用积极的叛变，或消极的逃避赋役之法以反抗之。异族人据，彼辈亦于适当之时机，起而反抗，而果也，此等人无不倒于革命旗帜之下，则其革命实不可谓之不成功矣。至于更大之成就，则社会发展，自有程序，本不能见弹而求雀炙，见卵而求时夜也。

乔光烈《招垦里记》

招垦里，在宝鸡南万山中，去县郭绝远，为人迹所罕至。乾隆初，余令宝鸡，按县版，得其里名。以问吏，吏曰："是僻处山谷，与外邈隔。前来官此者，虽出行县，卒未有一经其地。盖畏其荒险而惮其崎岖也。"余顾谓吏知县事者，凡山川里居、土风氓俗，其远近多少饶瘠，若为浇朴，宜周览目省丽于政，宁险远自惜邪？"顾往实难，居无何，属当巡行，因戒吏卒往里中，出郭渡渭水，至南山下。山尽阔，势不可进，见两崖间忽砑坼，若扉半启，土石中裂，类斤斧铲刻所成。然狭逼甚，望之疑径道无所通，吏前告曰："此往招垦路也。"予勇而入，视其间，才容一骑行。导从不得列，羊肠佶屈，蛇盘回纡，宛转循岸壁，仰祝无光，如在井底，度行且百里，已日暮，无止舍，得里人穿室山间为神祠者，仅一楹，就休其中。明日复行，约五六十里许，连山皆分，境忽大辟，平原广陌，井聚庐落，悉见马首，意方豁如，吏曰："即招垦里矣。"里旧编甲凡六，居者数千家。其地宜五种，而菽麦尤盛，其含奥吐腴，而田多膏壤，故岁常登。其材木富，而桑柘果蓏足于资，其俗安于耕蚕，供衣食吉凶，里相婚姻，邻尚和乐，而寡讼斗。居其间者，盖几若自为一世然？亦以其去城郭之远，而县邑之人常不至也，以是绝去华嚣之风，而久安朴愿。余少时读《桃花源记》，特以为出于作者之寓言，及观于是，始叹与渊明所云未有异者，虽然，向使余怵于吏之所谓难往者，卒亦如前为令者勿肯至，亦乌知其俗淳境美有如是哉？里中之民，自少至老，既未尝以事涉县庭见官府，其赋税亦不劳催科，凡田舍市易，不为券契，以口成质而已，亦讫无变者。呜呼！是犹太古之余而朴未散欤？特问其人，多未尝读书识文字，孔子与冉有论卫庶，以富以教。余于里俗之美，而叹其不可无教也，于是为造讲舍，凡六楹，买田五十亩，择诸生良谨者为之师，使诏其子弟，以归于学，俾礼义益明，而孝弟睦姻，成俗愈厚。为令者与父老，傥尤有乐乎是欤？里之四周，皆群山包环，闻其西入山，道路险窄，若予自宝鸡至招堕者，凡数十里，中豁大谷，复为墟井。自此可达凤县。其东，山径亦如之，凡百余里至岐山县。北出为五丈原，昔时魏延语诸葛孔明，欲以五千人出子午谷，直抵长安，即其处也。余既去里中，后牵于事，数欲再往不果。思其俗之淳，与其土风之美，盖久之未忘？因记焉，以告后为政者。

此篇见《经世文编》卷二十三。乔光烈，上海人，后官湖南巡抚，因事落职，复起为甘肃布政使，服官数十年，称为良吏。

风俗视环境而变，环境之最亲切者，实社会的而非自然的也。从前的议论，每以为智巧开而风俗薄，实则社会之组织改变，而所谓智巧者，乃随之而日开，试观机械变作之社会，如其处境一旦复近于